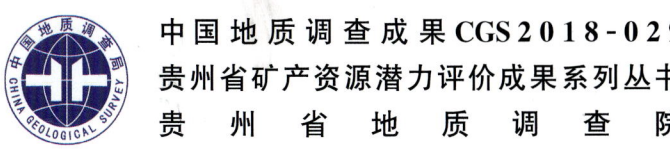

中国地质调查成果 CGS 2018-029
贵州省矿产资源潜力评价成果系列丛书
贵州省地质调查院

贵州省矿产资源潜力评价 化探资料应用研究

GUIZHOU SHENG KUANGCHAN ZIYUAN QIANLI PINGJIA HUATAN ZILIAO YINGYONG YANJIU

胡从亮　龙超林　袁义生　莫春虎　陈启飞　等著

中国地质大学出版社
ZHONGGUO DIZHI DAXUE CHUBANSHE

图书在版编目(CIP)数据

贵州省矿产资源潜力评价化探资料应用研究/胡从亮等著. —武汉:中国地质大学出版社,2019.6
(贵州省矿产资源潜力评价成果系列丛书)
ISBN 978-7-5625-4576-7

Ⅰ.①贵…
Ⅱ.①胡…
Ⅲ.①矿产资源-资源潜力-资源评价-贵州
Ⅳ.①F426.1

中国版本图书馆 CIP 数据核字(2019)第 128787 号

贵州省矿产资源潜力评价化探资料应用研究	胡从亮 龙超林 袁义生 莫春虎 陈启飞 等著
责任编辑:舒立霞 选题策划:毕克成 唐然坤 马 严 刘桂涛	责任校对:张咏梅
出版发行:中国地质大学出版社(武汉市洪山区鲁磨路388号)	邮 编:430074
电 话:(027)67883511 传 真:(027)67883580	E-mail:cbb@cug.edu.cn
经 销:全国新华书店	http://cugp.cug.edu.cn
开本:880毫米×1 230毫米 1/16	字数:729千字 印张:22.75 插页:1
版次:2019年6月第1版	印次:2019年6月第1次印刷
印刷:武汉市籍缘印刷厂	印数:1—800 册
ISBN 978-7-5625-4576-7	定价:298.00元

如有印装质量问题请与印刷厂联系调换

《贵州省矿产资源潜力评价成果系列丛书》
编委会

主　　任：戴传固　张　慧
副 主 任：陶　平　曾昭光
主　　编：陶　平
编　　委：（按姓氏笔画排列）
　　　　　王常微　朱大友　陈启飞　况　忠　胡从亮
　　　　　张　慧　陶　平　曾昭光　莫春虎

《贵州省矿产资源潜力评价化探资料应用研究》

著　　者：胡从亮　龙超林　袁义生　莫春虎　陈启飞
　　　　　刘应忠　牟　军　李朝晋　张家德　陈光荣

总 序

中国地质调查局组织开展的中国矿情调查项目"全国矿产资源潜力评价(2006—2013年)",是一次对全国25种重要矿产的成矿地质条件、地球物理、地球化学、遥感、自然重砂勘查成果全面系统的汇集和分析,并在我国自主创立的矿床成矿系列理论指导下,对25种重要矿产的地质与区域成矿规律进行了较系统、较深入的研究。在此基础上,应用我国自主研发的矿床模型综合信息矿产预测方法对25种矿产进行了潜力评价,达到定量及半定量预测的程度,并建立了潜力评价项目的数据库。研究成果为全国及各省(区、市)矿产资源规划、矿产勘查部署与实施提供了重要的科学依据,对促进地质矿产科学及成矿预测理论与方法的发展走出了重要的一步,同时培养了一大批矿产资源潜力评价相关领域的人才。全国及各省(区、市)地质勘查部门和工作团队均为完成此项任务做出了努力与贡献,工作成果已陆续以不同形式提供给社会使用。《贵州省矿产资源潜力评价成果系列丛书》即为出版成果之一。

贵州省矿产资源潜力评价项目,作为"全国矿产资源潜力评价"项目的子项目,由全国矿产资源潜力评价项目办公室、贵州省国土资源厅、贵州省地质调查院实施项目三级管理,由贵州省地质调查院承担,贵州省地质矿产勘查开发局、贵州省煤田地质局、贵州省有色金属和核工业地质勘查局、中化地质矿山总局等12个地勘单位参与,参加人数近200人,经过8年辛勤工作终于完成。该子项目全面总结了贵州省基础地质、矿产地质成果和资料,充分应用现代矿产资源预测评价理论技术,开展了全省煤、铁、铜、铝、铅、锌、银、锰、镍、钼、钨、锡、金、锑、钒、汞、稀土、磷、硫、萤石、重晶石、冶镁白云岩共22个矿种的资源潜力预测评价,研究和预测矿产资源及其空间分布,为研究制订国家矿产资源战略和国民经济与社会发展中长期规划提供了科学依据。

贵州省矿产资源潜力评价的研究成果主要包括:贵州省各矿种(组)的潜力评价成果报告各1份,共计15份;贵州省成矿地质背景、区域重力、区域磁测、区域化探、区域遥感、自然重砂、综合信息集成、区域成矿规律、矿产预测等专题成果报告各1份,共计9份;项目汇总成果报告1份;编制各类图件2 627张,建立各类数据库2 009个,提交各类说明书1 905份。这些成果及时成功应用于全省5个国家级整装勘查项目、22个省级整装勘查项目、7个非整装勘查项目的论证和实施,并取得重大找矿突破。同时,已应用于国家宏观决策规划部署、具体矿产勘查部署、相关专业勘查及研究等方面,并取得较大成效。

《贵州省矿产资源潜力评价成果系列丛书》(共 7 册),是为全社会共享研究成果、更广泛发挥其应用价值、遵循资料保密制度、选择性修改缩编而成,具体包括《贵州省矿产资源潜力评价重要矿种区域成矿规律与矿产预测》《贵州省矿产资源潜力评价成矿地质背景研究》《贵州省矿产资源潜力评价重磁场特征及应用研究》《贵州省矿产资源潜力评价化探资料应用研究》《贵州省矿产资源潜力评价自然重砂资料应用研究》《贵州省矿产资源潜力评价遥感资料应用研究》《贵州省矿产资源潜力评价综合信息集成》7 部专题研究成果。

相信本系列丛书的出版,对全国同仁具有一定的参考、应用价值。借此出版之际,向作者们致以祝贺。同时,期望在此基础上进一步研究总结全省矿产地质勘查及科研成果,圆满完成《中国矿产地质志·贵州卷》的研编任务,使贵州省在区域矿产总结、成矿规律研究、矿产预测以及相关基础地质研究等方面再上一个新台阶。

2018 年 8 月 18 日

前　言

"贵州省矿产资源潜力评价化探资料应用研究"是"全国矿产资源潜力评价"省级工作成果之一,是矿产资源潜力评价工作研究的重要专题。项目系统收集了省内以往几十年来的地球化学资料,建立并维护了1∶20万区域化探、大中比例尺地球化学数据库;编制了全省工作程度图、地球化学景观分区图、39种元素或氧化物地球化学图和异常图、组合异常图、综合异常图等系列地球化学图件842张。

对金、锑、汞、铅锌、铜、钨(锡)、磷、锰、镍钼钒、萤石、重晶石等矿种不同类型的31个典型矿床的地质地球化学异常特征进行了系统研究,总结了典型矿床主要成矿元素组合、直接指示元素异常组合、间接指示元素异常组合等表生地球化学异常特征,其中Au-Sb-Hg-As、Pb-Zn-Ag-Cd-Cu、W-Sn-Bi-Mo、Mo-Ni-V-U等组合异常与金、锑、汞、铅锌、铜、钨(锡)、镍钼钒等关系密切,Mn-P-Y、Fe_2O_3-Cr-Ni-V、Ba-F-As-Sb-Hg等组合异常与锰、磷、硫、萤石、重晶石等有一定关系。初步建立了各类典型矿床地质-地球化学找矿模型,为组合和综合异常图的编制提供了依据。

对51个预测工作区的相关矿产成矿元素及主要异常元素或氧化物地球化学图、地球化学异常图、组合异常图和综合异常图进行了编制和研究,并结合地质、矿产、赋矿层位等特征对主要异常进行了异常解释。对贵州的3个重要Ⅲ级成矿带进行了地球化学研究及找矿潜力评价。利用Au-Sb-Hg-As、Pb-Zn-Ag-Cd-Cu、W-Sn-Bi-Mo、Mo-Ni-V-U等组合异常为预测指标,在全省圈定A级地球化学找矿预测区10个,B级地球化学找矿预测区14个,C级地球化学找矿预测区80个,共预测矿产资源量——金矿794.65t,锑矿26.5万t,汞矿13.951万t,铅锌矿210.92万t,铜矿4.25万t,钨矿0.84万t,钼矿199.01万t,镍矿132.76万t,钒矿2 142.48万t。

根据构造地球化学原理,依据化探主要特征元素或元素组异常轴线或高低背景区分界线推断了区域断裂,尝试利用因子分析进行了岩体推断。

在贵州省榕江-雷山地区通过总结已知典型锑矿床的成矿成晕地质、地球化学特征,对岩溶区(盖层)和浅变质岩低山丘陵区(基底)两个不同地质单元开展锑矿的地球化学定量预测示范工作。以相似度、成矿地质条件、矿床点分布特征、元素组合特征、Sb异常强度为预测变量,对该地区锑矿进行了预测靶区的圈定,从地球化学角度,通过类比法、面金属量法对圈定预测靶区的资源量进行估算,为矿产资源潜力预测评价提供地球化学预测资料。另外还开展了贵州省铜矿地球化学定量预测尝试,并取得了预期成果。

总之,该项成果为贵州省矿产资源潜力评价提供了充分、可靠的地球化学依据,对国家未来地质找矿战略及技术发展均具有重要的指导意义,同时在环境评估及生态保护等多目标方面也具有重要参考价值。

书中前言、第二章、第三章、第四章由胡从亮编写,第一章、第五章、第六章、第九章由龙超林编写,第七章由龙超林、袁义生编写,第八章由胡从亮、莫春虎、陈光荣编写,李朝晋、陈启飞、牟军、张家德参与了图件绘制,全书最终统稿由胡从亮完成。

本次地球化学定量预测成果得到了马振东教授、曾键年教授及其团队的大力支持和指导,资料收集方面得到贵州省有色金属和核工业地质勘查局物化探总队等相关单位的大力支持。在此表示感谢!

本书能够出版,得益于各单位领导和同事的大力支持。笔者要特别感谢参与本项目工作的同志。同时,要感谢全国项目办汇总组向云川、牟绪赞、任天祥、马振东等专家的大力支持和悉心指导。

在此,向所有参与和关心此书出版的各位专家和同仁表示衷心的感谢。

著　者
2019 年 3 月

续表 2-2

序号	资料名称	比例尺	工作方法	面积（km²）	经纬度坐标	采集样品（件）	点密度（件/km²）	分析项目	工作年份	完成单位	备注
51	贵州省1:5万望谟幅区调报告	1:5万	水系沉积物测量	整幅	106°00′00″—106°15′00″ 25°10′00″—25°15′00″			Au,Hg,As,Sb,Ag,Cu,Pb,Zn,Cr,Ni,Co,Sr	1988	贵州省区域地质调查院	缺网格数据图
52	贵州省1:5万大观幅区调报告	1:5万	水系沉积物测量	整幅	106°00′00″—106°15′00″ 25°00′00″—25°10′00″	水系样:1 470		Au,Hg,As,Sb,Ag,Cu,Pb,Zn,Cr,Ni,Co,Sr	1990	贵州省区域地质调查院	
53	贵州省1:5万青山镇幅区调报告	1:5万	水系沉积物测量	整幅	105°00′00″—105°15′00″ 25°50′00″—26°00′00″	水系样:5 005		Au,Hg,As,Sb,Ag,Cu,Pb,Zn,Cr,Ni,Co,Sr	1985	贵州省区域地质调查院	缺网格数据图
54	贵州省1:5万碧痕营幅区调报告	1:5万	水系沉积物测量	整幅	105°00′00″—105°15′00″ 25°40′00″—25°25′00″	水系样:6 907		Au,Hg,As,Sb,Ag,Cu,Pb,Zn,Cr,Ni,Co,Sr		贵州省区域地质调查院	缺网格数据图
55	贵州省1:5万百屯区调报告	1:5万	水系沉积物测量	整幅	105°15′00″—105°30′00″ 25°40′00″—25°50′00″	水系样:1 336				贵州省区域地质调查院	缺网格数据图
56	贵州省1:5万花桥区调报告	1:5万	水系沉积物测量	458.4	108°15′00″—108°30′00″ 27°30′00″—27°40′00″	水系样:1 843		Au,As,Cu,Hg,Mn,Pb,Zn,V	1988	贵州省地矿局103地质大队	
57	贵州省1:5万石阡区调报告	1:5万	水系沉积物测量	456	108°00′00″—108°15′00″ 27°30′00″—27°40′00″	水系样:2 460		Cu,Pb,Zn,Hg,Mn,V	1988	贵州省地矿局103地质大队	
58	贵州省1:5万铜仁区调报告	1:5万	水系沉积物测量、土壤测量	240	109°00′00″—109°15′00″ 27°40′00″—27°45′15″	水系样:503 土壤样:788		Ag,As,Hg,Pb,Zn,Cd	1990	贵州省地矿局103地质大队	
59	贵州省1:5万凯里区调报告	1:5万	水系沉积物测量	整幅	107°45′00″—108°00′00″ 26°30′00″—26°40′00″	水系样:2 020		Au,As,Sb,Hg,Ag,Cu,Pb,Zn,Ba,Mo,Cr,Ni,Co,Nb,Ti,V,Sr,La,Sc	1989	贵州省地矿局101地质大队	
60	贵州省1:5万挂丁区调报告	1:5万	水系沉积物测量	整幅	108°00′00″—108°15′00″ 26°30′00″—26°45′00″	水系样:1 876		Au,As,Sb,Hg,Ag,Cu,Pb,Zn,Ba,Mo,Cr,Ni,Co,Nb,Ti,V,Sr,La,Sc	1989	贵州省地矿局101地质大队	
61	贵州省1:5万镇远区调报告	1:5万	水系沉积物测量	整幅	108°15′00″—108°30′00″ 27°00′00″—27°10′00″	水系样:2 373		Au,As,Sb,Hg,Cu,Pb,Zn,Co,Cr,Ni,Ti,V	1987	贵州省地矿局101地质大队	

第二节 资料利用情况

资料收集的丰富程度,是编制矿地球化学找矿预测图的关键,对预测模型的建立、预测区(远景区)的圈定、找矿靶区圈定等地球化学找矿起着至关重要的作用。资料收集主要为中大比例尺化探资料及相关论文资料的收集。

化探资料:对成果报告、图件、元素测试数据(含坐标)等进行了收集和整理。对纸质图件进行了扫描,以 Jpg 格式或 Tif 格式存储。

论文资料:收集及网上下载,以 Caj、Pdf 格式存储。

对元素测试数据,采用 Access 软件对其经纬度坐标值和元素含量值进行整理,以 Mdb 格式存储。

一、数据资料收集

数据资料收集以贵州省内 41 个 1∶20 万图幅,46 004 件 1∶20 万区域化探数据为主。另外,还收集了 1∶1 万岩石测量、1∶1 万土壤测量、1∶5 万水系沉积物测量等数据资料。

1. 1∶1 万岩石测量

收集贵州省织金县五指山地区 719 条岩石测量数据,分析 5 种元素:Ag、Pb、Zn、As、Hg。详见表 2-3。

表 2-3 1∶1 万地球化学数据资料收集一览表

序号	项目名称	工作性质	样品数量(件)	分析元素					1∶5 万图幅
1	五指山地区新麦铅锌矿——东	1∶1 万岩石测量	340	Ag	Pb	Zn	As	Hg	坪上幅
2	五指山地区新麦铅锌矿——西		379	Ag	Pb	Zn	As	Hg	坪上幅
合计			719						
1	黔西北	1∶1 万土壤测量	2 017	Au	Cu	Cr	Co	Ni	唐房幅
2	玉屏—三穗(老屋基)	1∶1 万岩石测量	597	Pb	Zn	Ag			岑巩幅
3	玉屏—三穗(竹坪)		4 984	Pb	Zn	Ag			青溪幅、凉伞幅
合计			7 598						
总计			8 317						

2. 1∶1 万土壤测量

收集黔西北和玉屏-三穗地区 7 598 条土壤测量数据,分析 8 种元素:Au、Cu、Cr、Co、Ni、Pb、Zn、Ag。详见表 2-3。

3. 1∶5万水系沉积物测量

收集贵州黔西北、黔西南、都匀-凯里-铜仁地区 42 个 1∶5 万图幅,54 078 条水系沉积物测量数据,分析 18 种元素:Au、Co、Cr、Cu、Ni、Pb、Zn、Hg、Mo、Ag、Cd、Bi、As、Sb、V、Ga、Sn、Mn。按 1∶5 万图幅进行数量整理,详见表 2-4。

表 2-4　1∶5 万地球化学数据资料收集一览表

序号	项目名称	样品数量(件)	分析元素											
1	艾家坪幅	1 823	Au	Co	Cr	Cu	Ni	Pb	Zn	Hg	Mo	Ag	Cd	Bi
2	木果底幅	1 801	Au	Co	Cr	Cu	Ni	Pb	Zn	Hg	Mo	Ag	Cd	Bi
3	龙场幅	1 861	Au	Co	Cr	Cu	Ni	Pb	Zn	Hg	Mo	Ag	Cd	Bi
4	水城幅	1 711	Au	Co	Cr	Cu	Ni	Pb	Zn	Hg	Mo	Ag	Cd	Bi
5	白市幅	567	Au	Hg	As	Sb	Ag							
6	远口幅	540	Au	Hg	As	Sb	Ag							
7	岑巩幅	532	Pb	Zn	Ag									
8	玉屏幅	765	Pb	Zn	Ag									
9	青溪幅	99	Pb	Zn	Ag									
10	凉伞幅	343	Pb	Zn	Ag									
11	普立幅	30	Au	Cu	Cr	Co	Ni							
12	玉舍幅	580	Au	Cu	Cr	Co	Ni							
13	鸡场幅	687	Au	Cu	Cr	Co	Ni							
14	杨梅幅	895	Au	Cu	Cr	Co	Ni							
15	坪地幅	535	Au	Cu	Cr	Co	Ni							
16	百打农场	473	Au	Cu	Cr	Co	Ni							
17	黑石头幅	674	Au	Cu	Cr	Co	Ni							
18	塘子边幅	246	Au	Cu	Cr	Co	Ni							
19	拖贝古	463	Au	Cu	Cr	Co	Ni							
20	白支落	813	Au	Cu	Cr	Co	Ni							
21	舍居乐	293	Au	Cu	Cr	Co	Ni							
22	耿家屯幅	1 753	Au	Ag	Cd	Bi	Co	Cr	Cu	Ni	Pb	Zn	Mo	Hg
23	威宁幅	1 821	Au	Ag	Cd	Bi	Co	Cr	Cu	Ni	Pb	Zn	Mo	Hg

续表2-4

序号	项目名称	样品数量(件)	分析元素										
24	以那架幅	1 769	Au	Co	Cr	Cu	Ni	Pb	Zn	Bi	Hg	Mo	Ag	Cd
25	织金幅	1 884	Au	Co	Cr	Cu	Ni	Pb	Zn	Bi	Hg	Mo	Ag	Cd
26	珠藏幅	1 848	Au	Co	Cr	Cu	Ni	Pb	Zn	Bi	Hg	Mo	Ag	Cd
27	小猫场幅	1 731	Au	Co	Cr	Cu	Ni	Pb	Zn	Bi	Hg	Mo	Ag	Cd
28	坪上幅	1 820	Au	Co	Cr	Cu	Ni	Pb	Zn	Bi	Hg	Mo	Ag	Cd
29	邦水幅	2 247	Sb	As	Hg	Au								
30	大寨幅	1 662	Cu	Pb	Zn	Sb	Hg	As	Ni	Ga	Co	V	Sn	Mn
31	都江幅	1 731	Sb	Hg	As	Cu	Pb	Zn	Mn	Ni	Ga	Co	V	
32	独山县幅	1 411	Cu	Pb	Zn	Sb	Hg	As	Mn	Ni	Ga	Co	V	
33	谷洞幅	533	Sb	As	Hg	Au								
34	河寨幅	1 815	Sb	Hg	As	Cu	Pb	Zn	Mn	Ni	Ga	Co	V	
35	九阡幅	2 328	Cu	Pb	Zn	Sb	Hg	As	Mn	Ni	Ga	Co	V	
36	墨冲幅	1 308	Sb	As	Hg	Au								
37	普安幅	1 331	Cu	Pb	Zn	Sb	Hg	As	Ni	Ga	Co	V	Sn	Mo
38	三都县幅	2 236	Cu	Pb	Zn	Sb	Hg	As	Ni	Ga	Co	V	Sn	Mo
39	兔场幅	2 152	Cu	Pb	Zn	Sb	Hg	As	Ni	Ga	Co	V	Sn	Mo
40	雅灰幅	2 389	Cu	Pb	Zn	Sb	Hg	As	Mn	Ni	Ga	Co	V	
41	永乐幅	2 260	Cu	Pb	Zn	Sb	Hg	As	Mn	Ni	Ga	Co	V	
42	周覃幅	2 318	Cu	Pb	Zn	Sb	Hg	As	Mn	Ni	Ga	Co	V	
合计		54 078												

二、图件资料收集

对收集的纸质图件进行了Jpg格式或Tif格式扫描,图件内容包括采样点位图、网格数据图、元素地球化学图、综合异常图等,共收集纸质图件306张,利用时对其进行数据录入整理、图件矢量化等。1∶5万扫描图件资料见表2-5。

表2-5 1∶5万地球化学扫描图件资料收集一览表

序号	图幅名称	图件名称	工作性质
1	挂丁幅	水系沉积物测量取样图——排羊、水系沉积物测量取样图——开觉、水系沉积物测量取样图——挂丁、水系沉积物测量取样图——大格	水系沉积物测量
		Ag元素地球化学图、Zn元素地球化学图、Cu元素地球化学图、Sb元素地球化学图、Ti元素地球化学图、Tl元素地球化学图、Sr元素地球化学图、As元素地球化学图、Pd元素地球化学图、Ni元素地球化学图、Nb元素地球化学图、Mo元素地球化学图、La元素地球化学图、Sc元素地球化学图、Au元素地球化学图、Co元素地球化学图、Hg元素地球化学图、Cr元素地球化学图、V元素地球化学图、Ba元素地球化学图	
		Pd-Zn-Cu等综合导常图、Cr-Ni等综合导常图	
2	镇远幅	取样点位图	水系沉积物测量
		Hg-As元素网格化数据图、Co元素网格化数据图、Cr元素网格化数据图、Cu元素网格化数据图、Ni元素网格化数据图、Pb元素网格化数据图、Ti元素网格化数据图、V元素网格化数据图、Zn元素网格化数据图	
		Au元素地球化学图	
3	凯里幅	取样点位图	水系沉积物测量
		Ba元素地球化学图、V元素地球化学图、Cr元素地球化学图、Hg元素地球化学图、Co元素地球化学图、Au元素地球化学图、Sc元素地球化学图、As元素地球化学图、La元素地球化学图、Mo元素地球化学图、Nb元素地球化学图、Ni元素地球化学图、Pb元素地球化学图、Sr元素地球化学图、Ti元素地球化学图、Sb元素地球化学图、Cu元素地球化学图、Tl元素地球化学图、Zn元素地球化学图、Ag元素地球化学图	
		Au-As等综合异常图、Cr-Ni等综合异常图、Cu-Pb-Zn等综合异常图	
4	石阡幅	Zn元素网格化数据图、V元素网格化数据图、Pb元素网格化数据图、Mn元素网格化数据图、Hg元素网格化数据图、Cu元素网格化数据图、Au元素网格化数据图	水系沉积物测量
		Zn元素地球化学图、V元素地球化学图、Pb元素地球化学图、Mn元素地球化学图、Hg元素地球化学图、Cu元素地球化学图、Au元素地球化学图	
		Au-Hg-Pb-Zn组合异常图、Cu-V-Mn组合异常图	
		石阡矿产图	
5	花桥幅	Zn元素网格化数据图、V元素网格化数据图、Pb元素网格化数据图、Mn元素网格化数据图、Hg元素网格化数据图、Cu元素网格化数据图、Au元素网格化数据图、As元素网格化数据图	水系沉积物测量
		Zn元素地球化学图、V元素地球化学图、Pb元素地球化学图、Mn元素地球化学图、Hg元素地球化学图、Cu元素地球化学图、Au元素地球化学图、As元素地球化学图	
		Cu-V-Mn组合异常图、Au-As-Hg-Pb-Zn组合异常图	
		花桥矿产图	
6	铜仁幅	Cd元素网格化数据图、Hg元素网格化数据图、Pb元素网格化数据图、As元素网格化数据图、Zn元素网格化数据图、Ag元素网格化数据图	水系沉积物测量、土壤测量
		Cd元素地球化学图、Hg元素地球化学图、Pd元素地球化学图、As元素地球化学图、Zn元素地球化学图、Ag元素地球化学图	
		As-Cd-Pb-Zn综合异常图、Ag-Hg汞综合异常图	
		铜仁矿产图	

续表 2-5

序号	图幅名称	图件名称	工作性质
7	青山幅	采样点位图	水系沉积物测量
8	贵阳市幅	采样点位图	土壤测量
		Sb 元素网格化数据及等值线图、As 元素网格化数据及等值线图、Hg 元素网格化数据及等值线图、Pb 元素网格化数据及等值线图、Zn 元素网格化数据及等值线图、Cd 元素网格化数据及等值线图、Cu 元素网格化数据及等值线图、Sr 元素网格化数据及等值线图、V 元素网格化数据及等值线图、Co 元素网格化数据及等值线图、B 元素网格化数据及等值线图、Mo 元素网格化数据及等值线图、Mn 元素网格化数据及等值线图、F 元素网格化数据及等值线图、Y 元素网格化数据及等值线图	
9	乐园幅	采样点位图	水系沉积物测量
		Au 元素原始数据图、Hg 元素原始数据图、Sb 元素原始数据图、As 元素原始数据图、Ag 元素原始数据图、Cu 元素原始数据图、Pb 元素原始数据图、Zn 元素原始数据图、Cr 元素原始数据图、Ni 元素原始数据图、Co 元素原始数据图、Sr 元素原始数据图	
10	洛凡幅	采样点位图	水系沉积物测量
		Cu 元素原始数据图、Pb 元素原始数据图、Zn 元素原始数据图、Cr 元素原始数据图、Ni 元素原始数据图、Co 元素原始数据图、Sr 元素原始数据图	
11	兴隆幅	Cu 元素原始数据图、Pb 元素原始数据图、Zn 元素原始数据图、Ag 元素原始数据图、Cr 元素原始数据图、Ni 元素原始数据图、Co 元素原始数据图、Sr 元素原始数据图、Au 元素原始数据图	水系沉积物测量
12	望谟县幅	组合样检查样送样编号图	水系沉积物测量
		Au 元素原始数据图、Hg 元素原始数据图、Sb 元素原始数据图、As 元素原始数据图、Cu 元素原始数据图、Pb 元素原始数据图、Zn 元素原始数据图、Ag 元素原始数据图、Cr 元素原始数据图、Ni 元素原始数据图、Co 元素原始数据图、Sr 元素原始数据图	
13	坡坪幅	Cu 元素原始数据图、Pb 元素原始数据图、Zn 元素原始数据图、Ag 元素原始数据图、Cr 元素原始数据图、Ni 元素原始数据图、Co 元素原始数据图、Sr 元素原始数据图	水系沉积物测量
14	白层幅	采样点位图	水系沉积物测量
		Au 元素原始数据图、Ag 元素原始数据图、Hg 元素原始数据图、Sb 元素原始数据图、As 元素原始数据图、Cu 元素原始数据图、Pb 元素原始数据图、Zn 元素原始数据图、Cr 元素原始数据图、Ni 元素原始数据图、Co 元素原始数据图、Sr 元素原始数据图	
15	大观幅	采样点位图	水系沉积物测量
		Au 元素原始数据图、Ag 元素原始数据图、Hg 元素原始数据图、Sb 元素原始数据图、As 元素原始数据图、Cu 元素原始数据图、Pb 元素原始数据图、Zn 元素原始数据图、Cr 元素原始数据图、Ni 元素原始数据图、Co 元素原始数据图、Sr 元素原始数据图	

续表 2-5

序号	图幅名称	图件名称	工作性质
16	龙洞堡幅	Sb 元素网格化数据及等值线图、As 元素网格化数据及等值线图、Hg 元素网格化数据及等值线图、Pb 元素网格化数据及等值线图、Zn 元素网格化数据及等值线图、Cd 元素网格化数据及等值线图、Cu 元素网格化数据及等值线图、Sr 元素网格化数据及等值线图、V 元素网格化数据及等值线图、Co 元素网格化数据及等值线图、B 元素网格化数据及等值线图、Mo 元素网格化数据及等值线图、Mn 元素网格化数据及等值线图、F 元素网格化数据及等值线图、Y 元素网格化数据及等值线图	水系沉积物测量
17	龙里县幅	采样点位图 土壤测量及植被调查野外工作手图——龙里、土壤测量及植被调查野外工作手图——中排 Sb 元素网格化数据及等值线图、As 元素网格化数据及等值线图、Hg 元素网格化数据及等值线图、Pb 元素网格化数据及等值线图、Zn 元素网格化数据及等值线图、Cd 元素网格化数据及等值线图、Cu 元素网格化数据及等值线图、Sr 元素网格化数据及等值线图、V 元素网格化数据及等值线图、Co 元素网格化数据及等值线图、B 元素网格化数据及等值线图、Mo 元素网格化数据及等值线图、Mn 元素网格化数据及等值线图、F 元素网格化数据及等值线图、Y 元素网格化数据及等值线图 土壤地球化学测量综合异常图	土壤测量
18	平坝县幅	采样点位图 Sb 元素单元数据及等值线图、As 元素单元数据及等值线图、Hg 元素单元数据及等值线图、Pb 元素单元数据及等值线图、Zn 元素单元数据及等值线图、Cd 元素单元数据及等值线图、Cu 元素单元数据及等值线图、Sr 元素单元数据及等值线图、V 元素单元数据及等值线图、Co 元素单元数据及等值线图、B 元素单元数据及等值线图、Mo 元素单元数据及等值线图、Mn 元素单元数据及等值线图、Y 元素单元数据及等值线图	土壤测量
19	广顺幅	土壤测量实际材料图——广顺农场、土壤测量实际材料图——凯佐堡、土壤测量实际材料图——马路场、土壤测量实际材料图——广顺 Sb 元素单元数据及等值线图、As 元素单元数据及等值线图、Hg 元素单元数据及等值线图、Pb 元素单元数据及等值线图	土壤测量
20	花溪幅	土壤测量实际材料图——石板哨、土壤测量实际材料图——花溪、土壤测量实际材料图——党武、土壤测量实际材料图——黔陶 Hg 元素网格化数据及等值线图、Pb 元素网格化数据及等值线图、Zn 元素网格化数据及等值线图、Cd 元素网格化数据及等值线图、Cu 元素网格化数据及等值线图、Sr 元素网格化数据及等值线图、V 元素网格化数据及等值线图、Co 元素网格化数据及等值线图、Mo 元素网格化数据及等值线图、B 元素网格化数据及等值线图、Mn 元素网格化数据及等值线图、F 元素网格化数据及等值线图、Y 元素网格化数据及等值线图	土壤测量

续表 2-5

序号	图幅名称	图件名称	工作性质
21	燕楼幅	采样点位图——燕楼、采样点位图——上坝、采样点位图——改尧、采样点位图——高镇	土壤测量
		土壤测量实际材料图——燕楼、土壤测量实际材料图——改尧	
		Sb 元素网格化数据及等值线图、As 元素网格化数据及等值线图、Hg 元素网格化数据及等值线图、Pb 元素网格化数据及等值线图、Zn 元素网格化数据及等值线图、Cd 元素网格化数据及等值线图、Cu 元素网格化数据及等值线图、Sr 元素网格化数据及等值线图、V 元素网格化数据及等值线图、Co 元素网格化数据及等值线图、B 元素网格化数据及等值线图、Mo 元素网格化数据及等值线图、Mn 元素网格化数据及等值线图、F 元素网格化数据及等值线图、Y 元素网格化数据及等值线图	
22	碧痕营幅	水系沉积物测量取样点位图	
23	百屯幅	水系沉积物测量取样点位图	

三、资料利用情况

区域化探数据全省覆盖，贵州省矿产资源潜力评价地球化学研究主要利用中国地质调查局发展研究研中心资料馆下发的区域化探数据。

中大比例尺化探工作开展较少，收集资料不系统且分析项目不全，部分为半定量分析测试成果，数据和图件多为纸质，不方便利用。地球化学研究中，仅在金矿、铅锌矿及铜矿预测中引用了部分1∶5万地球化学资料。

(1) 金矿资源潜力评价地球化学研究，贞丰、安龙、册亨、望谟等县交界的烂泥沟—石屯一带找矿靶区圈定，利用了1∶5万地球化学资料。

(2) 铅锌矿资源潜力评价地球化学研究，赫章县妈姑、六盘水、织金县杜家桥和铜仁等地找矿靶区圈定（或典型矿床地球化学特征研究），利用了1∶5万地球化学资料。

(3) 铜矿资源潜力评价地球化学研究，威宁铜厂河铜矿典型矿床地球化学特征研究，利用了1∶5万地球化学资料。

第三章　方法技术及质量评述

第一节　编图原则及依据

一、技术流程

地球化学资料的应用重点在数据处理、解释与编图工作,其基础是地球化学数据。地球化学资料应用的主要数据源是区域地球化学数据,其次是收集的中大比例尺地球化学数据。通过应用地球化学数据处理技术,对地球化学数据进行二次开发研究,分析与提取地球化学信息,并进行信息和异常的推断解释,进而编制系列元素地球化学图件。

在《化探资料应用技术要求》技术流程的基础上,通过对预测工作区开展地球化学研究工作,为提取的地球化学信息作为预测中的预测变量提供理论依据。

地球化学资料应用技术流程如图 3-1 所示。

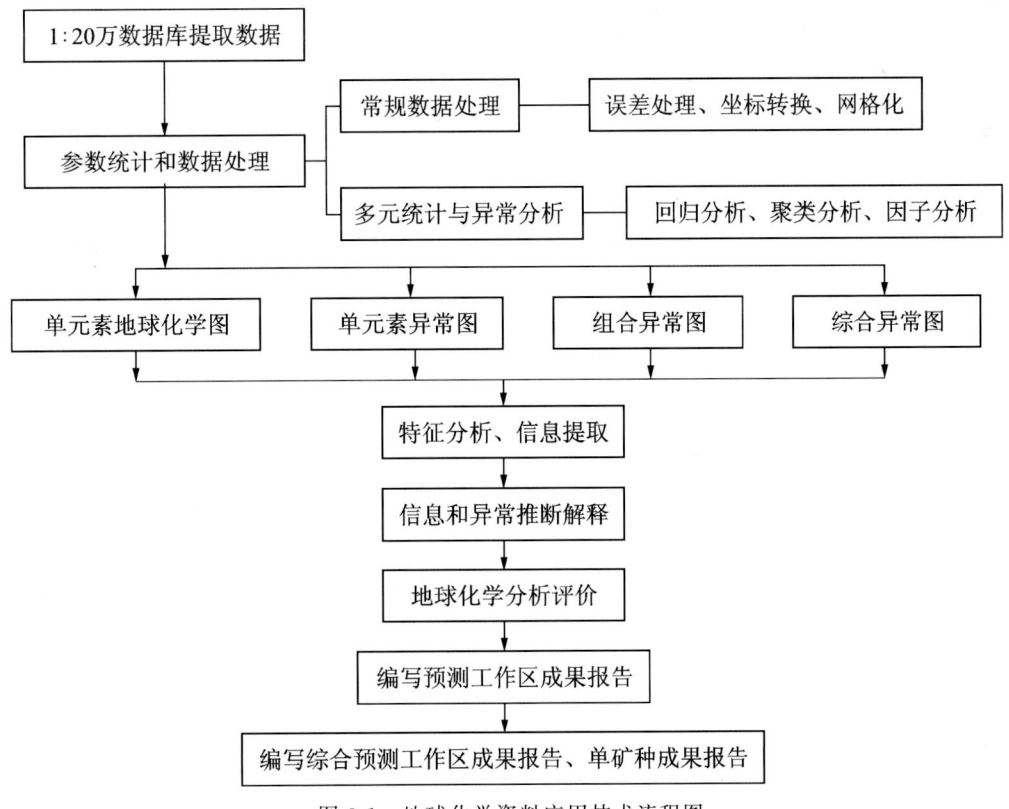

图 3-1　地球化学资料应用技术流程图

二、坐标投影

空间坐标转换是区域地球化学数据库建立和数据处理分析及编图的重要环节。根据成图比例尺和应用目标选择一种投影模型，图件采用北京54坐标系，省级坐标投影采用兰勃特正轴圆锥投影，投影原点经度107°，投影原点纬度24°30′，1标准割纬度25°00′，2标准割纬度29°00′，将1∶20万区域化探数据和基础图件（地理底图）按上述转换后，进行数据处理分析与编图。

预测工作区图件采用北京54坐标系，坐标投影采用高斯-克吕格（横切椭圆柱等角）投影，东经108°以西的预测工作区投影中心点经度为105°，以东的预测工作区投影中心点经度为111°。

转换方式分为表数据转换和图形数据转换，表数据转换可直接通过MapGIS投影变换系统，利用设置用户投影参数和结果投影参数进行转换；图形数据转换借助MapGIS文件转换，利用设置当前投影参数和目的投影参数进行转换。基本方法包括：

(1) 确定数据源空间坐标类型，收集投影参数（如中央经线、标准纬线，参考零纬线，椭球参数等）。
(2) 确定转换的空间坐标类型及投影参数。
(3) 表数据转换选定横坐标与纵坐标数据项。
(4) 保留原坐标和转换后的坐标单位。

三、数据网格化

原始区域化探数据在特定空间范围内具有两种空间分布类型：规则网格分布和非规则网格分布。规则网格数据主要来源于1∶20万组合样数据，非规则网数据主要来源于1∶50万单点样分析数据。由于坐标投影的关系，采用处理后的网格化数据。处理方法：

(1) 网格距的确定，网格距选定为2km×2km。
(2) 数据处理搜索范围，以计算点为中心，搜索半径为网格距的2.5倍即5km。
(3) 数据处理计算方法，网格化数据处理方法均采用以距离（原始数据点到计算点的距离）为幂的指数加权法。

四、工作依据

中华人民共和国地质矿产行业标准，区域地球化学勘查规范（DZ/T 0167—2006）。
中华人民共和国地质矿产行业标准，地球化学普查规范（1∶50 000）（DZ/T 0011—1991）。
中华人民共和国国家标准，地球化学勘查技术符号（GB/T 14839—1993）。
中华人民共和国国家标准，地球化学勘查术语（GB/T 14496—1993）。
中华人民共和国地质矿产行业标准，地球化学勘查图图式、图例及用色标准（DZ/T 0075—1993）。
全国重要矿产资源潜力预测评价，化探资料应用技术要求，中国地质调查局发展研究中心（2009-12）。
全国矿产资源潜力评价数据模型，统一图式规定分册（化探资料应用组）。

第二节 数据处理与解释方法

一、数据处理

1. 数据评估及系统误差校正

由于区域地球化学数据受地理景观、采样介质、分析手段的影响，不可避免地会产生一些系统误差，尤其是涉及到区域性的化探数据，这种误差更为突出。因此，在进行数据处理与专题元素地球化学图编制之前，有必要分别对各元素进行系统误差的处理，以便能更好地反映地质现象和矿产信息。误差处理主要针对图幅间（包括分析批次）明显的系统分析误差（必须处理）和地质地理景观环境差异影响解释的效果（根据解释的需要确定）。

系统误差处理遵循以下原则：

(1) 分析误差源，所展示的数据误差造成当前数据值与周边数据值呈现明显的台阶状。
(2) 数据误差在空间上具有区域性特点，在不同区域、图幅或分析批次间有明显差异。
(3) 在数据值的分布上，掩盖了地球化学特征和地质特征展布的延续性和规律性。
(4) 在数据处理方法上，尽可能地选择线性校正，通过简单的计算可以复原数据。

系统误差处理步骤：

(1) 按原始点位采用符号分级的方式生成元素的符号图，分级方法采用累计频率方式。
(2) 通过校正图示窗浏览原始数据全图，确定具有明显的数据台阶的区域，区域的确定原则是由区域→图幅→批次；采用图形编辑工具，在图上直接圈定要处理的区域。
(3) 确定局部图幅和分析批次范围产生的系统误差，确定所有需要校正的单元，各校正单元的 ID 需设定为唯一。
(4) 建立校正单元与处理数据表空间位置索引关系。
(5) 确定各单元的校正值或校正系数，主要方法是与单元周边数据进行对比分析，部分规律性较复杂的单元可以通过统计规律确定，同时还需考虑地球化学分布的整体空间分布趋势和地质背景。

计算方法采用：$V_{ai}=AV_i+B$。其中：V_{ai} 为校正点校正后数据；A 为校正系数；V_i 为校正点原始数据；B 为校正常数。A 与 B 值的确定参照校正单元周边数据单元（正常的数据单元）确定。根据经验判断，本次校正时，B 取值为零，只调整校正系数 A，贵州省 39 种元素或氧化物数据处理情况详见表 3-1。

表 3-1 贵州省 39 种元素或氧化物地球化学图数据处理一览表

序号	图名	比例尺	图幅间系统误差处理及调整系数
1	贵州省 Ag 地球化学图	1:50 万	安顺幅 G-48-(16)（南半幅）×1.15、 安顺幅 G-48-(16)（北半幅）×1.45
2	贵州省 As 地球化学图	1:50 万	无
3	贵州省 Au 地球化学图	1:50 万	安顺幅 G-48-(16)（南半幅）×1.62、 安顺幅 G-48-(16)（北半幅）×1.44、兴仁幅 G-48-(23)×0.88、 盘县幅 G-48-(21)×0.86、罗甸幅 G-48-(23)（东半幅）×1.54、 罗甸幅 G-48-(23)（西半幅）×1.05、镇远幅 G-49-(7)×1.07、 剑河幅 G-49-(13)×1.07、榕江幅 G-49-(19)×1.07、 都匀幅 G-48-(18)×1.21、贵阳幅 G-48-(17)（广顺幅）×1.65、 贵阳幅 G-48-(17)（高坡场幅、摆金幅）×1.8、 都匀幅 G-48-(18)（龙骨力幅、平伐幅）×1.8

续表 3-1

序号	图名	比例尺	图幅间系统误差处理及调整系数
4	贵州省 B 地球化学图	1:50万	无
5	贵州省 Ba 地球化学图	1:50万	剑河幅 G-49-(13)×0.94
6	贵州省 Be 地球化学图	1:50万	遵义幅 G-48-(5)(松林幅)×1.2、 榕江幅 G-49-(19)(下江幅)×0.8、 榕江幅 G-49-(19)(九阡幅)×0.75
7	贵州省 Bi 地球化学图	1:50万	安顺幅 G-48-(16)(北半幅)×1.32
8	贵州省 Cd 地球化学图	1:50万	无
9	贵州省 Co 地球化学图	1:50万	黎平幅 G-49-(14)×1.35、剑河幅 G-49-(13)×0.95、 会同幅 G-49-(8)×1.25、三江幅 G-49-(20)×1.35
10	贵州省 Cr 地球化学图	1:50万	无
11	贵州省 Cu 地球化学图	1:50万	无
12	贵州省 F 地球化学图	1:50万	无
13	贵州省 Hg 地球化学图	1:50万	索引编码为 52038412 的含量数据 -1×10^{38} 改为 10
14	贵州省 La 地球化学图	1:50万	罗甸幅 G-48-(23)×0.9，安顺幅 G-48-(16)(北半幅)×0.85、 安龙幅 G-48-(28)×0.77、独山幅 G-48-(24)×1.16、 贵阳幅 G-48-(17)×1.05
15	贵州省 Li 地球化学图	1:50万	无
16	贵州省 Mn 地球化学图	1:50万	无
17	贵州省 Mo 地球化学图	1:50万	无
18	贵州省 Nb 地球化学图	1:50万	镇远幅 G-49-(7)×0.95、瓮安幅 G-48-(12)×0.85、 吉首幅 H-49-(32)×0.95、铜仁幅 G-49-(2)×0.95、 湄潭幅 G-48-(6)(湄潭幅、琊川幅、蜂岩幅)×1.1、 湄潭幅 G-48-(6)(凉风哨幅、河坝幅)×1.1、 独山幅 G-48-(24)(牙舟幅、平塘幅、兔场幅、三都幅)×1.15
19	贵州省 P 地球化学图	1:50万	剑河幅 G-49-(13)×1.25、镇远幅 G-49-(7)×1.15
20	贵州省 Ni 地球化学图	1:50万	江口幅 G-49-(1)×1.15、 榕江幅 G-49-(19)(宰便幅、高武幅、大平幅、下江幅、从江幅)×1.3
21	贵州省 Pb 地球化学图	1:50万	安顺幅 G-48-(16)×0.85、 沿河幅 H-49-(31)×0.95、正安幅 H-48-(36)×0.95
22	贵州省 Sb 地球化学图	1:50万	瓮安幅 G-48-(12)×0.9、 湄潭幅 G-48-(6)(湄潭幅、琊川幅、蜂岩幅)×1.77
23	贵州省 Sn 地球化学图	1:50万	无
24	贵州省 Sr 地球化学图	1:50万	无

续表 3-1

序号	图名	比例尺	图幅间系统误差处理及调整系数
25	贵州省 Th 地球化学图	1:50万	都匀幅 G-48-(18)×0.81、罗平幅 G-48-(27)×0.95、安龙幅 G-48-(28)×1.04、兴仁幅 G-48-(22)×0.95、乐业幅 G-48-(29)×0.73、铜仁幅 G-49-(2)×0.81、湄潭幅 G-48-(6)(湄潭幅、琊川幅、蜂岩幅)×1.33、镇远幅 G-49-(7)×0.93、剑河幅 G-49-(13)×0.93、吉首幅 H-49-(32)×0.81
26	贵州省 Ti 地球化学图	1:50万	无
27	贵州省 U 地球化学图	1:50万	剑河幅 G-49-(13)×1.15
28	贵州省 V 地球化学图	1:50万	无
29	贵州省 W 地球化学图	1:50万	乐业幅 G-48-(29)×0.81、罗甸幅 G-48-(23)×0.9、镇远幅 G-49-(7)×1.15、剑河幅 G-49-(13)×1.18、瓮安幅 G-48-(12)×1.1、榕江幅 G-49-(19)×1.15、贵阳幅 G-48-(17)(惠水幅、摆金幅)×1.25、贵阳幅 G-48-(17)(除惠水幅、摆金幅外,其他)×1.1、都匀幅 G-48-(18)×1.1、都匀幅 G-48-(18)(龙骨力幅、墨冲幅)×1.25、息烽幅 G-48-(11)×0.95、三江幅 G-49-(20)×1.25、桐梓幅 H-48-(35)(官店幅、楚米幅、花秋坝幅、桐梓幅)×0.90
30	贵州省 Y 地球化学图	1:50万	贵阳幅 G-48-(17)(高坡场幅)×1.2、湄潭幅 G-48-(6)(湄潭幅、琊川幅、蜂岩幅)×1.15
31	贵州省 Zn 地球化学图	1:50万	无
32	贵州省 Zr 地球化学图	1:50万	无
33	贵州省 SiO_2 地球化学图	1:50万	无
34	贵州省 Al_2O_3 地球化学图	1:50万	剑河幅 G-49-(13)×0.9
35	贵州省 Fe_2O_3 地球化学图	1:50万	无
36	贵州省 K_2O 地球化学图	1:50万	剑河幅 G-49-(13)×0.88、榕江幅 G-49-(19)×0.88、安龙幅 G-48-(28)×1.17、榕江幅 G-49-(19)(宰便幅、高武幅、大平幅、下江幅、从江幅)×0.75
37	贵州省 Na_2O 地球化学图	1:50万	镇远幅 G-49-(7)×0.75、剑河幅 G-49-(13)×0.65、南丹幅 G-48-(30)×1.45、贵阳幅 G-48-(17)(高坡场幅)×1.45、安顺幅 G-48-(16)(珠藏幅、小猫场幅、平上幅、补朗幅)×1.15
38	贵州省 CaO 地球化学图	1:50万	无
39	贵州省 MgO 地球化学图	1:50万	乐业幅 G-48-(29)×0.57、罗甸幅 G-48-(24)(西半幅)×0.63

注:括号内图幅为 1:5 万图幅。

(6)数据校正,应用软件系统提供的专用工具,按确定的校正值对各校正单元逐一进行计算。

(7)利用校正计算结果重新生成符号分级图。

(8)观察全图,对部分校正结果不理想的单元,可通过上述步骤,对单元和校正值进行调整,并重新计算,直到校正数据和成图效果符合全局规律为止。

2. 分区数据处理

为了消除区域性背景因素对元素异常划分的影响,采用子区归一处理方法对全省数据进行校正。子区主要根据景观区划分为贵州岩溶区、黔东南浅变质岩低山丘区、右江碎屑岩区、四川盆地边缘区,在贵州岩溶区内结合成矿区带进一步划分为亚区,最后共划分为9个子区(图3-2)。分别为黔东南浅变质岩低山丘陵子区、右江碎屑岩子区、四川盆地边缘子区、毕节-习水子区、黔北子区、铜仁-凯里子区、威宁-六盘水子区、清镇-纳雍子区、贵定-长顺子区。

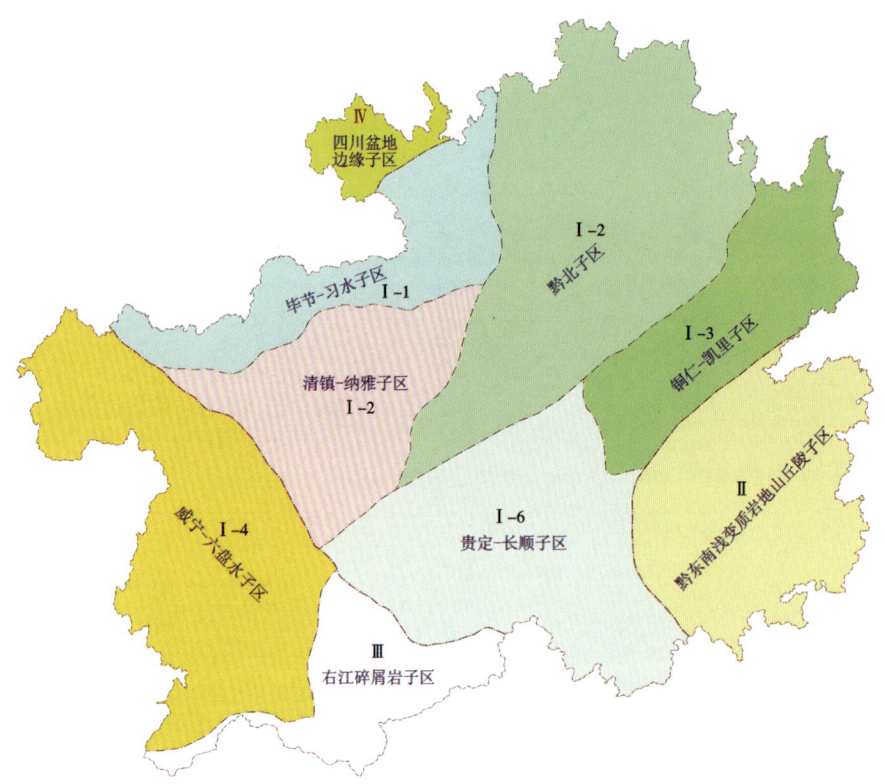

图 3-2 贵州省区域化探数据校正子区划分示意图

对各子区的背景值进行统计,以黔北子区为校正基准,对各子区元素进行子区校正处理——乘以或除以一个校正系数。39种元素或氧化物子区校正系数见表3-2。

二、数据统计

按照数据分级,对原始数据(校正后)进行统计计算,分别统计其极值、中位数、平均值、标准离差、异常下限值等地球化学参数(表3-3、表3-4)。

表 3-2 贵州省 39 种元素或氧化物子区校正特征值统计表

元素或氧化物	黔北子区(基准) 背景值	四川盆地边缘子区 背景值	调整系数	威宁-六盘水子区 背景值	调整系数	毕节-习水子区 背景值	调整系数	清镇-纳雍子区 背景值	调整系数	铜仁-凯里子区 背景值	调整系数	贵定-长顺子区 背景值	调整系数	黔东南浅变质岩低山丘陵子区 背景值	调整系数	右江碎屑岩子区 背景值	调整系数
Ag	63.49	68.8	0.922 9	75.62	0.839 6	66.88	0.949 4	65.32	0.971 9	87.6	0.724 7	74.26	0.855	77.13	0.823 2	66.34	0.957 1
As	17.35	10.42	1.664 4	17.84	0.972 4	15.08	1.150 4	18.98	0.914	16.31	1.064	18.40	0.943 1	7.62	2.276 0	22.02	0.788 0
Au	1.00	0.69	1.453 5	1.80	0.557 1	1.16	0.865 1	1.39	0.719 4	1.19	0.842 5	0.93	1.076 4	0.83	1.200 5	1.66	0.601 7
B	72.94	36.6	1.992 7	55.5	1.314 1	66.65	1.094 3	71.01	1.027 2	72.49	1.006 2	75.10	0.971 2	56.07	1.300 9	71.96	1.013 7
Ba	361.08	309.4	1.167 0	299.89	1.204	363.37	0.993 7	314.6	1.147 7	475.71	0.759	210.43	1.715 9	638.69	0.565 3	227.22	1.589 1
Be	2.53	1.47	1.717 6	2.5	1.010 8	2.49	1.017 7	2.57	0.983 3	2.30	1.101	1.99	1.272	2.24	1.130 5	2.44	1.037 3
Bi	0.43	0.22	1.928 3	0.42	1.023 8	0.38	1.119 8	0.43	1.002 3	0.41	1.041 2	0.42	1.028 7	0.33	1.315 0	0.45	0.951 3
Cd	388.85	202.78	1.917 6	657.2	0.591 7	343.04	1.133 5	307.63	1.264	360.33	1.079 2	503.82	0.771 8	218.54	1.779 3	220.63	1.762 5
Co	18.10	8.59	2.107 1	33.97	0.532 8	21.77	0.831 6	28.73	0.63	15.27	1.185 3	15.38	1.177 2	11.31	1.599 9	24.09	0.751 3
Cr	81.78	54.36	1.504 5	151.96	0.538 2	103.97	0.786 6	128.03	0.638 8	66.64	1.227 2	83.31	0.981 7	40.10	2.039 4	101.41	0.806 5
Cu	28.98	17.89	1.619 5	95.14	0.304 6	42.83	0.676 6	69.32	0.418 1	26.22	1.105 2	25.64	1.130 2	21.40	1.354	47.91	0.604 9
F	900.92	351.18	2.565 4	644.87	1.397 1	896.98	1.004 4	1 027.07	0.877 2	649.70	1.386 7	698.77	1.289 3	407.03	2.213 4	802.95	1.122
Hg	105.76	42.59	2.483	76.87	1.375 8	86.5	1.222 7	113.60	0.931	138.14	0.765 5	127.82	0.827 4	96.82	1.092 4	93.14	1.135 5
La	40.84	28.69	1.423 7	46.72	0.874 2	43.86	0.931 2	49.45	0.826	41.02	0.995 6	38.33	1.065 6	41.24	0.990 3	42.34	0.964 5

续表 3-2

元素或氧化物	黔北子区（基准）背景值	四川盆地边缘子区 背景值	四川盆地边缘子区 调整系数	威宁-六盘水子区 背景值	威宁-六盘水子区 调整系数	毕节-习水子区 背景值	毕节-习水子区 调整系数	清镇-纳雍子区 背景值	清镇-纳雍子区 调整系数	铜仁-凯里子区 背景值	铜仁-凯里子区 调整系数	贵定-长顺子区 背景值	贵定-长顺子区 调整系数	黔东南浅变质岩低山丘陵子区 背景值	黔东南浅变质岩低山丘陵子区 调整系数	右江碎屑岩子区 背景值	右江碎屑岩子区 调整系数
Li	41.57	23.11	1.798 9	45.96	0.904 5	46.52	0.893 7	53.59	0.775 7	40.23	1.033 3	36.72	1.132	33.67	1.234 5	41.67	0.997 6
Mn	1 227.67	390.57	3.143 2	1 354.79	0.906 2	1 151.85	1.065 8	1 523.5	0.805 8	904.06	1.358	1 189.61	1.032	817.31	1.502 1	1 106.21	1.109 8
Mo	1.56	0.47	3.305 1	1.84	0.847 4	1.39	1.126 4	1.86	0.836 9	1.64	0.949 5	1.62	0.960 6	0.81	1.930 7	1.41	1.106 4
Nb	19.85	10.89	1.823 4	31	0.640 3	23.73	0.836 5	33.81	0.587 1	18.03	1.101 2	22.35	0.888 1	20.22	0.981 7	26.13	0.759 6
Ni	32.58	14.14	2.304 1	57.35	0.568 1	40.04	0.813 6	48.83	0.667 3	33.17	0.982 3	32.77	0.994 1	21.35	1.548	45.82	0.711 1
P	602.95	269.4	2.238 1	926.59	0.650 7	706.28	0.853 7	878.97	0.686	577.25	1.044 5	587.83	1.025 7	563.51	1.07	822.04	0.733 5
Pb	31.69	22.29	1.421 6	30.14	1.051 5	27.76	1.141 5	30.02	1.055 6	38.37	0.825 9	31.72	0.999 2	26.58	1.192 5	31.02	1.021 5
Sb	1.26	0.68	1.850 2	1.6	0.786	1.07	1.179 8	1.43	0.878 7	1.56	0.809 5	1.52	0.830 6	1.53	0.821 4	1.72	0.732 1
Sn	3.15	1.72	1.836 7	3.69	0.854 8	3.14	1.004 1	3.52	0.895 4	3	1.049 7	3.09	1.018 8	2.76	1.140 5	3.4	0.925 7
Sr	69.72	67.35	1.035 2	86.14	0.809 4	89.58	0.778 3	90.98	0.766 3	57.27	1.217 5	57.71	1.208 1	54.18	1.286 9	76.28	0.914
Th	16.75	10.74	1.559 7	14.15	1.183 6	15.4	1.087 8	15.57	1.075 8	16.29	1.028	16.04	1.044 1	15.52	1.052 5	16.25	1.031
Ti	5 651.72	2 919.05	1.936 2	13 658.77	0.413 8	7 959.66	0.71	12 029.24	0.469 8	4 793.54	1.179	5 474.33	1.032 4	4 774.31	1.183 8	8 492.12	0.665 5
U	3.8	1.99	1.911 5	3.54	1.074 7	3.54	1.073 7	4.62	0.821 8	2.94	1.290 8	3.69	1.031 2	2.17	1.749 5	3.6	1.054 4
V	112.09	57.04	1.965 1	244.48	0.458 5	140.31	0.798 9	199.13	0.562 9	97.21	1.153 1	107.15	1.046 1	80.41	1.394	170.27	0.658 3

续表 3-2

元素或氧化物	黔北子区(基准) 背景值	四川盆地边缘子区 背景值	四川盆地边缘子区 调整系数	威宁-六盘水子区 背景值	威宁-六盘水子区 调整系数	毕节-习水子区 背景值	毕节-习水子区 调整系数	清镇-纳雍子区 背景值	清镇-纳雍子区 调整系数	铜仁-凯里子区 背景值	铜仁-凯里子区 调整系数	贵定-长顺子区 背景值	贵定-长顺子区 调整系数	黔东南浅变质岩低山丘陵子区 背景值	黔东南浅变质岩低山丘陵子区 调整系数	右江碎屑岩子区 背景值	右江碎屑岩子区 调整系数
W	1.98	1.02	1.9412	1.76	1.125	1.67	1.1892	1.94	1.0196	1.67	1.1828	1.85	1.0732	1.29	1.5397	1.95	1.0164
Y	28.61	16.2	1.7658	40.61	0.7045	30.7	0.9318	36.82	0.777	26.43	1.0824	32.59	0.8779	32.69	0.8752	35.72	0.8009
Zn	84.99	51.56	1.6483	110.19	0.7713	79.48	1.0694	91.09	0.9331	99.07	0.8579	85.73	0.9914	95.94	0.8858	96.98	0.8763
Zr	301.63	245.48	1.2288	367.91	0.8198	326.52	0.9238	363.88	0.8289	273.4	1.1033	381.3	0.7911	357.72	0.8432	315.81	0.9551
Al_2O_3	12.08	8.5	1.4212	14.31	0.8443	12.85	0.9399	13.67	0.8836	12.41	0.9736	9.99	1.2092	14.69	0.8226	12.08	0.9998
CaO	1.04	0.42	2.5	0.85	1.2308	1.02	1.0206	0.91	1.1416	1.99	0.5231	0.65	1.5902	0.25	4.16	1.01	1.0317
Fe_2O_3	5.85	2.91	2.0103	10.72	0.5459	7.33	0.798	9.34	0.6267	5.08	1.1527	4.81	1.2155	4.38	1.3365	7.39	0.7913
K_2O	2.34	1.6	1.4607	1.4	1.6667	2.13	1.0981	1.93	1.2118	2.26	1.0372	1.22	1.9149	2.22	1.0564	1.49	1.5715
MgO	1.62	1.1	1.4727	1.52	1.0679	1.78	0.9081	1.8	0.8985	1.7	0.9507	0.88	1.8514	0.75	2.1658	1.43	1.1368
Na_2O	0.26	0.41	0.628	0.2	1.3	0.28	0.9253	0.22	1.2037	0.32	0.8254	0.19	1.4054	0.36	0.7143	0.21	1.25
SiO_2	67.12	80.19	0.837	60.12	1.1164	64.04	1.0481	61.31	1.0948	65.01	1.0325	75.05	0.8943	69.51	0.9656	64.94	1.0336

注：含量单位，Ag、Au、Cd、Hg 为 $\times 10^{-9}$；氧化物为 $\times 10^{-2}$；其余元素为 $\times 10^{-6}$。

表 3-3 贵州省 39 种元素或氧化物 19 级累计频率值统计表

累频(%)	0.5	1.2	2	3	4.5	8	15	25	40	60	75	85	92	95.5	97	98	98.8	99.5	99.9
件数(件)	230	552	920	1 380	2 070	3 680	6 901	11 501	18 402	27 602	34 503	39 103	42 324	43 934	44 624	45 084	45 452	45 774	45 958
Ag	24.56	28.28	30.08	31.69	34.33	38.02	43.59	48.1	52.31	61.79	74.36	87.18	105.8	128.6	150	180	230.9	386.6	974.8
As	2.04	2.67	3.14	3.56	4.28	5.53	7.79	10.31	13.46	18	22.38	27.54	35.26	43.14	50.1	59.46	75.64	106.8	230.2
Au	0.1	0.16	0.19	0.22	0.23	0.33	0.4	0.5	0.7	0.95	1.24	1.54	1.89	2.3	2.58	2.98	3.6	6.08	22.7
B	14.98	18.51	21.94	25.11	29.76	37.3	47.23	56	65.83	78.29	92	105.3	121	137.2	148	158.6	177.6	214.8	348.9
Ba	103.7	130.9	150.2	166.2	184.1	215.3	256.5	297	347.1	411.8	472.2	542.3	657.4	794.2	931.1	1 187	1 766	3 327	9 537
Be	0.86	1.1	1.21	1.32	1.43	1.65	1.91	2.15	2.39	2.66	2.9	3.16	3.48	3.81	4.06	4.3	4.58	5.19	6.73
Bi	0.11	0.15	0.17	0.18	0.19	0.23	0.28	0.31	0.38	0.43	0.5	0.55	0.62	0.7	0.76	0.83	0.91	1.06	7.51
Cd	47.57	58.54	65.86	73.18	80.5	100.3	140.7	186.6	271.6	374.3	500	714.8	1 121	1 563	1 903	2 300	2 803	4 105	7 680
Co	3.83	5.29	6.02	6.68	7.66	9.25	11.24	13.35	16	19.22	22.53	26	30.07	33.54	35.88	38.08	41.51	46.83	62.06
Cr	24.35	29	31.61	34.72	38	44	52.16	60.42	70.8	83.81	96.98	111.4	130.9	151	166.5	181.3	202.1	243.5	322.9
Cu	4.89	6.64	7.85	9.11	10.46	13.12	17	20.5	25.05	32.18	40.21	49.79	64.08	76.99	84.39	91.53	101.3	118.1	154.8
F	263.7	306	334.7	366.8	400.5	462.1	553.4	664	790	983.1	1 163	1 376	1 679	1 972	2 201	2 400	2 650	3 026	3 897
Hg	30	40	49.75	50	60	71.07	99.5	135	218.3	386.5	562.2	773	1 054	1 451	1 856	2 523	3 935	10 464	71 570
La	11.37	17.18	19.85	21.58	23.69	26.62	30.47	33.82	37.79	42.29	46.6	51	56.32	61.87	66.33	70.77	76.75	87.16	109

续表 3-3

累频(%)	0.5	1.2	2	3	4.5	8	15	25	40	60	75	85	92	95.5	97	98	98.8	99.5	99.9
件数(件)	230	552	920	1 380	2 070	3 680	6 901	11 501	18 402	27 602	34 503	39 103	42 324	43 934	44 624	45 084	45 452	45 774	45 958
Li	14.15	16.48	17.86	19.26	20.81	23.38	27.99	32.23	38	46	55	65.8	82.94	103.2	118.2	132.3	150.7	182.9	260
Mn	187.6	262.2	312.4	365.1	420.9	522.5	664.7	827.1	1 038	1 311	1 559	1 804	2 117	2 463	2 750	3 042	3 417	4 020	5 759
Mo	0.19	0.28	0.3	0.37	0.42	0.56	0.73	0.94	1.2	1.6	2.05	2.56	3.3	4.21	5.12	6.42	8.68	13.66	28.07
Nb	6.54	7.73	8.43	9	9.76	11.24	13.17	15.46	18	21.22	24.03	27.47	32.14	36.71	39.52	42.31	46.3	55.32	67.28
Ni	8.09	10.05	10.93	12.31	13.61	16.51	20.39	24	29	34.96	40.51	46.61	53.61	60.21	64.5	68.69	73.9	85.75	140.8
P	148.5	181.7	209.2	235.1	264.4	317.8	386.5	452	533.7	643	753.2	866.3	1 008	1 145	1 252	1 391	1 589	1 958	2 800
Pb	9.19	10.21	10.87	12.05	13.89	17.03	20.88	24.01	27.14	31.14	35.78	41.86	53.23	65	74.76	87.3	110.5	239	809
Sb	0.12	0.15	0.18	0.21	0.25	0.34	0.48	0.64	0.86	1.16	1.45	1.8	2.37	3.21	4.13	5.41	7.64	13.64	38.98
Sn	1.07	1.39	1.5	1.67	1.79	2.02	2.33	2.6	2.9	3.24	3.58	3.88	4.28	4.68	5	5.34	5.83	7.17	17.09
Sr	20.33	24.91	28.28	31.41	34.43	39.37	46.37	53.83	63	74.96	87.57	102.4	122.6	144	161.4	180.5	206.7	269	465.4
Th	6.35	8.27	9.26	10	10.59	11.74	13	14.23	15.67	17.58	19	20.57	22.24	23.72	24.9	25.86	27.28	29.83	33.43
Ti	1 486	1 764	1 973	2 145	2 368	2 836	3 550	4 410	5 210	6 177	7 225	8 635	10 645	12 373	13 479	14 412	15 669	17 543	20 913
U	0.18	0.22	0.23	0.25	0.28	0.42	2.02	2.52	3.09	3.8	4.61	5.53	7	9.9	11.41	12.46	13.51	14.86	22.66
V	32.02	37.16	41.4	45.46	50.8	59.74	72	84.29	97.51	116	135.1	159	188	211.9	227	246.3	273.3	313.4	442.2

续表 3-3

累频(%)	0.5	1.2	2	3	4.5	8	15	25	40	60	75	85	92	95.5	97	98	98.8	99.5	99.9
件数(件)	230	552	920	1 380	2 070	3 680	6 901	11 501	18 402	27 602	34 503	39 103	42 324	43 934	44 624	45 084	45 452	45 774	45 958
W	0.33	0.57	0.72	0.84	0.95	1.12	1.31	1.5	1.78	2.03	2.32	2.61	2.98	3.32	3.56	3.89	4.32	5.53	12.2
Y	11.91	13.42	14.21	15.31	16.38	18.16	20.53	22.92	26	29.47	32.82	36.1	40.38	45.27	49.75	55.82	64.68	79.16	104.2
Zn	19.21	25.61	29.27	33.36	37.41	44.28	54.47	64.86	75.72	88	98.43	110.7	129.9	157	182.5	210	245.1	361.9	1 182
Zr	107.3	138.3	155	168.6	182.6	204.2	231	256.7	285	319.7	351.7	382	415.9	445.5	466.9	488.6	518.7	567	675.7
Al_2O_3	4.89	5.68	6.22	6.71	7.26	8.14	9.34	10.43	11.54	12.71	13.71	14.65	15.79	16.81	17.54	18.31	19.26	21.11	25.01
CaO	0.12	0.15	0.18	0.22	0.26	0.37	0.49	0.66	0.91	1.34	1.93	2.89	4.6	6.47	7.89	9.55	11.72	15.41	25.88
Fe_2O_3	1.71	2.05	2.28	2.51	2.79	3.32	3.95	4.58	5.29	6.18	7.07	8.04	9.2	10.12	10.74	11.36	12.21	14.08	20.22
K_2O	0.58	0.72	0.8	0.88	0.96	1.12	1.37	1.67	2.06	2.45	2.85	3.25	3.69	4.12	4.47	4.81	5.26	5.94	7.27
MgO	0.37	0.45	0.52	0.55	0.63	0.74	0.93	1.14	1.42	1.81	2.24	2.84	3.68	4.53	5.33	6.36	8.03	11.42	21.04
Na_2O	0.03	0.04	0.05	0.055	0.06	0.07	0.08	0.1	0.15	0.22	0.28	0.35	0.44	0.59	0.84	3.95	4.38	5.07	8.42
SiO_2	39.17	45.27	48.15	50.03	51.97	54.77	58.18	61.48	64.96	68.74	72.13	75.44	78.85	81.61	83.69	85.6	87.87	91.25	97.12

注：含量单位，Ag、Au、Cd、Hg 为 $\times 10^{-9}$；氧化物为 $\times 10^{-2}$；其余元素为 $\times 10^{-6}$。

表 3-4 贵州省 39 种元素或氧化物特征值统计表

元素或氧化物\特征值	最大值	最小值	算术平均	标准离差	中位数	变异系数
Ag	4 981	3	83.34	94.34	70	1.132
As	8 145.3	0.03	20.15	45.34	15	2.250
Au	1 070	0.1	1.52	7.26	1.1	4.778
B	1 500	1.25	70.51	34.63	68	0.491
Ba	57 158	4.4	434.72	816.48	319	1.878
Be	119	0.2	2.39	1.05	2.4	0.440
Bi	11.88	0.01	0.43	0.36	0.4	0.836
Cd	64 700	20	673.89	1 188.17	300	1.763
Co	209	0.1	20.30	11.41	17	0.562
Cr	1246	0.3	93.93	55.94	79.1	0.596
Cu	1 590	1	43.98	40.50	29.9	0.921
F	13 500	13	792.21	467.12	690	0.590
Hg	840 390	0.6	397.89	7 673.09	100	19.285
La	196	0.1	42.78	13.09	41	0.306
Li	1 000	0.2	48.29	33.17	40	0.687
Mn	31 981	19	1 195.03	719.56	1 078	0.602
Mo	285	0.02	1.84	2.88	1.4	1.561
Nb	222	1	24.13	11.58	20.9	0.480
Ni	912	3	37.90	20.09	33	0.530
P	18 485	10.5	712.72	409.93	623	0.575
Pb	9 213	0.6	39.03	109.11	29	2.795
Sb	3 505	0.04	2.73	27.03	1.35	9.917
Sn	92	0.3	3.25	1.45	3.16	0.447
Sr	1 482	2	76.57	47.07	65	0.615
Th	44	0.1	15.87	3.84	16	0.242
Ti	78 770	22	7 576.20	5 262.92	5 460	0.695

续表 3-4

元素或氧化物 特征值	最大值	最小值	算术平均	标准离差	中位数	变异系数
U	87.42	0.04	3.66	1.89	3.3	0.516
V	745	1	139.79	83.81	109	0.600
W	85.2	0.013	1.83	1.01	1.7	0.553
Y	332	0.1	33.76	13.79	31	0.408
Zn	49 026	1	106.77	370.82	90	3.473
Zr	1 025	0.4	336.16	94.05	331	0.280
Al_2O_3	38.07	0.6	12.51	3.16	12.72	0.253
CaO	90	0.01	1.53	2.40	0.74	1.576
Fe_2O_3	60.2	0.2	6.60	3.36	5.63	0.509
K_2O	10.65	0.01	1.91	0.84	1.89	0.440
MgO	79	0.04	1.67	1.70	1.29	1.019
Na_2O	14.5	0.004	0.48	1.34	0.25	2.819
SiO_2	99.65	8.16	66.76	10.05	67.07	0.150

注：含量单位：Ag、Au、Cd、Hg 为 $\times 10^{-9}$；氧化物为 $\times 10^{-2}$；其余元素为 $\times 10^{-6}$。

三、异常处理与分析

1. 异常处理

异常处理主要为异常下限的确定，确定异常下限是编制异常图的关键环节，异常下限的确定采用累频方法分级：85%～90%为异常下限，90%～95.5%为异常外带，95.5%～98%为异常中带，≥98%为异常内带。异常分级采用区以橙红(1772号色)、红色(1774号色)、深红(1776号色)表示。

省级图件异常的确定：90%为异常下限，90%～95.5%为异常外带，95.5%～98%为异常中带，≥98%为异常内带。

预测工作区异常的确定：85%为异常下限，85%～95.5%为异常外带，95.5%～98%为异常中带，≥98%为异常内带。

2. 异常分析

异常分析运用较多的为普通聚类分析(相关系数法)和因子分析。

普通聚类分析基于不同变量(元素)的统计规律，按照变量间的相关性(R 型、Q 型)，将多个变量进行分类或分组，每一组代表不同类型的地质意义。

(1)研究成矿元素与伴生元素之间的关系，为选择指示元素提供依据。

(2)通过不同元素的组合研究岩浆岩、地层、构造与矿化的关系，确定矿产类型或地质背景。

(3)了解各地质单元或景观环境的元素组合特点。

(4)对多元素异常进行分类。

全省化探数据聚类分析见图3-3。

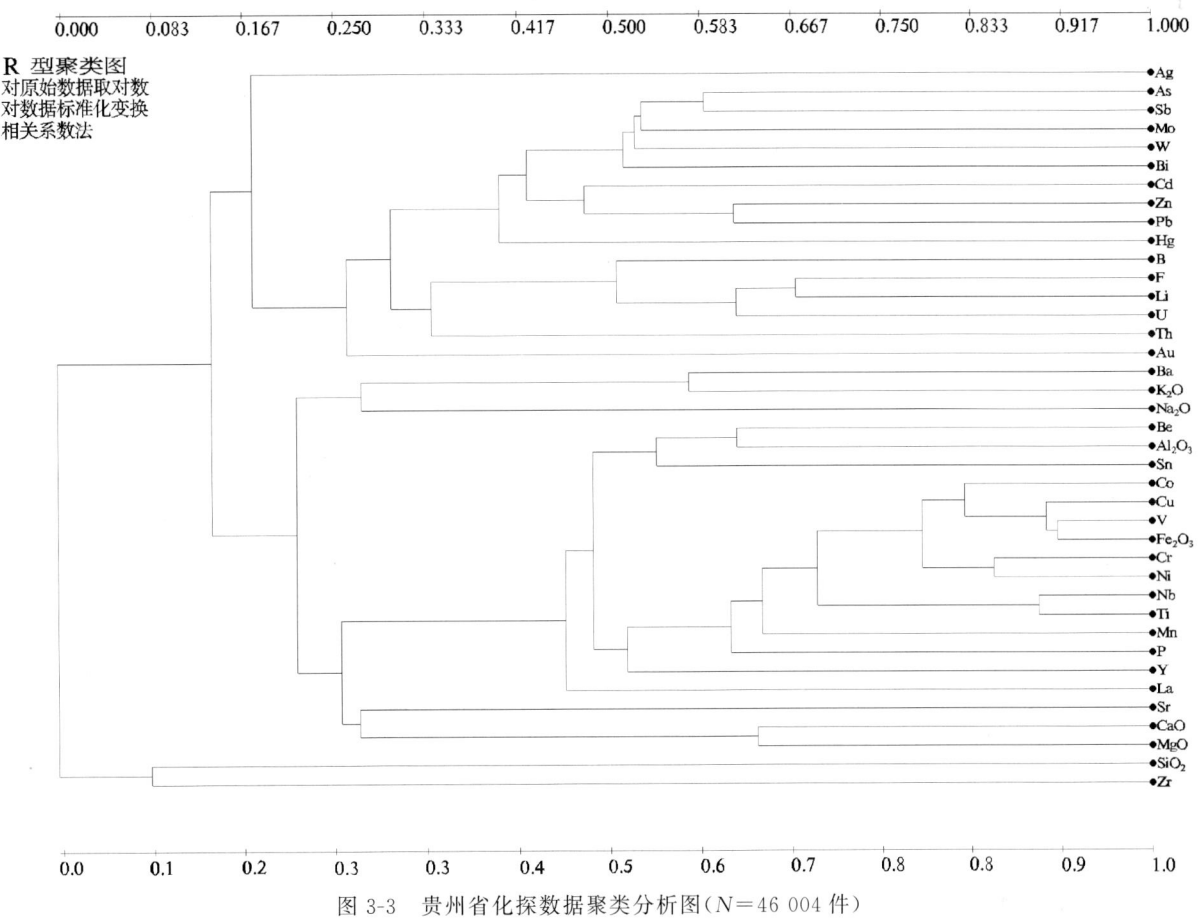

图3-3 贵州省化探数据聚类分析图($N=46\ 004$件)

因子分析是帮助我们对大量地质观测资料进行分析和作出较为合理解释的一种多元素统计方法,它能够通过大量的元素分析数据,在关系复杂的情况下,寻找影响它们的共同因素和特殊因素。并以原始数据间的相关关系为基础,通过数据方法将许多彼此间具有错综复杂关系的因子联系起来,它往往指示出某种地质元素间的共生组合和成因联系。用因子代替原始元素,不仅对原始元素的相关信息损失无几,而且更能反映出地质现象的内在联系。

在多元素解释分析中,即通过M个新的变量表示N种元素,$M<N$。

(1)表示元素间的关系。

(2)新变量(因子)可以揭示研究区域的地质现象和地球化学特征,探索地质现象成因联系。如研究成矿作用时,因子可能具有矿化阶段的意义。

(3)分离空间域地球化学场。

第三节 编图方法技术

元素地球化学图件编制,主要运用MapGIS 6.7和GeoExpl软件,遵照全国矿产资源潜力评价项目中的《化探资料应用技术要求》方法技术进行。

在矿产资源潜力评价的地球化学信息应用及综合分析过程中,为达到使数据集尽可能地满足某种分布(如正态分布)、便于解释其分布规律,统一不同元素量纲和数据水平便于叠加分析或累加等运算,突出综合变量、化减变量数,突出地质及矿产特征信息等目的,需运用现代计算机技术及手段,对数据进行处理。常用的方法主要有:数据变换、离散数据网格化、数据分布检验、多元统计分析等。采用处理后的数据进行研究和编制系列元素地球化学图件是为了充分提取地球化学信息。

一、地球化学图

单元素地球化学图是指通过系统误差处理后的元素数据集,通过网格化数据处理后,直接生成等值线或区。

1. 色阶划分

地球化学编图中,色阶的划分直接影响到地球化学的图面效果、地球化学空间分布规律和反映的地质特征等。考虑到这些因素,本次编图采用了累计频率与对数分级相结合,同时参考数据的特征值如平均值、中位数等。

数据共分为19级,初始分级频率间隔为:0.5、1.2、2、3、4.5、8、15、25、40、60、75、85、92、95.5、97、98、98.8、99.5、99.9。

然后按照数据的分布特征进行调整,使数据分级段总体上成正态分布。分级原则为背景段分为5级,约占60%;一般异常分为4级,占15%~20%;低背区(低背景或负异常)分为5级,占15%~20%;高值异常和低值异常分别为1级、2级,一般不超过1.2%。

分级色阶的选取方式为:以冷色调(蓝色)作为低值区,随着数据的增大,颜色变暖,即由蓝—绿—黄—红—深红变化,统一系统库中对应的19级色区值分别为1760、1761、1762、1763、…、1778,色阶值及累频值详见图3-4。

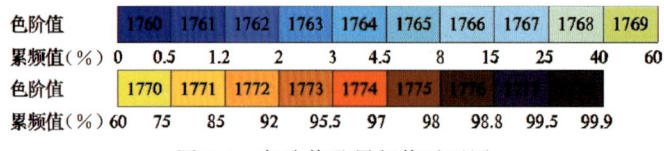

图3-4 色阶值及累频值对照图

2. 特征值统计计算

按照数据分级,对原始数据(校正后)进行统计计算,分别统计其极值、中位数、平均值、标准离差、异常下限值等地球化学参数,其数据的分布、分配情况以直方图的形式展示在图上,考虑到地球化学数据存在偶然误差,因此数据极大值和极小值的统计采用截取的方法,极小值和极大值分别截取0.001%和99.999%数据位的数据。

3. 创建等量线和等值区

在处理的网格数据和确定的分级方案基础上,利用应用软件的等值线生成模块,就可生成地球化学等值线和等值区,分别以线图层和区图层的形式表示。

为便于与全省1:50万39种元素或氧化物元素地球化学图相比较,首先按预测工作区范围对数据进行裁剪,分别对各预测工作区进行色阶值、极值、平均值、标准差等参数统计,根据各预测工作区编图比例尺要求成图(全省数据)后,再按各预测工作区范围对相应图件进行裁剪,然后通过坐标系的转换整饰而成预测工作区相关元素地球化学图。

二、地球化学异常图

在采用累频方法进行分级的基础上,以85%的累频值为异常下限,85%～95.5%的累频值为异常外带,95.5%～98%的累频值为异常中带,≥98%的累频值为异常内带。异常的外、中、内带采用面色以橙红(1772号色)、红色(1774号色)、深红(1776号色)表示,3级异常线采用蓝色加粗(0.3mm)的点画线、虚线、实线区分。

三、地球化学组合异常图

组合异常图包括异常元素组合的确定、异常圈定、异常编号、图件整饰等内容。主要运用MapGIS 6.7进行图件编制和整饰。

1. 组合异常元素的确定

异常元素组合的选择根据预测的需要,主要依据典型矿床成矿元素组合,并结合元素相关性,以及Au、Sb、Pb、Zn、Cu、W、P、Y、Mn、Ni、Mo、V、Hg、Fe_2O_3、Ba、F等元素或氧化物为金、锑、铅锌、铜、钨(锡)、磷(稀土)、锰、镍、钼、钒、汞、硫、重晶石、萤石等矿产矿石矿物的重要组成等因素综合考虑确定。

(1)金矿组合异常元素为:Au、As、Sb、Hg。

(2)锑矿组合异常元素为:Sb、Au、As、Hg。

(3)铅锌矿组合异常元素为:Pb、Zn、Ag、Cd、Cu。

(4)铜矿组合异常元素为:Cu、Pb、Zn、Ag、Cd。

(5)钨(锡)矿组合异常元素为:W、Sn、Bi、Mo。

(6)磷(稀土)矿组合异常元素为:P、Zn、Y、Ba、Sr、Hg。

(7)锰矿组合异常元素或氧化物为:Mn、Fe_2O_3、Cr、Ni、V、P、Y。

(8)镍矿组合异常元素为:Ni、Mo、V、U、Ag、Zn、P。

(9)钼矿组合异常元素为:Mo、Ni、V、U、Ag、Zn、P。

(10)钒矿组合异常元素为:V、Mo、Ni、U。

(11)汞矿组合异常元素或氧化物为:Hg、Au、As、Sb、Sr、Ba、K_2O。

(12)硫矿组合异常元素或氧化物为:Fe_2O_3、Cr、Ni、V、Ti。

(13)重晶石矿组合异常元素为:Ba、F、As、Sb、Hg。

(14)萤石矿组合异常元素为:F、Ba、As、Sb、Hg。

2. 组合异常圈定

在单元素地球化学异常图的基础上,采用叠加的方法将其共伴生元素异常套合在一起构成组合异常。

3. 组合异常的表示

在单元素地球化学异常的基础上,按元素组合将各元素异常叠合。

主成矿元素(如锰-Mn)1、2、3级异常线采用蓝色加粗(0.3mm)的点画线、虚线、实线区分,异常的外、中、内带采用面色以橙红(1772号色)、红色(1774号色)、深红(1776号色)表示。

伴生元素异常仅表示其1级异常（异常外带线），其异常线用加粗（0.3mm）的点画线表示，不同元素异常线用不同颜色区分。

四、地球化学综合异常图

综合异常图是通过应用数据处理结果（如多元素叠加、空间分析）和对多元素异常综合解释按照相关规则圈定的综合性图件。包括元素异常叠加、综合异常提取、异常编号、图件整饰等内容。

1. 综合异常元素的选择

按组合异常元素选择相应的元素。

2. 综合异常的圈定

在地球化学组合异常图的基础上，采用多元素异常（累频值≥85%）空间逻辑叠加的方法，运用 MapGIS 软件将相关元素地球化学异常分别进行空间逻辑叠加，形成各矿种地球化学综合异常。

3. 综合异常的表示

根据元素的组合关系，将各矿种综合异常编制在一张图上，对其综合异常范围线采用不同颜色的线区分。

4. 综合异常的编号

由左向右、从上到下统一顺序编号，即北部异常为小号，编号用"HS综－序号（1、2、3…）"表示。编号前对较小的综合异常进行了取舍（对图上面积≤25mm² 异常进行删除）。

五、典型矿床异常图

编图过程包括异常提取、图件整饰等内容，编图主要运用 MapGIS 6.7 进行图件编制和整饰。

1. 异常提取

为了消除区域性背景因素对元素异常划分的影响，采用子区归一处理方法对全省数据进行校正，校正后数据采用累频方法分级，以90%为异常下限，90%～95.5%为异常外带，95.5%～98%为异常中带，≥98%为异常内带。进而编制了全省39种元素或氧化物地球化学异常图，为典型矿床所在位置异常所用。

2. 编图范围的确定

根据典型矿床所在位置地质特征、地球化学异常特征，使其元素单个异常在其范围内较完整（封闭），以经纬度坐标值圈定典型矿床编图范围。

3. 图件编制

利用上述确定的编图范围，对39种元素或氧化物中，典型矿床及成矿地质体（构造）上有异常分布的单元素异常进行裁剪，结合典型矿床位置及其地质特征，将裁剪的单元素异常进行罗列。将其相应元素名称标注在异常图的上方，再对其异常等值线进行标注，经图面整饰得到典型矿床区域地球化学特征图。

第四节 质量评述

成图数据主要来源于贵州省区域化探数据库,涉及全省 41 个 1∶20 万图幅的区域化探样品数据。贵州省 1∶20 万区域化探扫面野外采样工作历时 13 年,采集水系沉积物(土壤)样品 20 多万件,覆盖贵州省及省界扩边的 18 万余平方千米,该项工作 70% 以上由贵州省地矿局物化探大队(109 队)完成,余下为贵州省地矿局 101 地质大队、103 地质大队、区域地质调查队(108 队)完成。

样品分析测试工作主要由贵州省地矿局地质实验所承担,湖北省地质局实验研究中心、广东省地质矿产局区调队实验室、地质矿产部第二物探队实验室、贵州省地矿局物化探大队实验室等单位曾参加了部分样品的定量分析工作。分析测试组合样品 4 万多件,样品的分析测试工作于 1995 年 5 月完成。

引用《贵州省元素地球化学图集》(冯济舟,2008)资料,其样品及其分析质量叙述如下。

1. 分析检出限

除早期(1980—1983 年)As、Au、Co、Cu、Hg、Nb 等 7 种元素分析检出限略差于地质矿产部颁发的《区域化探全国扫面工作方法若干规定》要求的分析检出限外,39 种元素或氧化物中的其他元素或氧化物分析检出限均能达到规定的分析质量指标要求。

2. 分析报出率

(1) Ba、Be、Bi、F、Li、Mn、Mo、Sr、Ti、U、V、Y、Zn、Zr、SiO_2、Al_2O_3、Fe_2O_3、K_2O、Na_2O、CaO、MgO 的分析数据报出率达 100%;Ag、As、B、Cd、Co、Cr、Cu、Nb、Ni、P、Pb、Sb、Sn、Th、W 等指标的分析数据报出率早期(1980—1983 年)在 90%～100% 之间;Hg、La 的分析数据报出率早期(1980—1983 年)在 80%～100% 之间,均能达到原地质矿产部颁发的《区域化探全国扫面工作方法若干规定》中规定的分析报出率质量指标要求。

(2) Au 的分析报出率,早期工作的 1∶20 万镇远、瓮安 2 个图幅报出率为 52.9% 和 50.9%,未能达到规范要求,其他图幅 Au 的分析数据报出率均在 80%～100% 之间,可满足报出率质量指标要求。

3. 一级标准样

全省 41 个 1∶20 万图幅中,除 Ag、As、Hg、Ni、Pb、Th 各有 1 个 1∶20 万图幅的一级标准样合格率略低外,其余元素其他图幅的一级标准样合格率均能达到规范要求。

4. 二级(省级)管理样

以 1∶20 万图幅为单位,1∶5 万图幅为基本单元,50 个号码(包括组合样、重复样和二级标样)为一个批次,随机留 4 个号插入二级(省级)管理样(GRD)系列。利用二级标准样分析测定值的平均对数偏差($\Delta \lg C$)来监控各批次之间的可变偏倚,以其对数偏差的标准离差(λ)来衡量本批次内样品分析测试的精密度。同时,将二级标样的每日分析的 $\Delta \lg C$ 平均值和 λ 值绘制成实验室日常质量监控图,并按每个 1∶20 万图幅内插入的二级标样分别统计各分析指标的合格率,合格率达到 80%～90%。

5. Au 的分析监控

痕量 Au 元素的常规分析,严格按地质矿产部物化探局〔1983〕182 号文规定执行,每一批(50 个号码)中以密码方式插入 4 个国家一级痕量金的标准物质与样品一起分析,计算单个标准物质实测值与标

准值的相对误差[$RE=(|A_{实测值}-A_{标准值}|)/A_{标准值}\times100\times2$],由送样工作单位按每批次以密码方式随机插入占总样品数的5%～10%的重复分析样,对基本样与重复分析样的两次分析结果进行相对误差计算,合格率达到80%～90%。

6. 重复样重复分析的三层套合方差分析及 F 检验

按照每50个采样大格内随机抽取1个大格作为重复采样大格,按照"一同三不同"原则(即相同采样点位,不同时间、不同人、不同层次),采取基本样和重复样,对其进行一次分析和二次分析,根据两次取样的4次分析结果,利用三层套合方差分析计算结果,讨论采样点间、各样品间、分析测试间的误差来源和影响。通过每个1:20万图幅内采集的重复样和重复分析样三层套合方差分析计算,进行 F 检验。

全省41个1:20图幅所有39种元素和氧化物的F_1值均大于或远大于理论临界值,说明元素和氧化物的地球化学背景场的变化起伏与含量数据的采样和分析误差有显著差异,表明全省区域化探采样和分析误差不会掩盖或歪曲区域地球化学背景场的变化起伏,尤其是地球化学异常的变化起伏,分析测试数据可靠并可以利用。

分析元素或氧化物的F_2值小于理论临界值,表明这些元素或氧化物的误差以分析误差为主,采样误差为次。

结合全省F_1的检验结果,分析元素或氧化物的F_1值小于理论临界值,以及近30年来的区域化探异常寻找金矿及其他矿种的找矿效果,可以认定绝大多数样品的分析质量是好的,是达到规范规定和满足技术要求的,分析成果可以利用。

7. 密码内检样分析监控

常规的样品分析过程中,为了切实保证控制日常分析中的分析误差,由实验室分析质量管理员按样品总数3%～10%的比例抽取内部抽查样品,以密码方式随机插入分析样品之间,监控分析全过程。抽查分析结果与基本分析结果按$RE=[(|基本分析结果-抽查分析结果|)/(基本分析结果+抽查分析结果)]\times100\times2$计算,监控限达到$RE\leqslant50\%$的要求,合格率达到90%以上。

常规的样品分析完成或实验室提交分析数据报告后,由送样工作单位对数据的低含量、中等含量和高含量异常的不同区段样品分别按1/3比例,再按照样品总数的3%～9%抽取样品,以密码方式进行抽查分析部分元素。抽查分析结果与基本分析结果按$RE=[(|基本分析结果-抽查分析结果|)/(基本分析结果+抽查分析结果)]\times100\times2$计算,监控限达到$RE\leqslant50\%$的要求,合格率达到80%～90%。

综上所述,贵州省区域化探样品分析方法可行,检出限符合规范和设计要求,数据报出率基本达到规范和设计要求。在国家一级标准样和省级二级管理样分析质量的严格监控下,各元素和氧化物分析的准确度和精密度均在规范规定的要求标准内。在各实验室内部质量监控和各送样工作单位外部密码监测的双重质量监控体系下,除个别1:20万图幅和个别指标外,全省区域化探样品分析质量是可靠的,分析数据准确并达到规范规定的要求。

预测工作区成图数据利用省级地球化学编图误差处理后的数据,以预测工作区范围对其数据进行裁剪后形成本次成图数据。

严格按照全国矿产资源潜力评价下发的技术要求,利用1:20万区域地球化学数据编制的贵州省省级图件客观地反映了贵州省已知矿种、矿点、地质体等地质特征和矿产信息,能够为矿产资源潜力评价提供化探基础资料,编图质量可靠。

第四章 地质地球化学特征

第一节 地质矿产概况

一、地层

贵州省地层自中元古界至第四系均有出露,以海相沉积岩发育和古生物化石丰富为主要特色,地层最大累积厚度大于 50 000m,赋存有丰富的煤、磷、铝、锰等沉积矿产。中、新元古代沉积物以海相陆源碎屑岩为主,夹火山碎屑岩及碳酸盐岩;古生代至晚三叠世中期沉积物由海相碳酸盐岩夹碎屑岩组成;晚三叠世晚期以后全为陆相沉积。地史上经历了武陵、雪峰-加里东、海西-燕山、喜马拉雅 4 个发展阶段。区域性古(深)断裂对地层发育有明显控制作用。

根据全国 1∶250 万数字地质图地层区划分方案、全国地层大区区划图和中南区项目办公室制定的综合地层区划原则、区划等级,全国地层多重划分对比研究贵州省岩石地层划分方案,贵州省隶属于华南地层大区中的扬子地层区之上扬子地层分区和东南地层区之右江地层分区、湘中地层分区、桂湘赣地层分区,其地层综合区划详见图 4-1、表 4-1。

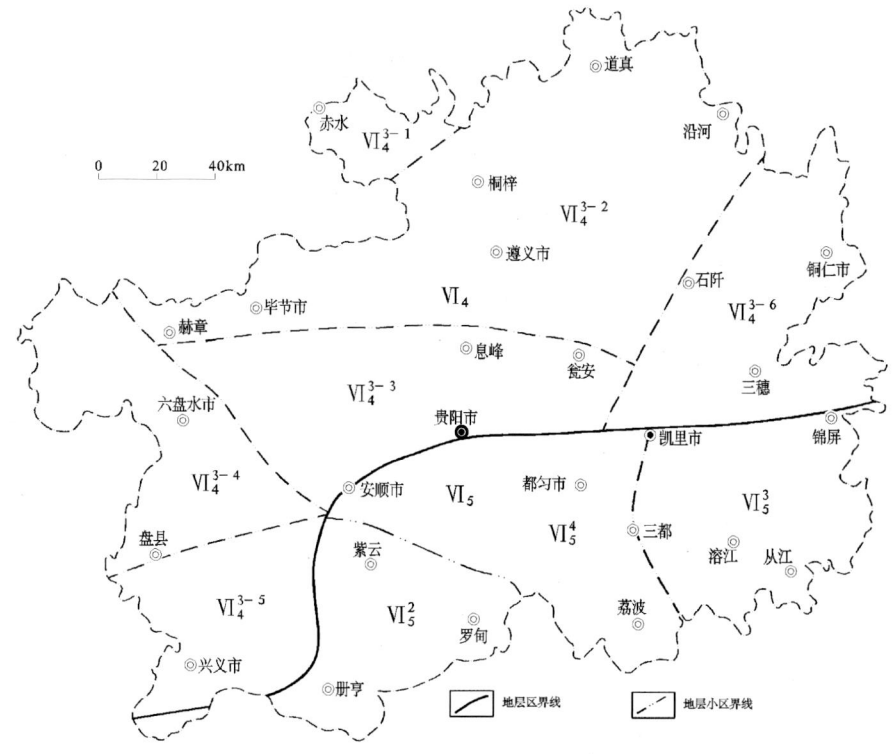

图 4-1 贵州省地层综合区划图

Ⅵ₄.扬子地层区;Ⅵ₄³.上扬子地层分区;Ⅵ₄³⁻¹.赤水地层小区;Ⅵ₄³⁻².黔北地层小区;Ⅵ₄³⁻³.黔中地层小区;Ⅵ₄³⁻⁴.黔西北地层小区;Ⅵ₄³⁻⁵.黔西南地层小区;Ⅵ₄³⁻⁶.江南地层小区;Ⅵ₅.东南地层区;Ⅵ₅³.湘中地层分区;Ⅵ₅⁴.桂湘赣地层分区;Ⅵ₅².右江地层分区

表 4-1 贵州省岩石地层划分对比表（据刘裕周，1996）

江南地层区和湘中地层区南华系大塘坡组,为大塘坡式沉积型锰矿的成矿层位。锰矿主要产于大塘坡组第一段,岩性为黑色碳质页岩、粉砂质碳质页岩、凝灰质细砂岩及菱锰矿。

黔北地层小区和黔中地层小区下寒武统底部牛蹄塘组,桂湘赣地层分区和江南地层区下寒武统至震旦系留茶坡组,江南地层区和湘中地层区下寒武统至震旦系老堡组,为贵州省沉积型钼镍钒矿的主要产出层位。岩性为黑色—深灰色碳质页岩、碳质黏土岩、粉砂质黏土岩、粉砂岩、硅质岩。

江南地层区至湘中地层区老堡组时为含重晶石、磷块岩、硅质岩建造,为主要的沉积型重晶石产出层位,往往形成厚度较大的层状、似层状、透镜状重晶石矿床(体)。

黔北地层小区、黔中地层小区和江南地层区、桂湘赣地层分区中—下寒武统为贵州省汞矿的主要控矿层位。含矿岩性为浅灰色薄层细粒含泥质纹层状白云岩、泥质白云岩、白云岩、白云质灰岩、浅灰至灰色薄层致密条带状泥质灰岩及层纹状泥质灰岩等。矿体呈似层状、透镜状、囊状产出。

排带式硫铁矿同样受中寒武统都柳江组底部薄层白云岩和同生角砾状白云岩控制。

黔北地层小区下奥陶统红花园组灰岩、白云质灰岩为顶罐坡式重晶石矿的主要控制层位。

右江地层分区上泥盆统榴江组灰色薄层硅质岩为乐纪式沉积型重晶石矿的含矿层位。

黔西南地层小区中二叠统硅质岩、黏土岩组、凝灰岩等为晴隆式萤石矿的控矿地层。

黔北地层小区、黔西北地层小区中二叠统茅口组顶部深灰色薄层含碳质石灰岩夹薄层硅质岩为遵义铜锣井式和水城徐家寨式沉积型锰矿的含矿地层。

二、火山岩

省内火山岩主要有分布于贵州西部的峨眉山玄武岩,其次为分布于贵州省东北部梵净山区的细碧岩-石英角斑岩,另还有分布于黔西南镇宁及望谟—罗甸一带的偏碱性玄武岩及其潜火山岩相辉绿岩,以及黔东北和黔东南产于青白口系近底部的基性火山岩。火山喷发作用划分对比见表 4-2。

表 4-2 贵州省火山喷发作用划分对比表

火山作用特征			
扬子陆块南部被动边缘褶冲带构造分区(Ⅲ级)	南盘江-右江前陆盆地构造分区(Ⅲ级)	铜仁逆冲带构造分区(Ⅳ级)	雪峰山基底逆推带构造分区(Ⅲ级)
①构造-火成岩类型:离散环境大陆溢流拉斑玄武岩及潜火山岩相辉绿岩; ②岩石组合:由玄武质熔岩与玄武质火山碎屑岩组成; ③岩石地层单位:峨眉山玄武岩; ④喷发环境:以陆相为主,东部边缘地带有滨岸浅海; ⑤喷发时代:中三叠世末—晚二叠世初	①构造-火成岩类型:离散环境偏碱性玄武岩及潜火山岩相辉绿岩; ②岩石组合:偏碱性玄武质熔岩及火山碎屑岩; ③岩石地层单位:玄武岩(非正式地层体); ④喷发环境:裂陷盆地海相环境; ⑤喷发时代:中二叠世末—晚二叠世初	①构造-火成岩类型:离散环境细碧岩-石英角斑岩; ②岩石组合:以具枕状构造细碧岩-角斑岩-石英角斑岩为主,次为不具枕状构造的细碧岩-石英角斑岩; ③岩石地层单位:产于中元古界回香坪组及肖家河组上部,与副变质岩组成火山-沉积岩系; ④喷发环境:深海; ⑤喷发时代:中元古代	①构造-火成岩类型:离散环境基性火山岩及潜火山岩; ②岩石组合:基性火山岩; ③岩石地层单位:产于新元古界青白口系甲路组下部; ④喷发环境:海相环境; ⑤喷发时代:青白口纪
晚古生代旋回(或海西旋回)		中元古代旋回(或武陵旋回)	新元古代旋回

二叠纪贵州省西部峨眉山玄武岩浆的大规模喷发,带来了大量的Mn、Fe等基性组分和S等矿化剂元素,为黔北、黔西北、黔中及黔西南地区二叠纪锰矿、硫矿等沉积型矿产的形成直接或间接提供了丰富的物质来源。

三、侵入岩

省内岩浆侵入岩主要有分布于黔东南和黔东北地区的基性岩—超基性岩、花岗岩,以及分布于贵州省东部和西南部的偏碱性超基性脉岩。侵入岩浆作用划分对比见表4-3。

表 4-3 贵州省侵入岩浆作用划分对比表

侵入作用特征		
扬子陆块南部被动边缘褶冲带(Ⅲ级)中的铜仁逆冲带构造分区(Ⅳ级)	南盘江-右江前陆盆地构造分区(Ⅲ级)	雪峰山基底逆推带构造分区(Ⅲ级)
中元古代(武陵)旋回构造-火成岩类型:离散环境基性岩—超基性岩; 岩石组合:辉石橄榄岩-橄榄辉石岩-辉石岩-辉长、辉绿岩-辉绿岩; 侵入围岩层位:中元古界; 岩体产状:层状-似层状; 形成时代:中元古代	中—新生代(燕山—喜马拉雅)旋回构造-火成岩类型:后造山伸展阶段超基性脉岩; 岩石组合:各种钙碱性煌斑岩; 侵入围岩层位:二叠系—三叠系; 岩体产状:岩脉、岩株等; 形成时代:新生代	中—新生代(燕山—喜马拉雅)旋回构造-火成岩类型:后造山伸展阶段超基性脉岩; 岩石组合:云煌岩、斜云煌岩等钙碱性煌斑岩; 侵入围岩层位:青白口系; 岩体产状:岩株、岩脉; 形成时代:新生代
中元古代(武陵)旋回构造-火成岩类型:后碰撞S型花岗岩; 岩石组合:白云母花岗岩及花岗伟晶岩等酸性脉岩; 侵入围岩层位:中元古界; 岩体产状:岩株、岩枝; 形成时代:中元古代末		早古生代(加里东)旋回构造-火成岩类型:同碰撞S型花岗岩; 岩石组合:黑云母花岗岩-花岗质混合岩; 侵入围岩层位:中元古界—新元古界; 岩体产状:岩基; 形成时代:志留纪末
早古生代(加里东)旋回构造-火成岩类型:后造山伸展阶段超基性脉岩; 岩石组合:以钾镁煌斑岩为主的超基性脉岩; 侵入围岩层位:寒武系; 岩体产状:岩脉、岩床(墙); 形成时代:志留纪末		

岩石地层上,贵州省是以沉积岩广泛分布为特征的省份,岩浆岩分布较少。但是,东部侵位于梵净山群和四堡群的基性和超基性的岩石组合,南部间断出露的偏碱性超基性脉岩,出露在黔东北的梵净山区和黔桂交界的九万大山区,以及加里东期区域变质作用发生的混合岩化花岗岩等岩浆岩的存在,透露出漫长的地史发展过程中,在地壳多次裂解与聚汇(期碰)的作用下,基性—超基性和酸性岩浆活动也较为广泛。

根据物探资料最新解释成果显示,贵州省中—深部有可能存在较多的中—酸性岩体。这些"岩体"往往与中-低温热液矿产成矿密集区空间分布上较为吻合。省内广泛分布的中-低温热液矿产的形成,可能得益于广泛的中—酸性岩浆活动所提供的充足热源,以及岩浆活动所带来的相关成矿物质的参与。锰、镍、钼、钒、汞、硫、重晶石、萤石、冶镁白云岩等矿种中,汞矿、萤石矿及层控型硫铁矿、重晶石矿等与中—酸性岩浆活动有一定关系。

四、构造

贵州省大地构造,根据全国矿产资源潜力评价项目"统筹全局,兼顾各方、统一思路、统一方法"的原则,按其推荐的全国大地构造划分方案,参考王砚耕(1991)贵州"一块两带",即扬子陆块、江南造山带和右江造山带的划分,再据滇黔桂毗邻区近年来取得的地球物理、地球化学和遥感成果,结合本省的区域地质特征综合分析,贵州省合并为扬子陆块一级构造单元内的上扬子陆块Ⅱ级构造单元,进一步划分为川中前陆盆地(中生代)、扬子陆块南部被动边缘褶冲带、南盘江-右江前陆盆地(三叠纪)和雪峰山基底逆推带共4个Ⅲ级构造单元(图4-2)。

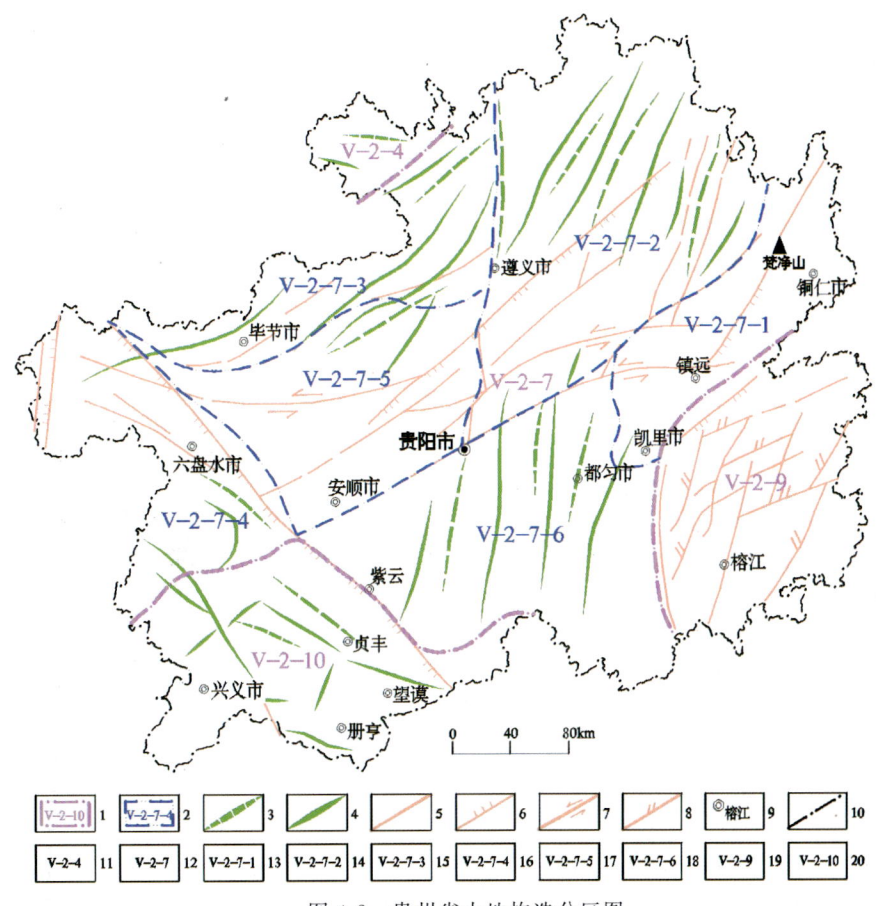

图4-2 贵州省大地构造分区图

1.Ⅲ级构造单元界线;2.Ⅳ级构造单元界线;3.向斜轴;4.背斜轴;5.断层;6.逆冲断层;7.走滑断层;8.剪切断层;9.居民地;10.省界;11.川中前陆盆地(中生代);12.扬子陆块南部被动边缘褶冲带;13.铜仁逆冲带;14.凤冈滑脱褶皱带;15.毕节前陆褶皱带;16.六盘叠加褶皱带;17.黔中隆起;18.都匀滑脱褶皱带;19.雪峰山基底逆推带;20.南盘江-右江前陆盆地(T)

贵州省自中元古晚期洋壳向陆壳转化完成后,历经了数次陆内裂解与汇聚(碰撞),造山作用特征显著,侏罗山式构造广布,并发育有紫云-水城构造带、师宗-弥勒断裂、纳雍-贵阳东西向断裂带、万山-三都-荔波断裂带、雷公山过渡性剪切带等大型变形构造带。大地构造演化特征见表4-4。

在罗迪尼亚(Rodinia)超大陆边缘的多次活化裂解过程中,大量深部成矿物质组分活化向上迁移至盆地内沉积形成大规模的矿床(体)。古构造及同生构造控制着一系列沉积盆地的分布,沉积盆地控制了矿床(田)的产出。锰、镍、钼、钒、汞、硫、重晶石、萤石、冶镁白云岩等矿种中,锰、镍、钼、钒、重晶石等沉积型矿产均属此类成因类型。沉积型硫铁矿也受此类沉积盆地的控制。

早古生代层控型汞矿、硫矿、重晶石矿、萤石矿与扬子陆块南部被动边缘褶冲带北北东向、南北向侏罗山式构造关系密切。晚古生代层控型汞矿、萤石矿产于南盘江-北盘江前陆盆地北西向构造带内。这些层控型矿产主要产于背斜核部内，且与断裂构造密不可分。

五、矿产

贵州省以沉积型矿产和中-低温热液型矿产丰富为特色。沉积型矿产主要有寒武系底部的磷、钼、镍、钒、重晶石，石炭系—二叠系的铝土矿，二叠系的煤、硫，南华系和二叠系的锰、冶镁白云岩等。中-低温热液型矿产主要有微细粒浸染型金矿、石英脉型金矿、层控型锑矿、碳酸盐岩型汞矿、碳酸盐岩型铅锌矿。其他，铁、铜、钨（锡）、银、稀土、萤石、水晶等矿产也有一定量分布。

第二节 地球化学景观特征

贵州省地球化学景观的划分，是在全国地球化学景观区划分的基础上，参考39种元素或氧化物地球化学特征（贵州省级元素地球化学图）、遥感影像特征（图4-3）、岩性地质特征（图4-4）、《贵州省元素地球化学图集》（冯济舟，2008）进行综合划分至四级景观。

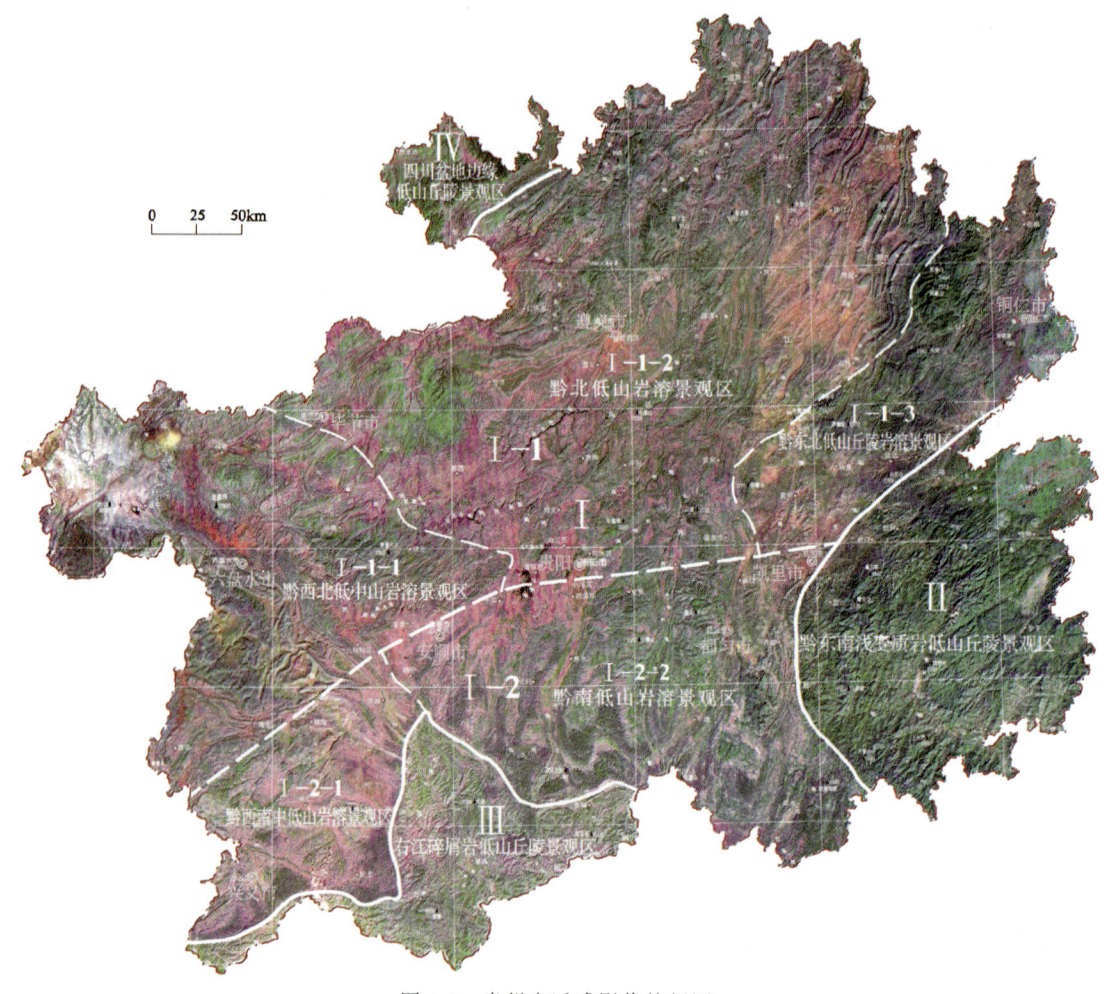

图4-3 贵州省遥感影像特征图

表4-4 贵州省构造演化阶段初步划分一览表

构造旋回	地质时代及年龄值(Ma)		构造单元	构造属性	沉积相	沉积作用特征	火山作用特征	侵入作用特征	变质作用特征	变形构造特征	成矿作用特征	成矿作用时段	成矿预测类型
喜马拉雅旋回	新生代	第四纪 喜马拉雅运动 新近纪 喜马拉雅运动 古近纪		拉张(主)	河湖相	砂砾岩建造、含煤碎屑岩建造				规模不等的隆升褶皱和断裂，伴以小裂	坡残积砂矿(金、锑等)、金属硫化物矿	第四纪 新近纪早期	黄平烂泥海金矿矿床(大型) 晴隆大厂锑矿矿床(大型)
印支—燕山旋回	中生代	白垩纪 晚 早 燕山运动 侏罗纪 晚 中 早 印支运动(安源运动) 三叠纪 晚 中 早	2.6 65 137 205	拉张(主) 会聚(主)	陆内	红色磨拉石、砂砾岩建造 紫灰色 石英砂岩、含煤碎屑岩建造、粉砂泥岩、油页岩建造及铁质建造 石英砂岩、含煤碎屑岩建造、粉砂岩、泥岩及碳酸盐岩蒸发岩等建造 碳酸盐岩、膏盐团块、粉砂岩、陆源碎屑、火山碎屑、碳酸盐岩、泥砂岩、泥灰岩建造		偏碱性超基性脉岩		强烈褶皱与断裂构造线以近东—北东向为主	铜仁铅锌矿、石膏 金、锑、铅锌多金属、水银液赤热矿床 油页岩 煤	早马拉雅早期 晚白垩世 早侏罗世中期 早侏罗世早期 晚三叠世晚期 中—晚三叠世 中三叠世	贞丰烂泥沟金矿矿床(大型) 铜仁杉木寨汞矿矿床(大型) 水城杉树林铅锌矿矿床(中型) 毕节太平梁石膏矿矿床(大型) 盘县土城坡煤矿矿床(大型)
海西旋回		二叠纪 晚 早 东吴运动 石炭纪 晚 早 泥盆纪 晚 中 早 加里东运动	250 295 354	拉张	碳酸盐台地—盆地	含煤碎屑岩、硅—泥质、碳酸盐岩建造、火山碎屑岩、碳酸盐岩、碳酸盐岩、硅质岩、粉砂岩—泥岩建造、铝土质、沥青质、锰质、铝土质、碳酸盐岩等建造 拉斑玄武岩建造 碳酸盐岩、砂岩—粉砂岩、石英岩建造、铁质岩建造、石英砂岩、泥粉砂岩建造	大陆溢流玄武岩	辉绿岩			骨粒岩、重晶石 冶镁镁济冶镁白云岩 铝土矿 冶镁白云岩 煤、黏土矿、铁、冶炼白云岩 煤、沉积重晶石矿床及多晶 沉积锰矿、铁矿	清镇康济冶镁白云岩 晚石炭世 晚石炭世早期 早石炭世中晚期 早石炭世早期 晚泥盆世早期 中泥盆世早期 晚泥盆世晚期	务川大竹园铝土矿矿床(大型) 修文小山坝铝土矿矿床(大型) 织金马梢岭磷矿矿床(大型) 铜仁乐纪重晶石矿矿床(大型) 独山半坡山铁矿矿床(小型)
加里东旋回	古生代	志留纪 晚 中 早 奥陶运动 奥陶纪 晚 中 早 寒武纪 晚 中 早	410 438 490 543	拉张 会聚	滨岸陆棚相	陆源—火山碎屑复理石建造、复成分砂砾岩、粉砂岩—泥岩、硅质岩 碳酸盐岩、碳酸盐岩、粉砂岩—泥岩、硅质岩 碳酸盐岩、硅质岩、粉砂岩—泥岩、碳酸盐岩、碳酸盐岩、硅质、磷质泥岩建造	辉绿岩	黑云母花岗岩混合岩超变质作用(从江地区)		宽缓褶曲与断裂构造线以北东—北东东向为主	金、锑 冶镁白云岩 沉积磷酸盐矿 冶镁白云岩、磷矿 铁矿	中泥盆世早期 早志留世中晚期 早寒武世早期 早寒武世早期 震旦世—早寒武世	镇远马平黄山铁矿矿床(小型) 从江九门金刚石矿矿床(超大型) 瓮安白岩磷矿矿床(超大型)
武陵旋回	新元古代 中元古代	震旦纪 晚 早 南华纪 晚 早 青白口纪 武陵运动 蓟县纪 长城纪	630 800 1000 1400	会聚 拉张 会聚	陆棚相	复成—火山碎屑复理石建造、复成分砂砾岩、粉砂岩泥岩建造、冰碛岩建造 陆源—火山碎屑复理石建造、砂砾岩泥岩建造、粉砂岩碳酸盐岩建造、有机质岩碎屑岩建造、滑探岩建造 细碧—角斑岩建造	细碧岩	白云鄂博花岗岩石英长石脉岩 基性超基性侵入岩	中—低级变质	弓形构造	锰、磷 锰、铜、铝铅锌多金属矿成 铜银、岩浆熔离成矿	南华纪早期 青白口纪中期 武陵期 武陵期	松桃大塘坡锰矿矿床(大型) 印江太沙铅锡铟矿矿床(中型) 江口快场山西钴河铜银矿矿床(小型)

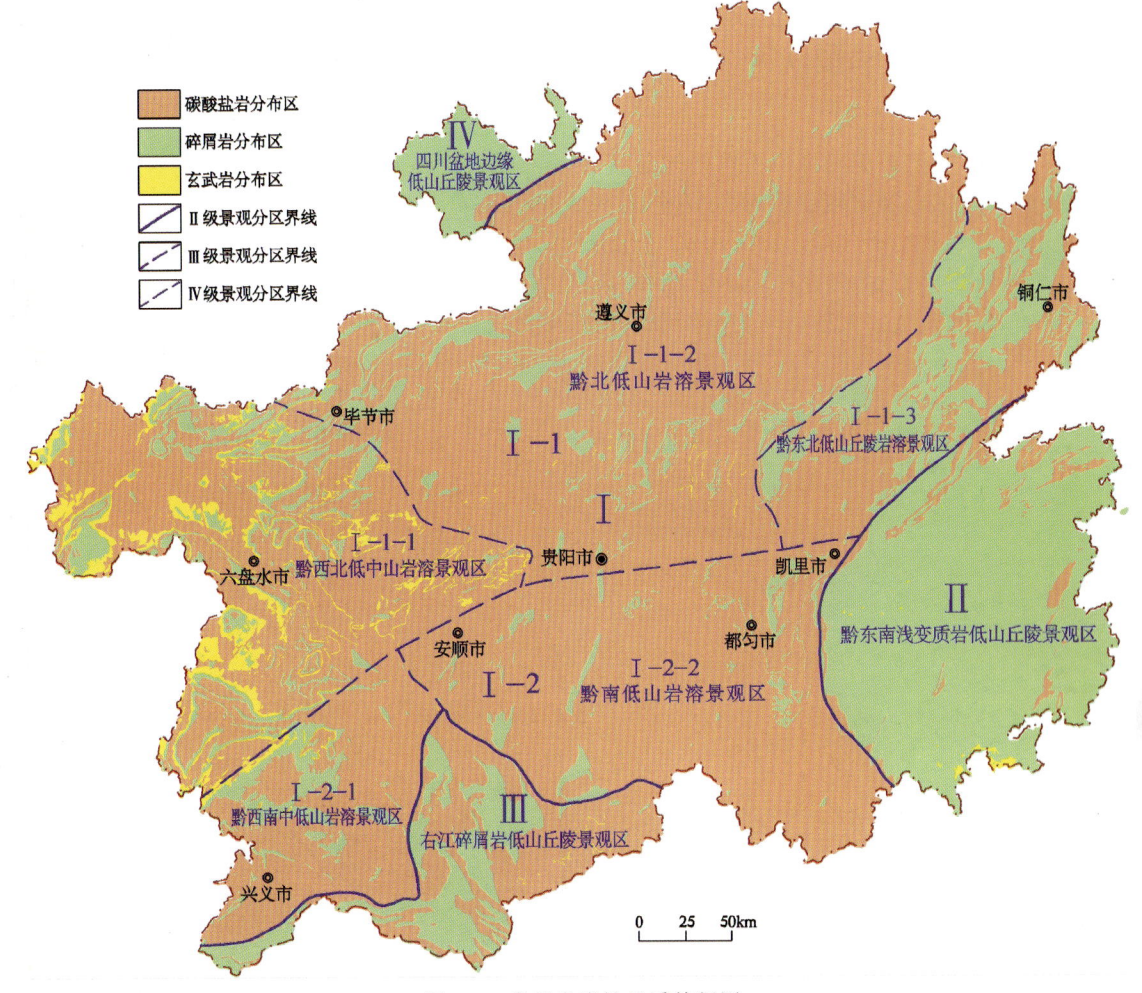

图 4-4 贵州省岩性地质特征图

贵州省地球化学景观分区主要为岩溶景观区、非岩溶景观区,其中:岩溶景观区以碳酸盐岩和不纯碳酸盐岩为主;非岩溶景观区以浅变质岩、碎屑岩为主。贵州省地球化学景观分岩溶景观区、黔东南浅变质岩低山丘陵景观区、右江碎屑岩低山丘陵景观区、四川盆地边缘低山丘陵景观区四大景观,在岩溶景观区划分了 2 个岩溶景观亚区,再在岩溶景观亚区内划分出 5 个岩溶景观区(图 4-5)。具体分区如下。

Ⅰ 贵州岩溶景观区
   Ⅰ-1 黔北岩溶景观亚区
      Ⅰ-1-1 黔西北低中山岩溶景观区
      Ⅰ-1-2 黔北低山岩溶景观区
      Ⅰ-1-3 黔东北低山丘陵岩溶景观区
   Ⅰ-2 黔南岩溶景观亚区
      Ⅰ-2-1 黔西南中低山岩溶景观区
      Ⅰ-2-2 黔南低山岩溶景观区
Ⅱ 黔东南浅变质岩低山丘陵景观区
Ⅲ 右江碎屑岩低山丘陵景观区
Ⅳ 四川盆地边缘低山丘陵景观区

一、岩溶地球化学景观区

贵州省是世界岩溶地貌发育最为典型的地区之一,也是我国岩溶分布面积最大的省区之一。全省岩溶地貌面积占全国岩溶地貌面积的10%左右,纯碳酸盐岩分布面积109 084 km²,占全省国土面积的61.9%;碳酸盐岩和不纯碳酸盐岩出露面积13万 km²,占全省总面积的73%。全省碳酸盐岩广布,岩溶类型多样,岩溶景观典型;除黔东南地区分布中、新元古宇浅变质岩,黔西南、黔西北部分地区分布中、新生代陆源碎屑岩外,其余广大地区均为不同类型的碳酸盐岩分布区。

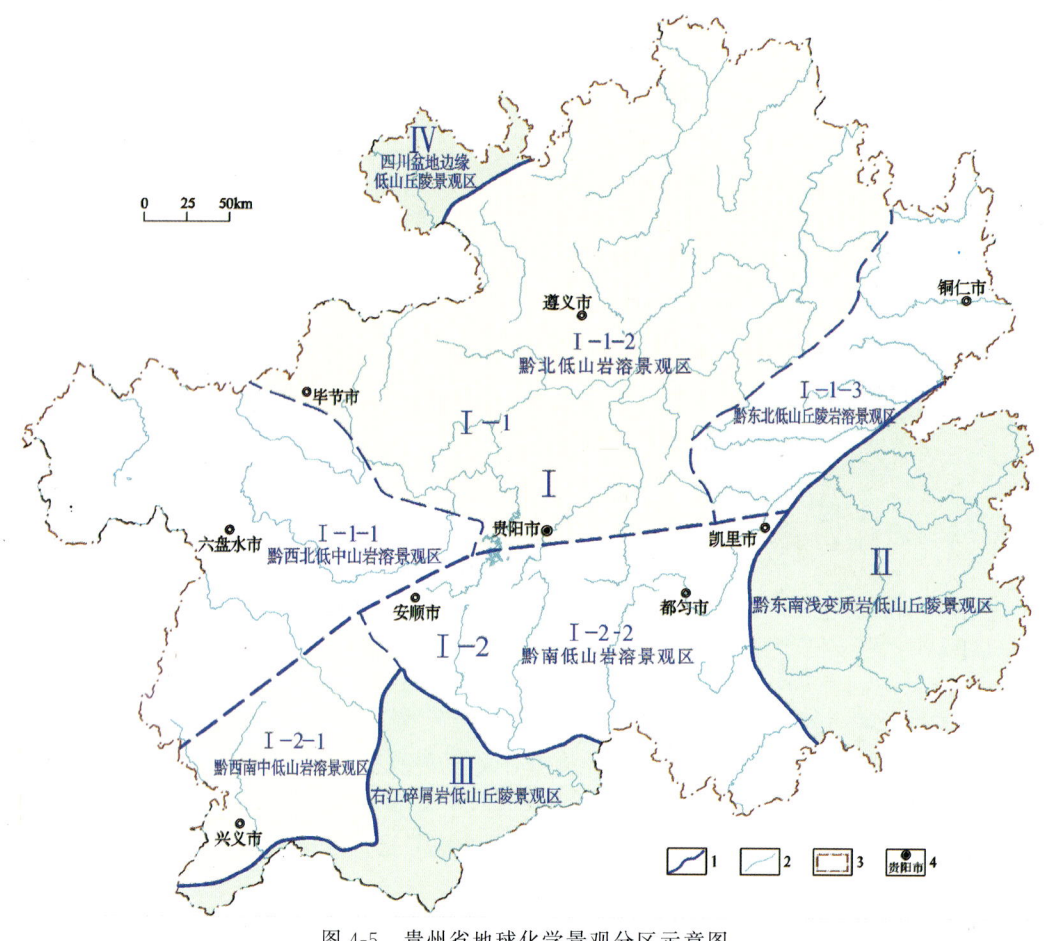

图 4-5 贵州省地球化学景观分区示意图
1.分区界线;2.水系;3.省界范围;4.地名

全省岩溶地貌位处云贵高原东侧的梯状大斜坡上,是一个高起于四川盆地、广西丘陵和湘西丘陵之间的亚热带岩溶山区。地貌可概括为高原山地、丘陵和盆地3种基本类型,是全国唯一没有平原支撑的省份。全省喀斯特地貌发育非常典型,类型多样,主要岩溶形态有石芽、石沟、溶斗、溶洞、溶蚀洼地、槽谷、伏流、涌泉、峡谷、石林、峰林、峰丛等。

岩溶地势的基本轮廓可概括为"纬向三级阶梯,经向两面斜坡"。东西3个梯级(台面)海拔高程分别是:第一梯级(台面)在2 900~2 200 m,由西部威宁、赫章、水城一带的高原组成;第二梯级(台面)海拔降到1 500~1 000 m,由贵州中部山原(黔北、黔南)、丘原(黔中)组成;第三梯级(台面)海拔继续降到800~500 m,由江口、镇远以东的低山丘陵组成。黔中岩溶高原山地的苗岭山脉是我国长江水系和珠江水系的分水岭。

组成岩溶景观的主要成分为碳酸盐岩。碳酸盐岩为可溶岩,其酸不溶物是土壤发育的主要物质基础,而土壤是岩溶生态系统中的重要组分。在亚热带季风气候影响下,贵州岩溶景观区地表植被和土壤属中亚热带常绿阔叶林红壤-黄壤地带:中部及东部广大地区为湿润性常绿阔叶林带,以黄壤为主;西南部为偏干性常绿阔叶林带,以红壤为主;西北部为具中亚热带成分的常绿阔叶林带,多为黄棕壤。此外,还有受母岩制约的石灰土、紫色土、水稻土、棕壤、泥炭土、沼泽土、石质土、山地草甸土、红黏土等土壤类型(王国静,1996)。

贵州岩溶地区碳酸盐岩以台地相为主,时代从元古宙末至三叠纪。复杂的岩相古地理的大地构造格局形成了不同类型的碳酸盐岩组合,可分为黔南的纯碳酸盐岩区,黔北和黔西碳酸盐岩与非碳酸盐岩互层区。扬子准地台碳酸盐岩成分复杂,大部分是纯碳酸盐岩,不纯碳酸盐岩以下古生界为主,多系不纯灰质白云岩及白云岩。不同层位的碳酸盐岩化学成分有较大差异,其中的 CaO 含量 24.09%～55.38%,MgO 含量 0.18%～21.50%,不溶物的含量 0.12%～28.18%。

贵州岩溶地区水系沉积物或土壤(地表松散沉积物)中,基本的化学组分特征与全国岩溶地区化学组分极为相似。与全国和贵州省总背景,以及湿润低山丘陵区元素背景值相比较,岩溶景观区中的常量组分以显著富集 Fe_2O_3、CaO、MgO,相对贫化 SiO_2、Al_2O_3、K_2O、Na_2O 为特点,微量组分中以显著富集 As、Au、B、Be、Bi、Cd、Co、Cr、Cu、F、Hg、La、Li、Mn、Mo、Nb、Ni、P、Pb、Sb、Sn、Sr、Th、Ti、U、V、W、Y、Zn、Zr,相对贫化 Ag、Ba 为特点,表现出贵州岩溶地球化学景观区的地球化学背景,以明显富集 Fe_2O_3、CaO、MgO 和近 30 多种微量元素为特点,尤以 As、Cd、Co、Cr、Cu、F、Hg、Li、Mn、Mo、Nb、Ni、P、Pb、Sb、Sn、Sr、Ti、U、V、W、Y、Zn 较为富集为显著特点。

二、低山丘陵地球化学景观区

贵州省为高原山地、丘陵和盆地,水资源丰富,河流较多,高原山区雨源型河流特征明显。年平均水资源总量为 1 200 亿 m^3 左右,居全国第 9 位。贵州省的湿润低山丘陵景观区河流分属长江和珠江两大水系,长度大于 10km 以上的河流有 984 条。总计有流域面积在 300km^2 以上的河流 167 条,其中流域面积 10 000km^2 以上的河流 8 条,5 001～10 000km^2 的河流 4 条,1 001～5 000km^2 的河流 54 条。由于河网密度大,河流坡度陡,天然落差大,产水模数高,因而水能资源十分丰富。全省水能总蕴藏量 18 745MW,占全国总量的 2.8%,居全国第 6 位。

全省湿润低山丘陵景观区或水系景观区主要分布在碎屑岩出露区,次为部分岩溶地区。总的趋势是黔东(南)部为河网稠密区,森林覆盖率较高;全省大部分地区,特别是黔南、黔西南、黔西北的喀斯特布露区为河网稀疏区,水土流失和石漠化严重。湿润低山丘陵景观区的特点是地表水系发育,河流深切,河谷狭窄,蜿蜒曲折,呈"V"字形,河谷两侧向主河道倾斜,构成陡斜坡地形。

全省低山丘陵景观区主要分布于黔东南、黔西北、黔西南等地的低山丘陵组成的第三梯级(台面),海拔 800～500m。黔东南的三都—凯里—台江—镇远一线以东的中新元古宇浅变质岩分布区,包括雷山、台江、剑河、天柱、锦屏、黎平、榕江、从江等县所辖的地区,属九万大山的一部分。黔西北的四川红色盆地边缘,主要在习水县北西方向,包括赤水县和习水县城以西地区,主要为陆相沉积的上三叠统和侏罗系、白垩系紫红色砂页岩分布区,属典型的丹霞地质地貌类型。黔西南的右江盆地北缘,主要在兴义市南—册亨—贞丰—紫云—罗甸县南,包括了望谟县全区,主要分布有盆地相沉积的三叠系陆源碎屑岩沉积组合,属十万大山的一部分,主要分布有黄壤、黄棕壤、红壤、紫色土、水稻土、棕壤等土壤类型。

贵州省低山丘陵地球化学景观区中水系沉积物的基本化学组分特征,与全国湿润丘陵地球化学景观区地球化学背景组分极为相似。与全国和贵州省总背景,以及岩溶景观区元素背景值相比较,全省低山丘陵区中的常量组分以显著富集 SiO_2、Al_2O_3、K_2O、Na_2O,相对贫化 Fe_2O_3、CaO、MgO 为特点,微量组分中以显著富集 Ag、Ba,相对贫化 As、Au、B、Be、Bi、Cd、Co、Cr、Cu、F、Hg、La、Li、Mn、Mo、Nb、Ni、P、Pb、Sb、Sn、Sr、Th、Ti、U、V、W、Y、Zn、Zr 为特点,表现出贵州低山丘陵地球化学景观区的地球化学背景,以明显富集元素不多,主要是 SiO_2、Al_2O_3、K_2O、Na_2O 和 Ag、Ba 等几种元素或氧化物为特点,尤以大多数元素组分贫化为显著特点。

第三节 区域地球化学特征

贵州省大部分属扬子陆块的西南部，南与华南褶皱带相望。扬子陆块占据贵州省的大部分，具"三层式"基底结构：下层为太古宙—古元古代的中深变质杂岩；中层是中元古代的变质火山沉积岩系；上层由新元古代浅变质岩组成。显生宙以来，以晚古生代至三叠纪被动大陆边缘海相浅水碳酸盐岩地层最为发育。岩浆活动主要是二叠纪大陆溢流相拉斑玄武岩及同源的浅成侵位的岩床状辉绿岩。表层构造以规模宏大的侏罗山式褶皱最为典型。莫霍面深度约为38～48km。区内已知产出了占有贵州省重要经济地位的铝、磷、锰、铁、汞、铅、锌、锑、金、钨、锡、萤石等矿产。该区表生条件下赋存多种元素或氧化物地球化学高背景，如 Ag、As、Au、Be、Bi、Cd、Co、Cr、Cu、F、Hg、La、Li、Mn、Mo、Ni、P、Pb、Sb、Sn、Sr、Ti、U、V、W、Y 和 CaO、MgO、Fe_2O_3 等。

根据贵州省所处的独特的大地构造位置，沉积地层岩相古地理和岩石组合的区域特征，以及不同地球化学景观区内区域构造地质作用的差异，结合各区域范围内的各种地球化学指示元素、地球化学参数及其区域成矿区带、成矿系列、成矿作用、矿床类型等其他地质矿产、地球物理、地球化学、遥感地质等特征的不同，可划分出四川盆地边缘、黔北隆起、黔西断陷、黔南台陷、江南造山带、右江造山带6个地球化学分区(图4-6)。

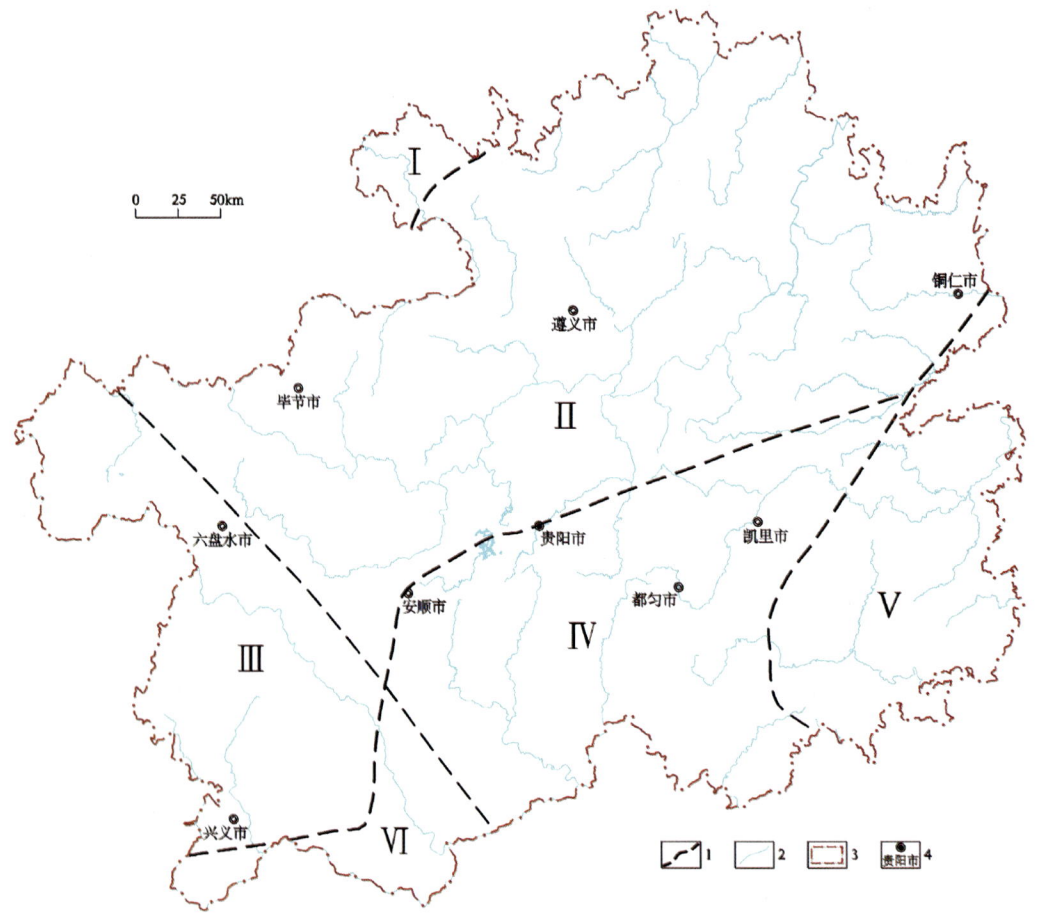

图 4-6 贵州省地球化学分区示意图
1.分区界线 2.水系 3.省界范围 4.地名
Ⅰ.四川盆地边缘地球化学分区；Ⅱ.黔北隆起地球化学分区；Ⅲ.黔西断陷地球化学分区；
Ⅳ.黔南台陷地球化学分区；Ⅴ.江南造山带地球化学分区；Ⅵ.右江造山带地球化学分区

四川盆地边缘地球化学分区,即川中前陆盆地大地构造分区;黔北隆起地球化学分区包含毕节前陆褶皱带、黔中隆起、凤冈滑脱褶皱带、铜仁逆冲带北部;黔西断陷地球化学分区包含六盘叠加褶皱带和南盘江-右江前陆盆地西北部;黔南台陷地球化学分区为都匀滑脱褶皱带和铜仁逆冲带南部;江南造山带地球化学分区,即雪峰山基底逆推带大地构造分区;右江造山带地球化学分区为南盘江-右江前陆盆地大地构造分区南部。

一、四川盆地边缘地球化学分区

四川盆地南部边缘平缓开阔褶皱区为前陆盆地,包括赤水、习水两市(县)。地层主要出露晚三叠世晚期至晚白垩世的陆相红色碎屑地层。构造变形微弱。褶皱呈东西向,一般横弯顶薄,开阔舒缓,规模较小。断裂构造不发育。据深部地球物理资料,盆地的基底是稳定的克拉通程度很高的早前寒武纪结晶岩系(郭正吾,1989),盖层褶皱属前陆盆地的类日尔曼型。因盖层保存条件较好,赤水县境内产有工业性气流的天然气。

该区地表以多种元素或氧化物地球化学低背景为显著特征。以Au、B、Be、Bi、Cd、Co、Cu、F、Hg、La、Li、Mn、Mo、Nb、Ni、P、Pb、Sb、Sn、Th、Ti、U、V、W、Y、Zn、Zr及Al_2O_3、Fe_2O_3等为全省各区块中最低含量,呈极贫化类元素分布特点。另外,Ag、As、Ba、Cr、Sr及K_2O、CaO、MgO也低于全省地球化学背景。仅SiO_2、Na_2O高于全省总背景,其中SiO_2为最高地球化学背景分布,平均达79.82%。

二、黔北隆起地球化学分区

本区地层出露主要从中元古界至中生界,以下古生界为主体。加里东期一度隆起,缺失泥盆系和大部分石炭系。该区隶属川鄂湘黔巨型前陆褶皱带的组成部分,广泛发育隔槽式、类隔槽式、隔挡式、疏密波状和箱状等形式多样的褶皱,是贵州典型的前陆褶皱-冲断带的一部分,侏罗山式褶皱发育。

该区地表以F、CaO、MgO地球化学高背景分布最为典型,其次有As、B、Ba、Be、Cd、Co、Cr、Cu、Hg、La、Li、Mn、Mo、Nb、Ni、P、Pb、Sr、Ti、U、V、W和Fe_2O_3、K_2O、Na_2O地球化学高背景。该区经历了早加里东构造阶段的沉陷、晚加里东构造阶段的上隆及海西—印支构造阶段的拉张沉陷,燕山期造山阶段使之形成北北东—北东向雁形相间、平行排列的一系列紧密向斜和平缓背斜,发育与褶皱轴(主要是背斜轴)平行的冲断层,铸成了Ag、As、Ba、Cd、Co、Cr、Cu、F、Li、Nb、Ni、Sr、Th、Ti、Hg、Pb、U、V、Y、Zn及K_2O、SiO_2、Fe_2O_3等高背景带或异常带均呈北北东—北东向展布。特别是黔北隆起与黔南台陷、江南造山带相接壤地带,如松桃-江口断裂带、黔中断裂带发育有强度很高的Hg、Pb、Zn、Ag、Mo、Ba、U、Th、As、Sb、Au等成矿元素地球化学异常带。

三、黔西断陷地球化学分区

该区地层以上古生界和三叠系为主。晚古生代的伸展构造作用,形成黔西(六盘水)断陷(裂谷带)。在海西-印支构造阶段,特别是泥盆纪至二叠纪晚期经过拉张裂陷构造阶段向裂谷发育阶段的演变,因地幔上隆,地壳岩石圈伸展变薄和不均匀沉陷作用,形成了大陆溢流相拉斑玄武岩及其分异的岩床(墙)状辉绿岩组合的广泛分布。构造主要为威宁北西向构造变形区和普安旋扭构造变形区。区内的亲基性或相容性元素具有特高的地球化学背景,并且亲基性元素高背景有向黔北隆起地球化学区延展的分布态势。

区内地表高度聚集亲基性、相容性元素和部分亲硫性元素。如 Au、As、Be、Bi、Cd、Co、Cr、Cu、F、La、Li、Mn、Mo、Nb、Ni、P、Pb、Sb、Sn、Sr、Ti、U、V、W、Y、Zn、Zr 及 Fe_2O_3、Al_2O_3、CaO、MgO 等元素或氧化物地球化学背景明显高于其他地球化学区和全省地球化学背景,而 SiO_2、K_2O、Na_2O 背景含量极低。亲基性火成岩类元素组合主要为 Ti - V - Fe_2O_3 - Nb - Cu - Cr - Ni - Co,次有 P - Mn - La - Y - Zr - Au - Al_2O_3 等,其相关系数最高,关系十分密切,在贵州占有非常突出的地位。区内沿侏罗山式褶皱-冲断带亲硫性元素组合主要有 Pb - Zn - Cd - Ag - As - Sb - Au - Hg,次有 Mo - Bi - Cu - Ni - Mn - P - La - Y - U - Th - W 等元素弱组合亦十分发育:北部以 Pb - Zn - Cd - Ag 组合为主,南部以 Hg - Sb - As - Au 组合为主,与近地表浅成中、低温热液成矿作用关系紧密。另外,谢学锦院士(1999)发现区内铂族元素(主要为 Pt、Pd)亦具有极高的表生地球化学背景。

四、黔南台陷地球化学分区

区内发育的侏罗山式褶皱呈南北向分布,属典型的隔槽式褶皱,其背斜多呈箱状且宽缓,核部由平缓的泥盆系、石炭系组成;向斜呈槽形,轴部紧密,多为三叠系组成。一般背斜褶皱-冲断层带发育 Pb、Zn、Cd、Ag、Hg、Sb、As、Au 等亲硫元素地球化学高背景或异常带,多与成矿作用有关;而向斜区则发育 Cu、Cr、Ni、Co、Nb、Ni、P、Ti、V 等亲基性、相容性元素高背景。

本区地表以 Cd、Hg、Th、Bi 地球化学高背景为主,其次有 Ag、As、B、Mo、Nb、Pb、Sb、U、Zr 和 SiO_2、CaO 等均高于全省地球化学背景。但是,Au、Ba、Be、Co、Cr、Cu、F、La、Li、Mn、Ni、P、Sn、Sr、Ti、V、Y、Zn 及 Al_2O_3、Fe_2O_3、K_2O、Na_2O、MgO 等背景低于全省地球化学背景。

另外,在扬子陆块地球化学域内还广泛发育与台地型局限-半局限海相碳酸盐岩有关的亲石性元素组合,主要为 Li - B - F - K_2O - MgO - CaO,次有 U - Th - Cd - W - Sn - Mo - Bi - Pb - Zn - Sb - Hg 等元素或氧化物组合,它们与区内中上寒武统至下奥陶统、中三叠统含膏盐岩滑脱层紧密相关,局部形成含钾岩石、石膏、重晶石、萤石等矿产。

五、江南造山带地球化学分区

贵州省东南部系江南造山带西南地段,其范围包括黔东南的大部和黔南的偏东部,大致沿施洞口断裂带与扬子陆块分界。本区是一个早古生代的褶皱带,也具有"三层式"基底结构,唯上层基底由新元古界—下古生界构成而与扬子陆块不同,且出露广泛。晚古生代以来,发育了不太完整、以碳酸盐岩为主的盖层沉积。该区火山活动相对较为强烈,四堡期有以基性熔岩为主的拉斑玄武岩系(广西北部),产有同源的超基性岩和 S 型花岗岩;雪峰期有小型基性岩浆活动;加里东期则有偏碱性超基性岩(钾镁煌斑岩)侵位。

区内铜铅锌锡钨多金属矿、锑、汞、金、重晶石等矿产较为丰富,以层控热液型和岩浆热液型矿产为主。

江南造山带经历了武陵构造阶段早期的大洋地壳,武陵构造阶段晚期和雪峰、加里东构造阶段的过渡性地壳,到早古生代末的广西运动使基底褶皱隆起上升,与扬子陆块拼贴为统一的陆块,进入稳定大陆地壳。新元古代地层分布范围广泛,由陆源碎屑岩和火山碎屑岩系组成的磨拉石组合、复理石组合及其两者的过渡性组合所构成的基底大面积出露。地表为 Ag、Ba、Nb、Sb、Y、Zn、Zr 及 SiO_2、Al_2O_3、K_2O、Na_2O 等元素或氧化物的地球化学高背景,最为典型的元素或氧化物为 Ag、Ba、Al_2O_3、K_2O、Na_2O,其表生地球化学背景明显高于全省或其他地球化学区,而其他元素背景含量均低于全省地球化学背景,尤以 As、Sr、CaO、MgO 等表生地球化学背景极低,显示出极贫化特点。

与江南造山带前寒武浅变质岩系海相陆源碎屑沉积有关的亲石性元素组合为 Ba - K_2O - Na_2O - Al_2O_3 - SiO_2,其次有 Zr - Nb - Zn - Y - La - Th - Ti - P - W - Sn - Ag - Au 等,反映出陆源碎屑基本化学物质组成及区域动力浅变质作用形成低绿片岩系的元素组合特点。

六、右江造山带地球化学分区

贵州省的西南部位于右江造山带的北段,属夹持于扬子陆块、南华活动带之间的独立块体。其范围指南盘江、北盘江和红水河流域,东南与北西分别以紫云-水城断裂带和弥勒-师宗断裂带与扬子陆块分界。其基底结构与江南造山带相似,晚古生代以后地层为盖层,以中三叠世周缘前陆盆地的陆缘碎屑复理石沉积发育和厚度巨大为特征,有二叠纪的偏碱性基性次火山岩和造山期后的偏碱性超基性岩侵位,构造变形强烈。

区内主要产出有浅成低温热液型(层控型)矿产,如金、锑、砷、汞等。

该区地表主要发育有 Au、B、Sb、W 和 SiO_2、CaO 等元素或氧化物地球化学高背景,且明显高于全省总背景。其中,B 元素平均含量为各地球化学区中的最高含量,其他大多数元素或氧化物地球化学背景普遍较低,尤以 Ag 元素地球化学背景最低,仅为 65.7×10^{-9}。因右江造山带省内部分位于扬子陆块的碳酸盐岩台地斜坡边缘,本区周边的打邦-坡坪-坡脚巨型推覆断层和紫云-关岭断裂带有 Au、Ag、As、Cd、F、Hg、Mn、Nb、Ni、P、Pb、Sb、U、V、Y、Zn 等多种元素呈异常或高背景带状分布;区内发育的造山型褶皱带中的紧闭背斜和冲断层上往往发育 Hg - As - Sb - Au 等元素组合异常,局部形成工业矿床。

第五章 地球化学综合研究成果

第一节 元素地球化学及异常特征

区域化探分析的 39 种元素或氧化物中,金、砷、锑、汞、铅、锌、银、铜、钨、磷、锰、稀土、镍、钼、钒、硫、重晶石、萤石等矿种的成矿元素或参与成矿的元素主要有 Au、As、Sb、Hg、Pb、Zn、Ag、Cu、W、P、Mn、Y、Ni、Mo、V、Fe_2O_3、Ba、F 等。这些元素或氧化物是贵州省化探找矿预测的重要指标,其含量的分散、富集特征直接或间接反映了金、砷、锑、汞、铅、锌、银、铜、钨、磷、锰、稀土、镍、钼、钒、硫、重晶石、萤石等矿产的分布情况。Au、As、Sb、Hg、Pb、Zn、Ag、Cu、W、P、Mn、Y、Ni、Mo、V、Fe_2O_3、Ba、F 等元素或氧化物在贵州省的含量分布特征见表 5-1。

表 5-1 贵州省主要成矿(异常)元素含量特征参数表

元素或氧化物	含量单位	最大值	最小值	一般含量	平均含量	全国水系沉积物平均值	富集系数	标准离差	变化系数
Au	$\times 10^{-9}$	1 070	0.1	0.25～3.89	1.52	1.21	1.26	7.26	4.78
As	$\times 10^{-6}$	8 145.3	0.03	3.85～55.93	20.15	8.11	2.48	45.34	2.25
Sb	$\times 10^{-6}$	3 505	0.04	0.47～4.11	2.73	0.60	4.55	27.03	9.92
Hg	$\times 10^{-9}$	840 390	0.6	70～150	397.88	34.2	11.6.	7 673.09	19.28
Pb	$\times 10^{-6}$	9 213	0.6	16.07～57.48	39.03	23.97	1.62	109.11	2.80
Zn	$\times 10^{-6}$	49 026	1	44.61～177.9	106.77	66.31	1.61	370.82	3.47
Ag	$\times 10^{-9}$	4 981	3	35.4～135.2	83.34	76.71	1.08	94.34	1.13
Cu	$\times 10^{-6}$	1 590	1	8.62～130.0	43.98	19.53	2.25	40.50	0.92
W	$\times 10^{-6}$	85.20	0.01	0.80～3.53	1.83	1.81	1.01	1.01	0.55
P	$\times 10^{-6}$	18 485	10.5	260.4～1542	712.72	554.6	1.29	409.94	0.57
Mn	$\times 10^{-6}$	31 981	19	725～1515	1 195.03	659.1	1.81	719.58	0.60
Y	$\times 10^{-6}$	332	0.1	17.01～57.83	33.76	24.14	1.40	13.79	0.41
Ni	$\times 10^{-6}$	912	3	24～48	37.90	22.37	1.69	20.09	0.53
Mo	$\times 10^{-6}$	285	0.02	0.9～2.1	1.84	0.79	2.33	2.88	1.56
V	$\times 10^{-6}$	745	1	85～168	139.79	76.26	1.83	83.81	0.60
Fe_2O_3	$\times 10^{-2}$	60.2	0.2	4.42～7.81	6.60	12.87	0.51	3.36	0.51
Ba	$\times 10^{-6}$	57 158	4.4	235～473	434.72	475.2	0.91	816.49	1.88
F	$\times 10^{-6}$	13 500	13	474～1 000	792.21	470.2	1.68	467.13	0.59

18 种元素或氧化物平均含量,相对于全国水系沉积物平均含量,除 Fe_2O_3、Ba 有一定贫化外,Hg、Sb 元素为极强富集,As、Pb、Zn、Cu、Mn、Ni、Mo、V、F 等元素为中等至强富集,Au、Ag、W、Y 也有一定富集。各元素或氧化物含量分布,Y 元素为弱离散,Cu、W、P、Mn、Ni、V、Fe_2O_3、F 元素或氧化物含量为中等离散,Mo、Ba、Ag 为强离散,Hg、Sb、Au、As、Pb、Zn 为极强离散。各元素或氧化物含量均有较高富集,最高含量均较大,显示了金、砷、锑、汞、铅、锌、银、铜、钨、磷、锰、稀土、镍、钼、钒、硫、重晶石、萤石等矿产在贵州省具有较大的找矿潜力。特别是 Hg、Sb 元素平均含量极高,变化系数极大,峰值极高,成就了全国最大的汞矿矿集区及锑成矿区。

Au 元素大规模的高含量带主要分布于黔西南二叠系、黔西北峨眉山玄武岩组地层中,黔东南青白口系和黔南下古生界低背景区也有部分高异常带分布。低含量带主要与黔南古生界、黔东南青白口系及黔北古生界—中生界有关。黔西南、黔南地区 Au 元素高异常带主要与微细粒浸染型金矿有关,黔东南地区 Au 元素高异常带主要与石英脉型金矿有关,黔西北地区 Au 元素高异常带主要与峨眉山玄武岩关系密切。

As 元素大规模的高含量带主要分布于黔西南二叠系—三叠系、黔西北古生界中,黔中、黔南古生界和黔东北下古生界中也有一定规模、强度的高异常带分布。低含量带主要与黔东南青白口系及黔南、黔西北部分二叠系—三叠系有关。黔西南地区 As 元素高异常带主要与微细粒浸染型金矿有关,黔南地区 As 元素高异常带主要与汞、锑、金矿产有关,黔西北和黔东北 As 元素高异常带主要与铅锌矿产有关。

Sb 元素大规模的高含量带主要分布于黔西南二叠系—三叠系、黔南古生界中,黔西北、黔中、黔东北古生界中也有一定规模、强度的高异常带分布。低含量带主要分布于黔北、黔西北上古生界—中生界中。黔西南、黔南地区 Sb 元素高异常带主要与锑矿、微细粒浸染型金矿、汞矿有关;黔西北地区 As 元素高异常带主要分布于铅锌成矿带中;黔东北、黔中地区 Au 元素高异常带主要与铅锌矿、汞矿有关。

Hg 元素高含量带整体有北东向展布趋势,从与地质、矿产关系的角度分三大类:一是分布于黔东北至黔南地区,主要与中寒武统汞矿有关;二是分布于黔中地区,主要是伴生于寒武系铀矿内汞矿产有关的高异常带;三是分布于黔西南地区,与二叠系微细粒型金矿共(伴)生汞矿有关的高异常带。前一类 Hg 高异常带分布区,为贵州省主要汞矿远景地段,其中又以万山、务川、三都—丹寨等地 Hg 元素异常规模最大,异常强度最高,汞矿产规模最大。后两类 Hg 高异常带分布区,汞矿与其他矿产共(伴)生形式产出,找矿远景相对有限。

Pb、Zn 元素大规模的高含量带主要分布于黔西北、黔东北古生界中,黔西南、黔南古生界中也有一定规模、强度高的异常带分布。低含量带主要分布于黔北、黔南上古生界—中生界中。黔西北、黔东北地区 Pb、Zn 元素高异常带主要与铅锌矿有关;黔西南、黔南地区 Pb、Zn 元素高异常带主要分布于上古生界中,有部分铅锌矿产出。

Ag 元素高含量带主要分布于黔东、黔西北古生界中,黔南、黔西南上古生界—三叠系中也有一定规模、强度高的异常带分布。低含量带主要分布于黔北、黔西南三叠系中。黔东 Ag 元素高含量带主要与下寒武统底部黑色岩系及黔东北铅锌多金属成矿带有关;黔西北 Ag 元素高含量带主要与铅锌矿关系密切;黔南、黔西南 Ag 元素高含量带主要为部分地层高背景含量引起。

Cu 元素含量总体为贵州省西部高,东部低。高含量带主要分布于黔西北二叠系—三叠系中,特别是二叠系峨眉山玄武岩组分布区,Cu 元素异常最高。低含量带主要分布于黔东南—黔南中、新元古界至古生界中,黔北中生界中,尤其侏罗系分布区 Cu 元素异常较低。黔西北 Cu 元素异常主要由二叠系、三叠系,特别是二叠系峨眉山玄武岩组 Cu 元素高含量引起峨眉山玄武岩组内有玄武岩型铜矿产出,以及三叠系飞仙关组有部分含铜砂岩型铜矿产出。另外，黔东南 Cu 元素低背景区的从江南部地区，以及黔东北梵净山穹状背斜区出现的部分 Cu 元素异常，与铜多金属矿有关。

W 元素高含量带主要分布于黔西南、黔南古生界—三叠系中，黔东南从江南部、雷公山地区，黔东北梵净山穹状背斜区也有部分高异常出现。低含量带主要分布于黔东南中—新元古界地层区及黔北赤水－习水中生界地层区。黔西南、黔南 W 元素高含量带与该区金、锑、汞成矿有一定成生联系；黔东南从江南部、雷公山地区、黔东北梵净山穹状背斜区等地，W 元素高异常与钨（锡）矿、铜多金属矿关系密切。

P 元素含量总体为贵州省西部高，东部低。高含量带主要分布于贵阳以西，中部有部分高异常区带。西部异常主要由三叠纪地层和峨眉山玄武岩引起，中部及织金—纳雍一带寒武纪地层 P 元素高含量带与贵州省主要磷矿成矿区有关。低含量带主要分布于黔北中生代地层中，黔南部分古生代地层中 P 元素含量也较低。

Y 元素含量总体为贵州省西南部高，东北部低。高含量带主要分布于黔西北、黔西南及黔南上古生界—三叠系中，织金—纳雍一带寒武系 Y 元素含量也较高，可能与磷块岩中伴生的稀土矿产有关。低含量带主要分布于黔北赤水—习水一带中生界中，黔北广大地区以低背景分布为特征；黔东南中、新元古界地层区，P 元素含量以高背景为主。

Fe_2O_3 高含量带整体有呈北东向展布趋势，高含量带以贵州西部最高，向东北部逐渐减弱成高背景。低含量带主要分布于赤水、习水一带侏罗系及黔东南青白口系中，东南部整体呈低背景至弱负异常分布。Fe_2O_3 高含量带主要与峨眉山玄武岩、三叠系地层有关，与相关矿关系不明显。

Mn 元素大规模的高含量带主要分布于黔南、黔西南地区三叠系中，其次贵州省西部玄武岩分布区、三叠系中，以及黔中、黔北三叠系中也分布有规模较大、强度较高的 Mn 元素高含量带。低含量带主要分布于赤水、习水一带侏罗系及黔南古生界至三叠系中，黔东地区青白口系分布区也有面积较大、含量较低的 Mn 元素低含量带分布。黔东北地区南华系大塘坡组，遵义地区和水城-纳雍地区二叠系茅口组顶部地层分布区发育有部分强度较高的 Mn 元素局部异常，分别与大塘坡式锰矿、铜锣井式锰矿、徐家寨式锰矿有一定关系。

Mo 元素高含量带主要呈北东向（黔东北-黔中-黔西南）带状分布，其他地区高含量带分布较零散，多数强度也相对较低。Mo 元素高含量带主要与下寒武统牛蹄塘组、三叠系有关。低含量带主要分布于赤水、习水一带侏罗系及黔南古生界至三叠系中，黔东地区青白口系分布区也有大面积、含量较低的 Mo 元素低含量带分布。黔东和遵义地区分布于下寒武统牛蹄塘组、留茶坡组黑色岩系（多金属富集层）上的 Mo 元素异常与钼、镍、钒矿关系密切，是寻找贵州省沉积型钼镍钒多金属矿产的有利指示。

Ni、V 元素高含量带主要分布于贵州省西部至中部峨眉山玄武岩和三叠系地层区，贵州省东部及遵义地区有规模相对较小的 Ni、V 元素高背景至弱异常带分布。低含量带主要分布于赤水、习水一带侏罗系及黔东南青白口系中，黔北、黔南等地区的 Ni、V 元素低含量带规模相对较小，含量也不如前者低。黔东和遵义地区分布于下寒武统牛蹄塘组、留茶坡组黑色岩系（多金属富集层）上的 Ni、V 元素弱异常与钼、镍、钒矿有关。

Ba 元素高含量带主要分布于贵州省东部寒武系中，黔北、黔中、黔南有部分局部异常，异常与沉积型重晶石矿、沉积型钼镍钒矿、汞矿等矿产关系较为密切。黔东南地区青白口系中，Ba 元素为高背景至弱异常分布。低含量区主要分布于黔南、黔西南地区。

F 元素高含量带整体呈北东向展布，从黔北至黔西南呈断续分布，分布区以三叠系为主，与矿产关系不明显。低含量带主要分布于赤水、习水一带侏罗系及黔东南东地区青白口系中。

第二节 典型矿床地球化学特征及找矿模式

一、金矿

贵州省金矿主要为黔东南石英脉型金矿和黔南、黔西南的微细粒浸染型金矿。微细粒浸染型金矿往往与汞、锑矿产共(伴)生,主要直接找矿指示元素为 Au、Hg、Sb、As,金矿床上 Au、Hg、Sb、As 元素异常极其发育。石英脉型金矿床上 Au 元素异常较好,Hg、Sb、As 元素异常相对不够稳定。在此以铜鼓石英脉型金矿和水银洞微细粒浸染型金矿为例,说明以上两类金矿的地球化学特征及找矿模式。

(一)贵州铜鼓金矿床

1. 矿床基本信息

贵州铜鼓金矿床基本信息见表 5-2。

表 5-2 贵州铜鼓金矿床基本信息表

项目名称	项目描述
经济矿种	金矿
矿床名称	铜鼓金矿床
行政隶属地	贵州省锦屏县
矿床规模	小型
经济矿种资源量	查明金资源量 1.351 5t
矿床类型	石英脉型金矿床

2. 地球化学特征

1)区域地球化学背景

经 1:20 万区域化探计 380 件样品,25 种贵州省主要矿产异常元素或氧化物 Ag、As、Au、Ba、Bi、Cd、Cu、F、Hg、Mn、Mo、Ni、P、Pb、Sb、Sn、U、V、W、Y、Zn,及 Al_2O_3、Na_2O、MgO、SiO_2 等地球化学参数的统计(表 5-3),25 种元素或氧化物中,除 As、F、Ni、P、W、MgO、Na_2O 平均含量低于全国平均含量外,其他 18 种元素或氧化物平均含量均高于全国平均含量,其中,以 Au、Cd、Hg、Sb 富集度较高(≥1.5),特别是 Hg 富集度最高(≥3.0)。

表 5-3 贵州铜鼓金矿 1:20 万水系沉积物地球化学特征参数表($N=380$)

元素或氧化物	最小值	最大值	中位数	平均值	标准差	中国水系沉积物平均值	富集系数	异常外带	异常中带	异常内带
Ag	10	406	78	87.17	42.89	80	1.09	104.434	136.865	193.334
As	1.49	35.01	5.09	6.10	3.94	8.5	0.72	35.006		

续表 5-3

元素或氧化物	最小值	最大值	中位数	平均值	标准差	中国水系沉积物平均值	富集系数	异常外带	异常中带	异常内带
Au	0.3	116.2	1.3	2.30	7.95	1.2	1.92	1.978	2.583	3.490
Ba	183	910	579	567.76	142.55	500	1.14	193.330	762.000	1 223.510
Bi	0.16	0.7	0.31	0.32	0.08	0.3	1.06	0.625	0.742	
Cd	90	1 630	210	262.92	183.49	90	2.92	1 402.960	2 607.050	
Cu	11	41	23	23.60	5.41	22	1.07	56.000		
F	165	760	320	340.17	89.99	480	0.71	1 526.330		
Hg	40	460	100	105.41	48.85	35	3.01	256.494	446.796	918.720
Mn	198	1 573	612	662.94	259.36	550	1.21	2 039.940		
Mo	0.1	7.8	0.645	0.80	0.58	0.8	1.00	3.190	4.611	7.216
Ni	10	35	22.5	23.02	3.79	25	0.92	50.799		
P	145	1 137	507.5	527.98	181.65	550	0.96	955.000	1 150.440	
Pb	10	56	25	24.99	4.14	22	1.14	52.000	69.973	
Sb	0.04	4.5	1.3	1.41	0.57	0.7	2.01	2.965	5.290	
Sn	1	56	2.8	3.19	3.58	2.7	1.18	4.217	4.790	5.462
U	0.44	7.19	2.4	2.53	0.97	2.5	1.01	5.917	7.275	
V	44	143	83	84.17	15.92	80	1.05	178.731		
W	0.08	2.4	1.28	1.25	0.43	1.5	0.83	2.925		
Y	19	55	30	31.13	5.50	24	1.30	40.049	47.407	59.346
Zn	46	220	94	92.86	19.46	68	1.37	128.328	168.143	225.544
Al_2O_3	7.69	18.61	14.31	14.01	2.09	13	1.08	15.410	16.862	18.380
MgO	0.32	1.24	0.72	0.73	0.16	13	0.06	3.194		
Na_2O	0.1	0.71	0.26	0.27	0.08	1.5	0.18	0.430	0.552	0.772
SiO_2	61.29	83.79	71.745	71.96	4.22	65	1.11	77.861		

注：①富集系数=平均值/中国水系沉积物平均值，中国水系沉积物平均值据鄢明才等(1995)。异常外、中、内带下限的确定采用累频90%、95.5%、98%。②含量单位：Ag、Au、Cd、Hg 为 $\times10^{-9}$；氧化物为 $\times10^{-2}$；其余元素为 $\times10^{-6}$。

铜鼓金矿区域地球化学特征，总体表现为低 Na_2O、MgO 和以与金成矿关系密切的 Au、As、Sb、Hg 为代表多元素富集特征。

2）区域化探异常特征

铜鼓金矿区范围内，1∶20 万区域化探水系沉积物地球化学异常较发育，在区域化探分析的 39 种元素或氧化物中，Au、Hg、Be、Zr、Sn 等 5 种元素有异常显示（图 5-1）。其中，Au 元素异常规模较大，异常面积 $448km^2$，Hg、Be、Zr、Sn 元素异常规模较小，且分布较为零散。5 种元素中，Au、Sn 元素异常强度具三级异常分带，Zr 元素异常具二级分带，Hg、Be 元素异常仅为一级。

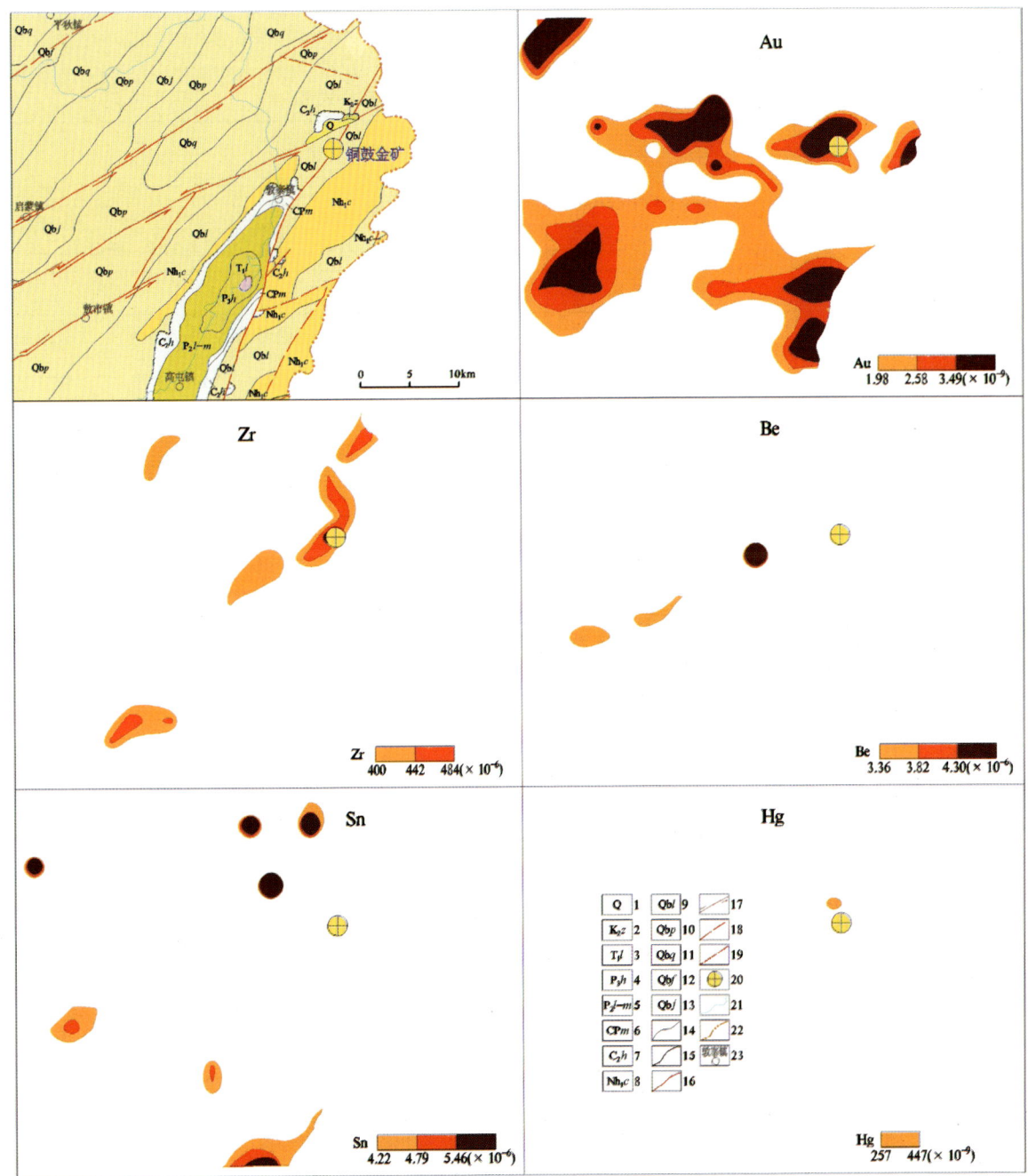

图 5-1 铜鼓金矿床所在位置区域化探异常特征图

1.第四系；2.扎佐组；3.罗楼组；4.合山组；5.梁山组—茅口组；6.马平组；7.黄龙组；8.长安组；9.隆里组；10.平略组；11.清水江组；12.番召组；13.甲路组；14.地层界线；15.不整合地质界线；16.断层；17.走滑断层；18.性质不明断层；19.遥感解译断层；20.金矿点；21.水系；22.省界线；23.乡镇居民点

铜鼓金矿区发育大面积、高强度的 Au 元素异常,金矿床附近还有 Hg 元素异常显示。

矿床表生地球化学构成特征为:

(1)成矿元素异常组合:Au。

(2)直接指示元素异常组合:Au－Hg。

(3)间接指示元素异常组合:Zr－Be－Sn。

3. 地质-地球化学找矿模式

结合上述矿床地质特征和地球化学特征,贵州铜鼓金矿床的地质-地球化学找矿模式如表 5-4 所示。

表 5-4 贵州铜鼓金矿床地质-地球化学找矿模式表

分类	项目名称	项目描述
地质特征	矿床类型	石英脉型金矿床
	矿区地层与赋矿建造	下江群隆里组第二段第二亚段层状含粉砂质板岩、变质细砂岩、粉砂岩
	矿区岩浆岩	未见岩浆
	矿区构造与控矿要素	含金石英脉主要受北东向核部(近核部)层间破碎带控制,次为同生次级断裂
	矿体空间形态	脉状,走向北东南西向,倾向以北西向为主,少有倾向南东,倾角25°～42°
	矿石类型	主要为石英硫化物脉
	矿石矿物	主要有自然金、毒砂、黄铁矿、黄铜矿;其次为磁黄铁矿、闪锌矿、方铅矿,少量自然铜等,次生矿物有褐铁矿、蓝铜矿
	矿区矿化蚀变	硅化、黄铁矿化、毒砂化、铁白云石化、绿泥石化,还有方解石化、绢云母化和高岭石化等
地球化学特征	区域化探特征	成矿指示元素组合为 Au、Hg、Zr、Be、Sn 等。其中 Au、Hg 为直接指示元素,异常内、中、外分带清晰,异常与矿区重合度较好,与中国水系沉积物平均值相比,其富集系数均大于 1.5

(二)贵州水银洞金矿床

1. 矿床基本信息

贵州水银洞金矿床基本信息见表 5-5。

表 5-5 贵州水银洞金矿床基本信息表

项目名称	项目描述
经济矿种	金矿
矿床名称	贞丰水银洞金矿床
行政隶属地	贵州省贞丰县
矿床规模	中型
经济矿种资源量	查明金资源量 19.886 26t
矿床类型	微细粒浸染型金矿床

2. 地球化学特征

1) 区域地球化学背景

经1:20万区域化探计258件样品,25种贵州省主要矿产异常元素或氧化物 Ag、As、Au、Ba、Bi、Cd、Cu、F、Hg、Mn、Mo、Ni、P、Pb、Sb、Sn、U、V、W、Y、Zn 及 Al_2O_3、Na_2O、MgO、SiO_2 等地球化学参数的统计(表5-6),25种元素或氧化物中,除 Ag、Ba、Al_2O_3、MgO、Na_2O、SiO_2 平均含量低于全国平均含量外,其他19种元素或氧化物平均含量均高于全国平均含量,其中,以 As、Au、Bi、Cd、Cu、F、Hg、Mn、Mo、Ni、P、Pb、Sb、Sn、U、V、W、Y、Zn 富集度较高(≥1.5),特别是 As、Cd、Cu、Hg、Sb 富集度最高(≥3.0)。

表5-6 贵州水银洞金矿1:20万水系沉积物地球化学特征参数表(N=258)

元素或氧化物	最小值	最大值	中位数	平均值	标准差	中国水系沉积物平均值	富集系数	异常外带	异常中带	异常内带
Ag	15	443	54	62.50	36.48	80	0.78	104.434	136.865	193.334
As	6.9	355.6	29.8	37.52	36.71	8.5	4.41	35.006	48.442	68.950
Au	0.25	95	1.7	2.39	6.25	1.2	1.99	1.978	2.583	3.490
Ba	123.9	32 530	204.65	342.29	2 010.29	500	0.68	193.330	762.000	1 223.510
Bi	0.23	1.3	0.58	0.60	0.23	0.3	2.02	0.625	0.742	0.875
Cd	72	6 480	254.5	459.51	608.39	90	5.11	1 402.960	2 607.050	4 282.880
Cu	14	232.9	57.8	66.62	35.84	22	3.03	56.000	72.000	87.711
F	148	3 880	1 118	1 233.00	598.97	480	2.57	1 526.330	1 938.490	2 356.200
Hg	2	57 500	148	703.50	3 790.23	35	20.10	256.494	446.796	918.720
Mn	382.4	3 817	1 601.5	1 641.93	636.32	550	2.99	2 039.940	2 520.140	3 151.730
Mo	0.2	13	1.9	2.27	1.56	0.8	2.84	3.190	4.611	7.216
Ni	18.2	126.1	57.4	60.86	24.86	25	2.43	50.799	60.017	69.000
P	304.7	2213	994.9	991.99	378.21	550	1.80	955.000	1 150.440	1 400.960
Pb	16.9	111.9	40.65	43.09	15.81	22	1.96	52.000	69.973	104.063
Sb	0.57	108	2.06	4.53	9.96	0.7	6.47	2.965	5.290	9.666
Sn	1.3	30	4	4.22	2.08	2.7	1.56	4.217	4.790	5.462
U	1.5	11	4.9	5.15	2.05	2.5	2.06	5.917	7.275	9.068
V	66.7	396.9	208.65	216.79	76.07	80	2.71	178.731	211.709	248.135
W	0.9	32.6	2.4	2.77	2.18	1.5	1.85	2.925	3.434	4.066
Y	20.5	65.4	41.4	39.36	9.05	24	1.64	40.049	47.407	59.346
Zn	43.1	284.1	121.15	122.44	42.46	68	1.80	128.328	168.143	225.544
Al_2O_3	0.6	20.1	12.6	12.81	2.84	13	0.99	15.410	16.862	18.380
MgO	0.05	10.8	1.5	1.95	1.27	13	0.15	3.194	4.370	6.407
Na_2O	0.08	10	0.16	1.21	2.94	1.5	0.81	0.430	0.552	0.772
SiO_2	38.28	84.9	55.515	56.98	8.46	65	0.88	77.861		

注:①富集系数=平均值/中国水系沉积物平均值,中国水系沉积物平均值据鄢明才等(1995)。异常外、中、内带下限的确定采用累频90%、95.5%、98%。②含量单位:Ag、Au、Cd、Hg 为 $\times 10^{-9}$;氧化物为 $\times 10^{-2}$;其余元素为 $\times 10^{-6}$。

水银洞金矿区域地球化学特征,总体表现为低 MgO、SiO_2 和以与汞、金成矿关系密切的 As、Sb、Hg 富集为主,以及下三叠统中多元素富集的特征。反映了该区域独具特色的成矿环境特征。

2) 区域化探异常特征

水银洞金矿区,1∶20万区域化探水系沉积物地球化学异常发育,在区域化探分析的39种元素或氧化物中,Hg、Sb、As、Au、Sr、Ba、Nb、Zr、La、P、Cr、Cu、Co、Ni、Ti、V、Fe_2O_3、W、Sn 等 19 种元素或氧化物均有异常显示(图5-2)。其中,Hg、Sb、As、Sr、Nb、Zr、Cr、Cu、Co、Ni、Ti、V、Fe_2O_3、W、Sn 等 15 种元素或氧化物异常规模较大,异常面积在 150～360 km^2 不等,Au、Ba、P、La 元素异常规模较小,且分布较为零散。异常强度除 La、Zr 为二级外,其余 17 种元素或氧化物均具三级异常分带,特别以 Cr、Co、Hg、Sr 元素高值异常区面积较大。

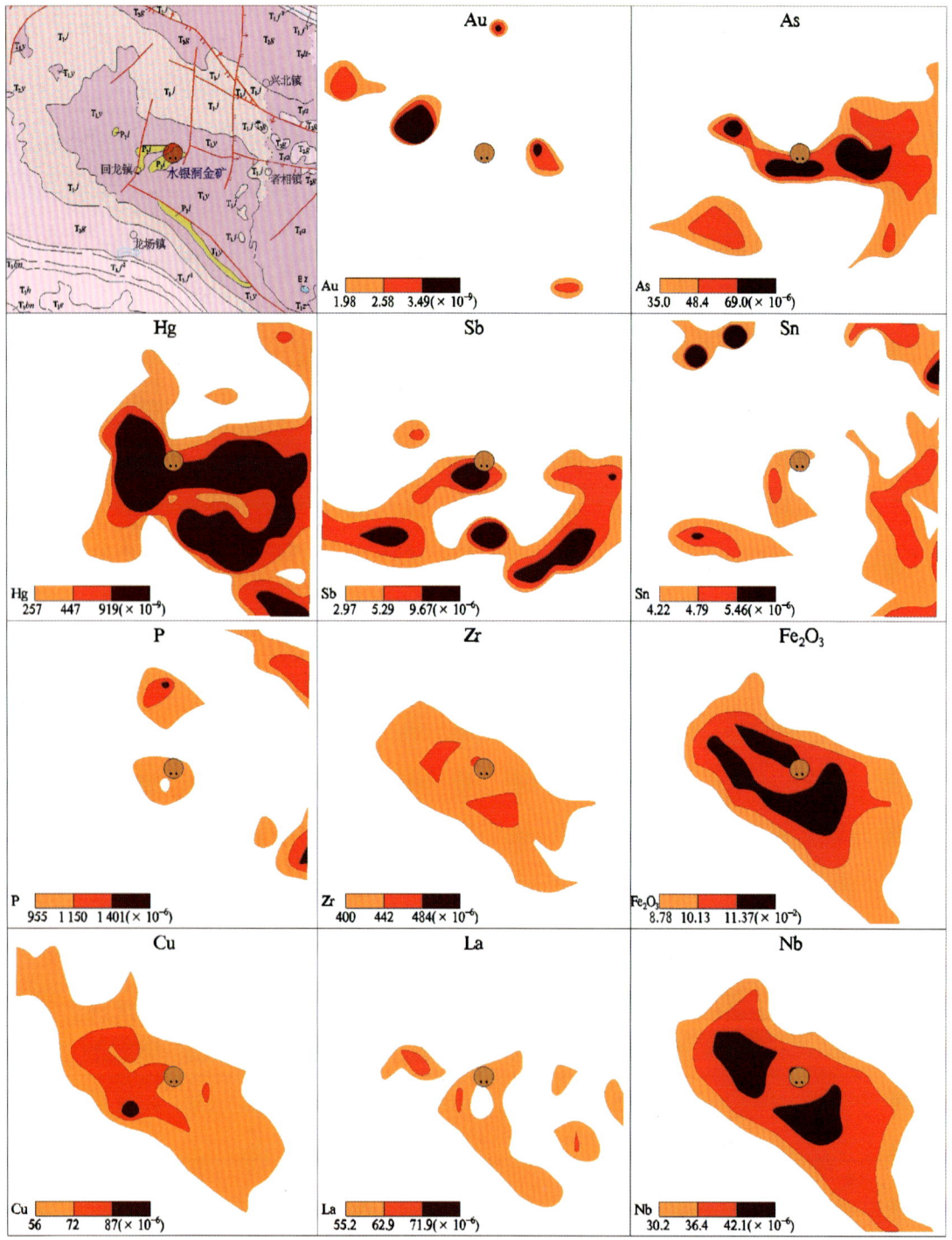

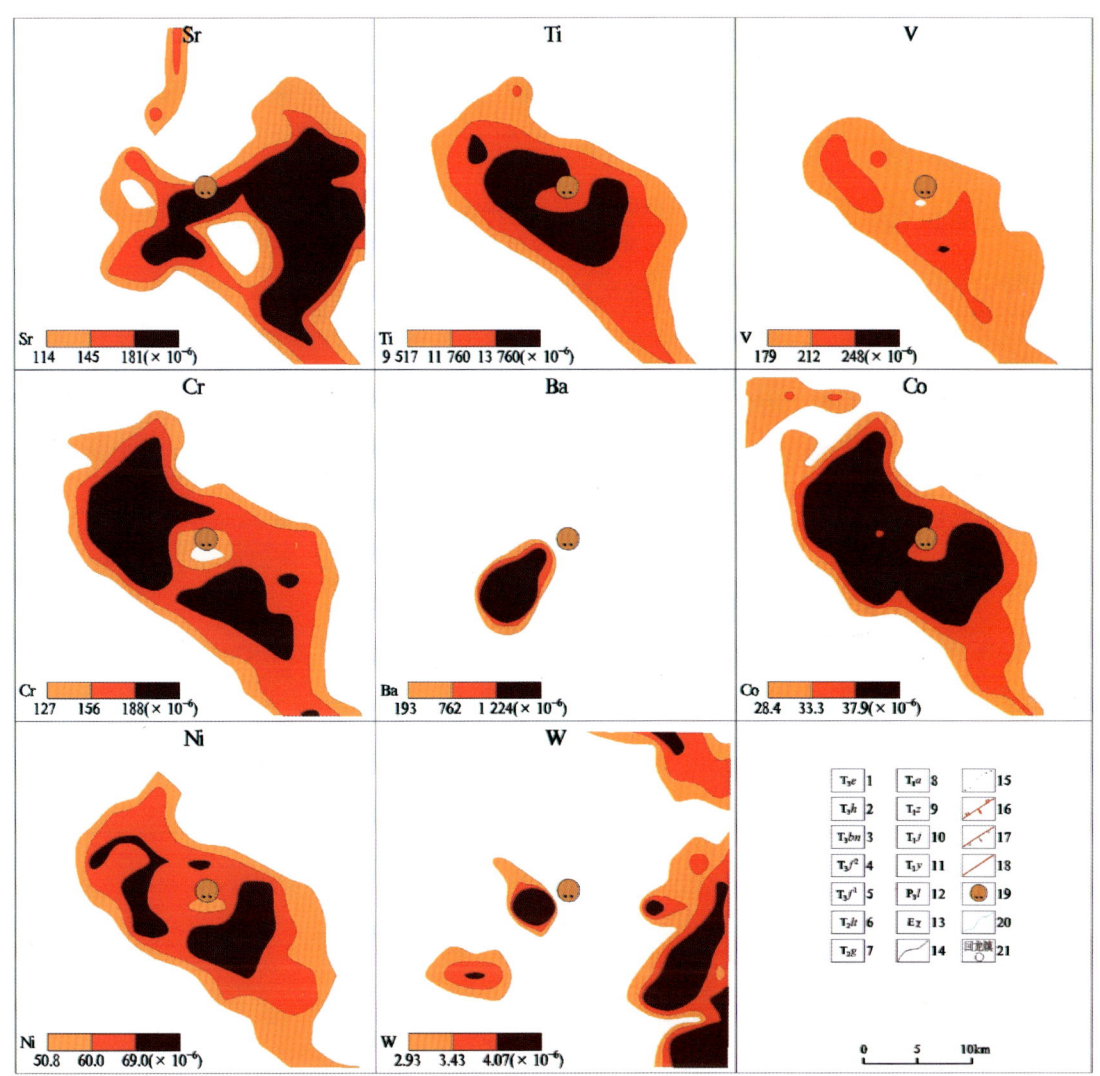

图 5-2 水银洞金矿床所在位置区域化探异常特征图

1.二桥组;2.火把冲组;3.把南组;4.法郎组第二段;5.法郎组第一段;6.垄头组;7.关岭组;8.安顺组;9.紫云组;10.嘉陵江组;11.夜郎组;12.龙潭组;13.古近纪钙碱性煌斑岩;14.地层界线;15.相变界线;16.逆断层;17.正断层;18.性质不明断层;19.金矿点;20.水系;21.乡镇居民点

Nb、Zr、La、Cr、Cu、Co、Ni、Ti、V、Fe_2O_3 等元素或氧化物主体异常分布于灰家堡背斜核部,反应了背斜核部下三叠统夜郎组及上二叠统龙潭组沉积过程中,有大量基性物质加入,是成矿地质环境元素异常组合。W、Sn 元素主体异常分布于贞丰礁相带上,主要反应礁相带上岩石地层的物质组分特征。

灰家堡背斜上发育大面积、高强度的 Hg、As、Sb、Sr 元素异常,以及零星强度较高的 Au、Ba 元素异常,特别是水银洞金矿床上有高强度的金矿前缘晕元素组合中的 Hg、As、Sb 元素异常分布。

矿床表生地球化学构成特征为:

(1)成矿元素异常组合:Au-Hg。

(2)直接指示元素异常组合:Au-Hg-As-Sb。

(3)间接指示元素异常组合:Sr-Ba、Nb-Zr-La、Cr-Cu-Co-Ni-Ti-V-Fe_2O_3。

3.地质-地球化学找矿模式

贵州水银洞金矿床的地质-地球化学找矿模式如表 5-7 所示。

表 5-7　贵州水银洞金矿床地质-地球化学找矿模式表

分类	项目名称	项目描述
地质特征	矿床类型	微细粒浸染型金矿床
	矿区地层与赋矿建造	矿体主要赋存于背斜核部上二叠统龙潭组一至二段的生物碎屑灰岩中,以及茅口组与龙潭组间不整合界面上的构造蚀变岩体中
	矿区岩浆岩	主要有二叠纪大陆溢流拉斑玄武岩及同源的浅成侵位的岩床状辉绿岩
	矿区构造与控矿要素	水银洞金矿受北西向灰家堡背斜区域构造控制。矿体产于背斜核部层部破碎带及次级断裂破碎带中
	矿体空间形态	主矿体呈层状、似层状及少量脉状
	矿石类型	容矿岩石类型主要为生物碎屑泥粉晶灰岩、硅化角砾状黏土岩
	矿石矿物	主要有黄铁矿、毒砂、赤铁矿,少量辉锑矿、辰砂、雄黄等
	矿区矿化蚀变	主要围岩蚀变有黄铁矿化、白云石化、硅化、毒砂化、雄(雌)黄化、方解石化、辉锑矿化、萤石化、滑石化、辰砂化
地球化学特征	原生晕特征	前缘晕:Pb、As、Hg、Sb、F(Bi、Zn);矿体晕:Au(Hg、Pb、Mo);尾晕:W、Mo、Sn(Cu)
	区域化探特征	Hg、Sb、As、Au、Sr、Ba、Nb、Zr、La、P、Cr、Cu、Co、Ni、Ti、V、Fe_2O_3、W、Sn 等 19 种元素或氧化物均有异常显示。其中 Au、Hg、Sb、As 为直接指示元素,异常内、中、外分带清晰,异常与矿区重合度较好。Hg、Sb、As 异常规模较大,与中国水系沉积物平均值相比,其富集系数均大于 3.0

二、锑矿

贵州省锑矿主要为产于黔南下泥盆统丹林群陆缘碎屑岩层中的锑矿、产于黔东南青白口系平略组浅变质岩系中的锑矿和黔西南二叠系龙潭组与茅口组之间硅质蚀变中的锑矿。前两类锑矿主要直接找矿指示元素为 Sb、Hg,后一类锑矿主要直接找矿指示元素为 Sb、Au、Hg、As。现以贵州独山半坡锑矿床和贵州晴隆锑矿床为例,说明贵州锑矿地球化学特征及找矿模式。

(一)贵州独山半坡锑矿床

1. 矿床基本信息

贵州独山半坡锑矿床基本信息见表 5-8。

表 5-8　贵州独山半坡锑矿床基本信息表

项目名称	项目描述
经济矿种	锑矿
矿床名称	独山半坡锑矿床
行政隶属地	贵州省独山县
矿床规模	大型
经济矿种资源量	查明锑资源量 144 775t
矿床类型	热液型

2. 地球化学特征

1)岩石地球化学特征

据贵州独山半坡锑矿田地质地球化学特征及成矿模式资料,不同地层中微量元素的分配特征见表5-9。

Sb、Hg、As 等成矿及伴生元素在地层中强烈富集,平均浓度克拉克值大于 8×10^{-6},以 Sb 最显著,浓度克拉克值达 26.37×10^{-6};Pb、Ag、Mo 有富集趋势,而 Zn、Cu、Ba 等为贫化元素。地层中 Sb 元素高度富集,为锑矿的形成提供了丰富的物质来源。

表5-9 独山锑矿田地层中微量元素含量($\times10^{-6}$)

地层	Sb	Hg	As	Pb	Zn	Cu	Ag	Mo	Ga	样品数(件)
融县组	2.81	0.22	6.84	18.05	14.05	8.78			6.16	145
独山组	10.85	1.2	24.87	23.88	18.5	14.91	1.08	1.37	8.58	1 867
帮寨组	8.57	0.54	21.67	17.93	12.69	26.13	0.14	3.26	9.05	495
龙洞水组	12.28	0.82	21.2	28.92	16.45	10.45	0.15	0.36	1.61	287
丹林组-舒家坪组	13.17	0.55	17.43	10.55	12.17	30.02	0.07	3.92	8.18	571
翁项群	20.20	0.80	19.76	19.51	40.93	46.26	0.03	1.99	21.35	254
全区地层平均含量	16.35	0.79	19.87	20.21	28.92	28.7	0.14	1.89	13.96	
地壳丰度值(黎彤,1976)	0.62	0.089	2.2	12	94	63	0.08	1.3	18	
平均浓度克拉克值	26.37	8.88	9.03	1.68	0.31	0.46	1.87	1.45	0.78	

2)区域地球化学背景

经1∶20万区域化探计238件样品,25种贵州省主要矿产异常元素或氧化物 Ag、As、Au、Ba、Bi、Cd、Cu、F、Hg、Mn、Mo、Ni、P、Pb、Sb、Sn、U、V、W、Y、Zn 及 Al_2O_3、Na_2O、MgO、SiO_2 等地球化学参数的统计(表5-10),25种元素或氧化物中,除 Au、Cu、Ba、P、W、Al_2O_3、Na_2O、MgO 平均含量低于全国平均含量外,其他17种元素或氧化物平均含量均高于全国平均含量,其中,以 Sb、Hg、As、Mo、Cd、F 富集度较高(≥1.5),特别是 Cd、Sb、Hg 富集度最高(≥3.0)。

表5-10 贵州独山半坡锑矿 1∶20万水系沉积物地球化学特征参数表($N=238$)

元素或氧化物	最小值	最大值	中位数	平均值	标准差	中国水系沉积物平均值	富集系数	异常外带	异常中带	异常内带
Ag	26	806	70	86.14	78.59	80	1.08	104.434	136.865	193.334
As	3	109	16	20.84	14.17	8.5	2.45	35.006	48.442	68.950
Au	0.2	6.11	0.765	0.97	0.80	1.2	0.81	1.978	2.583	3.490

续表 5-10

元素或氧化物	最小值	最大值	中位数	平均值	标准差	中国水系沉积物平均值	富集系数	异常外带	异常中带	异常内带
Ba	71	1 014	208	232.63	123.77	500	0.47	193.330	762.000	1 223.510
Bi	0.13	0.88	0.37	0.38	0.14	0.3	1.28	0.625	0.742	0.875
Cd	100	5 600	250	473.57	582.85	90	5.26	1 402.960	2 607.050	4 282.880
Cu	6	100	15	18.02	11.54	22	0.82	56.000	72.000	87.711
F	188	1 650	675	728.51	316.43	480	1.52	1 526.330	1 938.490	
Hg	30	10 260	115	246.11	713.30	35	7.03	256.494	446.796	918.720
Mn	91	2 547	689	824.18	506.05	550	1.50	2 039.940	2 520.140	3 151.730
Mo	0.34	5.5	1.4	1.60	0.89	0.8	2.00	3.190	4.611	7.216
Ni	12	55	24	25.20	7.08	25	1.01	50.799	60.017	
P	11	1 284	415.5	423.63	182.54	550	0.77	955.000	1 150.440	1 400.960
Pb	16	208	26	28.71	15.25	22	1.30	52.000	69.973	104.063
Sb	0.53	3 038.4	2.2	39.99	275.69	0.7	57.14	2.965	5.290	9.666
Sn	1	10	2.6	2.76	1.31	2.7	1.02	4.217	4.790	5.462
U	1.48	7.87	3.105	3.40	1.27	2.5	1.36	5.917	7.275	9.068
V	29	163	78.5	81.70	24.08	80	1.02	178.731		
W	0.5	3.8	1.4	1.45	0.55	1.5	0.97	2.925	3.434	4.066
Y	0.4	50	26	26.66	5.80	24	1.11	40.049	47.407	59.346
Zn	6	1 402	64.5	77.93	97.41	68	1.15	128.328	168.143	225.544
Al$_2$O$_3$	2.52	18.18	8.545	8.96	2.75	13	0.69	15.410	16.862	18.380
MgO	0.15	8.09	0.63	0.86	0.88	13	0.07	3.194	4.370	6.407
Na$_2$O	0.11	10	0.17	0.39	1.38	1.5	0.26	0.430	0.552	0.772
SiO$_2$	41.94	98.96	80.175	78.26	9.87	65	1.20	77.861		

注：①富集系数＝平均值/中国水系沉积物平均值，中国水系沉积物平均值据鄢明才等(1995)。异常外、中、内带下限的确定采用累频 90%、95.5%、98%。②含量单位：Ag、Au、Cd、Hg 为 $\times 10^{-9}$；氧化物为 $\times 10^{-2}$；其余元素为 $\times 10^{-6}$。

半坡锑矿区域地球化学特征,总体表现为低 Na_2O、MgO 和与锑成矿关系密切的 Sb、Hg、As 富集特征。

3)原生晕

据半坡锑矿地表及钻孔岩石地球化学测量,该区原生晕异常明显地显示出受断裂控制,在原生晕异常发育区,往往是断裂交会部位。原生晕异常中 Sb 晕分布范围最大,且具有明显的浓度分带,浓集中心与矿体边界基本一致。剖面原生晕 Sb、Mo 元素异常,在半坡断层倾斜延深方向未封闭,浓集中心有明显的延深趋势,为矿体晕。热释汞测量显示汞异常均沿含矿断裂呈条带展布,具典型的气晕特征和构造成矿特点,浓集中心区往往是锑矿化富集部位;氯化态、硫化态汞异常与 Sb、Mo 的原生晕异常一致,在断层的倾斜延深方向浓集趋势明显,且未封闭(图 5-3)。

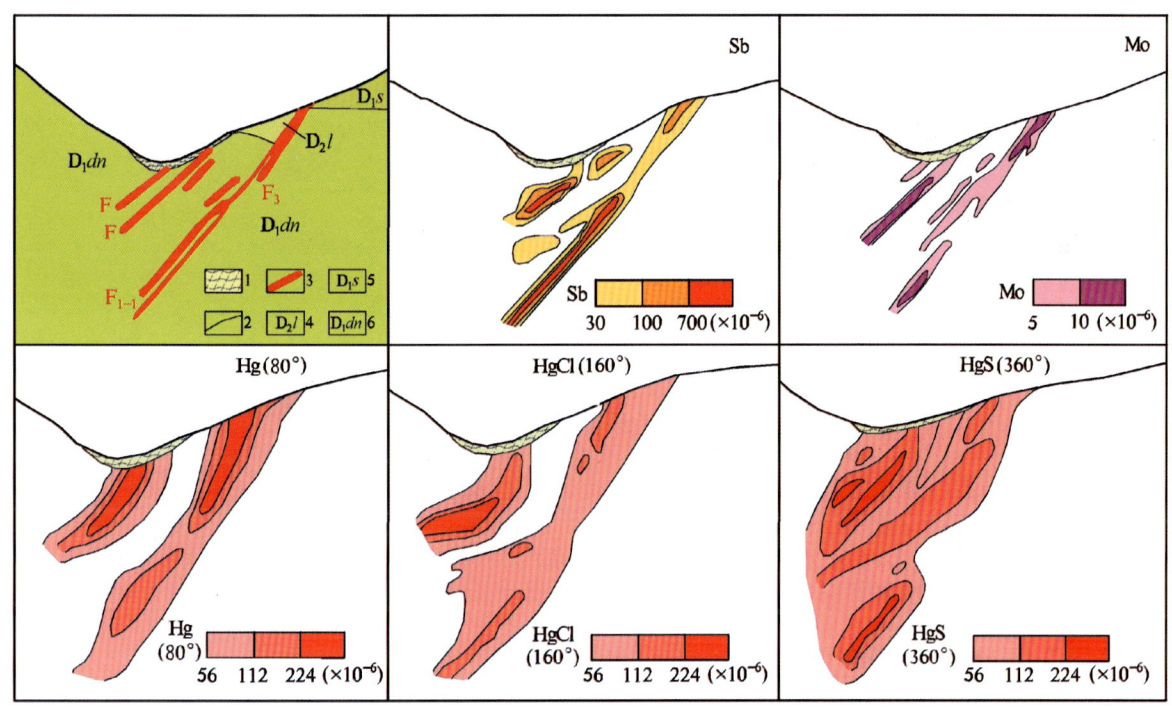

图 5-3 独山半坡锑矿 0 号剖面 Sb、Mo 原生晕及热释汞异常图(据金中国,1991 修改)
1.浮土;2.地层界线;3.含矿断层;4.龙洞水组;5.舒家坪组;6.丹林组

4)区域化探异常特征

该矿田发育有数十种元素水系沉积物地球化学异常(图 5-4),异常以 Sb、Hg、Ag、Sn、Au、As、Ba 元素较强。其中 Sb 异常面积达 $376km^2$,强度高(三级异常)、规模大、梯度变化陡、浓度分带清晰,含量峰值为 $3038.4×10^{-6}$。

独山半坡锑矿成矿元素组合是 Sb - Hg。

在独山半坡锑矿预测区,锑地球化学异常和 Sb - Hg - As - Mo 组合地球化学异常是寻找锑矿的地球化学标志。

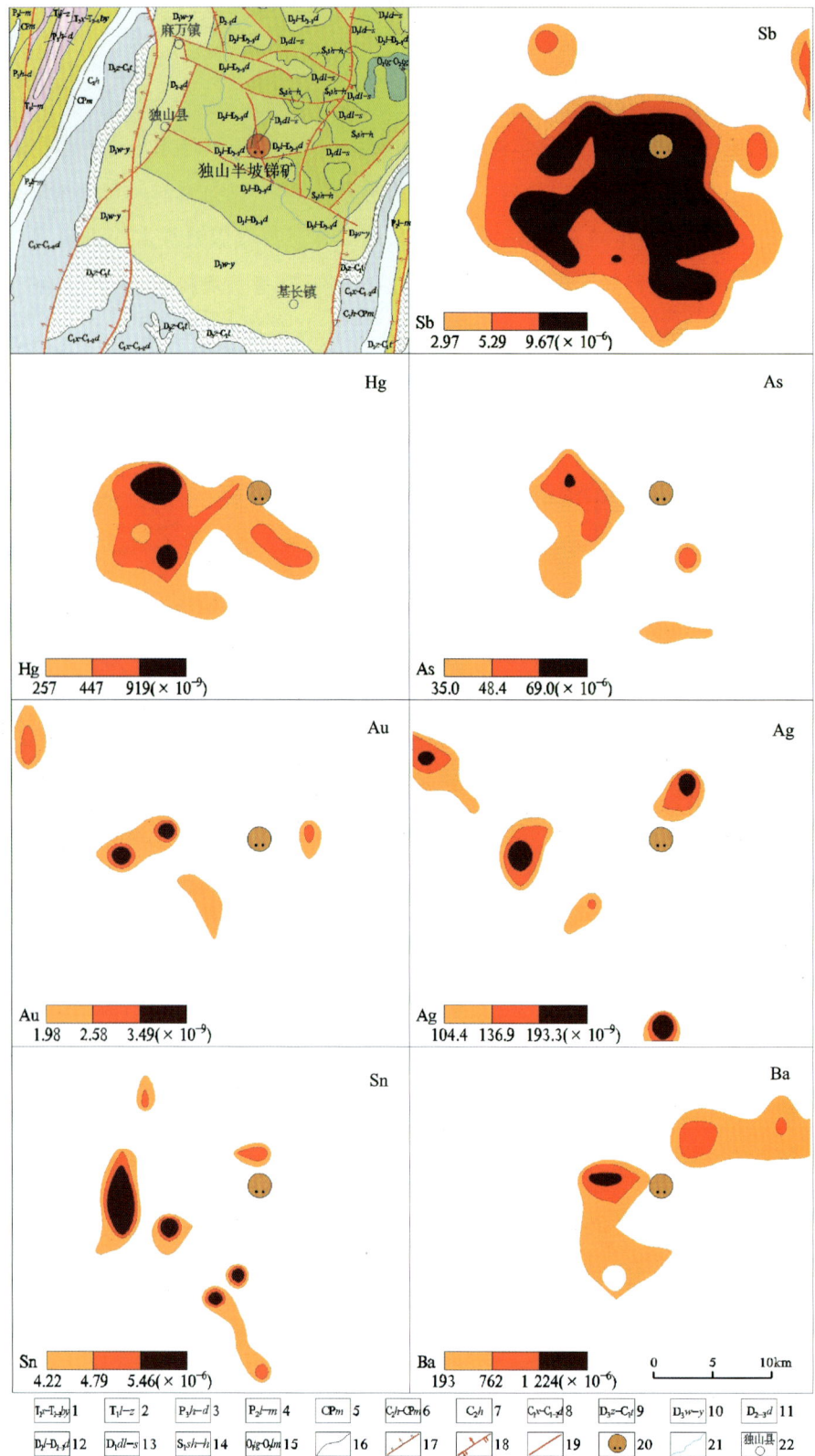

图 5-4　独山半坡锑矿床所在位置区域化探异常特征图

1.新苑组-边阳组;2.罗楼组-紫云组;3.合山组-大隆组;4.梁山组-茅口组;5.马平组;6.黄龙组-马平组;7.黄龙组;8.祥摆组-大埔组;9.者王组-汤粑沟组;10.望城坡组-尧梭组;11.独山组;12.龙洞水组-独山组;13.丹林组-舒家坪组;14.石牛栏组-韩家店组;15.同高组-烂木滩组;16.地层界线;17.正断层;18.逆断层;19.性质不明断层;20.锑矿点;21.水系;22.乡镇居民点

3. 地质-地球化学找矿模式

贵州半坡锑矿床的地质-地球化学找矿模式如表 5-11 所示。

表 5-11　贵州半坡锑矿床地质-地球化学找矿模式表

分类	项目名称	项目描述
地质特征	矿床类型	热液型锑矿床
	矿区地层与赋矿建造	主要产于下泥盆统丹林群陆缘碎屑岩层中
	矿区岩浆岩	主要为中细粒二长玲珑花岗岩,弱片麻状构造,其成岩年龄为 160～150Ma。矿区内脉岩较发育,主要为煌斑岩脉
	矿区构造与控矿要素	充填于北北西向的半坡张扭性断裂带内
	矿体空间形态	矿体呈大脉状产出,北北西向展布
	矿石类型	主要有石英硫化物脉、黄铁绢英岩型绢英岩、强黄铁绢英岩化花岗岩、弱黄铁绢英岩化花岗岩
	矿石矿物	主要矿石矿物为辉锑矿,次有少量黄铁矿、氧化铁等
	矿区矿化蚀变	主要围岩蚀变有硅化、碳酸盐化、黄铁矿化、绢云母化、重晶石化等
地球化学特征	区域岩石特征	与中国东部陆壳元素平均含量相比,Sb、Hg、As 等富集系数大于 8.0,Pb、Ag、Mo 等富集系数大于 1.45
	原生晕特征	Sb、Mo、Hg 异常明显,与矿体分布一致
	区域化探特征	Sb、Hg、Ag、Sn、Au、As、Ba 等 7 种元素或氧化物均有异常显示。Sb、Hg 为直接指示元素,与中国水系沉积物平均值相比,富集系数均大于 5.0

(二)贵州晴隆锑矿床

1. 矿床基本信息

贵州晴隆锑矿床基本信息见表 5-12。

表 5-12　贵州晴隆锑矿床基本信息表

项目名称	项目描述
经济矿种	锑矿
矿床名称	晴隆锑矿床
行政隶属地	贵州省晴隆县
矿床规模	大型
经济矿种资源量	查明锑资源量 189 941t
矿床类型	热液型

2. 地球化学特征

1) 区域地球化学背景

经1∶20万区域化探计329件样品,25种贵州省主要矿产异常元素或氧化物Ag、As、Au、Ba、Bi、Cd、Cu、F、Hg、Mn、Mo、Ni、P、Pb、Sb、Sn、U、V、W、Y、Zn及Al_2O_3、Na_2O、MgO、SiO_2等地球化学参数的统计(表5-13),25种元素或氧化物中,除Ag、Ba、MgO、Na_2O、SiO_2平均含量低于全国平均含量外,其他20种元素或氧化物平均含量均高于全国平均含量,其中,以Sb、Au、Hg、As、Cu、Cd、Mo、Zn、P、W、Y、Mn、Ni、V富集度较高(≥1.5),特别是Sb、Au、Hg、As、Cu、Cd、Mo、V富集度最高(≥3.0)。

表5-13 贵州晴隆锑矿1∶20万水系沉积物地球化学特征参数表(N=329)

元素或氧化物	最小值	最大值	中位数	平均值	标准差	中国水系沉积物平均值	富集系数	异常外带	异常中带	异常内带
Ag	31	964	53	63.45	55.06	80	0.79	104.434	136.865	193.334
As	2.1	943.9	23.7	67.50	104.79	8.5	7.94	35.006	48.442	68.950
Au	0.13	122.5	2.2	5.82	14.45	1.2	4.85	1.978	2.583	3.490
Ba	125.2	1 833	286.5	310.81	135.80	500	0.62	193.330	762.000	1 223.510
Bi	0.07	0.78	0.31	0.35	0.15	0.3	1.16	0.625	0.742	0.875
Cd	55	6 680	157	322.53	615.02	90	3.58	1 402.960	2 607.050	4 282.880
Cu	27.2	319.7	105.1	106.97	44.37	22	4.86	56.000	72.000	87.711
F	60	2 840	480	675.16	519.65	480	1.41	1 526.330	1 938.490	2 356.200
Hg	16	1 580	75	111.13	130.62	35	3.18	256.494	446.796	918.720
Mn	189.7	2 546	1 471	1 427.30	410.41	550	2.60	2 039.940	2 520.140	3 151.730
Mo	0.4	11.4	2.3	2.95	2.13	0.8	3.69	3.190	4.611	7.216
Ni	13.8	128.7	60.6	61.87	21.39	25	2.47	50.799	60.017	69.000
P	444.5	2 899.2	1 240.7	1 247.33	402.05	550	2.27	955.000	1 150.440	1 400.960
Pb	12.5	50.5	25.5	26.70	6.61	22	1.21	52.000		
Sb	0.41	316	3.82	27.27	53.05	0.7	38.96	2.965	5.290	9.666
Sn	1.2	9.2	3.7	3.78	0.77	2.7	1.40	4.217	4.790	5.462
U	1.2	8.4	3.2	3.53	1.55	2.5	1.41	5.917	7.275	9.068
V	110.9	471.5	258.6	263.09	70.53	80	3.29	178.731	211.709	248.135
W	0.7	12.3	1.9	2.40	1.68	1.5	1.60	2.925	3.434	4.066
Y	26.5	98.7	43	44.16	9.01	24	1.84	40.049	47.407	59.346
Zn	35.1	392.8	112.4	113.94	32.42	68	1.68	128.328	168.143	225.544
Al_2O_3	7	19.6	13.6	13.74	2.22	13	1.06	15.410	16.862	18.380
MgO	0.05	5.7	1.7	1.76	1.16	13	0.14	3.194	4.370	6.407
Na_2O	0.08	10	0.2	1.37	3.05	1.5	0.91	0.430	0.552	0.772
SiO_2	44.65	77.68	55.36	56.30	5.53	65	0.87	77.861		

注:①富集系数=平均值/中国水系沉积物平均值,中国水系沉积物平均值据鄢明才等(1995)。异常外、中、内带下限的确定采用累频90%、95.5%、98%。②含量单位:Ag、Au、Cd、Hg为$\times 10^{-9}$;氧化物为$\times 10^{-2}$;其余元素为$\times 10^{-6}$。

晴隆锑矿区域地球化学特征,总体表现为低 MgO 和与锑、金成矿关系密切的 Sb、Au、Hg、As 等为代表的多元素富集,以及峨眉山玄武岩至下三叠统以基性元素为代表的多元素富集特征。

2)区域化探异常特征

晴隆锑矿区发育有多种元素或氧化物水系沉积物地球化学异常(图 5-5)。碧痕营穹隆核部为 Sb、As、Au、Hg、Mo、Cd、Ag、W、Bi、Zn、P 等元素正异常,其中 Sb、Au、As、Mo 异常面积达 400km²,具有强度高、规模大、梯度变化陡、浓度分带清晰、呈圆形相互重合较好等特点。各元素含量峰值分别为:Sb 316.0×10^{-6}、Au 122.5×10^{-9}、As 943.9×10^{-6}、Mo 11.4×10^{-6}。在碧痕营穹隆外围广泛分布亲基性元素弱异常,Cu、Co、Cr、V、Ti、Nb、Ni、Zr、Fe_2O_3、Na_2O、Mn、Ba、Sr、F、La、Y 等元素或氧化物异常呈环带状分布于矿田区外围,具有面积大、强度低、浓集中心不突出等特点,与穹隆外围峨眉山玄武岩分布相吻合。大致可划分出峨眉山玄武岩元素组合 Cu-Cr-Ni-Co-V-Ti-Mn 和火山期后(含构造活动)热液成矿元素组合 Au-As-Sb-Hg-Bi-Pb-Zn-Ag-Cd-Ba-Sr。

晴隆大厂锑金矿区表生地球化学异常结构特征为:

(1)成矿元素异常组合:Sb-Au。
(2)直接指示元素异常组合:Sb-Au-As-Hg。
(3)间接指示元素异常组合:W-Bi-Mo-Ba-Sr。
(4)成矿环境元素异常组合:Cu-Cr-Ni-Co-V-Ti;Pb-Zn-Ag-Cd;F-Ba-Sr。

3. 地质-地球化学找矿模式

贵州晴隆锑矿床的地质-地球化学找矿模式如表 5-14 所示。

表 5-14 晴隆锑矿床地质-地球化学找矿模式表

分类	项目名称	项目描述
地质特征	矿床类型	热液型锑矿床
	矿区地层与赋矿建造	二叠系海相沉积火山岩"大厂层"(硅质蚀变岩)
	矿区岩浆岩	主要为中—上二叠统峨眉山玄武岩(拉斑玄武岩、火山角砾岩、火岩碎屑岩)
	矿区构造与控矿要素	Ⅳ级构造(碧痕营穹隆、花鱼井断层、青山镇断层、雷钵洞断层)起着导矿作用,控制了矿床的分布。主要是北东向背斜和压扭性断裂旁的"大厂层"起着容矿作用控制矿床、含矿体或矿体
	矿体空间形态	含矿体呈似层状、短轴状、穹隆状产出。每个矿体内,由于再次一级褶曲和节理裂隙的发育程度不同,而包括大小不等的扁豆状、巢状及不规则状的若干矿体。最大含矿体长达 300~760m,宽 155~300m。厚 0.86~3.80m,平均厚度 2m
	矿石类型	矿石的自然组合类型以石英-辉锑矿为主;其次是萤石-辉锑矿和蚀变黏土岩-辉锑矿
	矿石矿物	矿石矿物以辉锑矿为主,伴生矿物有硫铁矿、萤石、石膏及少量铜蓝、自然硫等
	矿区矿化蚀变	主要有硅化、硫铁矿化、高岭土化、萤石化、角砾化等
地球化学特征	区域化探特征	Sb、As、Au、Hg、Mo、Cd、Ag、W、Bi、Zn、P、Cu、Co、Cr、V、Ti、Nb、Ni、Zr、Fe_2O_3、Na_2O、Mn、Ba、Sr、F、La、Y 等元素或氧化物均有异常显示。Sb、Au、As、Hg 为直接指示元素,与中国水系沉积物平均值相比,富集系数均大于 3.0(其中 Sb 达 40)

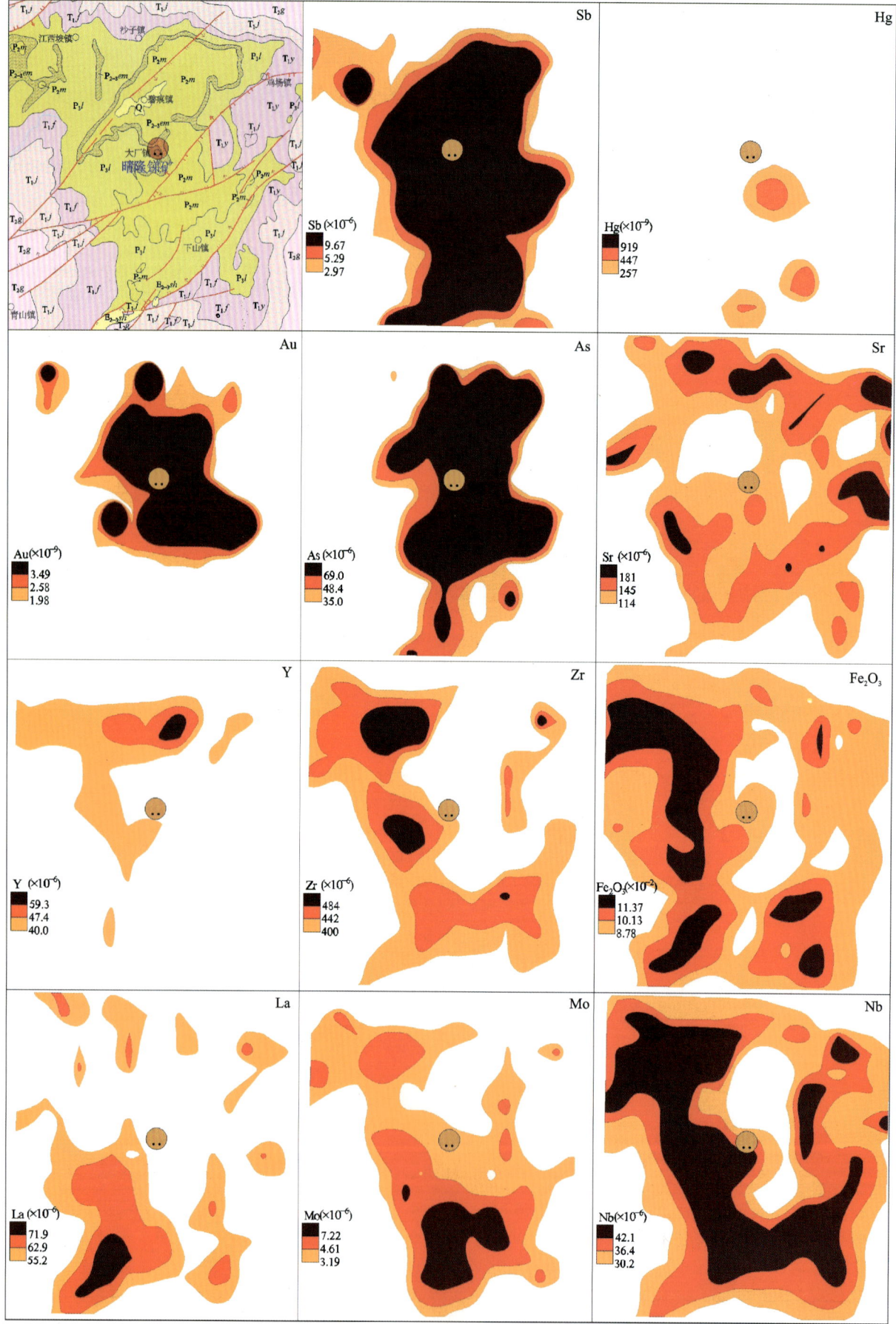

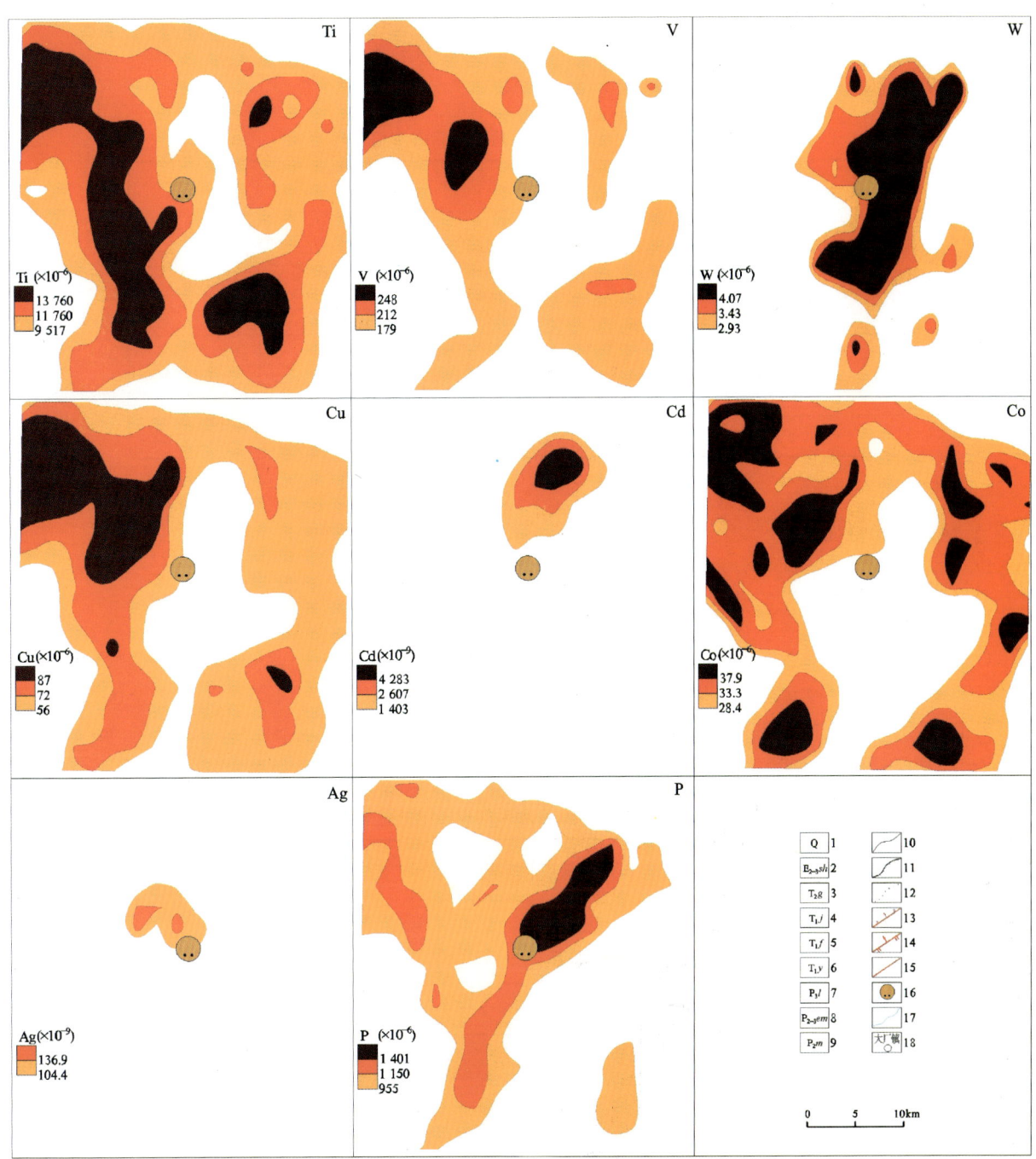

图 5-5 晴隆锑矿床所在位置区域化探异常特征图

1.第四系;2.石脑组;3.关岭组;4.嘉陵江组;5.飞仙关组;6.夜郎组;7.龙潭组;8.峨眉山玄武岩组;9.茅口组;10.地层界线;
11.不整合地层界线;12.相变界线;13.正断层;14.逆断层;15.性质不明断层;16.锑矿点;17.水系;18.乡镇居民点

三、汞矿

贵州省汞矿主要类型有万山和务川地区的独立汞矿床、黔南和黔西南地区与微细粒浸染型金矿共(伴)生的汞矿,以及黔中地区与铀矿共(伴)生的汞矿。这些汞矿的主要直接找矿指示元素均为Hg、Au、Sb、As,以万山杉木董汞矿床为例,其地球化学特征及找矿模式如下。

1. 矿床基本信息

贵州万山杉木董汞矿床基本信息见表 5-15。

表 5-15 贵州万山杉木董汞矿床基本信息表

项目名称	项目描述
经济矿种	汞矿
矿床名称	万山杉木董汞矿床
行政隶属地	贵州省万山特区
矿床规模	特大型
经济矿种资源量	查明汞资源量 5 064t
矿床类型	低温热液型

2. 地球化学特征

1）区域地球化学背景

经 1∶20 万区域化探计 412 件样品，25 种贵州省主要矿产异常元素或氧化物 Ag、As、Au、Ba、Bi、Cd、Cu、F、Hg、Mn、Mo、Ni、P、Pb、Sb、Sn、U、V、W、Y、Zn 及 Al_2O_3、Na_2O、MgO、SiO_2 等地球化学参数的统计（表 5-16），25 种元素或氧化物中，除 W、P、Al_2O_3、Na_2O、MgO、SiO_2 平均含量低于全国平均含量外，其他 19 种元素或氧化物平均含量均高于全国平均含量，其中，以 Hg、Sb、As、Cd、Mo、Mn、F、Ni、Pb、Zn 富集度较高（≥1.5），特别是 Sb、Mo、Hg、Cd 富集度最高（≥3.0）。

表 5-16 贵州万山杉木董汞矿 1∶20 万水系沉积物地球化学特征参数表（N=412）

元素或氧化物	最小值	最大值	中位数	平均值	标准差	中国水系沉积物平均值	富集系数	异常外带	异常中带	异常内带
Ag	36	680	81	103.56	70.99	80	1.29	104.434	136.865	193.334
As	2	60	16	18.10	10.88	8.5	2.13	35.006	48.442	68.950
Au	0.2	18.4	1.12	1.33	1.36	1.2	1.11	1.978	2.583	3.490
Ba	148	5 365	588.5	723.27	638.57	500	1.45	193.330	762.000	1 223.510
Bi	0.17	0.76	0.44	0.43	0.11	0.3	1.45	0.625	0.742	0.875
Cd	120	2 490	350	440.48	324.23	90	4.89	1 402.960	2 607.050	
Cu	11	67.5	30	31.06	9.79	22	1.41	56.000	72.000	
F	270	1 920	750	750.44	266.90	480	1.56	1 526.330	1 938.490	
Hg	30	840 390	300	8 701.66	58 953.52	35	248.62	256.494	446.796	918.720
Mn	410	2 534	839.5	921.79	345.85	550	1.68	2 039.940	2 520.140	3 151.730
Mo	0.3	49.6	2.14	3.18	4.68	0.8	3.97	3.190	4.611	7.216

续表 5-16

元素或氧化物	最小值	最大值	中位数	平均值	标准差	中国水系沉积物平均值	富集系数	异常外带	异常中带	异常内带
Ni	11.8	72	40	38.88	11.77	25	1.56	50.799	60.017	69.000
P	179	827	474.5	476.31	116.05	550	0.87	955.000		
Pb	13	1 164	35	55.18	108.35	22	2.51	52.000	69.973	104.063
Sb	0.64	50	1.645	2.26	3.41	0.7	3.23	2.965	5.290	9.666
Sn	1.4	8.4	3.2	3.24	0.88	2.7	1.20	4.217	4.790	5.462
U	1.3	28.68	2.87	3.15	1.84	2.5	1.26	5.917	7.275	9.068
V	45	495	101	101.41	31.70	80	1.27	178.731	211.709	248.135
W	0.5	6.6	1.4	1.49	0.61	1.5	0.99	2.925	3.434	4.066
Y	15	51	28.15	28.52	6.13	24	1.19	40.049	47.407	59.346
Zn	55	439	101.5	111.76	44.74	68	1.64	128.328	168.143	225.544
Al_2O_3	7.43	17.88	12.49	12.61	1.72	13	0.97	15.410	16.862	18.380
MgO	0.54	12.71	1.685	2.04	1.55	13	0.16	3.194	4.370	6.407
Na_2O	0.08	1.71	0.32	0.36	0.18	1.5	0.24	0.430	0.552	0.772
SiO_2	27.27	80.26	64.935	64.34	8.11	65	0.99	77.861		

注：①富集系数=平均值/中国水系沉积物平均值,中国水系沉积物平均值据鄢明才等(1995)。异常外、中、内带下限的确定采用累频 90%、95.5%、98%。②含量单位：Ag、Au、Cd、Hg 为 $\times 10^{-9}$；氧化物为 $\times 10^{-2}$；其余元素为 $\times 10^{-6}$。

万山杉木董汞矿区域地球化学特征,总体表现为低 Na_2O、MgO 和与汞成矿关系密切的 Hg、Sb、As 等为代表的多元素富集,以及与铅锌矿有关的 Cd 元素及寒武系底部黑色岩系以 Mo、U、Mn、Cu 等为代表的多元素富集特征。

2)区域化探异常特征

1:20 万区域化探水系沉积物地球化学异常发育,在区域化探分析的 39 种元素或氧化物中,万山汞铅锌多金属成矿带上,主要异常元素有 Hg、Sb、As、Au、Mo、K_2O、Ba、Sr、F、U、Pb、Zn、Ag 等 13 种元素或氧化物(图 5-6)。其中,Hg、Mo、K_2O、Ba 等 4 种元素或氧化物异常规模较大,异常面积分别为 660 km^2、372 km^2、277 km^2、515 km^2,异常形态好(呈北东向带状展布),浓集中心明显,强度均达三级。在 Hg、Mo、K_2O、Ba 异常带内间断出现 Sb、As、Au、Sr、F、U、Pb、Zn、Ag 等元素异常,各元素主体异常面积 5.5~160 km^2 不等,异常强度除 As、F 为二级外,其他均达三级。

Hg 元素一级异常含量(256.494~446.796)$\times 10^{-9}$,二级异常含量(446.796~918.72)$\times 10^{-9}$,三级异常含量>918.72$\times 10^{-9}$。Hg 元素异常规模大,强度高(为三级),并有 2 个明显的浓集中心及数个次级峰值点,异常沿北北东向万山汞矿带呈带状展布,与控矿构造带及控矿地层分布极为吻合,万山杉木董汞矿区即分布于南部异常浓集中心的 Hg 三级浓度带内。

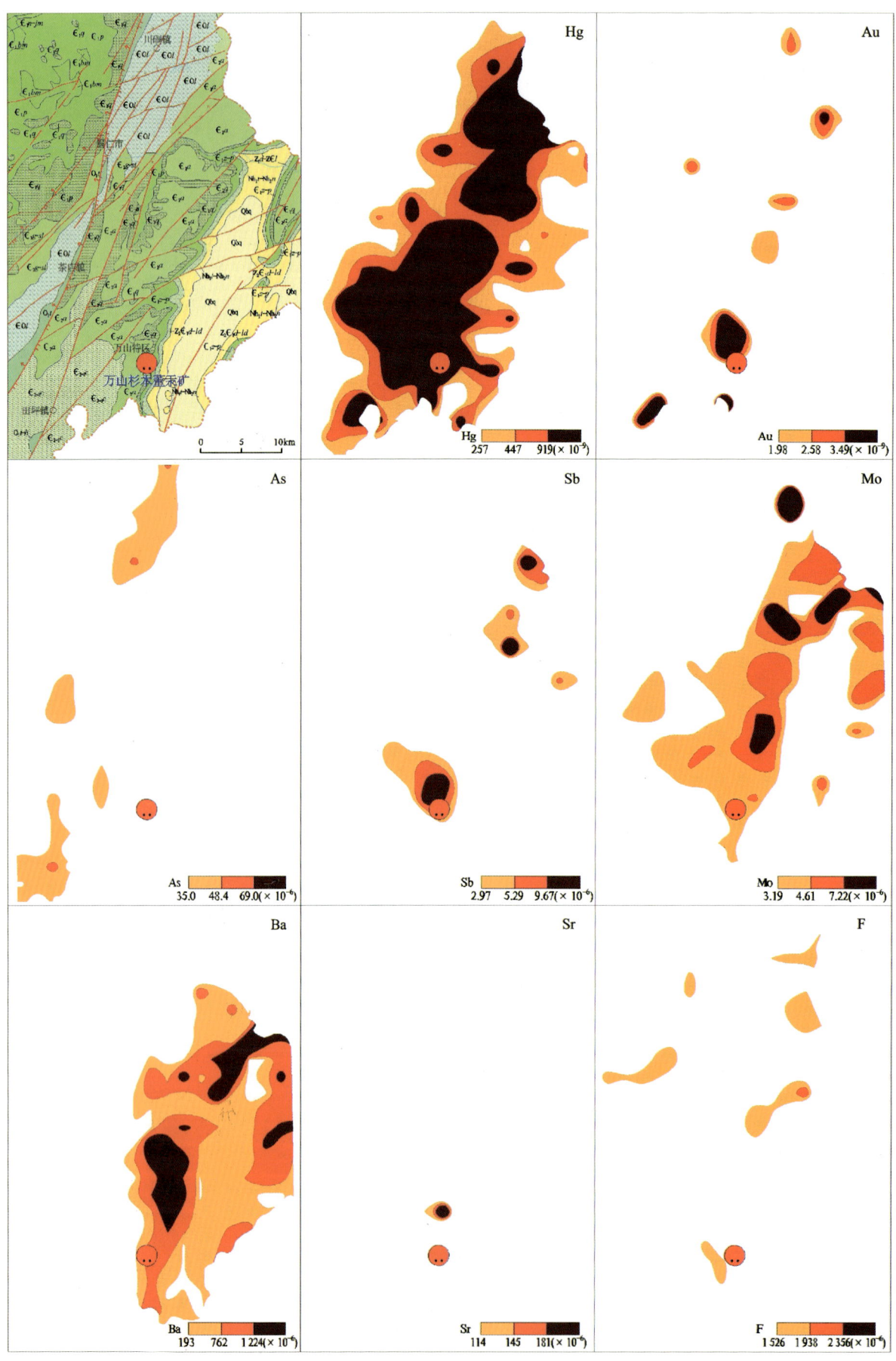

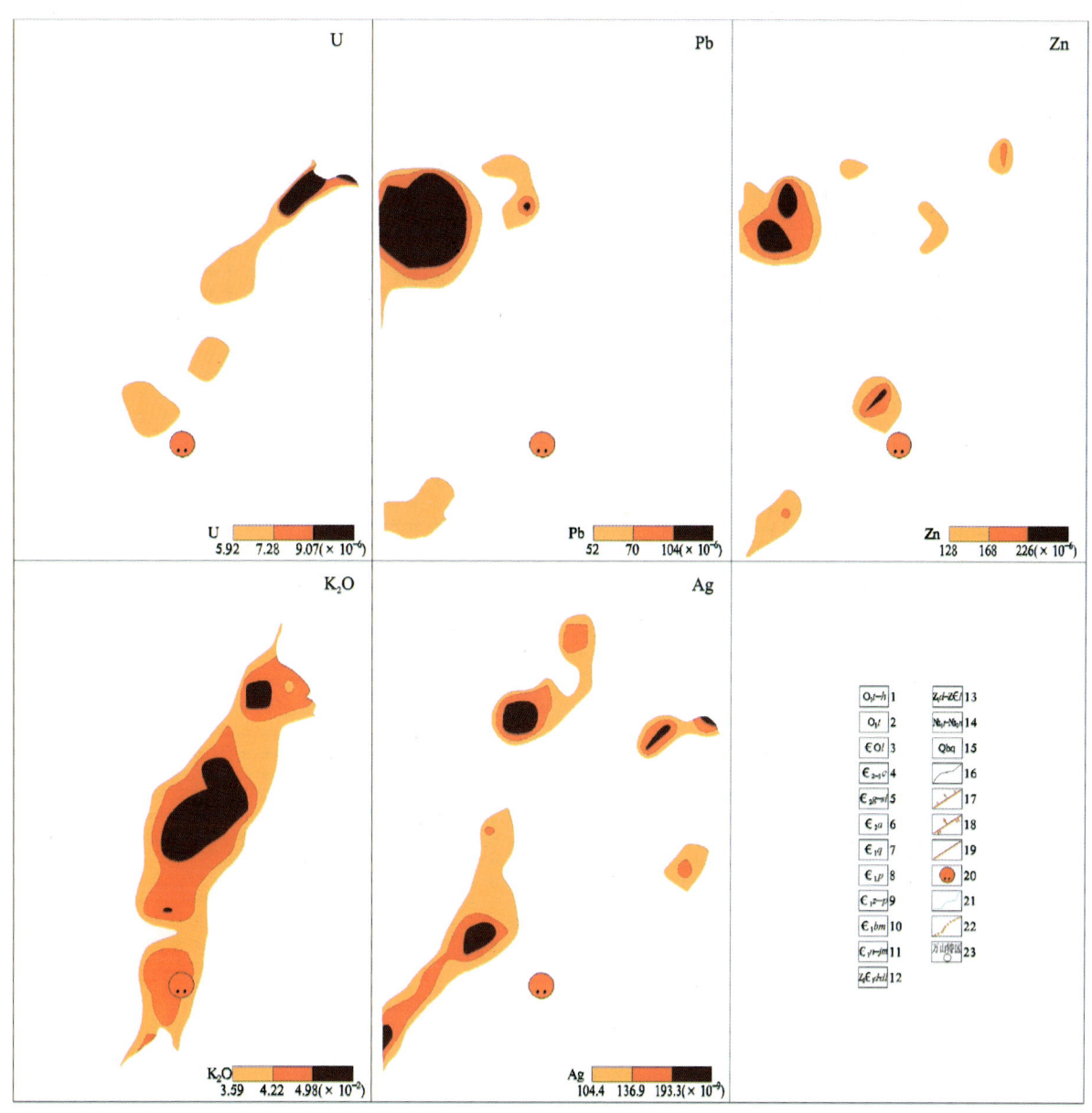

图 5-6 万山杉木董汞矿床所在区域化探异常特征图

1.桐梓组-红花园组;2.桐梓组;3.娄山关组;4.车夫组;5.高台组-石冷水组;6.敖溪组;7.清虚洞组;8.杷榔组;9.渣拉沟组-杷榔组;10.变马冲组;11.牛蹄塘组-九门冲组;12.灯影组-老堡组;13.陡山沱组-老堡组;14.铁丝坳组-南沱组;15.清水江组;16.地层界线;17.正断层;18.逆断层;19.性质不明断层;20.汞矿点;21.水系;22.省界线;23.乡镇居民点

  13种元素或氧化物异常中,除Hg元素异常外,Ba、Mo、K_2O元素或氧化物异常规模较大、强度较高(均达三级);异常沿北北东向万山汞矿带呈带状展布,也大致分南、北两个浓集区,沿控矿构造带及控矿地层分布特征明显,万山杉木董汞矿区即分布于南部一至二级异常区内。

  Sb、As、Au、F、U、Pb、Zn、Ag等元素异常规模较小,异常强度不均。Au、Sb、U异常主要沿北北东向万山汞矿带呈串珠状分布,异常强度一至三级不等。As、Ag异常主要零星分布于万山汞矿边部,As异常强度一至二级不等,Ag异常强度一至二级不等。Pb、Zn、F异常除沿北北东向万山汞矿带呈串珠状分布外,汞矿带东面也有分布:东面Pb、Zn异常强度较高(均达三级),汞矿带内Pb、Zn异常强度一至二级;汞矿带内F异常强度一至二级,东面F异常也呈串珠状分布,异常强度为一级。Sr元素仅在万山杉木董汞矿附近形成点异常。

异常元素组合大致分为以汞矿关系最为密切的异常元素组合 Hg-Sb-As-Au-Mo、反映成矿地质背景及矿化剂元素异常组合 K_2O-Ba-Sr-F-U、伴生成矿异常元素组合 Pb-Zn-Ag 等三类。

Hg-Sb-As-Au-Mo 异常和 K_2O-Ba-Sr-F-U 异常分布于汞矿带上,与汞矿关系最为密切。Pb-Zn-Ag 异常分布于汞矿带边缘,是汞矿带附近铅锌成矿的反映。

矿床表生地球化学构成特征为:

(1)成矿元素异常组合:Hg。

(2)直接指示元素异常组合:Hg-As-Sb-Au-Mo。

(3)间接指示元素异常组合:K_2O-Ba-Sr-F-U、Pb-Zn-Ag。

3. 地质-地球化学找矿模式

贵州万山杉木董汞矿床的地质-地球化学找矿模式如表 5-17 所示。

表 5-17 贵州杉木董汞矿床地质-地球化学找矿模式表

分类	项目名称	项目描述
地质特征	矿床类型	低温热液型汞矿床
	矿区地层与赋矿建造	主要为中寒武统浅灰色薄层细粒含泥质纹层状白云岩
	矿区岩浆岩	矿区未见岩浆岩
	矿区构造与控矿要素	矿体总受轴向北西西向的次级背斜控制,主矿体分布于背斜较陡的南西翼。发育于更低级次的构造内;矿床东段以断裂为主,北东向、北东东向、北北东向者为主导;西端多褶曲,以北西向、北西西向者为主
	矿体空间形态	受褶曲为主控制的矿体,常呈似层状、透镜状;以断层为主控制的矿体,常呈囊状、巢状。以似层状、透镜状产出的矿体较大,一般长 80~200m,宽 60~170m,厚 2~5m
	矿石类型	主要以碳酸盐-辰砂型为主
	矿石矿物	主要为辰砂,次为黑辰砂、辉硒汞矿、自然汞,伴生金属矿物有辉锑矿、闪锌矿、黄铁矿
	矿区矿化蚀变	有褪色重结晶化、硅化、白云石化、方解石化、沥青化、重晶石化、黄铁矿化、黏土化、石膏化等
地球化学特征	区域化探特征	Hg、Sb、As、Au、Mo、K_2O、Ba、Sr、F、U、Pb、Zn、Ag 等元素或氧化物均有异常显示。Hg、Sb、Au、As 为直接指示元素,与中国水系沉积物平均值相比,富集系数 Au 大于 1.0,Sb、As 大于 1.5,Hg 达 341

四、铅锌矿

贵州省铅锌矿主要类型有黔东地区以锌为主的低温热液型铅锌矿和黔西北地区以铅矿物为主的中—低温热液型铅锌矿。两类铅锌矿的主要直接找矿指示元素均为 Pb、Zn、Ag、Cd,以牛角塘铅锌矿和杜家桥铅锌矿为例,其地球化学特征及找矿模式如下。

(一)贵州牛角塘铅锌矿床

1. 矿床基本信息

贵州牛角塘铅锌矿床基本信息见表 5-18。

表 5-18 贵州牛角塘铅锌矿床基本信息表

项目名称	项目描述
经济矿种	锌矿
矿床名称	牛角塘锌矿马坡-左湾田矿区
行政隶属地	贵州省都匀市
矿床规模	中型
经济矿种资源量	查明铅锌资源量 398 475.77t
矿床类型	碳酸盐岩型

2. 地球化学特征

1)区域地球化学背景

经 1∶20 万区域化探计 270 件样品,25 种贵州省主要矿产异常元素或氧化物 Ag、As、Au、Ba、Bi、Cd、Cu、F、Hg、Mn、Mo、Ni、P、Pb、Sb、Sn、U、V、W、Y、Zn 及 Al_2O_3、Na_2O、MgO、SiO_2 等地球化学参数的统计(表 5-19),25 种元素或氧化物中,除 Ba、Al_2O_3、Na_2O、MgO 平均含量低于全国平均含量外,其他 21 种元素或氧化物平均含量均高于全国平均含量,其中,以 Hg、Zn、Cd、Sb、As、Pb、Mo、Bi、U、Mn、F 富集度较高(≥1.5),特别是 Hg、Zn、Pb、Cd 富集度最高(≥3.0)。

表 5-19 贵州牛角塘铅锌矿 1∶20 万水系沉积物地球化学特征参数表($N=270$)

元素或氧化物	最小值	最大值	中位数	平均值	标准差	中国水系沉积物平均值	富集系数	异常外带	异常中带	异常内带
Ag	40	4 981	89	118.15	300.34	80	1.48	104.434	136.865	193.334
As	3	80	16	22.30	14.65	8.5	2.62	35.006	48.442	68.950
Au	0.2	152.35	0.75	1.68	9.33	1.2	1.40	1.978	2.583	3.490
Ba	111	7 171	306	489.74	731.97	500	0.98	193.330	762.000	1 223.510
Bi	0.21	0.9	0.44	0.47	0.14	0.3	1.56	0.625	0.742	0.875
Cd	80	22 820	400	933.52	2 358.55	90	10.37	1 402.960	2 607.050	4 282.880
Cu	11	293	28	30.81	19.60	22	1.40	56.000	72.000	87.711
F	320	1 650	690	725.78	211.72	480	1.51	1 526.330	1 938.490	
Hg	40	1 260	185	234.26	177.85	35	6.69	256.494	446.796	918.720
Mn	129	4 334	838	929.77	478.00	550	1.69	2 039.940	2 520.140	3 151.730

续表 5-19

元素或氧化物	最小值	最大值	中位数	平均值	标准差	中国水系沉积物平均值	富集系数	异常外带	异常中带	异常内带
Mo	0.35	17.9	1.65	1.97	1.59	0.8	2.46	3.190	4.611	7.216
Ni	14	117	37	37.31	10.20	25	1.49	50.799	60.017	69.000
P	260	1 523	542	559.40	155.19	550	1.02	955.000	1 150.440	1 400.960
Pb	19	953	39	69.20	109.76	22	3.15	52.000	69.973	104.063
Sb	0.73	8.77	1.485	1.76	1.02	0.7	2.52	2.965	5.290	9.666
Sn	1	7	3.2	3.15	0.83	2.7	1.17	4.217	4.790	5.462
U	1.8	14.91	3.74	4.02	1.56	2.5	1.61	5.917	7.275	9.068
V	55	316	108	110.57	31.86	80	1.38	178.731	211.709	248.135
W	0.8	3.7	1.5	1.59	0.52	1.5	1.06	2.925	3.434	4.066
Y	13	96	28	27.97	6.70	24	1.17	40.049	47.407	59.346
Zn	29	5 442	115	232.58	520.99	68	3.42	128.328	168.143	225.544
Al_2O_3	5.67	19.96	12.1	11.95	2.75	13	0.92	15.410	16.862	18.380
MgO	0.4	9.23	1.52	1.90	1.36	13	0.15	3.194	4.370	6.407
Na_2O	0.11	10	0.22	0.37	1.15	1.5	0.25	0.430	0.552	0.772
SiO_2	38.59	90.78	69.44	68.55	9.45	65	1.05	77.861		

注：①富集系数＝平均值/中国水系沉积物平均值,中国水系沉积物平均值据鄢明才等(1995)。异常外、中、内带下限的确定采用累频 90%、95.5%、98%。②含量单位：Ag、Au、Cd、Hg 为 $\times 10^{-9}$；氧化物为 $\times 10^{-2}$；其余元素为 $\times 10^{-6}$。

牛角塘铅锌矿区域地球化学特征,总体表现为低 Na_2O、MgO 和以与铅锌成矿关系密切的 Pb、Zn、Cd、Hg 等为代表的多元素富集,以及寒武系底部以 Mo、U、Mn、F 等为代表的多元素富集特征。

2）区域化探异常特征

矿区范围发育有 10 余种元素或氧化物水系沉积物异常(图 5-7),如 Pb、Zn、Ag、Cd、Cu、Sb、Hg、As、Au、Ni、Ba、Be、Bi、Fe_2O_3 等元素或氧化物异常。主成矿元素 Pb、Zn、Cd 异常具有强度高、规模大、浓度分带清晰,浓集中心突出并相互套合的特点,Pb 异常峰值 953×10^{-6}、Zn 异常峰值 $5 442 \times 10^{-6}$、Cd 异常峰值达 $22 820 \times 10^{-9}$。异常分布在蔓洞逆断层旁侧,呈北东向展布。

牛角塘铅锌矿区表生地球化学异常结构特征：

(1)主要成矿元素异常组合：Pb - Zn - Cd。

(2)直接指示元素异常组合：Pb - Zn - Cd - Ag。

(3)间接指示元素异常组合：As - Au - Hg - Sb。

(4)成矿环境元素异常组合：Fe - Ba - Be - Bi。

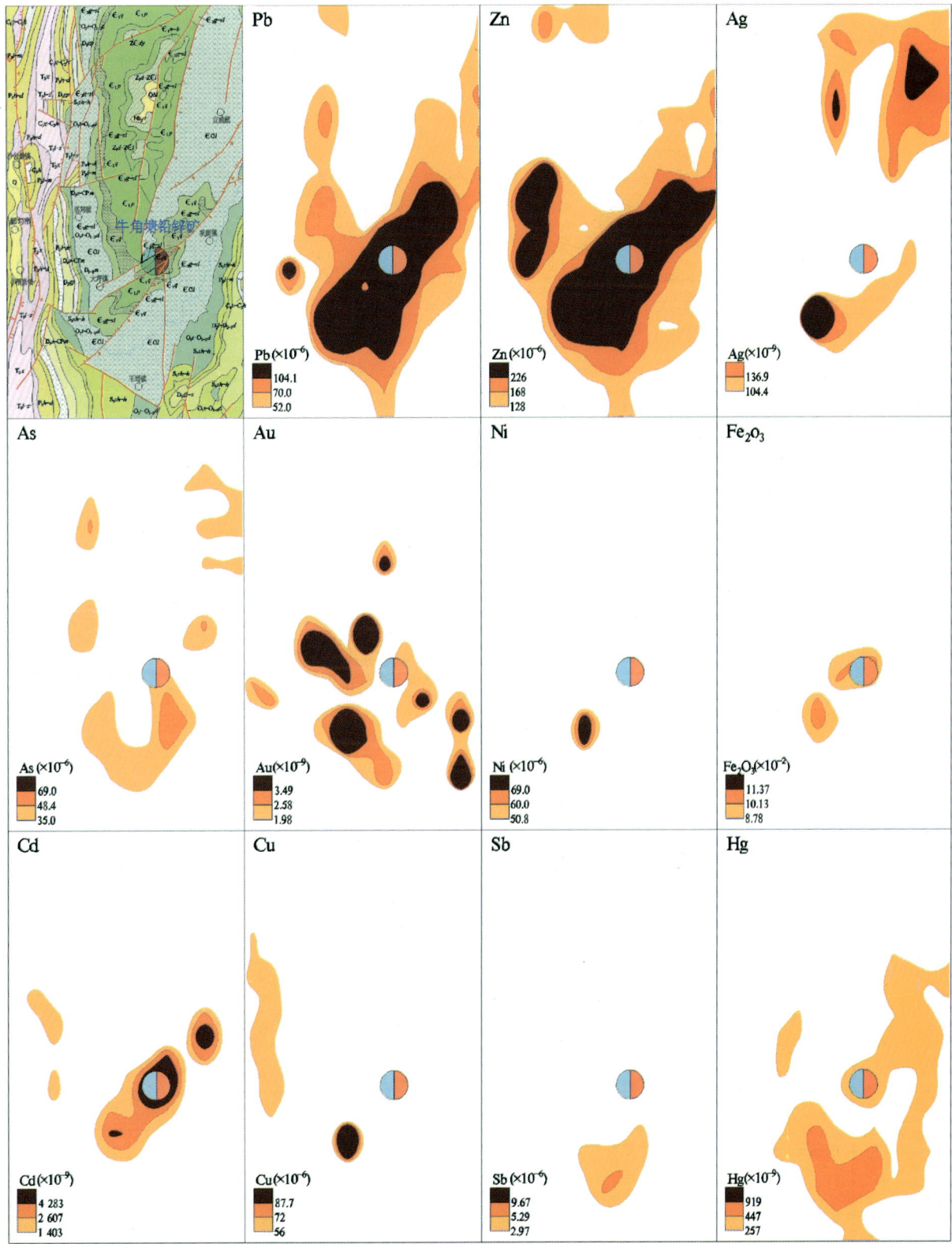

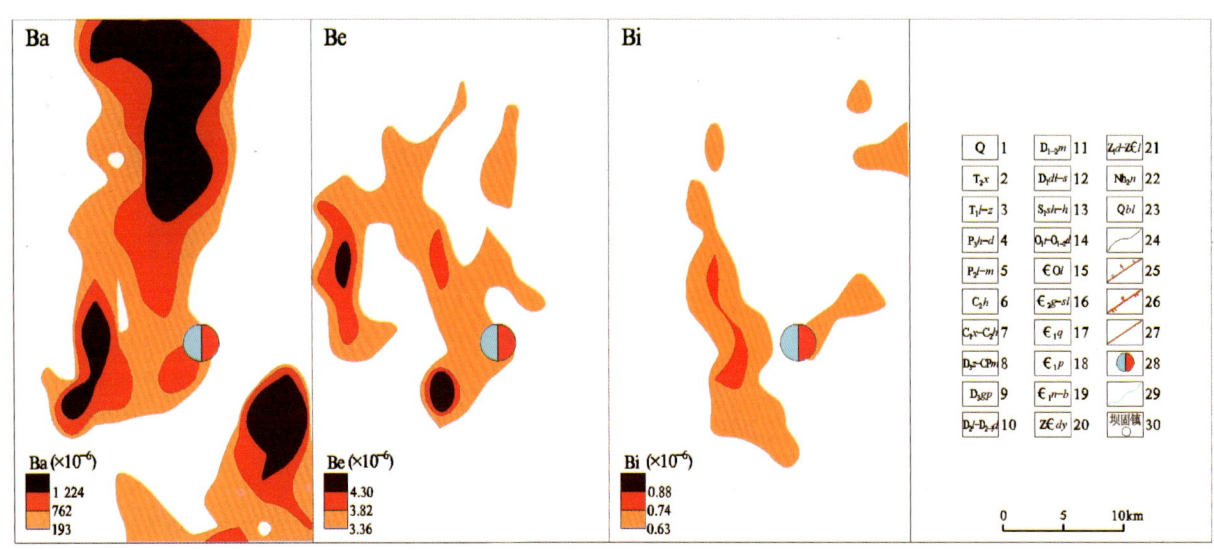

图 5-7 牛角塘铅锌矿床所在位置区域化探异常特征图

1.第四系;2.新苑组;3.罗楼组-紫云组;4.合山组-大隆组;5.梁山组-茅口组;6.黄龙组;7.祥摆组-黄龙组;8.者王组-马平组;9.高坡场组;10.龙洞水组-独山组;11.蟒山群;12.丹林组-舒家坪组;13.石牛栏组-韩家店组;14.桐梓组-大湾组;15.娄山关组;16.高台组-石冷水组;17.清虚洞组;18.杷榔组;19.牛蹄塘组-变马冲组;20.灯影组;21.陡山沱组-老堡组;22.南沱组;23.隆里组;24.地层界线;25.正断层;26.逆断层;27.性质不明断层;28.铅锌矿点;29.水系;30.乡镇居民点

3.地质-地球化学找矿模式

贵州牛角塘铅锌矿床的地质-地球化学找矿模式如表 5-20 所示。

表 5-20 牛角塘铅锌矿床地质-地球化学找矿模式表

分类	项目名称	项目描述
地质特征	矿床类型	碳酸盐岩型铅锌矿床
	矿区地层与赋矿建造	主要分布于断裂旁侧清虚洞组厚层藻鲕白云岩中
	矿区岩浆岩	矿区未见岩浆岩
	矿区构造与控矿要素	该矿床位于王司背斜南段近轴部次级褶曲中,由于受早期断层破坏,次级褶曲难以恢复,褶曲轴部大致位于早期断层附近,轴向与断层基本一致,矿床分布在次级褶曲的北西翼
	矿体空间形态	区内分布有两个含矿带,在矿带中由若干个矿体组成,矿体呈似层状、透镜状产出
	矿石类型	主要为碳酸盐岩-闪锌矿
	矿石矿物	矿石矿物主要为闪锌矿、铁闪锌矿,次为菱锌矿、方铅矿、异极矿
	矿区矿化蚀变	主要为白云石化、黄铁矿化,次为硅化、重晶石化、碎裂化、黄铁矿化
地球化学特征	区域化探特征	Pb、Zn、Ag、Cd、Cu、Sb、Hg、As、Au、Ni、Ba、Be、Bi、Fe_2O_3 等 14 种元素或氧化物均有异常显示。其中 Pb、Zn、Ag、Cd 为直接指示元素,异常内、中、外分带清晰,异常与矿区重合度较好,与中国水系沉积物平均值相比,除 Ag 富集系数为 1.19 外,Pb 大于 1.5,Zn 大于 3.0,Cd 达 9.57

(二)贵州杜家桥铅锌矿床

1. 矿床基本信息

贵州杜家桥铅锌矿床基本信息见表5-21。

表5-21 贵州杜家桥铅锌矿床基本信息表

项目名称	项目描述
经济矿种	铅锌矿
矿床名称	织金杜家桥铅锌矿马坡-左湾田矿区
行政隶属地	贵州省织金县
矿床规模	小型
经济矿种资源量	查明铅锌资源量 Pb 80 838t、Zn 11 318t
矿床类型	碳酸盐岩型

2. 地球化学特征

1)区域地球化学背景

经1:20万区域化探计399件样品,25种贵州省主要矿产异常元素或氧化物 Ag、As、Au、Ba、Bi、Cd、Cu、F、Hg、Mn、Mo、Ni、P、Pb、Sb、Sn、U、V、W、Y、Zn 及 Al_2O_3、Na_2O、MgO、SiO_2 等地球化学参数的统计(表5-22),25种元素或氧化物中,除 Ag、Au、Ba、Na_2O、MgO、SiO_2 平均含量低于全国平均含量外,其他19种元素或氧化物平均含量均高于全国平均含量,其中,以 Hg、Zn、Cd、Sb、As、Cu、Pb、Mo、U、Mn、Ni、V、F、P、Y 富集度较高(≥1.5),特别是 Hg、Sb、As、Cd、Mo、Cu、Mn 富集度最高(≥3.0)。

表5-22 贵州杜家桥铅锌矿1:20万水系沉积物地球化学特征参数表(N=399)

元素或氧化物	最小值	最大值	中位数	平均值	标准差	中国水系沉积物平均值	富集系数	异常外带	异常中带	异常内带
Ag	10	980	53	67.75	69.76	80	0.85	104.434	136.865	193.334
As	2.9	269	17	28.92	36.76	8.5	3.40	35.006	48.442	68.950
Au	0.21	6.2	0.96	1.13	0.71	1.2	0.94	1.978	2.583	3.490
Ba	120.6	2478	304	337.32	184.93	500	0.67	193.330	762.000	1 223.510
Bi	0.07	9	0.29	0.38	0.64	0.3	1.26	0.625	0.742	0.875
Cd	50	13 420	310	807.05	1 176.79	90	8.97	1 402.960	2 607.050	4 282.880
Cu	13	284	91	94.85	51.45	22	4.31	56.000	72.000	87.711
F	270	2 680	820	981.73	531.65	480	2.05	1 526.330	1 938.490	2 356.200
Hg	21	2 438	122	178.13	208.02	35	5.09	256.494	446.796	918.720

续表 5-22

元素或氧化物	最小值	最大值	中位数	平均值	标准差	中国水系沉积物平均值	富集系数	异常外带	异常中带	异常内带
Mn	498	4 324	1 589	1 657.21	611.98	550	3.01	2 039.940	2 520.140	3 151.730
Mo	0.7	13	2.5	2.86	1.57	0.8	3.58	3.190	4.611	7.216
Ni	15	122.8	58	57.31	15.56	25	2.29	50.799	60.017	69.000
P	332	2 651	1 089	1 074.54	360.18	550	1.95	955.000	1 150.440	1 400.960
Pb	17.1	748	40	56.03	65.69	22	2.55	52.000	69.973	104.063
Sb	0.19	28	1.5	2.66	3.40	0.7	3.80	2.965	5.290	9.666
Sn	1.2	7.8	3.8	3.79	0.86	2.7	1.40	4.217	4.790	5.462
U	1.6	56	4.2	4.76	3.09	2.5	1.90	5.917	7.275	9.068
V	92	595.7	240.9	251.99	89.99	80	3.15	178.731	211.709	248.135
W	0.7	4.9	1.9	2.09	0.66	1.5	1.39	2.925	3.434	4.066
Y	21	99	42	42.94	11.34	24	1.79	40.049	47.407	59.346
Zn	19	1 150	116	132.03	96.21	68	1.94	128.328	168.143	225.544
Al_2O_3	5.2	21.17	15.09	14.70	2.63	13	1.13	15.410	16.862	18.380
MgO	0.4	6.62	1.73	2.00	1.04	13	0.15	3.194	4.370	6.407
Na_2O	0.05	9	0.24	0.33	0.77	1.5	0.22	0.430	0.552	0.772
SiO_2	42.98	79.66	55.97	56.84	6.15	65	0.87	77.861		

注：①富集系数=平均值/中国水系沉积物平均值，中国水系沉积物平均值据鄢明才等(1995)。异常外、中、内带下限的确定采用累频 90%、95.5%、98%。②含量单位：Ag、Au、Cd、Hg 为 $\times 10^{-9}$；氧化物为 $\times 10^{-2}$；其余元素为 $\times 10^{-6}$。

杜家桥铅锌矿区域地球化学特征，总体表现为低 Na_2O、MgO 和与铅锌成矿关系密切的 Pb、Zn、Cd、Hg、Sb、As 等为代表的多元素富集，以及地层中以 Mo、U、Mn、F 等为代表的多元素富集特征。

2)区域化探异常特征

矿区范围发育有 10 余种元素水系沉积物异常(图 5-8)，如 Pb、Zn、Ag、Cd、Cu、Sb、Hg、As、Au、Ti、Co、V、Mn、Mo 等元素异常。主成矿元素 Pb、Zn、Cd 异常具有强度高、规模大、浓度分带清晰、浓集中心突出并相互套合的特点，Pb 异常峰值 748×10^{-6}、Zn 异常峰值 $1\ 150\times10^{-6}$、Cd 异常峰值达 $13\ 420\times10^{-9}$。异常沿五指山背斜核部分布，呈北东向展布。

杜家桥铅锌矿区表生地球化学异常结构特征：

(1)主要成矿元素异常组合：Pb-Zn-Cd。

(2)直接指示元素异常组合：Pb-Zn-Cd-Ag。

(3)间接指示元素异常组合：As-Au-Hg-Sb。

(4)成矿环境元素异常组合：Ti-Co-V-Mn-Mo。

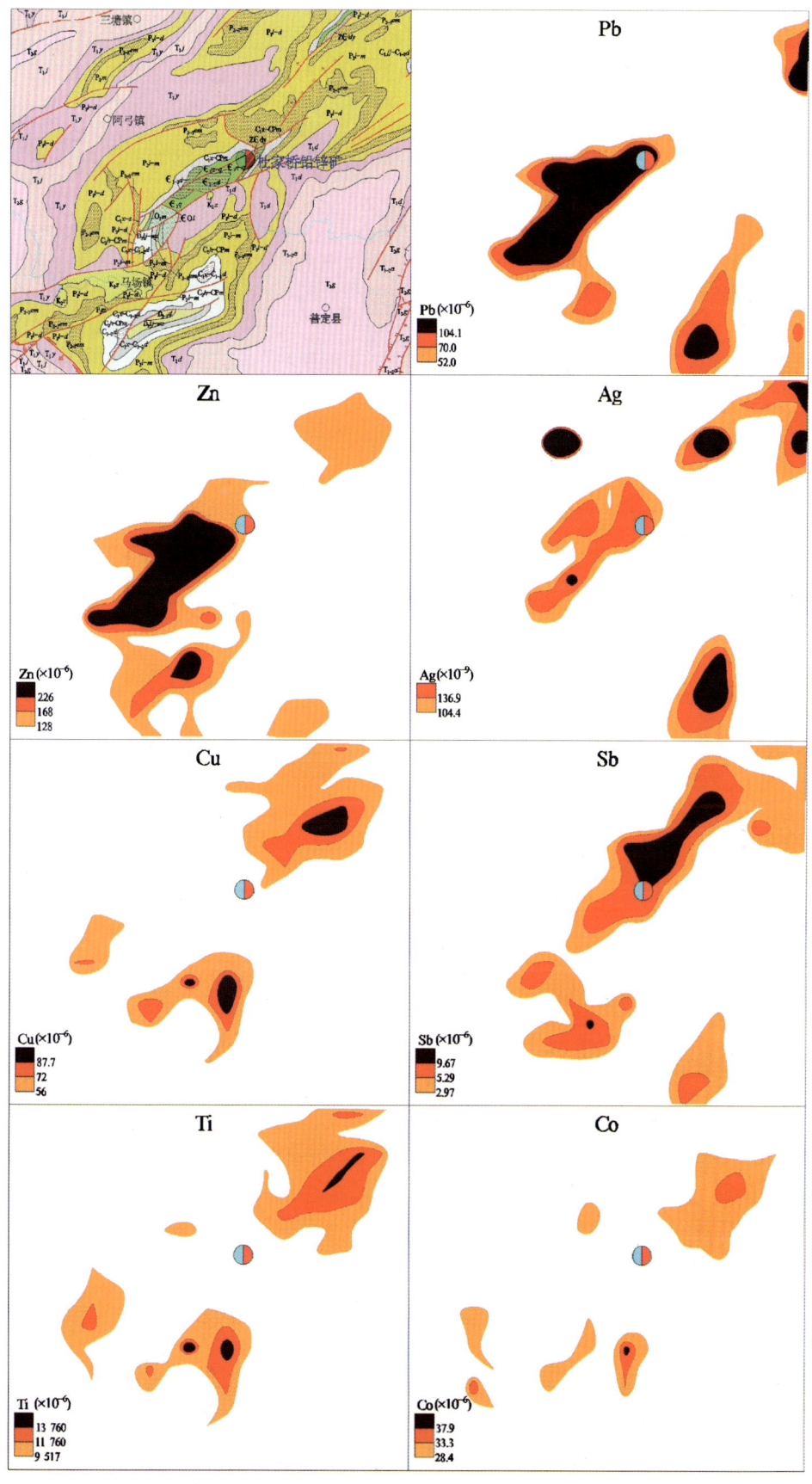

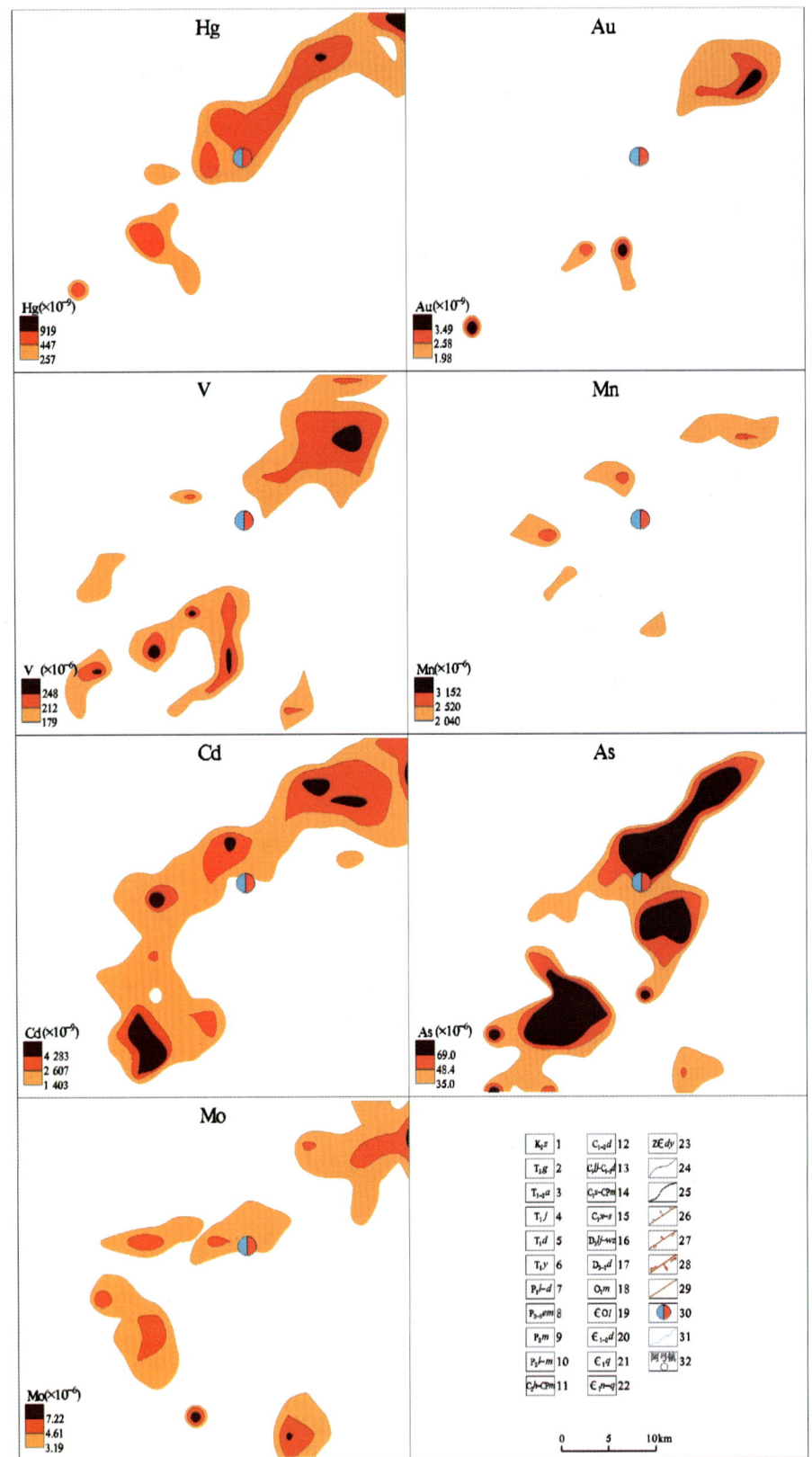

图 5-8 杜家桥铅锌矿床所在位置区域化探异常特征图

1.扎佐组;2.关岭组;3.安顺组;4.嘉陵江组;5.大冶组;6.夜郎组;7.龙潭组-大隆组;8.峨眉山玄武岩组;9.茅口组;10.梁山组-茅口组;11.黄龙组-马平组;12.大埔组;13.九架炉组-大埔组;14.祥摆组-马平组;15.祥摆组-上司组;16.榴江组-五指山组;17.独山组;18.湄潭组;19.娄山关组;20.都柳江组;21.清虚洞组;22.牛蹄塘组-清虚洞组;23.灯影组;24.地层界线;25.不整合地层界线;26.正断层;27.逆断层;28.走滑断层;29.性质不明断层;30.铅锌矿点;31.水系;32.乡镇居民点

3)1∶5万化探异常特征

1∶5万水系沉积物测量,在矿区范围及其控矿构造五指山背斜上,圈出的地球化学异常主要有Pb、Zn、Ag、Cd、Au、Hg、Mo元素异常(图5-9)。主成矿元素Pb、Zn异常具有强度高、规模大、浓度分带清晰、浓集中心突出并相互套合好的特点,Pb异常峰值$2\,609×10^{-6}$,Zn异常峰值$9\,446×10^{-6}$。异常主要沿五指山背斜核部分布,呈北东向展布。Ag、Cd、Au、Hg、Mo元素异常规模相对较小,强度也较低,且较分散。Ag、Hg、Mo元素异常主体分布于五指山背斜核部,杜家桥铅锌矿床上异常较发育。Cd元素异常主体分布于五指山背斜核部,外围异常也较发育。杜家桥铅锌矿床上没有Cd元素异常,但有Au元素异常显示,而Au元素异常主要分布于五指山背斜两翼。

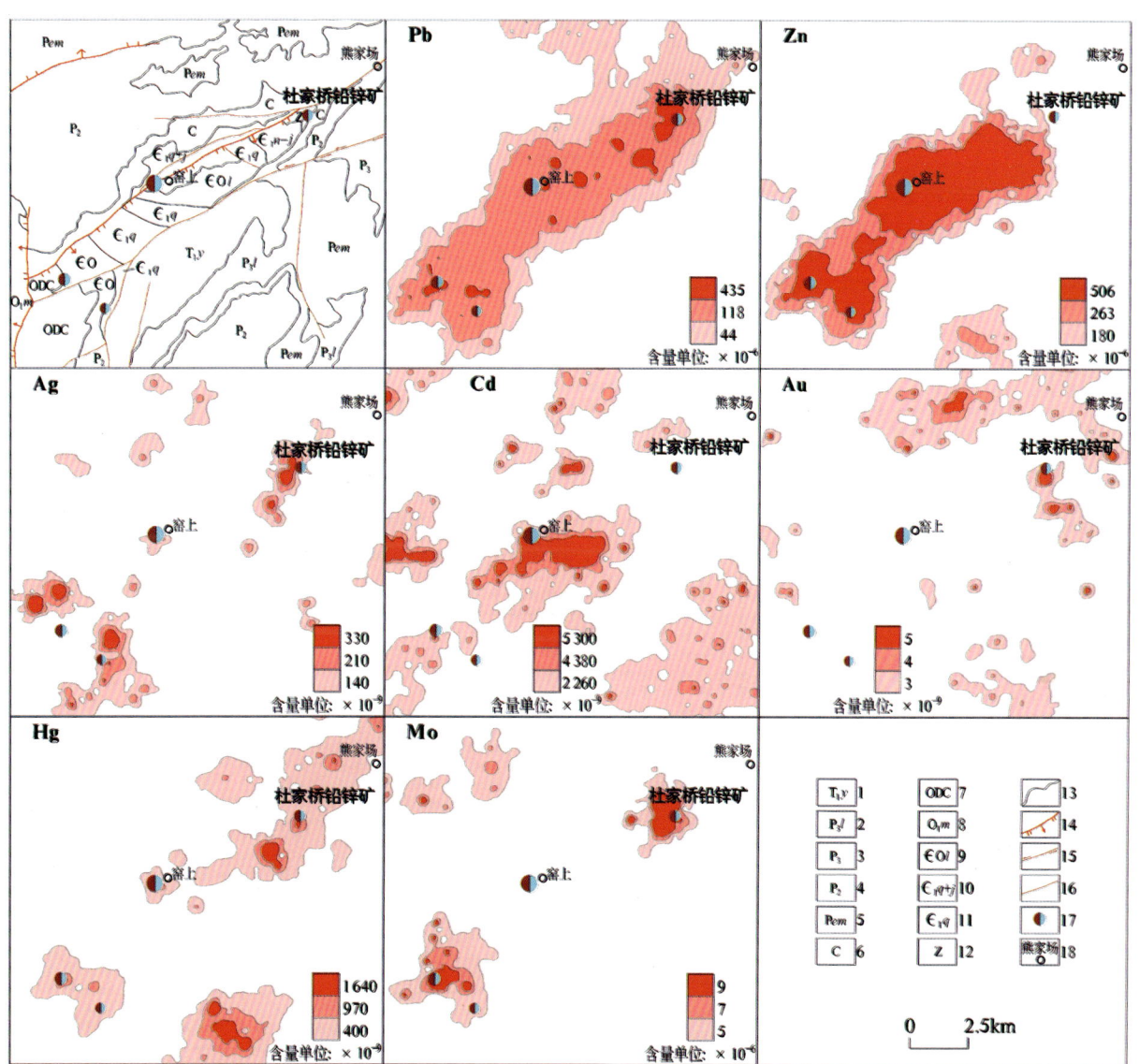

图5-9 杜家桥铅锌矿1∶5万水系沉积物测量异常特征图

1.夜郎组;2.龙潭组;3.上二叠统;4.中二叠统;5.峨眉山玄武岩组;6.石炭系;7.奥陶系—泥盆系—石炭系;8.湄潭组;9.娄山关组;10.清虚洞组-九门冲组;11.清虚洞组;12.震旦系;13.地层界线;14.正断层;15.走滑断层;16.性质不明断层;17.铅锌矿点;18.居民点

3.地质-地球化学找矿模式

贵州杜家桥铅锌矿床的地质-地球化学找矿模式如表5-23所示。

表5-23　杜家桥铅锌矿床地质-地球化学找矿模式表

分类	项目名称	项目描述
地质特征	矿床类型	碳酸盐岩型铅锌矿床
	矿区地层与赋矿建造	主要为震旦系灯影组上部灰色中—厚层含燧石团块白云岩；灰色中厚层细晶白云岩
	矿区岩浆岩	矿区未见岩浆岩
	矿区构造与控矿要素	矿区位于五指山背斜北东段近轴部，区内分布有北东向和北西向两组断裂，但矿体主要受北东向五指山断裂及层间破碎带控制
	矿体空间形态	矿体呈似层状、透镜状、囊状产出；矿体产状倾向290°～340°，倾角15°～35°；矿区分布有C1～C9共计9层矿体，其中C1矿体为区内主矿体，矿体长1800m，平均厚3.26m
	矿石类型	主要为碳酸盐岩-方铅矿-闪锌矿
	矿石矿物	主要为方铅矿，次为闪锌矿
	矿区矿化蚀变	主要围岩蚀变有白云石化、硅化，次为重晶石化、黄铁矿化。与矿化密切相关的是白云石化和硅化
地球化学特征	中大比例尺化探特征	Pb、Zn、Ag、Cd、Au、Hg、Mo等元素均有异常显示。其中Pb、Zn为直接指示元素，异常内、中、外分带清晰，异常与控矿构造重合度较好
	区域化探特征	Pb、Zn、Ag、Cd、Cu、Sb、Hg、As、Au、Ti、Co、V、Mn、Mo等14种元素均有异常显示。其中Pb、Zn、Ag、Cd为直接指示元素，异常内、中、外分带清晰，异常与矿区重合度较好，与中国水系沉积物平均值相比，除Ag富集系数为1.19外，Pb、Zn大于1.5，Cd达13.81

五、萤石矿

(一)贵州晴隆碧康萤石矿床

1.矿床基本信息

贵州晴隆碧康萤石矿床基本信息见表5-24。

表5-24　贵州晴隆碧康萤石矿床基本信息表

项目名称	项目描述
经济矿种	萤石矿
矿床名称	晴隆碧康萤石矿床
行政隶属地	贵州省晴隆县
矿床规模	大型
经济矿种资源量	查明萤石资源量1 133 660t
矿床类型	热液型

2. 地球化学特征

1）区域地球化学背景

经 1∶20 万区域化探计 288 件样品，25 种贵州省主要矿产异常元素或氧化物 Ag、As、Au、Ba、Bi、Cd、Cu、F、Hg、Mn、Mo、Ni、P、Pb、Sb、Sn、U、V、W、Y、Zn 及 Al_2O_3、Na_2O、MgO、SiO_2 等地球化学参数的统计（表 5-25），25 种元素或氧化物中，除 Ag、Ba、MgO、Na_2O、SiO_2 平均含量低于全国平均含量外，其他 20 种元素或氧化物平均含量均高于全国平均含量，其中，以 Sb、Au、Hg、As、Cu、Cd、Mo、Zn、P、W、Y、Mn、Ni、V 富集度较高（≥1.5），特别是 Sb、Au、Hg、As、Cu、Cd、Mo、V 富集度最高（≥3.0）。

表 5-25 贵州晴隆碧康萤石矿 1∶20 万水系沉积物地球化学特征参数表（$N=288$）

元素或氧化物	最小值	最大值	中位数	平均值	标准差	中国水系沉积物平均值	富集系数	异常外带	异常中带	异常内带
Ag	31	202	56.5	64.92	27.16	80	0.81	104.434	136.865	193.334
As	2.9	943.9	28.4	75.68	109.99	8.5	8.90	35.006	48.442	68.950
Au	0.13	122.5	2.4	6.48	15.34	1.2	5.40	1.978	2.583	3.490
Ba	129	1 833	290.45	311.09	139.91	500	0.62	193.330	762.000	1 223.510
Bi	0.07	1.3	0.31	0.36	0.18	0.3	1.19	0.625	0.742	0.875
Cd	55	6 680	161.5	348.36	655.02	90	3.87	1 402.960	2 607.050	4 282.880
Cu	37.2	319.7	107.9	110.69	45.84	22	5.03	56.000	72.000	87.711
F	60	2 680	461	667.10	525.83	480	1.39	1 526.330	1 938.490	2 356.200
Hg	22	1 580	84.5	124.69	142.52	35	3.56	256.494	446.796	918.720
Mn	189.7	2546	1 428.5	1 405.47	420.69	550	2.56	2 039.940	2 520.140	3 151.730
Mo	0.4	11.4	2.7	3.25	2.18	0.8	4.06	3.190	4.611	7.216
Ni	13.8	128.7	60.5	61.63	21.36	25	2.47	50.799	60.017	69.000
P	515	2 899.2	1275	1 284.93	413.02	550	2.34	955.000	1 150.440	1 400.960
Pb	12.5	84.4	25.4	27.43	9.60	22	1.25	52.000	69.973	104.063
Sb	0.41	316	4.46	30.17	55.56	0.7	43.11	2.965	5.290	9.666
Sn	1.3	9.2	3.7	3.84	0.82	2.7	1.42	4.217	4.790	5.462
U	1.2	14	3.3	3.67	1.87	2.5	1.47	5.917	7.275	9.068
V	129.6	480.6	267.9	274.16	71.23	80	3.43	178.731	211.709	248.135
W	0.7	12.3	2	2.54	1.77	1.5	1.69	2.925	3.434	4.066
Y	26.5	98.7	44.9	45.18	8.96	24	1.88	40.049	47.407	59.346

续表5-25

元素或氧化物	最小值	最大值	中位数	平均值	标准差	中国水系沉积物平均值	富集系数	异常外带	异常中带	异常内带
Zn	35.1	392.8	115.15	117.52	35.78	68	1.73	128.328	168.143	225.544
Al_2O_3	7	23	14	14.09	2.43	13	1.08	15.410	16.862	18.380
MgO	0.05	5.7	1.45	1.69	1.18	13	0.13	3.194	4.370	6.407
Na_2O	0.08	10	0.18	1.48	3.19	1.5	0.99	0.430	0.552	0.772
SiO_2	38.97	77.68	55.295	56.03	5.98	65	0.86	77.861		

注:①富集系数=平均值/中国水系沉积物平均值,中国水系沉积物平均值据鄢明才等(1995)。异常外、中、内带下限的确定采用累频90%、95.5%、98%。②含量单位:Ag、Au、Cd、Hg 为 $\times 10^{-9}$;氧化物为 $\times 10^{-2}$;其余元素为 $\times 10^{-6}$。

晴隆碧康萤石矿区域地球化学特征,总体表现为低 MgO 和与锑、金成矿关系密切的 Sb、Au、Hg、As 等为代表的多元素富集,以及峨眉山玄武岩至下三叠统上以基性元素为代表的多元素富集特征。

2)区域化探异常特征

1:20万区域化探水系沉积物地球化学异常发育,在区域化探分析的39种元素或氧化物中,晴隆碧康萤石矿区,主要异常元素有 F、Ba、Au、As、Sb、Hg、W 等7种,其中,B、Au、As、Sb 异常与萤石矿套合较好,碧痕营背斜核部仅有 F 元素单点异常显示,主要分布于外围三叠系中,碧痕营背斜核部还有Hg、W 异常分布(图5-10)。7种元素异常中,Mn、P、Ag、Zn、P 元素异常规模较大(异常面积在304~647km^2 之间),强度均达三级,且异常形态较好,浓集中心明显。F、Hg 元素异常规模相对较小,外围三叠系地层中 F 元素异常强度为三级,背斜核部 F 元素异常强度为一级,Ba 异常强度为三级,Hg 元素异常强度为二级。

F 一级异常含量(1 526.328~1 938.492)$\times 10^{-6}$,二级异常含量(1 938.492~2 356.2)$\times 10^{-6}$,三级异常含量大于 2 356.2$\times 10^{-6}$。F 元素异常3个,其中异常规模最大的异常和1个小异常分布于三叠系中,与晴隆碧康萤石矿无关;另1个异常分布于碧痕营背斜核部二叠系中,但距晴隆碧康萤石矿较远。

元素异常5种,围绕碧痕营背斜核部呈环状分布,异常强度一至三级不等。晴隆碧康萤石矿位于规模较大、强度较高(三级)的 Ba 元素异常中。

Au、As、Sb、W 异常规模较大、强度较高(均为三级),晴隆碧康萤石矿位于 Au、As、Sb、W 异常主体边部,与异常有一定关系。

Hg 元素异常3个,异常规模较小,异常强度均为二级,分布于碧痕营背斜南部,与晴隆碧康萤石矿无直接关系。

晴隆碧康萤石矿异常元素组合大致分为 F-Ba、Au-As-Sb-Hg-W 两类。

矿床表生地球化学构成特征为:

(1)成矿元素异常组合:F。

(2)直接指示元素异常组合:F-Ba。

(3)间接指示元素异常组合:Au-As-Sb-Hg-W。

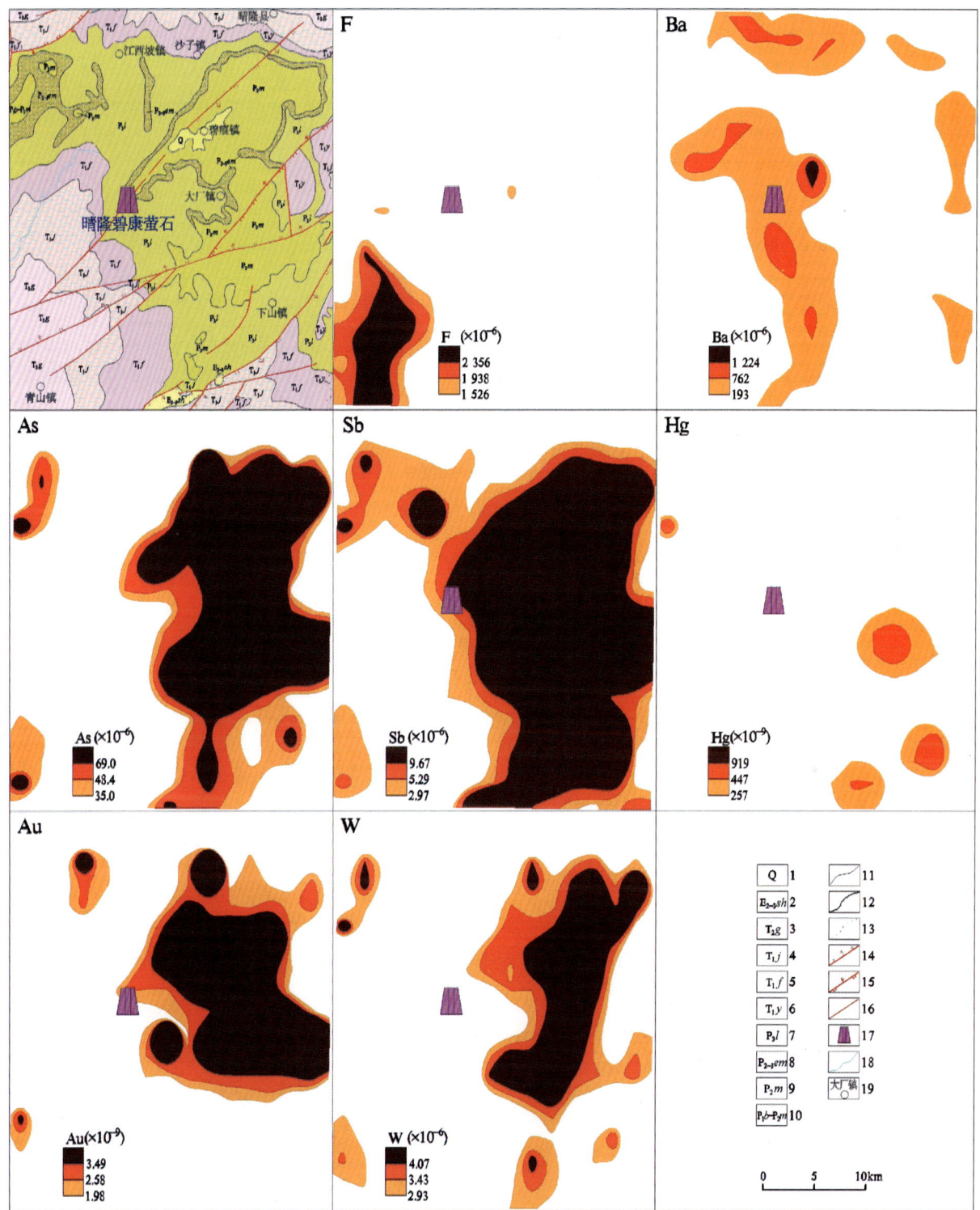

图 5-10 晴隆碧康萤石矿所在位置区域化探异常特征图

1.第四系;2.石脑组;3.关岭组;4.嘉陵江组;5.飞仙关组;6.夜郎组;7.龙潭组;8.峨眉山玄武岩组;9.茅口组;10.包磨山组-茅口组;11.地层界线;12.不整合地层界线;13.相变界线;15.逆断层;16.性质不明断层;17.萤石矿点;18.水系;19.乡镇居民点

3. 地质-地球化学找矿模式

贵州晴隆碧康萤石矿床的地质-地球化学找矿模式如表 5-26 所示。

表 5-26 晴隆碧康萤石矿床地质-地球化学找矿模式表

分类	项目名称	项目描述
地质特征	矿床类型	热液型萤石矿床
	矿区地层与赋矿建造	含矿地层为二叠系海相沉积火山岩"大厂层",含矿岩组有:硅质岩、黏土岩组合(主要);硅质岩类组合;玄武岩组合
	矿区岩浆岩	主要为中—上二叠统峨眉山玄武岩(拉斑玄武岩、火山角砾岩,火岩碎屑岩)
	矿区构造与控矿要素	控矿构造:Ⅳ级碧痕营背斜及该背斜翼部的北东向断裂(鱼井断层和青山镇断层)起着导矿作用控制了矿床的分布,Ⅵ级主要是北东向背斜和压扭性断裂旁的"大厂层"起着容矿作用控制矿床、含矿体或矿体
	矿体空间形态	矿体呈似层状、透镜状产出,共 38 个矿体,矿体长 80～735m,宽 65～240m;矿层厚度 0.4～5.57m,一般厚 0.7～1.66m
	矿石类型	矿石的自然组合类型以石英-辉锑矿为主,其次是萤石-辉锑矿和蚀变黏土岩-辉锑矿
	矿石矿物	矿石矿物以萤石矿为主。富矿体中含辉锑团块,伴生有硫铁矿、锑矿、石膏及少量铜蓝、自然硫等
	矿区矿化蚀变	以硅化、硫铁矿化、高岭土化、萤石化、角砾化为主;其次,偶见菱铁矿化、方解石化及褪色现象,与成矿作用关系不大
地球化学特征	区域化探特征	F、Ba、Au、As、Sb、Hg、W 等元素均有异常显示。其中 F、Ba 为直接指示元素,Au、As、Sb、Hg、W 为间接指示元素,异常内、中、外分带清晰,异常与矿区重合度较好,与中国水系沉积物平均值相比,F、Ba 富集系数大于 1.0,W 大于 1.5,Au、As、Hg 大于 3.0,Sb 达 40.01

(二)贵州沿河丰水岭萤石矿床

1. 矿床基本信息

贵州沿河丰水岭萤石矿床基本信息见表 5-27。

表 5-27 贵州沿河丰水岭萤石矿床基本信息表

项目名称	项目描述
经济矿种	萤石矿
矿床名称	沿河丰水岭萤石-重晶石矿区
行政隶属地	贵州省沿河县
矿床规模	小型
经济矿种资源量	查明萤石资源量 149 280t
矿床类型	低温热液型

2. 地球化学特征

1) 区域地球化学背景

经1：20万区域化探计254件样品，25种贵州省主要矿产异常元素或氧化物 Ag、As、Au、Ba、Bi、Cd、Cu、F、Hg、Mn、Mo、Ni、P、Pb、Sb、Sn、U、V、W、Y、Zn 及 Al_2O_3、Na_2O、MgO、SiO_2 等地球化学参数的统计（表5-28），25种元素或氧化物中，除 Au、Ag、Ba、P、Al_2O_3、Na_2O、MgO 平均含量低于全国平均含量外，其他18种元素或氧化物平均含量均高于全国平均含量，其中，以 Hg、Zn、Cd、As、Sb、Pb、F、Mo、U、Mn 富集度较高（≥1.5），特别是 Hg、Zn、Cd 富集度最高（≥3.0）。

丰水岭萤石矿区域地球化学特征，总体表现为低 Na_2O、MgO 和与铅锌、萤石成矿关系密切的 Sb、Hg、As、F、Pb、Zn、Cd 等为代表的多元素富集特征。

表5-28　贵州沿河丰水岭萤石矿1：20万水系沉积物地球化学特征参数表（$N=254$）

元素或氧化物	最小值	最大值	中位数	平均值	标准差	中国水系沉积物平均值	富集系数	异常外带	异常中带	异常内带
Ag	30	1 370	60	70.67	90.65	80	0.88	104.434	136.865	193.334
As	1	40	18	18.72	7.73	8.5	2.20	35.006	48.442	
Au	0.2	3.5	1	1.04	0.43	1.2	0.86	1.978	2.583	3.490
Ba	173	11 829	393.5	484.45	763.35	500	0.97	193.330	762.000	1 223.510
Bi	0.1	0.7	0.4	0.43	0.09	0.3	1.45	0.625	0.742	
Cd	200	46 000	400	674.41	2 910.09	90	7.49	1 402.960	2 607.050	4 282.880
Cu	18	67	28	29.01	6.59	22	1.32	56.000	72.000	
F	440	2 400	840	904.80	262.63	480	1.89	1 526.330	1 938.490	2 356.200
Hg	30	10 940	110	292.20	1 088.20	35	8.35	256.494	446.796	918.720
Mn	535	4 038	1 280.5	1 335.04	472.23	550	2.43	2 039.940	2 520.140	3 151.730
Mo	0.3	7.5	1.6	1.71	0.91	0.8	2.13	3.190	4.611	7.216
Ni	16	54	29	29.61	6.46	25	1.18	50.799	60.017	
P	380	796	516.5	521.62	84.00	550	0.95	955.000		
Pb	25	1 721	38	60.30	130.41	22	2.74	52.000	69.973	104.063
Sb	0.5	13	1.4	1.74	1.59	0.7	2.48	2.965	5.290	9.666

续表 5-28

元素或氧化物	最小值	最大值	中位数	平均值	标准差	中国水系沉积物平均值	富集系数	异常外带	异常中带	异常内带
Sn	2	5.5	3.1	3.11	0.45	2.7	1.15	4.217	4.790	5.462
U	2.2	7.3	3.6	3.76	0.81	2.5	1.50	5.917	7.275	9.068
V	62	202	100	103.44	19.15	80	1.29	178.731	211.709	
W	1.3	3.1	2.1	2.09	0.36	1.5	1.40	2.925	3.434	
Y	18	61	29	29.28	4.70	24	1.22	40.049	47.407	59.346
Zn	27	21 492	90	254.19	1 635.53	68	3.74	128.328	168.143	225.544
Al_2O_3	8.52	16.41	12.575	12.59	1.66	13	0.97	15.410	16.862	
MgO	0.68	9.1	1.64	1.81	0.97	13	0.14	3.194	4.370	6.407
Na_2O	0.14	0.55	0.27	0.29	0.09	1.5	0.20	0.430	0.552	
SiO_2	41.46	82.14	67.515	67.69	4.76	65	1.04	77.861		

注：①富集系数=平均值/中国水系沉积物平均值,中国水系沉积物平均值据鄢明才等(1995)。异常外、中、内带下限的确定采用累频 90%、95.5%、98%。②含量单位：Ag、Au、Cd、Hg 为 $\times 10^{-9}$；氧化物为 $\times 10^{-2}$；其余元素为 $\times 10^{-6}$。

2）区域化探异常特征

1:20 万区域化探水系沉积物地球化学异常发育,在区域化探分析的 39 种元素或氧化物中,沿河丰水岭萤石矿区,主要异常元素有 F、Ba、Hg、Sb、Pb、Zn、Ag、Cd、Mo 等 9 种。这些元素异常主要与土地坳背斜和沿河背斜上铅锌矿关系较为密切,异常分布与丰水岭萤石矿均有一定距离,仅为区域性成矿构造上的异常显示（图 5-11）。9 种元素异常中,Pb、Zn、Ba、Hg、Sb 元素异常规模较大（主体异常面积在 57～172 km^2 之间）,强度均达三级,且异常形态较好,浓集中心明显。F、Ag、Cd、Mo 元素异常零星分布,Ag、Cd 元素异常强度达三级,F 元素异常强度达二级,Mo 元素异常强度为一级。

F 一级异常含量（1 526.328～1 938.492）$\times 10^{-6}$,二级异常含量（1 938.492～2 356.2）$\times 10^{-6}$,三级异常含量 $\geqslant$ 2 356.2 $\times 10^{-6}$；F 元素异常 4 个,异常规模小,强度较低（一至二级）,异常距沿河丰水岭萤石矿较远,与萤石矿无关。

Ba、Hg、Sb、Pb、Zn 元素异常具有一定规模,强度也较高,整体沿萤石矿、铅锌矿控矿构造呈北东向串珠状分布,与萤石矿关系不明显。

Ag、Cd、Mo 异常规模小,强度也相对较低（一至三级）,其分布与地质、矿产关系极不明显。

沿河丰水岭萤石矿区域异常元素组合大致分为 F - Ba - Hg - Sb、Pb - Zn - Ag - Cd - Mo 两类。

矿床表生地球化学构成特征为：

（1）成矿元素异常组合：F - Pb - Zn。

（2）直接指示元素异常组合：无。

（3）间接指示元素异常组合：F - Ba - Hg - Sb、Pb - Zn - Ag - Cd - Mo。

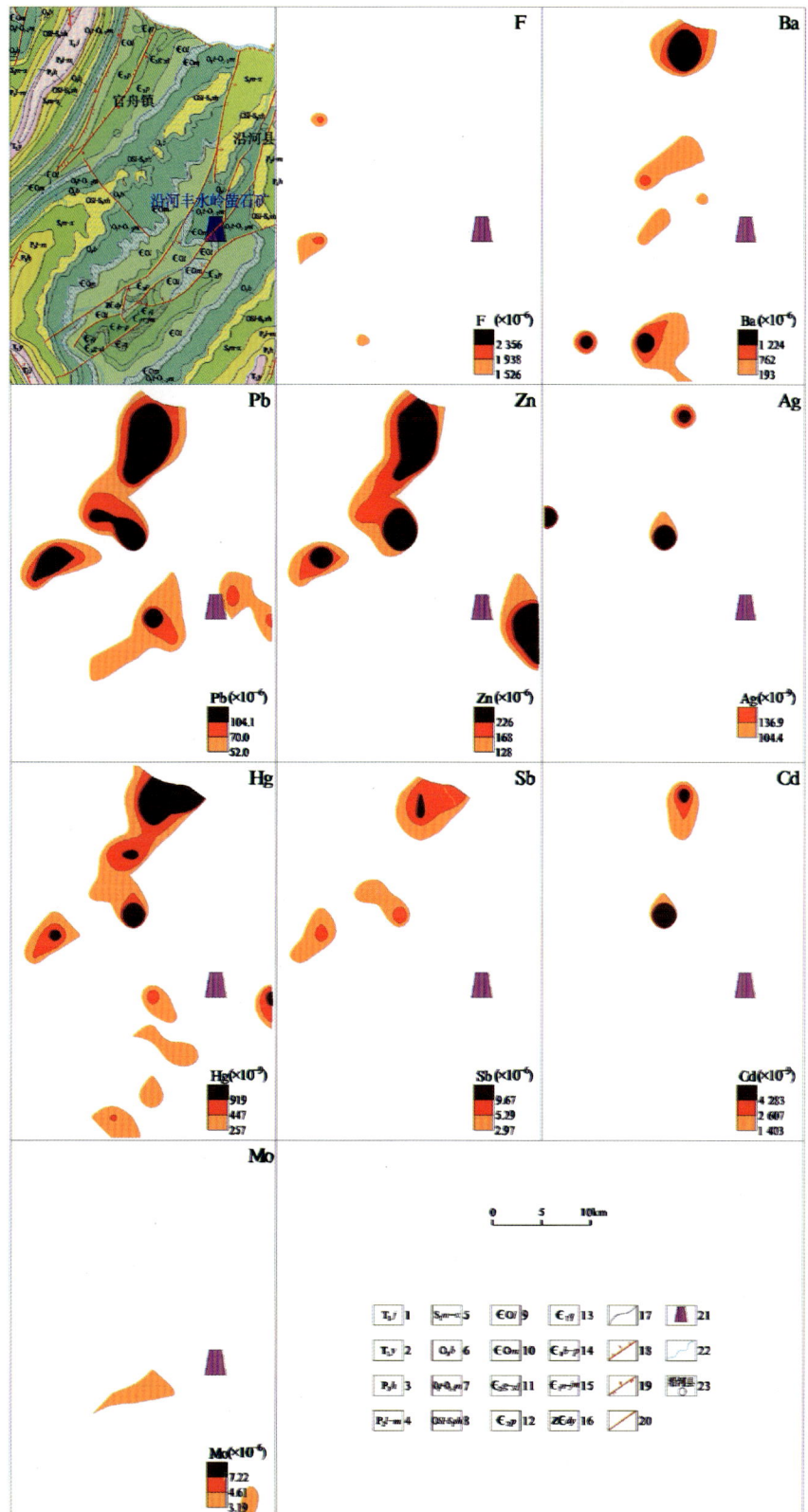

图 5-11 沿河丰水岭萤石矿所在位置区域地球化学异常特征图

1.嘉陵江组；2.夜郎组；3.合山组；4.包梁山组-茅口组；5.马脚冲组-秀山组；6.宝塔组；7.桐梓组-湄潭组；8.龙马溪组-石牛栏组；9.娄山关组；10.毛田组；11.高台组-石冷水组；12.平井组；13.清虚洞组；14.变马冲组-杷榔组；15.牛蹄塘组-九门冲组；16.灯影组；17.地层界线；18.正断层；19.逆断层；20.性质不明断层；21.萤石矿点；22.水系；23.乡镇居民点

3. 地质-地球化学找矿模式

贵州丰水岭萤石矿床的地质-地球化学找矿模式如表 5-29 所示。

表 5-29　贵州丰水岭萤石矿床地质-地球化学找矿模式表

分类	项目名称	项目描述
地质特征	矿床类型	低温热液型萤石矿床
	矿区地层与赋矿建造	含矿地层为下奥陶统红花园组（O_1h）灰色、浅灰色中—厚层细晶生物屑灰岩
	矿区岩浆岩	矿区未见岩浆岩
	矿区构造与控矿要素	萤石矿区位于沿河背斜近核部，矿体产于北西向逆断层破碎带内
	矿体空间形态	矿体呈似层状至透镜状产出，矿体长近 300m，厚度为 28.552～55.5m
	矿石类型	矿石的自然组合类型以萤石-重晶石为主
	矿石矿物	矿石矿物矿石以萤石、重晶石为主，次有方铅矿、闪锌矿、黄铁矿等
	矿区矿化蚀变	围岩蚀变主要有硅化、萤石化、重晶石化、碳酸盐化、黄铁矿化及矿物重结晶现象等
地球化学特征	区域化探特征	F、Ba、Hg、Sb、Pb、Zn、Ag、Cd、Mo 等元素均有异常显示。其中 F、Ba、Hg、Sb 为主要指示元素，异常内、中、外分带清晰，异常与矿区重合度较好，与中国水系沉积物平均值相比，除 Ba 富集系数为 0.87 外，Sb、F 大于 1.5，Hg 达 5.59

六、铜矿

（一）贵州威宁铜厂河铜矿床

1. 矿床基本信息

贵州威宁铜厂河铜矿床基本信息见表 5-30。

表 5-30　贵州威宁铜厂河铜矿床基本信息表

项目名称	项目描述
经济矿种	铜矿
矿床名称	威宁县铜厂河铜矿床
行政隶属地	贵州省威宁县
矿床规模	矿点
经济矿种资源量	查明铜资源量 3 762.9t
矿床类型	玄武岩型

2. 地球化学特征

1）区域地球化学背景

经 1∶20 万区域化探计 417 件样品，25 种贵州省主要矿产异常元素或氧化物 Au、As、Hg、Sb、Cu、Pb、Zn、Ag、Cd、Ba、F、P、W、Sn、Mo、Bi、U、Y、Mn、Ni、V 及 Al_2O_3、Na_2O、MgO、SiO_2 等地球化学参数的

统计(表 5-31),25 种元素或氧化物中,除 Ag、Ba、W、Na$_2$O、MgO、SiO$_2$ 平均含量低于全国平均含量外,其他 19 种元素或氧化物平均含量均高于全国平均含量,其中,以 Hg、Pb、Zn、Cd、Au、Cu、Ni、V、P、Sb、Mo、Bi、Y、Mn 富集度较高(≥1.5),特别是 Cd、Cu 富集度最高(≥3.0)。

表 5-31 贵州威宁铜厂河铜矿 1:20 万水系沉积物地球化学特征参数表($N=417$)

元素或氧化物	最小值	最大值	中位数	平均值	标准差	中国水系沉积物平均值	富集系数	异常外带	异常中带	异常内带
Ag	20	940	70	76.93	52.90	80	0.96	104.434	136.865	193.334
As	1	69	7	12.58	12.00	8.5	1.48	35.006	48.442	68.950
Au	0.1	7.3	1.9	2.16	1.44	1.2	1.80	1.978	2.583	3.490
Ba	130	797	400	393.39	134.06	500	0.79	193.330	762.000	1 223.510
Bi	0.1	10	0.3	0.49	1.17	0.3	1.64	0.625	0.742	0.875
Cd	100	7 390	270	521.10	605.05	90	5.79	1 402.960	2 607.050	4 282.880
Cu	16	401	92	117.52	76.17	22	5.34	56.000	72.000	87.711
F	170	2 700	500	573.73	356.08	480	1.20	1 526.330	1 938.490	2 356.200
Hg	10	710	40	54.29	50.38	35	1.55	256.494	446.796	918.720
Mn	350	4 037	1 171	1 246.90	509.17	550	2.27	2 039.940	2 520.140	3 151.730
Mo	0.3	5.3	1.25	1.41	0.87	0.8	1.76	3.190	4.611	7.216
Ni	18	125	64	64.58	18.22	25	2.58	50.799	60.017	69.000
P	211	3150	913	940.32	334.95	550	1.71	955.000	1 150.440	1 400.960
Pb	14	713	21	38.01	54.66	22	1.73	52.000	69.973	104.063
Sb	0.3	17	1	1.57	1.45	0.7	2.25	2.965	5.290	9.666
Sn	1.8	5.4	3.6	3.61	0.60	2.7	1.34	4.217	4.790	5.462
U	1.1	6.1	2.6	2.88	1.07	2.5	1.15	5.917	7.275	
V	64	478	267	273.84	103.91	80	3.42	178.731	211.709	248.135
W	0.35	3.72	1.24	1.44	0.66	1.5	0.96	2.925	3.434	4.066
Y	19	110	39	39.93	10.96	24	1.66	40.049	47.407	59.346
Zn	37	811	94	107.80	64.24	68	1.59	128.328	168.143	225.544
Al$_2$O$_3$	6.18	25.88	14.74	14.76	3.01	13	1.14	15.410	16.862	18.380
MgO	0.31	5.31	1.55	1.99	1.23	13	0.15	3.194	4.370	6.407
Na$_2$O	0.06	9	0.2	0.36	0.52	1.5	0.24	0.430	0.552	0.772
SiO$_2$	42.06	87.28	59.81	59.17	8.18	65	0.91	77.861		

注:①富集系数=平均值/中国水系沉积物平均值,中国水系沉积物平均值据鄢明才等(1995)。异常外、中、内带下限的确定采用累频 90%、95.5%、98%。②含量单位:Ag、Au、Cd、Hg 为 $\times 10^{-9}$;氧化物为 $\times 10^{-2}$;其余元素为 $\times 10^{-6}$。

铜厂河铜矿区域地球化学特征,总体表现为低 Na_2O、MgO,和以与铜成矿关系密切的 Sb、Hg、As、Pb、Zn、Cd 等为代表的多元素富集特征。

2)区域化探异常特征

威宁铜厂河铜矿位于贵州省西北部,处于扬子陆块地球化学区西南部。属黔西南断陷 Au、As、Sb、Pb、Zn 及亲基性元素强聚集的高地球化学背景亚区。矿区范围发育有 10 余种元素及氧化物水系沉积物异常(图 5-12),如 Cu、La、P、Pb、Ti、V、Y、Fe_2O_3、Au、Ba、Co 等元素异常,组合异常与玄武岩相套合。主成矿元素 Cu、Ti、V 异常具有强度高、规模大、浓度分带清晰、浓集中心突出并相互套合的特点,Cu 异常峰值 401×10^{-6}、Ti 异常峰值 $29\,240\times10^{-6}$、V 异常峰值 478×10^{-6}。

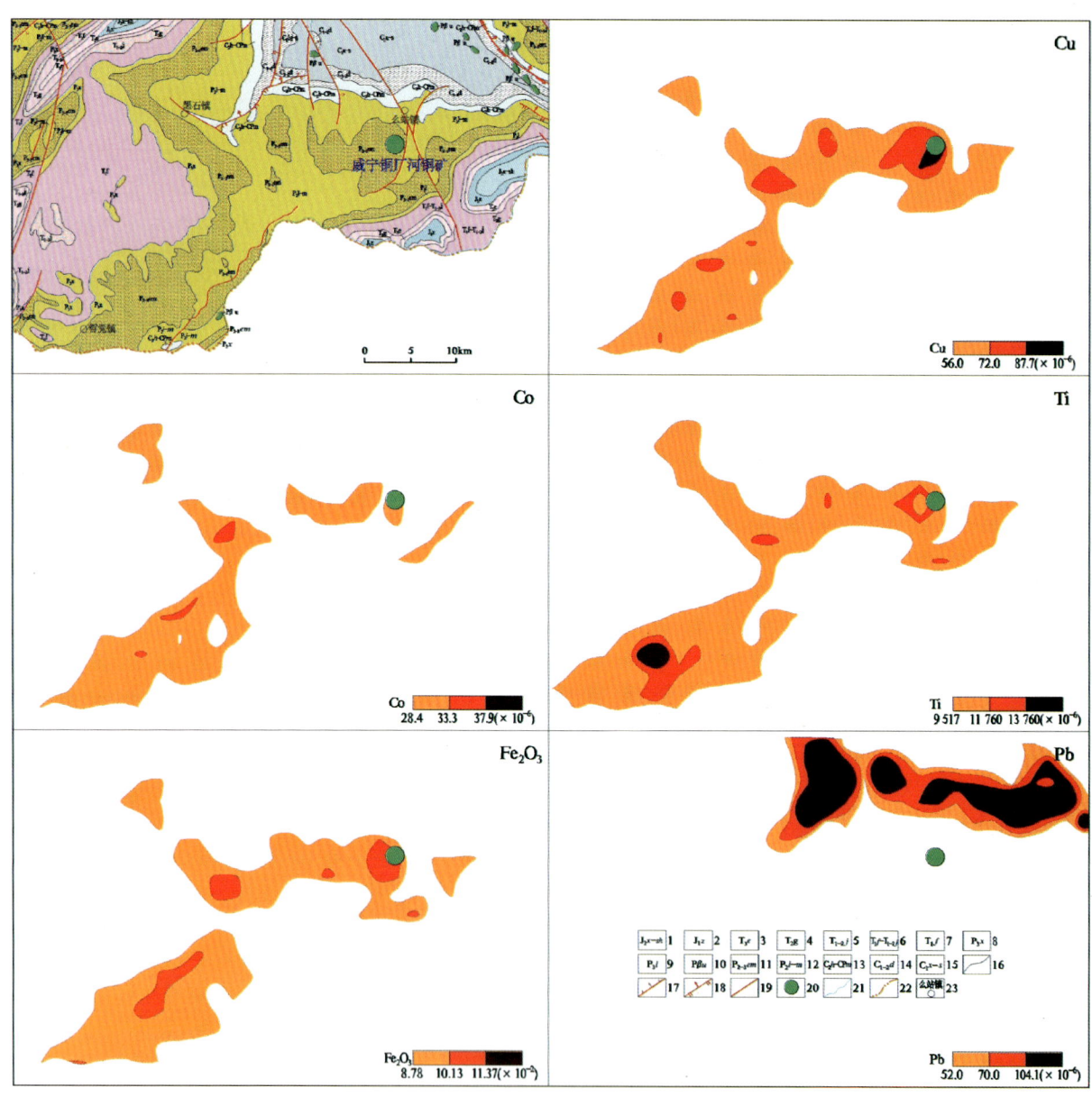

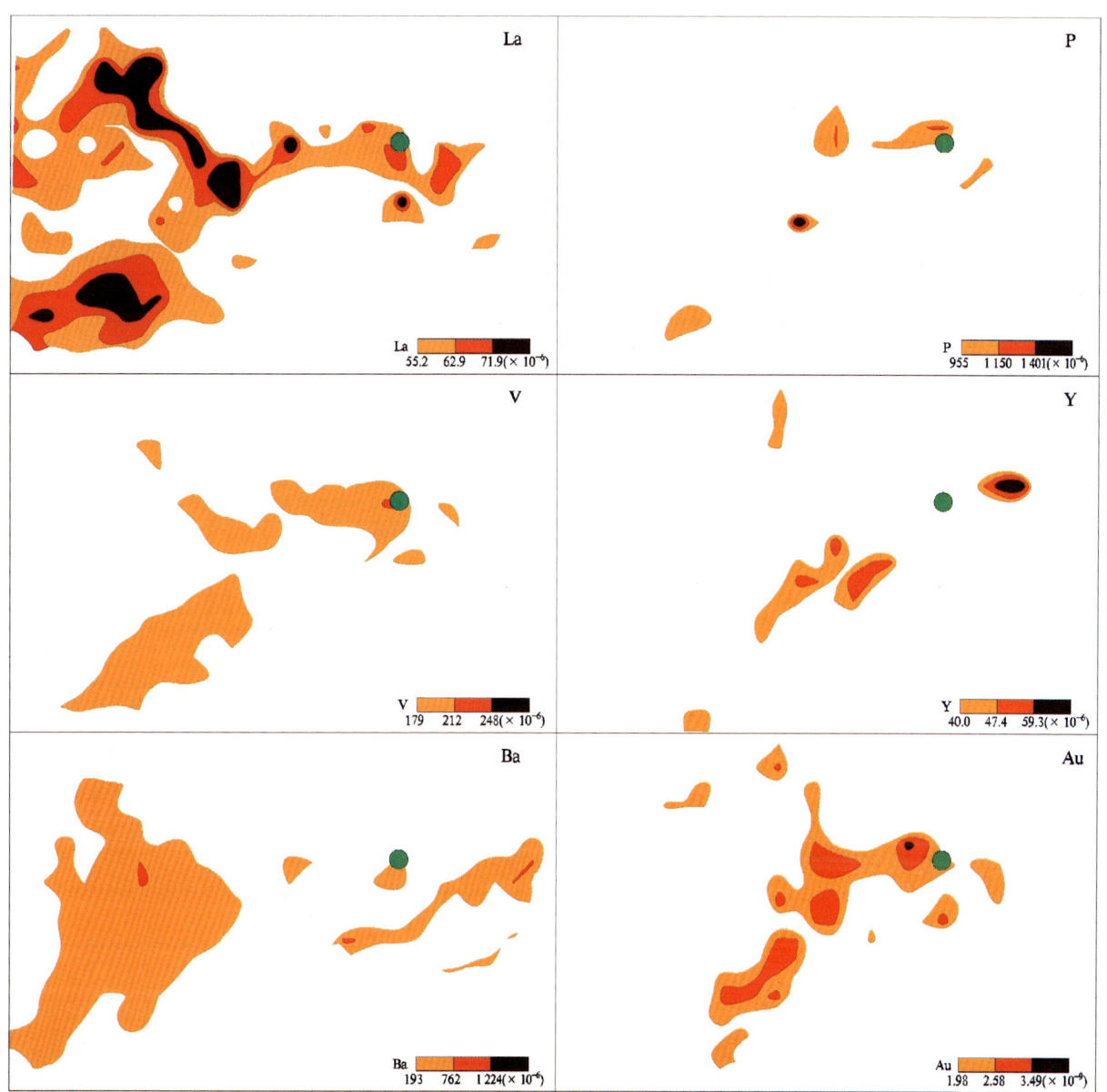

图 5-12　威宁铜厂河铜矿床所在位置区域化探异常特征图

1.新田沟组-沙溪庙组；2.自流井组；3.二桥组；4.关岭组；5.嘉陵江组；6.飞仙关组-嘉陵江组；7.飞仙关组；8.合山组；9.龙潭组；10.辉绿岩；11.峨眉山玄武岩；12.梁山组-茅口组；13.黄龙组-马平组；14.大埔组；15.祥摆组-上司组；16.地层界线；17.正断层；18.逆断层；19.性质不明断层；20.铜矿点；21.水系；22.省界线；23.乡镇居民点

3)1∶5万化探异常特征

1∶5万水系沉积物测量，在矿区范围圈出的地球化学异常主要有 Cu、Au、Co 元素异常（图 5-13）。主成矿元素 Cu 异常具有强度高、规模大、浓度分带清晰、浓集中心突出并与铜矿床套合好的特点，Cu 异常峰值 $2\,576\times10^{-6}$。Au、Co 元素异常分布铜矿床附近，异常规模小、强度低，Au 元素异常强度部分达二级，Co 元素异常强度仅为一级。

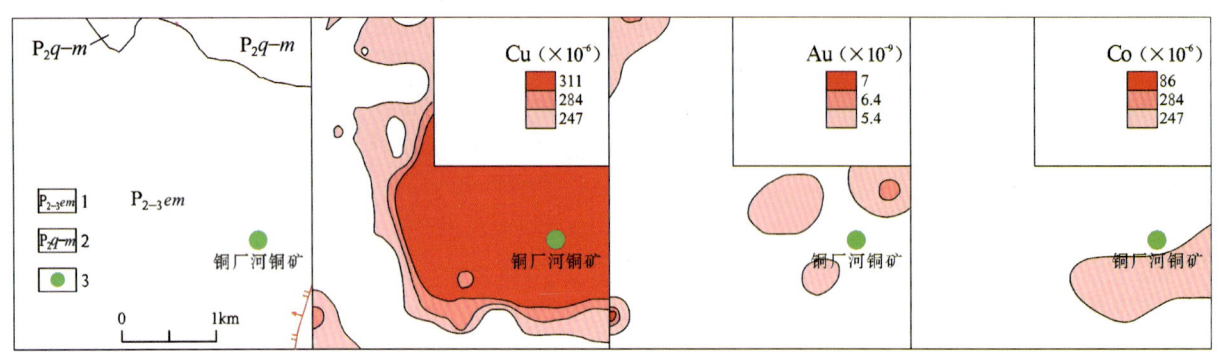

图 5-13 铜厂河铜矿 1:5 万水系沉积物测量异常特征图
1.峨眉山玄武岩组;2.栖霞组-茅口组;3.铜矿点

3. 地质-地球化学找矿模式

贵州铜厂河铜矿床的地质-地球化学找矿模式如表 5-32 所示。

表 5-32 贵州威宁铜厂河铜矿床地质-地球化学找矿模式表

分类	项目名称	项目描述
地质特征	矿床类型	玄武岩型铜矿床
	矿区地层与赋矿建造	二叠系峨眉山玄武岩组陆相玄武质熔岩、玄武质火山碎屑岩、角砾岩、富有机质碳质黏土岩
	矿区岩浆岩	二叠系峨眉山玄武岩广泛分布,并有辉绿岩侵位于中二叠统中(以岩床为主)
	矿区构造与控矿要素	扬子地块南部被动边缘褶冲带六盘水复杂变形区哀秋向斜
	矿体空间形态	矿体主要为似层状、透镜状,次为扁豆状、团块状
	矿石类型	主要有蚀变玄武岩-辉铜矿、蚀变玄武岩-自然铜
	矿石矿物	主要金属矿物为黄铜矿、自然铜、辉铜矿,次为斑铜矿、铜蓝
	矿区矿化蚀变	主要有绿泥石化、碳沥青化、黄铁矿化、硅化、沸石化、方解石化等
地球化学特征	中大比例尺化探特征	1:5 万水系沉积物测量,在矿区范围圈出的地球化学异常主要有 Cu、Au、Co 元素异常。主成矿元素 Cu 异常具有强度高、规模大、浓度分带清晰、与铜矿床套合好的特点
	区域化探特征	Cu、La、P、Pb、Ti、V、Y、Fe_2O_3、Au、Ba、Co 等元素或氧化物均有异常显示。其中 Cu、La、Ti、Fe_2O_3、Au 为主要指示元素或氧化物,异常内、中、外分带清晰,异常与矿区重合度较好,与中国水系沉积物平均值相比,Cu、Au 富集系数均大于 1.0

(二)贵州从江地虎铜多金属矿床

1. 矿床基本信息

贵州从江地虎铜多金属矿床基本信息见表 5-33。

表 5-33　贵州从江地虎铜多金属矿床基本信息表

项目名称	项目描述
经济矿种	铜矿
矿床名称	从江县地虎矿区
行政隶属地	贵州省从江县
矿床规模	小型
经济矿种资源量	查明铜资源量 12 433.8t
矿床类型	中—高温热液型

2. 地球化学特征

1) 区域地球化学背景

经 1∶20 万区域化探计 165 件样品，25 种贵州省主要矿产异常元素或氧化物 Ag、As、Au、Ba、Bi、Cd、Cu、F、Hg、Mn、Mo、Ni、P、Pb、Sb、Sn、U、V、W、Y、Zn 及 Al_2O_3、Na_2O、MgO、SiO_2 等地球化学参数的统计（表 5-34），25 种元素或氧化物中，除 Au、P、U、Na_2O、MgO、SiO_2 平均含量低于全国平均含量外，其他 19 种元素或氧化物平均含量均高于全国平均含量，其中，以 Hg、Ba、As、Sb、Cu、Pb、Cd、Mo、Zn、Bi、Mn 富集度较高（≥1.5），特别是 Hg 富集度最高（≥3.0）。

地虎铜多金属矿区域地球化学特征，总体表现为低 Na_2O、MgO 和以与铜多金属成矿关系密切的 Cu、Sb、Hg、As、Pb、Zn、Cd、W、Bi、Mo 等为代表的多元素富集特征。

表 5-34　贵州从江地虎铜多金属矿 1∶20 万水系沉积物地球化学特征参数表（$N=165$）

元素或氧化物	最小值	最大值	中位数	平均值	标准差	中国水系沉积物平均值	富集系数	异常外带	异常中带	异常内带
Ag	25	1 370	73	85.97	105.39	80	1.07	104.434	136.865	193.334
As	1	50	10	11.95	7.43	8.5	1.41	35.006	48.442	68.950
Au	0.5	10.3	0.5	0.93	0.97	1.2	0.78	1.978	2.583	3.490
Ba	243	1 669	758	768.65	208.17	500	1.54	193.330	762.000	1 223.510
Bi	0.27	1	0.45	0.47	0.12	0.3	1.57	0.625	0.742	0.875
Cd	100	1 160	210	230.61	110.61	90	2.56	1 402.960		
Cu	13	1 590	28	40.13	121.71	22	1.82	56.000	72.000	87.711
F	380	930	550	550.91	71.72	480	1.15	1 526.330		
Hg	30	2 300	110	142.92	196.16	35	4.08	256.494	446.796	918.720
Mn	314	2 551	984	1 018.98	364.95	550	1.85	2 039.940	2 520.140	3 151.730
Mo	0.11	4.9	0.94	1.25	0.80	0.8	1.56	3.190	4.611	7.216

续表 5-34

元素或氧化物	最小值	最大值	中位数	平均值	标准差	中国水系沉积物平均值	富集系数	异常外带	异常中带	异常内带
Ni	10	103	28	29.22	8.80	25	1.17	50.799	60.017	69.000
P	215	1 027	419	489.09	182.89	550	0.89	955.000	1 150.440	
Pb	23	664	29	37.48	50.98	22	1.70	52.000	69.973	104.063
Sb	0.84	11.5	1.8	2.09	1.23	0.7	2.99	2.965	5.290	9.666
Sn	1.75	8.2	3	3.13	0.87	2.7	1.16	4.217	4.790	5.462
U	0.04	3.31	2.21	2.28	0.46	2.5	0.91	5.917		
V	59	195	91	93.17	15.38	80	1.16	178.731	211.709	
W	0.34	8.8	1.5	1.82	1.02	1.5	1.21	2.925	3.434	4.066
Y	15.9	55	33	32.06	5.56	24	1.34	40.049	47.407	59.346
Zn	78	756	104	111.69	52.86	68	1.64	128.328	168.143	225.544
Al_2O_3	7.48	20.04	16.07	16.03	1.73	13	1.23	15.410	16.862	18.380
MgO	0.53	4.87	0.9	0.99	0.50	13	0.08	3.194	4.370	6.407
Na_2O	0.12	0.95	0.3	0.33	0.15	1.5	0.22	0.430	0.552	0.772
SiO_2	54.31	74.44	64.66	64.91	3.05	65	1.00	77.861		

注：①富集系数＝平均值/中国水系沉积物平均值，中国水系沉积物平均值据鄢明才等(1995)。异常外、中、内带下限的确定采用累频 90%、95.5%、98%。②含量单位：Ag、Au、Cd、Hg 为 $\times 10^{-9}$；氧化物为 $\times 10^{-2}$；其余元素为 $\times 10^{-6}$。

2) 区域化探异常特征

地虎铜矿位于贵州省东南部，处于扬子陆块地球化学区西南部。属 Ag、Ba、Nb、Sb、Y、Zn、Zr 及 SiO_2、Al_2O_3、K_2O、Na_2O 等元素或氧化物的地球化学高背景的江南造山带地球化学亚区。矿区范围发育有 10 余种元素或氧化物水系沉积物异常(图 5-14)，如 Cu、Pb、Zn、Ag、Cd、Ni、Cr、Be、K_2O、Au、As、Hg、W、Sn、Bi、Mo 等元素异常，组合异常与甲路组相套合。主成矿元素 Cu、Pb、Zn、Ag 异常具有强度高、规模大、浓度分带清晰、浓集中心突出并相互套合的特点，Cu 异常峰值 $1\,590 \times 10^{-6}$（全省最高值）、Pb 异常峰值 664×10^{-6}、Zn 异常峰值达 756×10^{-6}、Ag 异常峰值达 $1\,370 \times 10^{-9}$。伴生或直接指示元素 W、Sn、Bi 等异常具有相似的分布特点，间接指示元素有 Au、As、Hg 等，异常强度具有一定规模；而 Mo、Cr、Ni 等异常分布于矿区外围，强度低、规模小且更为零散。

从江地虎铜多金属矿区表生地球化学异常结构特征：

(1) 主要成矿元素异常组合：Cu-Pb-Zn。

(2) 直接指示元素异常组合：Cu-Pb-Zn-Ag、W-Sn-Bi。

(3) 间接指示元素异常组合：Au-As-Hg。

(4) 成矿环境元素异常组合：Mo-Cr-Ni。

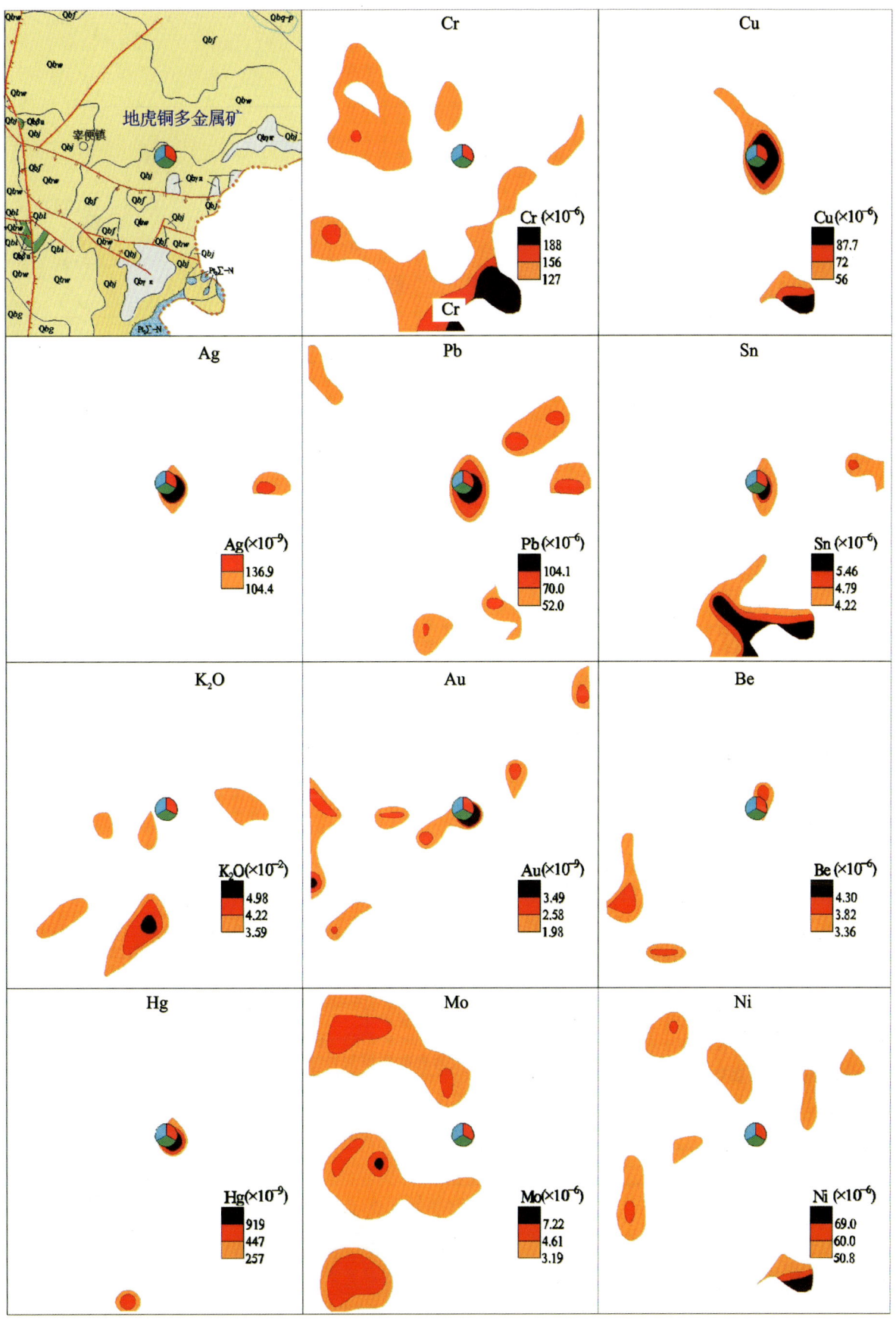

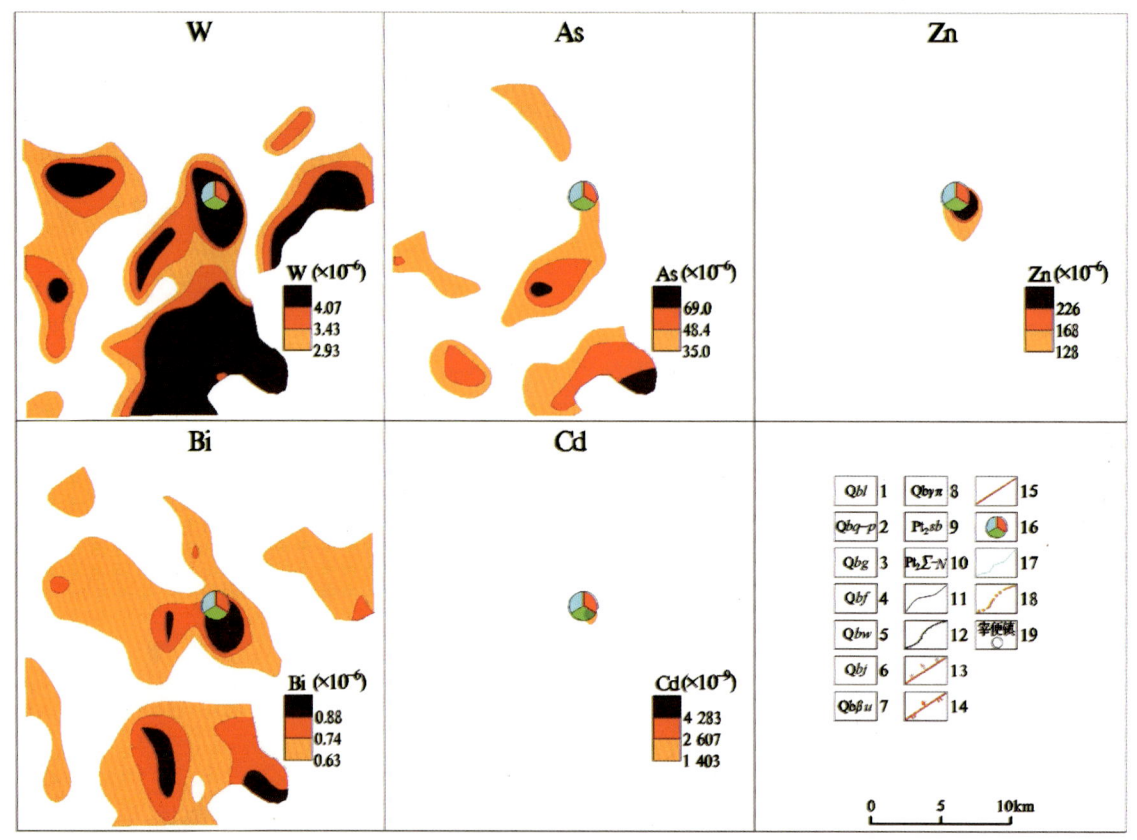

图 5-14 地虎铜多金属矿床所在位置区域化探异常特征图

1.隆里组;2.清水江组-平略组;3.拱洞组;4.番召组;5.乌叶组;6.甲路组;7.新元古代下江期辉绿岩;8.新元古代四堡期基性火山岩;9.新元古代四堡群;10.新元古代下江期花岗斑岩;11.地层界线;12.不整合地层界线;13.正断层;14.逆断层;15.性质不明断层;16.铜多金属矿点;17.水系;18.省界线;19.乡镇居民点

3. 地质-地球化学找矿模式

贵州从江地虎铜多金属矿床的地质-地球化学找矿模式如表 5-35 所示。

表 5-35 贵州从江地虎铜多金属矿床地质-地球化学找矿模式表

分类	项目名称	项目描述
地质特征	矿床类型	中—高温热液型铜多金属矿床
	矿区地层与赋矿建造	下江群甲路组一段海相陆源碎屑岩建造、二段碳酸盐岩建造,以及基性-超基性海相火山岩建造
	矿区岩浆岩	矿区内出露火山岩主要为蚀变基性火山岩(赋矿岩石),区域上有混合岩化花岗岩分布
	矿区构造与控矿要素	吉羊穹状背斜-加车鼻状背斜,发育于区内大规模的滑脱构造带及各类韧性剪切带
	矿体空间形态	主要呈似层状、透镜状、扁豆状产于滑脱构造带中
	矿石类型	主要有自然元素(Au、Ag)、硫化物、氧化物

续表 5-35

分类	项目名称	项目描述
地质特征	矿石矿物	矿石矿物有黄铜矿、黝铜矿、方铅矿、闪锌矿,其次为硫锑铅矿、车轮矿、黄铁矿、磁铁矿、磁黄铁矿、白铁矿、毒砂、自然金、银金矿及少量硫铜银矿、银黝铜矿。近地表的氧化带内发育有针铁矿、褐铁矿、孔雀石、铜蓝、白铅矿、铅矾等次生氧化矿物
	矿区矿化蚀变	主要有硅化、黄铁矿化、磁铁矿化、绿泥石化,次为高岭石化
地球化学特征	区域化探特征	Cu、Pb、Zn、Ag、Cd、Ni、Cr、Be、K_2O、Au、As、Hg、W、Sn、Bi、Mo 等元素或氧化物均有异常显示。其中 Cu、Pb、Zn、Ag、Cd、W、Sn、Bi 为主要指示元素,异常内、中、外分带清晰,异常与矿区重合度较好,与中国水系沉积物平均值相比,除 Ag 富集系数为 0.86 外,Zn、Sn 大于 1.0,Cu、Pb、W、Bi 大于 1.5,Cd 达 4.30

七、钨矿

贵州省钨矿仅有已知乌牙钨锡矿点,以此说明与花岗岩浆热液有关的钨矿地球化学特征及找矿模式。

1. 矿床基本信息

贵州从江乌牙钨锡矿床基本信息见表 5-36。

表 5-36　贵州从江乌牙钨锡矿床基本信息表

项目名称	项目描述
经济矿种	钨矿
矿床名称	从江县乌牙钨锡矿
行政隶属地	贵州省从江县
矿床规模	矿点
经济矿种资源量	查明钨锡资源量 3 809.2t
矿床类型	高温热液型

2. 地球化学特征

1) 区域地球化学背景

经 1∶20 万区域化探计 199 件样品,25 种贵州省主要矿产异常元素或氧化物 Ag、As、Au、Ba、Bi、Cd、Cu、F、Hg、Mn、Mo、Ni、P、Pb、Sb、Sn、U、V、W、Y、Zn 及 Al_2O_3、Na_2O、MgO、SiO_2 等地球化学参数的统计(表 5-37),25 种元素或氧化物中,除 Au、Ag、Mo、Na_2O、MgO 平均含量低于全国平均含量外,其他 20 种元素或氧化物平均含量均高于全国平均含量,其中,以 Hg、Sb、Cd、W、Sn、Bi 富集度较高($\geqslant 1.5$),特别是 Hg 富集度最高($\geqslant 3.0$)。

从江乌牙钨锡矿金属矿区域地球化学特征,总体表现为低 Na_2O、MgO 和以与铜多金属成矿关系密切的 Cu、Sb、Hg、As、Pb、Zn、Cd、W、Bi、Mo 等为代表的多元素富集特征。

表 5-37 贵州从江乌牙钨矿 1:20 万水系沉积物地球化学特征参数表($N=199$)

元素或氧化物	最小值	最大值	中位数	平均值	标准差	中国水系沉积物平均值	富集系数	异常外带	异常中带	异常内带
Ag	20	970	66	72.94	67.40	80	0.91	104.434	136.865	193.334
As	1.3	114	9	12.41	13.37	8.5	1.46	35.006	48.442	68.950
Au	0.3	3.7	1	1.04	0.65	1.2	0.86	1.978	2.583	3.490
Ba	76	1 431	582	561.12	246.49	500	1.12	193.330	762.000	1 223.510
Bi	0.16	2.7	0.4	0.60	0.50	0.3	2.00	0.625	0.742	0.875
Cd	60	440	160	169.69	62.92	90	1.89	1 402.960		
Cu	9.5	84	26	26.87	8.47	22	1.22	56.000	72.000	87.711
F	115	1 220	450	485.51	199.22	480	1.01	1 526.330		
Hg	20	1370	60	113.36	136.99	35	3.24	256.494	446.796	918.720
Mn	296	3 539	754	772.88	321.68	550	1.41	2 039.940	2 520.140	3 151.730
Mo	0.07	3.22	0.56	0.67	0.47	0.8	0.84	3.190	4.611	
Ni	4	912	23	31.32	68.13	25	1.25	50.799	60.017	69.000
P	134	1 193	395	449.06	170.39	550	0.82	955.000	1 150.440	1 400.960
Pb	16.7	89	27	29.17	9.94	22	1.33	52.000	69.973	104.063
Sb	0.48	15.68	1.5	2.01	2.10	0.7	2.87	2.965	5.290	9.666
Sn	1	25	3.1	4.76	4.49	2.7	1.76	4.217	4.790	5.462
U	1.14	10.5	2.25	3.03	2.02	2.5	1.21	5.917	7.275	9.068
V	19	155	81	79.65	19.38	80	1.00	178.731		
W	0.01	12.9	1.36	2.36	2.50	1.5	1.57	2.925	3.434	4.066
Y	15	43	30	29.29	4.77	24	1.22	40.049	47.407	
Zn	52	134	97	94.74	12.99	68	1.39	128.328	168.143	
Al_2O_3	6.71	22.55	15.96	15.95	2.53	13	1.23	15.410	16.862	18.380
MgO	0.32	6.18	0.84	0.89	0.45	13	0.07	3.194	4.370	6.407
Na_2O	0.05	1.05	0.36	0.36	0.12	1.5	0.24	0.430	0.552	0.772
SiO_2	48.74	82.93	67.12	66.27	5.21	65	1.02	77.861		

注:①富集系数=平均值/中国水系沉积物平均值,中国水系沉积物平均值据鄢明才等(1995)。异常外、中、内带下限的确定采用累频 90%、95.5%、98%。②含量单位:Ag、Au、Cd、Hg 为 $\times 10^{-9}$;氧化物为 $\times 10^{-2}$;其余元素为 $\times 10^{-6}$。

2)区域化探异常特征

从江乌牙钨锡矿位于贵州东南部,处于扬子陆块地球化学区西南部。属 Ag、Ba、Nb、Sb、Y、Zn、Zr 及 SiO_2、Al_2O_3、K_2O、Na_2O 等元素或氧化物的地球化学高背景的江南造山带地球化学亚区。矿区范围发育有 10 余种元素或氧化物水系沉积物异常(图 5-15),如 W、Sn、Bi、Cu、Pb、Ni、Cr、F、Li、Th、U、Fe_2O_3、B、Co、K_2O、Au、As 等元素或氧化物异常,组合异常与花岗岩体外接触带四堡群与甲路组不整合面石英千枚岩黑色蚀变岩体带相套合。主成矿元素 W、Sn、Bi 异常具有强度高、规模大、浓度分带清晰、浓集中心突出并相互套合的特点,W 异常峰值 12.9×10^{-6},Sn 异常峰值 25×10^{-6},Bi 异常峰值 2.7×10^{-6}。伴生或直接指示元素 Cr、As、U、B 等异常具有相似的分布特点,间接指示元素 Ni、F、Au 等异常强度具有一定规模;而 Cu、Co、Th、Fe_2O_3、K_2O 等异常分布于矿区外围,强度低、规模小且更为零散。

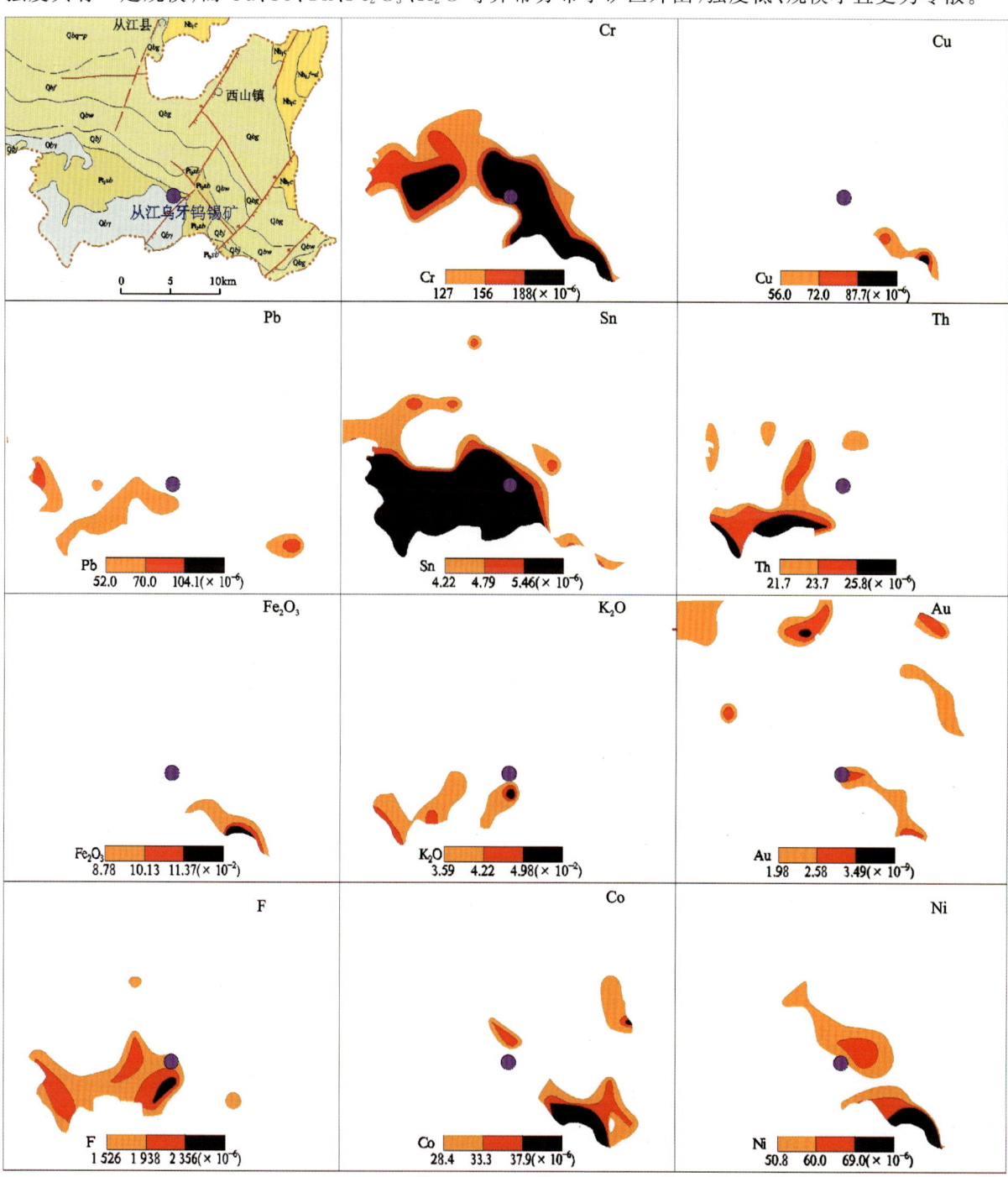

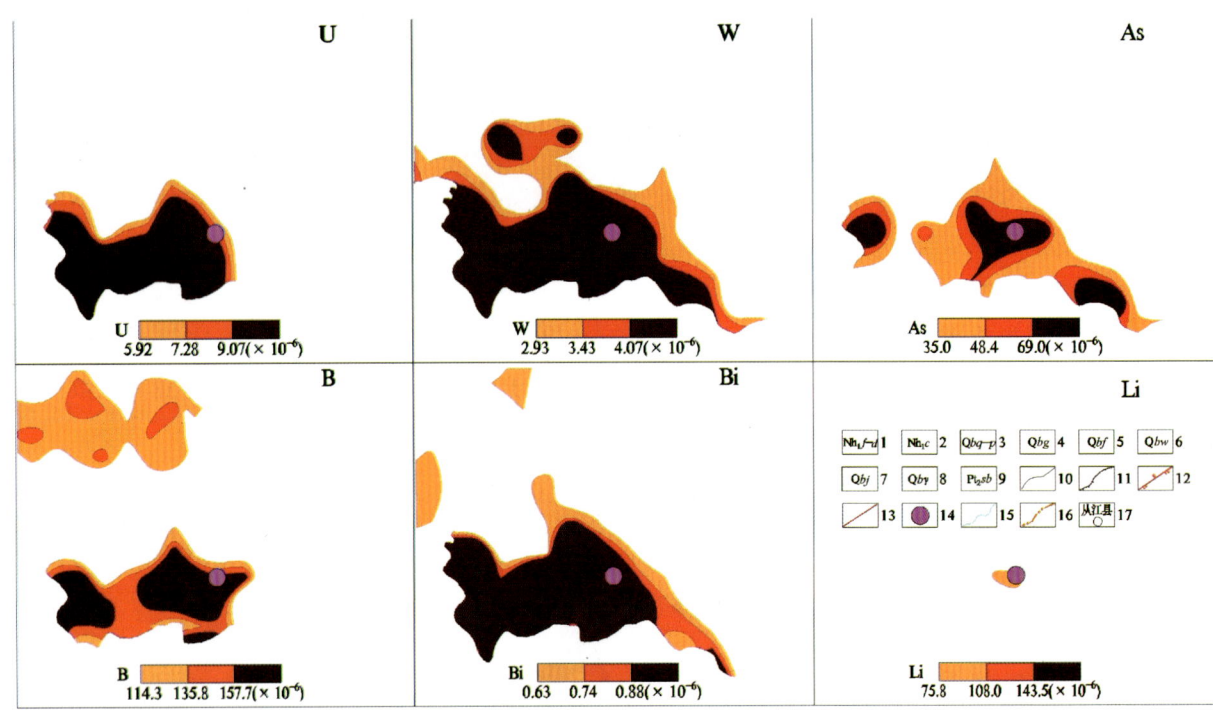

图 5-15 从江乌牙钨锡矿床所在位置区域化探异常特征图

1.富禄组-大塘坡组;2.长安组;3.清水江组-平略组;4.拱洞组;5.番召组;6.乌叶组;7.甲路组;8.新元古代四堡期基性火山岩;
9.新元古代四堡群;10.地层界线;11.不整合地层界线;12.逆断层;13.性质不明断层;14.钨矿点;15.水系;16.省界线;17.乡镇居民点

从江乌牙钨锡矿区表生地球化学异常结构特征：
(1)主要成矿元素异常组合：W－Sn－Bi。
(2)直接指示元素异常组合：W－Sn－Bi、Cr－As－U－B。
(3)间接指示元素异常组合：Ni－F－Au。
(4)成矿环境元素异常组合：Cu－Co－Th－Fe_2O_3－K_2O。

3. 地质-地球化学找矿模式

综合上述矿床地质特征和地球化学特征，贵州从江乌牙钨锡矿床的地质-地球化学找矿模式如表 5-38 所示。

表 5-38　贵州从江乌牙钨锡矿床地质-地球化学找矿模式表

分类	项目名称	项目描述
地质特征	矿床类型	高温热液型钨锡矿床
	矿区地层与赋矿建造	花岗岩体外接触带四堡群与甲路组不整合面石英千枚岩黑色蚀变岩体带（hst）
	矿区岩浆岩	雪峰期黑云母花岗岩
	矿区构造与控矿要素	花岗岩体外接触带蚀变岩体带中层间节理、裂隙、破碎带、揉皱等
	矿体空间形态	蚀变岩型呈透镜状，石英脉型呈单脉或复脉状
	矿石类型	主要有石英-白钨矿，蚀变岩-白钨矿

续表 5-38

分类	项目名称	项目描述
地质特征	矿石矿物	金属矿物主要为白钨矿、黄铁矿等
	矿区矿化蚀变	围岩蚀变为电气石化、黑云母化;矿体蚀变有硅化、方解石化等
地球化学特征	区域化探特征	W、Sn、Bi、Cu、Pb、Ni、Cr、F、Li、Th、U、Fe_2O_3、B、Co、K_2O、Au、As 等元素或氧化物均有异常显示。其中 W、Sn、Bi、Cr、As、U、B 为主要指示元素,异常内、中、外分带清晰,异常与矿区重合度较好,与中国水系沉积物平均值相比,Sn 富集系数大于 1.0,W、Bi、U 大于 1.5,As 达 2.77

八、磷矿

贵州省磷矿均产于寒武系底部黑色岩系内,以织金新华磷矿床说明其地球化学特征及找矿模式。

1. 矿床基本信息

贵州织金新华磷矿床基本信息见表 5-39。

表 5-39　贵州织金新华磷矿床基本信息表

项目名称	项目描述
经济矿种	磷矿
矿床名称	织金县新华磷矿床
行政隶属地	贵州省织金县
矿床规模	特大型
经济矿种资源量	查明磷资源量 886 783 320t
矿床类型	沉积型

2. 地球化学特征

1)区域地球化学背景

经 1∶20 万区域化探计 117 件样品,25 种贵州省主要矿产异常元素或氧化物 Ag、As、Au、Ba、Bi、Cd、Cu、F、Hg、Mn、Mo、Ni、P、Pb、Sb、Sn、U、V、W、Y、Zn 及 Al_2O_3、Na_2O、MgO、SiO_2 等地球化学参数的统计(表 5-40),25 种元素或氧化物中,除 Al_2O_3、Na_2O、MgO 平均含量低于全国平均含量外,其他 22 种元素或氧化物平均含量均高于全国平均含量。其中,以 Cd、Hg、As、Sb、Mo、Cu、Pb、Zn、Ba、F、U、Y、P、Mn、Ni、V 富集度较高(≥1.5),特别是 Cd、Cu、Hg、Sb、Mo 富集度最高(≥3.0)。

表5-40 贵州织金新华磷矿1∶20万水系沉积物地球化学特征参数表（N＝117）

元素或氧化物	最小值	最大值	中位数	平均值	标准差	中国水系沉积物平均值	富集系数	异常外带	异常中带	异常内带
Ag	19	830	72	98.30	91.74	80	1.23	104.434	136.865	193.334
As	3.2	268	17	24.82	30.15	8.5	2.92	35.006	48.442	68.950
Au	0.1	28	1.2	1.48	2.56	1.2	1.23	1.978	2.583	3.490
Ba	180	8 881	471	963.61	1 383.53	500	1.93	193.330	762.000	1 223.510
Bi	0.07	9	0.32	0.42	0.81	0.3	1.41	0.625	0.742	0.875
Cd	130	6 130	850	1 252.99	1 119.36	90	13.92	1 402.960	2 607.050	4 282.880
Cu	15	216	95	91.83	38.78	22	4.17	56.000	72.000	87.711
F	230	2 972	670	763.23	349.50	480	1.59	1 526.330	1 938.490	2 356.200
Hg	60	2 140	223	339.58	348.20	35	9.70	256.494	446.796	918.720
Mn	583	4 809	1 537	1 635.48	702.25	550	2.97	2 039.940	2 520.140	3 151.730
Mo	1.14	7	2.9	3.10	1.29	0.8	3.87	3.190	4.611	7.216
Ni	19	124	50	51.31	17.09	25	2.05	50.799	60.017	69.000
P	555	18 485	984	1 253.27	1 709.29	550	2.28	955.000	1 150.440	1 400.960
Pb	15	534	29	45.07	64.22	22	2.05	52.000	69.973	104.063
Sb	0.77	35	3.1	4.63	4.62	0.7	6.61	2.965	5.290	9.666
Sn	1.9	6	3.6	3.57	0.74	2.7	1.32	4.217	4.790	5.462
U	3	7.7	4.2	4.35	0.83	2.5	1.74	5.917	7.275	9.068
V	90	451	243	246.04	78.60	80	3.08	178.731	211.709	248.135
W	0.9	2.8	1.65	1.72	0.40	1.5	1.15	2.925		
Y	26	108	46	46.87	10.35	24	1.95	40.049	47.407	59.346
Zn	50	221	108	110.09	28.34	68	1.62	128.328	168.143	225.544
Al_2O_3	5.79	20.23	14.91	13.83	3.22	13	1.06	15.410	16.862	18.380
MgO	0.3	2.41	0.98	0.99	0.39	13	0.08	3.194		
Na_2O	0.005	1.75	0.28	0.36	0.27	1.5	0.24	0.430	0.552	0.772
SiO_2	50.74	88.45	61.06	63.79	9.53	65	0.98	77.861		

注：①富集系数＝平均值/中国水系沉积物平均值，中国水系沉积物平均值据鄢明才等（1995）。异常外、中、内带下限的确定采用累频90%、95.5%、98%。②含量单位：Ag、Au、Cd、Hg为×10^{-9}；氧化物为×10^{-2}；其余元素为×10^{-6}。

织金新华磷矿区域地球化学特征，总体表现为低Na_2O、MgO和以与寒武系底部灯影组二段至牛蹄塘组一段黑色多金属富集层关系密切的P、Y、Mo、Mn、Ni、V等为代表，以及以Cd、Hg、As、Sb、Au、Cu、Pb、Zn、Ag等为代表的热液成矿（异常）元素，多元素富集特征。

2）区域化探异常特征

织金预测工作区位于贵州省西南部织金—清镇一带，区内有磷矿、铅锌矿、铝土矿、煤矿等矿产。

采用 1∶50 万地球化学异常图编制典型矿床区域地球化学异常特征图。在织金新华磷矿典刑矿床分布的地区发育 Hg、La、Mo、Nb、Ag、P、Pb、Ti、Y、Zr、Al_2O_3、Na_2O、SiO_2、Ba、Cd 等 10 多种元素或氧化物的异常（图 5-16），各元素或氧化物的异常套合好、强度高、规模大。

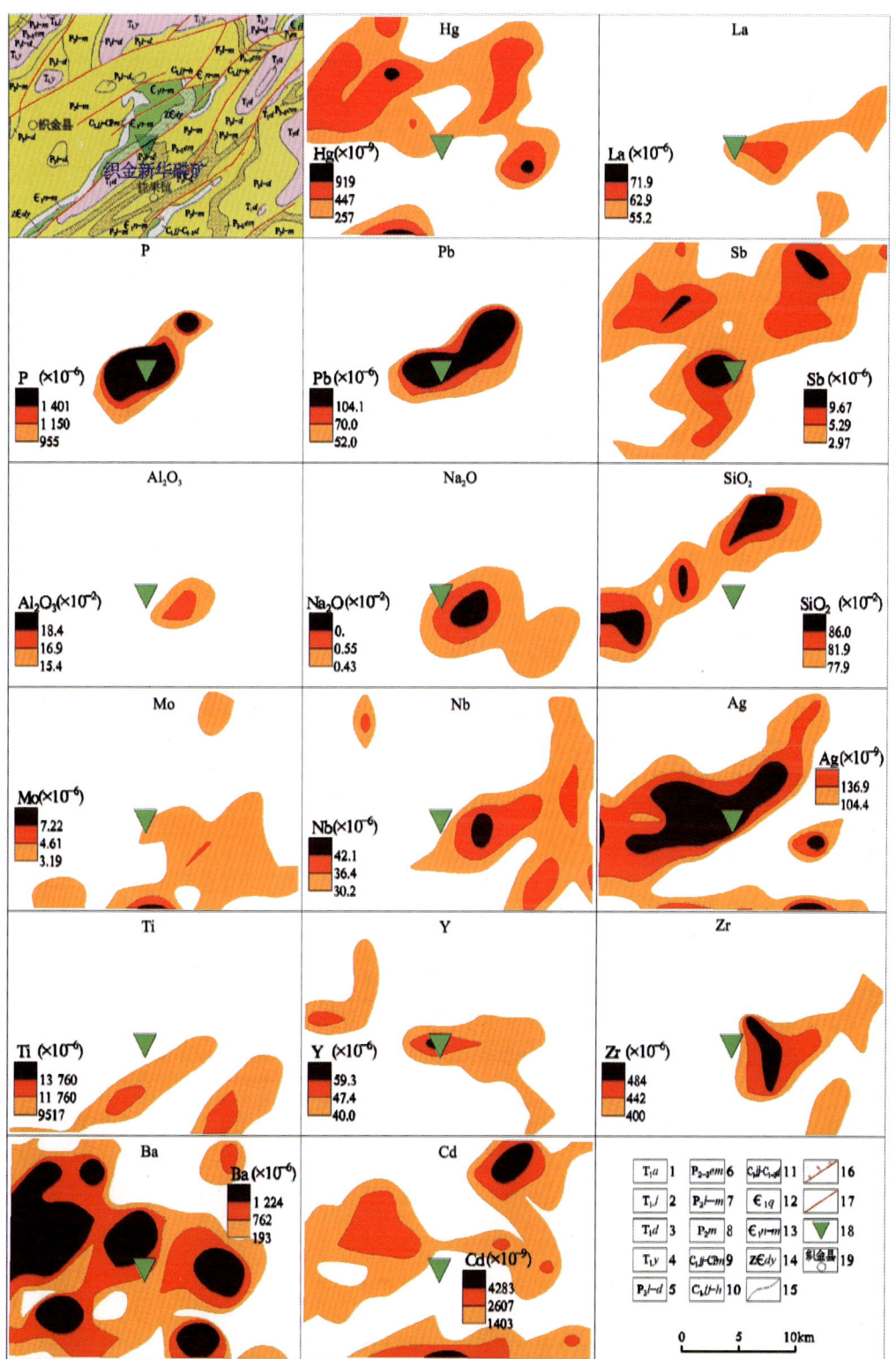

图 5-16　织金新华磷矿床所在位置区域化探异常特征图

1.安顺组；2.嘉陵江组；3.大冶组；4.夜郎组；5.龙潭组-大隆组；6.峨眉山玄武岩组；7.梁山组-茅口组；8.茅口组；9.九架炉组-马平组；10.九架炉组-黄龙组；11.九架炉组-大埔组；12.清虚洞组；13.牛蹄塘组-明心寺组；14.灯影组；15.地层界线；16.正断层；17.性质不明断层；18.磷矿点；19.乡镇居民点

3. 地质-地球化学找矿模式

贵州织金新华磷矿床的地质-地球化学找矿模式如表 5-41 所示。

表 5-41　贵州新华磷矿床地质-地球化学找矿模式表

分类	项目名称	项目描述
地质特征	矿床类型	沉积型
	矿区地层与赋矿建造	下寒武统灯影组二段至牛蹄塘组一段白云岩-磷块岩-硅质磷块岩-结核状磷块岩-碳质泥岩。陆缘碳酸盐岩建造
	矿区岩浆岩	矿区未见岩浆岩，区域上的玄武岩与磷矿无关
	矿区构造与控矿要素	矿床处于果化背斜核部。背斜被 F_1 走向正断层破坏，北西翼出露较完整，背斜呈北东-南西向展布，北东起果化矿段的兵董大山，向南东经果化、各仲伍、高山地段
	矿体空间形态	矿体呈层状，走向延伸 10km，倾向延深 500～4 000m
	矿石类型	主要有磷块岩、硅质磷块岩、结核状磷块岩
	矿石矿物	主要矿物为胶磷矿，次为磷灰石
地球化学特征	区域化探特征	Hg、La、Mo、Nb、Ag、P、Pb、Ti、Y、Zr、Al、Na、Si、Ba、Cd 等元素均有异常显示。其中 P、Y、Pb、Zn、Ag、Sb、Ba 为主要指示元素，异常内、中、外分带清晰，异常与矿区重合度较好，与中国水系沉积物平均值相比，Y 富集系数为 1.49，P、Pb、Zn、Ag、Ba 大于 1.5，Sb 达 5.57

九、钼镍钒矿

贵州钼镍钒矿均产于寒武系底部黑色岩系内，以镇远江古钒矿床说明其地球化学特征及找矿模式。

1. 矿床基本信息

贵州镇远江古钒矿床基本信息见表 5-42。

表 5-42　贵州镇远江古钒矿床基本信息表

项目名称	项目描述
经济矿种	钒矿
矿床名称	镇远江古钒矿床
行政隶属地	贵州省镇远县
矿床规模	中型
经济矿种资源量	查明钒资源量 602 900t
矿床类型	沉积型

2. 地球化学特征

1）区域地球化学背景

经1∶20万区域化探计88件样品，25种贵州省主要矿产异常元素或氧化物 Ag、As、Au、Ba、Bi、Cd、Cu、F、Hg、Mn、Mo、Ni、P、Pb、Sb、Sn、U、V、W、Y、Zn 及 Al_2O_3、Na_2O、MgO、SiO_2 等地球化学参数的统计（表5-43），25种元素或氧化物中，除 Na_2O、MgO 平均含量低于全国平均含量外，其他23种元素或氧化物平均含量均高于全国平均含量，其中，以 Cd、Hg、Mo、Mn、As、Sb、Cu、Zn、Ag、Ba、Bi、U、Ni、V 富集度较高（≥1.5），特别是 Ag、Ba、Cd、Hg、Mo、Sb 富集度最高（≥3.0）。

镇远江古钒矿区域地球化学特征，总体表现为低 Na_2O、MgO 和以与寒武系底部黑色多金属富集层关系密切的 Mo、Mn、Zn、Ag、Ba、U、Ni、V 等为代表的，以及以 Cd、Hg、Sb 为代表的热液成矿（异常）元素，多元素富集特征。

表5-43 贵州镇远江古钒矿1∶20万水系沉积物地球化学特征参数表（$N=88$）

元素或氧化物	最小值	最大值	中位数	平均值	标准差	中国水系沉积物平均值	富集系数	异常外带	异常中带	异常内带
Ag	42	926	212	278.83	234.75	80	3.49	104.434	136.865	193.334
As	5	34	13.5	14.24	6.13	8.5	1.68	35.006		
Au	0.5	8	2	1.78	1.10	1.2	1.49	1.978	2.583	3.490
Ba	221	5 091	1 434	1 570.64	958.24	500	3.14	193.330	762.000	1 223.510
Bi	0.24	0.78	0.48	0.49	0.10	0.3	1.62	0.625	0.742	0.875
Cd	150	6 980	825	1 485.00	1 666.10	90	16.50	1 402.960	2 607.050	4 282.880
Cu	18	93	37	39.85	15.72	22	1.81	56.000	72.000	87.711
F	320	1 180	655	651.11	136.74	480	1.36	1 526.330		
Hg	30	500	175	187.14	99.69	35	5.35	256.494	446.796	918.720
Mn	379	5 075	986.5	1 276.80	900.38	550	2.32	2 039.940	2 520.140	3 151.730
Mo	0.45	20.2	4.47	6.02	4.96	0.8	7.52	3.190	4.611	7.216
Ni	12	161	38	41.65	22.05	25	1.67	50.799	60.017	69.000
P	377	1 598	731	779.38	243.22	550	1.42	955.000	1 150.440	1 400.960
Pb	20	83	26	29.38	10.80	22	1.34	52.000	69.973	104.063
Sb	0.45	16.4	2	3.09	2.86	0.7	4.41	2.965	5.290	9.666
Sn	1.5	5.9	3.05	3.12	0.86	2.7	1.16	4.217	4.790	5.462
U	1.97	24.11	5.11	6.62	4.40	2.5	2.65	5.917	7.275	9.068
V	68	400	135	159.08	69.11	80	1.99	178.731	211.709	248.135

续表 5-43

元素或氧化物	最小值	最大值	中位数	平均值	标准差	中国水系沉积物平均值	富集系数	异常外带	异常中带	异常内带
W	1	2.4	1.73	1.74	0.30	1.5	1.16	2.925		
Y	24	37	28	28.82	2.48	24	1.20	40.049		
Zn	72	680	114.5	147.07	86.28	68	2.16	128.328	168.143	225.544
Al_2O_3	9.29	17.33	13.28	13.37	1.72	13	1.03	15.410	16.862	18.380
MgO	0.71	10.06	1.09	1.40	1.10	13	0.11	3.194	4.370	6.407
Na_2O	0.21	1.32	0.39	0.46	0.22	1.5	0.30	0.430	0.552	0.772
SiO_2	38.81	75.15	68.08	67.25	5.36	65	1.03	77.861		

注：①富集系数＝平均值/中国水系沉积物平均值,中国水系沉积物平均值据鄢明才等(1995)。异常外、中、内带下限的确定采用累频 90%、95.5%、98%。②含量单位：Ag、Au、Cd、Hg 为 $\times 10^{-9}$；氧化物为 $\times 10^{-2}$；其余元素为 $\times 10^{-6}$。

2）区域地球化学异常特征

1:20 万区域化探水系沉积物地球化学异常发育,在区域化探分析的 39 种元素或氧化物中,镇远江古钒矿区,主要异常元素有 V、Mo、Ni、U、Cu、Zn、Ag、Cd、Au、Sb、Ba、Mn、Cr、P 等 14 种,各元素异常与镇远江古钒关系均较为密切(图 5-17)。14 种元素异常中,V、Mo、Ni、U、Zn、Ag、Cd、Ba 元素异常规模较大(异常面积在 100～282km² 之间),强度均达三级,且异常形态较好,浓集中心明显。Cu、Au、Sb、Mn、Cr、P 元素异常规模相对较小,除 Cr 异常强度较低(一级)外,其他 5 种元素异常强度均达三级。

V 元素一级异常含量(178.731～211.709)$\times 10^{-6}$,二级异常含量(211.709～248.135)$\times 10^{-6}$,三级异常含量大于 248.135$\times 10^{-6}$；V 元素异常规模大、强度高(为二级),并有 3 个明显的浓集中心,异常展布与矿床及含矿岩系分布较吻合。

其他 13 种异常元素中,Mo、U、Ag、Ba 异常规模最大,异常强度最高(均为三级),异常展布与矿床及含矿岩系分布较吻合。

其次,Ni、Cu、Zn、Cd、Sb 元素异常规模也相对较大,异常强度较高,典型矿床上异常均达三级,异常展布与矿床及含矿岩系分布关系也较密切。

Au、P 元素异常具有一定规模,典型矿床上异常强度达二级,个别地段也达三级,异常展布与矿床及含矿岩系分布关系也较密切。

Cr 元素异常为 2 个规模较小的弱异常,异常强度均为一级,其中 1 个异常与典型矿床关系密切,1 个异常与含矿岩系有一定关系。

镇远江古钒矿异常元素组合大致分为 V－Mo－Ni－U、Cu－Zn－Ag－Cd、Au－Sb－Ba、Mn－Cr－P 等 4 类。

矿床表生地球化学构成特征为：

(1)成矿元素异常组合：V。

(2)直接指示元素异常组合：V－Mo－Ni－U。

(3)间接指示元素异常组合：Cu－Zn－Ag－Cd、Au－Sb－Ba 和 Mn－Cr－P。

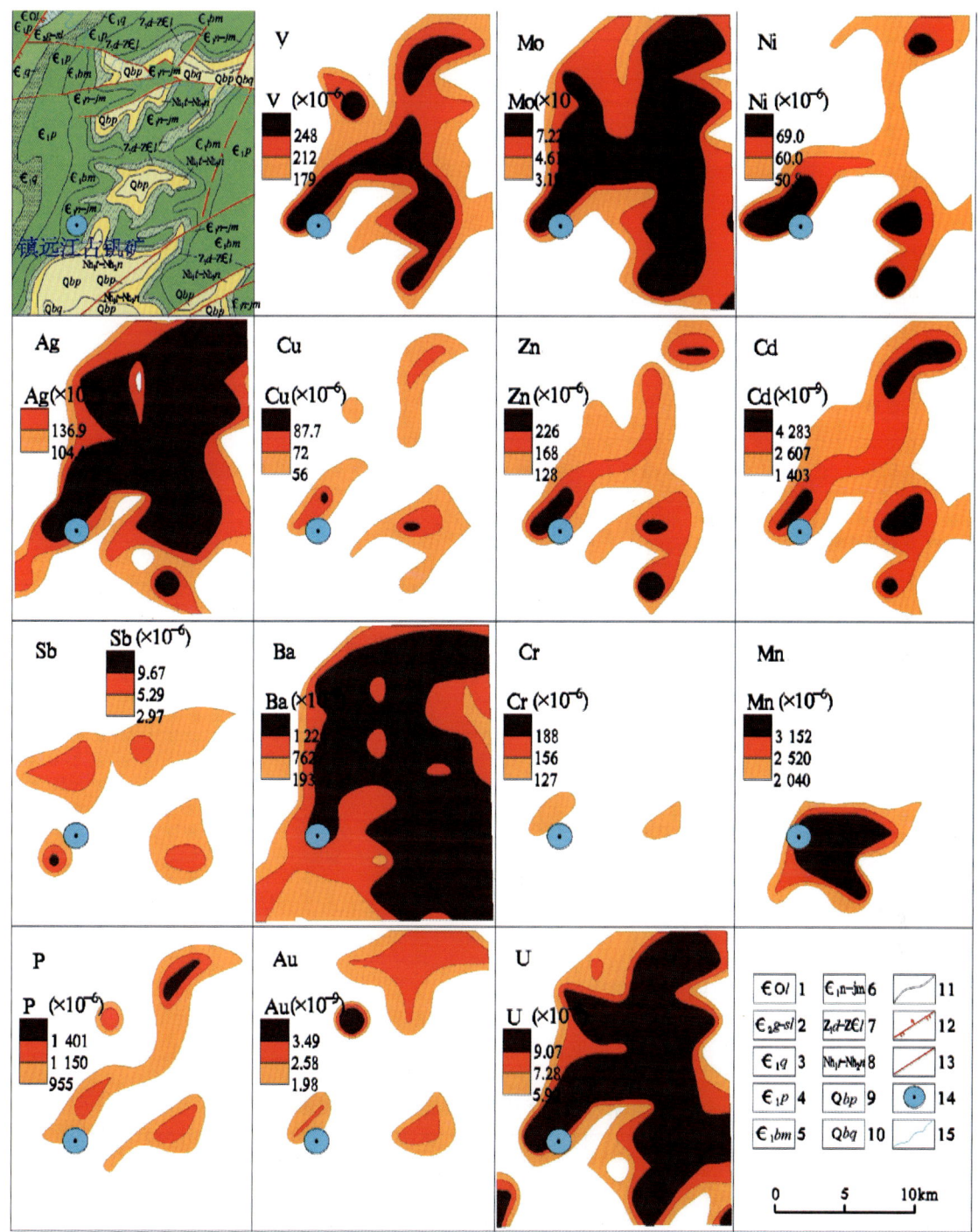

图 5-17　贵州镇远江古钒矿区域地球化学异常特征图

1.娄山关组；2.高台组-石冷水组；3.清虚洞组；4.杷榔组；5.变马冲组；6.牛蹄塘组-九门冲组；7.陡山沱组-老堡组；8.铁丝坳组-南沱组；9.平略组；10.清水江组；11.地层界线；12.逆断层；13.性质不明断层；14.钒矿点；15.水系

3. 地质-地球化学找矿模式

贵州镇远江古钒矿床的地质-地球化学找矿模式如表 5-44 所示。

表 5-44 贵州镇远江古钒矿床地质-地球化学找矿模式表

分类	项目名称	项目描述
地质特征	矿床类型	沉积型钒矿床
	矿区地层与赋矿建造	主要为震旦系留茶坡组和寒武纪牛蹄塘组含碳硅质岩、碳质页岩、含钒硅质岩夹碳质页岩组合,含钒硅质岩夹碳质页岩组合有较好的矿体产出
	矿区岩浆岩	矿区未见岩浆岩
	矿区构造与控矿要素	焦溪背斜核部
	矿体空间形态	矿体呈层状、似层状产出,厚度为0.9~12.38m
	矿石类型	含矿岩石为含碳硅质岩-碳质页岩-含钒硅质岩夹碳质页岩组合
	矿石矿物	矿物成分主要为黏土矿物、玉髓、方解石、碳质、陆源碎屑、少量黄铁矿、硅质、重晶石、铁质、石英等
地球化学特征	区域化探特征	V、Mo、Ni、U、Cu、Zn、Ag、Cd、Au、Sb、Ba、Mn、Cr、P等元素均有异常显示。其中Mo、Ni、V、U为直接指示元素,异常内、中、外分带清晰,异常与矿区重合度较好,与中国水系沉积物平均值相比,Ni、V、U富集系数大于1.50,Mo富集系数大于3.00(5.98)

十、重晶石矿

(一)贵州天柱大河边重晶石矿床

1. 矿床基本信息

贵州天柱大河边重晶石矿床基本信息见表5-45。

表 5-45 贵州天柱大河边重晶石矿床基本信息表

项目名称	项目描述
经济矿种	重晶石矿
矿床名称	贵州天柱大河边重晶石矿床
行政隶属地	贵州省天柱县
矿床规模	大型
经济矿种资源量	查明重晶石资源量 74 282 560t
矿床类型	沉积型

2. 地球化学特征

1)区域地球化学背景

经1:20万区域化探计209件样品,25种贵州省主要矿产异常元素或氧化物Ag、As、Au、Ba、Bi、Cd、Cu、F、Hg、Mn、Mo、Ni、P、Pb、Sb、Sn、U、V、W、Y、Zn及Al_2O_3、Na_2O、MgO、SiO_2等地球化学参数的统计(表5-46),25种元素或氧化物中,除W、Na_2O、MgO平均含量低于全国平均含量外,其他22种元素或氧化物平均含量均高于全国平均含量,其中,以Cd、Hg、Mo、Mn、Au、As、Sb、Ag、Ba、U、Zn富集度较高(≥1.5),特别是Cd、Hg、Mo富集度最高(≥3.0)。

表5-46 贵州天柱大河边重晶石矿1:20万水系沉积物地球化学特征参数表($N=209$)

元素或氧化物	最小值	最大值	中位数	平均值	标准差	中国水系沉积物平均值	富集系数	异常外带	异常中带	异常内带
Ag	25	2 050	74	189.91	323.60	80	2.37	104.434	136.865	193.334
As	2.53	205.8	7	9.30	14.66	8.5	1.09	35.006	48.442	68.950
Au	0.3	188.8	0.5	1.86	12.99	1.2	1.55	1.978	2.583	3.490
Ba	191	22 783	770	1 185.82	1 716.75	500	2.37	193.330	762.000	1 223.510
Bi	0.16	0.68	0.35	0.37	0.11	0.3	1.23	0.625	0.742	
Cd	100	4 700	280	582.15	820.65	90	6.47	1 402.960	2 607.050	4 282.880
Cu	11	105	21	29.04	17.88	22	1.32	56.000	72.000	87.711
F	155	2 000	400	514.25	283.06	480	1.07	1 526.330	1 938.490	2 356.200
Hg	30	2 420	220	289.63	276.16	35	8.28	256.494	446.796	918.720
Mn	136	3 575	875	955.14	435.80	550	1.74	2 039.940	2 520.140	3 151.730
Mo	0.2	37.9	0.96	3.83	5.97	0.8	4.79	3.190	4.611	7.216
Ni	9	101	21	26.39	14.95	25	1.06	50.799	60.017	69.000
P	294	2 490	617	679.80	313.19	550	1.24	955.000	1 150.440	1 400.960
Pb	17	120	26	28.69	11.57	22	1.30	52.000	69.973	104.063
Sb	0.33	8.8	1.6	1.99	1.25	0.7	2.84	2.965	5.290	9.666
Sn	1	16.5	2.64	2.73	1.29	2.7	1.01	4.217	4.790	5.462
U	0.21	37.48	2.3	4.25	4.77	2.5	1.70	5.917	7.275	9.068
V	23	494	86	114.82	73.52	80	1.44	178.731	211.709	248.135
W	0.6	3.31	1.4	1.43	0.42	1.5	0.96	2.925	3.434	
Y	18	43	27	28.11	4.68	24	1.17	40.049	47.407	
Zn	50	582	98	111.08	51.52	68	1.63	128.328	168.143	225.544
Al_2O_3	8.03	17.89	14.11	13.91	1.84	13	1.07	15.410	16.862	18.380
MgO	0.55	3.4	0.89	0.96	0.34	13	0.07	3.194	4.370	
Na_2O	0.11	9	0.34	0.42	0.63	1.5	0.28	0.430	0.552	0.772
SiO_2	61.13	85.18	71.03	71.26	3.46	65	1.10	77.861		

注:①富集系数=平均值/中国水系沉积物平均值,中国水系沉积物平均值据鄢明才等(1995)。异常外、中、内带下限的确定采用累频90%、95.5%、98%。②含量单位:Ag、Au、Cd、Hg为$\times 10^{-9}$;氧化物为$\times 10^{-2}$;其余元素为$\times 10^{-6}$。

天柱大河边重晶石矿区域地球化学特征,总体表现为低 Na_2O、MgO 和以与寒武系底部黑色多金属富集层关系密切的 Mo、U、Mn、Cu、Pb、Ag、Ni、V 等为代表的,以及以 Cd、Hg、As、Sb 为代表的热液成矿(异常)元素,多元素富集特征。

2)区域地球化学异常特征

1:20万区域化探水系沉积物地球化学异常发育,在区域化探分析的 39 种元素或氧化物中,天柱大河边重晶石矿区,主要异常元素有 Ba、B、P、Cu、Zn、Ag、Ni、Mo、V、U、Cr、Co 等 12 种,这些元素异常与重晶石矿套合较好(图5-18)。各元素异常规模较大,主体异常面积达 $74\sim300km^2$,异常强度均达三级,且异常形态较好,浓集中心明显。

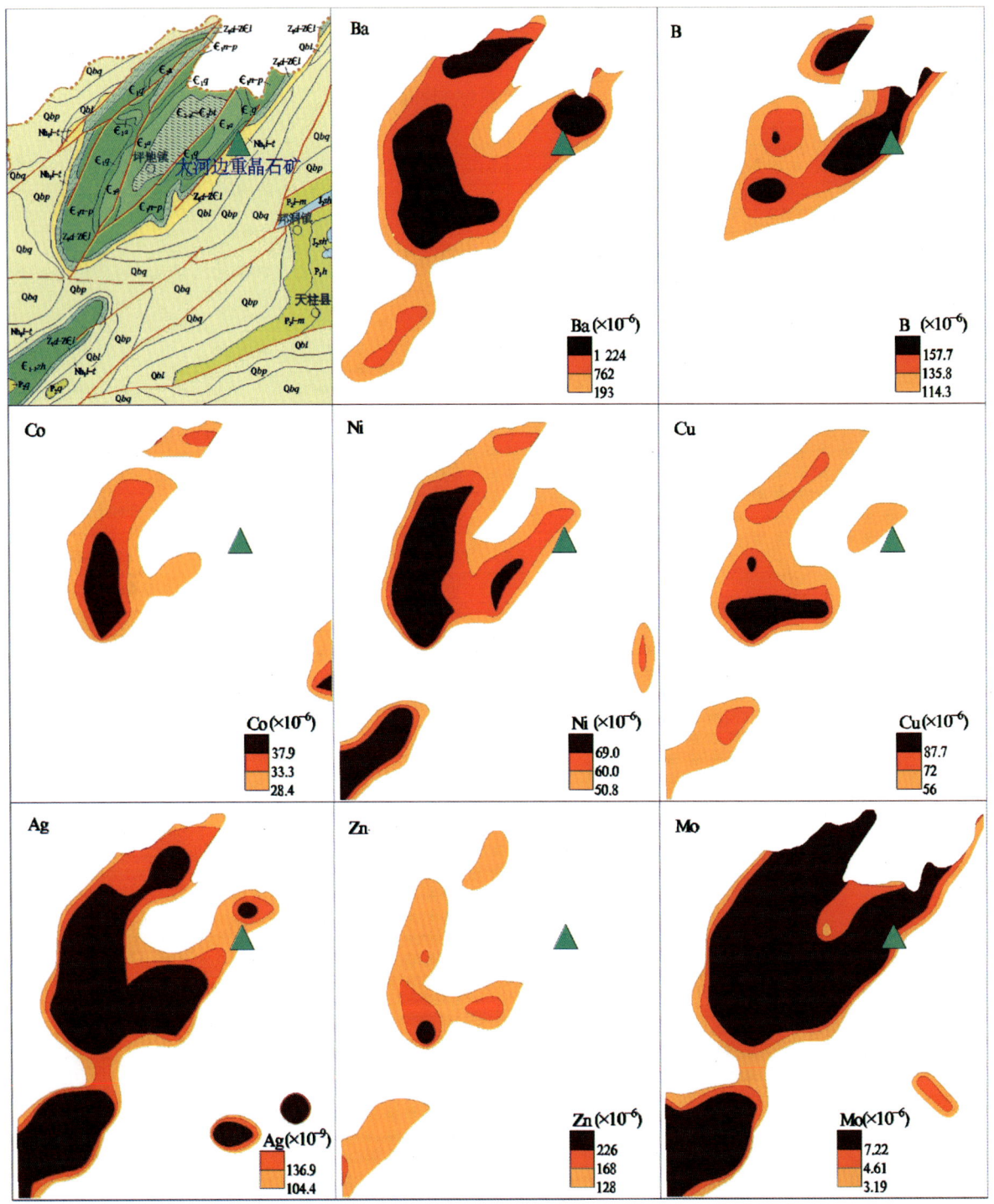

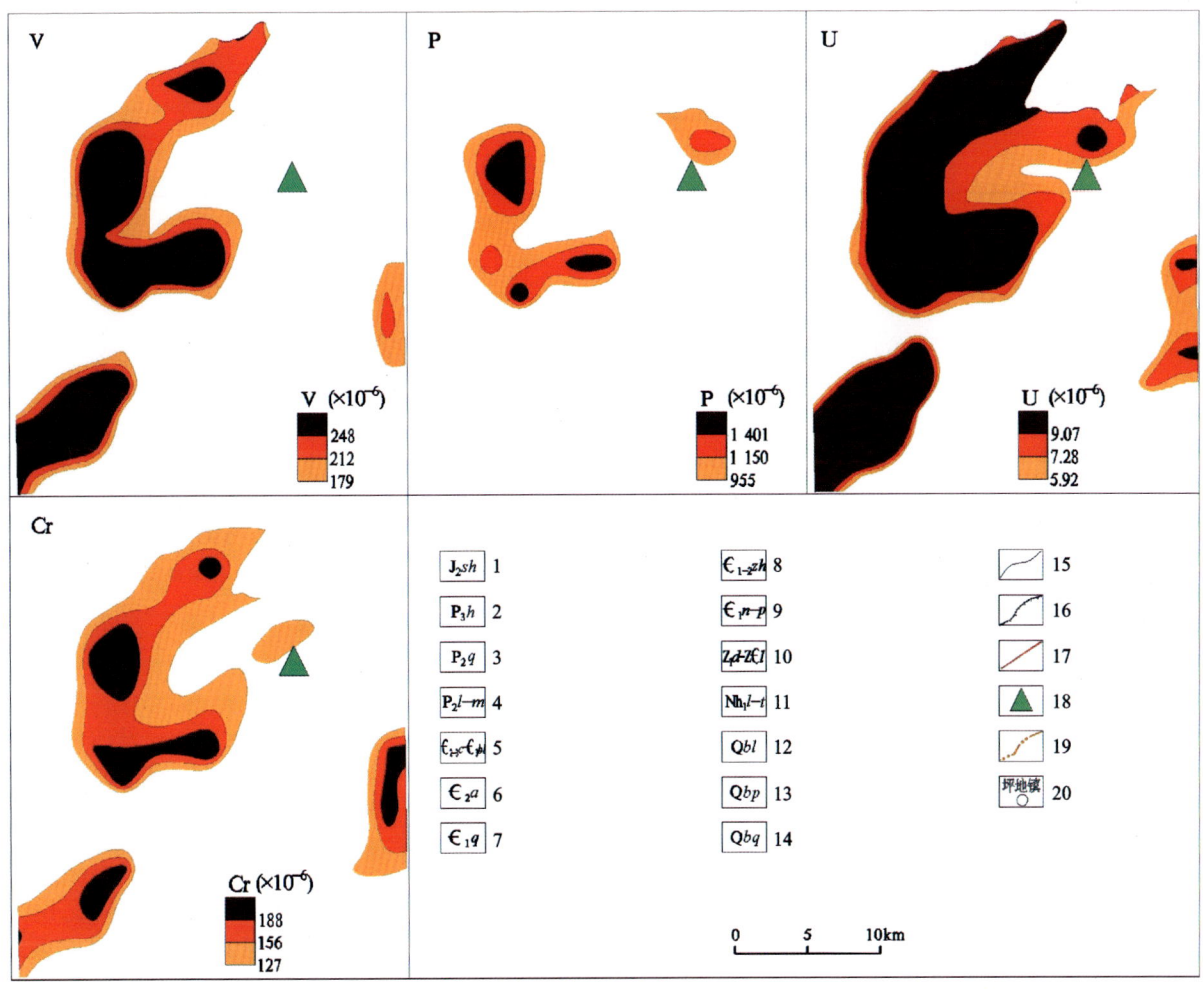

图 5-18 贵州天柱大河边重晶石矿区域地球化学异常特征图

1.沙溪庙组;2.合山组;3.栖霞组;4.梁山组-茅山组;5.车夫组-比条组;6.敖溪组;7.清虚洞组;8.渣拉沟组;9.牛蹄塘组-杷榔组;10.陡山沱组-老堡组;11.两河界组-铁丝坳组;12.隆里组;13.平略组;14.清水江组;15.地层界线;16.不整合地层界线;17.性质不明断层;18.重晶石矿点;19.省界线;20.城镇居民点

Ba 一级异常含量$(573.111\sim762)\times10^{-6}$,二级异常含量$(762\sim1\ 223.508)\times10^{-6}$,三级异常含量大于$1\ 223.508\times10^{-6}$;Ba 元素异常沿北东向大河边向斜核部及其两翼展布,异常规模较大、强度较高(二至三级),异常与天柱大河边重晶石矿及其含矿岩系的分布吻合。

B、P、Cu、Zn、Ag、Ni、Mo、V、U、Cr、Co 等元素异常与 Ba 元素异常分布高度一致,各元素异常沿北东向大河边向斜核部及其两翼展布,强度均较高(达三级),异常与天柱大河边重晶石矿及其含矿岩系的分布吻合。其中,又以 Ag、Ni、Mo、V、U、Cr 异常规模较大,在大河边向斜东南面南华系和震旦系上也有小规模异常发育。

天柱大河边重晶石矿异常元素组合大致分为 Ba-B-P、Cu-Zn-Ag、Ni-Mo-V-U-Cr-Co 等3类。

矿床表生地球化学构成特征为:

(1)成矿元素异常组合:Ba。

(2)直接指示元素异常组合:Ba-B-P。

(3)间接指示元素异常组合:Cu-Zn-Ag、Ni-Mo-V-U-Cr-Co。

3. 地质-地球化学找矿模式

贵州天柱大河边重晶石矿床的地质-地球化学找矿模式如表5-47所示。

表5-47　贵州天柱大河边重晶石矿床地质-地球化学找矿模式表

分类	项目名称	项目描述
地质特征	矿床类型	沉积型重晶石矿床
	矿区地层与赋矿建造	含矿地层为震旦系顶部至寒武系底部老堡组（$Z\in l$）含重晶石、磷块岩、硅质岩建造。含矿岩系厚度为2.19～12.45m
	矿区岩浆岩	矿区未见岩浆岩
	矿区构造与控矿要素	主矿层出露于坪地（贡溪）向斜两翼，总体走向北东45°；倾向在向斜西翼为南东，东翼为北西；倾角16°～84°，一般为20°～40°；浅部陡，向深部则渐趋变缓
	矿体空间形态	矿体层状、似层状及透镜状产出，矿体控制总长10 000m左右，最大宽度超过1 000m。矿层厚度极稳定，厚度为0.50～10.17m，主矿层厚一般为3～5m，全矿床平均厚度为3.49m
	矿石类型	矿石类型有块状矿石和条带状矿石、花斑状矿石、溶孔状矿石、结核状矿石等
	矿石矿物	矿石矿物主要为重晶石，见有少量黄铁矿
地球化学特征	区域化探特征	Ba、B、P、Cu、Zn、Ag、Ni、Mo、V、U、Cr、Co等元素均有异常显示。其中Ba、B、P为直接指示元素，异常内、中、外分带清晰，异常与矿区重合度较好，与中国水系沉积物平均值相比，Ba富集系数为1.33，P富集系数为1.31

（二）贵州镇宁乐纪重晶石矿床

1. 矿床基本信息

贵州镇宁乐纪重晶石矿床基本信息见表5-48。

表5-48　贵州镇宁乐纪重晶石矿床基本信息表

项目名称	项目描述
经济矿种	重晶石矿
矿床名称	镇宁乐纪重晶石矿床
行政隶属地	贵州省镇宁县
矿床规模	大型
经济矿种资源量	查明重晶石资源量16 892 620t
矿床类型	沉积型

2. 地球化学特征

1)区域地球化学背景

经1∶20万区域化探计232件样品,25种贵州省主要矿产异常元素或氧化物Ag、As、Au、Ba、Bi、Cd、Cu、F、Hg、Mn、Mo、Ni、P、Pb、Sb、Sn、U、V、W、Y、Zn及Al_2O_3、Na_2O、MgO、SiO_2等地球化学参数的统计(表5-49),25种元素或氧化物中,除Al_2O_3、Na_2O、MgO平均含量低于全国平均含量外,其他22种元素或氧化物平均含量均高于全国平均含量,其中,以As、Sb、V、Cd、Hg、Mo、Mn、Cu富集度较高(≥1.5),特别是Cd、Hg富集度最高(≥3.0)。

镇宁乐纪重晶石矿区域地球化学特征,总体表现为低Na_2O、MgO和以与泥盆系沉积型重晶石矿关系密切的Mo、Mn、Cu等为代表的,以及以Cd、Hg为代表的热液成矿(异常)元素,多元素富集特征。

表5-49 贵州镇宁乐纪重晶石矿1∶20万水系沉积物地球化学特征参数表($N=232$)

元素或氧化物	最小值	最大值	中位数	平均值	标准差	中国水系沉积物平均值	富集系数	异常外带	异常中带	异常内带
Ag	24	328	78	94.37	50.92	80	1.18	104.434	136.865	193.334
As	2.8	63	11.25	13.62	9.48	8.5	1.60	35.006	48.442	68.950
Au	0.5	5.4	1.5	1.75	1.02	1.2	1.46	1.978	2.583	3.490
Ba	66.9	28 548	256.15	681.69	2 066.90	500	1.36	193.330	762.000	1 223.510
Bi	0.14	1.11	0.38	0.40	0.14	0.3	1.33	0.625	0.742	0.875
Cd	21	7 870	256	467.49	856.24	90	5.19	1 402.960	2 607.050	4 282.880
Cu	6.4	153.9	29.6	40.02	30.32	22	1.82	56.000	72.000	87.711
F	100	1 340	550	587.53	219.39	480	1.22	1 526.330		
Hg	13	18 300	51.5	371.35	1 682.99	35	10.61	256.494	446.796	918.720
Mn	35.7	5 015	637	913.42	794.18	550	1.66	2 039.940	2 520.140	3 151.730
Mo	0.1	6	1.4	1.38	0.77	0.8	1.72	3.190	4.611	7.216
Ni	6.5	96.6	32.25	35.75	16.24	25	1.43	50.799	60.017	69.000
P	213	1842.1	506.5	609.70	300.89	550	1.11	955.000	1 150.440	1 400.960
Pb	5.7	65.6	21.1	22.02	8.99	22	1.00	52.000	69.973	
Sb	0.17	5.75	0.895	1.14	0.83	0.7	1.62	2.965	5.290	9.666
Sn	0.7	7.1	2.8	2.93	0.93	2.7	1.09	4.217	4.790	5.462
U	1.3	6	2.4	2.48	0.67	2.5	0.99	5.917	7.275	
V	36	355.9	100	121.99	67.05	80	1.52	178.731	211.709	248.135
W	0.5	5	1.5	1.65	0.55	1.5	1.10	2.925	3.434	4.066
Y	12.9	151.2	24.85	29.90	16.51	24	1.25	40.049	47.407	59.346
Zn	19.1	237.2	77.5	82.55	34.87	68	1.21	128.328	168.143	225.544
Al_2O_3	3.6	17.1	8.8	9.37	2.94	13	0.72	15.410	16.862	18.380

续表 5-49

元素或氧化物	最小值	最大值	中位数	平均值	标准差	中国水系沉积物平均值	富集系数	异常外带	异常中带	异常内带
MgO	0.05	10	0.8	1.04	1.00	13	0.08	3.194	4.370	6.407
Na_2O	0.07	10	0.23	0.79	2.20	1.5	0.53	0.430	0.552	0.772
SiO_2	47.76	95.31	73.345	73.09	9.18	65	1.12	77.861		

注：①富集系数＝平均值/中国水系沉积物平均值，中国水系沉积物平均值据鄢明才等(1995)。异常外、中、内带下限的确定采用累频90％、95.5％、98％。②含量单位：Ag、Au、Cd、Hg 为 $\times 10^{-9}$；氧化物为 $\times 10^{-2}$；其余元素为 $\times 10^{-6}$。

2) 区域地球化学异常特征

1:20 万区域化探水系沉积物地球化学异常发育，在区域化探分析的 39 种元素或氧化物中，镇宁乐纪重晶石矿区，主要异常元素有 Ba、Sr、Li、Th 等 4 种，其中，仅 Ba 异常与重晶石矿套合较好，顶红背斜、火烘背斜核部有零星的 Sr、Li、Th 异常分布(图 5-19)。4 种元素异常中，Ba 元素异常规模较大，主体异常面积达 282km²，强度均达三级，且异常形态较好，浓集中心明显。Sr、Li、Th 元素异常规模相对较小，但异常强度也达三级。

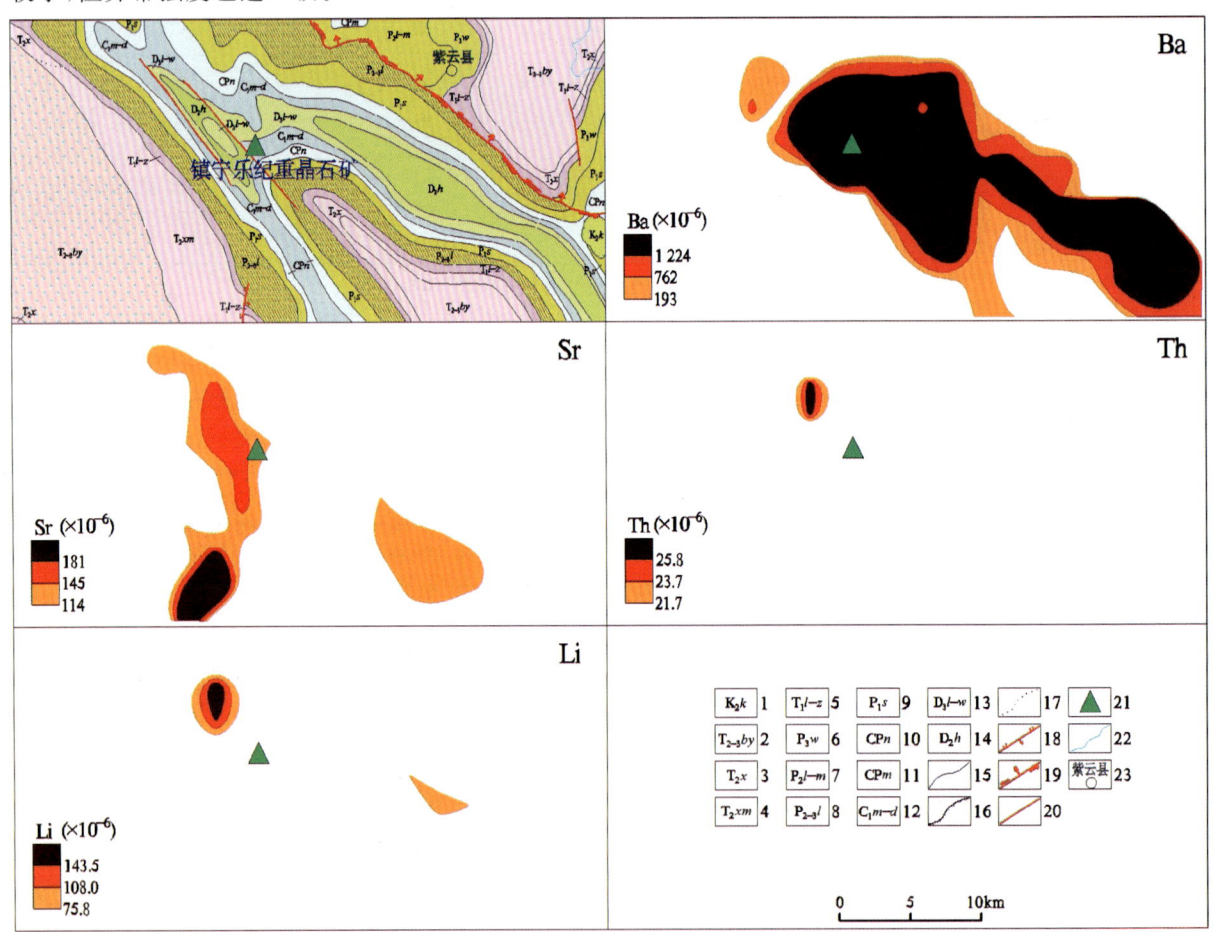

图 5-19 贵州镇宁乐纪重晶石矿区域地球化学异常特征图

1.况家湾组；2.边阳组；3.新苑组；4.许满组；5.罗楼组-紫云组；6.吴家坪组；7.梁山组-茅口组；8.领薅组；9.四大寨组；10.南丹组；11.马平组；12.睦化组-打屋坝组；13.榴江组-五指山组；14.火烘组；15.地层界线；16.不整合地层界线；17.相变界线；18.逆断层；19.走滑断层；20.性质不明断层；21.重晶石矿点；22.水系；23.乡镇居民点

Ba 一级异常含量$(573.111\sim762)\times10^{-6}$,二级异常含量$(762\sim1\,223.508)\times10^{-6}$,三级异常含量大于$1\,223.508\times10^{-6}$;Ba 元素异常 4 个,其中异常规模最大的异常沿北西向背斜核部含矿地层上泥盆统榴江组(D_3lj)展布,强度较高(二至三级),异常与镇宁乐纪重晶石矿及其含矿岩系的分布吻合。另一异常强度稍高(二级)的 Ba 元素异常与重晶石含矿岩系的分布关系也较为密切,其他两个异常规模小,强度也低,Ba 元素异常则分布于二叠系中。

除 Ba 元素异常外,Sr 元素异常也具有一定规模,在镇宁乐纪重晶石矿上也具二级异常强度,但异常展布与含矿岩系的分布关系不明显。

Li、Th 元素在镇宁乐纪重晶石矿附近有小规模异常出现,异常强度也达三级。

镇宁乐纪重晶石矿异常元素组合大致分为 Ba、Sr - Li - Th 两类。

矿床表生地球化学构成特征为:

(1)成矿元素异常组合:Ba。

(2)直接指示元素异常组合:Ba。

(3)间接指示元素异常组合:Sr - Li - Th。

3. 地质-地球化学找矿模式

贵州镇宁乐纪重晶石矿床的地质-地球化学找矿模式如表 5-50 所示。

表 5-50 贵州镇宁乐纪重晶石矿床地质-地球化学找矿模式表

分类	项目名称	项目描述
地质特征	矿床类型	沉积型重晶石矿床
	矿区地层与赋矿建造	矿层赋存于上泥盆统榴江组(D_3lj)硅质岩中
	矿区岩浆岩	矿区未见岩浆岩
	矿区构造与控矿要素	已知重晶石矿床分布于沙子沟复式背斜内,主体构造表现为褶皱、断裂组合
	矿体空间形态	矿体呈层状、似层状,厚度为 3.28~13.70m,平均为 7.52m
	矿石类型	含矿岩石为硅质岩-重晶石组合
	矿石矿物	矿石矿物主要为重晶石,见有少量黄铁矿
地球化学特征	区域化探特征	Ba、Sr、Li、Th 等元素均有异常显示。其中 Ba 为直接指示元素,异常内、中、外分带清晰,异常与矿区重合度较好,与中国水系沉积物平均值相比,Ba 富集系数为 1.48

十一、锰矿

(一)贵州松桃大塘坡锰矿床

1. 矿床基本信息

贵州松桃大塘坡锰矿床基本信息见表 5-51。

表 5-51 贵州松桃大塘坡锰矿床基本信息表

项目名称	项目描述
经济矿种	锰矿
矿床名称	松桃大塘坡锰矿床
行政隶属地	贵州省松桃县
矿床规模	中型
经济矿种资源量	查明锰资源量 12 590 200t
矿床类型	沉积型

2. 地球化学特征

1)区域地球化学背景

经 1∶20 万区域化探计 315 件样品,25 种贵州省主要矿产异常元素或氧化物 Ag、As、Au、Ba、Bi、Cd、Cu、F、Hg、Mn、Mo、Ni、P、Pb、Sb、Sn、U、V、W、Y、Zn 及 Al_2O_3、Na_2O、MgO、SiO_2 等地球化学参数的统计(表 5-52),25 种元素或氧化物中,除 Na_2O、MgO、SiO_2 平均含量低于全国平均含量外,其他 22 种元素或氧化物平均含量均高于全国平均含量,其中,以 Cd、Hg、Mo、Mn、Cu、As、Sb、F、W、Au、Pb、Zn 富集度较高($\geqslant$1.5),特别是 Cd、Hg、Sb 富集度最高($\geqslant$3.0)。

表 5-52 贵州松桃大塘坡锰矿 1∶20 万水系沉积物地球化学特征参数表($N=315$)

元素或氧化物	最小值	最大值	中位数	平均值	标准差	中国水系沉积物平均值	富集系数	异常外带	异常中带	异常内带
Ag	30	620	70	81.90	47.18	80	1.02	104.434	136.865	193.334
As	4	235	14	19.59	23.45	8.5	2.30	35.006	48.442	68.950
Au	0.3	110	1.1	2.54	10.42	1.2	2.11	1.978	2.583	3.490
Ba	127	3 321	628	673.97	396.44	500	1.35	193.330	762.000	1 223.510
Bi	0.2	2.3	0.4	0.45	0.19	0.3	1.49	0.625	0.742	0.875
Cd	200	1 200	300	349.21	165.88	90	3.88	1 402.960		
Cu	12	238	32	38.33	23.55	22	1.74	56.000	72.000	87.711
F	200	3 000	650	724.97	304.27	480	1.51	1 526.330	1 938.490	2 356.200
Hg	50	1 200	140	153.71	96.07	35	4.39	256.494	446.796	918.720
Mn	216	31 981	1 092	1 472.19	2 582.01	550	2.68	2 039.940	2 520.140	3 151.730
Mo	0.4	19.8	1.1	1.72	1.97	0.8	2.15	3.190	4.611	7.216
Ni	10	145	30	34.97	17.36	25	1.40	50.799	60.017	69.000
P	213	2 248	642	668.17	235.32	550	1.21	955.000	1 150.440	1 400.960
Pb	22	82	32	35.07	9.92	22	1.59	52.000	69.973	104.063

续表 5-52

元素或氧化物	最小值	最大值	中位数	平均值	标准差	中国水系沉积物平均值	富集系数	异常外带	异常中带	异常内带
Sb	0.7	421.8	1.8	4.80	25.43	0.7	6.85	2.965	5.290	9.666
Sn	1.1	31	3.2	3.87	3.15	2.7	1.43	4.217	4.790	5.462
U	1.3	37.2	2.6	3.05	2.29	2.5	1.22	5.917	7.275	9.068
V	52	258	104	112.98	34.64	80	1.41	178.731	211.709	248.135
W	1	85.2	2	3.19	6.30	1.5	2.13	2.925	3.434	4.066
Y	12	51	30	30.00	6.08	24	1.25	40.049	47.407	59.346
Zn	39	195	107	106.64	21.87	68	1.57	128.328	168.143	225.544
Al_2O_3	5.25	17.41	14.47	14.00	2.03	13	1.08	15.410	16.862	18.380
MgO	0.36	16.32	1.36	2.02	1.78	13	0.16	3.194	4.370	6.407
Na_2O	0.1	1.08	0.32	0.33	0.10	1.5	0.22	0.430	0.552	0.772
SiO_2	33.99	77.68	65.22	64.10	6.47	65	0.99	77.861		

注：①富集系数＝平均值/中国水系沉积物平均值，中国水系沉积物平均值据鄢明才等(1995)。异常外、中、内带下限的确定采用累频 90%、95.5%、98%。②含量单位：Ag、Au、Cd、Hg 为 $\times 10^{-9}$；氧化物为 $\times 10^{-2}$；其余元素为 $\times 10^{-6}$。

松桃大塘坡锰矿区域地球化学特征，总体表现为低 Na_2O、MgO 和以与南华系沉积型锰矿关系密切的 Mn 为代表的，以及以 Cd、Hg、Mo、Cu、As、Sb、F、W、Bi、U、V 为代表的地层、基性岩浆岩分布区高背景(异常)元素，多元素富集特征。

2) 区域化探异常特征

1:20 万区域化探水系沉积物地球化学异常发育，在区域化探分析的 39 种元素或氧化物中，松桃大塘坡锰矿区及梵净山穹状背斜核部，主要异常元素或氧化物有 Mn、P、Y、Fe_2O_3、Ni、V、Co、Cr 等 8 种，这些元素或氧化物所形成的综合异常北东部即为松桃大塘坡锰矿区，西南部则与梵净山穹状背斜核部基性—超基性岩体有关(图 5-20)。Mn、P、Y、Fe_2O_3、Ni、V、Co、Cr 等 8 种元素或氧化物异常中，除 Y 元素异常强度相对较弱(为二级)、规模较小外，其他元素或氧化物异常规模较大，异常面积在 120～270 km² 之间，强度均达三级，且异常形态较好，浓集中心明显。

Mn、P、Y 等 3 种元素异常与锰矿关系较为密切。Mn 元素一级异常含量(2 093.937～2 520.144)$\times 10^{-6}$，二级异常含量(2 520.144～3 151.728)$\times 10^{-6}$，三级异常含量大于 3 151.728$\times 10^{-6}$；Mn 元素异常共有 8 个，其中 6 个异常与典型矿床及其含矿岩系关系密切，异常强度也相对较高(均为三级)，特别是典型矿床上的 Mn 异常规模最大、强度最高，另 2 个 Mn 异常分布于梵净山穹状背斜核部，异常强度也相对较低(分为二、三级)。P 元素异常共有 8 个，梵净山穹状背斜核部、典型矿床及其含矿岩系上均有分布，背斜核部上异常强度相对较高(以二、三级为主)，典型矿床及其含矿岩系上异常强度相对较低(一至三级不等)，典型矿床上 Mn 异常强度仅为二级。Y 元素异常共有 7 个，均与典型矿床及其含矿岩系有关；异常强度仅 1 个异常达二级，典型矿床上 Mn 异常强度仅为一级。

Fe_2O_3、Ni、V、Co、Cr 等元素或氧化物异常主要分布于梵净山穹状背斜核部，仅 Co 元素在含锰岩系上有部分弱异常显示；5 种元素或氧化物异常总规模较大，异常强度较高(均为三级)。

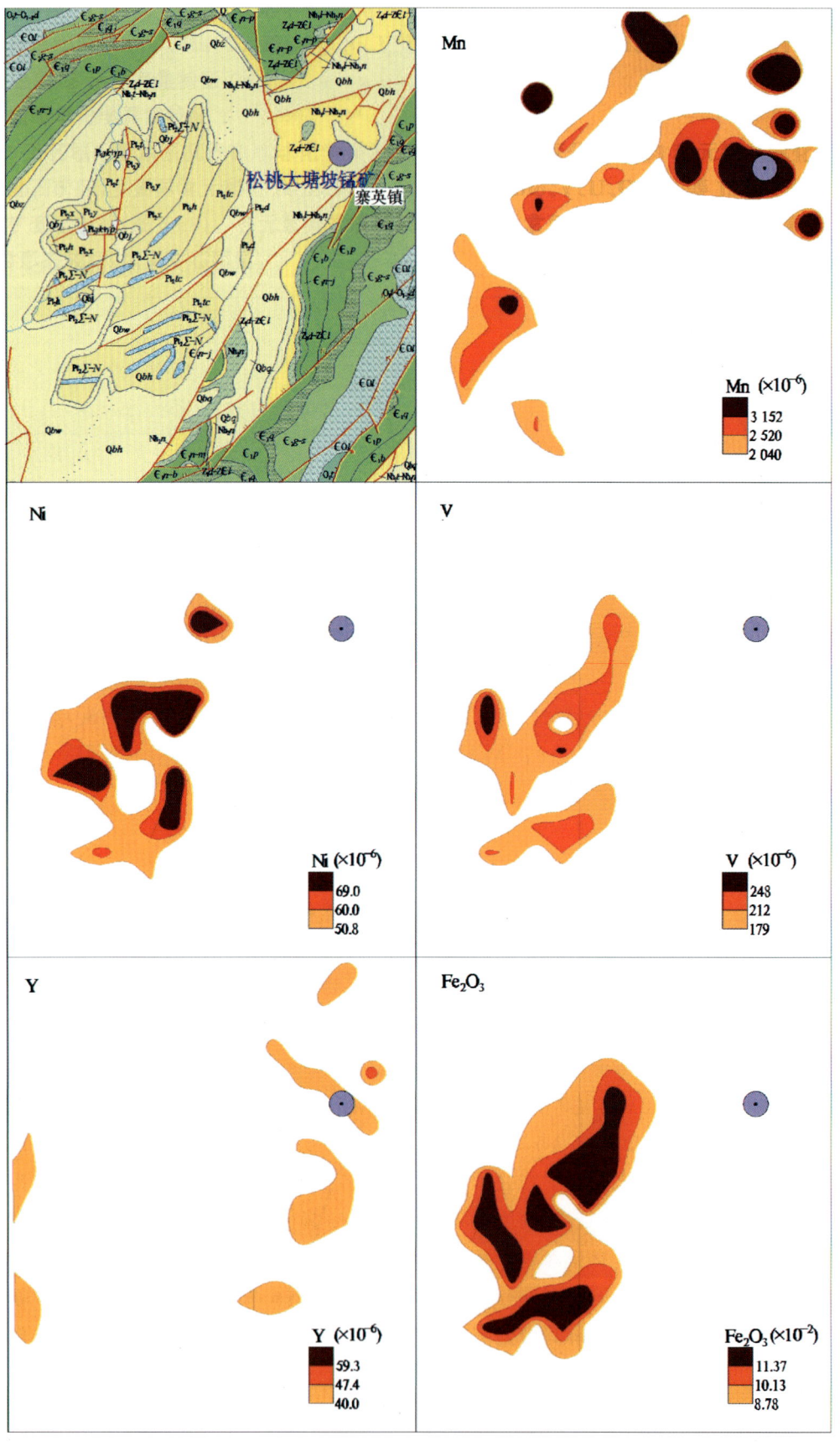

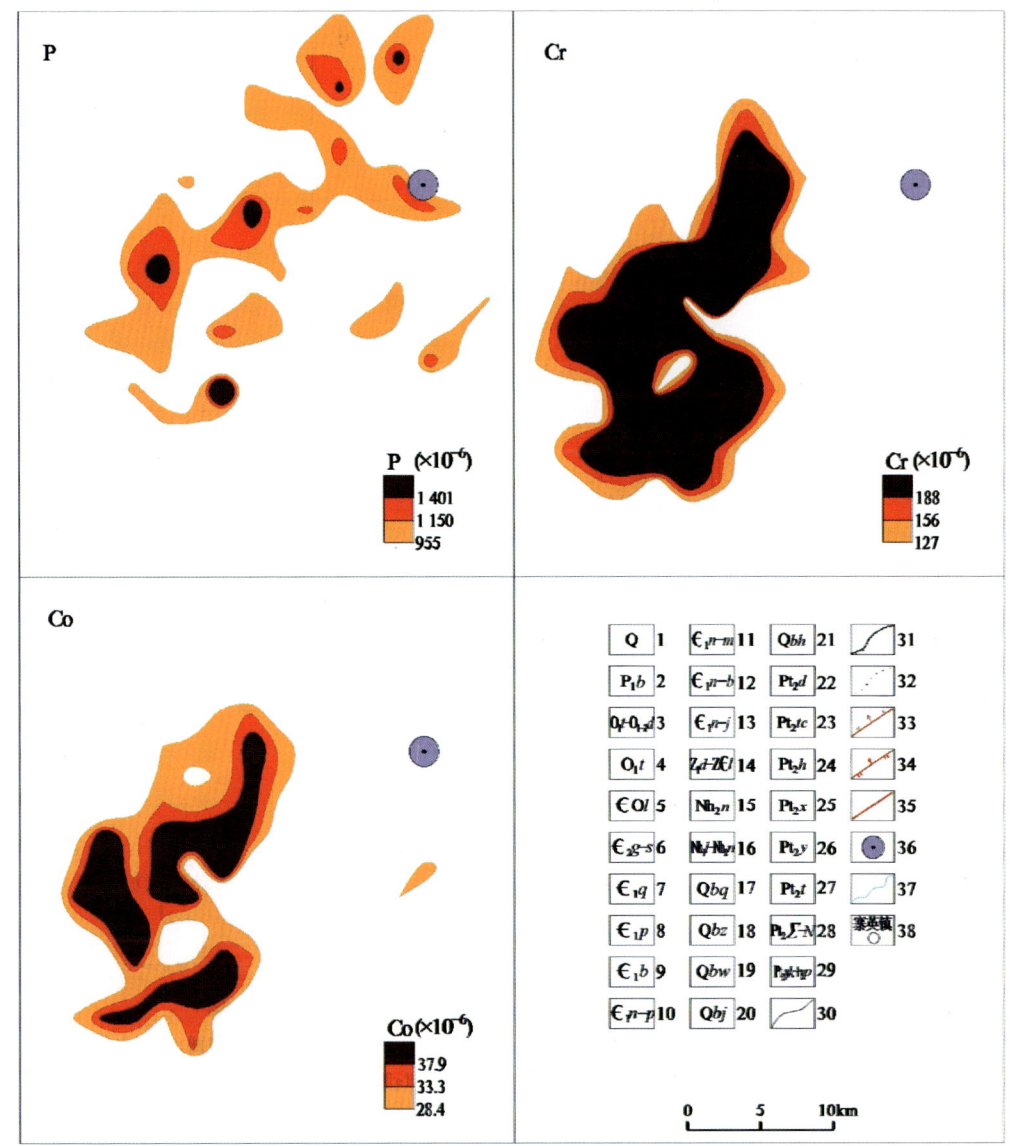

图 5-20　贵州松桃大塘坡锰矿区域地球化学异常特征图

1.第四系;2.包磨山组;3.桐梓组-大湾组;4.桐梓组;5.娄山关组;6.高台组-石冷水组;7.清虚洞组;8.杷榔组;9.变马冲组;10.牛蹄塘组-杷榔组;11.牛蹄塘组-明心寺组;12.牛蹄塘组-变马冲组;13.牛蹄塘组-九门冲组;14.陡山沱组-老堡组;15.南沱组;16.两河界组-南沱组;17.清水江组;18.张家坝组;19.乌叶组;20.甲路组;21.红子溪组;22.梵净山群独岩塘组;23.梵净山群铜厂组;24.梵净山群回香坪组;25.梵净山群肖家河组;26.梵净山群余家沟组;27.梵净山群淘金河组;28.基性岩、超基性岩;29.花岗伟晶岩;30.地层界线;31.不整合地层界线;32.相变界线;33.正断层;34.逆断层;35.性质不明断层;36.锰矿点;37.水系;38.乡镇居民点

Fe_2O_3、Ni、V、Co、Cr 等元素或氧化物异常,则主要分布在西南部梵净山背斜核部基性—超基性岩体分布区。异常元素组合大致分为与锰矿关系较为密切的异常元素组合 Mn - P - Y,反映地质背景的元素异常组合 Fe_2O_3 - Ni - V - Co - Cr 两类。

矿床表生地球化学构成特征为：

(1)成矿元素异常组合:Mn。

(2)直接指示元素异常组合:Mn - P - Y。

(3)间接指示元素异常组合:Fe_2O_3 - Ni - V - Co - Cr。

3. 地质-地球化学找矿模式

贵州大塘坡锰矿床的地质-地球化学找矿模式如表 5-53 所示。

表 5-53 贵州大塘坡锰矿床地质-地球化学找矿模式表

分类	项目名称	项目描述
地质特征	矿床类型	沉积型锰矿床
	矿区地层与赋矿建造	含矿地层为南华系大塘坡组第一段黑色碳质页岩、粉砂质碳质页岩、凝灰质细砂岩及菱锰矿组成的"含锰岩系"。厚度为 0~87.5m
	矿区岩浆岩	矿区未见岩浆岩。区域上,梵净山穹状背斜核部古老地层中基性—超基性岩广泛浸位,可能与锰矿有成因联系
	矿区构造与控矿要素	由于 Rodinia 超大陆裂解和华南新元古代裂谷盆地演化,所形成的次级北东向呈椭圆状的大塘坡古拉张凹陷盆地,为锰矿的形成提供了良好的富集空间
	矿体空间形态	矿体呈层状、似层状,厚度为 0.50~5.74m
	矿石类型	主要为菱锰矿
	矿石矿物	原生沉积矿物主要有菱锰矿、钙菱锰矿、锰方解石,次为泥质、黏土矿物、碳质有机质、磷灰石、胶磷矿、绿泥石、黄铁矿等。次生矿物有石英、长石、电气石、绢云母、绿泥石、锆石、锡石、锐钛石、金红石、白钛石、闪锌矿、方铅矿、黄铜矿、氯化铅等、铁白云石、重晶石等
地球化学特征	区域化探特征	Mn、P、Y、Fe_2O_3、Ni、V、Co、Cr 等元素或氧化物均有异常显示。其中 Mn、P、Y 为直接指示元素,异常内、中、外分带清晰,异常与矿区重合度较好,与中国水系沉积物平均值相比,P、Y 富集系数大于 1.00,Mn 达 3.99

(二)贵州遵义铜锣井锰矿床

1. 矿床基本信息

贵州遵义铜锣井锰矿床基本信息见表 5-54。

表 5-54 贵州遵义铜锣井锰矿床基本信息表

项目名称	项目描述
经济矿种	锰矿
矿床名称	遵义市铜锣井锰矿(沙坝矿区)
行政隶属地	贵州省遵义市
矿床规模	大型
经济矿种资源量	查明锰资源量 34 034 000t
矿床类型	沉积型

2. 地球化学特征

1) 区域地球化学背景

经1:20万区域化探计288件样品,25种贵州省主要矿产异常元素或氧化物Ag、As、Au、Ba、Bi、Cd、Cu、F、Hg、Mn、Mo、Ni、P、Pb、Sb、Sn、U、V、W、Y、Zn及Al_2O_3、Na_2O、MgO、SiO_2等地球化学参数的统计(表5-55),25种元素或氧化物中,除Au、Ag、Ba、Al_2O_3、Na_2O、MgO平均含量低于全国平均含量外,其他19种元素或氧化物平均含量均高于全国平均含量,其中,以Cd、Hg、Mo、Mn、Cu、As、Sb、F、U、Ni、V富集度较高(≥1.5),特别是Cd、Hg富集度最高(≥3.0)。

遵义铜锣井锰矿区域地球化学特征,总体表现为低Na_2O、MgO和以与二叠系沉积型锰矿关系密切的Mo、Mn、Cu、Ni、V等为代表的,以及以Cd、Hg、F、As、Sb为代表的地层高背景(异常)元素,多元素富集特征。

表5-55 贵州遵义铜锣井锰矿1:20万水系沉积物地球化学特征参数表($N=288$)

元素或氧化物	最小值	最大值	中位数	平均值	标准差	中国水系沉积物平均值	富集系数	异常外带	异常中带	异常内带
Ag	33	240	60	67.09	21.12	80	0.84	104.434	136.865	193.334
As	2.9	83	17	19.33	11.79	8.5	2.27	35.006	48.442	68.950
Au	0.1	3.4	0.9	1.06	0.58	1.2	0.89	1.978	2.583	3.490
Ba	148	498	285.5	286.30	47.86	500	0.57	193.330	762.000	
Bi	0.14	0.9	0.4	0.41	0.12	0.3	1.37	0.625	0.742	0.875
Cd	200	1 500	300	379.93	198.48	90	4.22	1 402.960	2 607.050	
Cu	13	110.1	50	53.55	23.88	22	2.43	56.000	72.000	87.711
F	320	8 000	1 045	1 103.35	513.72	480	2.30	1 526.330	1 938.490	2 356.200
Hg	30	3150	90	124.89	227.81	35	3.57	256.494	446.796	918.720
Mn	389	16 079	1 118	1 361.99	1 494.11	550	2.48	2 039.940	2 520.140	3 151.730
Mo	0.1	5.8	1.4	1.63	0.81	0.8	2.04	3.190	4.611	7.216
Ni	7	100.2	42	45.57	17.00	25	1.82	50.799	60.017	69.000
P	212	1 408	664	688.08	173.46	550	1.25	955.000	1 150.440	1 400.960
Pb	16.5	72	27	28.60	6.94	22	1.30	52.000	69.973	104.063
Sb	0.44	3.7	1.2	1.27	0.43	0.7	1.81	2.965	5.290	
Sn	1.4	5.7	3.2	3.29	0.54	2.7	1.22	4.217	4.790	5.462
U	2.1	7.8	3.9	4.00	0.96	2.5	1.60	5.917	7.275	9.068
V	46	293	136.2	140.92	37.22	80	1.76	178.731	211.709	248.135

续表 5-55

元素或氧化物	最小值	最大值	中位数	平均值	标准差	中国水系沉积物平均值	富集系数	异常外带	异常中带	异常内带
W	0.7	5.6	1.9	1.99	0.52	1.5	1.32	2.925	3.434	4.066
Y	13	58	32	31.20	6.62	24	1.30	40.049	47.407	59.346
Zn	8	137	82	83.11	14.61	68	1.22	128.328	168.143	
Al_2O_3	5.74	17.83	12.36	12.31	1.58	13	0.95	15.410	16.862	18.380
MgO	0.43	4.33	1.85	1.90	0.67	13	0.15	3.194	4.370	
Na_2O	0.1	10	0.22	0.27	0.58	1.5	0.18	0.430	0.552	0.772
SiO_2	54.15	88.24	64.525	65.21	5.20	65	1.00	77.861		

注：①富集系数＝平均值/中国水系沉积物平均值，中国水系沉积物平均值据鄢明才等(1995)。异常外、中、内带下限的确定采用累频 90%、95.5%、98%。②含量单位：Ag、Au、Cd、Hg 为 $\times 10^{-9}$；氧化物为 $\times 10^{-2}$；其余元素为 $\times 10^{-6}$。

2) 区域化探异常特征

1:20 万区域化探水系沉积物地球化学异常发育，在区域化探分析的 39 种元素或氧化物中，遵义铜锣井锰矿区，主要异常元素或氧化物有 Mn、Ni、V、Cr、Fe_2O_3、Ti、Co、Nb、Mo、Li、Sr、Hg、As 等 13 种，这些元素或氧化物所形成的综合异常主要为遵义铜锣井锰矿区，以及相关成矿地质体——铜鼓坪背斜(图 5-21)。其中，与锰矿关系较为密切的异常元素主要为 Mn、Ni、V、Cr、Fe_2O_3、Ti、Co、Ni 亲基性元素和 Mo、Nb、Li、Sr 等，另在相关成矿地质体铜鼓坪背斜上还有 Hg、As 元素异常显示。Mn、Ni、V、Mo、Sr 元素异常规模相对较小(异常主体 17~60 km^2)，但异常主体与锰矿关系较为密切，异常强度二至三级。Cr、Fe_2O_3、Ti、Co、Ni、Nb 等元素或氧化物异常规模较大(异常主体 168~464 km^2)，除在矿区及铜鼓坪背斜上有较好异常外，异常主体还延伸至外围三叠纪地层中。异常强度二至三级。

Mn 元素一级异常含量(2 093.937~2 520.144)$\times 10^{-6}$，二级异常含量(2 520.144~3 151.728)$\times 10^{-6}$，三级异常含量大于 3 151.728 $\times 10^{-6}$；Mn 元素异常共有 3 个，异常分别与典型矿床及其含矿岩系关系密切，典型矿床上的 Mn 异常规模相对较大，强度也相对较高(为三级)，其他 2 个 Mn 元素异常规模相对较小，强度较低(分为二、三级)。

Ni、V、Sr 元素在典型矿床上具三级异常强度，部分 Ni、V 异常有沿含锰岩系分布的趋势，大量 Ni、V、Sr 元素异常主要分布于三叠系中。

Cr、Ti、Nb、Mo 元素在典型矿床上具二级异常强度，Cr、Ti、Nb 异常有沿含锰岩系分布的趋势，部分 Cr、Ti、Nb 元素异常主要分布于三叠系之中。

Fe_2O_3、Cu 元素或氧化物在典型矿床上具一级异常强度，异常有沿含锰岩系分布的趋势，大量 Fe_2O_3、Cu 元素或氧化物异常主要分布于三叠系之上。

Co、Li、Hg、As 元素在典型矿床上圈不出异常，典型矿床附近有 Li 元素异常分布，Co、Hg、As 在矿床东北面有沿含锰岩系分布趋势，大量 Co、Li 元素异常主要分布于三叠系之上。

异常元素组合大致分为与锰矿关系较为密切的异常元素(Mn、Ni、V、Cr、Fe_2O_3、Ti、Co、Mo、Nb、Li、Sr)和成矿地质背景(Hg、As)两个大类，与锰矿关系较为密切的异常元素组合可进一步分为 Mn-Ni-V-Cr-Fe_2O_3-Ti-Co 和 Mo-Nb-Li-Sr 两个组合。

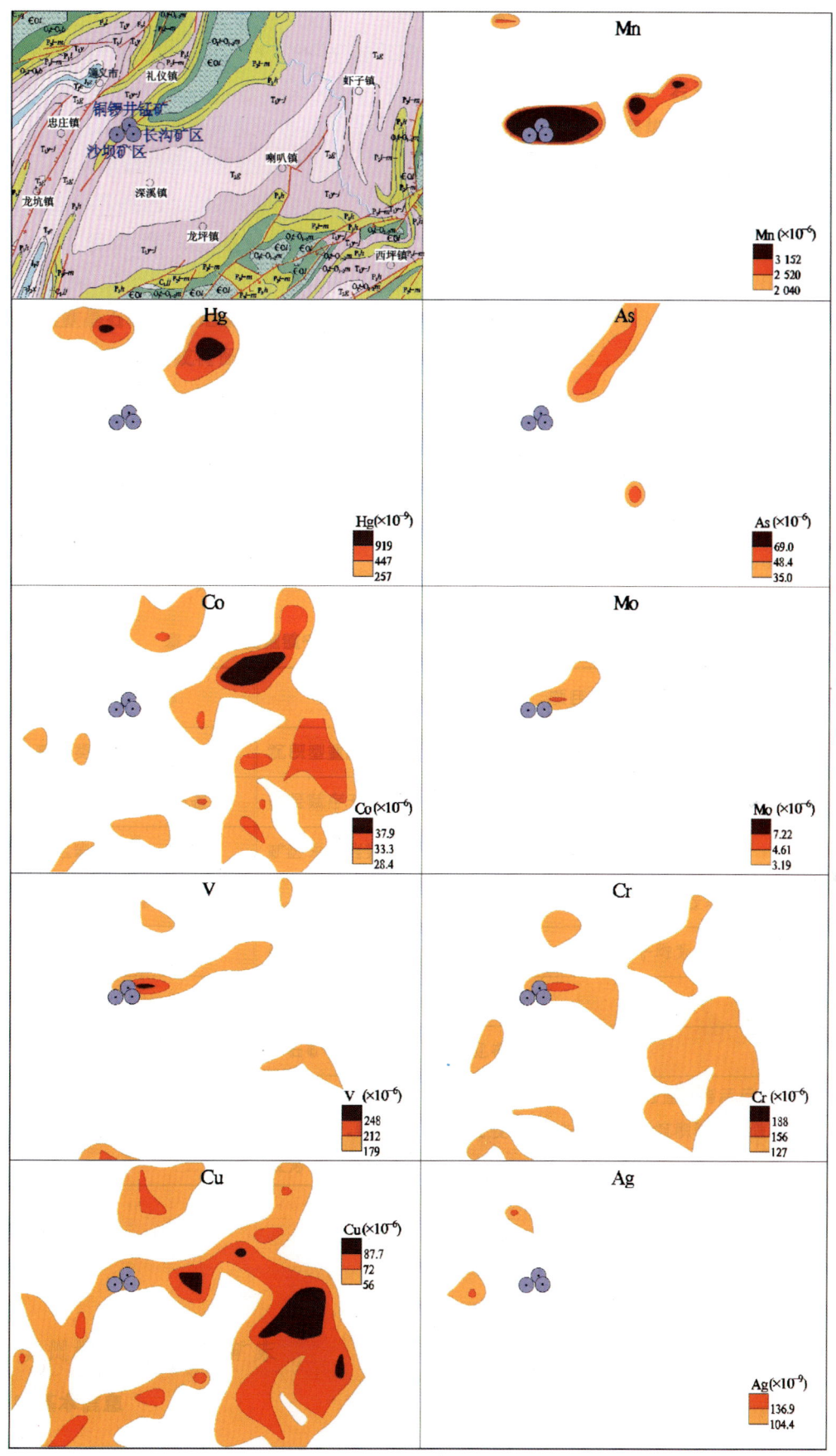

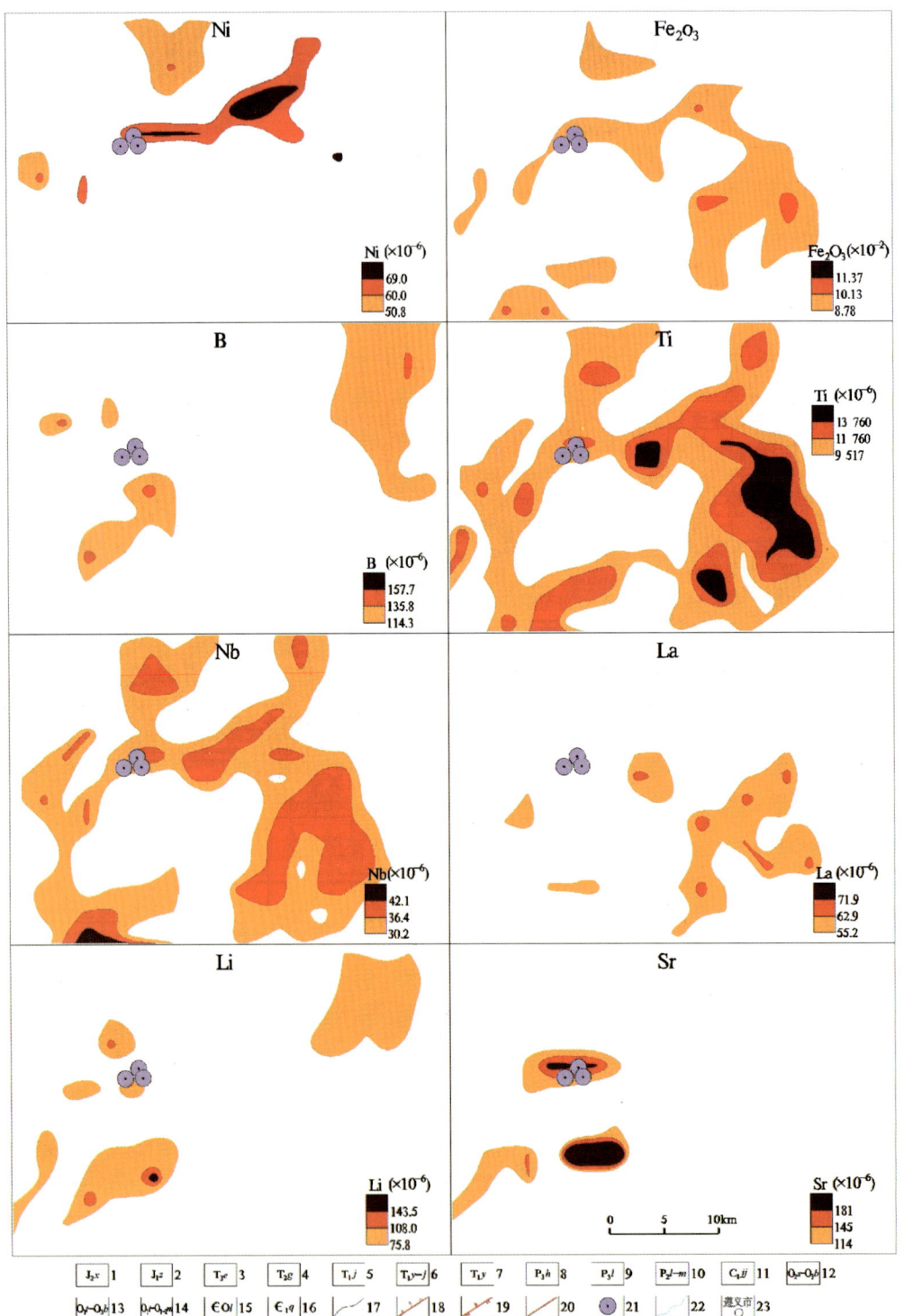

图 5-21 贵州遵义铜锣井锰矿区域地球化学异常特征图

1.新田沟组;2.自流井组;3.二桥组;4.关岭组;5.嘉陵江组;6.夜郎组-嘉陵江组;7.夜郎组;8.合山组;9.龙潭组;10.梁山组-茅口组;11.九架炉组;12.十字铺组-宝塔组;13.桐梓组-宝塔组;14.桐梓组-湄潭组;15.娄山关组;16.清虚洞组;17.地层界线;18.正断层;19.逆断层;20.性质不明断层;21.锰矿点;22.水系;23.乡镇居民点

矿床表生地球化学构成特征为：

(1)成矿元素异常组合：Mn。

(2)直接指示元素异常组合：Mn-Ni-V-Cr-Fe_2O_3-Ti-Co。

(3)间接指示元素异常组合：Mo-Nb-Li-Sr、Hg-As。

3. 地质-地球化学找矿模式

贵州铜锣井锰矿床的地质-地球化学找矿模式如表5-56所示。

表5-56 贵州铜锣井锰矿床地质-地球化学找矿模式表

分类	项目名称	项目描述
地质特征	矿床类型	沉积型锰矿床
	矿区地层与赋矿建造	含矿地层为二叠系茅口组顶部深灰色薄层含碳质石灰岩，间夹薄层硅质岩。厚度为40~90m
	矿区岩浆岩	峨眉山地幔柱活动造成玄武岩喷发和在台沟中喷液活动
	矿区构造与控矿要素	遵义铜锣井锰矿区即分布于铜鼓坪背斜之南倾没端
	矿体空间形态	矿体呈层状、似层状，厚度为0.80~1.80m，平均1.50m
	矿石类型	主要为菱锰矿、钙菱锰矿
	矿石矿物	主要为菱锰矿、钙菱锰矿；次要为锰方解石、黄铁矿、菱铁矿、硫锰矿、石英、方解石
地球化学特征	区域化探特征	Mn、Ni、V、Cr、Fe_2O_3、Ti、Co、Nb、Mo、Li、Sr、Hg、As等元素或氧化物均有异常显示。其中Mn、Ni、V、Cr、Fe_2O_3、Ti、Co为直接指示元素或氧化物，异常内、中、外分带清晰，异常与矿区重合度较好，与中国水系沉积物平均值相比，Mn、Ni、V富集系数大于1.50(Mn为2.74)

第三节 地球化学组合异常及综合异常特征分析

一、组合及综合异常特征

根据典型矿床异常特征，参考元素组合关系，编制了贵州省与金、锑、汞、铅锌、铜、钨(锡)、磷(稀土)、锰、镍、钼、钒、重晶石等矿产关系较为密切的Hg-Au-Sb-As、Pb-Zn-Cu-Ag-Cd、W-Sn-Bi-Mo、Mn-P-Y、Fe_2O_3-Cr-Ni-V、Mo-Ni-V-U、P-Zn-Ag、Sr-Ba-Hg、Ba-Sr-K_2O、Ba-F-As-Sb-Hg等省级地球化学组合异常图及各矿种综合异常图。

1. Hg-Au-Sb-As 和 Ba-Sr-K_2O 异常

Hg-Au-As-Sb、Ba-Sr-K_2O综合异常，除川中前陆盆地、雪峰山基底逆推带、毕节前陆褶皱带、凤冈滑脱褶皱带西部、黔中隆起北部异常较弱外，其余地区Hg-Au-Sb-As、Ba-Sr-K_2O综合异常均较为发育。Hg元素异常则主要分布于务川—盘县一线以东,天柱—荔波一线以西的区域内,有北东向分布的趋势,主要Hg元素异常除务川、万山、三都-丹寨高异常区外,有黔中和黔西南Hg元素异常密集区。其中,务川、万山、三都-丹寨和黔中区Hg元素异常主要分布于寒武系中,黔西南Hg元素异常则主要布于二叠系、三叠系中,其中寒武系是贵州省最为重要的汞矿产出层位,次为二叠系。Hg元素异常面积最小20km² 左右。最大近2 000km²,绝大多数Hg元素异常强度为三级。

汞矿床(点)多分布于Hg-Au-Sb-As、Ba-Sr-K₂O综合异常带内(图5-22),特别是规模较大的汞矿床(带)均与Hg-Au-Sb-As、Ba-Sr-K₂O综合异常有关,特别是Hg元素异常较为发育。万山、务川、三都-丹寨3个著名的汞矿带上均有大规模、高含量的Hg元素异常及Hg-Au-Sb-As、Ba-Sr-K₂O综合异常。

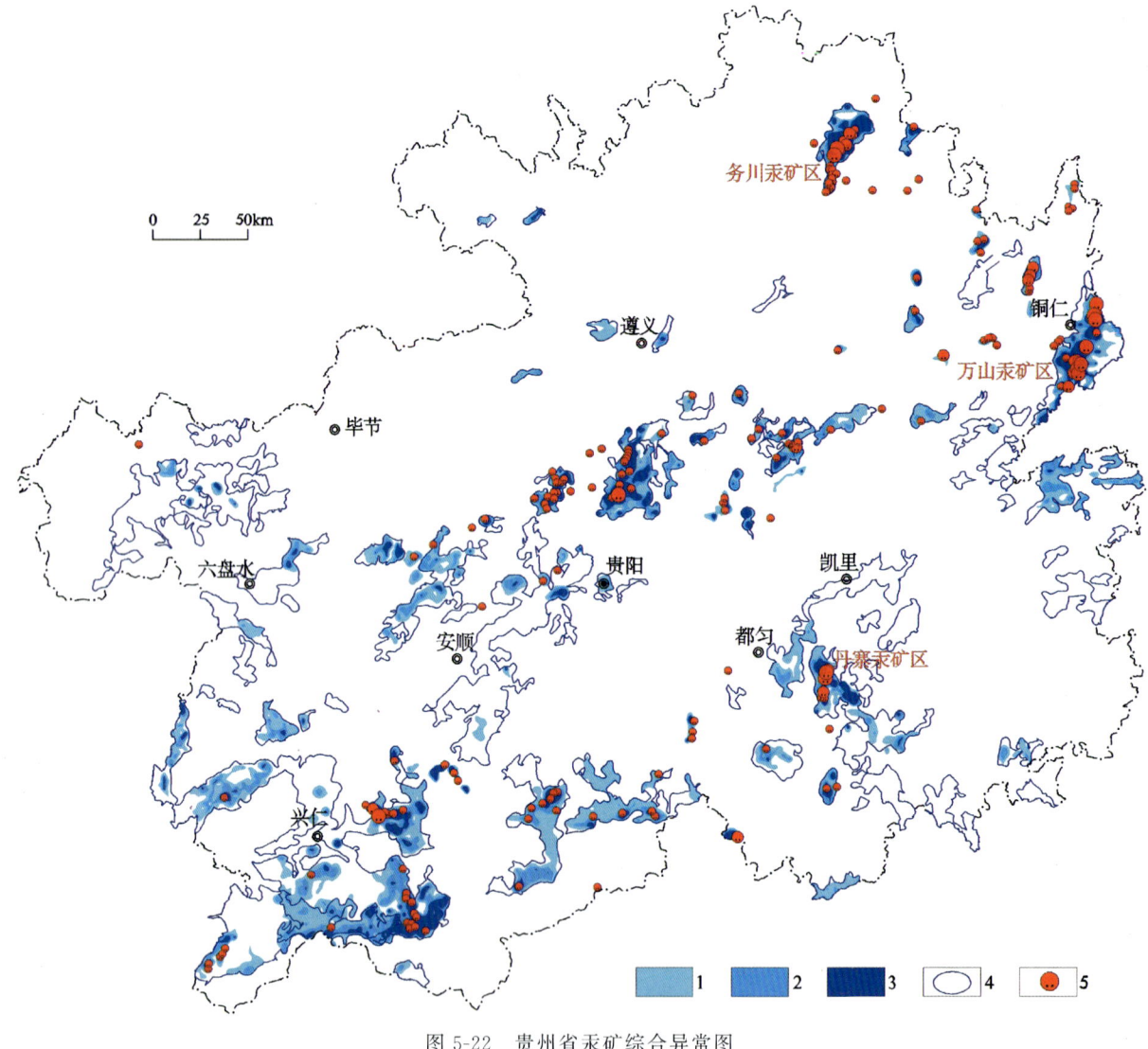

图5-22 贵州省汞矿综合异常图

1.Hg异常外带;2.Hg异常中带;3.Hg异常内带;4.Hg-Au-Sb-As综合异常;5.汞矿床(点)

南盘江-右江前陆盆地内,除金、锑、汞矿产均分布于Hg-Au-Sb-As异常内,与Ba-Sr-K₂O异常关系不大。金矿与汞、锑矿产有密切的共(伴)生关系,出现汞矿时,Hg元素异常增强,Sb元素异常较弱;反之,出现锑矿时,Sb元素异常较强,Hg元素异常较弱。

扬子陆块南部被动边缘褶冲带之都匀滑脱褶皱带(V-2-7-6)内,汞、锑、金矿产与Hg-Au-Sb-As异常关系密切,与Ba-Sr-K₂O异常有一定关系。三都-丹寨地区以汞矿为主,Hg元素异常最强;独山地区以锑矿为主,Sb元素异常规模最大,强度最高。

雪峰山基底逆推带(V-2-9)石英脉型金成矿区,Hg-Au-Sb-As异常也较发育,但没有Ba-Sr-K₂O异常分布,且以Au、As异常为主,Hg元素异常较弱,甚至没有Hg元素异常。

六盘叠加褶皱带和铜仁逆冲带的铅锌成矿区,有一定规模的Hg-Au-Sb-As、Ba-Sr-K₂O综合异常分布。以As、Sb元素异常为主的Hg-Au-Sb-As综合异常,与铅锌成矿有一定关系。

2. Pb-Zn-Cu-Ag-Cd异常

贵州省Pb-Zn-Cu-Ag-Cd综合异常分布情况如图5-23所示,异常主要分布于黔西北、黔东北、黔西南及黔南南部。黔西北和黔东北为贵州省重要的铅锌矿成矿区,黔西北地区Pb-Zn-Cu-Ag-Cd综合异常主要呈北西向带状展布,黔东北地区Pb-Zn-Cu-Ag-Cd综合异常主要呈北东向带状展布,主要异常面积数百平方千米至上千平方千米不等。单个Pb、Zn元素异常最大面积在1 000km² 以上,异常强度均为三级。

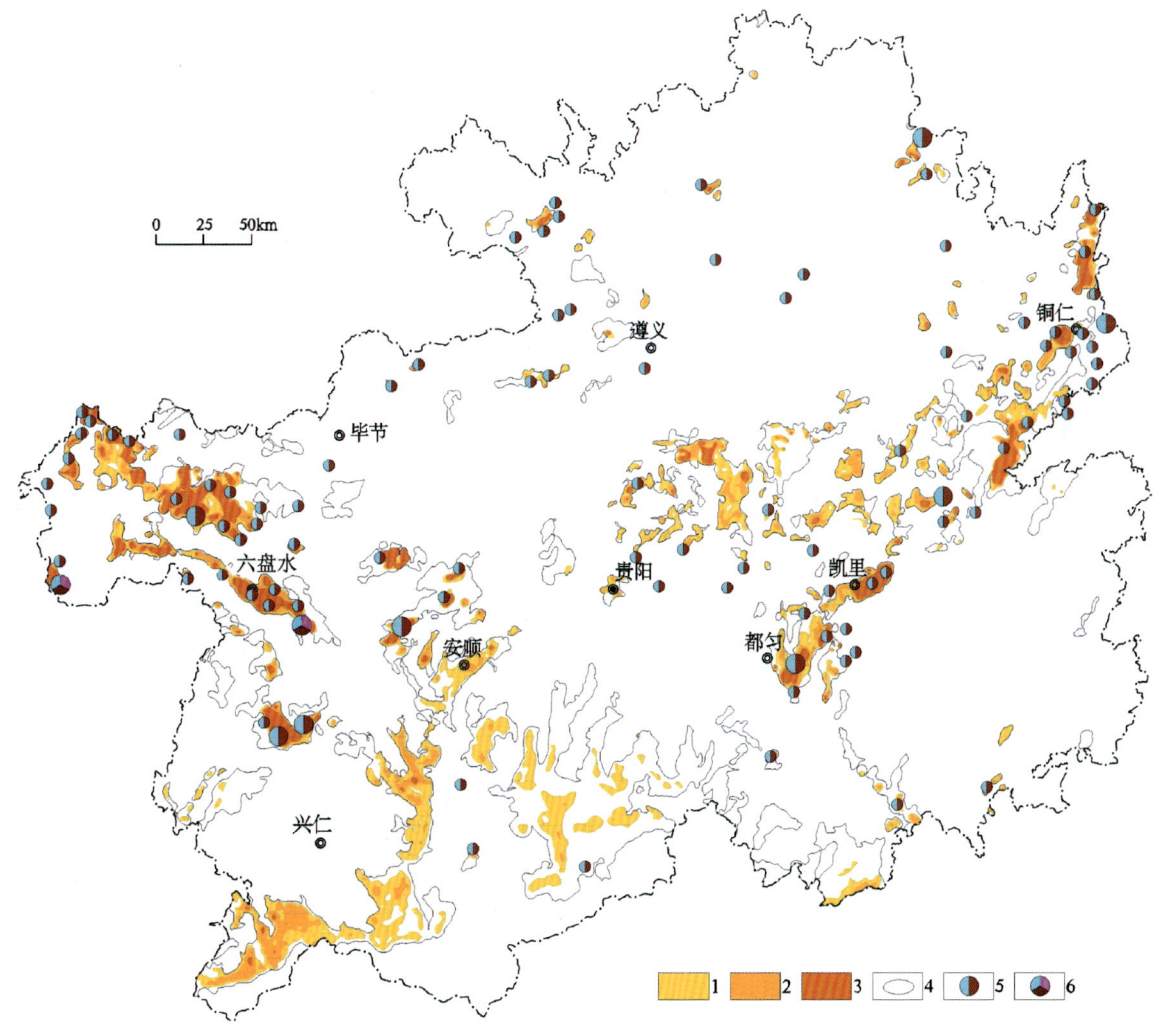

图5-23 贵州省铅锌矿综合异常图

1.Pb异常外带;2.Pb异常中带;3.Pb异常内带;4.Pb-Zn-Cu-Ag-Cd综合异常线;5.铅锌矿(床)点;6.铅锌银矿(床)点

黔西南及黔南 Pb-Zn-Cu-Ag-Cd 综合异常，主要沿兴义-贞丰-安顺-罗甸-荔波呈"入"字形带状分布，整个综合异常带面积 20 000 多平方千米。单个 Pb、Zn 元素异常最大面积在 1 000km^2 以上，异常强度以一、二级为主，部分可达三级。

黔北、黔中及黔东南地区，Pb-Zn-Cu-Ag-Cd 综合异常分布零星，异常强度也相对较弱。

黔西北和黔东北 Pb-Zn-Cu-Ag-Cd 综合异常分布区，是贵州省最重要的铅锌成矿区，不但异常规模大，而且强度高。黔西北地区 Pb-Zn-Cu-Ag-Cd 综合异常，主要分布于上古生界中，部分与寒武系、震旦系有关；黔东北地区 Pb-Zn-Cu-Ag-Cd 综合异常，主要分布于寒武系中。异常与铅锌矿分布关系密切，是寻找铅锌矿产的重要指示。

黔西南和黔南地区 Pb-Zn-Cu-Ag-Cd 综合异常，主要分布于上古生界和三叠系中，异常规模大，但强度相对较低，上古生界中 Pb、Zn 元素异常强度以一级为主，少部分达二级，三叠系中 Pb、Zn 元素异常强度以一、二级为主，少部分达三级，多呈大面积低缓异常分布态势。可能是地层沉积过程中，这些元素组分大量加入，形成高背景含量地层（岩石）。

黔北、黔中及黔东南地区，零星分布的 Pb-Zn-Cu-Ag-Cd 综合异常，可能是低背景岩石地层区，在构造活动作用下引起的局部富集，有一定找矿意义。

黔西北部分铅锌矿床中有银矿伴生，黔东北铅锌矿床中银含量较低。两地 Pb-Zn-Cu-Ag-Cd 综合异常中，Ag 元素异常分布特征也各有不同：黔西北 Ag 元素异常与 Pb、Zn 元素异常套合较好；黔东北 Ag 元素异常浓集中心往往偏离 Pb、Zn 元素异常，主要分布于寒武系底部黑色岩系中，该区黑色多金属富集层中银含量常达到矿化（接近边界品位）。

贵州省铜矿与铅锌矿关系不密切，且分布较少，主要有贵州省西部的玄武岩型铜矿、含铜砂岩型铜矿和东部与花岗岩有关的铜矿。Pb-Zn-Cu-Ag-Cd 综合异常中，Cu 元素异常不发育，其主要分布于西部玄武之中，异常规模及强度与玄岩出露面积有着密切的关联，为玄武岩型铜矿的寻找提供了部分参考依据。

3. W-Sn-Bi-Mo 异常

W-Sn-Bi-Mo 综合异常，主要分布于黔西南、黔南地区的上古生界、三叠系中，以及黔东南的从江南部、公山雷、梵净山等地。黔西南、黔南地区 W-Sn-Bi-Mo 综合异常规模大、强度高，面积超过 20 000km^2，单个 W 元素异常数百平方千米到上千平方千米不等，异常强度多达三级。从江南部、公山雷、梵净山地区 W-Sn-Bi-Mo 综合异常规模为数百平方千米至上千平方千米，异常强度多达三级。另外，黔西北和黔北地区有部分低缓异常分布。

黔西南、黔南地区晚古生界地层上有 W-Sn-Bi-Mo 综合异常，主要由三叠系中高背景含量引起。部分上古生界中 W-Sn-Bi-Mo 综合异常，可能与构造热液活动有关。

从江南部、梵净山地区 W-Sn-Bi-Mo 综合异常与花岗岩关系密切，异常区内有钨、锡矿产出，具有一定找矿前景。公山雷地区 W-Sn-Bi-Mo 综合异常特征，与从江南部、梵净山地区异常特征极为相似，可能与隐伏花岗岩体有关。

4. Mn-P-Y 和 Fe$_2$O$_3$-Cr-Ni-V 异常

Mn-P-Y 和 Fe$_2$O$_3$-Cr-Ni-V 综合异常主要有兴义-贞丰-安顺-罗甸-荔波异常带和习水、遵义、松桃、镇远、赫章、水城、纳雍-织金等异常区（图 5-24）。

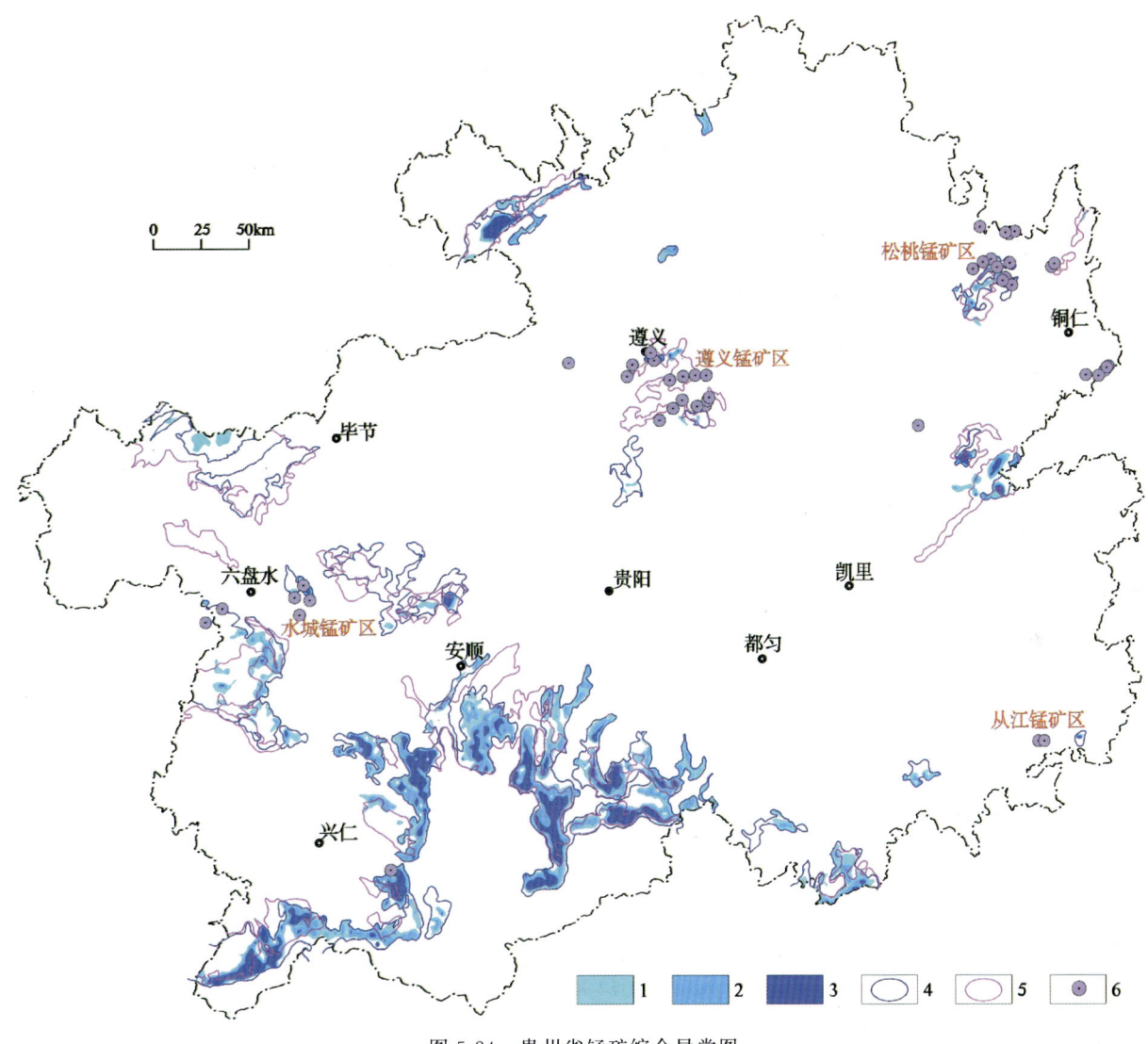

图 5-24 贵州省锰矿综合异常图

1.Mn 异常外带;2.Mn 异常中带;3.Mn 异常内带;4.Mn-P-Y 综合异常;5.Fe_2O_3-Cr-Ni-V 综合异常;6.锰矿床(点)

兴义-贞丰-安顺-罗甸-荔波 Mn-P-Y 和 Fe_2O_3-Cr-Ni-V 综合异常带总体面积数千平方千米;单个 Mn 元素异常规模极大,面积一般为数百平方千米到近千平方千米不等,异常强度高(一般均具三级浓度分带);异常带内地层以三叠系为主,次为石炭系、二叠系。

习水 Mn-P-Y 和 Fe_2O_3-Cr-Ni-V 综合异常区主要沿三叠系呈北东向展布,总体面积数百平方千米;单个 Mn 元素异常面积为数十平方千米到上百平方千米不等,异常强度一至三级。

遵义 Mn-P-Y 和 Fe_2O_3-Cr-Ni-V 综合异常区主要分布于二叠系、三叠系中,总体面积数百平方千米;北部以 Fe_2O_3-Cr-Ni-V 综合异常为主,南部 Mn-P-Y 综合异常相对发育;单个 Mn 元素异常面积数平方千米到数十平方千米不等,异常强度一至三级。

松桃 Mn-P-Y 和 Fe_2O_3-Cr-Ni-V 综合异常区分布于中元古界至下寒武统中,总体面积数百平方千米;东北部以 Fe_2O_3-Cr-Ni-V 综合异常为主,南部 Mn-P-Y 综合异常相对发育;单个 Mn 元素异常面积数平方千米到数十平方千米不等,异常强度一至三级。

镇远 Mn-P-Y 和 Fe_2O_3-Cr-Ni-V 综合异常区分布于新元古界至下寒武统中,总体面积数百平方千米;单个 Mn 元素异常面积十几平方千米到数十平方千米不等,异常强度二至三级。

赫章 Mn-P-Y 和 Fe$_2$O$_3$-Cr-Ni-V 综合异常区分布于二叠系、三叠系中，总体面积1 000多平方千米；Mn元素异常相对较弱，单个异常面积数平方千米到数十平方千米不等，异常强度一至二级。

水城 Mn-P-Y 和 Fe$_2$O$_3$-Cr-Ni-V 综合异常区分布于二叠系、三叠系中，总体面积1 000多平方千米；西北部为 Fe$_2$O$_3$-Cr-Ni-V 综合异常，南部 Mn-P-Y 综合异常相对发育；单个 Mn 元素异常面积数平方千米到数百平方千米不等，异常强度一至三级。

纳雍-织金 Mn-P-Y 和 Fe$_2$O$_3$-Cr-Ni-V 综合异常区分布于二叠系、三叠系中，总体面积1 000 km^{2}左右；Mn元素异常主要分布于东南部织金地区，单个 Mn 元素异常面积十几平方千米到数十平方千米不等，异常强度二至三级。

从锰矿典型矿床地球化学研究成果看，锰矿与 Mn-P-Y、Fe$_2$O$_3$-Cr-Ni-V 综合异常的关系较为密切，松桃、遵义、水城等锰矿成矿区均有 Mn-P-Y、Fe$_2$O$_3$-Cr-Ni-V 综合异常分布。但就矿床而论，松桃、遵义、水城等锰矿区较多的锰矿，包括部分规模较大的锰矿床上没有 Mn-P-Y、Fe$_2$O$_3$-Cr-Ni-V 综合异常；从江等地区锰矿床（点）上没有 Mn-P-Y、Fe$_2$O$_3$-Cr-Ni-V 综合异常。Mn-P-Y、Fe$_2$O$_3$-Cr-Ni-V 综合异常与锰成矿密集区有一定关系，但异常与矿床（点）分布，异常强弱与矿床规模关系具有明显的不确定性。

部分沉积型硫矿（含部分典型矿床）上，Fe$_2$O$_3$-Cr-Ni-Ti 综合异常较为发育，区域上矿床（点）与异常分布的关系也同样不明显。热液型硫矿（典型矿床）上，As-Sb-Hg、Pb-Zn-Ag 等异常明显，由于典型矿床处于汞、金、锑、铅、锌成矿密集带上，As、Sb、Hg、Pb、Zn、Ag 等元素为这些矿产的主成矿元素域主要异常元素，这些元素异常与热液型硫矿的关系有待进一步研究。

大规模的 Mn-P-Y、Fe$_2$O$_3$-Cr-Ni-V 综合异常主要与上古生界至三叠系高背景含量有关，特别是三叠系中 Mn-P-Y、Fe$_2$O$_3$-Cr-Ni-V 异常最为发育。另外，贵州省西部玄武岩分布区 Mn-P-Y、Fe$_2$O$_3$-Cr-Ni-V 异常也较发育。

5. Mo-Ni-V-U 和 P-Zn-Ag、Sr-Ba-Hg 异常

Mo-Ni-V-U、P-Zn-Ag、Sr-Ba-Hg 综合异常参见图5-25。除贵州省北部和东南极少外，其余地区性均较发育。单个综合异常面积数十平方千米到数千平方千米不等，异常带一般数千平方千米，最大超过10 000 km^2。

贵州省东部下寒武统中，Mo-Ni-V-U、P-Zn-Ag、Sr-Ba-Hg 综合异常，特别是 Mo 元素异常最为发育，往往沿下寒武统形成数百平方千米至上千平方千米的 Mo 元素高异常带，强度一般均达三级。

贵州省中部 Mo 元素异常相对分散，异常规模也相对较小，面积数平方千米至数百平方千米，强度一至三级不等；Mo-Ni-V-U、P-Zn-Ag 异常主要分布于三叠系中，部分与下寒武统有关。

贵州省西南部二叠系至三叠系中，Mo-Ni-V-U、P-Zn-Ag 综合异常及 Mo 元素异常也较发育，最大 Mo 元素异常面积可在1 000 km^{2}以上，异常强度一至三级不等。西部玄武岩分布区 Mo-Ni-V-U、P-Zn-Ag 综合异常上，Mo 元素异常极少，仅在赫章地区三叠系中有零星分布。

典型矿床研究及区域上矿产分布与异常研究表明：钼、镍矿床上 Mo-Ni-V-U、P-Zn-Ag 综合异常发育；钒矿床上 Mo-Ni-V-U、Sr-Ba-Hg 综合异常较好；Sr-Ba-Hg 综合异常与汞矿有一定关系；磷矿床与 P-Zn-Ag、Sr-Ba-K$_2$O 综合异常关系较为密切。

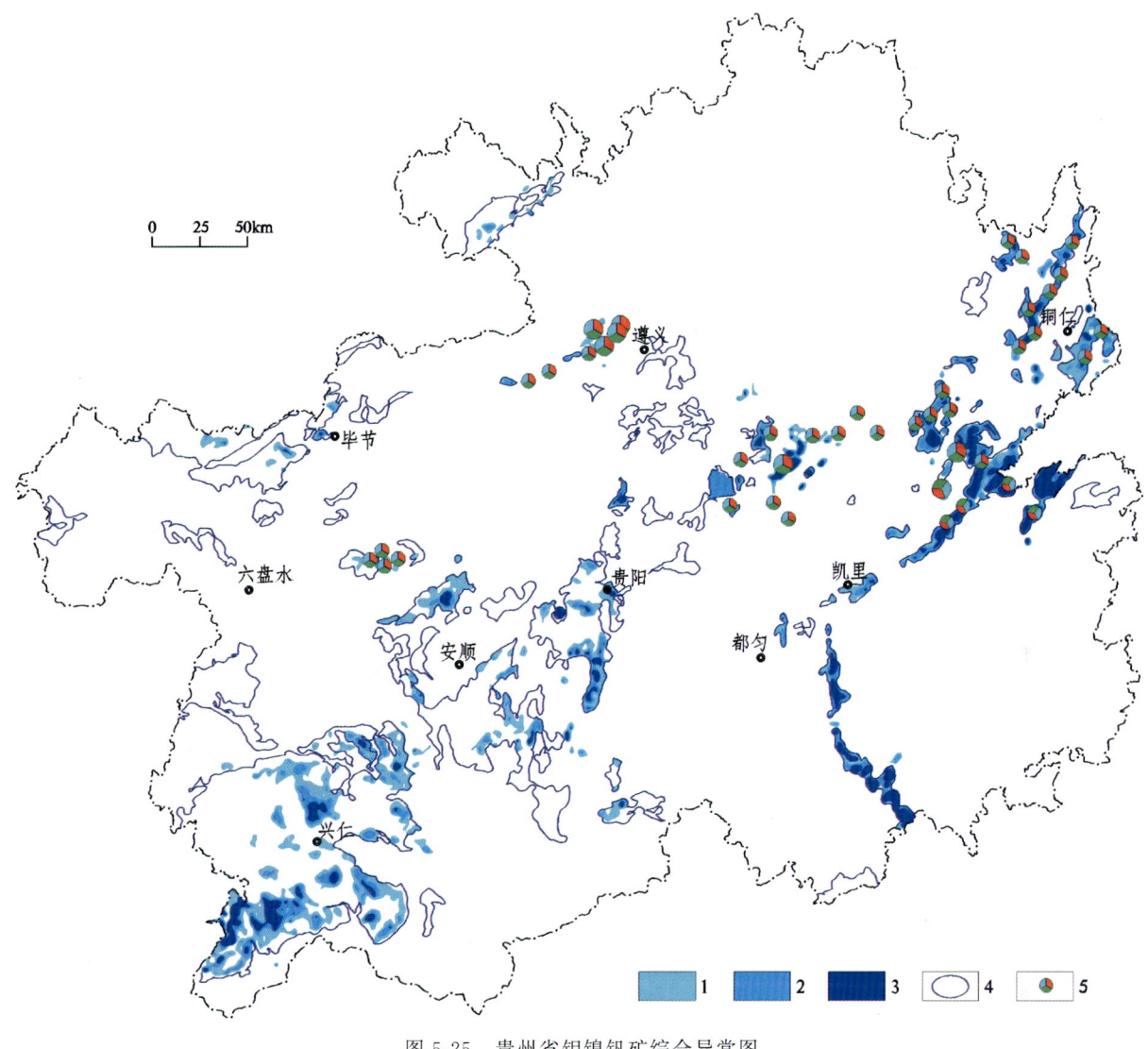

图 5-25 贵州省钼镍钒矿综合异常图

1. Mo异常外带；2. Mo异常中带；3. Mo异常内带；4. Mo-Ni-V-U综合异常；5. 钼镍钒矿床（点）

贵州省中部寒武系底部中的 Mo-Ni-V-U、P-Zn-Ag、Sr-Ba-Hg 综合异常，主要与寒武系底部沉积型钼、镍矿和沉积型磷矿有关。东部寒武系底部的 Mo-Ni-V-U、P-Zn-Ag、Sr-Ba-Hg 综合异常，主要分布于钒成矿区。Mo-Ni-V-U、P-Zn-Ag、Sr-Ba-Hg 综合异常，特别是 Mo、P 元素异常，分别是钼、镍、钒矿和磷矿找矿中重要的预测要素，异常面金属量可作为独立的地球化学预测指标。

贵州省西部三叠系和玄武岩分布区大面积的 Mo-Ni-V-U、P-Zn-Ag 综合异常，反映了三叠系和玄武岩内，这些元素组分大量聚集，特别是三叠系中 Mo 元素异常相对较高，并有钼矿（点）产出，具有一定钼矿找矿可能。另外，赫章、水城等地 P-Zn-Ag 综合异常发育于铅锌成矿区，是铅锌矿内 Zn、Ag 元素异常的体现。

6. Ba-F-As-Sb-Hg 综合异常

Ba-F-As-Sb-Hg 综合异常见图 5-26。主要分布于黔西南金矿区、黔西北铅锌矿区，黔东、黔中汞矿区，天柱大河边、镇宁乐纪沉积型重晶石矿区及都匀层控型重晶石矿区 Ba-F-As-Sb-Hg 综合

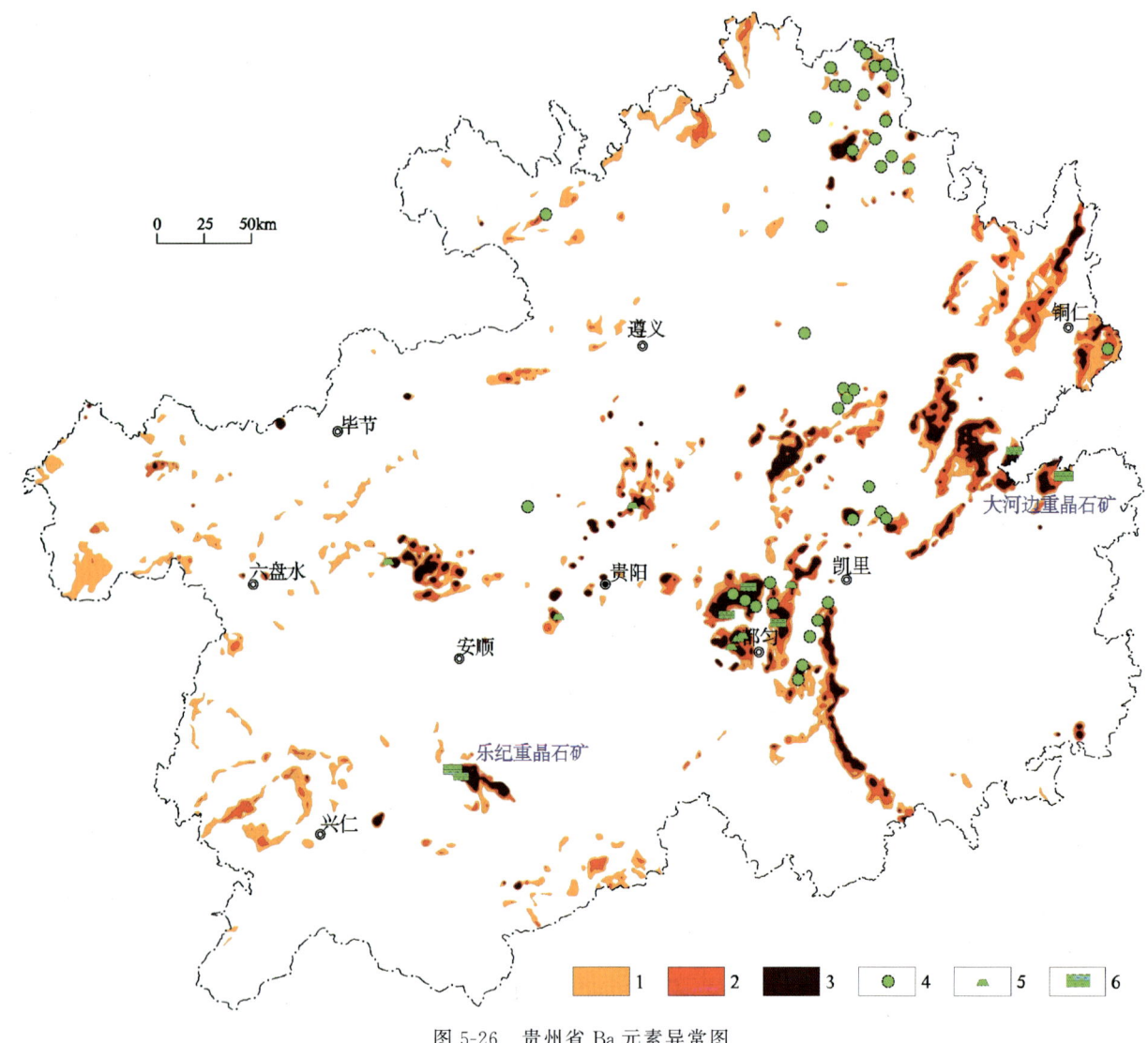

图 5-26 贵州省 Ba 元素异常图

1. Ba 异常外带；2. Ba 异常中带；3. Ba 异常内带；4. 断裂型重晶石矿床(点)；5. 层控型重晶石矿床(点)；6. 沉积型重晶石矿床(点)

异常也较发育。这些综合异常规模较大，最大综合异常面积上万平方千米。Ba 元素在沉积型重晶石矿分布区特别发育，异常面积数十平方千米至数百平方千米不等，异常强度均达三级。

贵州省内热液型重晶石矿和热液型萤石矿，往往存在共(伴)生关系，且多分布于铅锌矿等热液矿产成矿区，矿床上有 Ba、F、As、Sb、Hg 等元素异常分布。受贵州省金、砷、锑、汞矿产丰富，是全国有名的高氟地区，寒武系底部重晶石、镍、钼、钒、铀等大量矿产聚集的影响，Ba-F-As-Sb-Hg 综合异常主要与寒武系底部黑色多金属富集层、上古生界至三叠系，以及金、锑、汞、铅、锌等中-低温热液矿产聚集区有关。在省级化探异常图上，热液型重晶石矿和热液型萤石矿区 Ba-F-As-Sb-Hg 综合异常不显著。

Ba-F-As-Sb-Hg 综合异常主要与寒武系底部黑色系相关矿产关系显著，特别是 Ba 元素异常强度高的地区，是沉积型重晶石矿和钒、磷等沉积型矿产的显示。

二、异常与成矿关系综述

贵州省境内主要成矿作用有沉积成矿作用、中-低温热液成矿作用（含变质热液成矿作用）、岩浆热液成矿作用等三大类。其中，以沉积成矿作用和中-低温热液成矿作用最为普遍，形成了贵州省的主要特色矿产格局。与这些成矿相关的 Au、As、Sb、Hg、Pb、Zn、Ag、Cd、Cu、W、Sn、Bi、Mn、Ni、Mo、V、Fe、Ba、P、Y、F 等元素大量富集，形成大规模的高含量聚集区和一系列的异常区（带）。

1. 与沉积成矿有关的异常

贵州省境内，与地球化学异常有一定关系的沉积型矿产主要有南华系锰矿，寒武系底部磷、钼、镍、钒、重晶石矿，泥盆系重晶石矿，二叠系锰矿，以及三叠系含铜砂岩型铜矿、钼铀矿等。

南华系锰矿主要有松桃锰成矿区、从江锰成矿区。其中，松桃锰成矿区 Mn-P-Y、Fe_2O_3-Cr-Ni-V 组合异常与锰矿分布有一定关系，在锰矿床上或附近大多形成数十平方千米的组合异常，Mn 元素异常强度也相对较高，一般可达三级。从江锰成矿区，锰成矿规模较小，Mn-P-Y、Fe_2O_3-Cr-Ni-V 异常不显著，异常主要与区内二叠纪地层有关。

寒武系底部磷、钼、镍、钒、重晶石矿，主要分布于黔东、黔中、遵义至水城等地。这些地区寒武系底部，除 Mo、Ni、V、U、P、Ba 等主要成矿元素异常发育外，Au、As、Sb、Hg、F、Pb、Zn、Ag、Cd、Cu 等中-低温热液成矿元素，W、Sn、Bi、Y 等酸性元素，Fe、Co、Cr 等基性元素，众多微量元素均有富集，往往沿寒武系底部形成低缓异常带，部分元素（如 Ag）形成大规模的高异常带。黔东钒、重晶石成矿区，Mo-Ni-V-U 组合异常和 Ba 元素异常特别发育，Mo-Ni-V-U 组合异常和 Ba 元素异常面积往往数百平方千米至上千平方千米，Mo、Ni、V、U、Ba 元素异常强度均达三级，P 元素异常极少。黔中磷、钒（钼）成矿区，Mo-Ni-V-U 组合异常和 P 元素异常较发育，Mo-Ni-V-U 组合异常往往数十平方千米至数百平方千米，P 元素异常面积一般数十平方千米，Mo、Ni、V、U、P 元素异常强度均达三级。遵义、水城-织金磷（稀土）、镍、钼成矿区 Mo-Ni-V-U 组合异常和 P 元素异常较发育，Mo-Ni-V-U 组合异常一般数十平方千米，P 元素异常面积一般数十平方千米至数百平方千米，Mo、Ni、V、U、P 元素异常强度均达三级。综合研究认为：Mo-Ni-V-U 组合异常，特别是 Mo 元素异常与钼、镍、钒矿关系密切，可作为地球化学找矿指示及地球化学成矿预测指标；P、Ba 元素异常分别与磷、重晶石矿关系密切。

泥盆系重晶石矿主要分布于贵州省紫云县乐纪一带，异常元素单一，成矿地层上主要发育有数百平方千米的 Ba 元素异常，其他元素异常极少。

二叠系锰矿主要有遵义锰成矿区、水城锰成矿区。Mn-P-Y、Fe_2O_3-Cr-Ni-V 组合异常与锰矿分布有一定关系，在锰矿床上或附近大多形成数十平方千米的组合异常，Mn 元素异常强度一至三级不等。

三叠系中，Au、As、Sb、Hg、F、Ba、Pb、Zn、Ag、Cd、Cu 等中-低温热液成矿元素，W、Sn、Bi、Mo、Y、U 等酸性元素，Fe、Co、Cr、Ni、V、P 等基性元素，众多微量元素均有富集，往往沿寒武系底部形成大面积的低缓异常带，部分元素（如 P）形成大规模的高异常带。含铜砂岩型铜矿规模小，且较分散；钼铀矿仅兴义市大际山见及。综合研究认为：Mo-Ni-V-U 组合异常对钼铀矿有一定指示作用；Cu-Cr-Co-Ni 对含铜砂岩型铜矿有一定指示作用。

2. 与中-低温热液成矿有关的异常

贵州省境内与中-低温热液成矿有关的异常,以 Au-Sb-Hg-As 和 Pb-Zn-Ag-Cd 两种元素组合最具代表,分布范围最广。组合异常特征,以盘县—都匀—三穗一线为界,贵州省北部和南部各具特色。

1) Pb-Zn-Ag-Cd 组合异常

Pb-Zn-Ag-Cd 组合异常,总体呈北部强度较高,南部强度较低分布态势。

北部 Pb-Zn-Ag-Cd 组合异常,主要沿褶皱、断裂构造呈带状分布。黔西北地区 Pb-Zn-Ag-Cd 组合异常分布密集,异常强度高(三级),主沿垭都-蟒硐、威宁-水城等北西向褶皱、断裂构造带分布,面积往往数百平方千米至上千平方千米,基本反映了黔西北铅锌(银)成矿的分布特征。黔东北地区 Pb-Zn-Ag-Cd 组合异常主要沿铜仁-玉屏-凯里北北东向断裂构造带断续分布,异常强度较高(以三级为主),面积数百平方千米至上千平方千米,是黔东北铅锌成矿带的地球化学反映。黔中地区 Pb-Zn-Ag-Cd 组合异常,主分布于瓮安、余庆一带,异常强度相对较低(部分可达三级),面积数百平方千米至上千平方千米,有部分铅锌矿点产出。黔北 Pb-Zn-Ag-Cd 组合异常,分布零星,但强度也较高,多与铅锌矿床(点)相吻合。

南部 Pb-Zn-Ag-Cd 组合异常,主要沿贞丰礁相带中、下三叠统,以及紫云-罗甸-独山南部一带上古生界,呈宽缓带状分布。组合异常面积往往上万平方千米,强度以一、二级为主,异常带内仅有少数铅锌矿(化)点产出。

Pb-Zn-Ag-Cd 组合异常与铅锌矿产分布极为密切,是寻找铅锌矿的地球化学指示和铅锌成矿的地球化学预测指标。Pb-Zn-Ag-Cd 组合异常与背斜、断裂构造关系密切,且异常强度高时,铅锌找矿可能性大,如果异常面积大,找矿远景更大。异常沿地层分布,且异常相对低缓,找矿前景不大。

2) Au-Sb-Hg-As 组合异常

以盘县—都匀—三穗一线为界,贵州省北部和南部,Au-Sb-Hg-As 组合异常特征各异。北部 Au-Sb-Hg-As 组合异常主要是汞及铅锌成矿的产物,南部 Au-Sb-Hg-As 组合异常则主要与金、锑、汞矿产有关。

北部 Au-Sb-Hg-As 组合异常,面积一般数百平方千米至数千平方千米。黔西北铅锌成矿区和黔北铅锌成矿带上,Au-Sb-Hg-As 组合异常强度相对较弱,且以 Sb、As 元素异常为主,Au、Hg 元素异常分布较为零星。黔中、万山、务川、松桃等汞成矿区 Au-Sb-Hg-As 组合异常,以 Hg 元素异常为主,Sb、As 元素异常次之,Au 元素异常零星分布。

南部 Au-Sb-Hg-As 组合异常,面积一般数百平方千米至上万平方千米。Au、Sb、Hg、As 元素异常规模及强度与金、锑、汞矿产组合特征密切相关:金独立成矿区以 Au、Sb、As 元素异常为主,Hg 元素异常次之;锑独立成矿区以 Sb、As 元素异常为主,Au、Hg 元素异常较弱;金、锑成矿区以 Au、Sb、As 元素异常为主,Hg 元素异常较弱;金、汞成矿区 Au、Hg、Sb、As 元素异常均较发育。如:晴隆大厂锑、金矿区 Au、Sb、As 元素异常规模大、强度高,Hg 元素异常规模小,强度也较低;独山锑矿区 Sb、As 元素异常规模大、强度高,Au、Hg 元素异常规模小,强度也较低;三都-丹寨汞、金(锑)成矿区 Au、Hg、Sb、As 元素异常均较发育;天柱-黎平石英脉型金矿区 Au、Sb、As 元素异常规模大、强度高,Hg 元素异常分布零星,强度也较低。

Au-Sb-Hg-As 组合异常与金、锑、汞矿产分布极为密切,是寻找金、锑、汞矿的地球化学指示和金、锑、汞成矿的地球化学预测指标。并且,可根据 Au、Sb、As 元素异常相对发育程度预测金、锑、汞的成矿组合类型。

3. 岩浆热液成矿有关的异常

贵州省较为明确的，与岩浆热液成矿有关的异常组合为 W-Sn-Bi-Mo，主要分布于黔东南的从江南部、公山雷、梵净山等地。从江南部、公山雷、梵净山地区 W-Sn-Bi-Mo 综合异常规模为数百平方千米至上千平方千米，异常强度多达三级。从江南部、梵净山地区 W-Sn-Bi-Mo 综合异常与花岗岩关系密切，异常区内有钨、锡矿产出。公山雷地区 W-Sn-Bi-Mo 综合异常特征，与从江南部、梵净山地区异常特征极为相似，可能与隐伏花岗岩体及钨、锡矿产有关。

第四节 地球化学推断地质构造

地球化学推断地质构造和地质体，主要是根据成矿元素、伴生元素和造岩元素的分布规律，元素组合特征，在研究已知地质构造和岩性元素组合模式的基础上进行，推断方法根据特征元素、元素组异常和数据处理参数图的轴线、高低背景区分界线、元素值变化梯度较大的线性分布或特征区来推断地质构造。

利用主成分分析法旋转成分矩阵进行因子分析，得出五因子及其元素得分见表 5-57。

表 5-57 因子得分表

元素名称	旋转成分矩阵[a]				
	成分				
	F_1 因子	F_2 因子	F_3 因子	F_4 因子	F_5 因子
Fe_2O_3	0.917				
Co	0.912				
Ti	0.885				
V	0.864				
Cu	0.819				
Ni	0.772				
Cr	0.718				
Zn		0.881			
Pb		0.878			
Ag		0.582		0.551	
As			0.830		
Sb			0.778		
Au			0.723		
Mo				0.819	
U				0.782	
Hg					
W					0.727
Sn					0.606
Bi					0.568
Cd					
提取方法：主成分分析法。旋转法：具有 Kaiser 标准化的正交旋转法。a. 旋转在 5 次迭代后收敛。					

一、地质体（岩体）

贵州省出露的岩体主要有偏碱性超基性岩、基性—超基性岩、花岗(斑)岩、玄武岩等，根据较明显的从江地区已知花岗(斑)岩体特征——因子得分图中 F_5 主因子 W、Sn、Bi 表现为正异常，而 F_2 主因子 Pb、Zn、Ag 则表现为负异常。利用 F_5 主因子 W、Sn、Bi 正异常和 F_2 主因子 Pb、Zn、Ag 负异常的逻辑域推断花岗岩岩体 24 个（图 5-27）。

推断的 24 个花岗岩岩体中，从江南部、梵净山区推断的花岗岩岩体，与已知花岗岩岩体基本吻合。雷公山区推断的花岗岩岩体，具有一定规模，特征与江南部和梵净山区相近，可能有隐伏的花岗岩岩体存在。其他推断的花岗岩岩体规模小，所处地质环境与上述三地相去甚远，仅供参考。

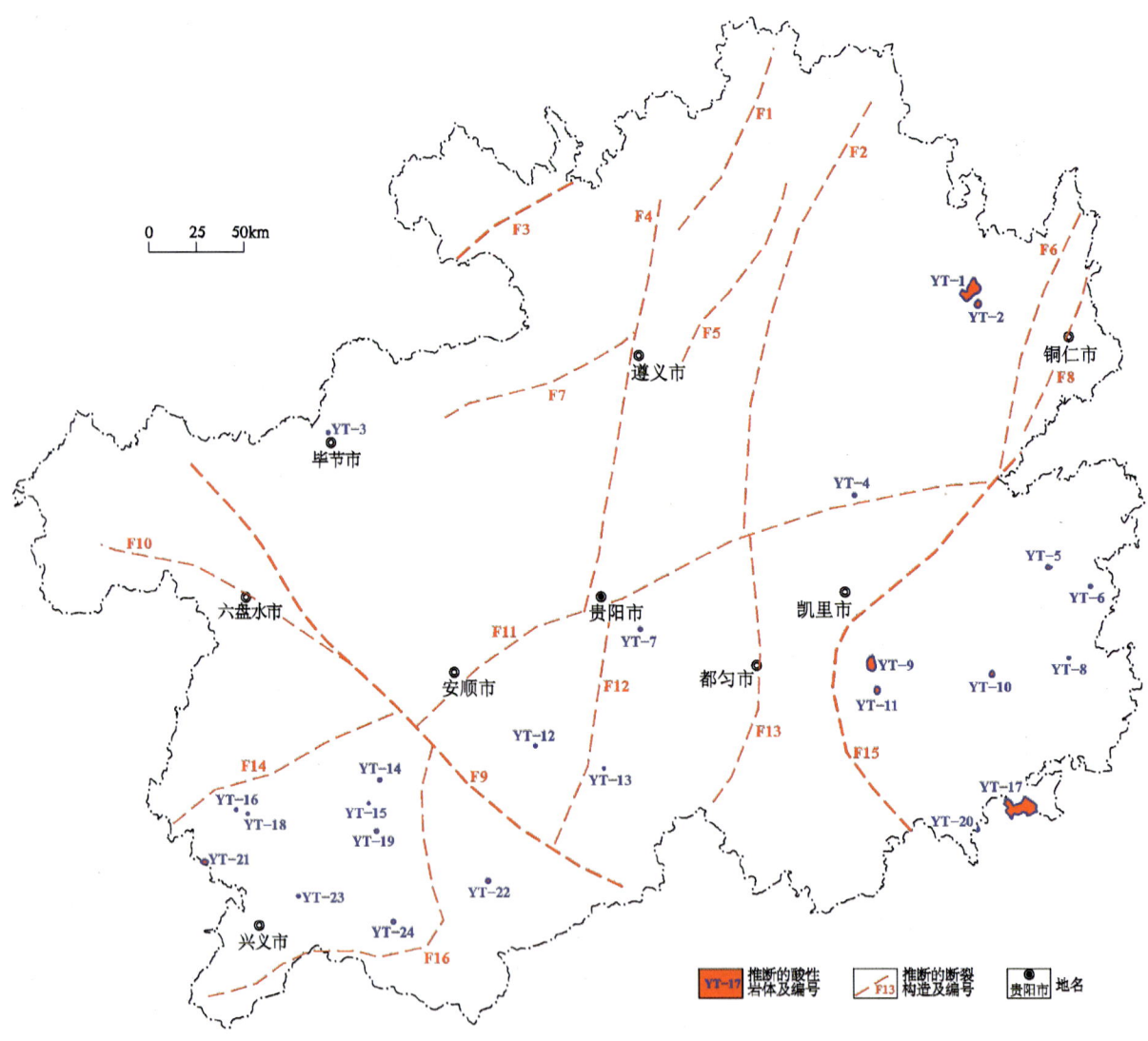

图 5-27 地球化学推断地质构造分布示意图

二、构造

按主要特征元素或元素组异常轴线或高低背景区分界线来推断地质构造,可以分别勾绘构造单元(区)和构造线。利用因子得分图、39种元素或氧化物地球化学图、组(综)合异常综合推断构造线16条(图5-27),采用"F+序号"进行编号,推断的构造线依据如下:

F_1因子(Fe-Co-Ti-V-Cu-Ni-Cr)反映的构造线有F2、F3、F4、F8、F11、F13、F15。

F_2因子(Zn-Pb-Ag)反映的构造线有F8、F10、F15、F16。

F_3因子(As-Sb-Au)反映的构造线有F7、F8、F10。

F_4因子(Mo-U-Ag)反映的构造线有F6、F9、F10、F12、F15、F16。

F_5因子(W-Sn-Bi)反映的构造线有F8、F10、F11、F15、F16。

Li地球化学异常综合其他元素异常反映的构造线有F1、F7、F5、F14。

F1、F2、F5构造线分布于凤岗滑脱褶皱带,F6、F8构造线分布于铜仁逆冲带,与区域上北北东向断裂及褶皱展布方向一致,其中F2构造线与务川汞矿成矿断裂带重合,F6构造线为松桃汞矿成矿断裂带的反映,F8构造线分布于万山汞矿成矿带北东侧,与汞矿成矿关系较为密切。

F3构造线接近川中前陆盆地与毕节前陆褶皱带的分界线。

F4构造线接近于凤岗滑脱褶皱带与毕节前陆褶皱带、黔中隆起的分界线。

F7构造线分布于毕节前陆褶皱带内,与岩孔-松林背斜轴向断裂重合,也即遵义钼镍矿分布区域。

F9构造线与已知垭都-紫云断裂带重合。

F10构造线与已知威宁-水城断裂带重合。

F11构造线东段与已知施秉-镇远东西向断裂带接近,西段近似于都匀滑脱褶皱带与黔中隆起、凤岗滑脱褶皱带的分界线。

F12、F13构造线分布于都匀滑脱褶皱带,与该区南北向构造展布方向一致,分别沿惠水、都匀紧闭式向斜轴部延伸。

F14构造线接近六盘水叠加褶皱带与南盘江-右江前陆盆地的分界线。

F15构造线接近扬子陆块南部被动边缘褶冲带与雪峰山基底逆推带的分界线,三(都)-丹(寨)汞多金属成矿带位于其西侧。

F16构造线与贞丰三叠系礁相带分布一致,多种亲基性、矿化剂元素富集形成明显异常。

第六章　地球化学预测区圈定与综合评价

第一节　找矿远景区及靶区圈定

地球化学找矿远景区(预测区)主要依据地球化学异常分类评价结果、地球化学异常组合与空间分布(分带)规律和预测矿种、矿种组、预测矿床类型成矿地质条件等综合因素进行圈定。

一、找矿远景区(预测区)

(一)圈定准则

在典型矿床地质、地球化学特征研究及建立地球化学找矿模型的基础上,对找矿远景区(预测区)的圈定准则进行制定,概括为:
(1)元素组合与典型矿床的相似度等级最高(次高)。
(2)成矿地质条件有利(不同成矿地质背景有所区别)。
(3)已发现矿点(矿化点)。
(4)主成矿元素异常显示,主成矿元素二级至三级异常。
(5)各矿种相关元素组合的综合异常。
根据以上5条准则,以其相互耦合程度的高低,尝试对找矿远景区(预测区)进行圈定。

(二)圈定依据

1. 沉积型矿产

(1)有相关沉积型矿种综合异常分布,主成矿(异常)元素异常形态好,具有明显的浓集中心及三级(部分二级)异常强度。
(2)有相关沉积型矿产赋矿地层(含矿岩系)分布。
(3)根据赋矿地层(含矿岩系)与综合异常叠合范围,并考虑含矿岩系产状圈定预测区范围。
(4)根据典型矿床分布及区域上矿产研究成果确定找矿预测区的预测类型和预测矿种。

2. 内生型(热液型)矿产

(1)有相关热液型矿种综合异常分布,主成矿元素异常形态好,具有明显的浓集中心及三级(部分二级)异常强度。
(2)综合异常位于背斜核部、次级断裂密集带等成矿有利构造部位。

(3)综合异常中有相关热液型矿种的主要控矿地层分布,并有已知矿床(点)分布。
(4)根据综合异常范围、构造、控矿地层等综合圈定预测区范围。
(5)根据综合异常特征、典型矿床分布、区域上矿产研究成果等确定找矿预测区的预测矿种和找矿类型。
(6)所圈出共(伴)生矿产预测区,预测资源较小时,如汞矿预测资源量小于 0.04 万 t,不予预测。

(三)找矿远景区(预测区)分级

根据技术要求,将找矿远景区(预测区)统一按 A、B、C 三级划分:

A 级:根据区内或附近的矿床(田)建立找矿模型,通过比较分析,确认预测区存在 1 个以上甲、乙类异常,有希望找到(或新增储量)达大型以上规模的矿床或矿田;根据地球化学定量模型计算,预测区预测资源量总和超出探明储量巨大,已知成矿类型有利,有希望找到(或新增储量)达大型以上规模的矿床或矿田;异常显示预测区具有找到新矿种(接替资源)的巨大潜力,异常查证证实该新矿种有希望找到中型以上规模的矿床。

B 级:根据成矿区(带)以外所建的找矿模型或理论模型判断,有 1 个以上的乙类异常存在,有希望找到中型或大型以上规模的矿床;根据地球化学定量模型计算,预测区预测总资源量巨大,有希望找到中型或大型规模的矿床。

C 级:多个丙类异常存在,已知地质条件有利或一般,未进行异常查证或查证后未获得重要突破,但推测有希望找到工业矿体或小型以上矿床;有甲、乙类异常存在,但工作或工程控制程度已经很高(包括深部控制),深、边部找矿有一定潜力,但重大找矿突破的可能性较小。

可信度分级为:A 级>B 级>C 级。

二、找矿靶区

(一)靶区圈定原则

地球化学找矿靶区是在预测区中划分出来的,与同成矿区(带)内的典型矿床(模型)十分相似,或通过三级查证发现有利找矿线索的,或与其他预测方法高度吻合的,具有明确找矿方向和目标的甲、乙类异常分布区。地球化学找矿靶区一般应可直接部署二级查证或普查以上精度的找矿评价工作。

(二)靶区圈定方法依据

(1)在圈定的 A、B 级找矿远景区(预测区)范围内圈定靶区。
(2)收集中大比例尺地球化学资料,包括部分已有的 1∶5 万区调(包含有化探部分)和近期开展的矿调资料,对成果报告、图件、元素测试数据(含坐标)进行收集和整理。
(3)在中大比例尺地球化学资料内,编制或利用各矿种相关的元素地球化学图、异常图、组合异常图。
(4)根据主成矿元素异常分布特征,结合各矿种相关的元素组合异常套合情况,综合圈定可直接部署二级查证或普查以上精度的找矿评价工作区——找矿靶区。

第二节 预测区与靶区特征及综合评价

经金、锑、汞、铅锌、铜、钨(锡)、锰、镍钼钒、硫、重晶石、萤石等矿种典型矿床及省级、预测工作区级地球化学特征、地球化学异常特征研究:区域上,化探异常与锰、硫、萤石矿及复合内生型重晶石矿有一定关系,但异常与矿床点的分布,异常规模、强度与矿床(点)规模存在较大的不确定性,化探异常对这类矿产的找矿预测仅具参考价值;化探异常与沉积型重晶石矿关系较为密切,在沉积型重晶石矿床点及其含矿岩系上均有化探异常分布,但受表生地球化学作用影响,异常强弱与矿床(点)规模关系不明显;贵州省境内,化探异常与金、锑、汞、铅锌、铜、钨(锡)及沉积型镍钼钒矿的分布关系极为密切,异常强弱与矿床(点)规模(特别是具有一定规模的矿床)线性关系明显,呈明显的正相关关系。化探异常在贵州省金、锑、汞、铅锌、铜、钨(锡)及沉积型镍钼钒矿找矿预测中,是不可或缺的地球化学预测要素,并可作为独立的预测指标。

一、金矿

贵州省主要金矿产分为微细粒浸染型和石英脉型两大类。微细粒浸染型金矿主要分布于南盘江-右江前陆盆地,以及上扬子陆块与雪峰山基底逆推带接合部位的三都-丹寨汞带上,石英脉型矿则主要分布于雪峰山基底逆推带内。通过对贵州省4个金矿典型矿床——产于中二叠统龙潭组下部的水银洞金矿、产于中三叠统的烂泥沟金矿、产于寒武系至奥陶系的苗龙金矿、产于新元古界青白口系下江群的铜鼓金矿的研究,以及预测工作区(贵州省普安—贞丰地区、册亨—望谟地区、天柱—黎平地区、丹寨—三都地区)地球化学研究工作的开展,在贵州省境内,利用 Au-As-Sb-Hg 元素组合异常的套合关系及主成矿元素 Au 的地球化学异常分布特征,圈定了31个金地球化学找矿预测区和5个找矿靶区(图6-1),根据各找矿预测区的出露地层、构造方向、相似矿床进行了预测类型的判别(表6-1)。

分别对31个金地球化学找矿预测区(远景区)和5个找矿靶区的编号、地理位置(所在地地名)、相关元素的异常强度(一、二、三级异常区分)、面积(km^2)、主矿种异常平均值、背景值、面金属量、预测级别、预测资源量等地球化学参数进行了统计,见表6-2。

根据分级要求,共圈定A级找矿预测区(远景区)3个,编号为52-Au-A-23、52-Au-A-27、52-Au-A-28,分布于黔西南贞丰地区和兴义地区;B级找矿预测区(远景区)3个,编号为52-Au-B-4、52-Au-B-11、52-Au-B-22,分布于黔东南天柱—锦平、都匀—丹寨、黔西南一带;C级找矿预测区(远景区)25个。

结合中大比例尺化探资料,在A级找矿预测区(远景区)内圈定找矿靶区5个,分别为52-Au-A-23范围内的52-Au-靶-1、52-Au-靶-2,52-Au-A-28范围内的52-Au-靶-3、52-Au-靶-4、52-Au-靶-5。

根据已知矿床资源量,通过公式:预测资源量=预测区面金属量/已知矿床面金属量×已知矿床资源量,对找矿预测区(远景区)进行了资源量估算,总计预测资源量794.65t(包含已知矿床150.95t)。

按照预测级别统计其预测资源量结果为:

3个A级找矿预测区(远景区)共计178.03t。

3个B级找矿预测区(远景区)共计48.98t。

第六章 地球化学预测区圈定与综合评价

图 6-1 贵州省金地球化学找矿预测区分布示意图

表 6-1 贵州省金地球化学找矿预测区预测类型及地质构造简表

编号	出露地层	构造方向	预测类型	相似矿床
52-Au-C-1	$\epsilon_2 g\text{-}sl$、$Pt_3 w$、$Pt_2 h$、$Pt_2 \Sigma\text{-}N$	北东	石英脉型	铜古金矿
52-Au-C-2	$\epsilon_2 a$、$\epsilon_{1\text{-}2} q$	北东	微细浸染型	苗龙金矿
52-Au-C-3	$Z_2\text{-}\epsilon_1 d\text{-}lb$、$Z_1 n$	北东	微细浸染型	苗龙金矿
52-Au-B-4	$\epsilon_1 z$、$Pt_3 f$、$Pt_3 q$、$P_1 l\text{-}m$	北东	石英脉型	铜古金矿
52-Au-C-5	$\epsilon_2 n\text{-}b$、$Z_2\text{-}\epsilon_1 d\text{-}lb$	北东	微细浸染型	苗龙金矿
52-Au-C-6	$Pt_3 q$	北东	石英脉型	铜古金矿
52-Au-C-7	Qb、$Pt_3 q$、$Pt_3 l$	北东	石英脉型	**铜古金矿**
52-Au-C-8	$Pt_3 j$	北东	石英脉型	铜古金矿
52-Au-C-9	$P_{1\text{-}2} em$	北东	微细浸染型	水银洞金矿

续表 6-1

编号	出露地层	构造方向	预测类型	相似矿床
52-Au-C-10	P_1l-m、C_1x-d、T_2x	北东	类型不详	
52-Au-B-11	ϵ_2g-sl、O_1t-d、ϵOls、ϵ_1p、$\epsilon_{1-2}q$、$Cx-h$	北东	微细浸染型	**_苗龙金矿_**
52-Au-C-12	C_2h	北东	石英脉型	铜古金矿
52-Au-C-13	Z_1c、Z_1f-d、ϵ_1z	北东	石英脉型	铜古金矿
52-Au-C-14	P_1m、T_1f、P_2l、C_2hm、C_1x-d、P_1b-m、$P_{1-2}em$	北东	微细浸染型	水银洞金矿
52-Au-C-15	$P_{1-2}em$、P_1m	北东	微细浸染型	水银洞金矿
52-Au-C-16	$C_{1-2}d$、P_1l-m、P_2w	北东	微细浸染型	水银洞金矿
52-Au-C-17	D_2d	北西	微细浸染型	水银洞金矿
52-Au-C-18	ϵ_2d、$\epsilon y-s$、ϵ_1z、$Z_2-\epsilon_1d-lb$、$Z_2-\epsilon_1d-lb$、D_3-C_1z-td、D_2l-d	北东	微细浸染型	苗龙金矿
52-Au-C-19	Pt_3g、Z_1c、Pt_3j	北东	石英脉型	铜古金矿
52-Au-C-20	C_1x-d	北东	石英脉型	铜古金矿
52-Au-C-21	$P_{1-2}em$	北东	微细浸染型	水银洞金矿
52-Au-B-22	T_1j、P_1m、P_2l	北东	微细浸染型	水银洞金矿
52-Au-A-23	T_1y、P_2l、T_2x、P_1sd、$P_{1-2}lh$、T_1l-z	北东	微细浸染型	**_水银洞金矿_**
52-Au-C-24	T_2p	北西	微细浸染型	烂泥沟金矿
52-Au-C-25	P_2w、T_2x	北东	微细浸染型	水银洞金矿
52-Au-C-26	T_1l-z	北东	微细浸染型	烂泥沟金矿
52-Au-A-27	C_2h-m、P_1m、P_1l-m、P_2l、$P_{1-2}lh$	北西	微细浸染型	水银洞金矿
52-Au-A-28	T_2p、T_1da、P_2w、T_1l-z、C_2w、P_1hz、P_1l-m	北东	微细浸染型	**_烂泥沟金矿_**
52-Au-C-29	P_1hz、P_2w	北东	微细浸染型	水银洞金矿
52-Au-C-30	T_2b	北西	微细浸染型	烂泥沟金矿
52-Au-C-31	T_2b	北东	微细浸染型	烂泥沟金矿
52-Au-靶-1	P_2lh	北东	微细浸染型	水银洞金矿
52-Au-靶-2	P_2lh	北东	微细浸染型	水银洞金矿
52-Au-靶-3	T_1l-z	北东	微细浸染型	烂泥沟金矿
52-Au-靶-4	T_1l-z	北东	微细浸染型	烂泥沟金矿
52-Au-靶-5	T_1l-z		微细浸染型	烂泥沟金矿

注：相似矿床中下画线**斜体加粗字体**矿床为已知矿床。

表 6-2 贵州省金地球化学找矿预测区参数统计一览表

编号	地理位置	异常级别				面积(km^2)	异常平均值 ($\times 10^{-9}$)	面金属量 (km^2 百分率)	预测资源量 (t)
		Au	As	Sb	Hg				
52-Au-C-1	缠溪地区	三	三	三		439	16.43	6 780.87	0.97
52-Au-C-2	万山地区	三	二	三	三	418	3.92	1 226.06	0.45
52-Au-C-3	羊坪地区	三	三	二	一	496	2.99	992.31	0.36
52-Au-B-4	天柱地区	三	三	二	三	2 022	31.26	61 226.52	8.80
52-Au-C-5	凯里市地区	三	三	一	一	212	13.03	2 558.65	0.94
52-Au-C-6	平秋地区	三	一		一	133	50.33	5 882.86	0.85
52-Au-C-7	敦寨地区	三			一	1 042	8.99	8 337.32	1.20
52-Au-C-8	永乐地区	三	三	三	一	335	25.43	8 199.59	1.18
52-Au-C-9	罐子窑地区	三	三	三	三	602	2.66	1 011.65	11.44
52-Au-C-10	安顺市地区	三	三	三	三	2 054	3.17	4 486.33	
52-Au-B-11	丹寨地区	三	三	三	三	1 608	9.63	13 919.84	5.10
52-Au-C-12	黎平地区	三	一	一	一	134	3.47	332.02	0.05
52-Au-C-13	水口地区	三	三	二	三	936	5.4	4 139.75	0.60
52-Au-C-14	石桥地区	三	三	三	三	1 034	4.67	3 809.43	43.08
52-Au-C-15	大厂地区	三	三	三	二	721	9.53	6 165.02	69.72
52-Au-C-16	斗省地区	三	二	三	三	630	17.24	10 230.91	115.69
52-Au-C-17	独山地区	三	三	三	三	423	2.92	820.14	9.27
52-Au-C-18	九阡地区	三	三	三	一	447	5.37	1 961.24	0.72
52-Au-C-19	宰便地区	三	三	二	一	791	3.04	1 628.73	0.23
52-Au-C-20	从江地区	三	三	三	三	750	2.6	1 210.4	0.17
52-Au-C-21	楼下地区	三	三	三	一	161	4.4	549.72	6.22
52-Au-B-22	戈塘地区	三	三	三	三	273	12.35	3 101.91	35.08
52-Au-A-23	贞丰地区	三	三	三	三	957	6	4 796.32	54.24
52-Au-C-24	沫阳地区	三	二	三	三	455	3.49	1 142.42	13.57
52-Au-C-25	麻山地区	三	三	三	三	423	3.55	1 083.81	12.26
52-Au-C-26	罗悃地区	二	二	二	一	49	3.01	98.19	1.17

续表 6-2

编号	地理位置	异常级别				面积(km²)	异常平均值 ($\times 10^{-9}$)	面金属量 (km² 百分率)	预测资源量 (t)
		Au	As	Sb	Hg				
52-Au-A-27	兴义市地区	三	三	三	三	982	3.99	2 951.83	33.38
52-Au-A-28	兴隆地区	三	三	三	三	1 231	7.17	7 610.38	90.41
52-Au-C-29	巧马地区	三	三	三	三	324	15.22	4 614.25	52.18
52-Au-C-30	坝赖地区	三	一	三	一	29	643.82	18 725.75	222.47
52-Au-C-31	仓更地区	三	三	一		76	4.13	239.7	2.85
52-Au-靶-1	贞丰地区	三	三	一		36.79			
52-Au-靶-2	贞丰地区	二	二	三	二	23.77			
52-Au-靶-3	兴隆地区	二				4.77			
52-Au-靶-4	兴隆地区	二				13.17			
52-Au-靶-5	兴隆地区	三				39.03			
合计									794.65

注：Au 背景值：0.985×10^{-9}；异常衬度＝异常平均值／背景值；面金属量＝异常面积×（异常平均值－背景值）；预测资源量＝预测区面金属量／已知矿床面金属量×已知矿床资源量。

25 个 C 级找矿预测区（远景区）共计 56.64t。

按照预测类型统计其预测资源量结果为：31 个预测区中，52-Au-C-10（安顺市地区）类型不详。

微细浸染型：21 个，其中 A 级 3 个，B 级 3 个，C 级 15 个。共计预测资源量 780.60t；

石英脉型：9 个，其中 B 级 3 个，C 级 6 个。总计预测资源量 14.05t。

按照相似矿床统计其预测资源量结果为：

烂泥沟式金矿：5 个，其中 A 级 1 个，C 级 4 个。共计预测资源量 330.47t。

苗龙式金矿：5 个，其中 B 级 2 个，C 级 3 个。总计预测资源量 7.57t。

水银洞式金矿：11 个，其中 A 级 2 个，B 级 1 个，C 级 8 个。总计预测资源量 442.56t。

铜古式金矿：9 个，其中 B 级 3 个，C 级 6 个。总计预测资源量 14.05t。

1. 缠溪镇金矿预测区（52-Au-C-1）

缠溪镇金矿预测区（52-Au-C-1）位于贵州省印江县缠溪镇东面，地理坐标为东经 108°29′30″—108°47′00″，北纬 27°48′00″—28°03′00″，面积 439km²。预测区分布于梵净山穹状背斜上，背斜核部地层为中—新元古界浅变质岩系，发育有一系列超基性岩（灰绿岩）和酸性岩（花岗岩）岩体；翼部地层主要为寒武系。有多个石英脉型金矿床（点）及铜、钨、锡等矿产分布。

预测区内综合异常主要由 Au、Sb、As 元素构成，Au 元素异常共有 6 个，异常强度多达三级，总面积 80km² 左右；As、Sb 元素异常强度均达三级。

缠溪镇金矿预测区面积较大，Au-Sb-As 综合异常，特别是 Au 元素异常规模大、强度高，与已知金矿床（点）分布关系密切。预测区具有一定金矿找矿远景，预测级别为 C 级，预测石英脉型金矿资源量 0.79t。

2. 万山地区金矿预测区(52-Au-C-2)

万山地区金矿预测区(52-Au-C-2)位于贵州省万山特区,地理坐标为东经109°05′10″—109°23′00″,北纬27°24′00″—27°47′00″,面积418km²。预测区分布于下溪背斜南东翼和瓦层向斜之北西翼,北北东向、北东向、北东东向断裂极为发育,将走向北东向的中、下寒武统切割成众多断块。中、下寒武统中多个汞矿床(点)及铅锌等矿产构成了北东向的多金属成矿带,汞矿中有金矿化显示。

预测区内综合异常主要由Au、Sb、As元素构成,Au元素异常共有3个,其中2个异常强度达三级,1个为二级,总面积45km²左右;Hg、Sb元素异常涵盖整个预测区,规模最大,强度均达三级,As元素异常达二级。

万山地区金矿预测区面积较大,Au-Sb-As-Hg综合异常规模大,Au元素异常具有一定规模和强度,汞矿床中有金矿化显示。预测区具有一定金矿找矿远景,预测级别为C级,预测石英脉型金矿资源量0.45t。

3. 羊坪地区金矿预测区(52-Au-C-3)

羊坪地区金矿预测区(52-Au-C-3)位于贵州省三穗县至玉屏县之间,地理坐标为东经108°36′10″—108°46′00″,北纬26°57′00″—27°15′00″,面积496km²。预测区分布于三穗向斜上,北东东向断裂较为发育,背斜核部地层为寒武系碳酸盐岩、细碎屑岩,两翼为新元古界浅变质岩系。区内矿产以铅锌矿为特征,局部有金矿化显示。

预测区内综合异常主要由Au、As、Sb、Hg元素构成,Au元素异常共有6个,其中3个异常强度达三级,3个为二级,总面积113km²左右;Hg、Sb元素异常规模最大,强度分别达二、一级,As元素异常达三级。

羊坪地区金矿预测区面积较大,Au-As-Sb-Hg综合异常规模大,Au元素异常具有一定规模和强度,局部金矿化显示。预测区具有一定金矿找矿远景,预测级别为C级,预测石英脉型金矿资源量0.36t。

4. 天柱地区金矿预测区(52-Au-B-4)

天柱地区金矿预测区(52-Au-B-4)位于贵州省天柱县,地理坐标为东经108°54′20″—109°33′00″,北纬26°42′00″—27°10′00″,面积2 022km²。预测区主要褶皱有北东向大河边向斜和天柱向斜:大河边向斜核部地层为寒武系;天柱向斜核部地层为二叠系、侏罗系。其余广大地区地层为下江群浅变质岩系,北东向和北西向断裂较为发育,下江群浅变质岩系中有多处石英脉型金矿床产出。

预测区内共有7个综合异常,主要由Au、As、Sb、Hg元素构成,Au元素异常共有10个,其中8个异常强度达三级,2个为二级,总面积922km²左右;As、Hg、Sb元素异常规模大,As、Hg异常强度为三级,Sb元素异常达二级。

天柱地区金矿预测区面积大,Au-As-Sb-Hg综合异常规模大,Au元素异常具有一定规模和强度,石英脉型金矿分布广泛,成矿地质条件有利。预测区具有较大的金矿找矿远景,预测级别为B级,预测石英脉型金矿资源量8.80t。

5. 凯里地区金矿预测区(52-Au-C-5)

凯里地区金矿预测区(52-Au-C-5)位于贵州省凯里市一带,地理坐标为东经107°51′00″—108°08′00″,北纬26°32′00″—26°38′00″,面积212km²。预测区分布于凯里向斜上,地层以寒武系为主,次有奥陶系、泥盆系。区内北东向断裂构造发育,成矿地质条件与三都苗龙金矿较为相近。

预测区综合异常规模较大,由 Au、As、Sb、Hg 元素异常构成,Au 元素异常共有 3 个,其中规模较大的 Au 元素异常强度达三级,其余 2 个为二级,总面积 49km^2;As、Hg、Sb 元素异常规模大,As 异常强度为三级,Sb、Hg 元素异常达一级。

凯里地区金矿预测区面积较大,Au - As - Sb - Hg 综合异常规模大,Au 元素异常具有一定规模和强度,成矿地质条件有利。预测区具有一定金矿找矿前景,预测级别为 C 级,预测微细粒浸染型金矿资源量 0.94t。

6. 平秋地区金矿预测区(52 - Au - C - 6)

平秋地区金矿预测区(52 - Au - C - 6)位于贵州省锦屏县平秋镇一带,地理坐标为东经 108°59′40″—109°08′00″,北纬 26°36′10″—26°43′00″,面积 133km^2。预测区分布于南加背斜轴部,地层有下江群番召组、清水江组。区内北东向断裂构造发育,成矿地质条件较为有利。

预测区综合异常规模较大,由 Au、As、Hg 元素异常构成,Au 元素异常规模较大,异常强度达三级,面积 64km^2;As、Hg 元素异常规模较大,异常强度均为一级。

平秋地区金矿预测区面积较大,Au - As - Hg 综合异常规模大,Au 元素异常具有一定规模和强度,成矿地质条件有利,有已知石英脉型金矿或蚀变岩型金矿分布。预测区具有一定金矿找矿远景,预测级别为 C 级,预测石英脉型金矿或蚀变岩型金矿资源量 0.85t。

7. 敦寨地区金矿预测区(52 - Au - C - 7)

敦寨地区金矿预测区(52 - Au - C - 7)位于贵州省锦屏县敦寨镇至黎平县敖市镇一带,地理坐标为东经 108°51′00″—109°26′00″,北纬 26°20′00″—26°36′00″,面积 1 042km^2。预测区地层有下江群浅变质岩系,北东向断裂构造发育,成矿地质条件较为有利,有铜鼓金矿等一系列石英脉型金矿床(点)分布。

预测区有 3 个综合异常,由 Au、Hg 元素异常构成,4 个 Au 元素异常规模较大,4 个 Au 元素异常强度均达三级,面积 492km^2;Hg 元素异常规模较小,异常强度均为一级。

敦寨地区金矿预测区面积较大,Au - Hg 综合异常规模大,特别是 Au 元素异常规模大、强度高,成矿地质条件有利,有已知石英脉型金矿分布。预测区具有一定金矿找矿远景,预测级别为 C 级,预测石英脉型金矿资源量 1.20t。

8. 永乐地区金矿预测区(52 - Au - C - 8)

永乐地区金矿预测区(52 - Au - C - 8)位于贵州省锦屏县敦寨镇至黎平县敖市镇一带,地理坐标为东经 108°08′00″—108°22′30″,北纬 26°15′00″—26°29′00″,面积 335km^2。预测区地层有下江群浅变质岩系,北北东向断裂构造及过渡性剪切构造发育,成矿地质条件较为有利,矿产以锑矿为主,有金矿化显示。

预测区 Au - As - Sb - Hg 综合异常规模较大,以 Sb、As 元素异常为主,异常强度达三级。Au 元素异常 1 个,面积 29km^2,异常强度三级;Hg 元素异常强度为一级。

永乐地区金矿预测区面积较大,Au - As - Sb - Hg 综合异常规模大,有金矿化显示。预测区具有一定金矿找矿远景,预测级别为 C 级,预测石英脉型金矿资源量 1.18t。

9. 罐子窑地区金矿预测区(52 - Au - C - 9)

罐子窑地区金矿预测区(52 - Au - C - 9)位于贵州省普安县洒基至罐子窑一带,地理坐标为东经

104°30′00″—105°02′30″,北纬 25°50′00″—26°10′30″,面积 602km²。预测区地层有二叠系、三叠系,北北东向、北东向、北东东向构造发育,成矿地质条件较为有利。安顺市北面三叠系中、双堡二叠系中均有已知微细粒浸染型金矿点产出。

预测区共有 Au-As-Sb-Hg 综合异常 5 个,异常规模较大,Au、Sb、As、Hg 元素异常强度均达三级;Au 元素异常 5 个,总面积 66km²,1 个异常强度达三级,2 个二级,2 个一级。

罐子窑地区金矿预测区面积较大,Au-As-Sb-Hg 综合异常规模大;Au 元素异常具有一定规模和强度,并有金矿化显示。预测区具有一定金矿找矿远景,预测级别为 C 级,预测微细粒浸染型金矿资源量 11.44t。

10. 安顺市地区金矿预测区(52-Au-C-10)

安顺市地区金矿预测区(52-Au-C-10)位于贵州省安顺市—紫云县一带,地理坐标为东经 105°46′00″—106°16′30″,北纬 25°45′00″—26°17′30″,面积 2 054km²。预测区地层有石炭系、二叠系,北北东向、北东向、东西向构造发育,成矿地质条件较为有利。矿产以铅锌矿为主,有金矿化显示。

预测区 Au-As-Sb-Hg 综合异常规模较大,分属 2 个综合异常,异常强度高,Au、Sb、As、Hg 元素异常强度均达三级;Au 元素异常 9 个,总面积 529km²,7 个异常强度达三级,2 个二级。

安顺窑地区金矿预测区面积大,Au-As-Sb-Hg 综合异常规模大、强度高;Au 元素异常具有一定规模和强度,并有金矿点分布。预测区具有一定金矿找矿远景,预测级别为 C 级,预测矿床类型不明。

11. 丹寨地区金矿预测区(52-Au-B-11)

丹寨地区金矿预测区(52-Au-B-11)位于贵州省丹寨县、三都县至都匀市一带,地理坐标为东经 107°30′00″—108°10′00″,北纬 25°57′00″—26°18′30″,面积 1 608km²。预测区地层有下江群、南华系、震旦系、寒武系、奥陶系、泥盆系,南北向、北北东向、北东向构造发育,成矿地质条件较为有利。矿产有汞、金、锑、铅、锌等,已知微细粒浸染型金矿,不仅有独立矿床,还常伴生于汞、锑矿床(点)中。

预测区 Au-As-Sb-Hg 综合异常规模大、强度高,Au、As、Sb、Hg 元素异常强度均达三级,其中又以 Hg、Sb 元素异常规模最大。Au 元素异常分散于 Hg、Sb 元素异常中,共有 15 个,分属 3 个综合异常,总面积 295km²,12 个异常强度达三级,3 个二级。

丹寨地区金矿预测区面积较大,Au-As-Sb-Hg 综合异常规模大;Au 元素异常具有一定规模和强度,并有已知金矿床(点)分布。预测区具有较大金矿找矿远景,预测级别为 B 级,预测微细粒浸染型金矿资源量 5.10t。

12. 黎平地区金矿预测区(52-Au-C-12)

黎平地区金矿预测区(52-Au-C-12)位于贵州省黎平县一带,地理坐标为东经 109°00′20″—109°09′00″,北纬 26°10′00″—26°07′30″,面积 134km²。预测区地层主要为下江群平略组、隆里组,次有震旦系、石炭系、二叠系,断裂构造以北东向张性断裂较为发育。北东向断裂构造附近有石英脉型金矿(化)点分布。

预测区 Au-As-Sb-Hg 综合异常规模较大、强度较高。Au 元素异常面积 64km²,强度达三级,As、Hg、Sb 元素异常强度为一级。

黎平地区金矿预测区面积较大,Au-As-Sb-Hg 综合异常具有一定规模和强度,有已知石英脉金矿点分布。预测区具有一定金矿找矿远景,预测级别为 C 级,预测石英脉型金矿资源量 0.05t。

13. 水口地区金矿预测区(52-Au-C-13)

水口地区金矿预测区(52-Au-C-13)位于贵州省黎平县水口镇一带,地理坐标为东经109°00′05″—109°27′00″,北纬25°44′00″—26°04′30″,面积936km²。预测区地层主要为丹洲群至南华系浅变质岩系,构造以北东向褶皱和北东—北东东向断裂较为发育。石英脉型金矿床(点)分布。

预测区共有Au-As-Sb-Hg综合异常4个,Au元素异常4个。Au元素异常总面积70km²,强度达三级,As、Hg元素异常强度为三级,Sb元素异常强度为二级。

水口地区金矿预测区面积较大,Au-As-Sb-Hg综合异常具有一定规模和强度,有已知石英脉型金矿床(点)分布。预测区具有一定金矿找矿远景,预测级别为C级,预测石英脉型金矿资源量0.60t。

14. 石桥地区金矿预测区(52-Au-C-14)

石桥地区金矿预测区(52-Au-C-14)位于贵州省盘县县平关—乐民—民主—老厂一带,地理坐标为东经106°17′25″—106°56′00″,北纬25°27′00″—25°48′20″,面积1 034km²。预测区分布于小竹箐背斜和莲花山背斜上,地层主要二叠系,次有泥盆系、石炭系、三叠系,断裂构造以北东向为主,北北东向、北北西向断裂次之。预测区内有已知微细粒浸染型金矿床(点)分布。

预测区内Au-As-Sb-Hg综合异常规模大、强度高。共有5个Au元素异常,异常总面积242km²,强度达三级,Au、As、Sb、Hg元素异常强度均为三级。

石桥地区金矿预测区面积大,Au-As-Sb-Hg综合异常规模大、强度高,成矿地质条件有利,有已知微细粒浸染型金矿床(点)分布。预测区具有一定金矿找矿远景,预测级别为C级,预测微细粒浸染型金矿资源量43.08t。

15. 大厂地区金矿预测区(52-Au-C-15)

大厂地区金矿预测区(52-Au-C-15)位于贵州省晴隆县大厂一带,地理坐标为东经104°57′00″—105°18′30″,北纬25°34′00″—25°50′00″,面积721km²。预测区分布于碧痕营背斜上,地层主要为二叠系,次有三叠系,断裂构造以北东向为主。预测区内有已知微细粒浸染型金矿床(点)分布,金矿与锑矿为共(伴)生关系。

预测区内Au-As-Sb-Hg综合异常规模大、强度高。Au元素异常面积242km²,Au、As、Sb元素异常强度为三级,Hg元素异常强度为二级。

大厂地区金矿预测区面积大,Au-As-Sb-Hg综合异常规模大、强度高,成矿地质条件有利,有已知微细粒浸染型金矿床(点)分布。预测区具有一定金矿找矿远景,预测级别为C级,预测微细粒浸染型金矿资源量69.72t。

16. 斗省地区金矿预测区(52-Au-C-16)

斗省地区金矿预测区(52-Au-C-16)位于贵州省紫云县猴场—长顺县斗省一带,地理坐标为东经106°15′30″—106°30′30″,北纬26°28′30″—26°47′30″,面积630km²。预测区分布于长顺背斜上,地层主要有泥盆系、石炭系、二叠系。预测区内有已知汞矿(化)点分布,及微细粒浸染型金矿化显示。

预测区内Au-As-Sb-Hg综合异常规模大、强度高。共有Au元素异常5个,总异常面积184km²,Au、Hg、Sb元素异常强度为三级,As元素异常强度为二级。

斗省地区金矿预测区面积大,Au-As-Sb-Hg综合异常规模大、强度高,成矿地质条件较为有利,有已知微细粒浸染型金矿化显示。预测区具有一定金矿找矿远景,预测级别为C级,预测微细粒浸染型金矿资源量115.69t。

17. 独山地区金矿预测区(52-Au-C-17)

独山地区金矿预测区(52-Au-C-17)位于贵州省独山县一带,地理坐标为东经107°26′30″—107°45′00″,北纬25°40′30″—25°51′30″,面积423km^2。预测区分布于北北东向王司背斜核部,靠近南倾没端,地层主要有泥盆系、石炭系。预测区内矿产以锑矿为主,有已知汞矿(化)点分布,汞矿化点上有微细粒浸染型金矿化显示。

预测区内Au-As-Sb-Hg综合异常规模大、强度高。共有Au元素异常3个,异常总面积33km^2,Au、As、Hg、Sb元素异常强度均达三级。

独山地区金矿预测区面积大,Au-As-Sb-Hg综合异常规模大、强度高,Au元素异常具有一定规模和强度,成矿地质条件较为有利,有微细粒浸染型金矿化显示。预测区具有一定金矿找矿远景,预测级别为C级,预测微细粒浸染型金矿资源量9.27t。

18. 九阡地区金矿预测区(52-Au-C-18)

九阡地区金矿预测区(52-Au-C-18)位于贵州省三都县九阡—荔波县茂兰一带,地理坐标为东经108°02′00″—108°15′30″,北纬25°26′30″—25°45′00″,面积447km^2。预测区分布于扬子陆块南部被动边缘褶冲带与雪峰山基底逆推带接触带,地层主要有南华系、震旦系、寒武系、泥盆系、石炭系。预测区内有已知铅锌矿、金矿(化)点分布。

预测区内Au-As-Sb-Hg综合异常规模大、强度高。共有Au元素异常2个,异常总面积158km^2,Au、As、Sb元素异常强度均达三级,Hg元素异常强度为一级。

九阡地区金矿预测区面积大,Au-As-Sb-Hg综合异常规模大、强度高,Au元素异常具有较大的规模和较高强度,成矿地质条件较为有利,有微细粒浸染型金矿点分布。预测区具有一定金矿找矿远景,预测级别为C级,预测微细粒浸染型金矿资源量0.72t。

19. 宰便地区金矿预测区(52-Au-C-19)

宰便地区金矿预测区(52-Au-C-19)位于贵州省从江县宰便一带,地理坐标为东经108°20′00″—108°35′10″,北纬25°19′30″—25°41′00″,面积791km^2。预测区分布于雪峰山基底逆推带西南部,地层主要为中、新元古界浅变质岩系,有花岗岩、超基性岩浆岩体分布,北西向、北北东向、北东向断裂构造发育。预测区内有已知铜多金属矿、金矿床(点)分布。

预测区内Au-As-Sb-Hg综合异常规模大、强度高。共有Au元素异常5个,异常总面积274km^2,Au、As元素异常强度均达三级,Sb元素异常强度均达二级,Hg元素异常强度为一级。

宰便地区金矿预测区面积大,Au-As-Sb-Hg综合异常规模大、强度高,Au元素异常具有较大的规模和较高强度,成矿地质条件较为有利,有微细粒浸染型金矿床(点)分布。预测区具有一定金矿找矿远景,预测级别为C级,预测石英脉型金矿资源量0.23t。

20. 从江地区金矿预测区(52-Au-C-20)

从江地区金矿预测区(52-Au-C-20)位于贵州省从江县一带,地理坐标为东经108°42′00″—109°04′10″,北纬25°30′30″—25°50′00″,面积750km^2。预测区分布于雪峰山基底逆推带西南部,地层主要为中、新元古界浅变质岩系,有花岗岩、超基性岩浆岩体分布,北东向、北西向断裂构造发育。预测区内有石英脉型金矿化显示。

预测区内Au-As-Sb-Hg综合异常具有一定规模和强度。共有Au元素异常5个,异常总面积123km^2,1个Au元素异常强度达三级,3个二级,1个一级;As、Sb、Hg元素异常强度均为三级。

从江地区金矿预测区面积大,Au-As-Sb-Hg综合异常具有一定规模和强度,成矿地质条件与水口、宰便等石英脉型金成矿区相近,有微细粒浸染型金矿化显示。预测区具有一定金矿找矿远景,预测级别为C级,预测石英脉型金矿资源量0.17t。

21. 楼下地区金矿预测区(52-Au-C-21)

楼下地区金矿预测区(52-Au-C-21)位于贵州省普安县楼下一带,地理坐标为东经104°50′00″—105°05′10″,北纬25°20′30″—25°07′00″,面积161km^2。预测区分布于北东向背斜上,轴部地层为二叠系,翼部地层为三叠系,峨眉山玄武岩发育,背斜轴向断裂构造密集。预测区内有微细粒浸染型金矿床(点)分布。

预测区内Au-As-Sb-Hg综合异常规模大、强度高。共有Au元素异常2个,异常总面积50km^2,1个Au元素异常强度达三级,1个二级;As、Sb元素异常强度为三级,Hg元素异常强度为一级。

楼下地区金矿预测区面积大,Au-As-Sb-Hg综合异常具有一定规模和强度,成矿地质条件有利,有已知泥堡微细粒浸染型金矿床分布。预测区具一定金矿找矿远景,预测级别为C级,预测微细粒浸染型金矿资源量6.22t。

22. 戈塘地区金矿预测区(52-Au-B-22)

戈塘地区金矿预测区(52-Au-B-22)位于贵州省兴仁县雨樟—安龙县戈塘一带,地理坐标为东经105°06′00″—105°17′10″,北纬25°13′10″—25°24′00″,面积273km^2。预测区分布于北西向五指山背斜上,轴部地层为二叠系,翼部地层为三叠系,北东向、东西向、北西向断裂构造密集。预测区内有微细粒浸染型金矿床(点)分布。

预测区内Au-As-Sb-Hg综合异常规模大、强度高。共有Au元素异常2个,异常总面积130km^2,2个Au元素异常强度均为三级;As、Sb、Hg元素异常强度均为三级。

戈塘地区金矿预测区面积大,Au-As-Sb-Hg综合异常规模大、强度高,成矿地质条件有利,有已知戈塘微细粒浸染型金矿床分布。预测区具有较大金矿找矿远景,预测级别为B级,预测微细粒浸染型金矿资源量35.08t。

23. 贞丰地区金矿预测区(52-Au-A-23)

贞丰地区金矿预测区(52-Au-A-23)位于贵州省兴仁县回龙—贞丰白层一带,地理坐标为东经105°21′00″—106°02′00″,北纬25°15′10″—25°39′30″,面积957km^2。预测区分布于北西向灰家堡背斜上,轴部出露地层为二叠系龙潭组,翼部地层为三叠系,北东向、北北东向、北西向断裂构造发育。预测区内有微细粒浸染型金矿床(点)分布。

预测区内Au-As-Sb-Hg综合异常规模大、强度高。共有Au元素异常6个,异常总面积103km^2,5个Au元素异常强度均为三级,1个为二级;As、Sb、Hg元素异常强度均为三级。

贞丰地区金矿预测区面积大,Au-As-Sb-Hg综合异常规模大、强度高,成矿地质条件有利,有已知水银洞微细粒浸染型金矿床分布。预测区具有较大金矿找矿远景,圈出了52-Au-靶-1、52-Au-靶-2两个C级找矿靶区,预测级别为A级,预测微细粒浸染型金矿资源量54.24t。

24. 沫阳地区金矿预测区(52-Au-C-24)

沫阳地区金矿预测区(52-Au-C-24)位于贵州省罗甸县逢亭—沫阳一带,地理坐标为东经106°29′00″—106°59′20″,北纬25°26′10″—25°35′00″,面积455km^2。预测区分布于南盘江-右江前陆盆地与都匀滑脱褶皱带过渡区域,东西向、北东东向褶皱、断裂发育,出露地层主要为三叠系。预测区内有微细粒浸染型金矿化(点)分布。

预测区内 Au-As-Sb-Hg 综合异常具有一定规模和强度。共有 Au 元素异常 3 个,异常总面积 162km^2,1 个 Au 元素异常强度为三级,2 个为二级;Hg 元素异常强度为三级,As 元素异常强度为二级,Sb 元素异常强度为一级。

沫阳地区金矿预测区面积大,Au-As-Sb-Hg 综合异常具有一定规模和强度,成矿地质条件较为有利,有已知微细粒浸染型金矿(化)点分布。预测区具有一定金矿找矿远景,预测级别为 C 级,预测微细粒浸染型金矿资源量 13.57t。

25. 麻山地区金矿预测区(52-Au-C-25)

麻山地区金矿预测区(52-Au-C-25)位于贵州省望谟县新屯—麻山一带,地理坐标为东经 106°05′00″—106°11′20″,北纬 25°09′10″—25°20′40″,面积 423km^2。预测区主体分布于乐旺背斜上,东西向、北东—北东东向断裂发育,轴部出露地层有泥盆系、石炭系,两翼为二叠系、三叠系。预测区内有微细粒浸染型金矿床(点)分布。

预测区内 Au-As-Sb-Hg 综合异常具有一定规模和强度。共有 Au 元素异常 3 个,异常总面积 90km^2,1 个 Au 元素异常强度为三级,2 个为二级;Hg、As、Sb 元素异常强度均达三级。

麻山地区金矿预测区面积大,Au-As-Sb-Hg 综合异常具有一定规模和强度,成矿地质条件较为有利,有已知微细粒浸染型金矿床(点)分布。预测区具有一定金矿找矿远景,预测级别为 C 级,预测微细粒浸染型金矿资源量 12.26t。

26. 罗悃地区金矿预测区(52-Au-C-26)

罗悃地区金矿预测区(52-Au-C-26)位于贵州省罗甸县罗悃镇羊里一带,地理坐标为东经 106°37′00″—106°45′00″,北纬 25°10′00″—25°13′00″,面积 49km^2。预测区分布于羊里背斜上,出露地层有石炭系、二叠系、三叠系。预测区内有微细粒浸染型金矿床(点)及汞矿点分布。

预测区内 Au-As-Sb-Hg 综合异常具有一定规模和强度。共有 Au 元素异常 2 个,异常总面积 19km^2,2 个 Au 元素异常强度均达二级;As、Sb 元素异常强度达二级,Hg 元素异常强度为一级。

罗悃地区金矿预测区有一定面积,Au-As-Sb-Hg 综合异常具有一定规模和强度,成矿地质条件较为有利,有已知微细粒浸染型金矿床(点)分布。预测区具有一定金矿找矿远景,预测级别为 C 级,预测微细粒浸染型金矿资源量 1.17t。

27. 兴义市地区金矿预测区(52-Au-A-27)

兴义市地区金矿预测区(52-Au-A-27)位于贵州省兴义市一带,地理坐标为东经 104°37′00″—105°07′00″,北纬 24°11′30″—25°11′00″,面积 982km^2。预测区主体分布于雄武背斜上,核部出露地层有石炭系、二叠系,两翼为三叠系。预测区内有微细粒浸染型金矿床(点)及汞矿点分布。

预测区内 Au-As-Sb-Hg 综合异常规模大、强度高,异常不但与已知成矿地层——二叠系关系密切,三叠系上异常也极为发育。共有 Au 元素异常 4 个,其中沿背斜轴部发育的 1 个异常规模最大,异常面积 447km^2,其他 3 个异常较小,4 个 Au 元素异常强度均达三级;As、Sb、Hg 元素异常强度均为三级。

兴义地区金矿预测区面积大,Au-As-Sb-Hg 综合异常规模大、强度高,成矿地质条件较为有利,有已知微细粒浸染型金矿床(点)分布。预测区具有较大金矿找矿远景,预测级别为 A 级,预测微细粒浸染型金矿资源量 33.38t。

28. 兴隆地区金矿预测区(52-Au-A-28)

兴隆地区金矿预测区(52-Au-A-28)位于贵州省安龙县—册亨县一带,地理坐标为东经105°27′00″—105°53′00″,北纬24°57′00″—25°18′00″,面积1 231km²。预测区主体分布于赖子山短轴背斜上,核部出露地层有石炭系、二叠系,两翼为三叠系。预测区内有烂泥沟等微细粒浸染型金矿床(点)及汞矿点分布。

预测区内Au-As-Sb-Hg综合异常规模大、强度高,异常浓集中心位于预测区东南部的赖子山短轴背斜核部,向西北面异常强度逐渐降低。共有Au元素异常6个,其中沿背斜轴部发育的1个异常规模最大,异常面积566km²,预测区西北部的5个异常较小,6个Au元素异常中,5个强度达三级,1个为二级;As、Sb、Hg元素异常强度均为三级。

兴隆地区金矿预测区面积大,Au-As-Sb-Hg综合异常规模大、强度高,成矿地质条件较为有利,有已知微细粒浸染型金矿和汞矿床(点)分布。预测区具有较大金矿找矿远景,预测级别为A级,圈出了52-Au-靶-3、52-Au-靶-4、52-Au-靶-5共3个C级找矿靶区,预测微细粒浸染型金矿资源量90.41t。

29. 巧马地区金矿预测区(52-Au-C-29)

巧马地区金矿预测区(52-Au-C-29)位于贵州省册亨县巧马—板其一带,地理坐标为东经105°30′00″—105°46′00″,北纬24°44′30″—24°56′00″,面积324km²。预测区主体分布于板其短轴背斜上,核部出露地层为二叠系,翼部为三叠系。预测区内有板其等微细粒浸染型金矿床(点)分布。

预测区内Au-As-Sb-Hg综合异常规模大、强度高,异常浓集中心位于预测区南部的板其短轴背斜核部,北部异常强度相对较弱。2个Au元素异常强度均为三级,异常总面积139km²;As、Sb、Hg元素异常强度均为三级。

巧马地区金矿预测区面积大,Au-As-Sb-Hg综合异常规模大、强度高,成矿地质条件较为有利,有已知微细粒浸染型金矿分布。预测区具有一定金矿找矿远景,预测级别为C级,预测微细粒浸染型金矿资源量52.18t。

30. 坝赖地区金矿预测区(52-Au-C-30)

坝赖地区金矿预测区(52-Au-C-30)位于贵州省册亨县坝赖乡百地一带,地理坐标为东经106°00′10″—106°02′40″,北纬24°40′10″—24°45′00″,面积29km²。预测区主体分布于百地北西向次级背斜上,背斜轴向断裂发育,出露地层为中三叠统碎屑岩。预测区内有百地微细粒浸染型金矿床。

预测区内Au-As-Sb-Hg综合异常规模较小,但强度高。Au元素异常面积小(4km²),但异常强度特别高(三级),为贵州省含量最高的Au元素单点异常;Sb元素异常强度为三级,As、Hg元素异常强度为一级。

坝赖地区金矿预测区面积小,Au-As-Sb-Hg综合异常规模小,但Au元素异常强度高,成矿地质条件较为有利,有已知微细粒浸染型金矿床分布。预测区具有一定金矿找矿远景,预测级别为C级,预测微细粒浸染型金矿资源量222.47t。

31. 仓更地区金矿预测区(52-Au-C-31)

仓更地区金矿预测区(52-Au-C-31)位于贵州省兴义市仓更区陇纳一带,地理坐标为东经104°37′20″—106°45′00″,北纬24°36′30″—24°43′30″,面积76km²。预测区分布于北东向断裂附近,出露地层为中三叠统碎屑岩。预测区内有陇纳微细粒浸染型金矿床。

预测区内综合异常规模较小,但强度较高,由 Au、As、Sb 元素异常构成。Au 元素异常面积较小 (9km²),但异常强度达三级;As 元素异常强度为三级,Sb 元素异常强度为一级。

仓更地区金矿预测区面积较小,综合异常规模也较小,但 Au 元素异常强度较高,成矿地质条件较为有利,有已知微细粒浸染型金矿床分布。预测区具有一定金矿找矿远景,预测级别为 C 级,预测微细粒浸染型金矿资源量 2.85t。

二、锑矿

通过对贵州 3 个锑矿典型矿床(晴隆大厂锑矿、独山半坡锑矿、榕江八蒙锑矿)的研究、3 个锑矿预测工作区——贵州晴隆大厂地区、独山地区、雷山—榕江地区锑矿资源地球化学预测模型建立和定量预测方法研究示范工作的开展,在贵州省境内利用 Sb-Hg-As-Au 等元素组合异常的套合关系及主矿种锑的地球化学异常分布特征,圈定了 8 个锑地球化学找矿预测区(图 6-2),根据各找矿预测区的出露地层、构造方向、相似矿床进行了预测类型的判别(表 6-3)。

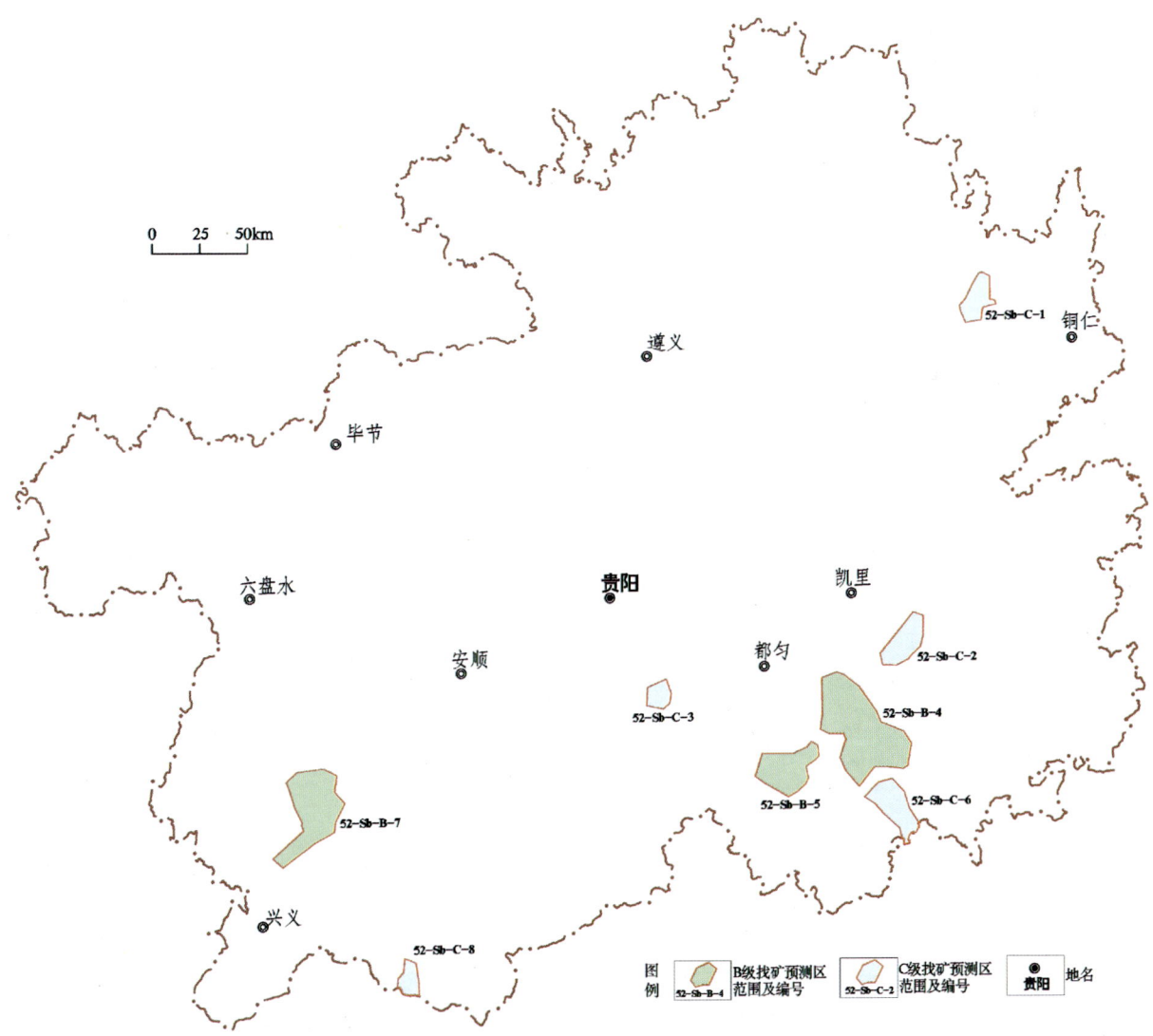

图 6-2　贵州省锑地球化学找矿预测区分布示意图

表 6-3　贵州省锑地球化学找矿预测区预测类型及地质构造简表

编号	出露地层	构造方向	预测类型	相似矿床
52-Sb-C-1	Pt_3j、Pt_2h	南北	浅变质岩中热液型	八蒙锑矿
52-Sb-C-2	$S\Sigma x$	北东	浅变质岩中热液型	八蒙锑矿
52-Sb-C-3	D_3w-y	北西	碎屑岩脉状热液型	半坡锑矿
52-Sb-B-4	$\in y-s$、D_1d-s、$\in_1 z$	南北	浅变质岩中热液型	**八蒙锑矿**
52-Sb-B-5	D_1d-s	北东	碎屑岩脉状热液型	**半坡锑矿**
52-Sb-C-6	$\in_2 d$、$\in_1 z$、D_3-C_1z-td	北东	浅变质岩中热液型	八蒙锑矿
52-Sb-B-7	P_1m、P_2l、$P_{1-2}em$	北东	火山岩中热液型	**大厂锑矿**
52-Sb-C-8	P_1hz	北东	碎屑岩脉状热液型	半坡锑矿

注：相似矿床中下画线斜体加粗字体矿床为已知矿床。

分别对各锑地球化学找矿预测区(远景区)的预测区编号、预测区地理名称(所在地地名)、预测区内相关元素的异常强度(一、二、三级异常区分)、预测区面积(km^2)、主成矿元素异常平均值、背景值、面金属量、预测级别、预测资源量等地球化学参数进行了统计,见表6-4。

表 6-4　贵州省锑地球化学找矿预测区参数统计一览表

编号	地理位置	异常级别				面积(km^2)	异常平均值($\times 10^{-6}$)	面金属量(km^2百分率)	预测资源量(万t)
		Sb	As	Hg	Au				
52-Sb-C-1	印江地区	三	三		三	267	18.86	4 705.68	2.19
52-Sb-C-2	雷山地区	三	三	一	三	354	6.23	1 770.94	0.83
52-Sb-C-3	摆金镇地区	三	三	三	三	142	9.5	1 175.31	0.28
52-Sb-B-4	三都地区	三	三	三	三	1 446	10.79	13 815.78	6.44
52-Sb-B-5	独山地区	三	三	三	三	527	97.68	50 824.69	12.08
52-Sb-C-6	九阡镇地区	三	三	三	三	416	6.04	2 000.62	0.93
52-Sb-B-7	大厂镇地区	三	三	三	三	893	41.33	35 787.65	2.86
52-Sb-C-8	巧马镇地区	三	三	三	三	151	26.08	3 741.15	0.89
合计									26.5

注：Sb背景值:1.234×10^{-6};异常衬度=异常平均值/背景值;面金属量=异常面积×(异常平均值-背景值);预测资源量=预测区面金属量/已知矿床面金属量×已知矿床资源量。

根据分级要求,共圈定B级找矿预测区(远景区)3个,编号为52-Sb-B-4、52-Sb-B-5、52-Sb-B-7,分布于贵州榕江八蒙、独山半坡、晴隆大厂一带;C级找矿预测区(远景区)5个。缺少锑矿的中大比例尺化探资料,故未圈定找矿靶区。

根据已知矿床资源量,通过公式:预测资源量=预测区面金属量/已知矿床面金属量×已知矿床资源量,对找矿预测区(远景区)进行了资源量估算,总计预测资源量 26.50 万 t(包含已知矿床 21.38 万 t)。

按照预测级别统计其预测资源量结果为:

3 个 B 级找矿预测区(远景区)共计 21.38 万 t。

5 个 C 级找矿预测区(远景区)共计 5.12 万 t。

按照预测类型和相似矿床统计其预测资源量结果为:

浅变质岩中热液型八蒙式锑矿:4 个,其中 B 级 1 个,C 级 3 个。共计预测资源量 10.39 万 t。

碎屑岩脉状热液型半坡式锑矿:3 个,其中 B 级 1 个,C 级 2 个。总计预测资源量 13.25 万 t。

火山岩中热液型大厂式锑矿:1 个 B 级,预测资源量 2.86 万 t。

1. 印江地区锑矿预测区(52 - Sb - C - 1)

印江地区锑矿预测区(52 - Sb - C - 1)位于贵州省印江县木黄至江口县西北部一带,地理坐标为东经 $108°10'10''—108°35'00''$,北纬 $27°48'10''—28°02'30''$,面积 $267km^2$。预测区分布于梵净山穹状背斜上,背斜核部地层为中—新元古界浅变质岩系,发育有一系列超基性岩(灰绿岩)和酸性岩(花岗岩)岩体;翼部地层主要为寒武系。有多个锑矿点和金、铜、钨、锡等矿床(点)分布。

预测区内综合异常规模较大、强度较高,由 Sb、Au、As 元素异常构成。Sb 元素异常面积较大($192km^2$),异常强度三级;As、Sb 元素异常强度均为三级。

印江地区锑矿预测区面积较大,综合异常规模也较大,Sb 元素异常强度较高,成矿地质条件较为有利,有已知锑矿点分布。预测区具有一定锑矿找矿远景,预测级别为 C 级,预测浅变质岩中热液型八蒙式锑矿资源量 2.19 万 t。

2. 雷山地区锑矿预测区(52 - Sb - C - 2)

雷山地区锑矿预测区(52 - Sb - C - 2)位于贵州省雷山县东部,地理坐标为东经 $108°08'10''—108°46'00''$,北纬 $26°15'00''—26°29'30''$,面积 $354km^2$。预测区分布于新元古界浅变质岩系分布区,发育有一系列北东向、北北东断裂构造,预测区西南部过渡性剪切构造发育。有多个锑矿床(点)分布。

预测区内综合异常规模较大、强度较高,由 Sb、Au、As、Hg 元素异常构成。Sb 元素异常面积较大($218km^2$),异常强度三级;As、Sb 元素异常强度为三级,Hg 元素异常强度为一级。

雷山地区锑矿预测区面积较大,综合异常规模也较大,Sb 元素异常强度较高,成矿地质条件较为有利,有已知锑矿床(点)分布。预测区具有一定锑矿找矿远景,预测级别为 C 级,预测浅变质岩中热液型八蒙式锑矿资源量 0.83 万 t。

3. 摆金镇地区锑矿预测区(52 - Sb - C - 3)

摆金镇地区锑矿预测区(52 - Sb - C - 2)位于贵州省惠水县摆金镇东部,地理坐标为东经 $106°53'20''—107°01'30''$,北纬 $26°05'00''—26°13'10''$,面积 $142km^2$。预测区分布于北北东向背斜核部,地层为泥盆系、石炭系,岩性为碳酸盐岩、碎屑岩组合,北东向、北西向断裂构造发育。有砷、锑矿点分布。

预测区内综合异常具有一定规模,且异常强度较高,由 Sb、Au、As、Hg 元素异常构成。Sb 元素异常面积较大($84km^2$),异常强度三级;As、Sb、Hg 元素异常强度均为三级。

摆金镇地区锑矿预测区面积较大,综合异常规模也较大,Sb 元素异常强度较高,成矿地质条件较为有利,有已知锑矿点分布。预测区具有一定锑矿找矿远景,预测级别为 C 级,预测碎屑岩脉状热液型半坡式锑矿资源量 0.28 万 t。

4. 三都地区锑矿预测区(52 - Sb - B - 4)

三都地区锑矿预测区(52 - Sb - B - 4)位于贵州省丹寨、三都及榕江县西部一带,地理坐标为东经

107°47′00″—108°16′30″,北纬 25°42′00″—26°14′00″,面积 1 446km²。预测区分布于三(都)-丹(寨)汞、金锑成矿带及榕江锑、金成矿区上,地层为青白口系至寒武系,岩性有浅变质岩及碳酸盐岩、碎屑岩组合,南北向、北北东向、北东向褶皱、断裂构造发育。有众多汞锑、金矿床(点)分布,八蒙锑矿分布其中。

预测区内综合异常规模大,且异常强度高,由 Sb、Au、As、Hg 元素异常构成。Sb 元素异常面积大(847km²),异常强度三级;As、Sb、Hg 元素异常强度均为三级。

三都地区锑矿预测区面积大,综合异常规模大,Sb 元素异常强度较高,成矿地质条件较为有利,有较多的已知锑矿床(点)分布。预测区具有较好锑矿找矿远景,预测级别为 B 级,预测浅变质岩中热液型八蒙式锑矿资源量 6.44 万 t。

5. 独山地区锑矿预测区(52 - Sb - B - 5)

独山地区锑矿预测区(52 - Sb - B - 5)位于贵州省独山县一带,地理坐标为东经 107°66′10″—107°46′30″,北纬 25°40′00″—25°55′00″,面积 527km²。预测区分布于北北东向王司背斜南段轴部,属独山锑矿成矿区,地层为泥盆系—石炭系,岩性为碳酸盐岩、碎屑岩组合,北东向、北西向断裂构造发育。有锑矿床(点)分布。

预测区内综合异常规模大,且异常强度高,由 Sb、Au、As、Hg 元素异常构成。Sb 元素异常面积大(376km²),异常强度三级;As、Sb、Hg 元素异常强度均为三级。

独山地区锑矿预测区面积大,综合异常规模大,Sb 元素异常强度高,成矿地质条件有利,有较多的已知锑矿床(点)分布。预测区具有较好锑矿找矿远景,预测级别为 B 级,预测碎屑岩脉状热液型半坡式锑矿资源量 12.08 万 t。

6. 九阡镇地区锑矿预测区(52 - Sb - C - 6)

九阡镇地区锑矿预测区(52 - Sb - C - 6)位于贵州省三都县九阡镇至荔波县东北部一带,地理坐标为东经 108°01′30″—108°16′20″,北纬 25°25′20″—25°44′00″,面积 416km²。预测区处于扬子陆块南部被动边缘褶冲带与雪峰山基底逆推带接触部位,分布于榕江锑、金多金属成矿区南面,地层为青白口系—寒武系,岩性有浅变质岩及碳酸盐岩、碎屑岩组合,北东向、北北东向、北西向褶皱、断裂构造发育。

预测区内综合异常规模大,且异常强度高,由 Sb、Au、As、Hg 元素异常构成。Sb 元素异常面积大(283km²),异常强度三级;As、Sb 元素异常强度为三级,Hg 元素异常强度为一级。

九阡镇地区锑矿预测区面积大,综合异常规模大,Sb 元素异常强度高,成矿地质条件有利。预测区具有一定锑矿找矿远景,预测级别为 C 级,预测浅变质岩中热液型八蒙式锑矿资源量 0.93 万 t。

7. 大厂镇地区锑矿预测区(52 - Sb - B - 7)

大厂镇地区锑矿预测区(52 - Sb - B - 7)位于贵州省晴隆县大厂镇一带,地理坐标为东经 104°57′00″—105°18′00″,北纬 25°22′00″—25°48′10″,面积 893km²。预测区分布于碧痕营背斜上,地层主要为二叠系,次有三叠系,断裂构造以北东向为主。预测区内有多个产于茅口组与峨眉山玄武岩(龙潭组)接触带的锑矿床及微细粒浸染型金矿床(点)分布,火山岩中热液型大厂式锑矿分布于其中,金矿与锑矿为共(伴)生关系。

预测区内综合异常规模大,且异常强度高,由 Sb、Au、As、Hg 元素异常构成。Sb 元素异常面积大(776km²),异常强度三级;As、Sb 元素异常强度为三级,Hg 元素异常强度为二级。

大厂镇地区锑矿预测区面积大,综合异常规模大,Sb 元素异常强度高,成矿地质条件有利,有较多的已知锑矿床(点)分布。预测区具有较好锑矿找矿远景,预测级别为 B 级,预测火山岩中热液型大厂式锑矿资源量 2.86 万 t。

8. 巧马镇地区锑矿预测区(52-Sb-C-8)

巧马镇地区锑矿预测区(52-Sb-C-8)位于贵州省册亨县丫他、板其一带,地理坐标为东经105°35′10″—105°42′10″,北纬24°45′30″—24°56′20″,面积151km²。预测区主体分布于板其短轴背斜上,核部出露地层为二叠系,翼部为三叠系。预测区内有板其等微细粒浸染型金矿床(点)及2个锑矿点分布。

预测区内综合异常具有一定规模,且异常强度高,由Sb、Au、As、Hg元素异常构成。Sb元素异常面积较大(71km²),异常强度三级;As、Sb、Hg元素异常强度均为三级。

巧马镇地区锑矿预测区面积较大,综合异常具有一定规模,Sb元素异常强度高,成矿地质条件有利,有已知锑矿点分布。预测区具有一定锑矿找矿远景,预测级别为C级,预测碎屑岩脉状热液型半坡式锑矿资源量0.89万t。

三、汞矿

通过对贵州万山杉木董汞矿、务川木油厂汞矿、丹寨宏发厂汞矿等汞典型矿床,以及务川、万山、丹寨—三都等地区汞矿床(点)与地球化学异常关系的研究,并参考滥木厂汞矿地球化学特征,以Hg元素异常面金属量为主要预测要素,即预测变量,参考Hg-Au-As-Sb元素综合异常(圈定地球化学找矿预测区的依据),圈定了16个汞矿地球化学找矿预测区(远景区)(图6-3),根据各地球化学找矿预测区的出露地层、构造方向、相似矿床进行了预测类型的判别(表6-5)。

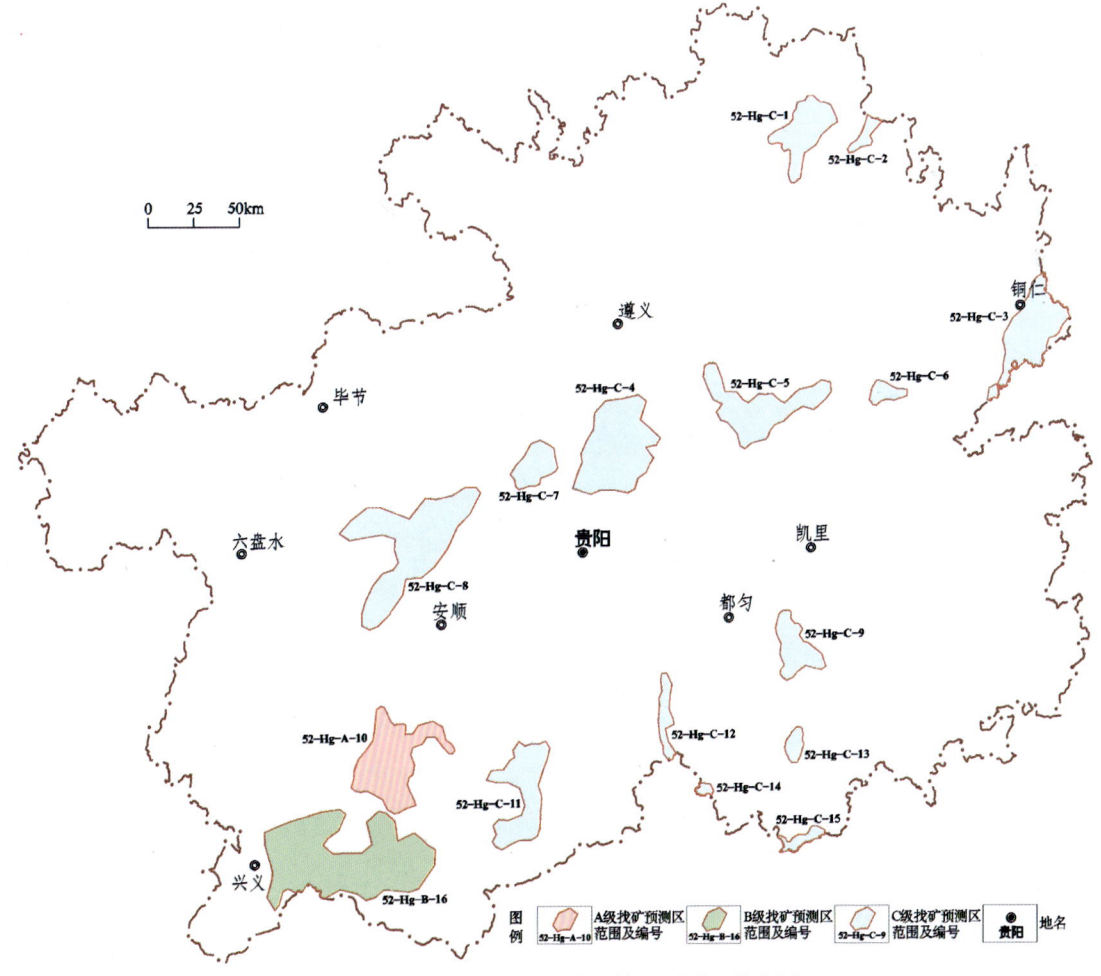

图6-3 贵州省汞矿地球化学找矿预测区分布图

表 6-5 贵州省汞矿地球化学找矿预测区预测类型简表

预测区编号	出露地层	构造方向	预测类型	相似矿床
52-Hg-C-1	$\in$、O、S	北北东	碳酸盐岩型	木油厂汞矿
52-Hg-C-2	$\in$、O、S	北北东	碳酸盐岩型	木油厂汞矿
52-Hg-C-3	Pt_3^1、Pt_3^2、Pt_3^3、$\in$	北东	碳酸盐岩型	杉木董汞矿
52-Hg-C-4	$\in$、O、S、P、T	北东	碳酸盐岩型	木油厂汞矿
52-Hg-C-5	Pt_3^1、Pt_3^2、Pt_3^3、$\in$	北东	碳酸盐岩型	杉木董汞矿
52-Hg-C-6	Pt_3^1、Pt_3^2、Pt_3^3、$\in$	北东	碳酸盐岩型	杉木董汞矿
52-Hg-C-7	$\in$、O、S、P、T	北东	碳酸盐岩型	木油厂汞矿
52-Hg-C-8	$\in$、O、S、P、T	北东	碳酸盐岩型	木油厂汞矿
52-Hg-C-9	$\in$、O、S、D、C	南北	碳酸盐岩型	宏发厂汞矿
52-Hg-A-10	P、T	北西	碳酸盐岩型	滥木厂汞矿
52-Hg-C-11	D、C、P、T	南北、北东	碳酸盐岩型	滥木厂汞矿
52-Hg-C-12	D、C	南北	碳酸盐岩型	宏发厂汞矿
52-Hg-C-13	D、C	南北	碳酸盐岩型	宏发厂汞矿
52-Hg-C-14	D、C	南北	碳酸盐岩型	宏发厂汞矿
52-Hg-C-15	D、C	北东	碳酸盐岩型	宏发厂汞矿
52-Hg-B-16	C、P、T	北东、东西	碳酸盐岩型	滥木厂汞矿

在16个地球化学找矿预测区(远景区)中,Hg-1、Hg-3、Hg-9分别为贵州省最著名的3个汞矿成矿带:务川汞矿带、万山汞矿带、三(都)-丹(寨)汞矿带。3个汞矿带的工作程度高,蕴藏(产出)汞矿资源量巨大,曾经为国家在20世纪50年代末度过3年困难时期做出了较大的贡献。与3个汞矿带相对应的典型矿床分别为务川木油厂汞矿、万山杉木董汞矿、丹寨宏发厂汞矿,贵州省北部及东部圈出的13个与之相似的汞矿地球化学找矿预测区工作程度较高,其他10个地球化学找矿预测区成矿地质条件相对较差。因此,本次汞矿资源潜力评价工作仅对务川、万山、三都-丹寨等3个地区做重点评价。

贵州省西南部圈出的3个汞矿地球化学找矿预测区,与滥木厂汞矿(典型矿床)相似,预测的是与黔西南微细粒金矿共(伴)生的汞矿,Hg-10、Hg-16两个地球化学找矿预测区Hg元素异常规模巨大,成矿地质条件与滥木厂汞矿相似度极高,找矿潜力相对较大,预测级别分别为A、B级。其他地段Hg元素异常也具有一定规模,但多数以金、锑成矿为主,汞矿找矿潜力相对有限,仅圈定1个(Hg-11)C级预测区。

分别对16个汞矿地球化学找矿预测区(远景区)编号、地球化学找矿预测区地理名称(所在地地名)、地球化学找矿预测区内相关元素的异常强度(一、二、三级异常区分)、主要异常元素异常面积(km^2)、主成矿元素异常平均值、背景值、异常衬度、面金属量、衬度异常量、预测级别、预测类型、预测资源量等地球化学参数进行了统计,见表6-6。

表 6-6　贵州省汞矿地球化学找矿预测区参数统计一览表

编号	地理位置	异常级别				面积(km^2)	异常平均值 ($\times 10^{-6}$)	面金属量 (km^2 百分率)	预测资源量 (万 t)
		Hg	As	Sb	Au				
52-Hg-C-1	务川	三		三	二	754.63	22 669.5	1.7×10^7	2.13
52-Hg-C-2	思渠	三		三		138.7	2 048	269 559	0.015
52-Hg-C-3	万山	三	二	三	三	1 083.59	14 528.72	1.6×10^7	5.97
52-Hg-C-4	息峰	三	三	三		1 637.45	10 742.48	1.7×10^7	1.065
52-Hg-C-5	小腮	三		三		1 160.75	976.59	1 012 272	0.095
52-Hg-C-6	龙田	三	二		二	28.41	480.16	10 672.5	0.001
52-Hg-C-7	六广	三	三	三	一	408.21	4 009.67	1 594 129	0.05
52-Hg-C-8	织金	三	三	三	三	2 111.23	773.03	1 411 422	0.045
52-Hg-C-9	三都	三	三	三	三	530.02	7 165.82	3 742 603	1.86
52-Hg-A-10	贞丰	三		三		1 378.9	1 955.75	2 552 697	1.11
52-Hg-C-11	麻山	三		三		982.55	1 589.45	1 459 030	0.135
52-Hg-C-12	牙舟	三		三		254.09	901.55	202 520	0.025
52-Hg-C-13	周覃	三	一	二	一	141.57	1 478.56	194 523	0.025
52-Hg-C-14	下司	三		三		49.18	38 611.45	1 893 675	0.47
52-Hg-C-15	朝阳	二			三	146.42	374.48	39 529.1	0.005
52-Hg-B-16	安龙	三	三	三	三	4 025.95	1 191.67	4 376 859	0.95
合计									13.951

注：Hg 背景值：104.5×10^{-9}；异常衬度=异常平均值/背景值；面金属量=异常面积×(异常平均值-背景值)；预测资源量=预测区面金属量/已知矿床面金属量×已知矿床资源量。

根据分级要求，共圈定 A 级地球化学找矿预测区(远景区)1 个，编号为 52-Hg-A-10，分布在兴仁、贞丰地区；B 级地球化学找矿预测区(远景区)1 个，编号为 52-Hg-B-16，分布在安龙地区；C 级地球化学找矿预测区(远景区)14 个。

根据已知矿床资源量，通过公式：预测资源量=预测区面金属量/已知矿床面金属量×已知矿床资源量，对地球化学找矿预测区(远景区)进行了资源量估算，预测类型均为碳酸岩型，总计预测汞矿资源量 13.951 万 t(包含已知矿床探明汞矿资源量近 10 万 t)。

按照预测级别统计其预测资源量结果为：

1 个 A 级地球化学找矿预测区(远景区)共计 1.11 万 t。

1 个 B 级地球化学找矿预测区(远景区)共计 0.95 万 t。

14 个 C 级地球化学找矿预测区(远景区)共计 11.891 万 t。

按照相似矿床统计其预测资源量结果为：

木油厂式汞矿：地球化学找矿预测区 5 个，预测级别为 C 级。共计预测资源量 3.305 万 t。

杉木董式汞矿：地球化学找矿预测区 3 个，预测级别为 C 级。总计预测资源量 6.066 万 t。

宏发厂式汞矿：地球化学找矿预测区 5 个，预测级别为 C 级。总计预测资源量 2.385 万 t。

滥木厂式汞矿：地球化学找矿预测区 3 个，其中 A 级 1 个，B 级 1 个，C 级 1 个。总计预测资源量 2.195 万 t。

1. 务川汞矿预测区(52-Hg-C-1)

务川汞矿预测区(52-Hg-C-1)位于贵州省务川一带,地理坐标为东经107°47′00″—108°12′00″,北纬28°21′30″—28°46′00″,面积755km²。预测区分布范围与务川汞矿带一致,主体位于金鸡岭背斜上,背斜核部地层为寒武系,翼部为奥陶系、志留系、二叠系等,汞矿床(点)密集分布。

预测区内综合异常主要由Hg、Sb、Au元素构成,Hg元素异常面积754.63km²,异常强度达三级;Sb元素异常强度达三级;Au元素异常强度二级。Hg-Sb-Au综合异常与已知汞矿床(点)及寒武系分布高度一致。在预测工作区级圈定的综合异常中,还有As元素异常。

务川汞矿预测区面积大,Hg-Sb-Au-As综合异常,特别是Hg元素异常规模大、强度高,与已知汞矿床(点)分布高度一致。具有一定汞矿扩大找矿远景,预测级别为C级,预测汞矿资源量2.13万t(含已探明资源量)。

2. 思渠汞矿预测区(52-Hg-C-2)

思渠汞矿预测区(52-Hg-C-2)位于贵州省沿河县思渠一带,地理坐标为东经108°15′00″—108°26′00″,北纬28°30′00″—28°40′00″,面积139km²。预测区分布于北北东向土地坳背斜上,背斜核部地层为寒武系,翼部为奥陶系、志留系、二叠系等,有汞矿已知点分布。

预测区内综合异常主要由Hg、Sb元素构成,Hg元素异常2个,异常总面积138.7km²,异常强度均达三级;Sb元素异常强度也达三级。Hg-Sb综合异常主要分布于寒武系中。

思渠汞矿预测区面积较大,Hg-Sb综合异常,特别是Hg元素异常规模较大、强度较高,有已知汞矿点分布。具有一定汞矿找矿远景,预测级别为C级,预测汞矿资源量0.015万t。

3. 万山汞矿预测区(52-Hg-C-3)

万山汞矿预测区(52-Hg-C-3)位于贵州省万山一带,地理坐标为东经108°58′00″—109°27′00″,北纬27°17′30″—27°53′00″,面积1 084km²。预测区分布范围与万山汞矿带一致,主体位于万山向斜上,向斜核部地层为中—下寒武统,西翼为中—上寒武统,东翼为中—上寒武统至前寒武系,断裂构造发育,汞矿床(点)密集分布。

预测区内综合异常主要由Hg、Sb、Au、As元素构成,Hg元素异常面积1 083.59km²,异常强度达三级;Au、Sb元素异常强度达三级;As元素异常强度二级。Hg-Sb-Au-As综合异常与已知汞矿床(点)及寒武系分布高度一致。

万山汞矿预测区面积大,Hg-Sb-Au-As综合异常,特别是Hg元素异常规模大、强度高,与已知汞矿床(点)分布高度一致。具有一定汞矿扩大找矿远景,预测级别为C级,预测汞矿资源量5.97万t(含已探明资源量)。

4. 息峰汞矿预测区(52-Hg-C-4)

息峰汞矿预测区(52-Hg-C-4)位于贵州省息峰一带,地理坐标为东经106°40′00″—107°10′00″,北纬26°53′00″—27°20′30″,面积1 638km²。预测区分布于铜鼓坪背斜上,背斜核部地层为前寒武系,翼部为寒武系、石炭系、二叠系、三叠系,汞矿床(点)密集分布。

预测区内综合异常主要由Hg、Sb、Au、As元素构成,Hg元素异常面积1 637.45km²,异常强度达三级;Au、Sb、As元素异常强度均达三级。Hg-Sb-Au-As综合异常与已知汞矿床(点)及寒武系分布高度一致。

息峰汞矿预测区面积大,Hg-Sb-Au-As综合异常,特别是Hg元素异常规模大、强度高,与已知汞矿床(点)分布高度一致。具有一定汞矿扩大找矿远景,预测级别为C级,预测汞矿资源量1.065万t

(含已探明资源量)。

5. 小腮汞矿预测区(52 - Hg - C - 5)

小腮汞矿预测区(52 - Hg - C - 5)位于贵州省余庆—瓮安一带,地理坐标为东经107°23′30″—108°06′30″,北纬27°05′00″—27°29′30″,面积1 161km²。预测区分布于北东向瓮安向斜和余庆背斜上,背斜核部地层为青白口系,向斜地层为三叠系,翼部地层主要为寒武系、二叠系和少量奥陶系。有多个汞矿床(点)分布。

预测区内综合异常主要由Hg、Sb、Au、As元素构成,Hg元素异常面积1 160.75km²,异常强度达三级;Au、Sb、As元素异常强度均达三级。Hg - Sb - Au - As综合异常与已知汞矿床(点)及寒武系分布密切相关。

小腮汞矿预测区面积大,Hg - Sb - Au - As综合异常,特别是Hg元素异常规模大、强度高,与已知汞矿床(点)分布有关。具有一定汞矿找矿远景,预测级别为C级,预测汞矿资源量0.095万t。

6. 龙田汞矿预测区(52 - Hg - C - 6)

龙田汞矿预测区(52 - Hg - C - 6)位于贵州省岑巩县龙田一带,地理坐标为东经108°18′30″—108°32′30″,北纬27°16′00″—27°23′40″,面积163km²。预测区分布于北北东向龙田背斜上,背斜核部地层为青白口系,翼部地层主要为寒武系。北北东向、北东向断裂构造发育,有汞矿点分布。

预测区内综合异常主要由Hg、Sb、Au、As元素构成,Hg元素异常面积28.41km²,异常强度达三级;Sb元素异常强度达三级;Au、As元素异常强度均达二级。Hg - Sb - Au - As综合异常与已知汞矿床(点)及寒武系分布密切相关。

龙田汞矿预测区面积大,Hg - Sb - Au - As综合异常规模大、强度高,与已知汞矿点及寒武系分布有关。具有一定汞矿找矿远景,预测级别为C级,预测汞矿资源量0.001万t。

7. 六广汞矿预测区(52 - Hg - C - 7)

六广汞矿预测区(52 - Hg - C - 7)位于贵州省修文县六广一带,地理坐标为东经106°18′30″—106°35′00″,北纬26°54′20″—27°07′00″,面积408km²。预测区分布于北东向断裂带上,地层有上寒武统、石炭系、二叠系、三叠系,汞矿点密集分布。

预测区内综合异常主要由Hg、Sb、Au、As元素构成,Hg元素异常面积408.21km²,异常强度达三级;Sb、As元素异常强度达三级;Au元素异常强度均达二级。Hg - Sb - Au - As综合异常与已知汞矿床(点)及寒武系分布密切相关。

六广汞矿预测区面积大,Hg - Sb - Au - As综合异常,特别是Hg元素异常规模大、强度高,与已知汞矿点分布关密切。具有一定汞矿找矿远景,预测级别为C级,预测汞矿资源量0.05万t。

8. 织金汞矿预测区(52 - Hg - C - 8)

织金汞矿预测区(52 - Hg - C - 8)位于贵州省织金一带,地理坐标为东经105°23′30″—106°09′30″,北纬26°14′20″—26°54′30″,面积2 112km²。预测区分布于水东、熊家场等北东向背斜上,背斜核部地层为上寒武系,翼部为石炭系、二叠系、三叠系。有数个汞矿点分布。

预测区内综合异常主要由Hg、Sb、Au、As元素构成,Hg元素异常面积2 111.23km²,异常强度达三级;Sb、As、Au元素异常强度均达三级。Hg - Sb - Au - As综合异常与已知汞矿床(点)及寒武系分布密切相关。

织金汞矿预测区面积大,Hg - Sb - Au - As综合异常,特别是Hg元素异常规模大、强度高,与已知汞矿点分布关密切。具有一定汞矿找矿远景,预测级别为C级,预测汞矿资源量0.045万t。

9. 三都汞矿预测区(52‐Hg‐C‐9)

三都汞矿预测区(52‐Hg‐C‐10)位于贵州省三都—丹寨一带,地理坐标为东经107°46′00″—108°03′00″,北纬25°56′30″—26°17′00″,面积530km²。预测区分布范围与三(都)‐丹(寨)汞矿带一致,位于王司背斜东侧,地层有青白口系、南华系、震旦系、寒武统、奥陶系等,南北向断裂构造发育,汞矿床(点)密集分布。

预测区内综合异常主要由Hg、Sb、Au、As元素构成,Hg元素异常面积530.02km²,异常强度达三级;Au、Sb、As元素异常强度均达三级。Hg‐Sb‐Au‐As综合异常与已知汞矿床(点)及寒武系分布高度一致。

三都汞矿预测区面积大,Hg‐Sb‐Au‐As综合异常,特别是Hg元素异常规模大、强度高,与已知汞矿床(点)分布高度一致。具有一定汞矿扩大找矿远景,预测级别为C级,预测汞矿资源量1.86万t(含已探明资源量)。

10. 贞丰汞矿预测区(52‐Hg‐A‐10)

贞丰汞矿预测区(52‐Hg‐A‐10)位于贵州省兴仁—贞丰一带,地理坐标为东经105°25′30″—105°46′30″,北纬25°20′30″—26°50′40″,面积1 379km²。预测区分布于贞丰背斜上,背斜核部地层为二叠系,翼部地层为三叠系,有滥木厂汞矿床及数个汞矿点分布。

预测区内综合异常主要由Hg、Sb、Au、As元素构成,Hg元素异常面积1 378.9km²,异常强度达三级;Au、Sb、As元素异常强度均达三级。Hg‐Sb‐Au‐As综合异常与已知汞矿床(点)及二叠系关系密切。

贞丰汞矿预测区面积大,Hg‐Sb‐Au‐As综合异常,特别是Hg元素异常规模大、强度高,与已知汞矿床(点)分布关系密切。具有较大汞矿扩大找矿远景,预测级别为A级,预测汞矿资源量1.11万t(含已探明资源量)。

11. 麻山汞矿预测区(52‐Hg‐C‐11)

麻山汞矿预测区(52‐Hg‐C‐11)位于贵州省望谟县麻山一带,地理坐标为东经106°10′10″—106°30′30″,北纬25°10′00″—25°40′40″,面积982km²。预测区分布于乐旺背斜上,背斜核部地层为泥盆系、石炭系,翼部地层为二叠系、三叠系,有多个汞矿(化)点分布。

预测区内综合异常主要由Hg、Sb、Au、As元素构成,Hg元素异常面积982.55km²,异常强度达三级;Au、Sb、As元素异常强度均达三级。Hg‐Sb‐Au‐As综合异常主要分布于乐旺背斜核部,与已知汞矿点关系密切。

麻山汞矿预测区面积大,Hg‐Sb‐Au‐As综合异常,特别是Hg元素异常规模大、强度高,与已知汞矿点分布关系密切。具有一定汞矿找矿远景,预测级别为C级,预测汞矿资源量0.135万t。

12. 牙舟汞矿预测区(52‐Hg‐C‐12)

牙舟汞矿预测区(52‐Hg‐C‐12)位于贵州省平塘县牙舟一带,地理坐标为东经107°06′30″—107°12′00″,北纬25°35′00″—26°00′00″,面积254km²。预测区分布于平火坝背斜上,背斜核部地层为泥盆系、石炭系,翼部地层为二叠系、三叠系,有多个汞矿(化)点分布。

预测区内综合异常主要由Hg、Sb、Au、As元素构成,Hg元素异常面积254.09km²,异常强度达三级;As元素异常强度达三级;Au、Sb元素异常强度达二级。Hg‐Sb‐Au‐As综合异常主要分布于平火坝背斜核部,与已知汞矿点关系密切。

牙舟汞矿预测区面积较大,Hg‐Sb‐Au‐As综合异常,特别是Hg元素异常规模大、强度高,与已知汞矿点分布关系密切。具有一定汞矿找矿远景,预测级别为 C 级,预测汞矿资源量 0.025 万 t。

13. 周覃汞矿预测区(52 - Hg - C - 13)

周覃汞矿预测区(52 - Hg - C - 13)位于贵州省荔波县周覃一带,地理坐标为东经 107°49′30″—107°55′30″,北纬 25°33′20″—25°43′20″,面积 142 km^2。预测区分布于北北东向周覃次级背斜上,背斜核部地层为泥盆系,翼部地层为石炭系、二叠系,有汞矿(化)点分布。

预测区内综合异常主要由 Hg、Sb、Au、As 元素构成,Hg 元素异常面积 141.57 km^2,异常强度达三级;Sb 元素异常强度达二级;Au、As 元素异常强度达一级。Hg - Sb - Au - As 综合异常主要分布于周覃背斜核部,与已知汞矿点关系密切。

周覃汞矿预测区面积较大,Hg - Sb - Au - As 综合异常,特别是 Hg 元素异常规模大、强度高,与已知汞矿点分布关系密切。具有一定汞矿找矿远景,预测级别为 C 级,预测汞矿资源量 0.025 万 t。

14. 下司汞矿预测区(52 - Hg - C - 14)

下司汞矿预测区(52 - Hg - C - 14)位于贵州省独山县下司一带,地理坐标为东经 107°17′00″—107°23′30″,北纬 25°24′20″—25°27′30″,面积 50 km^2。预测区分布于北北东向下司次级背斜上,背斜核部地层为泥盆系,翼部地层为石炭系。北北东向断裂构造发育,有 1 个中型汞矿床分布。

预测区内综合异常主要由 Hg、As 元素构成,Hg 元素异常面积 49.18 km^2,异常强度达三级;Sb 元素异常强度也达三级。Hg - As 综合异常主要分布于下司背斜核部,与已知汞矿关系密切。

下司汞矿预测区有一定规模,Hg - As 综合异常规模大、强度高,与已知汞矿床关系密切。具有一定汞矿扩大找矿远景,预测级别为 C 级,预测汞矿资源量 0.47 万 t。

15. 朝阳汞矿预测区(Hg - 15)

朝阳汞矿预测区(Hg - 15)位于贵州省荔波县朝阳一带,地理坐标为东经 107°45′00″—108°01′30″,北纬 25°07′20″—25°14′30″,面积 147 km^2。预测区分布于北东向朝阳次级背斜上,背斜核部地层为上泥盆统—下石炭统,翼部地层为中—上石炭统、二叠系。北东向断裂构造发育,有汞化点分布。

预测区内综合异常主要由 Hg、Sb、Au、As 元素构成,Hg 元素异常面积 146.42 km^2,异常强度达二级;Au、As 元素异常强度达三级;Sb 元素异常强度一级。Hg - Sb - Au - As 综合异常主要分布于朝阳背斜核部至南东翼,与已知汞矿化点关系密切。

朝阳汞矿预测区有一定规模,Hg - Sb - Au - As 综合异常具有一定规模和强度,与已知汞矿化点关系密切。具有一定汞矿找矿远景,预测级别为 C 级,预测汞矿资源量 0.005 万 t。

16. 安龙汞矿预测区(52 - Hg - B - 16)

安龙汞矿预测区(52 - Hg - B - 16)位于贵州省安龙一带,地理坐标为东经 104°51′30″—105°53′30″,北纬 24°52′30″—25°26′40″,面积 4 081 km^2。预测区分布于戈塘、雷公滩、鲁贡等背斜上,戈塘背斜核部地层为二叠系,鲁贡背斜核部地层为石炭系、二叠系,其余为三叠系,有多个汞矿点分布。

预测区内综合异常主要由 Hg、Sb、Au、As 元素构成,Hg 元素异常面积 1 191.67 km^2,异常强度达三级;Au、Sb、As 元素异常强度均达三级。Hg - Sb - Au - As 综合异常与已知汞矿床(点)及二叠系地层关系密切。

安龙汞矿预测区面积大,Hg - Sb - Au - As 综合异常,特别是 Hg 元素异常规模大、强度高,与已知汞矿点分布关系密切。具有较大汞矿扩大找矿远景,预测级别为 B 级,预测汞矿资源量 0.95 万 t。

四、铅锌矿

通过对贵州3个铅锌典型矿床[杉树林式碳酸盐岩型铅锌(银)矿、杜家桥式碳酸盐岩型铅锌矿、牛角塘式碳酸盐岩型铅锌矿]的研究及11个铅锌预测工作区(贵州省威宁西部地区、赫章—水城地区、普安地区、织金地区、毕节地区、仁怀地区、习水地区、福泉—都匀地区、镇远—三都地区、沿河地区、松桃—玉屏地区)工作的开展,在贵州省境内,利用Pb-Zn-Ag-Cd元素组合异常的套合关系及Pd元素地球化学异常分布特征,圈定了26个地球化学找矿预测区(远景区)和4个找矿靶区(图6-4),根据各找矿预测区的出露地层、构造方向、相似矿床进行了预测类型的判别(表6-7)。

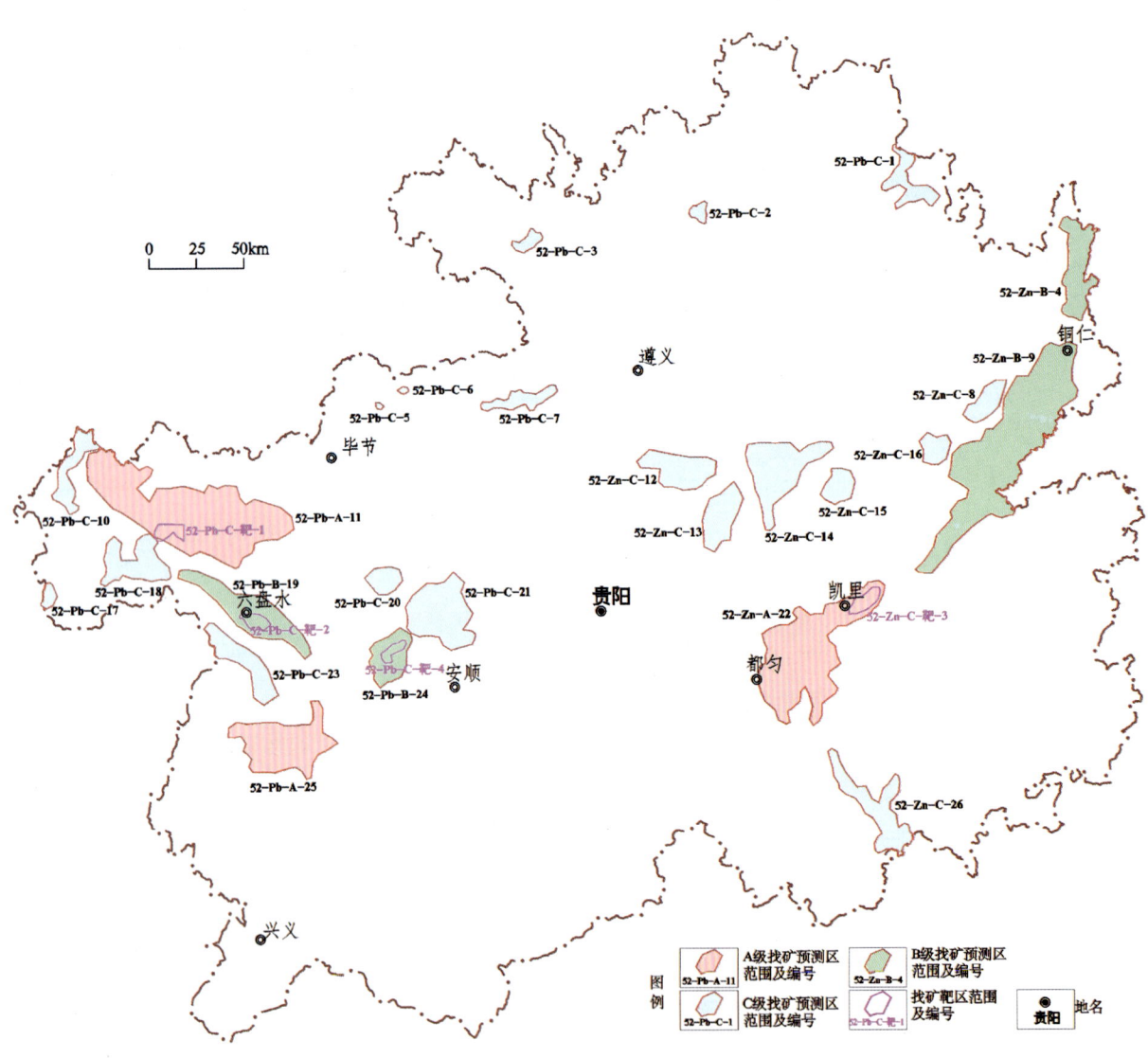

图6-4 贵州省铅锌矿地球化学找矿预测区分布图

表 6-7 贵州省铅锌矿地球化学找矿预测区预测类型及地质构造简表

编号	出露地层	构造方向	预测类型	相似矿床
52-Pb-C-1	$\in_{1-2}q$、$\in_2 g-sl$、$O_3-S_1 lm-sh$、$\in_2 g-sl$、$\in_3 ls$	北西	碳酸盐岩型	牛角塘铅锌矿
52-Pb-C-2	$\in Ols$	北东	类型不详	
52-Pb-C-3	$\in_1 m-j$、$Z\in dy$	北东	碳酸盐岩型	杜家桥铅锌矿
52-Zn-B-4	$\in_{1-2}q$、$\in_1 p$、$\in_3-O_1 g-ls$、$Z_2-\in_1 d-lb$、$Pt_3 q$、$Z_1 t-n$	北东	碳酸盐岩型	牛角塘铅锌矿
52-Pb-C-5	$O_1 t-m$、$O_3-S_1 lm-s$	北东	碳酸盐岩型	杜家桥铅锌矿
52-Pb-C-6	$P_2 l$	北东	碳酸盐岩型	杜家桥铅锌矿
52-Pb-C-7	$\in_{1-2} dp$	北东	碳酸盐岩型	杜家桥铅锌矿
52-Zn-C-8	$\in_1 p$、$\in_{1-2}q$	北东	碳酸盐岩型	牛角塘铅锌矿
52-Zn-B-9	$\in_1 p$、$\in_{1-2}q$、$\in_2 k-j$、$\in Ols$	北东	碳酸盐岩型	牛角塘铅锌矿
52-Pb-C-10	$P_1 l-m$、$D_3 w-y$、$C_2 h-m$、	北东	碳酸盐岩型	杉树林铅锌矿
52-Pb-A-11	$D_3-C_1 z-t$、$C_{1-2}d$、$T_1 f$、$D_3 w-y$、$P_1 l-m$、$D_3-C_1 z-t$、$C_2 h-m$、$C_1 x-s$	北东	碳酸盐岩型	杉树林铅锌矿
52-Zn-C-12	$\in_2 g-sl$、$\in_{1-2}q$、	北东	碳酸盐岩型	牛角塘铅锌矿
52-Zn-C-13	$\in_1 n-q$、$\in_2 g-sl$、	北西	碳酸盐岩型	牛角塘铅锌矿
52-Zn-C-14	$\in_2 g-sl$、$\in_{1-2}q$、$\in_1 jm$	北东	碳酸盐岩型	牛角塘铅锌矿
52-Zn-C-15	$\in_2 g-sl$	北东	碳酸盐岩型	牛角塘铅锌矿
52-Zn-C-16	$\in_1 b$、$Z_2-\in_1 d-lb$	北东	碳酸盐岩型	牛角塘铅锌矿
52-Pb-C-17	$P_1 l-m$、$Cx-m$、DCm、$\in_1 q$、$Z\in yh$、	北东	碳酸盐岩型	杉树林铅锌矿
52-Pb-C-18	$C_1 bj-s$、$C_2 h-m$、$C_{1-2}d$、$P\beta u$	北东	碳酸盐岩型	杉树林铅锌矿
52-Pb-B-19	$C_2 h-m$、$P_1 l-m$、$C_1 x-d$、$C_{1-2}d$、$P\beta u$、$P_2 l-d$、$P_{1-2} em$	北西	碳酸盐岩型	**杉树林铅锌矿**
52-Pb-C-20	$Z\in dy$、$\in_1 n-m$、$\in_1 m$、$Cjj-m$	北东	碳酸盐岩型	杜家桥铅锌矿
52-Pb-C-21	$\in_1 n-m$、$Z\in dy$、$P_1 l-m$、$Cjj-d$	北东	碳酸盐岩型	**杜家桥铅锌矿**
52-Zn-A-22	$\in_2 g-sl$、$\in Ols$、$Z_2-\in 1d-lb$、$\in_2 n-b$、$\in_{1-2}q$、$Cx-h$、$\in_2 k-j$、$\in_1 q$	北东	碳酸盐岩型	**牛角塘铅锌矿**
52-Pb-C-23	$P\beta u$	北西	碳酸盐岩型	杉树林铅锌矿
52-Pb-B-24	$\in_1 n-q$、$\in_{1-2} dp$、$Cx-m$、$O_1 m$、$C_2 h-m$、$D_3 l-wz$、$K_2 z$、$\in Ols$	北东	碳酸盐岩型	杜家桥铅锌矿
52-Pb-A-25	CPn、$P_1 ly$、$P\beta u$、$D_3 l-wz$、$C_2 h-m$、$C_1 l-d$、$D_{1-2}g$、	北东	碳酸盐岩型	杉树林铅锌矿
52-Zn-C-26	$Z_2-\in_1 d-lb$、$C_{1-2}d$	北西	碳酸盐岩型	牛角塘铅锌矿

续表 6-7

编号	出露地层	构造方向	预测类型	相似矿床
52-Pb-C-靶-1	C_1x-d、$C_{1-2}d$	北东	碳酸盐岩型	杉树林铅锌矿
52-Pb-C-靶-2	C_1x-d、$C_{1-2}d$	北西	碳酸盐岩型	杉树林铅锌矿
52-Zn-C-靶-3	$\in_1 q$	北东	碳酸盐岩型	牛角塘铅锌矿
52-Pb-C-靶-4	$\in Ols$	北东	碳酸盐岩型	杜家桥铅锌矿

注：相似矿床中下画线斜体加粗字体矿床为已知矿床。

分别对 26 个锌（银）地球化学找矿预测区（远景区）和 4 个找矿靶区的预测区编号、预测区地理名称（所在地地名）、预测区内相关元素的异常强度（一、二、三级异常区分）、预测区面积（km^2）、铅元素均值、背景值、面金属量、预测级别、预测资源量等地球化学参数进行了统计（表 6-8）。

根据分级要求，共圈定 A 级找矿预测区（远景区）3 个，编号为 52-Pb-A-11、56-Pb-A-25 和 52-Zn-A-22，主要分布在北西向的水城-紫云断裂带威宁、普安、凯里等地；B 级找矿预测区（远景区）4 个，编号为 52-Pb-B-19、52-Pb-B-24 和 52-Zn-B-4、52-Zn-B-9，分布于贵州水城、普定、松桃、万山等地；C 级找矿预测区（远景区）19 个。

表 6-8 贵州省铅锌矿地球化学找矿预测区参数统计一览表

编号	地理位置	异常级别				面积（km^2）	异常平均值（$\times 10^{-6}$）	面金属量（km^2 百分率）	预测资源量（万 t）
		Pb	Zn	Ag	Cd				
52-Pb-C-1	官舟镇地区	三	三	三	三	333.68	181.19	50 170.48	4.08
52-Pb-C-2	小雅镇地区	三	三			68.64	125.41	6 491.46	
52-Pb-C-3	桑木镇地区	三	三	三		98.29	112.81	8 057.03	1.17
52-Zn-B-4	松桃地区	三	三	三	三	625.56	237.96	129 567.45	10.54
52-Pb-C-5	吉场镇地区	三	三			11.02	119.86	981.05	0.14
52-Pb-C-6	普宜镇地区	三	三	一		14.57	269.39	3 476.43	0.50
52-Pb-C-7	泮水镇地区	三	三	三	一	240.02	77.18	11 123.63	1.61
52-Zn-C-8	天马镇地区	三	一			247.95	82.46	12 799.68	1.04
52-Zn-B-9	万山地区	三	三			2 931.35	184.22	449 634.34	36.58
52-Pb-C-10	迤那镇地区	三	三	三	三	355.83	147.46	41 499.84	2.27
52-Pb-A-11	赫章地区	三	三	三	三	2 890.96	283.68	730 980.55	40.04
52-Zn-C-12	马场镇地区	三	三	三	一	525.28	111.44	42 342.75	6.14
52-Zn-C-13	道坪镇地区	三	三	三		445.53	78.86	21 396.65	1.74

续表6-8

编号	地理位置	异常级别				面积(km²)	异常平均值 ($\times 10^{-6}$)	面金属量 (km² 百分率)	预测资源量 (万 t)
		Pb	Zn	Ag	Cd				
52-Zn-C-14	构皮滩镇地区	三	三	三	一	890.33	76.86	40 983.1	3.33
52-Zn-C-15	牛大场镇地区	三		二		224.08	81.18	11 282.13	0.92
52-Zn-C-16	龙田镇地区	三	三	三	三	190.53	130.67	19 021.79	1.55
52-Pb-C-17	哲觉镇地区	三	三	三	二	74.37	1 249.07	90 599.93	4.96
52-Pb-C-18	威宁地区	三	三	三	一	562.73	124.06	52 462.98	2.87
52-Pb-B-19	水城地区	三	三	三	二	892.33	414.2	342 085.27	18.74
52-Pb-C-20	武佐镇地区	三	三	三	三	198.46	418.89	77 014.69	4.22
52-Pb-C-21	织金地区	三	三	三	三	928.57	248.75	202 348.58	11.08
52-Zn-A-22	凯里市地区	三	三	三	三	2 069.66	199.67	349 438.46	28.43
52-Pb-C-23	玉舍地区	三	三	三	二	500.55	99.66	34 450.94	1.89
52-Pb-B-24	马场镇地区	三	三	三	三	434.55	159.08	55 728.42	8.08
52-Pb-A-25	罐子窑镇地区	三	三	三	三	1 094.01	299.06	293 446.45	16.08
52-Zn-C-26	中和镇地区	三	三	三	三	683.92	83.34	35 913.31	2.92
52-Pb-C-靶-1	赫章地区	三	三	三	一	102.81			
52-Pb-C-靶-2	水城地区	三	三	三	三	90.26			
52-Zn-C-靶-3	凯里市地区	一	一	一		119.19			
52-Pb-C-靶-4	马场镇地区	三	三	三	二	67.80			
合计									194.49

注：Pb 背景值：30.83×10^{-6}；异常衬度＝异常平均值/背景值；面金属量＝异常面积×(异常平均值－背景值)；预测资源量＝预测区面金属量/已知矿床面金属量×已知矿床资源量。

结合中大比例尺化探资料，在 A、B 级找矿预测区(远景区)内圈定找矿靶区 4 个，分别为 52-Pb-A-11 范围内的 52-Pb-C-靶-1，52-Pb-B-19 范围内的 52-Pb-C-靶-2，52-Pb-B-24 范围内的 52-Pb-C-靶-4，52-Zn-A-22 范围内圈定 52-Zn-靶-C-3。

根据已知矿床资源量，通过公式：预测资源量＝预测区面金属量/已知矿床面金属量×已知矿床资源量，对找矿预测区(远景区)进行了资源量估算，总计预测资源量 210.92 万 t(包含已知矿床 55.25 万 t)。

按照预测级别统计其预测资源量结果为：

3 个 A 级找矿预测区(远景区)共计 84.55 万 t。

4 个 B 级找矿预测区(远景区)共计 73.94 万 t。

19 个 C 级找矿预测区(远景区)共计 30.71 万 t。

按照相似矿床统计其预测资源量结果为:

杜家桥式铅锌矿:6个,其中B级1个,C级5个。共计预测资源量25.19万t。

杉树林式铅锌矿:8个,其中A级2个,B级1个,C级5个。总计预测资源量88.46万t。

牛角塘式铅锌矿:11个,其中A级1个,B级2个,C级8个。共计预测资源量97.27万t。

五、铜矿

通过对贵州2个铜矿典型矿床点(威宁铜厂河铜矿、从江地虎式铜多金属矿)的研究,以及2个铜矿预测工作区(贵州威宁—水城地区、从江地区)工作的开展,在贵州省境内,利用Cu-Pb-Zn(Ag)元素组合异常的套合关系及主矿种铜的地球化学异常分布特征,圈定了17个铜地球化学找矿预测区(远景区),根据各找矿预测区的出露地层、构造方向、相似矿床进行了预测类型的判别(表6-9)。

表6-9 贵州省铜地球化学找矿预测区预测类型及地质构造简表

编号	出露地层	构造方向	预测类型	相似矿床
52-Cu-C-1	P_1、P_2l-m、T_1y-T_3e	北东	含铜砂岩型铜矿	
52-Cu-C-2	P_2em、P_1l-m、P_2l	北东	玄武岩型铜矿	铜厂河铜矿
52-Cu-C-3	P_1m、P_2em、T_1f、P_1l-m	南西	玄武岩型铜矿	铜厂河铜矿
52-Cu-C-4	Z_1n	北东	类型不详	
52-Cu-C-5	ϵ_1z、ϵ_1n-p	北东	类型不详	
52-Cu-C-6	$P_{1-2}em$	南西	玄武岩型铜矿	<u>**铜厂河铜矿**</u>
52-Cu-C-7	$P_{1-2}em$	北东	玄武岩型铜矿	铜厂河铜矿
52-Cu-C-8	$P_{1-2}em$、C_2h-m	北东	玄武岩型铜矿	铜厂河铜矿
52-Cu-C-9	P_2h-d、T_1d	北东	类型不详	
52-Cu-C-10	P_2l	北东	玄武岩型铜矿	铜厂河铜矿
52-Cu-C-11	P_1l-m、P_2l、$P_{1-2}em$	北东	玄武岩型铜矿	铜厂河铜矿
52-Cu-C-12	P_1、P_2l-m、T_1y-T_3e	北东	含铜砂岩型铜矿	
52-Cu-C-13	P_1、P_2l-m、T_1y-T_3e	北东	含铜砂岩型铜矿	
52-Cu-C-14	D_3C_1z-td、$\epsilon 2d$、	北东	类型不详	
52-Cu-C-15	$Pt_2\Sigma-N$、$Pt_3\gamma\pi$	北东	岩浆热液型	<u>**地虎铜多金属矿**</u>
52-Cu-C-16	Z_1c、ϵ_1z	北西	类型不详	
52-Cu-C-17	$P_{1-2}lh$	北东	类型不详	铜厂河铜矿

注:相似矿床中下画线斜体加粗字体矿床为已知矿床。

分别对17个铜地球化学找矿预测区(远景区)的预测区编号、预测区地理名称(所在地地名)、预测区内相关元素的异常强度(一、二、三级异常区分)、预测区面积(km²)、主矿种异常平均值、背景值、面金属量、预测级别、预测资源量等地球化学参数进行了统计(表6-10)。

表6-10 贵州省铜矿地球化学找矿预测区参数统计一览表

编号	地理位置	异常级别				面积(km²)	异常平均值(×10⁻⁶)	面金属量(km² 百分率)	预测资源量(万t)
		Cu	Pb	Zn	Ag				
52-Cu-C-1	习水地区	三	二	三	二	174.1	125.33	16 877.18	
52-Cu-C-2	六曲河镇	三	三	三	二	909.87	96.32	61 808.42	0.48
52-Cu-C-3	野马川镇	三	三	三	三	1 004.67	88.37	60 253.29	0.47
52-Cu-C-4	雪洞镇	三	三	三	三	261.64	75.56	12 341.73	
52-Cu-C-5	南明镇	三	二	三	三	410.26	83.75	22 712.4	
52-Cu-C-6	哲觉镇	三	二	二	二	504.56	69.58	20 779.44	0.16
52-Cu-C-7	纳雍地区	三	二	三	三	759.77	74.7	35 180.44	0.27
52-Cu-C-8	马场镇	三	三	三	三	824.94	71.53	35 586.71	0.28
52-Cu-C-9	贵阳市	三	二	三	三	666.63	87.87	39 646.12	
52-Cu-C-10	洒基镇	三	二	二	三	1 373.43	74.54	63 385.02	0.49
52-Cu-C-11	普安地区	三	一	二	三	1 330.19	86.87	77 782.49	0.60
52-Cu-C-12	江龙镇	三	二	二	三	1 568.37	90.29	97 082.63	
52-Cu-C-13	摆所镇	三	一	三	二	400.56	79.87	20 620.68	
52-Cu-C-14	九千镇	三	二	三	三	258.87	87.56	15 315.88	
52-Cu-C-15	宰便镇	三	三	三	三	104.64	297.74	28 183.12	1.43
52-Cu-C-16	贯洞镇	三	三	三	三	159.18	132.96	16 644.98	
52-Cu-C-17	鲁布革镇	三	一	三	三	201.19	73.3	9 035.32	0.07
合计									4.25

注:Cu背景值:28.39×10⁻⁶;异常衬度=异常平均值/背景值;面金属量=异常面积×(异常平均值－背景值);预测资源量=预测区面金属量/已知矿床面金属量×已知矿床资源量。

根据分级要求,共圈定C级找矿预测区(远景区)17个。

缺少铜矿的中大比例尺化探资料,故未圈定找矿靶区。

17个找矿预测区(远景区)中,52-Cu-C-2、52-Cu-C-3、52-Cu-C-6、52-Cu-C-7、52-Cu-C-8、52-Cu-C-10、52-Cu-C-11、52-Cu-C-17等,主要分布于峨眉山玄武岩分布区,为玄武岩型铜矿找矿预测区;52-Cu-C-15找矿预测区为地虎铜多金属矿所在地,为岩浆热液型铜矿找矿预测区;52-Cu-C-1、52-Cu-C-12、52-Cu-C-13主要分布于三叠系中,可能与含铜砂岩型铜矿有关;52-Cu-C-4、52-Cu-C-5、52-Cu-C-15、52-Cu-C-16找矿预测区综合异常沿寒武系底部地层分布,可能由黑色多金属富集层引起,预测类型不详。

根据已知矿床资源量,通过公式:预测资源量＝预测区面金属量/已知矿床面金属量×已知矿床资源量,对玄武岩型和岩浆热液型铜矿找矿预测区(远景区)进行了资源量估算,总计预测资源量 4.25 万 t (包含已知矿床 1.59 万 t)。

按照预测类型和相似矿床统计其预测资源量结果为:

玄武岩型铜厂河式铜矿:C 级 8 个。共计预测资源量 2.82 万 t。

岩浆热液型地虎式铜矿:C 级 1 个,预测资源量 1.43 万 t。

六、钨矿

通过对贵州钨锡矿典型矿床(从江乌牙钨矿)的研究及 1 个钨锡矿预测工作区(从江地区)工作的开展,在贵州省境内,利用 W-Sn-Bi-Mo 元素组合异常的套合关系及主矿种钨的地球化学异常分布特征,圈定了 3 个钨锡地球化学找矿预测区(远景区),钨锡地球化学找矿预测区主要分布在黔桂交界处的摩天岭花岗岩一带和梵净山、雷公山两地。根据各找矿预测区的出露地层、构造方向、相似矿床进行了预测类型的判别(表 6-11)。

表 6-11　贵州省钨锡地球化学找矿预测区预测类型及地质构造简表

编号	出露地层	构造方向	预测类型	相似矿床
52-WSn-C-1	$Pt_2\sum-N$、Pt_3j、Z_1t-n、Pt_2x、Z_1n	北东	岩浆热液型	乌牙钨矿
52-WSn-C-2	Pt_3f、Pt_3q-p	北东	类型不详	
52-WSn-C-3	Pt_3j、Pt_2sb、$Pt_2\sum-N$、$Pt_3\gamma$、Pt_3w	南东	岩浆热液型	<u>**乌牙钨矿**</u>

注:相似矿床中下画线斜体加粗字体矿床为已知矿床。

分别对 3 个钨锡地球化学找矿预测区(远景区)的预测区编号、预测区地理名称(所在地地名)、预测区内相关元素的异常强度(一、二、三级异常区分)、预测区面积(km^2)、主矿种异常平均值、背景值、面金属量、预测级别、预测资源量等地球化学参数进行了统计(表 6-12)。

根据分级要求,共圈定 C 级找矿预测区(远景区)3 个。

缺少钨锡矿的中大比例尺化探资料,故未圈定找矿靶区。

3 个钨锡矿地球化学找矿预测区中,52-WSn-C-3 预测区位于从江乌牙钨矿所在地,52-WSn-C-1 预测区内有花岗岩体分布,预测类型均为岩浆热液型;52-WSn-C-2 预测区分布于南华系浅变质岩区,W-Sn-Bi-Mo 综合异常规模大、强度高,异常形态为等轴状,有钨锡矿产出的可能,但预测类型不详。

根据已知矿床资源量,通过公式:预测资源量＝预测区面金属量/已知矿床面金属量×已知矿床资源量,对 3 个找矿预测区(远景区)进行了资源量估算(表 6-12),总计预测资源量 0.84 万 t(包含已知矿床 0.26 万 t)。

按照预测类型和相似矿床统计其预测资源量结果为:

变质岩浆热液型乌牙式钨锡矿:C 级 2 个。共计预测资源量 0.54 万 t。

类型不详的,C 级 1 个,参照已知乌牙钨矿资源量,预测资源量 0.30 万 t。

表 6-12　贵州省钨(锡)地球化学找矿预测区参数统计一览表

编号	地理位置	异常级别				面积(km²)	异常平均值（×10⁻⁶）	面金属量(km² 百分率)	预测资源量（万 t）
		W	Sn	Bi	Mo				
52-W-C-4	木黄地区	三	三	三	二	271.8	11.75	2 660.28	0.28
52-W-C-12	达地地区	三	三		三	784.94	5.58	2 834.8	0.30
52-W-C-21	宰便地区	三	三	三	二	576.24	6.37	2 539.83	0.26
合计									0.84

注：W 背景值：1.967×10^{-6}；异常衬度＝异常平均值/背景值；面金属量＝异常面积×(异常平均值－背景值)；预测资源量＝预测区面金属量/已知矿床面金属量×已知矿床资源量。

七、钼矿

通过对贵州 2 个钼典型矿床(陈家湾杨大湾钼镍矿、余庆长岭岗钒矿)及各镍钼钒矿预测工作区地球化学异常与矿产关系的研究，在贵州省境内利用省级 Mo、Ni、V 元素组合异常，圈定了 6 个钼地球化学找矿预测区(远景区)(图 6-5)，根据各地球化学找矿预测区的出露地层、构造方向、相似矿床进行了预测类型的判别(表 6-13)。

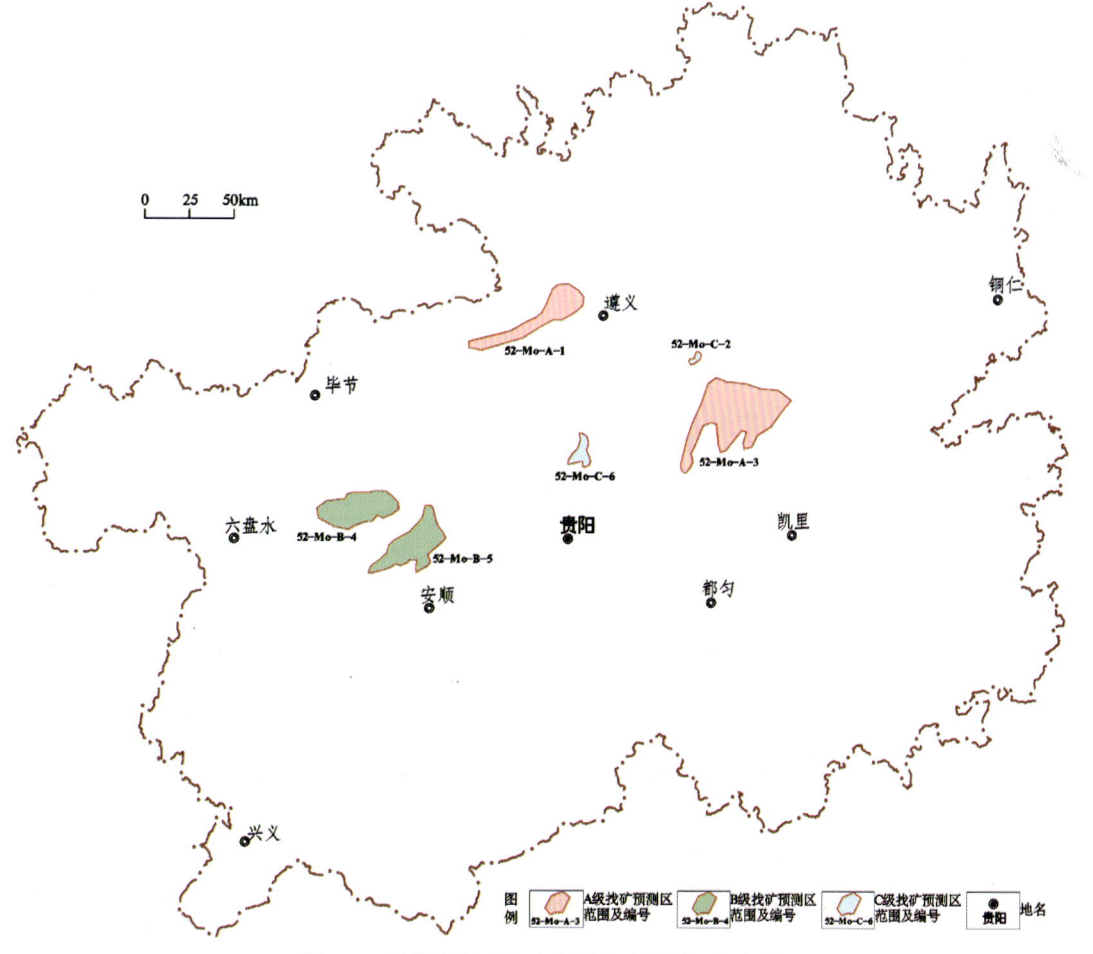

图 6-5　贵州省钼矿地球化学找矿预测区分布图

表 6-13 贵州省钼矿地球化学找矿预测区预测类型简表

预测区编号	出露地层	构造方向	预测类型	相似矿床
52-Mo-A-1	Pt_3^1、Pt_3^2、Pt_3^3、$\in$	北东	沉积型	遵义镍钼矿
52-Mo-C-2	Pt_3^1、Pt_3^2、Pt_3^3、$\in$	北东、北北东	沉积型	长岗岭钒矿
52-Mo-A-3	Pt_3^1、Pt_3^2、Pt_3^3、$\in$	北东、北北东	沉积型	长岗岭钒矿
52-Mo-B-4	Pt_3^1、Pt_3^2、Pt_3^3、$\in$	北东、东西	沉积型	遵义镍钼矿
52-Mo-B-5	Pt_3^1、Pt_3^2、Pt_3^3、$\in$	北东	沉积型	遵义镍钼矿
52-Mo-C-6	Pt_3^1、Pt_3^3、Pt_3^3、$\in$	北东、北北东	沉积型	长岗岭钒矿

分别对 6 个镍钼钒地球化学找矿预测区(远景区)编号、预测区地理名称(所在地地名)、预测区内相关元素的异常强度(一、二、三级异常区分)、主成矿元素异常面积(km^2)、主成矿元素异常平均值、背景值、面金属量、预测级别、预测类型、预测资源量等地球化学参数进行了统计(表 6-14)。

表 6-14 贵州省钼矿地球化学找矿预测区参数统计一览表

预测区编号	地理位置	异常级别			面积(km^2)	异常平均值($\times 10^{-6}$)	面金属量(km^2百分率)	预测资源量(万 t)
		Ni	Mo	V				
52-Mo-A-1	松林		三	二	169.73	5.84	678.36	54.27
52-Mo-C-2	茅坪	二	三		20.64	5.64	78.35	0.45
52-Mo-A-3	余庆	三	三	三	467.73	7.81	3 652.97	66.72
52-Mo-B-4	纳雍	一	二	三	60.04	4.22	142.7	11.4
52-Mo-B-5	桂果	三	三	三	310.65	4.38	788.01	63.04
52-Mo-C-6	息烽	二	三		68.81	9.84	550.2	3.13
合计								199.01

注:Mo 背景值:$1.843\ 3\times 10^{-6}$;异常衬度=异常平均值/背景值;面金属量=异常面积×(异常平均值-背景值);预测资源量=预测区面金属量/已知矿床面金属量×已知矿床资源量。

根据分级要求,共圈定钼矿 A 级地球化学找矿预测区(远景区)2 个,编号为 52-Mo-A-1、52-Mo-A-3,分布于松林、余庆地区;B 级地球化学找矿预测区(远景区)个,编号为 52-Mo-B-4、52-Mo-B-5,分布于纳雍、桂果地区;C 级地球化学找矿预测区(远景区)2 个,编号为 52-Mo-C-2、52-Mo-C-6。

根据已知矿床资源量,采用 Mo 元素异常,通过公式:预测资源量=预测区面金属量/已知矿床面金属量×已知矿床资源量,对地球化学找矿预测区(远景区)进行了资源预测,圈定的 6 个地球化学找矿预测区预测类型均为沉积型,共计预测钼矿资源量 199.01 万 t。

按照预测级别统计其预测资源量结果为:

2 个 A 级地球化学找矿预测区(远景区),共计预测钼矿资源量 120.99 万 t。

2 个 B 级地球化学找矿预测区(远景区),共计预测钼矿资源量 74.44 万 t。

2个C级地球化学找矿预测区(远景区),共计预测钼矿资源量3.58万t。

按照相似矿床统计其预测资源量结果为:

遵义陈家湾杨大湾镍钼矿:地球化学找矿预测区3个,预测级A级1个,B级2个,预测钼矿资源量128.71万t。

余庆长岗岭钒钼矿:地球化学找矿预测区3个,预测级别级1个,C级2个,共计预测钼矿资源量70.3万t。

1. 松林钼矿预测区(52 - Mo - A - 1)

松林钼矿预测区(52 - Mo - A - 1)位于贵州省遵义地区松林、岩孔一带,地理坐标为东经106°10′00″—106°50′00″,北纬27°30′00″—27°50′00″,面积近600km²。预测区分布于北东向松林-岩孔背斜上,背斜核部地层为震旦系至寒武系,背斜两翼由寒武系、奥陶系、二叠系、三叠系等地层构成,核部轴向(北东向)断裂构造发育。预测区内含矿地层(下寒武统牛蹄塘组下部碳质页岩夹少量硅质岩)发育,厚度为19.12～34.56m,钼镍矿床(点)分布广泛,松林一带有陈家湾杨大湾等数个规模较大的钼镍矿床。

预测区内综合异常主要由Mo、V、U元素构成,Mo元素异常5个,异常总面积169.73km²,其中2个异常强度达三级,2个异常强度为二级,1个异常强度为一级;V元素异常强度也达二级。Mo - V - U综合异常主要沿寒武系底部牛蹄塘组分布,在预测工作区内圈定的综合异常中,还有微弱的Ni元素异常显示。

遵义松林钼矿预测区面积大,含矿地层发育,Mo - V - U综合异常,特别是Mo元素异常规模大、强度高,有多个规模较大的钼镍矿床分布。预测区钼矿找矿潜力巨大,预测级别为A级,预测钼矿资源量54.27万t。

2. 茅坪钼矿预测区(52 - Mo - C - 2)

茅坪钼矿预测区(52 - Mo - C - 2)位于贵州省眉潭县茅坪一带,地理坐标为东经107°24′00″—107°28′00″,北纬27°26′30″—27°30′00″,面积25km²。预测区分布于北北东向茅坪背斜南端,背斜被北北东向和北东向断层切割,受挤压震旦系和寒武系底部地层抬升出露,背斜其他部位主要由寒武系、奥陶系、二叠系、三叠系等构成,有1个钼钒矿点分布。

预测区内综合异常主要由Mo、Ni元素构成,Mo元素异常面积20.64km²,异常强度达三级;Ni元素异常强度也达二级。Mo - Ni综合异常主要沿寒武系底部牛蹄塘组分布,在预测工作区圈定的综合异常中,有V、U元素异常。

茅坪钼矿预测区面积不大,但与瓮安长岭岗钒钼矿靠近,含矿地层发育,Mo - Ni综合异常,特别是Mo元素异常发育较好,有钼钒矿点分布,深部具有较好的找矿前景,预测级别为C级,预测钼矿资源量0.45万t。

3. 余庆钼矿预测区(52 - Mo - A - 3)

余庆钼矿预测区(52 - Mo - A - 3)位于贵州省余庆一带,地理坐标为东经107°20′00″—107°58′30″,北纬26°55′10″—27°22′30″,面积近1 431km²。预测区分布于北东向瓮安向斜和余庆背斜上,背斜核部地层为青白口系,向斜地层为三叠系,翼部地层主要为寒武系、二叠系和少量奥陶系。预测区内含矿地层(下寒武统牛蹄塘组下部碳质页岩夹少量硅质岩)发育,厚度为11.28～46.83m,钼镍矿床(点)分布广泛,有余庆长岭岗大型钼镍矿床。

预测区内综合异常主要由Mo、Ni、V、U元素构成,Mo元素异常8个,异常总面积467.73km²,其中

6个异常强度达三级,2个异常强度为二级;Ni、V元素异常强度均达三级。Mo-Ni-V-U综合异常主要沿寒武系底部牛蹄塘组分布。

余庆钼矿预测区面积大,含矿地层发育(11.28~46.83m),钼钒矿床(点)密集分布,并有余庆长岭岗钼钒大型矿床。Mo-Ni-V-U综合异常,特别是Mo元素异常规模大、强度高,钼矿找矿潜力巨大,预测级别为A级,预测钼矿资源量66.72万t。

4.纳雍钼矿预测区(52-Mo-B-4)

纳雍钼矿预测区(52-Mo-B-4)位于贵州省纳雍一带,地理坐标为东经105°15′00″—105°45′00″,北纬26°38′00″—26°50′00″,面积近637km^2。预测区分布于北东向水东背斜上,背斜核部地层为震旦系,翼部地层主要为石炭系、二叠系、三叠系。预测区内含矿地层(下寒武统牛蹄塘组下部碳质页岩夹少量硅质岩)发育,钼镍矿床(点)分布广泛。

预测区内综合异常主要由Mo、V、Ni、U元素构成,Mo元素异常4个,异常总面积60.04km^2,其中2个异常强度达二级,2个异常强度为一级;V元素异常强度达三级;Ni元素异常强度为一级。Mo-Ni-V-U综合异常主要沿寒武系底部牛蹄塘组分布。

纳雍钼矿预测区面积较大,含矿地层发育,钼镍矿床(点)密集分布。Mo-Ni-V-U综合异常规模大、强度高,钼矿找矿潜力巨大,预测级别为B级,预测钼矿资源量11.4万t。

5.桂果钼矿预测区(52-Mo-B-5)

桂果钼矿预测区(52-Mo-B-5)位于贵州省织金县桂果一带,地理坐标为东经105°35′00″—106°02′00″,北纬26°25′00″—26°45′00″,面积近650km^2。预测区分布于北东向果化、桂果、五指山等次级背斜上,背斜核部地层为震旦系至寒武系,翼部地层主要为石炭系、二叠系、三叠系。预测区内含矿地层(下寒武统牛蹄塘组下部碳质页岩夹少量硅质岩)发育,有钼镍矿点分布。

预测区内综合异常主要由Mo、V、Ni、U元素构成,Mo、V、Ni元素异常规模大、强度高,Mo元素异常3个,其中主体异常总面积近300km^2,异常强度达三级,另2个规模较小的Mo异常强度分别为一、二级;Ni、V元素异常强度均达三级。Mo-Ni-V-U综合异常主要与寒武系底部牛蹄塘组有关。

桂果钼矿预测区面积较大,含矿地层发育,有钼镍矿点分布。Mo-Ni-V-U综合异常规模大、强度高,钼矿找矿潜力巨大,预测级别为B级,预测钼矿资源量63.04万t。

6.息峰钼矿预测区(52-Mo-C-6)

息峰钼矿预测区(52-Mo-C-6)位于贵州省息峰县附近,地理坐标为东经106°42′00″—106°50′00″,北纬26°55′00″—27°06′00″,面积近121km^2。预测区分布于北北东向铜鼓坪背斜南段前寒武纪地层出露区,背斜核部地层为青白口系至震旦系,翼部地层主要为寒武系、二叠系、三叠系。预测区内含矿地层(下寒武统牛蹄塘组下部碳质页岩夹少量硅质岩)发育。

预测区内综合异常主要由Mo、Ni、U元素构成,Mo、Ni元素异常,特别是Mo元素异常规模大、强度高,其中Mo元素主体异常总面积60km^{2}左右,异常强度达三级,另1个规模较小的Mo异常强度也达二级;Ni元素异常强度为二级。Mo-Ni-U综合异常主要与寒武系底部牛蹄塘组有关。

息峰钼矿预测区面积较大,含矿地层发育。Mo-Ni-U综合异常规模大、强度高。含矿地层出露面积小,未开展钼钒找矿工作,预测钼矿找矿潜力较大,预测级别为C级,预测钼矿资源量3.13万t。

八、镍矿

通过对贵州遵义陈家湾杨大湾钼镍矿、余庆长岭岗钒矿及各镍钼钒矿预测工作区地球化学异常与矿产关系的研究,在贵州省境内利用省级 Mo、Ni、V 元素组合异常,圈定了 3 个镍矿地球化学找矿预测区(远景区)(图 6-6),根据各地球化学找矿预测区的出露地层、构造方向、相似矿床进行了预测类型的判别(表 6-15)。

分别对 3 个镍钼钒地球化学找矿预测区(远景区)编号、预测区地理名称(所在地地名)、预测区内相关元素的异常强度(一、二、三级异常区分)、主要异常元素异常面积(km^2)、主要异常元素异常平均值、背景值、异常衬度、面金属量、衬度异常量、预测级别、预测类型、预测资源量等地球化学参数进行了统计(表 6-16)。

根据分级要求,共圈定 A 级地球化学找矿预测区(远景区)1 个,编号为 52-Ni-A-1,分布于遵义松林地区;B 级地球化学找矿预测区(远景区)2 个,分布于纳雍、桂果地区,编号为 52-Ni-B-2、52-Ni-B-3。

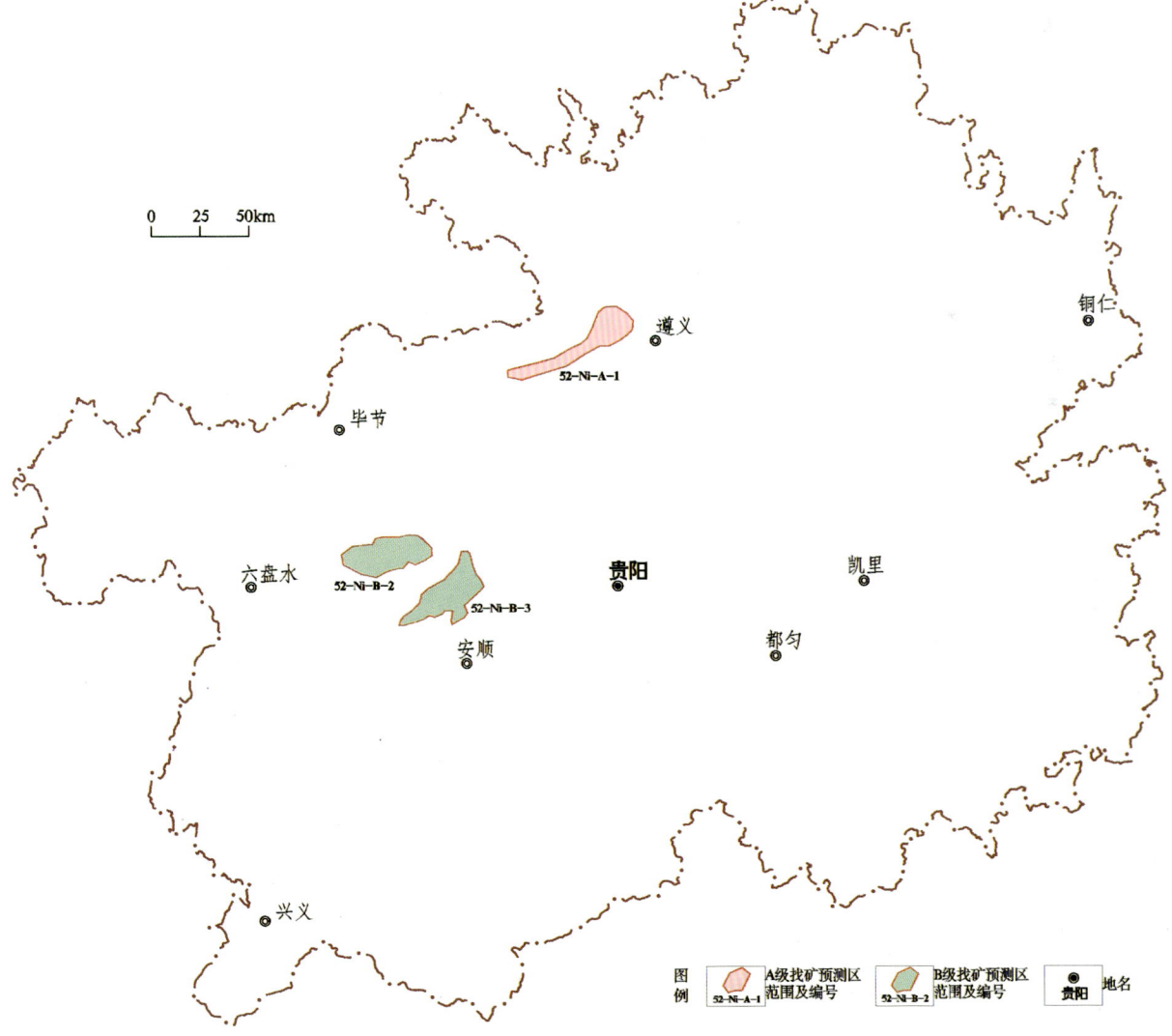

图 6-6 贵州省镍矿地球化学找矿预测区分布图

表 6-15　贵州省镍矿地球化学找矿预测区预测类型简表

预测区编号	出露地层	构造方向	预测类型	相似矿床
52-Ni-A-1	Pt_3^1、Pt_3^2、Pt_3^3、$\in$	北东	沉积型	遵义镍钼矿
52-Ni-B-2	Pt_3^1、Pt_3^2、Pt_3^1、$\in$	北东、东西	沉积型	遵义镍钼矿
52-Ni-B-3	Pt_3^1、Pt_3^2、Pt_3^3、$\in$	北东	沉积型	遵义镍钼矿

表 6-16　贵州省镍矿地球化学找矿预测区参数统计一览表

预测区编号	地理位置	异常级别			面积(km^2)	异常平均值（$\times 10^{-6}$）	面金属量（km^2百分率）	预测资源量（万 t）
		Ni	Mo	V				
52-Ni-A-1	松林		三	二	169.73	5.84	678.36	55.97
52-Ni-B-2	纳雍	一	二	三	60.04	4.22	142.7	11.78
52-Ni-B-3	桂果	三	三	三	310.65	4.38	788.01	65.01
合计								132.76

注：Mo 背景值：1.8433×10^{-6}；异常衬度=异常平均值/背景值；面金属量=异常面积×（异常平均值－背景值）；预测资源量=预测区面金属量/已知矿床面金属量×已知矿床资源量。

根据已知矿床资源量，采用 Ni 元素异常，通过公式：预测资源量＝预测区面金属量/已知矿床面金属量×已知矿床资源量，对地球化学找矿预测区（远景区）进行了资源预测，圈定的 3 个地球化学找矿预测区预测类型均为沉积型，共计预测镍矿资源量 132.76 万 t。

按照预测级别统计其预测资源量结果为：

1 个 A 级地球化学找矿预测区（远景区），共计预测镍矿资源量 55.97 万 t。

2 个 B 级地球化学找矿预测区（远景区），共计预测镍矿资源量 76.79 万 t。

3 个镍矿地球化学找矿预测区（远景区）预测类型均与遵义式镍钼矿相似。

1. 松林镍矿预测区（52-Ni-A-1）

松林镍矿预测区（52-Ni-A-1）位于贵州省遵义地区松林、岩孔一带，地理坐标为东经 106°10′00″—106°50′00″，北纬 27°30′00″—27°50′00″，面积近 600km^2。预测区分布于北东向松林-岩孔背斜上，背斜核部地层为震旦系至寒武系，背斜两翼由寒武系、奥陶系、二叠系、三叠系等构成，核部轴向（北东向）断裂构造发育。预测区内含矿地层（下寒武统牛蹄塘组下部碳质页岩夹少量硅质岩）发育，厚度为 19.12～34.56m，钼镍矿床（点）分布广泛，松林一带有陈家湾杨大湾等数个规模较大的钼镍矿床。

预测区内综合异常主要由 Mo、V、U 元素构成，Mo 元素异常 5 个，异常总面积 169.73km^2，其中 2 个异常强度达三级，2 个异常强度为二级，1 个异常强度为一级；V 元素异常强度也达二级。Mo-V-U 综合异常主要沿寒武系底部牛蹄塘组分布，在预测工作区内圈定的综合异常中，还有微弱的 Ni 元素异常显示。

松林镍矿预测区面积大，含矿地层发育，Mo-V-U 综合异常，特别是 Mo 元素异常规模大、强度高，有多个规模较大的钼镍矿床分布。预测区钼矿找矿潜力巨大，预测级别为 A 级，预测镍矿资源量 55.97 万 t。

2. 纳雍镍矿预测区(52-Ni-B-2)

纳雍镍矿预测区(52-Ni-B-2)位于贵州省纳雍一带,地理坐标为东经105°15′00″—105°45′00″,北纬26°38′00″—26°50′00″,面积近637 km²。预测区分布于北东向水东背斜上,背斜核部地层为震旦系,翼部地层主要为石炭系、二叠系、三叠系。预测区内含矿地层(下寒武统牛蹄塘组下部碳质页岩夹少量硅质岩)发育,钼镍矿床(点)分布广泛。

预测区内综合异常主要由Mo、V、Ni、U元素构成,Mo元素异常4个,异常总面积60.04 km²,其中2个异常强度达二级,2个异常强度为一级;V元素异常强度达三级;Ni元素异常强度为一级。Mo-Ni-V-U综合异常主要沿寒武系底部牛蹄塘组分布。

纳雍镍矿预测区面积较大,含矿地层发育,钼镍矿床(点)密集分布。Mo-Ni-V-U综合异常规模大、强度高,钼矿找矿潜力巨大,预测级别为B级,预测钼矿资源量11.78万t。

3. 桂果镍矿预测区(52-Ni-B-3)

桂果镍矿预测区(52-Ni-B-3)位于贵州省织金县桂果一带,地理坐标为东经105°35′00″—106°02′00″,北纬26°25′00″—26°45′00″,面积近650 km²。预测区分布于北东向果化、桂果、五指山等次级背斜上,背斜核部地层为震旦系至寒武系,翼部地层主要为石炭系、二叠系、三叠系。预测区内含矿地层(下寒武统牛蹄塘组下部碳质页岩夹少量硅质岩)发育,有钼镍矿点分布。

预测区内综合异常主要由Mo、V、Ni、U元素构成,Mo、V、Ni元素异常规模大、强度高,Mo元素异常3个,其中主体异常总面积近300 km²,异常强度达三级,另2个规模较小的Mo异常强度分别为一、二级;Ni、V元素异常强度均达三级。Mo-Ni-V-U综合异常主要与寒武系底部牛蹄塘组有关。

桂果镍矿预测区面积较大,含矿地层发育,有钼镍矿点分布。Mo-Ni-V-U综合异常规模大、强度高,钼矿找矿潜力巨大,预测级别为B级,预测钼矿资源量65.01万t。

九、钒矿

通过对贵州2个钒典型矿床(余庆长岭岗钒钼矿、镇远江古钒矿)及钒矿预测工作区地球化学异常与矿产关系的研究,在贵州省境内利用省级Mo、Ni、V元素组合异常,圈定了10个钒地球化学找矿预测区(远景区)(图6-7),根据各地球化学找矿预测区的出露地层、构造方向、相似矿床进行了预测类型的判别(表6-17)。

分别对10个钒矿地球化学找矿预测区(远景区)编号、预测区地理名称(所在地地名)、预测区内相关元素的异常强度(一、二、三级异常区分)、主要异常元素(预测指标)异常面积(km²)、主要异常元素异常平均值、背景值、面金属量、预测级别、预测资源量等地球化学参数进行了统计(表6-18)。

根据分级要求,共圈定A级地球化学找矿预测区(远景区)2个,编号为52-V-A-4、52-V-A-5,分布于贵州东部余庆、玉屏地区;B级地球化学找矿预测区(远景区)1个,编号为52-V-B-9,分布于贵州东部凯里地区;C级地球化学找矿预测区(远景区)7个。

根据已知矿床资源量,采用Mo元素异常,通过公式:预测资源量=预测区面金属量/已知矿床面金属量×已知矿床资源量,对地球化学找矿预测区(远景区)进行了资源预测,圈定的10个地球化学找矿预测区预测类型均为沉积型,总计预测钒矿资源量2 124.48万t。

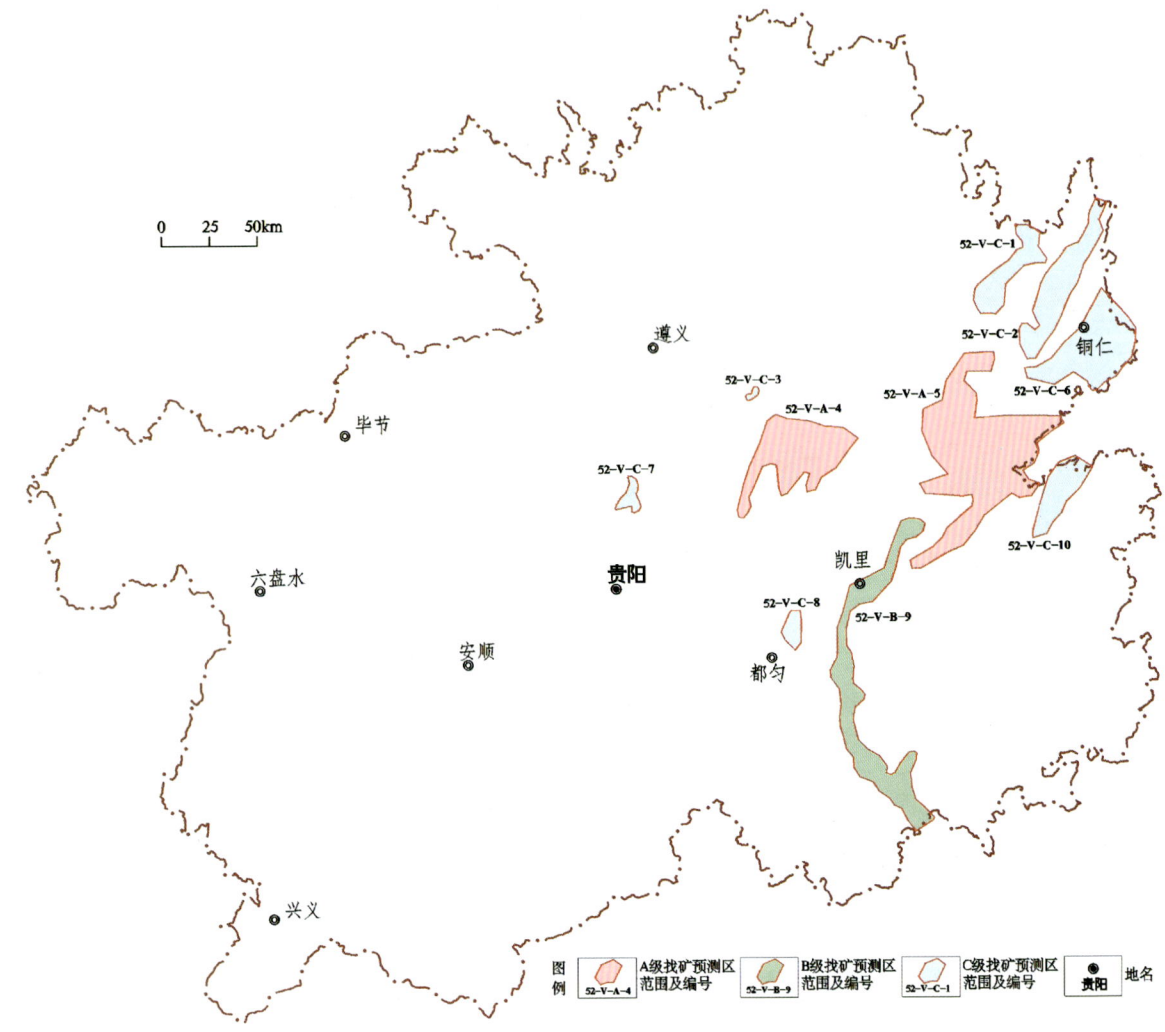

图 6-7 贵州省钒矿地球化学找矿预测区分布图

表 6-17 贵州省钒矿地球化学找矿预测区预测类型简表

预测区编号	出露地层	构造方向	预测类型	相似矿床
52-Ⅴ-C-1	Pt_3^1、Pt_3^2、Pt_3^3、$\in$	北东、北北东	沉积型	江古钒矿
52-Ⅴ-C-2	Pt_3^1、Pt_3^2、Pt_3^3、$\in$	北东、北北东	沉积型	江古钒矿
52-Ⅴ-C-3	Pt_3^1、Pt_3^2、Pt_3^3、$\in$	北东、北北东	沉积型	长岗岭钒矿
52-Ⅴ-A-4	Pt_3^1、Pt_3^2、Pt_3^3、$\in$	北东、北北东	沉积型	长岗岭钒矿
52-Ⅴ-A-5	Pt_3^1、Pt_3^2、Pt_3^3、$\in$	北东、北北东	沉积型	江古钒矿
52-Ⅴ-C-6	Pt_3^1、Pt_3^2、Pt_3^3、$\in$	北东、北北东	沉积型	江古钒矿
52-Ⅴ-C-7	Pt_3^1、Pt_3^2、Pt_3^3	北东、北北东	沉积型	长岗岭钒矿
52-Ⅴ-C-8	Pt_3^2、Pt_3^3、$\in$	北东、北北东	沉积型	江古钒矿
52-Ⅴ-B-9	Pt_3^1、Pt_3^2、Pt_3^3、$\in$	北东、北北东	沉积型	江古钒矿
52-Ⅴ-C-10	Pt_3^1、Pt_3^2、Pt_3^3、$\in$	北东	沉积型	江古钒矿

按照预测级别统计其预测资源量结果为：

2 个 A 级地球化学找矿预测区（远景区），预测钒矿资源量 1 264.37 万 t。

1 个 B 级地球化学找矿预测区（远景区），预测钒矿资源量 128.17 万 t。

7 个 C 级地球化学找矿预测区（远景区），预测钒矿资源量 731.94 万 t。

按照相似矿床统计其预测资源量结果为：

长岗岭式钒矿：地球化学找矿预测区 3 个，预测级别 1 个 A 级，2 个 C 级，预测钒矿资源量 468.68 万 t。

江古式钒矿：地球化学找矿预测区 7 个，预测级别 1 个 A 级，1 个 B 级，5 个 C 级，预测钒矿资源量 1 655.8 万 t。

表 6-18 贵州省钒矿地球化学找矿预测区参数统计一览表

预测区编号	地理位置	异常级别			面积(km^2)	异常平均值 ($\times 10^{-6}$)	面金属量 (km^2 百分率)	预测资源量 （万 t）
		Ni	Mo	V				
52-V-C-1	孟溪	三	三	三	116.5	6.32	521.07	49.5
52-V-C-2	江口	二	三	三	504.25	7.17	2 686.99	255.26
52-V-C-3	茅坪	二	三		20.64	5.64	78.35	2.98
52-V-A-4	余庆	三	三	三	467.73	7.81	3 652.97	444.79
52-V-A-5	玉屏	三	三	三	1 516.25	7.53	8 627.16	819.58
52-V-C-6	铜仁	二	三		500.75	5.90	2 029.69	198.82
52-V-C-7	息烽	二	三		68.81	9.84	550.2	20.91
52-V-C-8	麻江		三	二	54.5	5.76	213.25	20.26
52-V-B-9	凯里	三	三	三	406.25	5.16	1 349.12	128.17
52-V-C-10	坪地	三	三	三	142.75	15.43	1 939.03	184.21
合计								2 124.48

注：Mo 背景值：$1.843\ 3\times10^{-6}$；异常衬度=异常平均值/背景值；面金属量=异常面积×（异常平均值－背景值）；预测资源量=预测区面金属量/已知矿床面金属量×已知矿床资源量。

1. 孟溪钒矿预测区（52-V-C-1）

孟溪钒预测区（52-V-C-1）位于贵州省松桃县孟溪一带，地理坐标为东经 108°36′00″—109°01′00″，北纬 27°48′30″—28°12′30″，面积近 595 km^2。预测区分布于北北东向梵净山背斜北东倾没端上，背斜核部地层为中、新元古界，翼部地层主要为寒武系。预测区内含矿地层（下寒武统留茶坡组）发育，有数个钒矿床（点）分布。

预测区内综合异常主要由 Mo、V、Ni、U 元素构成，Mo、V、Ni 元素异常规模大、强度高，Mo 元素异常 2 个，异常总面积近 116.5 km^2，2 个异常强度分别达二、三级；Ni、V 元素异常强度均达三级。Mo-Ni-V-U 综合异常，特别是 Mo 元素异常主要与寒武系底部留茶坡组有关。

孟溪钒矿预测区面积较大，含矿地层发育，有钒矿点分布。Mo-Ni-V-U 综合异常规模大、强度高，钒矿找矿潜力较大，预测级别为 C 级，预测钒（V_2O_5）矿资源量 49.5 万 t。

2. 江口钒矿预测区(52-V-C-2)

江口钒矿预测区(52-V-C-2)位于贵州省松桃—江口一带,地理坐标为东经108°50′00″—109°20′00″,北纬27°35′10″—28°18′30″,面积近1 030km²。预测区分布于北北东向松桃背斜上,背斜核部地层为新元古界,翼部地层主要为寒武系。预测区内含矿地层(下寒武统留茶坡组)发育,钒矿床(点)密集分布。

预测区内综合异常主要由Mo、V、Ni、U元素构成,Mo、V、Ni元素异常规模大、强度高,Mo元素异常4个,主体异常面积400多平方千米,异常沿背斜轴呈带状分布,异常强度三级,另3个Mo元素小异常强度也达二级;V元素异常强度为三级;Ni元素异常强度为二级。Mo-Ni-V-U综合异常,特别是Mo元素异常主要与寒武系底部留茶坡组有关。

江口钒矿预测区面积较大,含矿地层发育,有钒矿点分布。Mo-Ni-V-U综合异常规模大、强度高,钒矿找矿潜力较大,预测级别为C级,预测钒(V_2O_5)矿资源量255.26万t。

3. 茅坪钒矿预测区(52-V-C-3)

茅坪钒矿预测区(52-V-C-3)位于贵州省眉潭县茅坪一带,地理坐标为东经107°24′00″—107°28′00″,北纬27°26′30″—27°30′00″,面积25km²。预测区分布于北北东向茅坪背斜南端,背斜被北北东向和北东向断层切割,受挤压,震旦系和寒武系底部地层抬升出露,背斜其他部位主要由寒武系、奥陶系、二叠系、三叠系等构成,有1个钼钒矿点分布。

预测区内综合异常主要由Mo、Ni元素构成,Mo元素异常面积20.64km²,异常强度达三级;Ni元素异常强度也达二级。Mo-Ni综合异常主要沿寒武系底部牛蹄塘组分布,在预测工作区级圈定的综合异常中,有V、U元素异常。

茅坪钒矿预测区面积不大,但与瓮安长岭岗钒钼矿靠近,含矿地层发育,Mo-Ni综合异常,特别是Mo元素异常发育较好,有钼钒矿点分布,深部具有较好的找矿前景,预测级别为C级,预测钒(V_2O_5)矿资源量2.98万t。

4. 余庆钒矿预测区(52-V-A-4)

余庆钒矿预测区(52-V-A-4)位于贵州省余庆一带,地理坐标为东经107°20′00″—107°58′30″,北纬26°55′10″—27°22′30″,面积1 431km²。预测区分布于北东向瓮安向斜和余庆背斜上,背斜核部地层为青白口系,向斜地层为三叠系,翼部地层主要为寒武系、二叠系和少量奥陶系。预测区内含矿地层(下寒武统牛蹄塘组下部碳质页岩夹少量硅质岩)发育,厚度为11.28~46.83m,钼镍矿床(点)分布广泛,有余庆长岭岗大型钼镍矿床。

预测区内综合异常主要由Mo、Ni、V、U元素构成,Mo元素异常8个,异常总面积467.73km²,其中6个异常强度达三级,2个异常强度为二级;Ni、V元素异常强度均达三级。Mo-Ni-V-U综合异常主要沿寒武系底部牛蹄塘组分布。

余庆钒矿预测区面积大,含矿地层发育(11.28~46.83m),钼钒矿床(点)密集分布,并有余庆长岭岗钼钒大型矿床。Mo-Ni-V-U综合异常,特别是Mo元素异常规模大、强度高,钼矿找矿潜力巨大,预测级别为A级,预测钒(V_2O_5)矿资源量444.79万t。

5. 玉屏钒矿预测区(52-Ⅴ-A-5)

玉屏钒矿预测区(52-Ⅴ-A-5)位于贵州省镇远—玉屏一带,地理坐标为东经108°15′00″—109°02′30″,北纬26°39′10″—27°38′00″,面积3 334km^2。预测区分布于北东-北北东向都坪背斜、焦溪背斜、三穗向斜等区域性褶皱构造上,背斜核部地层为青白口系,向斜地层为寒武系。预测区内含矿地层(下寒武统留茶坡组)发育,厚度为12~60m,钒矿床(点)分布广泛,有镇远江古大型钒矿床。

预测区内综合异常主要由Mo、Ni、V、U元素构成,Mo元素异常12个,异常总面积1 516.25km^2,其中7个异常强度达三级,5个异常强度为二级;Ni、V元素异常强度均达三级。Mo-Ni-V-U综合异常主要沿寒武系底部牛蹄塘组分布。

玉屏钒矿预测区面积大,含矿地层发育(12~60m),钒矿床(点)密集分布,并有镇远江古大型矿床。Mo-Ni-V-U综合异常,特别是Mo元素异常规模大、强度高,钼矿找矿潜力巨大,预测级别为A级,预测钒(V_2O_5)矿资源量819.58万t。

6. 铜仁钒矿预测区(52-Ⅴ-C-6)

铜仁钒矿预测区(52-Ⅴ-C-5)位于贵州省铜仁—万山一带,地理坐标为东经108°52′00″—109°28′00″,北纬27°25′00″—27°54′30″,面积1 387km^2。预测区分布于北北东向万山向斜、下溪背斜、瓦层向斜等褶皱构造上,背斜核部地层为青白口系,向斜地层为寒武系。预测区内含矿地层(下寒武统留茶坡组)发育,有钒矿床(点)分布。

预测区内综合异常主要由Mo、Ni、V、U元素构成,Mo元素异常7个,异常总面积500.75km^2,其中4个异常强度达三级,2个异常强度为二级,1个异常强度为一级;V元素异常强度达三级;Ni元素异常强度达二级。Mo-Ni-V-U综合异常主要沿寒武系底部留茶坡组分布。

铜仁钒矿预测区面积大,含矿地层发育,有钒矿床(点)分布。Mo-Ni-V-U综合异常,特别是Mo元素异常规模大、强度高,钒矿找矿潜力较大,预测级别为C级,预测钒(V_2O_5)矿资源量198.82万t。

7. 息峰钒矿预测区(52-Ⅴ-C-7)

息峰钒矿预测区(52-Ⅴ-C-7)位于贵州省息峰县附近,地理坐标为东经106°42′00″—106°50′00″,北纬26°55′00″—27°06′00″,面积近121km^2。预测区分布于北北东向铜鼓坪背余南段前寒武纪出露区,背斜核部地层为青白口系至震旦系,翼部地层主要为寒武系、二叠系、三叠系。预测区内含矿地层(下寒武统牛蹄塘组下部碳质页岩夹少量硅质岩)发育。

预测区内综合异常主要由Mo、Ni、U元素构成,Mo、Ni元素异常,特别是Mo元素异常规模大、强度高,其中Mo元素主体异常总面积60km^{2}左右,异常强度达三级,另1个规模较小的Mo异常强度也达二级;Ni元素异常强度为二级。Mo-Ni-U综合异常主要与寒武系底部牛蹄塘组有关。

息峰钒矿预测区面积较大,含矿地层发育。Mo-Ni-U综合异常规模大、强度高。含矿地层出露面积小,未开展钼钒找矿工作,预测钒矿找矿潜力较大,预测级别为C级,预测钒(V_2O_5)矿资源量20.91万t。

8. 麻江钒矿预测区(52-Ⅴ-C-8)

麻江钒矿预测区(52-Ⅴ-C-8)位于贵州省麻江一带,地理坐标为东经107°33′30″—107°40′00″,北纬26°17′00″—26°28′00″,面积146km^2。预测区分布于北北东向王司背斜核部,背斜核部地层为青白口系至南华系,翼部地层有寒武系、奥陶系、泥盆系、石炭系、二叠系、三叠系。预测区内含矿地层(下寒武统留茶坡组)发育。

预测区内综合异常主要由 Mo、V、U 元素构成,Mo 元素异常面积 54.5km²,异常强度达三级;V 元素异常强度达二级。Mo-V-U 综合异常主要分布于王司背斜核部寒武系底部,分布范围小。

麻江钒矿预测区面积虽然不大。Mo-V-U 综合异常与含矿地层关系密切,特别是 Mo 元素异常相对发育,钒矿找矿潜力较大,预测级别为 C 级,预测钒(V_2O_5)矿资源量 20.26 万 t。

9. 凯里钒矿预测区(52-V-B-9)

凯里钒矿预测区(52-V-B-9)位于贵州省凯里—丹寨—荔波一带,地理坐标为东经 107°47′00″—108°20′00″,北纬 25°27′00″—26°53′00″,面积 1 741km²。预测区沿雪峰山基底逆推带与上扬子陆块接触带寒武系底部地层呈条带状分布,预测区东面为前寒武纪地层,西面为古生代地层。预测区内含矿地层(下寒武统留茶坡组或老堡组)发育。

预测区内综合异常主要由 Mo、Ni、V、U 元素构成,Mo 元素共有 6 个异常,异常总面积 406.25km²,其中 5 个异常强度达三级,1 个异常强度为一级;Ni、V 元素异常强度均达三级。Mo-Ni-V-U 综合异常主要分布于寒武系底部地层中。

凯里钒矿预测区面积大。Mo-Ni-V-U 综合异常与含矿地层关系密切,特别是 Mo 元素异常规模大、强度高,有钒矿点分布,钒矿找矿潜力较大,预测级别为 B 级,预测钒(V_2O_5)矿资源量128.17 万 t。

10. 坪地钒矿预测区(52-V-C-10)

坪地钒矿预测区(52-V-C-10)位于贵州省天柱县坪地一带,地理坐标为东经 108°53′00″—109°12′00″,北纬 26°46′00″—27°08′10″,面积 555km²。预测区分布于北东向大河边向斜上,向斜核部地层为寒武系,翼部为前寒武纪地层。预测区内含矿地层(下寒武统留茶坡组或老堡组)发育,有钒矿点分布。

预测区内综合异常主要由 Mo、Ni、V、U 元素构成,Mo 元素异常面积 142.75km²,异常强度达三级;Ni、V 元素异常强度均达三级。Mo-Ni-V-U 综合异常主要分布于寒武系底部地层中。

坪地钒矿预测区面积大。Mo-Ni-V-U 综合异常与含矿地层关系密切,特别是 Mo 元素异常规模大、强度高,有钒矿点分布,钒矿找矿潜力较大,预测级别为 C 级,预测钒(V_2O_5)矿资源量184.21万 t。

第三节 重要成矿带找矿潜力评价

一、成矿带区划

经矿产资源潜力评价工作研究,贵州省成矿带区划如图 6-8 所示。贵州省境内共划分Ⅲ级成矿带 4 个,即四川盆地成矿区(Ⅲ-74 贵州)、上扬子中东部成矿带(Ⅲ-77 贵州)、江南隆起西段成矿带(Ⅲ-78 贵州)和桂-黔-滇北部成矿区(Ⅲ-88 贵州)。四川盆地成矿区分布于贵州省赤水—习水一带,以产出油汽和少量含铜砂岩型铜矿为特征;上扬子中东部成矿带涵盖黔北、黔西北、黔东北、黔中及黔南大部,有煤、铝、磷(稀土)、硫、铁、锰、钼、镍、钒、铀等沉积型矿产和铅锌、汞、锑、金、铜、钨(锡)等热液型矿产产出;江南隆起西段成矿带涵盖了黔东南绝大部分地区,以浅变质岩脉型金矿和沉积型重晶石矿为特色;桂-黔-滇北部成矿区主要为黔西南地区,以及黔南西南部,主要矿产为中-低温热液型金、锑、汞矿及煤矿。

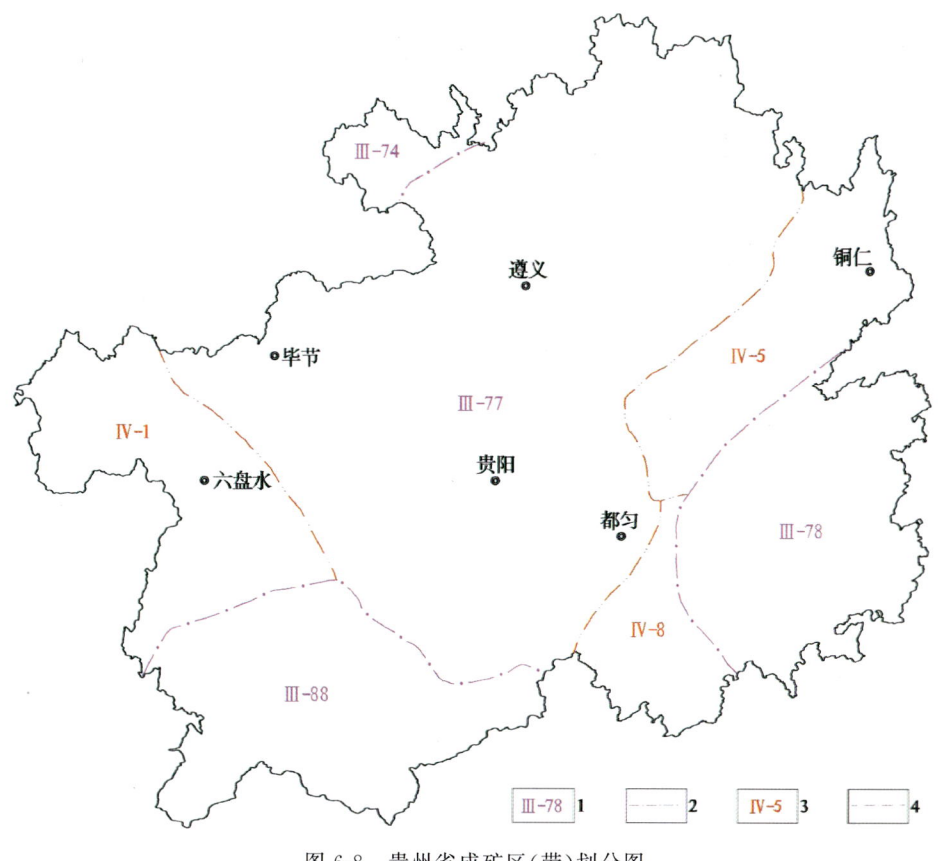

图 6-8 贵州省成矿区(带)划分图

1.三级成矿带编号;2.三级成矿带界线;3.四级成矿带编号;4.四级成矿带界线

注:Ⅲ-74:四川盆地成矿区;Ⅲ-77:上扬子中东部成矿带;Ⅲ-78:江南隆起西段成矿带;Ⅲ-88:桂-黔-滇北部成矿区;Ⅳ-1:黔西北成矿带;Ⅳ-5:黔东北成矿带;Ⅳ-8:黔南东部成矿带;

4个Ⅲ级成矿带中,上扬子中东部成矿带(Ⅲ-77贵州)、江南隆起西段成矿带(Ⅲ-78贵州)和桂-黔-滇北部成矿区(Ⅲ-88贵州)矿产较为丰富。上扬子中东部成矿带(Ⅲ-77贵州)内,进一步划分出黔西北(Ⅳ-1)、黔东北(Ⅳ-5)、黔南东部(Ⅳ-8)3个更具特色的Ⅳ级成矿带。

二、重要成矿带地球化学特征

1.上扬子中东部成矿带(Ⅲ-77贵州)

1)区域地球化学特征

上扬子中东部成矿带内,区域化探分析的39种元素或氧化物地球化学特征参数见表6-19。

39种元素或氧化物中,相对于贵州省地球化学背景值的富集系数,除Zr元素特别低,Y和Al_2O_3比1稍低外,其他36种元素或氧化物富集系数均大于(或等于)1。其中,又以Hg、CaO、Na_2O、Cd富集度最高,富集系数分别为4.27、2.39、2.17、2.14。另外,MgO、Ba、Pb、Sb、Mo、F、As等富集度也较高,富集系数在1.55~1.30之间。

表 6-19 上扬子中东部成矿带地球化学特征参数表

元素或氧化物	成矿带地球化学参数($N=32\,933$)				贵州省水系背景值	变异系数	富集系数
	最大值	最小值	平均值	标准变差			
Ag	4 258.76	2.17	72.92	70.11	68.15	0.96	1.07
As	1 647	0.11	19.42	17.63	14.89	0.97	1.30
Au	430.99	0.06	1.13	2.9	1.06	2.57	1.07
B	655.74	1.25	75.11	30.55	67.14	0.41	1.12
Ba	98 077.41	6.83	415.37	874.16	319.3	2.10	1.30
Be	119	0.25	2.56	1.14	2.36	0.45	1.08
Bi	11.91	0.04	0.45	0.39	0.41	0.87	1.10
Cd	58 902.4	21.58	670.75	1 029.02	313.3	1.53	2.14
Co	131.67	0.12	18.51	7.28	17.38	0.39	1.07
Cr	724.05	0.24	84.82	35.05	79.42	0.41	1.07
Cu	331.15	1.11	32.12	19.53	29.43	0.61	1.09
F	13 559.4	18.03	957.57	454.18	679.2	0.47	1.41
Hg	643 102.6	1.00	439.08	7 795.23	102.74	17.75	4.27
La	146	0.09	41.59	11.76	41.35	0.28	1.01
Li	679.6	3.28	47.58	27.32	40.09	0.57	1.19
Mn	43 430.2	19.61	1 279.63	742.72	1 076.9	0.58	1.19
Mo	265	0.02	1.88	2.79	1.38	1.49	1.36
Nb	185.7	0.89	20.51	8.1	20.37	0.40	1.01
Ni	342.96	2.00	33.39	13.26	32.84	0.40	1.02
P	18 028	10.77	631.04	333.32	621.5	0.53	1.02
Pb	9 687.47	0.60	41.61	129.03	29.39	3.10	1.42
Sb	2 523.7	0.08	1.91	20	1.35	10.49	1.41
Sn	69.81	0.51	3.2	1.08	3.19	0.34	1.00
Sr	75.74	2.42	1 199.53	39.88	64.82	0.53	1.17
Th	47.34	0.82	16.78	3.69	16.47	0.22	1.02
Ti	78 978.6	22	5 951.81	2 826	5 469	0.48	1.09
U	90.15	0.19	3.98	1.76	3.31	0.44	1.20
V	779.34	12.38	116.26	47.74	109.4	0.41	1.06

续表6-19

元素或氧化物	成矿带地球化学参数（N=32 933）				贵州省水系背景值	变异系数	富集系数
	最大值	最小值	平均值	标准变差			
W	100.77	0.10	2.02	1.01	1.74	0.50	1.16
Y	332	0.35	29.77	10.73	31.44	0.36	0.94
Zn	37 813.75	0.86	101.41	353.87	89.94	3.49	1.12
Zr	1 025	3.8	84.82	35.05	330.8	0.41	0.25
SiO_2	99.99	7.3	66.87	8.87	67.03	0.13	1.00
Al_2O_3	38	1.05	12.1	2.74	12.7	0.23	0.95
Fe_2O_3	64.54	0.41	5.97	2.97	5.63	0.35	1.06
K_2O	17.23	0.02	2.38	1.06	1.89	0.44	1.25
Na_2O	20.38	0.005	0.52	1.73	0.24	3.31	2.17
CaO	92	0.01	1.77	2.38	0.74	1.35	2.39
MgO	48.34	0.04	2	1.98	1.29	0.99	1.55

注：含量单位，Ag、Au、Cd、Hg 为 $\times 10^{-9}$，SiO_2、Al_2O_3、Fe_2O_3、K_2O、Na_2O、CaO、MgO 为 $\times 10^{-2}$，其他元素为 $\times 10^{-6}$。贵州省背景值引自《贵州省1：50万地球化学图说明书》。

39种元素或氧化物中，La、Th、SiO_2、Al_2O_3 等元素或氧化物含量离散程度最低，为均匀分布类元素（变异系数小于0.3），B、Be、Co、Cr、F、Nb、Ni、Sn、Ti、U、V、Y、Zr、Fe_2O_3、K_2O 等为弱离散元素或氧化物类（变异系数在0.3~0.5之间），Ag、As、Bi、Cu、Li、Mn、P、Sr、W、MgO 等为中等离散元素或氧化物类（变异系数在0.5~1.0之间），Hg、Sb、Au、Ba、Pb、Zn、Cd、Mo、Na_2O、CaO 等为强离散元素或氧化物类（变异系数大于1.0），特别是 Hg、Sb 元素含量离散程度最大，离散程度最高，变异系数分别为17.75和10.49。

上扬子中东部成矿带内，元素含量变化特征总体表现为：①与汞、铅锌矿有关的 Hg、Sb、As、Pb、Zn、Cd 等元素富集度和离散程度均较高，其中 Hg 元素，无论是富集系数，还是变异系数均特别高，为区内务川和万山两大汞矿带的形成提供坚实的物质基础；②与寒武系、南华系等地层中黑色岩系矿产具有较好相关性的 Ba、Mo 等元素富集度和离散程度均较高；③代表区内广泛分布的碳酸盐岩物质组成特征的 CaO 和 MgO 富集度和离散程度均较高；④反映沉积环境的 F 元素具有较高的富集度，离散程度则相对较低。

与铅锌矿有关的 Pb、Zn、Cd 等元素重要富集区（带），主要分布于上扬子中东部成矿带的西部（黔西北）和东部（黔东北）。西部主要有赫章、水城北西向富集带和普安罐子窑富集区；东部 Pb、Zn、Cd 等元素高含量区主要沿铜仁-玉屏-凯里（黔东北铅锌多金属成矿带）断续分布，形成上百千米长的多元素高含量带。另外，上扬子中东部成矿带中部的开阳—瓮安和纳雍—普定等地也有规模较大的 Pb、Zn、Cd 元素富集区。

上扬子中东部成矿带内，与汞矿有关的 Hg、Sb、As、Au 等元素重要富集区（带），主要有万山、务川、息烽等北北东向富集带和丹寨南北向富集带。这些 Hg、Sb、As、Au 元素富集区（带）均为贵州省最为重要的汞成矿区，异常带往往长数十千米，宽一二十千米，特别是 Hg 元素异常规模大、强度高，最大峰值

可达 $643\ 102.6\times 10^{-9}$。另外在松桃和余庆等地还较大规模的 Hg、Sb、As、Au 元素富集区(带),在绝大部分 Pb、Zn、Cd、Ag 元素富集区(带)及其周围也有一定规模、强度的 Hg、Sb、As、Au 元素富集。

Ba、Mo、Ni、V、U、Ag 元素富集区(带)主要沿南华系—寒武系底部黑色岩系分布,在上扬子中东部成矿带东部形成一系列长达数十千米,北北东向展布的多元素富集区(带)。另外,在务川、万山、丹寨等汞矿区也有较大规模的 Ba 元素异常发育;在贵阳—紫云和赫章—毕节等地三叠系中有大面积的 Mo、Ni、V、U 低缓异常。

CaO、MgO 高富集带主要与地层中不纯碳酸盐岩有关。F 元素的富集主要与三叠系及二叠系含煤岩系有关。

上扬子中东部成矿带中,Ⅳ-1、Ⅳ-5、Ⅳ-8 等 3 个四级成矿带地质、矿产及其地球化学特征较为鲜明。分别对 3 个四级成矿带,与区内特色矿种相关性较好的 Au、As、Sb、Hg、Pb、Zn、Mo、Ni、V、Mn、Ba 等 11 种元素含量富集系数和变异系数进行统计:

Ⅳ-1 四级成矿带 11 种特征元素含量富集系数和变异系数参见图 6-9。11 种元素中,以 Pb、Zn、Sb 等中-低温热液成矿元素富集呈度最高,变异特征最为显著。其次,富集、变异特征较为明显的元素有 Hg、As。Mo、Mn、Ba 有一定富集,但变异程度较低。总体表现为以铅锌成矿为主导,Sb、Hg、As 伴生异常的特征。峨眉山玄武岩分布区 Mn、Au、V 为高背景,三叠系区内 Mo 元素相对富集。

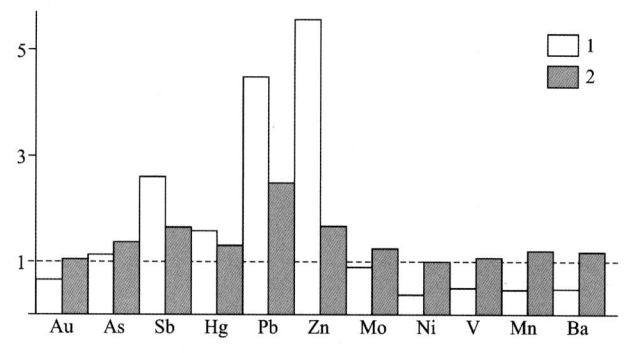

图 6-9 Ⅳ-1 四级成矿带元素含量富集特征图
1.元素含量变化系数;2.元素含量富集系数

Ⅳ-5 四级成矿带 11 种特征元素含量富集系数和变异系数参见图 6-10。11 种元素中,最突出的是 Hg 元素,富集度和变异程度均特别高。其次,Sb、Au、Pb、Mo、Ba 等,具有较高的富集度和变异程度。另外,As、Zn、Mn 等也有一定程度的富集度和变异程度。总体表现为与汞成矿有关的 Hg 元素富集度和变异程度均特别高,与铅锌、钼镍钒、重晶石等成矿相关的 Pb、Mo、Ba 及汞矿伴生异常元素 Sb、Au 等次之,成矿元素 Mn、Zn 及汞矿、铅锌矿伴异常元素 As 有一定程度的富集度和变异程度。

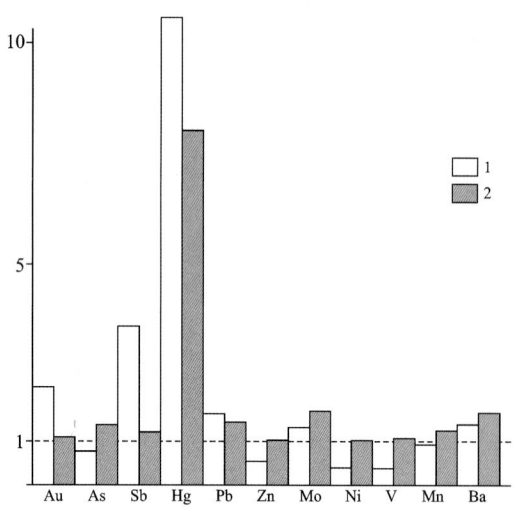

图 6-10 Ⅳ-5 四级成矿带元素含量富集特征图
1.元素含量变化系数;2.元素含量富集系数

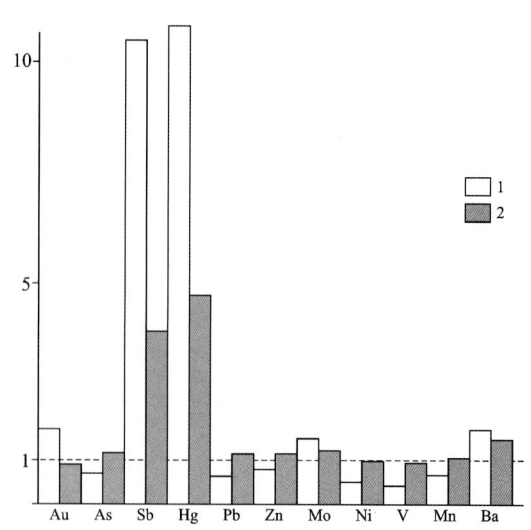

图 6-11 Ⅳ-8 四级成矿带元素含量富集特征图
1.元素含量变化系数;2.元素含量富集系数

Ⅳ-8四级成矿带11种特征元素含量富集系数和变异系数参见图6-11。11种元素中,最突出的是Hg、Sb元素,富集度和变异程度均特别高。其次,Au、Mo、Ba等,具有较高的富集度和变异程度。另外,As、Pb、Zn、Mn等也有一定程度的富集度和变异程度。总体表现为与汞、锑成矿有关的Hg、Sb元素富集度和变异程度均特别高,与金、钼镍钒、重晶石等成矿相关的Au、Mo、Ba等次之,成矿元素Mn、Pb、Zn及汞矿、锑矿、金矿、铅锌矿伴异常元素As有一定程度的富集度和变异程度。

2)异常圈定及解释

各元素异常以贵州省区域化探数据90%累频值为异常下限,90%～95.5%为异常外带,95.5%～98%为异常中带,≥98%为异常内带。所圈异常,以Au、As、Sb、Hg、Pb、Zn、Ag、Cd、Mo、Ni、V、U、Mn、Ba等元素异常为主要研究对象。

Au、As、Sb、Hg异常主要与汞、锑矿有关。另在南华系—寒武系底部黑色岩系相关矿产及铅锌矿也有异常显示。在上扬子中东部成矿带中的分布,从西到东呈增高趋势。西部主要为伴生于铅锌矿上,及分布于三叠系中的低缓异常。中部在织金-息烽-余庆形成北北东向的异常带,其中息烽附近有著名的白马硐汞矿。东部从北到南有务川异常区、万山异常区、独山-丹寨异常区,务川异常区、万山异常区分别与著名的务川汞矿、万山汞矿对应,独山-丹寨异常区与独山锑矿区、丹寨汞金矿区相符。另外,在松桃汞矿区也有较好异常发育。

Pb、Zn、Ag、Cd异常主要与铅锌矿有关。在上扬子中东部成矿带中的分布,西部和东部高,中部相对偏低。其中,以西部异常最为突出,主要有赫章、水城、罐子窑等北西向异常带。东部主要沿铜仁-玉屏-凯里形成北北东向的异常带。中部在纳雍-织金、开阳-瓮安等地也有较高异常发育。

Mo、Ni、V、U、Mn、Ba等元素异常主要与南华系—寒武系底部黑色岩系沉积型矿产有关。Mo、Ni、V、U主分布于上扬子中东部成矿带中,东部钼镍钒矿分布区,贵阳-紫云和赫章-毕节等地三叠系中有大面积的Mo、Ni、V、U低缓异常。Mn元素异常主要分布于松桃锰矿区,遵义锰矿区异常也较发育。Ba等元素异常除有Mo、Ni、V、U异常相似分布特征外,在务川、万山、丹寨等汞矿区也有较大规模的Ba元素异常发育。

在上扬子中东部成矿带中,西部Ⅳ-1四级成矿带就是以Pb、Zn、Ag、Cd异常为主的铅锌密集成矿区,其Pb-Zn-Ag-Cd组合异常见图6-12。异常主要分为中水-赫章妈姑、威宁-水城和罐子窑3个北东向的异常区(带)。这些异常规模均较大,中水-赫章妈姑和威宁-水城异常带,在贵州省内延伸100km左右,Pb、Zn元素异常均具三级异常浓度分带,与铅锌矿床(点)的分布,及其控矿构造的展布极其吻合,是铅锌成矿及主要伴生异常元素组合。

东北部Ⅳ-5四级成矿带是以Hg、Sb、Au、As异常为主,Pb、Zn、Ag、Cd、Mo、Ni、V、U、Ba异常次之,Mn异常局部发育为特征的成矿带。Hg-Sb-Au-As、Pb-Zn-Ag-Cd和Mo-Ni-V-U综合异常见图6-13。各元素异常下限:Hg 256.49×10^{-9}、Sb 2.97×10^{-6}、Au 1.98×10^{-9}、As 35×10^{-6}、Pb 52×10^{-6}、Zn 128.33×10^{-6}、Ag 104.43×10^{-9}、Cd $1\,402.96\times10^{-9}$、Mo 3.9×10^{-6}、Ni 50.80×10^{-6}、V 178.73×10^{-6}、U 5.92×10^{-6}。

Hg-Sb-Au-As、Pb-Zn-Ag-Cd综合异常均呈北北东向带状分布,Pb-Zn-Ag-Cd综合异常主要沿铜仁-玉屏-凯里断续分布,异常带长近百千米,Hg-Sb-Au-As综合异常,特别是以Hg元素为主的Hg-Sb-Au-As综合异常,主要分布于Pb-Zn-Ag-Cd综合异常带东侧的万山一带。Pb、Zn元素异常规模较大,多数具三级异常浓度分带,与铅锌矿床(点)的分布较为密切。Hg-Sb-Au-As综合异常,特别是以Hg元素异常为主的Hg-Sb-Au-As综合异常与汞矿床(点)的分布极为密切,是汞矿床(点)的直接反映;江口北部寨英东面梵净山背斜上 Hg-Sb-Au-As 综合异常,以 Au 元素异常为主,Hg 元素异常不发育,是梵净山背斜核部石英脉型金矿引起。Mo、Ni、V 综合异常主要沿背斜核部及背、向斜两翼南华系至寒武系底部黑色岩系呈北北东向带状分布,有 Mo 元素异常发育的 Mo-Ni-V-U 综合异常,与钼镍钒多金属矿产有关。

东南部 Ⅳ-8 四级成矿带是以 Hg-Sb-Au-As 组合异常为主,Pb-Zn-Ag-Cd、Mo-Ni-V-U 组合异常次之,Mn 局部发育为特征的成矿带,Hg-Sb-Au-As、Pb-Zn-Ag-Cd 和 Mo-Ni-V-U 综合异常见图 6-14。异常下限与Ⅳ-5 四级成矿带同。

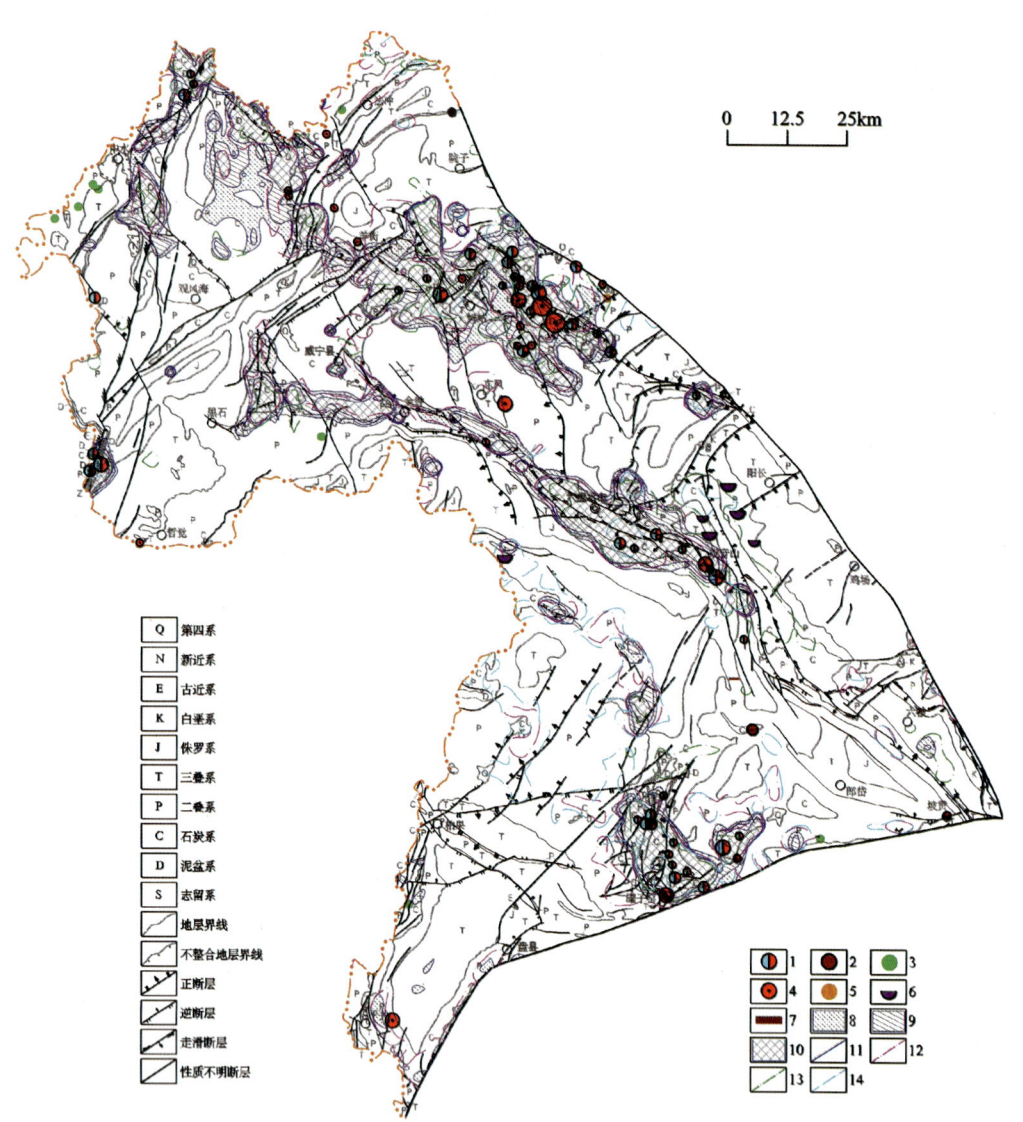

图 6-12 黔西北(Ⅳ-1)四级成矿带 Pd-Zn-Ag-Cd 组合异常图

1.铅锌矿床(点);2.锌矿床(点);3.铜矿床(点);4.铁矿床(点);5.锑矿床(点);6.锰矿床(点);7.镍矿床(点);8.Pb 元素一级浓度分带;9.Pb 元素二级浓度分带;10.Pb 元素三级浓度分带;11.Pb 异常线($52×10^{-6}$);12.Zn 异常线($128.328×10^{-6}$);13.Ag 异常线($104.434×10^{-6}$);14.Cd 异常线($1\,042.96×10^{-9}$)

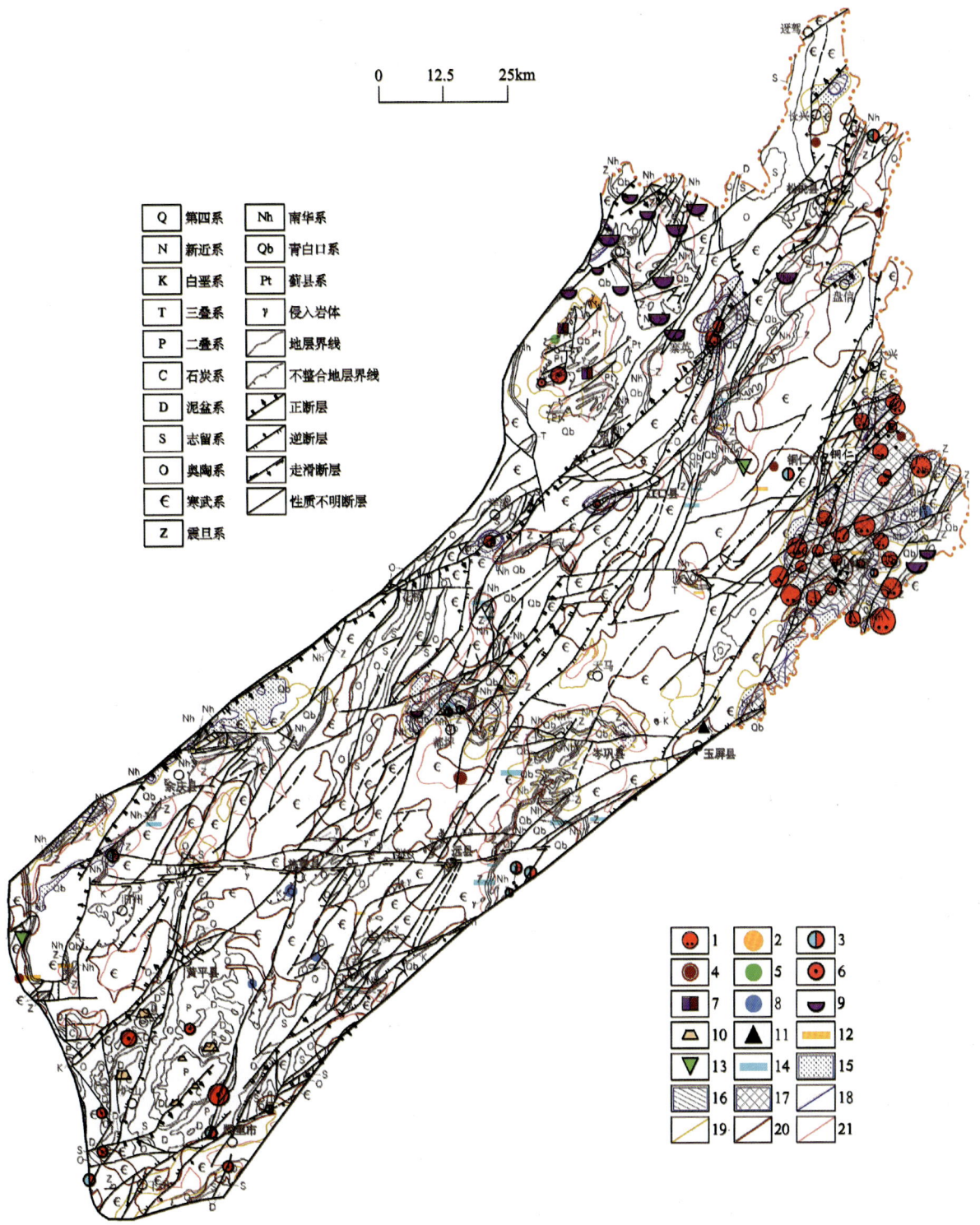

图 6-13 黔东北(Ⅳ-5)四级成矿带 Hg-As-Au-Sb-Pb-Zn-Ag-Cd-Ni-Mo-V-U 综合异常图
1.汞矿床(点);2.金矿床(点);3.铅锌矿床(点);4.锌矿床(点);5.铜矿床(点);6.铁矿床(点);7.钨锡矿床(点);8.重晶石矿床(点);9.锰矿床(点);10.铝土矿床(点);11.硫铁矿床(点);12.磷矿床(点);13.镍钼矿床(点);14.钒矿床(点);15.Hg 元素一级浓度分带;16.Hg 元素二级浓度分带;17.Hg 元素三级浓度分带;18.Hg 一级异常线(256.494×10^{-9});19.Hg-As-Au-Sb 综合异常线;20.Pb-Zn-Ag-Cd 综合异常线;21.Ni-Mo-V-U 综合异常线

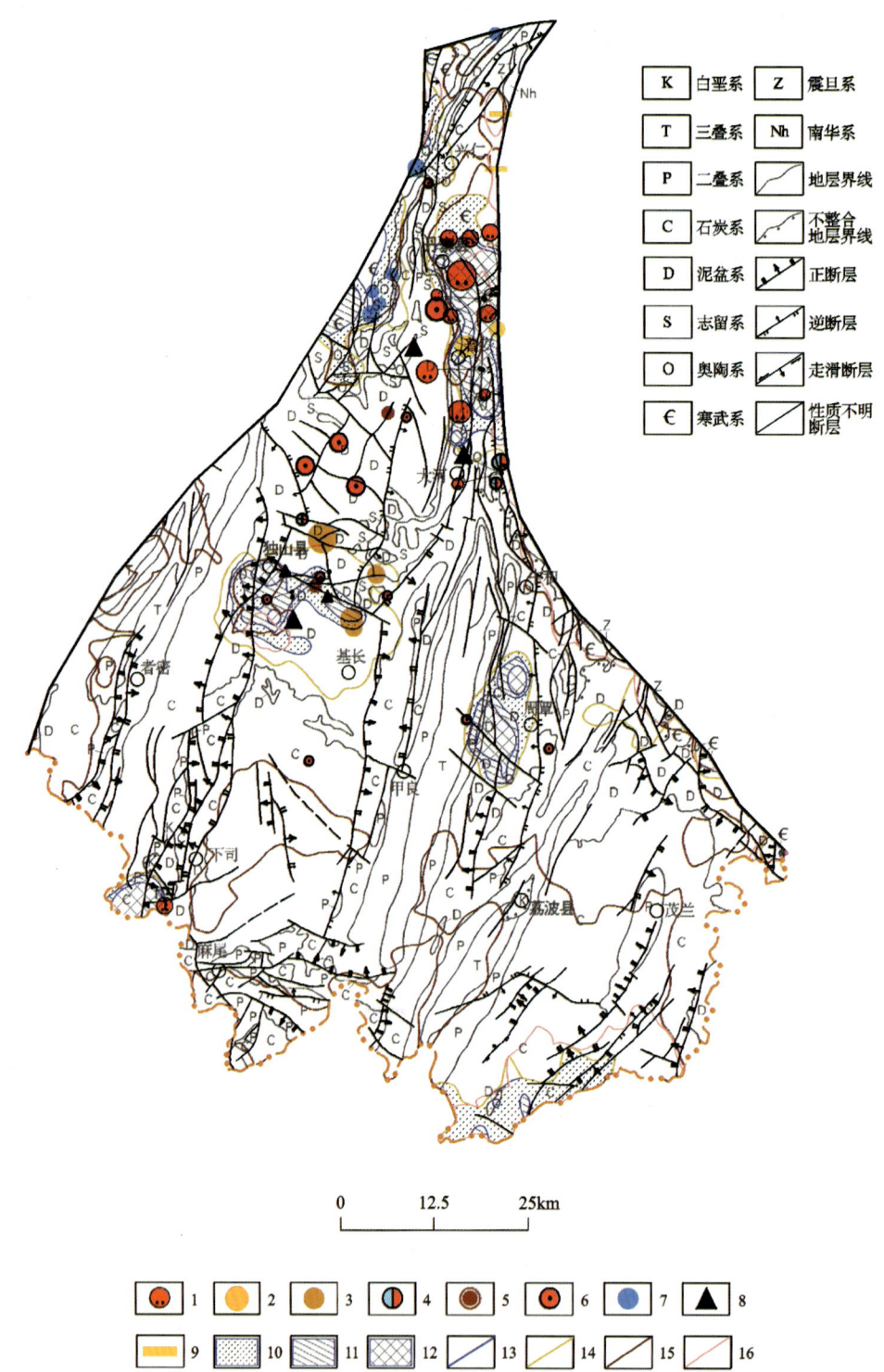

图 6-14 黔南东部(Ⅳ-8)四级成矿带 Hg-As-Au-Sb-Pb-Zn-Ag-Cd-Ni-Mo-V-U 综合异常图
1.汞矿床(点);2.金矿床(点);3.铝矿床(点);4.铅锌矿床(点);5.锌矿床(点);6.铁矿床(点);7.重晶石矿床(点);8.硫铁矿(点);9.磷矿床(点);10.Hg 元素一级浓度分带;11.Hg 元素二级浓度分带;12.Hg 元素三级浓度分带;13.Hg 一级异常线(256.494×10^{-9});14.Hg-As-Au-Sb 综合异常线;15.Pb-Zn-Ag-Cd 综合异常线;16.Ni-Mo-V-U 综合异常线

Hg-Sb-Au-As综合异常主要分布于丹寨-三都、独山及周覃等地,异常规模较大、强度较高,与丹寨-三都、独山地区汞、金、锑矿产关系极为密切;四级成矿带南部边沿及中和-茂兰还有部分弱异常。Pb-Zn-Ag-Cd综合异常主要分布于丹寨-三都-中和-茂兰及荔波等地,三都附近异常较高地段有铅锌矿产出,与铅锌矿产较为密切;荔波南部大面积弱异常地质找矿意义有待进一步研究;独山锑矿区有小规模的弱异常。Mo-Ni-V-U综合异常主要沿成矿带东部边沿寒武系底部黑色岩系呈带状分布,异常分布地段有钼镍钒多金属矿产产出的可能。

根据上扬子中东部成矿带中地质、矿产与水系沉积物测量地球化学异常关系的研究表明:

(1)汞矿床(点)多分布于Hg-Au-As-Sb综合异常带内,规模较大的汞矿床(带)均与Hg-Au-As-Sb综合异常有关,特别是Hg元素异常较为发育。万山、务川、三都-丹寨3个著名的汞矿带上均有大规模、高含量的Hg元素异常及Hg-Au-As-Sb综合异常。

(2)铅锌矿床(点),特别是具有一定规模的铅锌矿床均分布于Pb-Zn-Ag-Cd综合异常内,且铅锌矿床规模与Pb、Zn元素异常规模具有很好的正相关线生关系。Pb-Zn-Ag-Cd综合异常是很好的地球化学找矿指标。

(3)钼镍钒矿床(点)多分布于Mo-Ni-V-U综合异常带内,特别是规模较大的钼镍钒矿床均与Mo-Ni-V-U综合异常有关,且有较好的Mo元素异常发育。在钼镍钒矿主要成矿元素(Mo、Ni、V)中,Mo元素独具酸性地球化学性质,受基性—超基性岩浆活动及基性物质富集地层的影响较小,异常规模、强度与钼镍钒矿关系极为密切,其异常规模(面金属量)是钼、镍、钒矿较好的地球化学预测指标。

(4)梵净山背核部石英脉型金矿上Hg-Sb-Au-As综合异常,以Au元素异常为主。

(5)上扬子中东部成矿带东部万山、丹寨Hg-Au-As-Sb综合异常带位于铜仁-玉屏-凯里Pb-Zn-Ag-Cd综合异常带东侧,西侧有松桃汞矿带。上扬子中东部成矿带西部为Pb-Zn-Ag-Cd综合异常较强区域,Hg元素异常较弱,向东铅锌成矿及Pb-Zn-Ag-Cd综合异常变弱,Hg元素异常增强,到黔西、息烽一带演变为以汞成矿及Hg-Au-As-Sb综合异常为主。这可能反映了铅锌矿与汞矿之间存在着密不可分的水平分带关系。

2. 桂-黔-滇北部成矿区(Ⅲ-88贵州)

1)区域地球化学特征

桂-黔-滇北部成矿区内,区域化探分析的39种元素或氧化物地球化学特征参数见表6-20。39种元素或氧化物中,相对于贵州省地球化学背景值的富集系数,除Ba、Y、Zr、SiO_2、Al_2O_3稍低外,其他34种元素或氧化物富集系数均大于(或等于)1。其中,又以Cd、Na_2O、Sb、Hg、CaO、As富集度最高,富集系数分别为3.83、3.75、3.64、2.93、2.08、1.87。另外,Au、Li、F、MgO等富集度也较高,富集系数在1.32~1.57之间。

39种元素或氧化物中,Zr、SiO_2等元素或氧化物含量离散程度最低,为均匀分布类元素(变异系数小于0.3),Be、La、Th、Y、Al_2O_3、K_2O等为弱离散元素类(变异系数在0.3~0.5之间),Ag、B、Bi、Co、Cr、Cu、F、Li、Mn、Nb、Ni、P、Pb、Sn、Sr、Ti、U、V、W、Zn、MgO、Fe_2O_3等为中等离散元素类(变异系数在0.5~1.0之间),Sb、Hg、Au、As、Ba、Cd、Mo、CaO、Na_2O等为强离散元素类(变异系数大于1.0),特别是Sb、Hg、Au、As元素含量分布离散程度最高,变异系数分别为7.32、5.64、5.6、3.27。

桂-黔-滇北部成矿区内,元素含量变化特征总体表现为:①与金、锑、汞矿产有关的Au、Hg、Sb、As等元素富集度和离散程度均最为显著;②岩石基本组成元素Na_2O、CaO、MgO富集度和离散程度均较高;③重晶石成矿元素Ba含量总体贫化,但离散程度较高;④在三叠系中表现为高背景分布特征的Co、Cr、Cu、Mn、Ni等大量基性元素,Mo、U、Pb、Zn、Cd、Li、F等元素均有一定富集度和离散,其中Li、F富集度较高,Mo、Cd达强离散。

表 6-20　桂-黔-滇北部成矿区(Ⅲ-88 贵州)地球化学特征参数表

元素或氧化物	成矿带地球化学参数($N=6\,000$)				贵州省水系背景值	变异系数	富集系数
	最大值	最小值	平均值	标准变差			
Ag	1 043.24	14.36	72.27	47.22	68.15	0.65	1.06
As	6 418.5	0.02	27.87	91.2	14.89	3.27	1.87
Au	643.82	0.06	1.66	9.3	1.06	5.6	1.57
B	1 520.55	2.53	80.8	60.75	67.14	0.75	1.20
Ba	51 693.42	88.35	266.66	596.24	319.3	2.24	0.83
Be	10.17	0.44	2.6	0.96	2.36	0.38	1.10
Bi	9.51	0.01	0.45	0.32	0.41	0.71	1.10
Cd	36 836.25	37.01	1 200.66	2 396.88	313.3	1.20	3.83
Co	121.71	1.41	18.37	10.06	17.38	0.55	1.06
Cr	430.59	4.84	85.48	48.99	79.42	0.57	1.08
Cu	193.39	2.54	31.01	22.17	29.43	0.72	1.05
F	8 796.48	67.32	966.86	704.53	679.2	0.73	1.42
Hg	81 642.45	2.27	301.28	1 697.8	102.74	5.64	2.93
La	189.04	3.86	41.74	16.72	41.35	0.40	1.01
Li	997.6	3.19	57.99	50.69	40.09	0.87	1.45
Mn	18 024.25	39.62	1 350.84	984.31	1 076.9	0.74	1.25
Mo	101.79	0.06	2.09	3	1.38	1.44	1.51
Nb	75.5	1.52	20.52	10.98	20.37	0.54	1.01
Ni	196.48	4.62	33.15	17.75	32.84	0.53	1.01
P	4 053.17	61.76	653.12	392.31	621.5	0.60	1.05
Pb	705.45	5.72	34.02	20.4	29.39	0.60	1.15
Sb	2 566.01	0.06	4.92	35.62	1.35	7.23	3.64
Sn	54.61	0.28	3.29	1.88	3.19	0.57	1.03
Sr	1 051.19	9.14	78.84	60.85	64.82	0.77	1.21
Th	44.98	2.06	16.99	5.19	16.47	0.31	1.03
Ti	19 045.28	332.75	5 739.76	3 872.02	5 469	0.67	1.05

续表 6-20

元素或氧化物	成矿带地球化学参数($N=6\,000$)				贵州省水系背景值	变异系数	富集系数
	最大值	最小值	平均值	标准变差			
U	25.31	0.63	4.1	2.48	3.31	0.61	1.24
V	411.44	18.5	114.5	64.28	109.4	0.56	1.05
W	58.44	0.3	2.18	1.43	1.74	0.66	1.25
Y	128.94	0.13	31.34	14.18	31.44	0.45	0.99
Zn	386.19	4.38	92.26	48.64	89.94	0.53	1.03
Zr	743.02	25.02	303.89	87.25	330.8	0.29	0.92
SiO_2	98.51	29.01	66.82	12	67.03	0.18	0.99
Al_2O_3	38.06	0.06	12.22	3.71	12.7	0.30	0.96
Fe_2O_3	47.64	0.16	6.05	3.25	5.63	0.54	1.07
K_2O	16.74	0.17	2.46	1.11	1.89	0.45	1.30
Na_2O	13	0.09	0.9	2.62	0.24	2.90	3.75
CaO	19.4	0.05	1.54	1.73	0.74	1.12	2.08
MgO	26.38	0.06	1.84	1.47	1.29	0.80	1.42

注：含量单位，Ag、Au、Cd、Hg 为 $\times 10^{-9}$，SiO_2、Al_2O_3、Fe_2O_3、K_2O、Na_2O、CaO、MgO 为 $\times 10^{-2}$，其他元素为 $\times 10^{-6}$。贵州省背景值引自《贵州省 1∶50 万地球化学图说明书》。

桂-黔-滇北部成矿区内，与金、锑、汞矿有关的 Au、Sb、Hg、As 等元素重要富集区（带），主要分布于区内莲花山、碧痕营、灰家堡、雄武、戈塘、雷公滩、鲁贡、大观等背斜上，形成大规模、高强度的富集区（带）。区内晴隆、普安、兴仁一带以 Au、Sb、As 元素富集为主，Hg 元素富集区规模小，零散分布。该区西面盘县地区和南面兴义—安龙一带，Hg 元素富集增强，部分规模与 Au、Sb、As 元素富集规模相当，强度也达三级。贞丰—册亨一带以 Hg 元素富集为主，Au、Sb、As 元素富集带往往被 Hg 元素富集带所包含。东部望谟地区则以 Sb 元素富集为主，Au、As 元素次之，Hg 元素富集区较少见及。

Ba 元素除镇宁乐纪泥盆系重晶石成矿区有大规模的富集区外，贞丰回龙有小规模高富集区，其他均为背景、低背景分布。

Co、Cr、Cu、Mn、Ni、Mo、U、Pb、Zn、Cd、Li、F 等元素主要沿三叠系形成大规模低缓富集带，特别是贞丰礁相带上富集规模特别大，宽度达数十千米，长 200km 左右。

2）异常圈定及解释

桂-黔-滇北部成矿区各元素异常以贵州省区域化探数据 90% 累频值为异常下限，90%～95.5% 为异常外带，95.5%～98% 为异常中带，≥98% 为异常内带。所圈异常，以该区特色矿产——金、锑、汞成矿及主要伴生异常元素 Au、Sb、Hg、As 为主要研究对象。Au－Sb－Hg－As 组合异常见图 6-15。

碧痕营、灰家堡、楼下、戈塘、雷公滩等背斜为区内重要金矿产区，碧痕营、楼下、戈塘等地 Au－Sb－Hg－As 组合异常发育，异常面多为数百平方千米，面积最大的雷公滩等背斜和戈塘背（含背斜西南方）超过 $1\,000km^2$，Au 元素异常强度均为三级。Au－Sb－Hg－As 组合异常与金、锑、汞矿产分布极为密切。

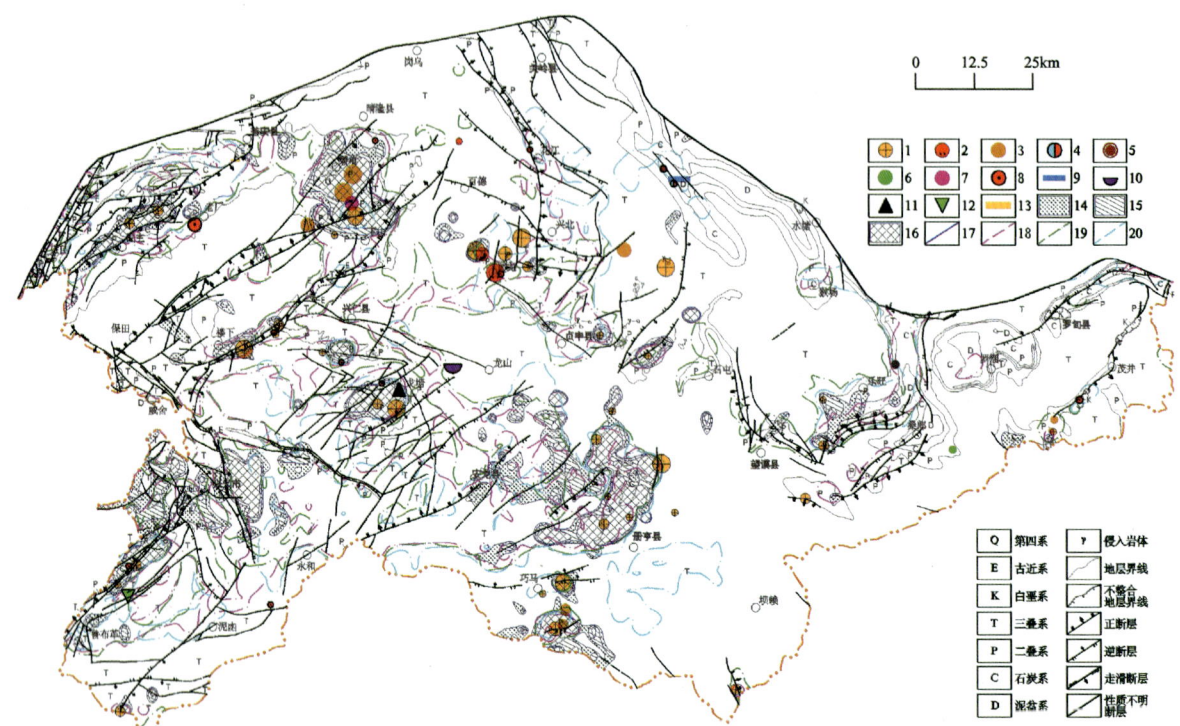

图 6-15 桂-黔-滇北部成矿区（Ⅲ-88 贵州）Au-As-Sb-Hg 综合异常图

1.金矿床(点);2.汞矿床(点);3.锑矿床(点);4.铅锌矿床(点);5.锌矿床(点);6.铜矿床(点);7.萤石矿床(点);8.铁矿床(点);9.重晶石矿床(点);10.锰矿床(点);11.硫铁矿床(点);12.镍钼矿床(点);13.磷矿床(点);14.Au 元素一级浓度分带;15.Au 元素二级浓度分带;16.Au 元素三级浓度分带;17.Au 异常线(1.978×10^{-9});18.As 异常线(35.006×10^{-6});19.Sb 异常线(2.965×10^{-6});10.Hg 异常线(256.494×10^{-9})

以碧痕营背斜为代表的晴隆、普安楼下、兴仁一带，Au-As-Sb-Hg 组合异常以 Au、Sb、As 元素异常为主，Hg 元素异常规模小，且为零散分布。该区西面以莲花山背斜为代表的盘县地区，以及南面以戈塘背斜为代表的兴义—安龙一带，Hg 元素异常增强，部分 Au-Sb-Hg-As 组合异常，Hg 元素异常规模与 Au、Sb、As 元素异常规模相当。贞丰—册亨一带的灰家堡、雷公滩背斜上，以 Hg 元素异常为主，Au、Sb、As 元素异常带往往被 Hg 元素异常带所包含。成矿区东部望谟地区则以 Sb 元素异常为主，Au、As 元素次之，Hg 元素富集较少见及。

桂-黔-滇北部成矿区中地质、矿产与水系沉积物测量地球化学异常关系的研究表明：

（1）Au-Sb-Hg-As 组合异常主要与区内金、锑、汞矿产有关。金、锑、汞矿产规模与 Au-Sb-As-Hg 组合异常的规模及强度相关，而且，Au-Sb-As-Hg 异常的组合特征与矿产类型关系密切：组合异常以 Au、Sb、As 元素异常为主，Hg 元素异常规模小、强度低时，往往与金-锑矿有关；Au、Sb、Hg、As 元素异常强度均较高、规模均较大时，以金成矿为主；组合异常以 Hg 元素异常为主，Au、Sb、As 元素异常强度较高、规模较大时，与金-汞矿有关。

（2）Co、Cr、Cu、Mn、Ni、Mo、U、Pb、Zn、Cd、Li、F 等多种微量元素主要沿三叠系形成大规模低缓异常，特别是贞丰礁相带上异常规模特别大，雄武背斜上还有钼、铀矿产出。可能与三叠纪大陆边缘裂解，深部物质随地下热水向上运移沉积有关。

3. 江南隆起西段成矿带（Ⅲ-78 贵州）

1）区域地球化学特征

江南隆起西段成矿带内，区域化探分析的 39 种元素或氧化物地球化学特征参数见表 6-21。39 种元素或氧化物中,相对于贵州省地球化学背景值的富集系数,除 La、Nb、Y、Zr、Al_2O_3 稍低外,其他 34 种元素或氧化物富集系数均大于(或等于)1。其中,又以 Ba、CaO、Mo、Cd、Au、Hg 富集度最高,富集系数分别为 2.27、2.09、1.82、1.72、1.67、1.67。另外,MgO、Pb、Sb、U、F、As 等富集度也较高,富集系数在 1.33~1.52 之间。

表 6-21 江南隆起西段成矿带地球化学特征参数表

元素或氧化物	成矿带地球化学参数($N=6086$)				贵州省水系背景值	变异系数	富集系数
	最大值	最小值	平均值	变差系数			
Ag	3 593.27	8.23	82.92	136.97	68.15	1.65	1.22
As	1 650.1	0.18	22.61	35.9	14.89	1.59	1.52
Au	616.58	0.12	1.77	13	1.06	7.33	1.67
B	853.39	2.86	75.77	34.64	67.14	0.46	1.23
Ba	12 879.22	40.14	724.63	658.79	319.3	0.91	2.27
Be	19.78	0.57	2.57	0.68	2.36	0.26	1.09
Bi	11.84	0.11	0.45	0.28	0.41	0.61	1.10
Cd	20 550.92	48.04	537.4	839.7	313.3	1.56	1.72
Co	124.79	0.16	18.56	7.51	17.38	0.40	1.07
Cr	2 541.09	16.31	90.51	63.06	79.42	0.70	1.14
Cu	2 152.86	6.77	30.96	30.86	29.43	0.20	1.05
F	13 280.4	132.8	946.92	379.81	679.2	0.40	1.39
Hg	77 636.87	0.66	171.88	1 165.4	102.74	6.78	1.67
La	94.08	13.86	40.98	5.97	41.35	0.15	0.99
Li	170.24	0.25	42.58	12.79	40.09	0.30	1.06
Mn	10 514.7	198.28	1 284.09	549.4	1 076.9	0.43	1.19
Mo	94.99	0.1	2.51	4.74	1.38	1.89	1.82
Nb	59.88	3.93	19.96	3.17	20.37	0.16	0.98
Ni	1 411.78	4.64	35.21	24.41	32.84	0.69	1.07

续表 6-21

元素或氧化物	成矿带地球化学参数（N=6 086）				贵州省水系背景值	变异系数	富集系数
	最大值	最小值	平均值	变差系数			
P	3 508.53	36.38	623.16	243.4	621.5	0.39	1.00
Pb	2 577	2.98	40.44	92.56	29.39	2.29	1.38
Sb	302.92	0.03	1.79	5.13	1.35	2.87	1.33
Sn	104.93	1.14	3.38	2.47	3.19	0.73	1.06
Sr	277.97	12.87	70.63	20.12	64.82	0.28	1.09
Th	35.79	0.11	16.7	3.55	16.47	0.21	1.01
Ti	17 413.7	1 574.46	5 823.15	1 240.48	5 469	0.21	1.06
U	65.57	0.07	4.43	3.34	3.31	0.75	1.34
V	840.58	1.39	120.3	50.34	109.4	0.42	1.10
W	41.11	0.02	2.17	1.59	1.74	0.73	1.25
Y	89.27	0.09	28.76	5.49	31.44	0.19	0.91
Zn	1 990.4	5.31	90.37	55.89	89.94	0.62	1.00
Zr	674.56	0.34	302.31	59.14	330.8	0.20	0.91
SiO_2	88.42	10.83	67.13	4.63	67.03	0.07	1.00
Al_2O_3	18.55	3.14	12	1.66	12.7	0.14	0.94
Fe_2O_3	18.62	2.3	5.92	1.3	5.63	0.22	1.05
K_2O	8.13	0.5	2.37	0.45	1.89	0.19	1.25
Na_2O	8.64	0.04	0.29	0.28	0.24	0.97	1.21
CaO	93	0.17	1.55	3.21	0.74	2.07	2.09
MgO	49.5	0.45	1.75	1.26	1.29	0.72	1.36

注：含量单位，Ag、Au、Cd、Hg 为 $\times 10^{-9}$，SiO_2、Al_2O_3、Fe_2O_3、K_2O、Na_2O、CaO、MgO 为 $\times 10^{-2}$，其他元素为 $\times 10^{-6}$。贵州省背景值引自《贵州省 1∶50 万地球化学图说明书》。

39种元素或氧化物中，Be、Cu、La、Nb、Sr、Th、Ti、Y、Zr、SiO_2、Al_2O_3、Fe_2O_3、K_2O等元素或氧化物含量分布离散程度最低，为均匀分布类元素（变异系数小于0.3），B、Co、F、Li、Mn、P、V等为弱离散元素类（变异系数在0.3～0.5之间），Ba、Bi、Cr、Mo、Ni、Sn、U、W、Zn、Na_2O、MgO等为中等离散元素类（变异系数在0.5～1.0之间），Au、As、Hg、Sb、Pb、Cd、Ag、CaO等为强离散元素类（变异系数大于1.0），特别是Au、Hg元素含量离散程度最大，离散程度最高，变异系数分别为7.33和6.78。

江南隆起西段成矿带内，元素含量变化特征总体表现为：①与金、锑、铅锌矿有关的Au、Hg、Sb、As、Pb、Cd等元素富集度和离散程度均较高，其中Au、Hg元素，变异系数特别高，为区内金矿地球化学异常特征；②与寒武系、南华系等地层中黑色岩系矿产具有较好相关性的Ba、Mo、U等元素富集度和离散程度均较高；③岩石基本组成元素CaO和MgO富集度和离散程度均较高。

与金、锑矿有关的Au、Sb、Hg、As等元素富集区（带），除剑河和榕江北部外，均有分布，异常规模、强度较显著的是天柱-锦屏-黎平-从江和雷山-三都都江地区。雷山-三都都江地区以Sb元素富集程度最高，天柱-锦屏-黎平-从江地区Au元素富集最为显著。玉屏-三穗地区也有一定规模、强度的Au、Sb、Hg、As元素富集。

与铅锌矿有关的Pb、Zn、Cd等元素主要富集于三穗—台江—雷山一线。

Mo、U元素主要沿玉屏-三穗地区南华系—寒武系底部黑色岩系形成带状富集区。

Ba元素在江南隆起西段成矿带地球化学参数统计中，具有较高的富集度，变异程度中等，在玉屏—三穗之间和天柱大河边向斜上有较大规模的异常分布，并与已知沉积型重晶石矿床（点）关系密切。

2）异常圈定及解释

江南隆起西段成矿带各元素异常以贵州省区域化探数据90%累频值为异常下限，90%～95.5%为异常外带，95.5%～98%为异常中带，≥98%为异常内带。所圈异常，以该区特色矿产——金、锑成矿及主要伴生异常元素Au、Sb、As、Hg为主要研究对象。Au－As－Sb－Hg综合异常见图6-16。异常下限：Au $1.98×10^{-9}$、Sb $2.97×10^{-6}$、As $35×10^{-6}$、Hg $256.49×10^{-9}$。

天柱-锦屏-黎平-从江地区Au－As－Sb－Hg综合异常主要与青白口系内石英脉型金矿有关。Au－As－Sb－Hg异常规模较大，Au元素异常多为三级强度，特别是锦屏-黎平地区Au－As－Sb－Hg异常以Au元素异常为主，Au元素异常多数基本涵盖了整个综合异常，As、Sb、Hg元素异常散布于Au元素异常中。雷山-三都都江地区Au－As－Sb－Hg异常与锑、金（微细粒型）有关，异常以Sb元素异常为主，Au元素异常大多达三级强度。玉屏-三穗和天柱大河边等地Au－As－Sb－Hg异常主要由寒武系、南华系等地层中黑色多金属富集（矿化）层引起，异常规模较大，强度相对较弱。

根据江南隆起西段成矿带中地质、矿产与水系沉积物测量地球化学异常关系的研究表明：

（1）Au－Sb－As－Hg综合异常主要与区内金、锑矿产有关。一般情况下，Au元素异常相对较强时主要与金矿有关，如天柱-锦屏-黎平-从江地区，Au－Sb－As－Hg综合异常内矿产以石英脉型金矿为主；Sb元素异常较强时与锑矿关系较密切，如雷山-三都都江地区Au－As－Sb－Hg综合异常内矿产以锑矿为主，伴有少量微细粒型金矿。

（2）三穗—台江—雷山一线有部分铅锌矿床（点）产出，其本质上属于黔东北（铜仁-玉屏-凯里）铅锌多金属成矿带，Pb－Zn－Ag－Cd综合异常也具有一定规模。

（3）成矿带西部边沿及天柱大河边一带寒武系底部地层中黑色多金属富集层上，Mo－Ni－V－U综合异常和Ba元素异常较为发育，与钼镍钒及重晶石等沉型矿产有关。另外，该多金属富集层上还伴有Au、Sb、As、Hg、Pb、Zn、Ag、Cd、Sr、Y等多个元素异常，异常规模、强度不一，如Hg、Zn、Ag、Y等元素，有时形成规模较大、强度较高的异常。

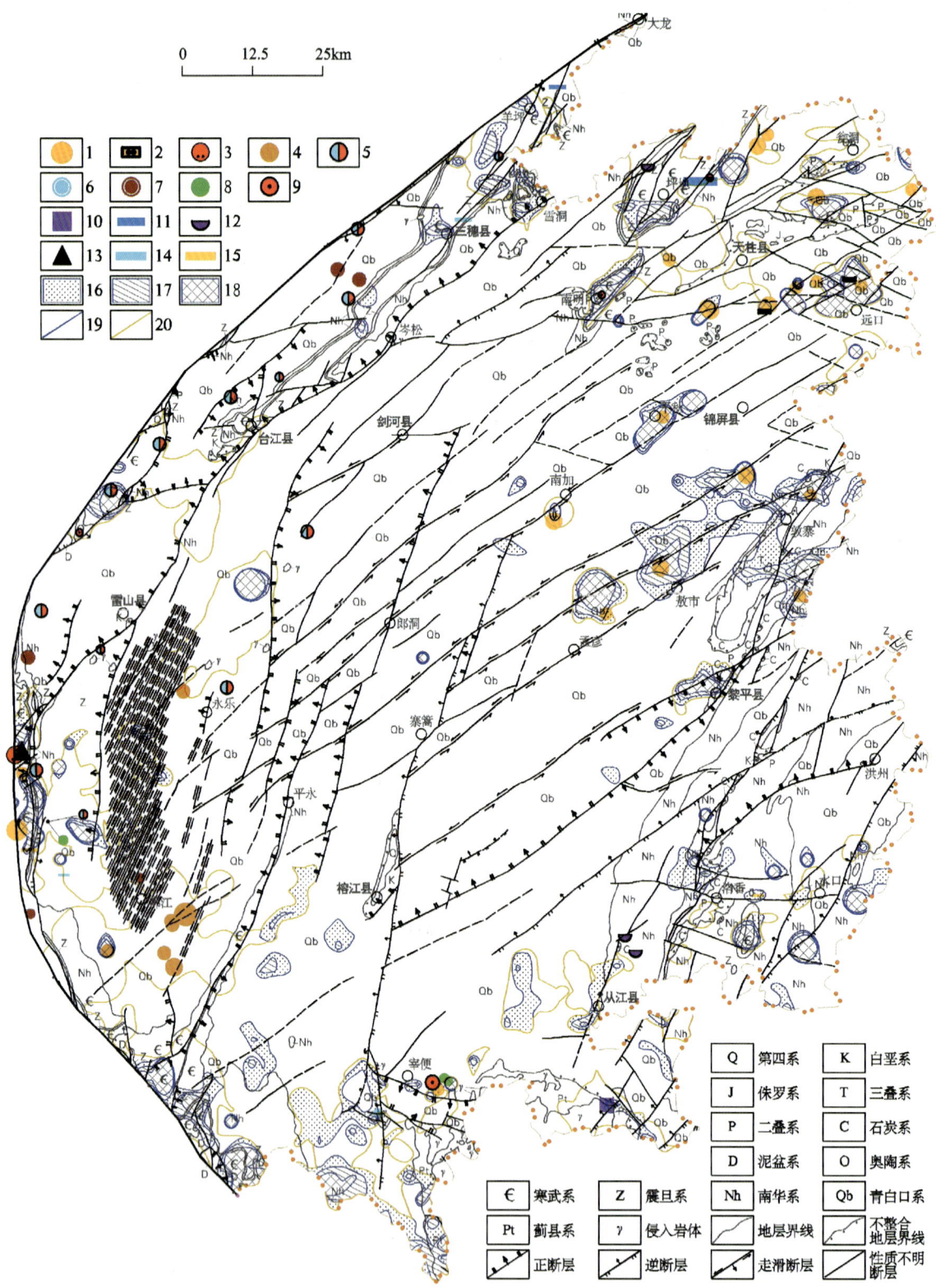

图 6-16 江南隆起西段成矿带(Ⅲ-78 贵州)Au-As-Sb-Hg 综合异常图

1.金矿床(点);2.砂金矿床(点);3.汞矿床(点);4.锑矿床(点);5.铅锌矿床(点);6.铝矿床(点);7.锌矿床(点);8.铜矿床(点);9.铁矿床(点);10.钨矿床(点);11.重晶石矿床(点);12.锰矿床(点);13.硫铁矿床(点);14.钒矿床(点);15.磷矿床(点);16.Au 元素一级浓度分带;17.Au 元素二级浓度分带;18.Au 元素三级浓度分带;19.Au 元素一级异常线(1.978×10^{-9});20.Au-As-Sb-Hg 综合异常线

三、重要成矿带找矿潜力评价

1. 上扬子中东部成矿带(Ⅲ-77 贵州)

上扬子中东部成矿带,有煤、铝、磷(稀土)、硫、铁、锰、钼、镍、钒、铀等沉积型矿产和汞、锑、金、铅锌、铜、钨(锡)等热液型矿产产出。经地球化学特征研究,地球化学异常圈定、解释,汞、锑、金、铅锌、钼、镍、钒等矿产地球化学异常特征显著,地球化学异常对铜、钨(锡)矿有一定指示作用。在汞、锑、金、铅锌、钼、镍、钒、铜、钨(锡)等矿产中,以汞、铅、锌矿规模较大,分布范围最广,锑、金和钼、镍、钒次之,偶有铜、钨(锡)矿产出。

成矿带内沉积型、中-低温热液型矿产丰富,采用地球化学方法圈定了汞、锑、金、铅锌、钼、镍、钒、铜、钨(锡)等矿产的一系列地球化学找矿预测区:

汞矿 C 级找矿预测区 13 个,预测资源量 11.756 万 t(含已探明资源量 9 万 t)。

铅锌矿 A 级找矿预测区 3 个,预测资源量 84.55 万 t,B 级找矿预测区 4 个,预测资源量 73.94 万 t,C 级找矿预测区 19 个,预测资源量 30.71 万 t,总计预测资源量 210.92 万 t(包含已知矿床 55.25 万 t)。

锑矿 B 级找矿预测区 2 个,预测资源量 18.52 万 t,C 级找矿预测区 8 个,预测资源量 3.40 万 t,总计预测资源量 21.92 万 t。

金矿 B 级找矿预测区 1 个,预测资源量 5.10t,C 级找矿预测区 19 个,预测资源量 24.15t,总计预测资源量 29.25t。

钼矿 A 级找矿预测区 2 个,预测资源量 120.99 万 t,B 级找矿预测区 2 个,预测资源量 74.44 万 t,C 级找矿预测区 2 个,预测资源量 3.58 万 t,共计预测钼矿资源量 199.01 万 t。

镍矿 A 级找矿预测区 1 个,预测资源量 55.97 万 t,B 级找矿预测区 2 个,预测资源量 76.79 万 t,共计预测镍矿资源量 132.76 万 t。

钒矿 A 级找矿预测区 2 个,预测资源量 1 264.37 万 t,B 级找矿预测区 1 个,预测资源量 128.17 万 t,C 级找矿预测区 6 个,预测资源量 547.73 万 t,总计预测钒矿资源量 1 940.27 万 t。

铜矿(玄武岩型)C 级找矿预测区 8 个,预测资源量 2.82 万 t。

钨矿 C 级找矿预测区 1 个,预测资源量 0.28 万 t。

2. 桂-黔-滇北部成矿区(Ⅲ-88 贵州)

桂-黔-滇北部成矿区,主要矿产为中-低温热液型金、锑、汞矿及煤矿,另有萤石、重晶石、贵翠、钼及含铜砂岩型铜矿等矿产。经地球化学特征研究,地球化学异常圈定、解释,金、锑、汞矿产地球化学异常特征显著。其中,以微细粒浸染型(卡林型)金矿规模较大,分布范围最广,锑、汞矿次之。

成矿带内,采用地球化学方法圈定了金、锑、汞矿产的一系列地球化学找矿预测区:

金矿 A 级找矿预测区 3 个,预测资源量 178.03t,B 级找矿预测区 1 个,预测资源量 35.08t,C 级找矿预测区 10 个,预测资源量 505.4t,总计预测钒矿资源量 718.51t。

锑矿 B 级找矿预测区 1 个,预测资源量 2.86 万 t,C 级找矿预测区 1 个,预测资源量 0.89 万 t,总计预测钒矿资源量 3.75 万 t。

汞矿 A 级找矿预测区 1 个,预测资源量 1.11 万 t,B 级找矿预测区 1 个,预测资源量 0.95 万 t,C 级找矿预测区 1 个,预测资源量 0.135 万 t,总计预测钒矿资源量 2.195 万 t。

3. 江南隆起西段成矿带(Ⅲ-78贵州)

江南隆起西段成矿带,以浅变质岩脉型金矿和沉积型重晶石矿为特色,次有锑、钒矿,以及少量铜、钨(锡)、锰、卡林型金矿等矿产。经地球化学特征研究,地球化学异常圈定、解释,金、锑、钒矿产地球化学异常特征显著,地球化学异常对铜、钨(锡)、重晶石矿有一定指示作用。其中,以浅变质岩脉型金矿规模较大,分布范围最广,锑、钒、重晶石矿次之,铜、钨(锡)规模较小。

成矿带内,采用地球化学方法圈定了金、锑、钒、铜、钨矿产的一系列地球化学找矿预测区:

金矿 B 级找矿预测区 1 个,预测资源量 8.80t,C 级找矿预测区 7 个,预测资源量 4.28t,总计预测钒矿资源量 13.08t。

锑矿 C 级找矿预测区 1 个,预测资源量 0.83 万 t。

钒矿 C 级找矿预测区 1 个,预测资源量 184.21 万 t。

铜矿 C 级找矿预测区 1 个,预测资源量 1.43 万 t。

钨矿 C 级找矿预测区 2 个,预测资源量 0.56 万 t。

第七章　预测工作区地球化学研究

第一节　预测工作区的划分

贵州省矿产资源潜力评价预测工作区划分,主要依据预测矿种成矿地质背景、成矿区(带)、形成环境、矿集区分布范围、成矿作用、矿床成因类型、含矿建造及沉积型矿产含矿岩系(容矿岩系)的分布来确定,同时考虑成矿信息浓集的最小面积、最大含矿率的空间范围。采用模型类比法,用不同级别模型圈定不同规模的预测工作区。预测工作区的边界按预测评价模型的确定性成矿信息予以定位。多种信息联合使用时,应遵循以地质信息为基础、最有效方法提供的信息为先导,结合地质、物探、化探、遥感信息综合标志圈定预测工作区的原则划分。

贵州省矿产资源潜力评价,开展地球化学研究工作矿种的预测工作区划分为:金矿4个,锑矿3个,汞矿3个,铅锌(银)矿11个,铜矿2个,钨(锡)矿1个,萤石矿2个,重晶石矿5个,钼镍钒矿5个,锰矿4个,磷(稀土)矿6个,硫矿5个。共计12个矿种,51个预测工作区。

第二节　预测工作区地球化学工作

贵州省矿产资源潜力评价,预测工作区地球化学研究工作成果见表7-1。

表7-1　贵州省矿产资源潜力评价预测工作区地球化学研究工作成果表

矿种	工作区数	工作项目	比例尺	数量(张)
金矿	4	预测工作区地球化学图(Au、As、Sb、Hg、Pb、Zn、Ag)	1:10万	7
			1:20万	21
		预测工作区地球化学异常图(Au、As、Sb、Hg、Pb、Zn、Ag)	1:10万	7
			1:20万	21
		预测工作区地球化学组合异常图(Au-As-Sb-Hg、Pb-Zn-Ag)	1:10万	2
			1:20万	6
		预测工作区地球化学综合异常图(Au-As-Sb-Hg、Pb-Zn-Ag)	1:10万	1
			1:20万	3
锑矿	3	预测工作区地球化学图(Sb、Au、As、Hg、Pb、Zn、Ag、Cd)	1:5万	16
			1:10万	8
		预测工作区地球化学异常图(Sb、Au、As、Hg、Pb、Zn、Ag、Cd)	1:5万	16
			1:10万	8

续表 7-1

矿种	工作区数	工作项目	比例尺	数量（张）
锑矿	3	预测工作区地球化学组合异常图（Au-As-Sb-Hg、Pb-Zn-Ag-Cd）	1∶5 万	4
			1∶10 万	2
		预测工作区地球化学综合异常图（Au-As-Sb-Hg、Pb-Zn-Ag-Cd）	1∶5 万	2
			1∶10 万	1
汞矿	3	预测工作区地球化学图（Hg、Sb、Au、As）	1∶10 万	8
			1∶5 万	4
		预测工作区地球化学异常图（Hg、Sb、Au、As）	1∶10 万	8
			1∶5 万	4
		预测工作区地球化学组合异常图（Hg-Au-As-Sb）	1∶10 万	2
			1∶5 万	1
		预测工作区地球化学综合异常图（Hg-Au-As-Sb）	1∶10 万	2
			1∶5 万	1
铅锌矿	11	预测工作区地球化学图（Pb、Zn、Ag、Cd、Cu、Sb、Hg）	1∶5 万	28
			1∶10 万	21
			1∶20 万	28
		预测工作区地球化学异常图（Pb、Zn、Ag、Cd、Cu、Sb、Hg）	1∶5 万	28
			1∶10 万	21
			1∶20 万	28
		预测工作区地球化学组合异常图（Pb-Zn-Ag-Cd-Cu、Sb-Hg）	1∶5 万	8
			1∶10 万	6
			1∶20 万	8
		预测工作区地球化学综合异常图（Pb-Zn-Ag-Cd-Cu、Sb-Hg）	1∶5 万	4
			1∶10 万	3
			1∶20 万	4
铜矿	2	预测工作区地球化学图（Cu、Pb、Zn、Ag、Au、As、Sb、Hg、Na_2O、K_2O）	1∶5 万	10
			1∶10 万	10
		预测工作区地球化学异常图（Cu、Pb、Zn、Ag、Au、As、Sb、Hg、Na_2O、K_2O）	1∶5 万	9
			1∶10 万	10
		预测工作区地球化学组合异常图（Cu-Pb-Zn-Ag、Au-As-Sb-Hg、Na_2O-K_2O）	1∶5 万	2
			1∶10 万	3
		预测工作区地球化学综合异常图（Cu-Pb-Zn-Ag、Au-As-Sb-Hg、Na_2O-K_2O）	1∶5 万	1
			1∶10 万	1
钨矿	1	预测工作区地球化学图（W、Sn、Bi、Mo）	1∶5 万	4
		预测工作区地球化学异常图（W、Sn、Bi、Mo）	1∶5 万	4

续表 7-1

矿种	工作区数	工作项目	比例尺	数量(张)
钨矿	1	预测工作区地球化学组合异常图(W-Sn-Bi-Mo)	1:5万	1
		预测工作区地球化学综合异常图(W-Sn-Bi-Mo)	1:5万	1
萤石矿	2	预测工作区地球化学图(F、Ba、Hg、Sb、As)	1:10万	5
			1:5万	5
		预测工作区地球化学异常图(F、Ba、Hg、Sb、As)	1:10万	5
			1:5万	5
		预测工作区地球化学组合异常图(F-Ba-Hg-As-Sb)	1:10万	1
			1:5万	1
		预测工作区地球化学综合异常图(F-Ba-Hg-As-Sb)	1:10万	1
			1:5万	1
重晶石矿	5	预测工作区地球化学图(Ba、F、Hg、Sb、As)	1:10万	15
			1:5万	10
		预测工作区地球化学异常图(Ba、F、Hg、Sb、As)	1:10万	15
			1:5万	10
		预测工作区地球化学组合异常图(Ba-F-Hg-As-Sb)	1:10万	3
			1:5万	2
		预测工作区地球化学综合异常图(Ba-F-Hg-As-Sb)	1:10万	3
			1:5万	2
钼镍钒矿	5	预测工作区地球化学图(Mo、Ni、V、U)	1:10万	20
		预测工作区地球化学异常图(Mo、Ni、V、U)	1:10万	20
		预测工作区地球化学组合异常图(Mo-Ni-V-U)	1:10万	5
		预测工作区地球化学综合异常图(Mo-Ni-V-U)	1:10万	5
锰矿	4	预测工作区地球化学图(Mn、Fe_2O_3、Cr、Ni、V)	1:10万	10
			1:5万	10
		预测工作区地球化学异常图(Mn、Fe_2O_3、Cr、Ni、V)	1:10万	10
			1:5万	10
		预测工作区地球化学组合异常图(Mn-Fe_2O_3-Cr-Ni-V)	1:10万	2
			1:5万	2
		预测工作区地球化学综合异常图(Mn-Fe_2O_3-Cr-Ni-V)	1:10万	2
			1:5万	2
磷矿	6	预测工作区地球化学图(P、Y、La)	1:5万	3
			1:10万	15
		预测工作区地球化学异常图(P、Y、La)	1:5万	3
			1:10万	15
硫矿	5	预测工作区地球化学图(Fe_2O_3、Cr、Ni、Ti)	1:10万	16
			1:5万	4
		预测工作区地球化学异常图(Fe_2O_3、Cr、Ni、Ti)	1:10万	16
			1:5万	4
		预测工作区地球化学组合异常图(Fe_2O_3-Cr-Ni-Ti)	1:10万	4
			1:5万	1
		预测工作区地球化学综合异常图(Fe_2O_3-Cr-Ni-Ti)	1:10万	4
			1:5万	1
合计				666

第三节 主要预测工作区地球化学特征

一、金矿

贵州省金矿资源潜力评价重点预测工作区4个。从东往西依次为天柱-黎平地区变质碎屑岩中脉型（铜鼓式）金矿预测区、三都-丹寨地区微细粒型（苗龙式）金矿预测区、普安-贞丰地区微细粒型（水银洞式）金矿预测区、册亨-望谟地区微细粒型（烂泥沟式）金矿预测区，其分布范围见图7-1。

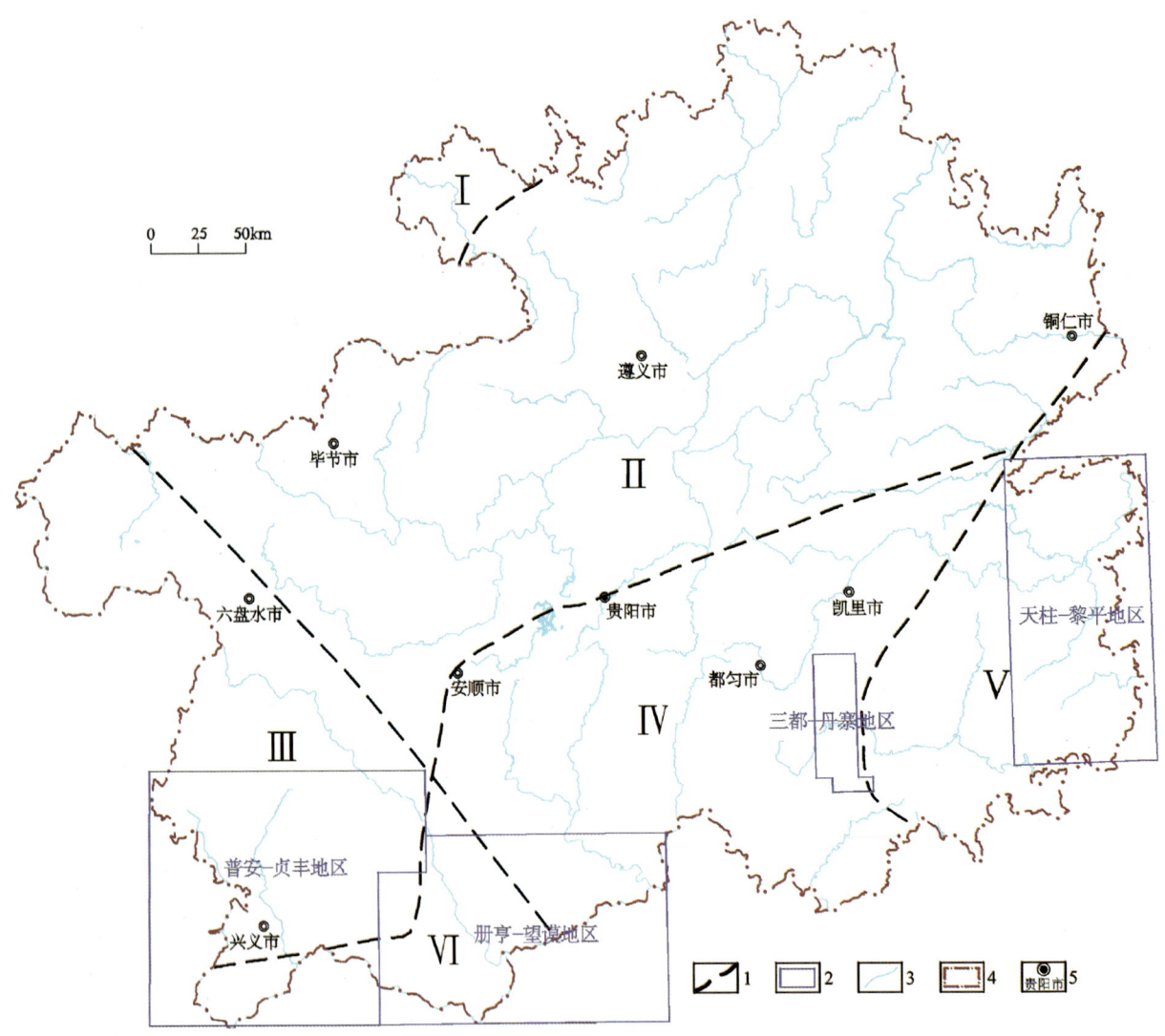

图7-1 贵州省地球化学场分区及金预测工作区示意图

1.分区界线；2.金矿预测区范围；3.水系；4.省界范围；5.地名

Ⅰ.四川盆地边缘地球化学区；Ⅱ.黔北隆起地球化学区；Ⅲ.黔西断陷地球化学场区；Ⅳ.黔南台陷地球化学场区；Ⅴ.江南造山带地球化学场区；Ⅵ.右江造山带地球化学场区

(一)天柱-黎平地区

天柱-黎平金矿预测工作区位于江南造山带内,特色矿产主要有金、重晶石、磷、锰等。区域化探扫面分析的40种元素或氧化物中,区内Ag、Ba、Nb、Y、Zn、Zr及SiO_2、Al_2O_3、K_2O、Na_2O等元素或氧化物表现为地球化学高背景,其他元素或氧化物背景均低于全省背景含量。其中,Ag、Ba、Al_2O_3、K_2O、Na_2O相对富集显著,而As、Sr、CaO、MgO贫化最为明显。Na_2O、Sb、Au、As、Hg等对数离差值较大,呈离散型分布,其余元素或氧化物含量分布相对较均匀。

利用1:20万区域地球化学数据,针对本预测工作区进行地球化学参数统计分析,编制了贵州省天柱-黎平预测区Au、As、Sb、Hg、Pb、Zn、Ag等元素为1:20万单元素地球化学图及异常图、Au-As-Sb-Hg和Pb-Zn-Ag为1:20万地球化学组合异常图及1:20万地球化学综合异常图。

Au-As-Sb-Hg地球化学组合异常分布广泛,异常面积大(图7-2)。根据元素的套合情况共圈定Au-As-Sb-Hg地球化学组合异常16个,对各组合异常的异常级别、异常面积、异常平均值、异常衬度、面金属量、衬度异常量等地球化学参数进行了统计(表7-2)。

表7-2 贵州省天柱-黎平地区地球化学组合异常特征一览表

序号	编号	异常级别 Au	As	Sb	Hg	面积 (km²)	异常平均值	背景值	异常衬度	面金属量 (km²百分率)	衬度异常量
1	HS组-1			一	一	2.99					
2	HS组-2	一	三	二		105.88	3.21	0.842	3.81	0.25	0.30
3	HS组-3	二	三	三	一	160.70	3.21	0.842	3.81	0.38	0.45
4	HS组-4	三	三	三	三	1 872.16	50.54	0.842	60.02	93.04	110.50
5	HS组-5	三	二	二		199.65	89.44	0.842	106.22	17.69	21.01
6	HS组-6	三	二	二		868.95	22.78	0.842	27.05	19.06	22.64
7	HS组-7	一	一	二		4.77	1.8	0.842	2.14	0.00	0.01
8	HS组-8		一		一	10.96					
9	HS组-9	二	一	二	三	291.23	3.98	0.842	4.73	0.91	1.09
10	HS组-10		一	二		90.14					
11	HS组-11	三	一			10.13	10.4	0.842	12.35	0.10	0.12
12	HS组-12					3.82					
13	HS组-13	二				49.38	16	0.842	19.00	0.75	0.89
14	HS组-14	一		一		2.25	2.9	0.842	3.44	0.00	0.01
15	HS组-15	一			三	14.11	2.36	0.842	2.80	0.02	0.03
16	HS组-16	三	二	三	三	899.14	13.29	0.842	15.78	11.19	13.29

注:Au含量单位为$\times 10^{-9}$。

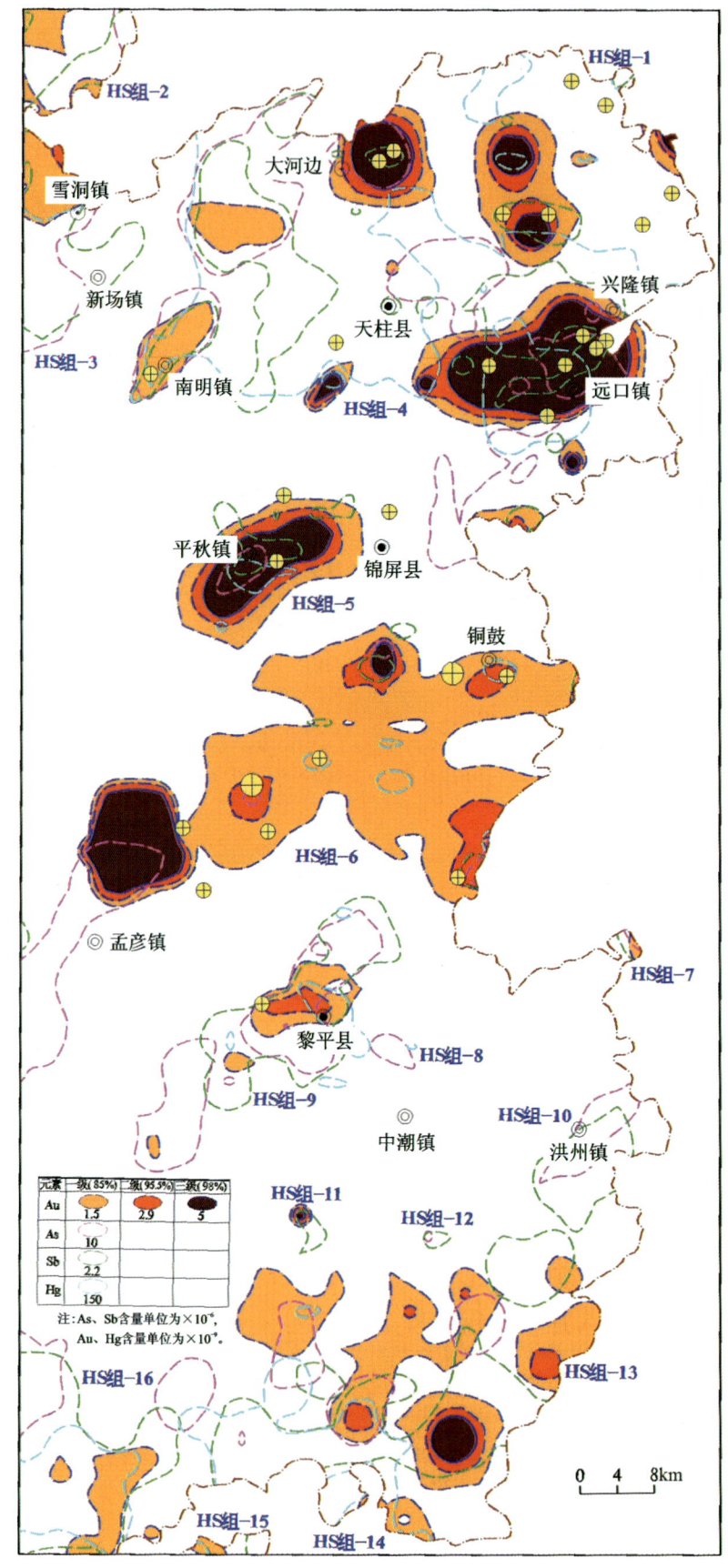

图 7-2 贵州省天柱-黎平地区 Au-As-Sb-Hg 地球化学组合异常图

其中，天柱 Au-As-Sb-Hg 组合异常（HS组-4）面积最大（1 872.16km²），其次为敖市 Au-As-Sb-Hg 组合异常（HS组-6）和从江 Au-As-Sb-Hg 组合异常（HS组-16），异常面积分别为 868.95km²、899.14km²。其他 13 个 Au-As-Sb-Hg 组合异常，规模较大的是黎平异常（HS组-16，面积为 291km²），规模较小的是瓮洞异常（HS组-1，面积为 2.99km²）。这些 Au-As-Sb-Hg 综合异常上或附近还有较大面积的 Pb-Zn-Ag 组合异常分布。

在上述组合异常中，分布众多 Au 元素异常（36 个），以敖市 Au 元素异常面积最大（754km²），异常具外、中、内带，外带 Au 元素异常含量 $(1.5\sim2.9)\times10^{-9}$，中带 $(2.9\sim5)\times10^{-9}$，内带 $(5\sim17)\times10^{-9}$。其次为远口、平秋 Au 元素异常，面积分别为 250km²、192km²，强度均为三级，最高异常含量为远口的 300×10^{-9}，肇兴 Au 元素异常，面积为 128km²，其他 33 个 Au 元素异常规模较大的为肇兴 Au 元素异常，面积为 128km²，规模较小的是天柱 Au 元素异常，面积为 1.5km²，其他 Au 元素异常强度部分达二、三级[大河边 Au 元素异常 Au 含量 188.8×10^{-9}]。

上述 Au-As-Sb-Hg 组合异常和 Au 元素异常，多数异常上均有已知金矿床、点分布，是很好的成矿预测要素，是本次预测工作重要的预测要素。

（二）三都-丹寨地区

对 1∶20 万区域地球化学数据分省级类和预测工作区类进行了数据处理和统计，针对金矿有关的 Au、As、Sb、Hg 和 Pb、Zn、Ag 等元素编制完成了省级类 1∶50 万地球化学图和预测工作区类（1∶10 万～1∶20 万）地球化学图；编制完成了贵州省三都-丹寨金矿预测区 Au、As、Sb、Hg、Pb、Zn、Ag 等元素 1∶10 万单元素地球化学图及异常图、Au-As-Sb-Hg 和 Pb-Zn-Ag 1∶10 万地球化学组合异常图及 1∶10 万地球化学综合异常图。

通过对预测区地球化学异常特征分析：Au-As-Sb-Hg 组合异常的分布及强弱情况与三都-丹寨等地区的微细粒浸染型金矿的分布、规模具有很好的相关性，是寻找微细粒型金矿的主要组合元素异常。

三都-丹寨金矿预测工作区 Au-As-Sb-Hg 组合异常较发育，沿三都-丹寨汞多金属成矿带有 3 个异常面积差异较大的 Au-As-Sb-Hg 组合异常分布（图 7-3）。分别对各组合异常的异常级别、异常面积、异常平均值、异常衬度、面金属量、衬度异常量等地球化学参数进行了统计（表 7-3）。区内还有 3 个较大规模的 Pb-Zn-Ag 组合异常产出。

表 7-3 贵州省三都-丹寨地区地球化学组合异常特征一览表

序号	编号	异常级别				面积（km²）	异常平均值	背景值	异常衬度	面金属量（km²·百分率）	衬度异常量
		Au	As	Sb	Hg						
1	HS组-1	三	三	三	三	552.94	5.51	0.66	8.31	2.68	4.04
2	HS组-2	一	二	三	一	121.64	1.98	0.66	2.98	0.16	0.24
3	HS组-3					3.71	3.1	0.66	4.68	0.01	0.01

注：Au 含量单位为 $\times10^{-9}$。

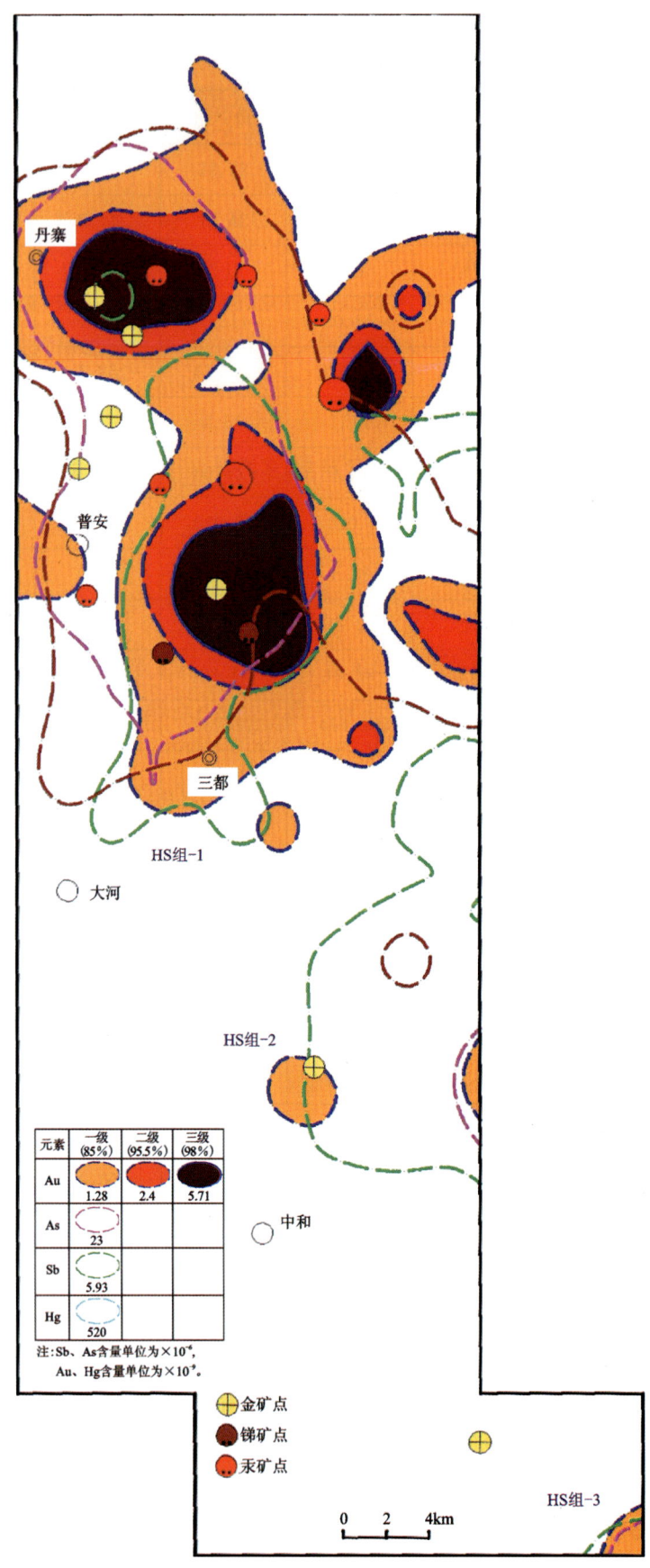

图 7-3 贵州省三都-丹寨地区 Au-As-Sb-Hg 地球化学组合异常图

其中,异常面积最大(553km²)的Au-As-Sb-Hg异常的是丹寨异常(HS组-1),其次为中和Au-As-Sb-Hg组合异常(HS组-2),异常面为122km²。另外1个Au-As-Sb-Hg组合异常(HS组-3)面积为3.7km²。

三都-丹寨金矿预测区位于扬子陆块和江南造山带接触带上,沿三都-丹寨汞多金属成矿带分布的3个Au-As-Sb-Hg组合异常,规模较大的是HS组-1号异常和HS组-2号异常,Au、As、Sb、Hg元素异常齐全,特别是HS组-1号组合异常中的Au元素异常规模大、强度高,有金、汞、锑、铅锌或金、锑、铅锌矿产分布,HS组-1号(丹寨)异常上金矿床规模达中型。Au-As-Sb-Hg组合异常与金、汞、锑等矿产有关,是金成矿预测的可靠指标。

丹寨Au-As-Sb-Hg组合异常内分布有5个Au元素异常,其中丹寨Au元素异常(HS金-2)面积较大,异常面积为357km²,异常强度达三级浓度分带,外带Au异常含量$(1.28\sim2.4)\times10^{-9}$,中带$(2.4\sim3.71)\times10^{-9}$,内带$(3.71\sim68.17)\times10^{-9}$。其他4个Au元素异常面积在$0.6\sim16.4$km²之间,最高异常值为$28.12\times10^{-9}$。中和Au-As-Sb-Hg组合异常内分布有2个Au元素异常,异常面积分别为7.8km²和2km²,异常强度均为一级浓度分带,最高Au异常含量2.79×10^{-9}。另外1个Au-As-Sb-Hg组合异常(HS组-3)中的Au元素异常面积为3.1km²,异常强度为一级。其他Au单元素异常为面积较小的弱异常。

通过对上述Au-As-Sb-Hg组合异常关系、Au元素异常与控矿构造、已有矿床、矿化点的的套程度研究对比,多数异常上均有已知金矿床(点)分布,是很好的成矿预测要素,是本次预测工作重要的预测要素。

(三)普安-贞丰地区

对1:20万区域地球化学数据分省级类和预测工作区类进行了数据处理和统计,针对金矿有关的Au、As、Sb、Hg和Pb、Zn、Ag等元素编制完成了省级类1:50万地球化学图和预测工作区类(1:10万~1:20万)地球化学图;编制完成了贵州省普安-贞丰金矿预测区Au、As、Sb、Hg、Pb、Zn、Ag等元素1:20万单元素地球化学图、Au-As-Sb-Hg和Pb-Zn-Ag 1:20万地球化学组合异常图及1:20万综合异常图。

通过对预测区地球化学异常特征分析:Au-As-Sb-Hg组合异常的分布及强弱情况与普安-贞丰地区微细粒浸染型金矿的分布、规模具有很好的相关性,是寻找微细粒浸染型金矿的主要组合元素异常。

普安-贞丰金矿预测工作区Au-As-Sb-Hg组合异常分布极其广泛(图7-4),主要分布于燕子岩(HS组-1、HS组-4)、莲花山(HS组-3、HS组-6)、碧痕营(HS组-5)、灰家堡(HS组-7)、楼下(HS组-8、HS组-9)、岔河(HS组-10)、戈塘(HS组-14东北部)、雄武(HS组-12、HS组-15)等背斜之上,以及兴义-郑屯(HS组-14中西部)、陇纳(HS组-16)、永和(HS组-13)、雨樟(HS组-11)、安龙(HS组-14东部)等地。根据元素的套合情况共圈定Au-As-Sb-Hg地球化学组合异常16个,对各组合异常的异常级别、异常面积、异常平均值、异常衬度、面金属量、衬度异常量等地球化学参数进行了统计(表7-4)。

其中,碧痕营、灰家堡、楼下、戈塘等背斜是区内重要的金矿区,燕子岩、莲花山、岔河、雄武等背斜及郑屯、陇纳等地也有一定规模金矿产出。安龙—德卧一带未发现有价值的金矿(床)点。Pb-Zn-Ag组合异常则主要分布于黔西南断陷靠近右江造山带的边缘部位三叠系中,以及燕子岩、莲花山背斜二叠系碳酸盐岩之中(以Zn异常为主)。

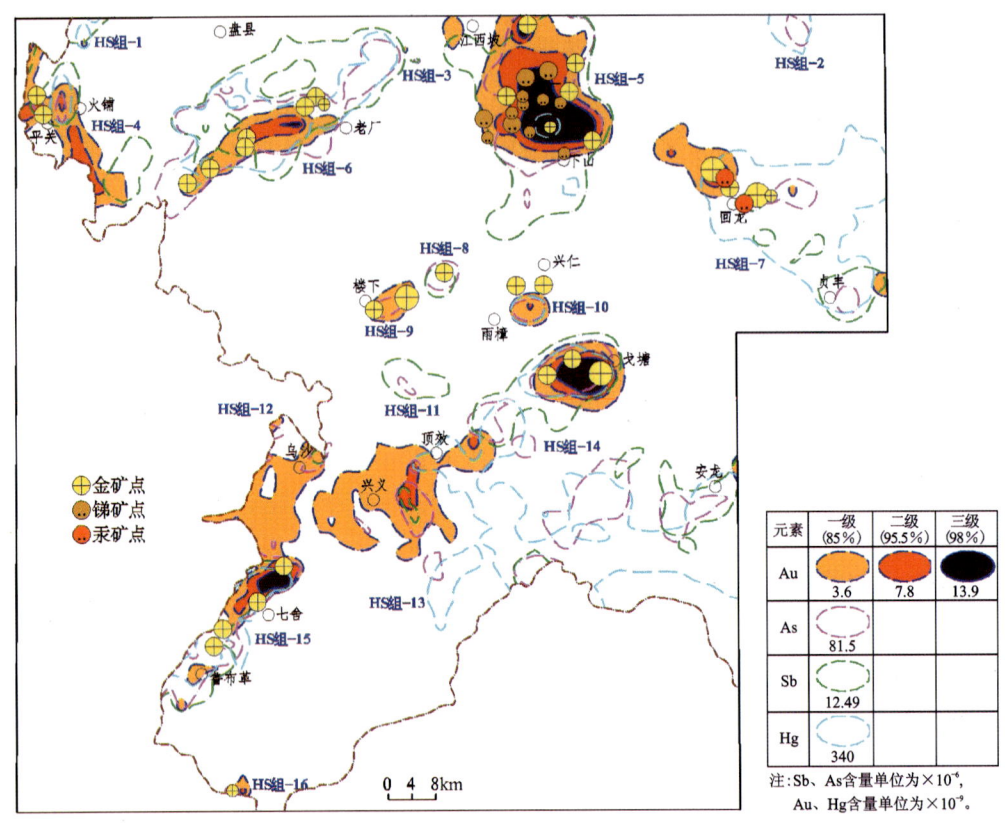

图 7-4 贵州省普安-贞丰地区 Au-As-Sb-Hg 地球化学组合异常图

表 7-4 贵州省普安-贞丰地区地球化学组合异常特征一览表

序号	编号	异常级别				面积（km²）	异常平均值	背景值	异常衬度	面金属量（km²百分率）	衬度异常量
		Au	As	Sb	Hg						
1	HS组-1	二		一	一	21.19	5.9	1.94	3.04	0.08	0.04
2	HS组-2		一		三	33.78					
3	HS组-3		一			0.74					
4	HS组-4	三	一	二	一	190.51	8.7	1.94	4.48	1.29	0.66
5	HS组-5	四	三	三	一	620.86	17.46	1.94	9.00	9.64	4.97
6	HS组-6	四	三	三	六	612.49	8.61	1.94	4.44	4.09	2.11
7	HS组-7	四		二	三	584.99	13.1	1.94	6.75	6.53	3.37
8	HS组-8	二	一	一		25.69	12.8	1.94	6.60	0.28	0.14
9	HS组-9	二	一			34.67	7.82	1.94	4.03	0.20	0.11
10	HS组-10	三	一		一	27.52	15.53	1.94	8.01	0.37	0.19
11	HS组-11		一	一		50.10	3.75	1.94	1.93	0.09	0.05

续表 7-4

序号	编号	异常级别				面积 (km²)	异常平均值	背景值	异常衬度	面金属量 (km²百分率)	衬度异常量
		Au	As	Sb	Hg						
12	HS组-12	二	一			5.13	4.1	1.94	2.11	0.01	0.01
13	HS组-13	一	一	一	一	62.15	4.4	1.94	2.27	0.15	0.08
14	HS组-14	四	一	三	三	1 201.61	10.14	1.94	5.23	9.86	5.08
15	HS组-15	四	三	三	三	344.95	7.87	1.94	4.06	2.05	1.05
16	HS组-16	三	二			8.12	6.73	1.94	3.47	0.04	0.02

注：Au 含量单位为 $\times 10^{-9}$。

碧痕营、灰家堡、楼下、戈塘背斜等重要金矿区中，碧痕营、楼下、戈塘等地 Au-As-Sb-Hg 组合异常发育，且 Au 元素异常规模大、强度高。如：戈塘 Au 异常（HS金-11）面积达 135km²，异常具外、中、内带，外带 Au 异常含量 $(3.6\sim7.8)\times10^{-9}$，中带 $(7.8\sim13.9)\times10^{-9}$，内带 $(13.9\sim64.5)\times10^{-9}$，As、Sb、Hg 异常与 Au 元素异常套合较好，异常面积比 Au 元素异常面积稍大，强度也相当。

灰家堡背斜上 Au-As-Sb-Hg 组合异常则以大面积（506km²）Hg 元素异常为特征，在 Hg 元素异常中发育一定规模的 Au 元素异常，以及 As、Sb 元素异常，紫木凼 Au 元素异常（HS金-5）面积 84km²，具外、中、内三级浓度分带（峰值为 33×10^{-9}）。另外（HS金-6）异常峰值 10.2×10^{-9}，异常面积仅为 1.78km²。

燕子岩、莲花山、岔河、雄武等背斜及郑屯、陇纳等地也有较好的 Au-As-Sb-Hg 组合异常及 Au 单元素异常发育。如莲花山背斜上 Au 异常（HS金-3）面积 137km²，具外、中、内三级浓度分带，峰值为 36.1×10^{-9}。As、Sb、Hg 异常均具外、中、内带，异常面积均在 300km² 以上，其中 Sb 异常面积最大（461km²）。

安龙—德卧一带 Au-As-Sb-Hg 组合异常以三叠系中大面积分布的 As、Hg 异常，以及一定规模的 Sb 异常和零星的 Au 弱异常为特征。As、Hg 异常面积数百平方千米，Au 为零星的点异常，异常最大峰值 6×10^{-9}。

区内圈定的众多 Au-As-Sb-Hg 组合异常，HS组-4、HS组-5、HS组-6、HS组-9、HS组-10、HS组-14（东北部）、HS组-15、HS组-16 等，Au、As、Sb、Hg 元素异常规模大、强度高，各元素异常空间套合好。异常由地表较大规模的金矿（床）体或较多的金矿点引起。HS组-7 以大规模的 Hg 元素异常为主，伴一定规模的 Au、As、Sb 异常，Au 元素异常主要分布在金矿体明显出露地表的紫木凼金矿床中，而以隐伏为主要特征的水银洞、三岔河等金矿中则以 As、Sb、Hg 元素异常为主。HS组-14 西部兴义—顶效一带大面积以 Au 元素异常为主的 Au-As-Sb-Hg 组合异常，HS组-14 东部安龙—德卧一带和 HS组-11、HS组-13，以 As、Sb、Hg 元素异常发育为特征的 Au-As-Sb-Hg 组合异常，均分布于中、下三叠统中，地表异常查证未发现有价值的金矿（床）点。引起兴义附近以 Au 元素异常为主的 Au-As-Sb-Hg 组合异常的原因有待进一步研究。以 As、Sb、Hg 元素异常为主的 HS组-14 东部安龙—德卧一带和 HS组-11、HS组-13 上断裂构造发育，可能是深部与金、锑、汞等矿产相关成矿地质活动的产物。

(四)册亨-望谟地区

对1∶20万区域地球化学数据分省级类和预测工作区类进行了数据处理和统计,针对金矿有关的Au、As、Sb、Hg和Pb、Zn、Ag等元素编制完成了省级类1∶50万地球化学图和预测工作区类(1∶10万~1∶20万)地球化学图;编制完成了贵州省册亨-望谟金矿预测区Au、As、Sb、Hg、Pb、Zn、Ag等元素1∶20万单元素地球化学图、Au-As-Sb-Hg和Pb-Zn-Ag 1∶20万地球化学组合异常图及1∶20万综合异常图。

通过对预测区地球化学异常特征分析:Au-As-Sb-Hg组合异常的分布及强弱情况与册亨-望谟地区的微细粒浸染型金矿的分布、规模具有很好的相关性,是寻找微细粒型金矿的主要组合元素异常。

册亨-望谟金矿预测工作区包含了右江造山带贵州省境内主体部分,也是贵州省境内微细粒浸染型金矿产区,Au-As-Sb-Hg组合异常分布广泛,异常数量众多(图7-5),根据元素的套合情况共圈定Au-As-Sb-Hg地球化学组合异常13个,分别对各组合异常的异常级别、异常面积、异常平均值、异常衬度、面金属量、衬度异常量等地球化学参数进行了统计(表7-5)。

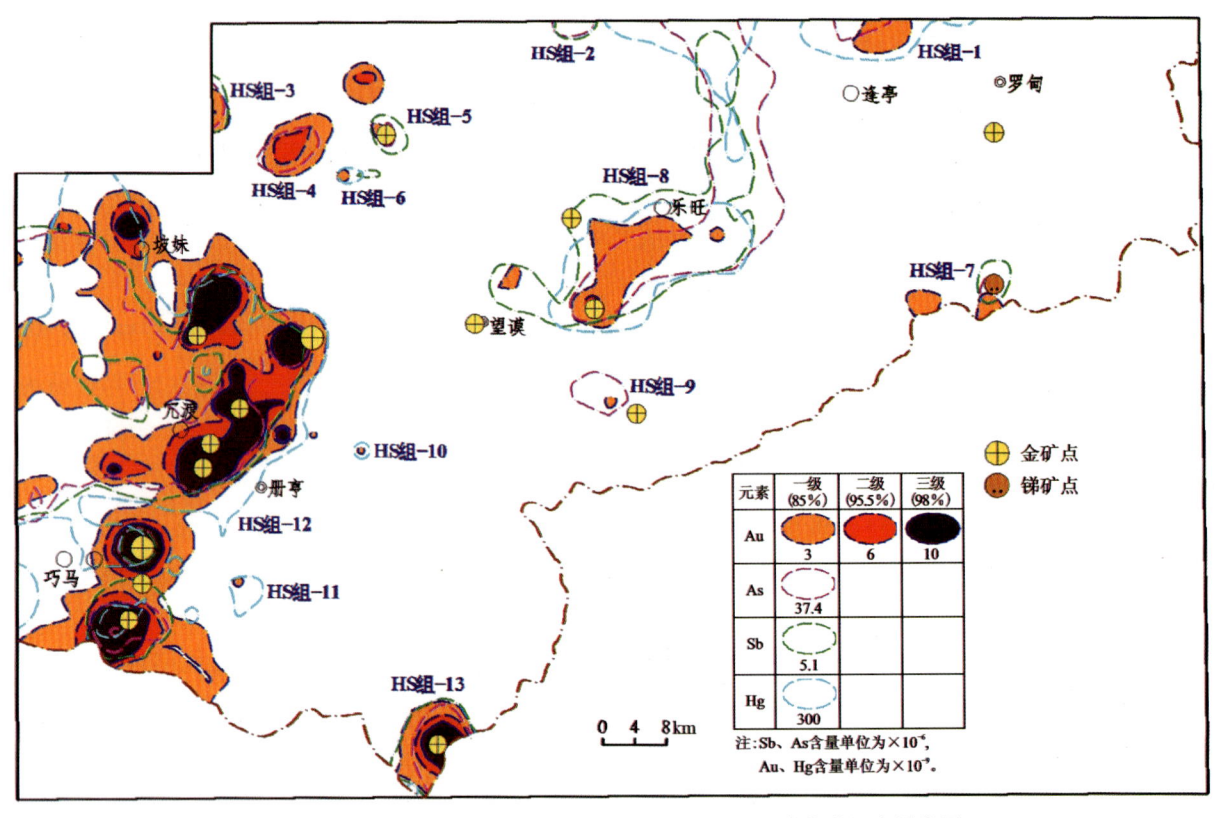

图7-5 贵州省册亨-望谟地区Au-As-Sb-Hg地球化学组合异常图

其中以产有烂泥沟大型金矿的央有Au-As-Sb-Hg组合异常(HS组-12)面积最大(1 578km²),其次为乐旺Au-As-Sb-Hg组合异常(HS组-8),异常面积为566km²。其他异常面积在3.2~71km²之间的Au-As-Sb-Hg组合异常有百地、乐康、板庚、包树等10处。众多Au-As-Sb-Hg综合异常中,央有(HS组-12)、乐旺(HS组-8)、包树(HS组-5)、冗贡(HS组-7)等Au-As-Sb-Hg组合异常上有Pb-Zn-Ag组合异常发育,央有、乐旺Au-As-Sb-Hg组合异常上的Pb-Zn-Ag组合异常规模还相当巨大。

表 7-5 贵州省册亨-望谟地区地球化学组合异常特征一览表

序号	编号	异常级别 Au	异常级别 As	异常级别 Sb	异常级别 Hg	面积 (km^2)	异常平均值	背景值	异常衬度	面金属量	衬度异常量
1	HS组-1	一	一		二	69.45	6.30		4.24	0.33	0.22
2	HS组-2	一	一	一		9.59	3.1		2.09	0.02	0.01
3	HS组-3	二				12.18	3.5		2.36	0.02	0.02
4	HS组-4	二	二			50.67	13.16		8.86	0.59	0.40
5	HS组-5	一				16.87	5.1		3.43	0.06	0.04
6	HS组-6				一	6.46	6.8		4.58	0.03	0.02
7	HS组-7	一				22.27	5.75	1.486	3.87	0.09	0.06
8	HS组-8	二	二	三	三	566.56	5.53		3.72	2.29	1.54
9	HS组-9		二			25.86	4.9		3.30	0.09	0.06
10	HS组-10	一				3.20	4.4		2.96	0.01	0.01
11	HS组-11	一		一		15.05	6		4.04	0.07	0.05
12	HS组-12	三	三	三	三	1 578.25	13.42		9.03	18.84	12.68
13	HS组-13	三	三	三	一	71.46	1 070		720.05	76.35	51.38

注：Au 含量单位为 $\times 10^{-9}$。

在圈定的13个Au-As-Sb-Hg组合异常中，HS组-2、HS组-3、HS组-4、HS组-5、HS组-7、HS组-8、HS组-9、HS组-12、HS组-13等有Au元素异常分布的组合异常中，地表均已发现有金矿（床）点存在，特别是HS组-12号组合异常Au、As、Sb、Hg元素异常规模大、强度高，异常上有烂泥沟、丫他、板其等大、中型金矿床。该区Au-As-Sb-Hg组合异常均为金的成矿过程中，这些元素在矿体内及相关地质体中的富集引起，是区内寻找微细粒型金矿的有利指示。

区内Au-As-Sb-Hg组合异常中，Au元素异常以央有异常（HS金-25）面积最大（1 107 km^2），具外、中、内带，外带Au异常含量$(3\sim6.2)\times10^{-9}$，中带$(6.2\sim10)\times10^{-9}$，内带$(10\sim80)\times10^{-9}$。其次为百地（HS金-28）、乐旺（HS金-14）Au元素异常，异常面积分别为64.5 km^2、98.6 km^2，百地金异常具三级异常浓度分带，乐旺金异常具二级浓度分带，最高异常含量为百地异常的$1 070\times10^{-9}$（贵州省内最高值）。其他Au元素异常还有板庚（HS金-1）、包树（HS金-3）等25个，面积在$1\sim49 km^2$之间，最高异常含量为25×10^{-9}。

二、锑矿

贵州省锑矿主要分布在黔西南晴隆、黔南独山和黔东南雷山—榕江一带，目前已探明1个大型矿床、9个中型矿床、9个小型矿床。重点预测工作区主要有晴隆大厂地区——火山岩中热液型锑矿、独山半坡地区——碎屑岩脉状热液型锑矿、雷山-榕江地区——浅变质岩中热液型锑矿。其分布范围见图7-6。

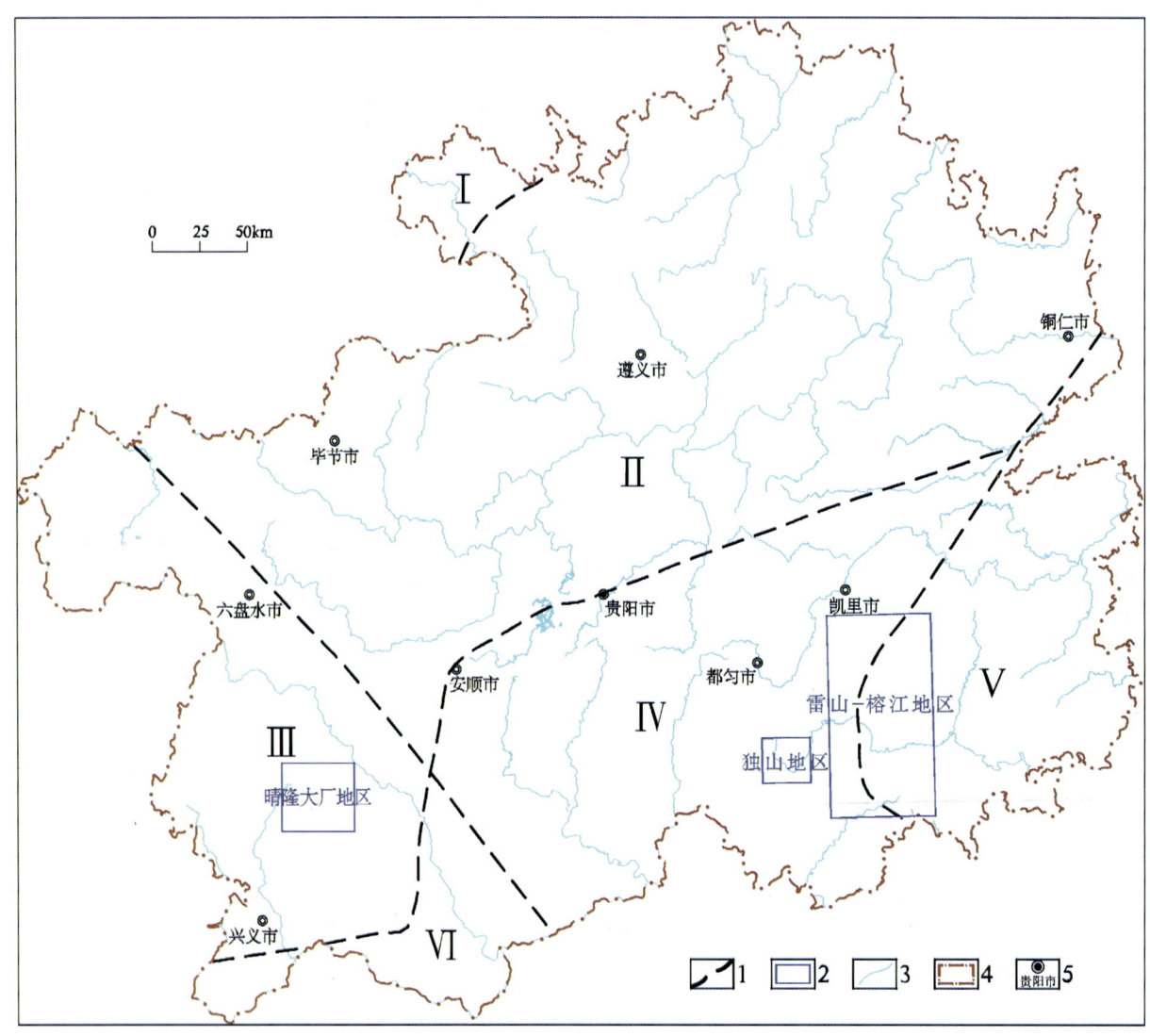

图 7-6 贵州省地球化学场分区及锑矿预测工作区示意图

1.分区界线;2.锑矿预测区范围;3.水系;4.省界范围;5.地名

Ⅰ.四川盆地边缘地球化学区;Ⅱ.黔北隆起地球化学区;Ⅲ.黔西断陷地球化学场区;Ⅳ.黔南台陷地球化学场区;Ⅴ.江南造山带地球化学场区;Ⅵ.右江造山带地球化学场区

(一)独山地区

独山地区位于贵州省黔东南,行政区划隶属于贵州省黔南地区管辖。预测工作区主要位于黔南台陷地球化学区,区内地表以 Cd、Hg、Th、Bi 地球化学高背景为主,其次有 Ag、As、B、Mo、Nb、Pb、Sb、U、Zr 和 SiO_2、CaO 等均高于全省地球化学背景。一般背斜褶皱逆冲断层带发育 Pb、Zn、Cd、Ag、Hg、Sb、As、Au 等亲硫元素地球化学高背景或异常带;向斜区则发育 Cu、Cr、Ni、Co、Nb、Ni、P、Ti、V 等亲基性、相容性元素高背景。区内有独山半坡锑矿床点分布,在预测区西部有凉亭铅锌矿点分布。

根据矿产预测需要,参照全省聚类分析结果,在独山锑矿预测区选择 Sb、Au、As、Ag、Pb、Zn、Hg、Cd 元素进行综合研究。对选取的各元素进行地化参数统计,见表 7-6。

表 7-6　独山地区各元素地球化学参数统计表（$N=144$）

元素	极大值	极小值	背景值	全省背景值	标准差	变化系数
Ag	593	42	76.46	81.42	48.93	0.64
As	109	3	21.95	19.82	16.92	0.77
Au	6.11	0.2	0.93	1.33	0.80	0.86
Cd	2 180	100	319.17	654.76	283.28	0.89
Hg	10 260	40	286.12	172.95	886.09	3.10
Pb	116	16	27.08	38.12	9.96	0.37
Sb	3 038.4	0.53	64.06	2.41	353.61	5.52
Zn	1 402	6	72.67	101.23	116.71	1.61

注：Ag、Au、Cd、Hg 含量单位为 $\times 10^{-9}$，As、Pb、Zn、Sb 含量单位为 $\times 10^{-6}$。

从表 7-6 可知：在独山预测区，Sb 元素的背景值是全省的背景值 26.6 倍，变化系数大于 5，说明独山地区是贵州省找锑矿的有利地区。Hg 元素的背景值是全省背景值的 1.7 倍，Ag、As、Pb、Cd、Zn、Au 元素的背景值接近全省的背景值。变化系数小，Pb 元素在独山地区呈均匀分布。

按上述异常下限的确定方法，对区内各元素的异常下限进行统计，见表 7-7。

表 7-7　元素的异常下限统计表

元素	Sb	Ag	As	Au	Cd	Hg	Pb	Zn
异常下限(85%)	14.48	87	33	1.65	460	340	31	102

注：Ag、Au、Cd、Hg 含量单位为 $\times 10^{-9}$；As、Pb、Zn、Sb 含量单位为 $\times 10^{-6}$。

参照地球化学图、地球化学异常图、组合异常图、综合异常图等的编图方法。编制完成工作区地球化学图、地球化学异常图、组合异常图、综合异常图，按表 7-7 确定的异常下限，在工作区圈定各元素地球化学异常 19 个，组合异常 2 个，综合异常 1 个。对组合异常特征叙述如下。

锑砷汞金(Sb‐As‐Hg‐Au)组合异常：异常位于独山县南东方向，异常由 Sb、Au、As、Hg 元素组成（图 7-7），Sb、Hg 元素具有三级浓度分带，Au、As 元素为一级异常，Sb 元素异常浓集中心在半坡锑矿床，Au、As、Hg 元素浓集中心在凉亭铅锌矿点，Sb 元素异常是已知半坡锑矿床及以南锑矿点的反映，为矿致异常。

铅锌银镉(Pb‐Zn‐Ag‐Cd)组合异常：异常位于预测区西部，呈近南北向展布，受预测范围限制，异常未封闭，异常浓集中心在预测区外。由 Pb、Zn、Ag、Cd 元素组成，Pb、Zn 元素异常有三级浓度分带，Ag 元素异常有二级浓度分带，Cd 元素异常均为一级异常。元素异常套合好、面积大、规模大，异常分布区有凉亭铅锌矿点，Pb、Zn、Ag 元素异常是已知矿点的反映，为矿致异常。

综上所述：凉亭铅锌矿点有 Pb、Zn、Ag、Cd、Au、As、Hg 元素异常，元素异常套合程度高、面积大、规模大，独山半坡锑矿床及以南锑矿点及其附近地区只有锑异常。说明 Sb 元素异常是独山预测区找锑矿的重要地球化学标志。

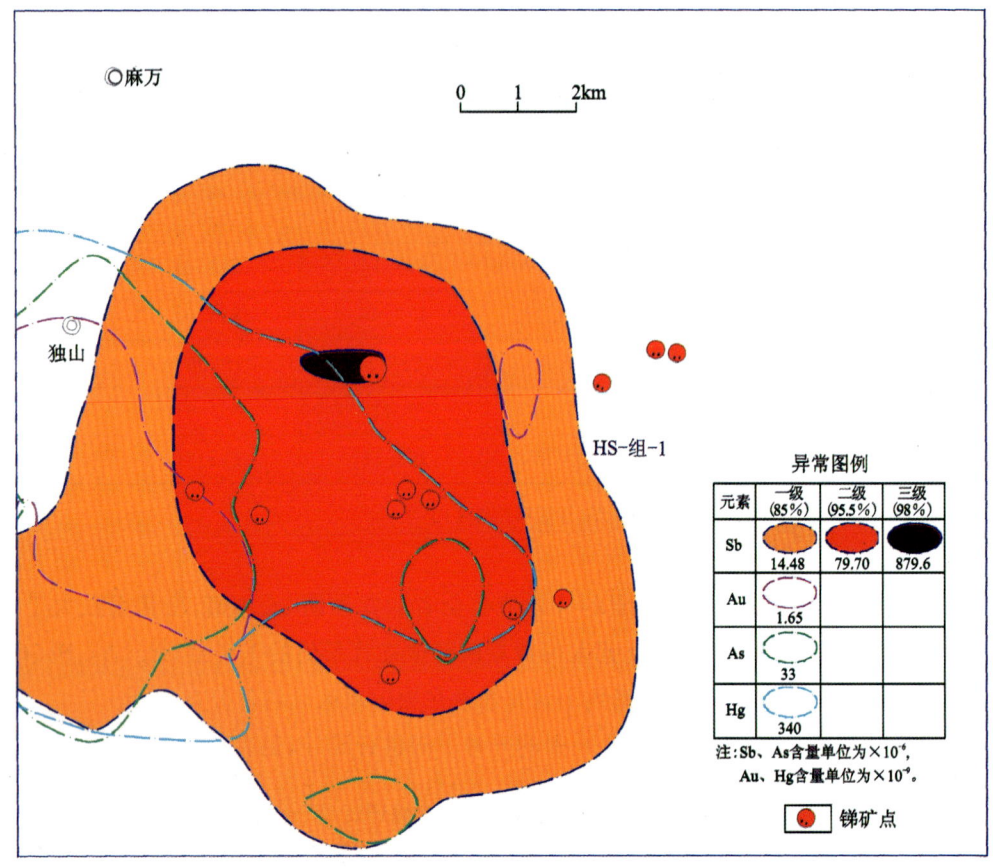

图 7-7　贵州省独山地区 Sb-Hg-As-Au 地球化学组合异常示意图

(二)雷山-榕江地区

雷山-榕江地区位于贵州省东南部雷山县、三都县一带。预测工作区主要位于黔南台陷地球化学区,区内地表以 Cd、Hg、Th、Bi 地球化学高背景为主,其次有 Ag、As、B、Mo、Nb、Pb、Sb、U、Zr 和 SiO_2、CaO 等均高于全省地球化学背景。一般背斜褶皱逆冲断层带发育 Pb、Zn、Cd、Ag、Hg、Sb、As、Au 等亲硫元素地球化学高背景或异常带;向斜区则发育 Cu、Cr、Ni、Co、Nb、Ni、P、Ti、V 等亲基性、相容性元素高背景;预测工作区东部跨江南造山带地球化学区,区内地表为 Ag、Ba、Nb、Sb、Y、Zn、Zr 及 SiO_2、Al_2O_3、K_2O、Na_2O 等元素或氧化物的地球化学高背景。最为典型的元素或氧化物为 Ag、Ba、Al_2O_3、K_2O、Na_2O,其表生地球化学背景明显高于全省或其他地球化学区。区内铜铅锌锡钨多金属矿、锑、汞、金、重晶石等矿产较为丰富,以层控热液型和岩浆热液型矿产为主。与江南造山带前寒武纪浅变质岩系海相陆源碎屑沉积有关的亲石性元素组合为:Ba、K_2O、Na_2O、Al_2O_3、SiO_2,其次有 Zr、Nb、Zn、Y、La、Th、Ti、P、W、Sn、Ag、Au 等。

区内构造总体呈北东向,岩性主要是变质岩。区内有已知八蒙、火烧寨、高排、开屯等锑矿床(点)分布。

根据矿产预测需要,参照全省聚类分析结果,在雷山-榕江锑矿预测区选择 Sb、Au、As、Ag、Pb、Zn、Hg、Cd 元素进行综合研究。对选取的各元素进行地球化学参数统计,见表 7-8。

表 7-8　雷山-榕江地区各元素地球化学参数统计表（$N=1\,514$）

元素	极大值	极小值	背景值	全省背景值	标准差	变化系数
Ag	1 330	13	91.97	81.42	93.74	1.02
As	725	0.1	12.10	19.82	20.69	1.71
Au	125	0.2	1.04	1.33	3.86	3.70
Cd	4 200	70	308.80	654.76	324.24	1.05
Hg	23 500	20	225.41	172.95	1 087.75	4.83
Pb	450	17	30.22	38.12	16.23	0.54
Sb	368.79	0.44	3.73	2.41	12.18	3.26
Zn	1 763	6	101.01	101.23	56.13	0.56

注：Ag、Au、Cd、Hg 含量单位为 $\times 10^{-9}$；As、Pb、Zn、Sb 含量单位为 $\times 10^{-6}$。

从表 7-8 可知：As、Au、Zn、Cd、Pb 元素背景小于全省背景值，Ag、Sb、Hg 元素背景大于全省背景值。变化系数由大至小顺序为 Hg(4.83)、Au(3.7)、Sb(3.26)。说明预测内 Sb、Hg、Au 元素数据变化大，为极强离散元素，是寻找锑矿、汞矿、金矿的有利地区。

按上述异常下限的确定方法，对区内各元素的异常下限进行统计（表 7-9）。参照地球化学图、地球化学异常图、组合异常图、综合异常图等的编图方法。编制完成工作区地球化学图、地球化学异常图、组合异常图、综合异常图，按表 7-9 确定的异常下限，在预测区圈定各元素地球化学异常 151 个，组合异常 10 个，综合异常 5 个。对组合异常特征叙述如下。

表 7-9　元素的异常下限统计表

元素	Sb	Ag	As	Au	Cd	Hg	Pb	Zn
异常下限(85%)	5.2	105	17	1.3	370	180	32	119

注：Ag、Au、Cd、Hg 含量单位为 $\times 10^{-9}$；As、Pb、Zn、Sb 含量单位为 $\times 10^{-6}$。

锑砷汞金(Sb－As－Hg－Au)组合异常：在预测区圈定 Sb－Au－As－Hg 元素组合异常 4 个（图 7-8）。

SH-组-1 组合异常：异常位于永东以北，区内有 2 个锑矿点，由 Sb、As、Au 元素组成，Sb、As 元素具有二级浓度分带，Au 元素有三级浓度分带，有 Pb、Zn、Ag、Cd 元素异常，异常元素组合多，异常套合好、强度高、规模大，可能是寻找金矿、锌矿的有利地段。Sb 元素浓集中心是已知锑矿的反映。

SH-组-2 组合异常：异常位于都江、九阡一带，区内有锑矿、金矿分布，由 Sb、Au、As、Hg 元素组成，有 Sb 元素异常 8 个，其中，SH-锑-4、SH-锑-6 号异常具有三级浓度分带，异常面积大、强度高、规模大，是已知苗龙金锑矿床、八蒙等锑矿的反映。Au 元素异常 7 个，其中，SH-金-3、SH-金-11、SH-金-12、SH-金-17、SH-金-20 号异常具有三级浓度分带，SH-金-11 号异常是已知金矿点反映，推断 SH-金-3、SH-金-12、SH-金-17、SH-金-20 号异常可能是寻找金矿的有利地段。

SH-组-3 组合异常：异常位于排调以东，由 Au、As 元素组成，均为一级异常。

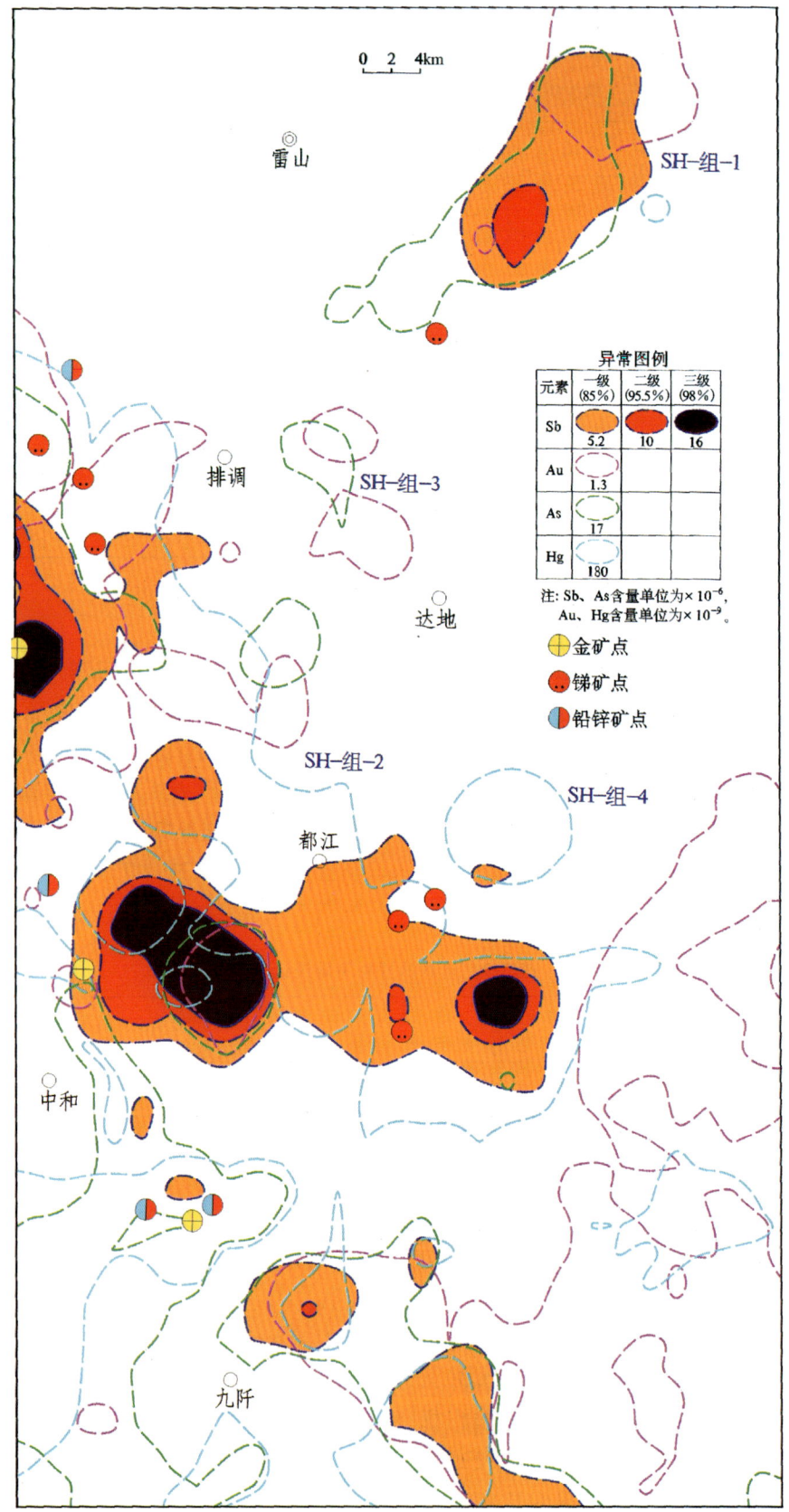

图 7-8 贵州省八蒙地区 Sb-Hg-As-Au 地球化学组合异常示意图

SH-组-4 组合异常：异常位于都江以东，由 Sb、Hg 元素组成，Hg 元素具有三级浓度分带。Sb 元素为一级异常。

铅锌银镉（Pb-Zn-Ag-Cd）组合异常：在预测区圈定 Pb-Zn-Ag-Cd 元素组合异常 6 个。

SH-组-1 组合异常：异常位于预测区西部和南部，由 Pb、Zn、Ag、Cd 元素组成。在西部沿寒武系牛蹄塘组地层，异常是牛蹄塘组多金属层的反映，在局部有形成工业矿体的可能。铅有 18 个异常，编号为 SH-铅-1，SH-铅-2，SH-铅-5，SH-铅-6，SH-铅-10，SH-铅-12，SH-铅-16，SH-铅-18～SH-铅-28。SH-铅-2 异常总体呈东西向展布，有 2 个浓集中心，具有三级浓度分带，元素组合为 Pb、Zn、Ag、Cd，异常未封闭，雷山县南西角的浓集中心是铅锌矿点的反映，SH-铅-1 异常为矿致异常。雷山县以东的浓集中心呈近南北向展布，浓集中心位于一背斜核部，元素组合为 Pb、Zn、Ag、Cd，可能是寻找以铅为主的铅锌矿床（点）的有利地区。锌有 16 个异常，编号为 SH-锌-1～SH-锌-5，SH-锌-8，SH-锌-13，SH-锌-16～SH-锌-21，SH-锌-23～SH-锌-25。其中，SH-锌-3、SH-锌-8、SH-锌-25 号异常具有三级浓度分带，是铅锌矿点引起的异常，为矿致异常。Ag、Cd 元素在预测区呈背景均匀分布，形成矿体的可能性小，可作为寻找铅锌矿的指示元素。

SH-组-2 组合异常：异常位于乐里北西部，异常由 Pb、Zn、Ag、Cd 元素组成，Ag 元素有二级浓度分带，Pb、Zn、Cd 为一级异常，异常套合好，规模小、强度低，但异常处于一小背斜核部，北向断层形成的断夹块上，可能是铅锌矿化引起的异常。

SH-组-3 组合异常：异常位于达地、排调之间，呈近南北向展布，异常由 Pb、Ag 元素组成，Ag 元素有二级浓度分带，Pb 元素为一级异常。

SH-组-4 组合异常：异常位于乐里南西部，断裂构造发育，地层倾向南东，异常由 Pb、Zn 元素组成，Pb、Zn 元素均为一级异常。

SH-组-5 组合异常：异常位于达地以南部，层间褶曲、断裂构造发育，异常由 Pb、Zn 元素组成，Pb、Zn 元素均为一级异常，异常面积大。

SH-组-6 组合异常：异常位于都江以东部，异常由 Pb、Zn、Ag 元素组成，Pb、Zn、Ag 元素均为一级异常。

（三）晴隆大厂地区

晴隆大厂地区位于贵州省西南部，行政区划隶属于贵州省黔西南地区管辖。预测区位于黔西断陷地球化学区，区内地表高度聚集亲基性（主要为 Ti、V、Fe_2O_3、Nb、Cu、Cr、Ni、Co）、相容性元素和部分亲硫性元素（主要为 Pb、Zn、Cd、Ag、As、Sb、Au、Hg）。北部以 Pb、Zn、Cd、Ag 组合为主，南部以 Hg、Sb、As、Au 组合为主，与近地表浅成中、低温热液成矿作用关系紧密。预测工作区处于南部的 Hg、Sb、As、Au 元素组合带上，区内有锑矿、金矿、萤石矿、煤矿矿产。构造处于碧痕营背斜中，断裂构造总体呈北东向展布。

根据矿产预测需要，参照全省聚类分析结果，在晴隆大厂预测区选择 Sb、Au、As、Ag、Pb、Zn、Hg、Cd 元素进行综合研究。对选取的各元素进行地化参数统计，见表 7-10。

从表 7-10 中可知：区内 As、Au、Sb、Zn 元素的背景值高于全省背景值，Sb 背景值是全省的 11 倍，Au 背景值是全省的 4 倍，As 背景值是全省的 3 倍。Au、Sb 元素变化系大，呈强离散元素分布，说明 Sb、Au 元素成矿物质丰富，是该区金矿、锑矿的反映。As 作为找金矿的指示元素。Ag、Cd、Hg、Pb 元素的背景值低于全省背景值，Ag、Pb、Zn 元素变化系数小，呈均匀分布。

表 7-10　晴隆大厂地区各元素地球化学参数统计表（N=323）

元素	极大值	极小值	背景值	全省背景值	标准差	变化系数
Ag	190	31	59.07	81.42	23.51	0.40
As	943.9	2.1	67.22	19.82	105.59	1.57
Au	122.50	0.13	5.83	1.33	14.61	2.51
Cd	6 680	55	310.46	654.76	614.26	1.98
Hg	1 580	2	108.78	172.95	131.87	1.21
Pb	52.3	12.5	26.924	38.12	6.76	0.25
Sb	316	0.41	27.120 2	2.41	53.27	1.96
Zn	392.8	35.1	113.033	101.23	33.62	0.30

注：Ag、Au、Cd、Hg 含量单位为 $\times 10^{-9}$；As、Pb、Zn、Sb 含量单位为 $\times 10^{-6}$。

按上述异常下限的确定方法，对区内各元素的异常下限进行统计，见表 7-11。

表 7-11　元素的异常下限统计表

元素	Sb	Ag	As	Au	Cd	Hg	Pb	Zn
异常下限(85%)	55	74	150	6	389	185	34	33

注：Ag、Au、Cd、Hg 含量单位为 $\times 10^{-9}$；As、Pb、Zn、Sb 含量单位为 $\times 10^{-6}$。

参照上述地球化学图、地球化学异常图、组合异常图、综合异常图等的编图方法。编制完成预测区地球化学图、地球化学异常图、组合异常图、综合异常图，按确定的异常下限，在预测区圈定各元素地球化学异常 22 个，组合异常 5 个，综合异常 1 个（表 7-12）。对组合异常特征叙述如下。

表 7-12　晴隆大厂锑矿预测区异常统计表

地球化学异常	组合异常图	综合异常图	备 注
Ag(4)、Cd(3)、Pb(5)、Zn(3)	Pb-Zn-Ag-Cd 元素组合(4)	(1)	括号内数字为异常个数
As(2)、Au(2)、Hg(1)、Sb(2)	Sb-Au-As-Hg 元素组合(1)		

锑砷汞金(Sb-As-Hg-Au)组合异常：HS组-1：异常位于沙子岭、碧痕营、大厂一带，区内有大厂锑矿、老万场金矿等矿床点分布，异常由 Sb、Au、As、Hg 元素组成（图 7-9），异常套合好，Sb、Au 元素异常为矿致异常，As、Hg、Sb 元素异常是找金矿的指示元素。

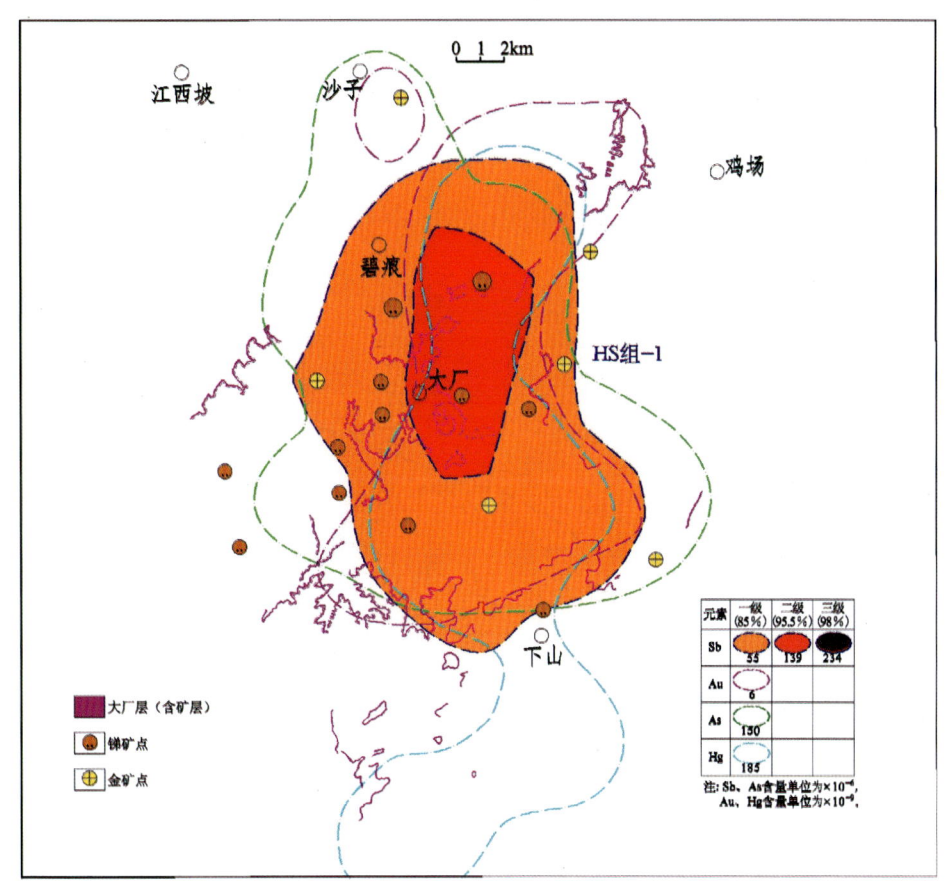

图 7-9　贵州省晴隆大厂地区 Sb-Hg-As-Au 地球化学组合异常示意图

铅锌银镉(Pb-Zn-Ag-Cd)组合异常：HS组-1：异常位于白石岩—鸡场箐一带。出露地层是峨眉山玄武岩组(P_2em)、上二叠统龙潭组(P_3l)、下二叠统茅口组(P_2m)。异常由 Ag、Cd 元素组成，均为一级异常，推测是峨眉山玄武岩组高背景引起的异常。

HS组-2：异常位于冲头—长地大坡一带，出露地层为三叠系，异常由 Pb、Ag、Cd 元素组成，异常未封闭，浓集中心在预测区外。

HS组-3：异常位于沙子岭、碧痕营、大厂一带，异常由 Zn、Ag、Cd 元素组成，均为一级异常，异常面积大，区内有大厂锑矿、老万场金矿等矿床点分布。可能是地层引起的异常。

HS组-4：异常位于大水井、花鱼井、青山镇一带，呈南北向展布。异常由 Pb、Ag 元素组成，异常未封闭，浓集中心在预测区外。

综上所述：在大厂锑矿、老万场金矿分布地区，有 Sb、Au、As、Hg、Ag、Cd 元素异常反映。Pb、Zn 元素异常分布在四周。

三、汞矿

贵州省汞矿资源潜力评价重点预测工作区 3 个。从西往东依次为万山地区复合内生行汞矿预测区、务川地区复合内生型汞矿预测区、三都-丹寨地区复合内生型汞矿预测区(图 7-10)。

各汞矿预测工作区内 Hg 元素含量富集度极高，含量分布变化极大，为全国富集度最高的地区。见表 7-13。

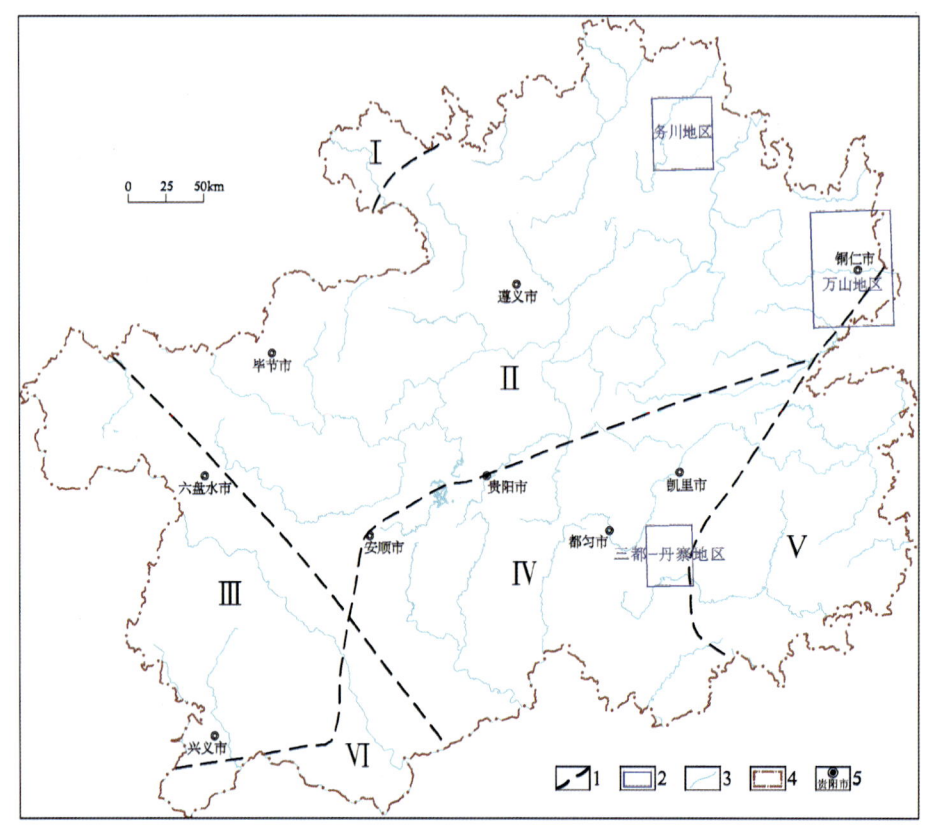

图 7-10　贵州省地球化学场分区及汞预测工作区示意图

1.分区界线；2.汞矿预测区范围；3.水系；4.省界范围；5.地名

Ⅰ.四川盆地边缘地球化学区；Ⅱ.黔北隆起地球化学区；Ⅲ.黔西断陷地球化学场区；Ⅳ.黔南台陷地球化学场区；Ⅴ.江南造山带地球化学场区；Ⅵ.右江造山带地球化学场区

表 7-13　预测工作区 Hg 元素地球化学参数表

预测工作区	元素	最高值	最低值	一般含量	平均值	标准离差	变化系数
三都—丹寨	$Hg(\times 10^{-9})$	426 830	30	110～6 100	2 304.83	23 473.55	10.18
万山	$Hg(\times 10^{-9})$	840 390	20	170～7 620	4 382.83	40 755.36	9.28
务川	$Hg(\times 10^{-9})$	358 000	30	120～3 800	6 776.06	34 141.44	5.04

(一)万山地区

万山汞矿预测工作区分部于扬子陆块黔北隆起地球化学亚区上，与右江造山带地球化学(场)区毗邻。特色矿产主要有汞、铅、锌、锰、磷、镍、钼、钒等。区域上以 F、CaO、MgO 地球化学高背景分布为特征，次有 Ba、Be、Co、Cr、Hg、La、Li、Mn、Mo、Nb、Ni、P、Sr、Ti、U、V、W、Fe_2O_3、K_2O 地球化学高背景，As、B、Cd、Pb、Na_2O 也高于全省背景含量值。区内构造发育，加里东构造阶段及以后漫长的地史时期内，经历了多期次强烈构造活动的改造，Au、Hg、As、Sb、Pb、Zn 等中-低温热液成矿元素迁移富集，沿构造发育地段形成规模较大的高异常带；Mn、Cr、Ni、V、Ti 等铁族元素及 P 元素等在南华系—寒武系中大量聚集，沿相应地层形成高含量带，并形成锰、磷矿床(点)。

万山汞矿预测工作区共有 3 个 Hg-Au-As-Sb 组合异常(图 7-11)。HS 组-1、HS 组-2、HS 组-3 均有 Hg 元素异常分布,其中,HS 组-1、HS 组-3 与已知松桃、万山两个汞矿带相吻合,HS 组-2 则与团塘、三宝等铅锌矿有关。另外还有 HS 汞-3、HS 汞-5 两个小规模的 Hg 单元素异常分布。

HS 组-1 异常分布于预测工作区西北部,由 Hg、As 元素异常构成,组合异常面积近 130 km²。组合异常主要由 Hg 元素异常构成,异常面积 127 km²,异常强度为三级。Hg 元素异常北部有微弱的 As 元素异常。与松桃汞成矿带有关。

HS 组-2 异常分布于预测工作区北部边缘,由 Hg、As、Sb 元素异常构成,组合异常面积达 20 多平方千米。Hg 元素异常为 HS 汞-2,异常规模较小,面积 1.69 km²,强度为一级。组合异常主要为 As、Sb 元素异常,与铅锌矿关系密切。

HS 组 3 异常分布于预测工作区东部,呈北东向带状展布,异常规模巨大,组合异常面积大于 1 200 km²,组合异常元素齐全。Hg 元素异常为 HS 汞-4,异常面积 880 km²,异常有 4 个浓集中心,强度均为三级,与万山汞矿带有关。

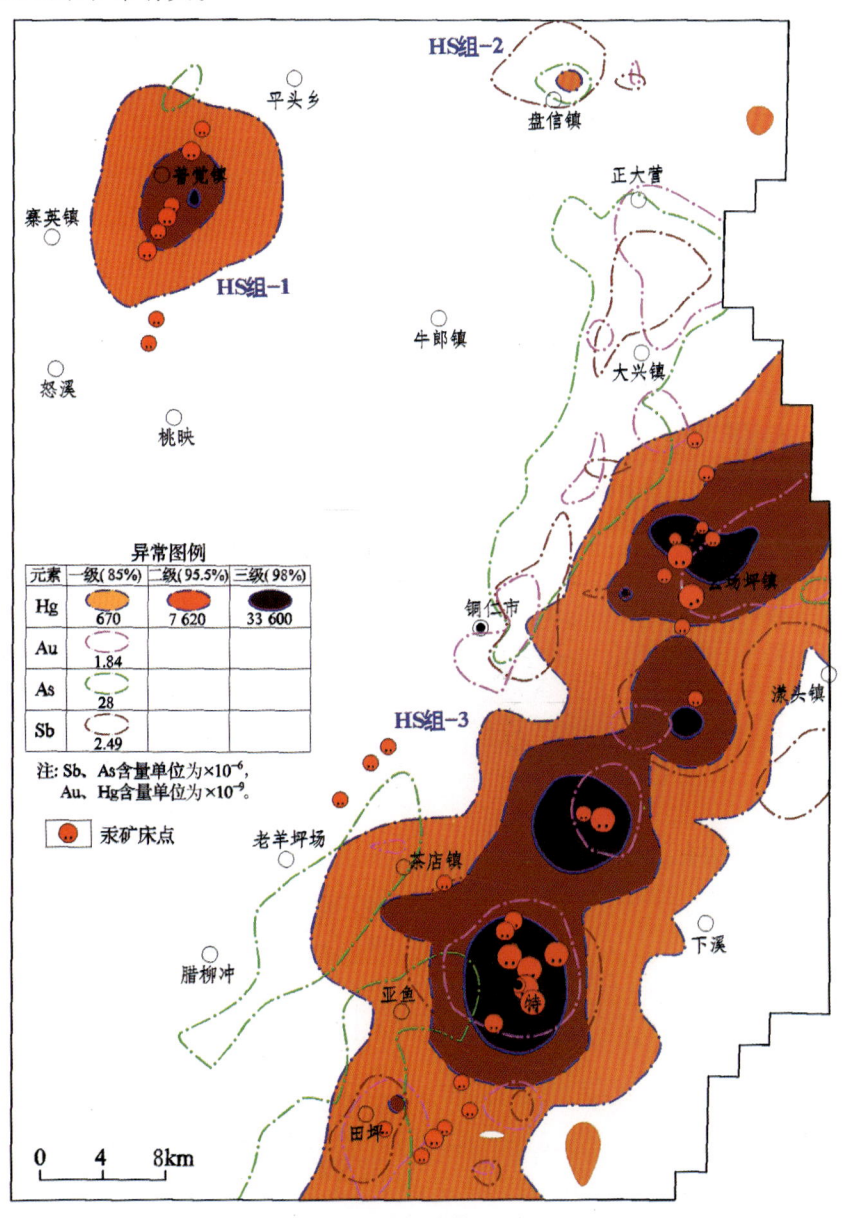

图 7-11　贵州省万山汞预测工作 Hg-Au-As-Sb 组合异常图

(二)务川地区

务川汞矿预测区处于扬子陆块黔北隆起地球化学亚区上,特色矿产主要为汞、重晶石。区域上以 F、CaO、MgO 地球化学高背景分布为特征,次有 Ba、Be、Co、Cr、Hg、La、Li、Mn、Mo、Nb、Ni、P、Sr、Ti、U、V、W、Fe_2O_3、K_2O 地球化学高背景,As、B、Cd、Pb、Na_2O 也高于全省背景含量值。区内加里东构造期后,经历了一次大规模的海退(隆起)成陆—海进过程,侏罗山式构造发育,在构造活动过程中 Hg、As、Sb、Ba 等中-低温热液成矿元素也部分富集成矿。

务川汞矿预测工作区 Hg-Au-As-Sb 组合异常有 HS 组-1~HS 组-5 等 5 个(图 7-12),其中 HS 组 1、HS 组-3 内 Hg 元素异常较为发育,与已知汞矿床分布关系密切,在 HS 组-1 北西侧和南东侧还各有 1 个 Hg 单元素异常。

HS 组-1 异常分布于预测工作区中部,面积近 320km²,异常组元素齐全,Hg、Au、As、Sb 均有分布。组合异常内有 HS 汞-2。HS 汞-2 异常规模较大,面积为 292km²,异常强度为三级。异常涵盖了务川汞矿带的主体部分,与汞成矿关系密切。

HS 组-2 异常分布于预测工作区西北部,面积近 30km²,异常以 As 元素异常为主,伴有极小规模的 Au 元素异常,与汞矿关系不大。

HS 组-3 异常分布于预测工作区西南部,面积近 30km²,异常以 Hg 元素异常为主,伴有 Au、Sb 元素异常。Hg 元素异常为 HS 汞-4,面积为 20km²,异常强度为一级。异常内有一小型汞矿床分布。

HS 组-4 异常分布于预测工作区东部边缘,面积近 7km²,异常由 As、Sb 元素异常构成,与汞矿关系不大。

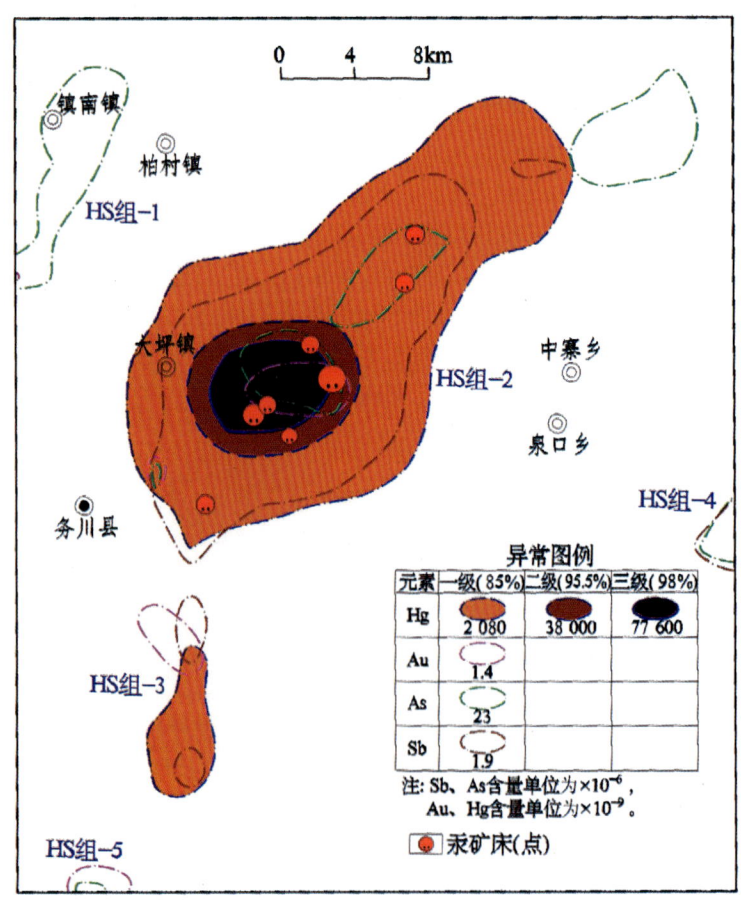

图 7-12 贵州省务川汞预测工作区 Hg-Au-As-Sb 组合异常图

HS组-5异常分布于预测工作区西南角,面积近4km²,异常由Au、As元素异常构成,与汞矿关系不大。

(三)三都-丹寨地区

三都-丹寨汞矿预测工作区,地球化学分区属扬子陆块黔南台陷地球化学(场)区与江南造山带地球化学(场)区接合部。特色矿产主要有汞、金、锑、铅、锌、磷、铜等。区域上以Cd、Hg、Th、Bi地球化学高背景分布为特征,次有Ag、As、B、Nb、Mo、U、Zr、Pb、Sb、SiO₂、CaO也表现为地球化学高背景,区域化探分析的39种元素或氧化物中的其他元素或氧化物均低于全省背景含量。Au、As、Sb、Hg、Pb、Zn、Ag、Cg及Mn、Cr、Ni、V、Ti等铁族元素沿南北向褶皱断裂带大量聚集,形成高含量带,并有大量多金属矿产产出。

三都-丹寨汞矿预测工作区Hg-Au-As-Sb组合异常仅有HS组-1(图7-13),组合异常涵盖三都-丹寨汞成矿区。

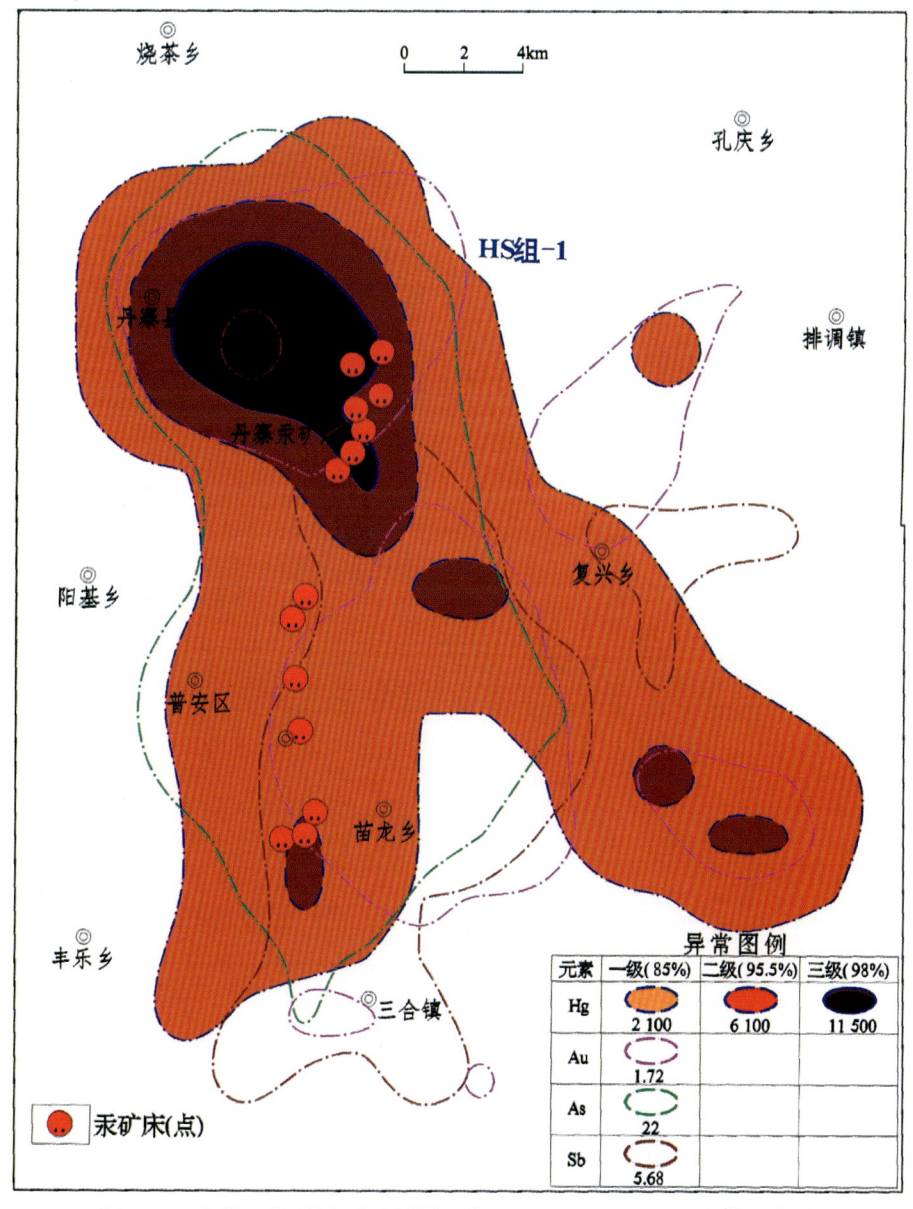

图7-13 贵州三都-丹寨汞矿预测工作区Hg-Au-As-Sb组合异常图

HS组-1异常分布于预测工作区中部,面积近600km²,异常组合元素齐全,Hg、Au、As、Sb均有分布。组合异常内有HS汞-1、HS汞-2两个Hg元素异常;HS汞-1异常规模最大,面积为404km²,异常强度为三级;HS汞-2异常规模小,异常面积为4.4km²,异常强度为一级。

四、铅锌(银)矿

根据全国铅锌矿预测类型划分方案,将贵州省具有一定规模、工业价值和找矿远景的铅锌矿划分为两种预测类型:层控内生型和复合内生型。4种预测类型亚类:即"会泽式"复合内生型、"杉树林式"复合内生型、"杜家桥式"复合内生型、"牛角塘式"层控内生型。贵州省11个铅锌矿重点预测工作区中,威宁西部预测工作区是"会泽式"复合内生型铅锌(银)矿;赫章-水城预测工作区、普安预测工作区是"杉树林式"复合内生型铅锌(银)矿;织金预测工作区、毕节预测工作区、仁怀预测工作区、习水预测工作区是"杜家桥式"复合内生型铅锌矿;福泉-都匀预测工作区、镇远-三都预测工作区、松桃-玉屏预测工作区、沿河预测工作区是"牛角塘式"层控内生型铅锌矿。其分布范围见图7-14。

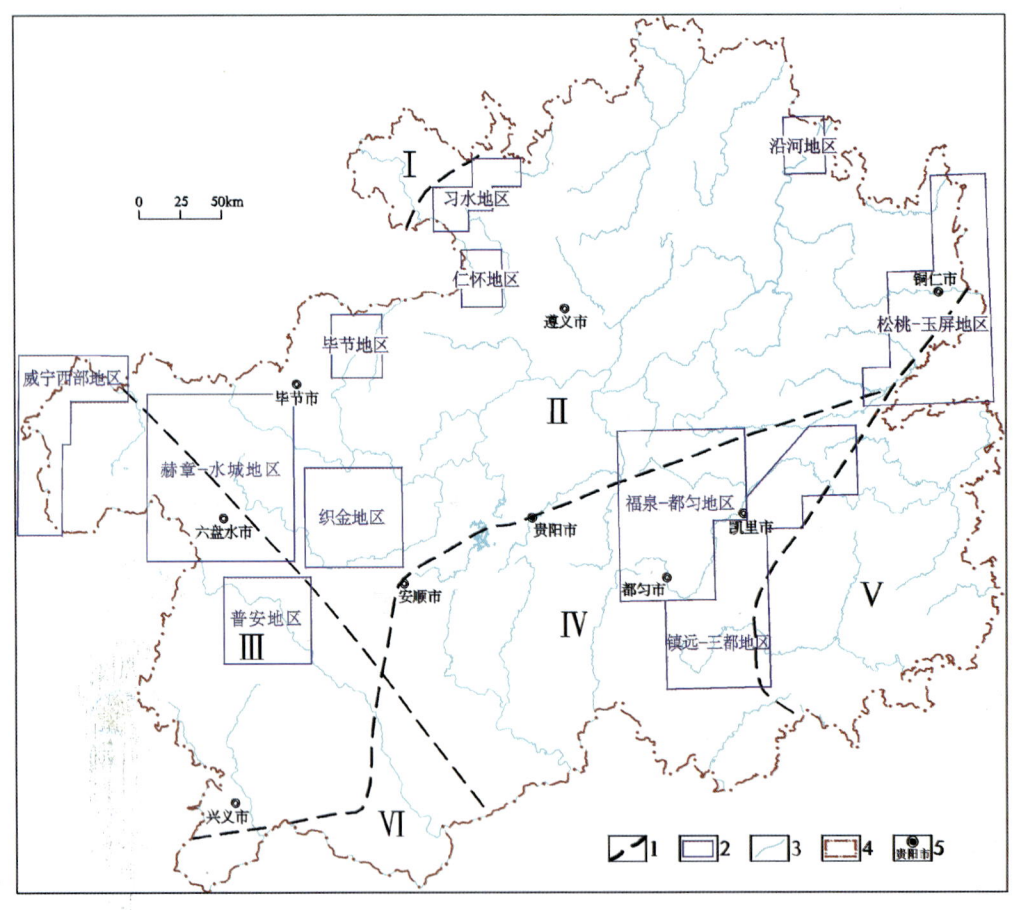

图7-14 贵州省地球化学场分区及铅锌预测工作区示意图

1.分区界线;2.铅锌矿预测区范围;3.水系;4.省界范围;5.地名

Ⅰ.四川盆地边缘地球化学区;Ⅱ.黔北隆起地球化学区;Ⅲ.黔西断陷地球化学场区;Ⅳ.黔南台陷地球化学场区;Ⅴ.江南造山带地球化学场区;Ⅵ.右江造山带地球化学场区

(一)威宁西部地区

预测工作区位于黔西断陷地球化学区,区内地表高度聚集亲基性(主要为 Ti、V、Fe_2O_3、Nb、Cu、Cr、Ni、Co)、相容性元素和部分亲硫性元素(主要为 Pb、Zn、Cd、Ag、As、Sb、Au、Hg)。北部以 Pb、Zn、Cd、Ag 组合为主,南部以 Hg、Sb、As、Au 组合为主,与近地表浅成中、低温热液成矿作用关系紧密。

本预测工作区与铅锌(银)矿有关的 Pb、Zn、Ag、Cd、Cu、Sb、Hg 地球化学参数见表 7-14。

表 7-14 威宁西部地区 Pb、Zn、Ag、Cd、Cu、Sb、Hg 特征值统计表

项 目	元素特征值						
	Ag($\times 10^{-9}$)	Cd($\times 10^{-9}$)	Cu($\times 10^{-6}$)	Hg($\times 10^{-6}$)	Pb($\times 10^{-6}$)	Sb($\times 10^{-6}$)	Zn($\times 10^{-6}$)
最小值	26	90	11	4	13.1	0.15	6
最大值	3 400	31 900	446.9	980	9 094	27.7	6 673
中位数	72	600	67.6	54	30.4	0.9	108.7
平均值	95.64	862.58	99.85	71.11	84.31	1.58	174.71
标准离差	169.80	1 597.40	78.43	86.56	423.62	2.37	457.79
一级异常(85%)	110	1 360	208	110	95	2.4	174
二级异常(95.5%)	169	2 160	234.8	190	213	5.6	346
三级异常(98%)	310	2 670	246	245	497	9.02	686

对铅锌矿分布有直接指示作用的元素异常分布特征如下:

本区中 Pb 元素背景值为 84.31×10^{-6},是全国背景值(29.24×10^{-6})的 2.88 倍,是全省背景值(39.03×10^{-6})的 2.16 倍,变化系数(CV)为 5.03。异常主要分布在石门(HS 铅-1)、云贵-兔街(HS 铅-3)、龙塘(HS 铅-8)、岔河-金钟(HS 铅-9)一带,其中 HS 铅-1、HS 铅-3、HS 铅-9 异常较强且均具三级分带,其附近有已知铅锌矿点分布,异常浓集中心出露地层主要为石炭系。

Zn 元素背景值为 174.71×10^{-6},是全国背景值(75.68×10^{-6})的 2.31 倍,是全省背景值(106.77×10^{-6})的 1.64 倍,变化系数(CV)为 2.62。异常分布与 Pb 元素异常基本一致,其中在石门(HS 锌-1)、云贵-兔街(HS 锌-4)、岔河-金钟(HS 锌-7)一带异常较强且均具三级分带,异常附近有已知铅锌矿点分布,异常浓集中心出露地层主要为石炭系。

Ag 元素背景值为 95.64×10^{-9},是全国背景值(90.64×10^{-9})的 1.06 倍,是全省背景值(83.34×10^{-9})的 1.15 倍,变化系数(CV)为 1.78。异常分布与 Pb、Zn 元素异常基本一致,主要分布在石门(HS 银-1)、云贵(HS 银-5)、双营(HS 银-5)、斗古-花果(HS 银-11、HS 银-12)、岔河-金钟(HS 银-13)一带,其中 HS 银-1、HS 银-13 异常具三级异常分带,HS 银-5、HS 银-11、HS 银-12 异常具二级异常分带,异常浓集中心出露地层主要为石炭系。

Cd 元素背景值为 862.58×10^{-9},是全国背景值(262.48×10^{-9})的 3.29 倍,是全省背景值(673.89×10^{-6})的 1.28 倍,变化系数(CV)为 1.85。异常主要分布在石门-银桥(HS 镉-1、HS 镉-2)、兔街附

近(HS锑-7、HS锑-8)、岔河-金钟(HS锑-12)一带,其中 HS锑-1、HS锑-2、HS锑-12异常较强,具三级异常分带,异常浓集中心出露地层多为石炭系。

Sb元素背景值为 $1.58×10^{-6}$,是全国背景值($1.45×10^{-6}$)的1.09倍,是全省背景值($2.73×10^{-6}$)的0.58倍,变化系数(CV)为1.50;Hg元素背景值为 $71.11×10^{-9}$,是全国背景值($75.56×10^{-9}$)的0.94倍,是全省背景值($397.88×10^{-9}$)的0.18倍,变化系数(CV)为1.22。二者异常分布情况基本同上,在石门、云贵-兔街、龙塘、岔河-金钟一带具二至三级异常分带。

贵州省威宁西部地区 Pb-Zn-Ag-Cd 地球化学组合异常特征见表7-15,图7-15。

表7-15 贵州省威宁西部地区 Pb-Zn-Ag-Cd 地球化学组合异常特征一览表

序号	编号	异常级别				面积 (km^2)	异常平均值	背景值	异常衬度	面金属量 (km^2百分率)	衬度异常量
		Pb	Zn	Ag	Cd						
1	HS组-1	三	三	三	三	325.39	308.75	28.32	10.90	91 247.74	3 222.02
2	HS组-2	一				4.54	220.1		7.77	870.99	30.76
3	HS组-3	一				10.00	135		4.77	1 067.00	37.68
4	HS组-4	一			二	14.96	213		7.52	2 762.92	97.56
5	HS组-5	二				50.12	162.13		5.73	6 706.90	236.83
6	HS组-6			二	一	25.46					
7	HS组-7	三	三	三	三	59.28	1 744		61.58	101 713.40	3 591.57

注:Cd含量单位为 $×10^{-9}$。

据贵州省地质调查院《贵州唐房-舍居乐地区矿产远景调查成果报告》资料,将区内银厂坡异常特征叙述如下:

该异常位于北东向银厂坡-摆布卡断裂南西段银厂坡,断裂发育,主要表现为平行逆冲断裂带,褶皱主要有北北东向的盆二坡背斜。从老到新出露地层为上震旦统灯影组(Z_2d)、下寒武统筇竹寺组(ϵ_1qn)、沧浪铺组(ϵ_1c)、中泥盆统独山组(D_2d)、上泥盆统高坡场组(D_3g)、中-下石炭统大埔组($C_{1-2}d$)、上石炭统黄龙组(C_2h)、中二叠统梁山组(P_2l)、中二叠统栖霞组(P_2q)、中二叠统茅口组(P_2m),岩性主要为结晶白云质灰岩、白云岩及灰岩。异常编号为 HS组-18,范围为东经103°45′04″—103°47′39″,北纬26°37′05″—26°42′01″,异常总体沿北东向断裂呈长方形展布,长7~8km,宽3.5~4.0km,面积约 $28km^2$。

银厂坡异常以 Pb、Zn、Hg、Ag 为主,兼有 Bi 异常。异常形态完整,套合较好,其中铅、锌、银具三级浓度分带。Pb 异常面积 $28km^2$,峰值 $16\,100×10^{-6}$,均值 $892×10^{-6}$,衬度10.8,面金属量(NAP)为301;Zn 异常面积 $22.3km^2$,峰值 $9\,900×10^{-6}$,均值 $959×10^{-6}$,衬度3.8,NAP 为86;Ag 异常面积 $11km^2$,面金属量(NAP)为72.6;Hg 异常面积 $25km^2$,衬度4.13,NAP 为103;Bi 异常偏离 Pb、Zn、Ag、Hg 所圈出的异常浓集中心,异常强度小。

银厂坡 Pb、Zn、Hg、Ag 组合异常区内具有银厂坡铅锌矿床,以往为探明小型铅锌矿床,近几年的"攻深找盲"工作,深部有富厚铅锌矿体发现。水系沉积物测量异常 ZDZ 值为6 140,排序第二,推测矿化规模较大,主成矿元素为 Pb、Zn,属甲1-2类异常,具中大型铅锌(银)矿床找矿远景。值得进一步深部物探电法测量和深部工程验证,扩大矿床规模。

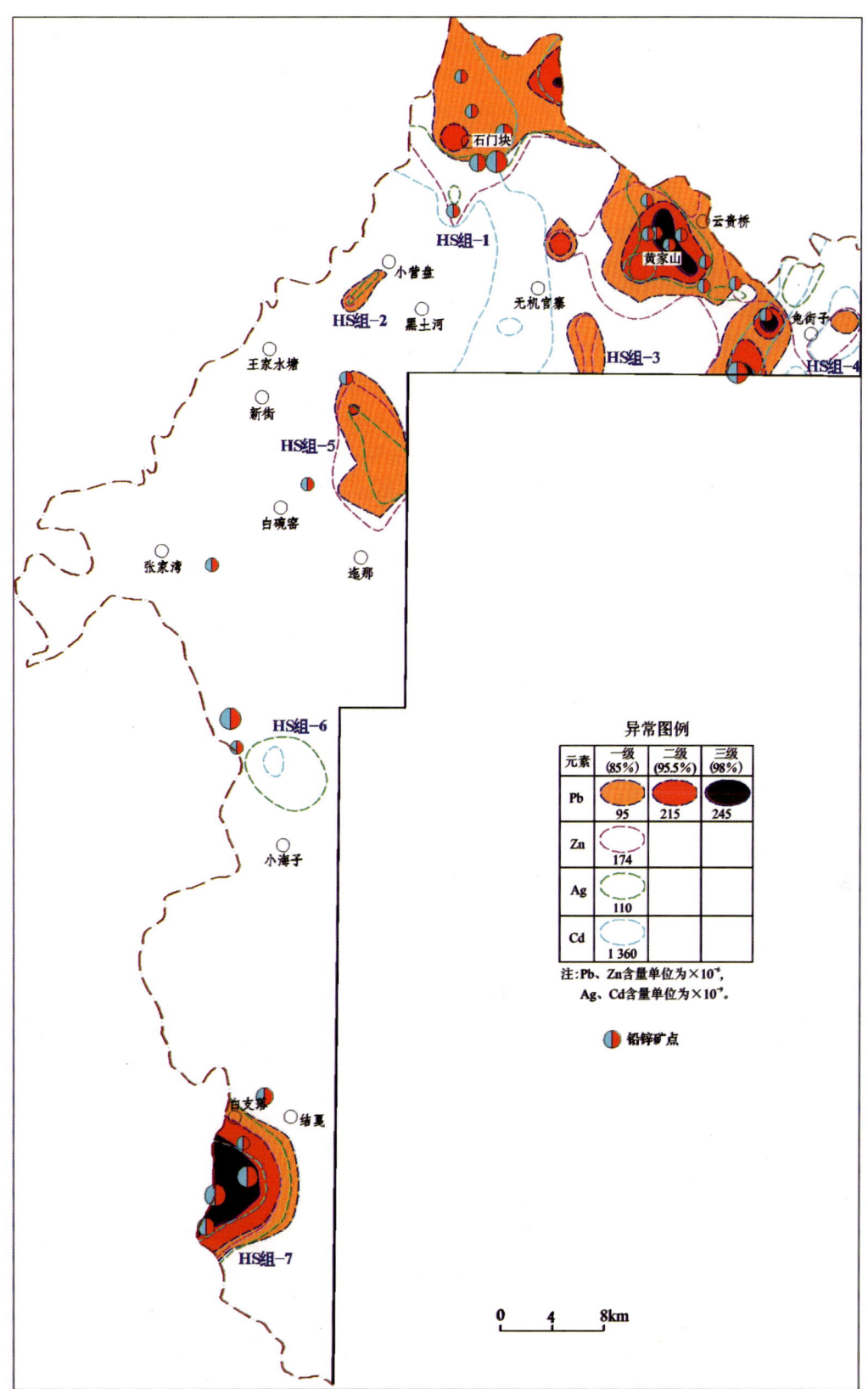

图 7-15　贵州省威宁西部地区 Pb-Zn-Ag-Cd 地球化学组合异常示意图

从上述元素异常分布特征可知,Pb、Zn、Ag、Cd、Sb、Hg 元素异常主要分布在石门、云贵—兔街、岔河—金钟一带,其中岔河—金钟一带 Pb、Zn、Ag、Cd、Sb、Hg 元素异常套合极好(HS组-7)。已知铅锌矿点具有较好的 Pb、Zn、Ag、Cd 组合异常。反之 Pb、Zn、Ag、Cd 组合异常的分布可作为寻找铅锌矿的靶区。

(二)赫章-水城地区

对区内编制了 Pb、Zn、Ag、Cd、Cu、Sb、Hg 元素 1∶20 万单元素地球化学图、地球化学异常图、Pb-Zn-Ag-Cd 和 Sb-Hg 地球化学组合异常图及综合异常图。对预测工作区地球化学异常特征进行了分析:Pb-Zn-Ag 组合异常的分布及强弱情况与铅锌(银)矿的分布、规模具有很好的相关性,是寻找铅锌(银)矿的主要组合元素异常。

预测工作区位于黔西断陷地球化学区与黔北隆起地球化学区交接带上,黔西断陷地球化学区内地表高度聚集亲基性(主要为 Ti、V、Fe_2O_3、Nb、Cu、Cr、Ni、Co)、相容性元素和部分亲硫性元素(主要为 Pb、Zn、Cd、Ag、As、Sb、Au、Hg)。北部以 Pb、Zn、Cd、Ag 组合为主,南部以 Hg、Sb、As、Au 组合为主,与近地表浅成中、低温热液成矿作用关系紧密;黔北隆起地球化学区地表以 F、CaO、MgO 地球化学高背景分布最为典型。其次有 As、B、Ba、Be、Cd、Co、Cr、Cu、Hg、La、Li、Mn、Mo、Nb、Ni、P、Pb、Sr、Ti、U、V、W 和 Fe_2O_3、K_2O、Na_2O 地球化学高背景。高背景带或异常带均呈北北东向、北东向展布。

本预测工作区与铅锌(银)矿有关的 Pb、Zn、Ag、Cd、Cu、Sb、Hg 地球化学参数见表 7-16。

表 7-16 赫章-水城地区 Pb、Zn、Ag、Cd、Cu、Sb、Hg 特征值统计表

项 目	元 素 特 征 值						
	Ag($\times 10^{-9}$)	Cd($\times 10^{-9}$)	Cu($\times 10^{-6}$)	Hg($\times 10^{-6}$)	Pb($\times 10^{-6}$)	Sb($\times 10^{-6}$)	Zn($\times 10^{-6}$)
最小值	11	50	5.2	10	15	0.3	6
最大值	4 980	16 000	272	4 750	9 213	273.6	49 026
中位数	70	530	78	80	29	1.7	102
平均值	98.58	995.39	91.69	111.29	87.10	3.30	247.73
标准离差	175.54	1 188.03	57.31	184.65	406.90	8.76	1 596.46
一级异常(85%)	120	1 870	156	150	68	4.6	188
二级异常(95.5%)	200	3 190	207	260	259	9.7	432
三级异常(98%)	320	4 190	233	400	572	14.1	895

对铅锌矿分布有直接指示作用的元素异常分布特征如下:

本区中 Pb 元素背景值为 87.1×10^{-6},是全国背景值(29.24×10^{-6})的 2.98 倍,是全省背景值(39.03×10^{-6})的 2.23 倍,变化系数(CV)为 4.67。异常主要分布在双坪乡—妈姑镇—雉街乡一带(HS 铅-4)和梅花山—滥坝镇—陡箐乡一带(HS 铅-9、HS 铅-10),其中 HS 铅-4、HS 铅-10 异常较强且均具三级分带,最大值($9 213\times 10^{-6}$)分布在 HS 铅-10 异常的滥坝镇红山附近,异常总体沿威水背斜呈北西向带状展布,异常带上有一系列已知铅锌矿(床)点分布,包括已知典型矿床-杉树林式碳酸盐岩型铅锌(银)矿。异常浓集中心出露地层主要为马平组(CPm)、黄龙组(C_2h)、大埔组($C_{1-2}d$)、上司组(C_1sh)灰岩和白云岩化灰岩、白云岩。威水构造带和垭都深大断裂带为控矿构造,异常附近以发育北西向断裂(带)为主。

Zn元素背景值为247.73×10^{-6},是全国背景值(75.68×10^{-6})的3.27倍,是全省背景值(106.77×10^{-6})的2.32倍,变化系数(CV)为6.44。异常分布与Pb元素异常基本一致,其中在双坪乡—妈姑镇—雉街乡一带(HS锌大浦组1)、滥坝镇—陡箐乡一带(HS锌-12)异常较强且均具三级分带,最大值($49\,026\times10^{-6}$)分布在HS锌-12异常的海子附近,HS锌-1异常有7个浓集中心,HS锌-12异常有3个浓集中心,异常浓集中心有已知铅锌矿点分布,异常带出露地层主要为马平组(CPm)、黄龙组(C_2h)、大埔组($C_{1-2}d$)、上司组(C_1sh)灰岩和白云岩化灰岩、白云岩,异常附近发育北西向断裂(带)。

Ag元素背景值为98.58×10^{-9},是全国背景值(90.64×10^{-9})的1.09倍,是全省背景值(83.34×10^{-9})的1.18倍,变化系数(CV)为1.78。异常分布与Pb、Zn元素异常基本一致,主要分布在双坪乡—妈姑镇—雉街乡一带(HS银-3、HS银-4、HS银-5、HS银-6)、双嘎乡—滥坝镇—陡箐乡一带(HS银-9),其中HS银-5、HS银-6、HS银-9异常具三级异常分带,最大值($4\,980\times10^{-9}$)分布在HS银-5异常的海子附近,与Zn的最大值为同一样品。异常浓集中心出露地层同样为石炭系。

Cd元素背景值为995.39×10^{-9},是全国背景值(262.48×10^{-9})的3.79倍,是全省背景值(673.89×10^{-6})的1.48倍,变化系数(CV)为1.19。异常主要分布在马姑镇—犀牛塘一带(HS镉-5、HS镉-10)、维新镇一带(HS镉-8)、滥坝镇一带(HS镉-20)、坪寨乡一带(HS镉-21),其中HS镉-8、HS镉-10、HS镉-20异常较强且具三级异常分带,HS镉-5、HS镉-17、HS镉-21、HS镉-22异常具二级异常分带,异常浓集中心出露地层多为石炭系。

Sb元素背景值为3.3×10^{-6},是全国背景值(1.45×10^{-6})的2.28倍,是全省背景值(2.73×10^{-6})的1.21倍,变化系数(CV)为2.65;Hg元素背景值为111.29×10^{-9},是全国背景值(75.56×10^{-9})的1.47倍,是全省背景值(397.88×10^{-9})的0.28倍,变化系数(CV)为1.66。二者异常分布情况基本同上,在双坪乡—妈姑镇—雉街乡一带、滥坝镇一带具二至三级异常分带。

贵州省赫章-水城地区Pd-Zn-Ag-Cd地球化学组合异常特征见表7-17,图7-16。

表7-17 贵州省赫章-水城地区Pd-Zn-Ag-Cd地球化学组合异常特征一览表

序号	编号	异常级别				面积(km²)	异常平均值	背景值	异常衬度	面金属量(km²百分率)	衬度异常量
		Pb	Zn	Ag	Cd						
1	HS组-1	三	三	三	三	1333	412.99		14.69	513 031.24	182 44.35
2	HS组-2			二		105.85	120		4.27	9 725.13	345.84
3	HS组-3	一	二			44.71	285.17		10.14	11 492.76	408.70
4	HS组-4	一	一			25.11	170.67	28.12	6.07	3 579.75	127.30
5	HS组-5	一	一			76.30	156.27		5.56	9 778.62	347.75
6	HS组-6					9.73	209		7.43	1 760.54	62.61
7	HS组-7	三	三	三	三	889.47	538.90		19.16	454 325.89	16 156.68
8	HS组-8	一	一		二	236.56	130.6		4.64	24 243.08	862.13

注:Cd含量单位为$\times10^{-9}$。

另外,据贵州省地质调查院《贵州艾家坪-水城地区矿产远景调查地球化学调查报告》(1:50 000水系沉积物测量)资料,将区内水城梅花山中—滥坝镇一带三王庙异常、石龙坝子-双水异常,异常特征叙述如下。

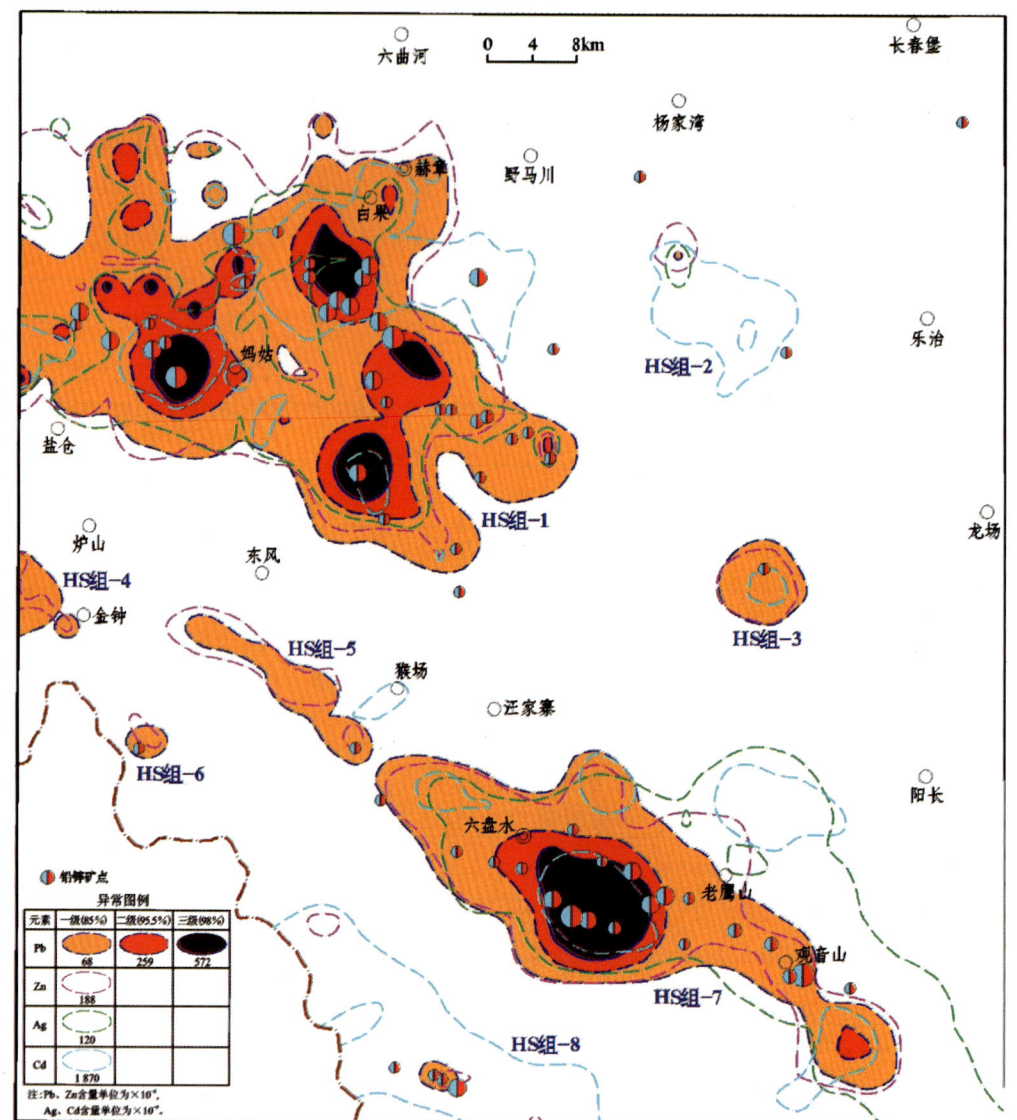

图 7-16 贵州省赫章-水城地区 Pb-Zn-Ag-Cd 地球化学组合异常示意图

1. 三王庙异常

异常位于山王庙—轿顶山一带,异常长近 7km,宽 1~2km,面积 6.24km²。地理坐标为东经 104°39′59″~104°42′53″,北纬 26°37′37″~26°40′22″。异常以 Pb、Zn、Ag 为主,局部伴有 Cd 异常,套合较好,Pb、Ag 有三级浓度分带且浓度分带明显,Zn 有二级浓度分带。Pb 元素异常三级浓度分带面积为一级 6.24km²,3 个二级分别为 0.96km²、0.38km²、0.69km²,三级 0.29km²,平均值为 673.91×10^{-6},衬度为 3.37,峰值为 $2\,194\times10^{-6}$;Zn 元素异常有 2 个,呈北西向分布,异常面积分别为 2.0km²、2.3km²,平均值分别为 924.76×10^{-6}、997.48×10^{-6},衬度分别为 1.849、1.99,有 2 个明显浓集中心,一级浓度面积分别为 2.0km²、2.3km²,二级浓度面积为 0.01~0.08km²,峰值分别为 $1\,760\times10^{-6}$、$1\,219\times10^{-6}$,Pb、Zn 异常浓集中心套合较好。整个异常区 Pb、Zn 元素异常含量高、变化大且有已知铅锌矿点产出,故确定该异常为矿致异常。

异常沿石炭系上司组(C_1s)、大埔组($C_{1-2}d$)、黄龙组(C_2h)和马平组(CPm)地层呈北西向展布。异常出露地层岩性为浅海、滨海相灰岩、页岩、白云岩。该地层为铅锌矿主要产出层位,有已知铅锌矿点分布。

异常构造上处于梅花山背斜西南翼、四沟平移断层和锅厂逆断层的北东盘。

异常以 Pb、Zn、Ag 为主，异常套合较好，Pb 有三级浓度分带且浓度分带明显，异常面积大，异常峰值高、强度大，异常特征和地质矿产资料反映出异常为矿致异常。断层是成矿热液通道，次级褶曲核部、层间裂隙和断层破碎带是成矿的控矿、容矿构造。异常的形成机理是深部岩浆热液和构造热液沿构造形成的通道向上运移，将从地壳深部带来的成矿物质富集于石炭系有利的构造部位，或萃取所经地层碳酸盐岩等活性岩石中的 Pb、Zn 物质，在有利地质构造部位富集形成铅、锌的富集体或矿体，经风化搬运作用富集于水系沉积物中形成异常。

2. 石龙坝子-双水异常

异常位于水城县石龙坝子—双水镇一带，异常带长约 20km，宽 4～8km，面积 76.75km^2。地理坐标为东经 104°47′23″—104°58′55″，北纬 26°29′51″—26°35′16″。异常以 Pb、Zn、Ag 为主，局部伴有 Cd 异常，异常面积分布较大，套合较好，浓度分带明显。Pb 元素异常主要有 4 个三级浓度分带，异常面积分别为 55.08km^2、1.60km^2、1.35km^2、2.45km^2，异常平均值分别为 1 165.18×10^{-6}、1 651.13×10^{-6}、540.66×10^{-6}、3 328.94×10^{-6}，衬度分别为 5.83、8.26、2.7、16.65，异常峰值分别为 16 920×10^{-6}、4 199×10^{-6}、1 274×10^{-6}、14 050×10^{-6}；Zn 元素异常主要有 7 个三级浓度分带，异常面积 1.21～32.03km^2，平均值为 (960.948×10^{-6})～(7 671.5×10^{-6})，衬度为 1.921～15.343，Pb、Zn 异常浓集中心套合较好、面积较大。整个异常区 Pb、Zn 元素异常含量高、变化大且有已知铅锌矿点产出，故确定该综合异常为矿致异常。

异常出露地层主要为石炭系上司组(C_1s)、大埔组($C_{1-2}d$)、黄龙组(C_2h)和马平组(CPm)以及二叠系，岩性以灰岩、白云岩等碳酸盐岩为主。石炭系地层为铅锌矿主要产出层位，异常区内有 10 个已知铅锌矿点分布。

异常沿北西向威水断裂、石桥断裂呈北西向展布。

异常以 Pb、Zn、Ag 为主，异常套合较好，Pb、Zn 异常有三级浓度分带，且浓度分带明显，异常面积大，异常峰值高、强度大，异常特征和地质矿产资料反映出异常为矿致异常。断层是成矿热液通道，次级褶曲核部、层间裂隙和断层破碎带是成矿的控矿、容矿构造。异常的形成机理是深部岩浆热液和构造热液沿构造形成的通道向上运移，将从地壳深部带来的成矿物质富集于石炭系有利的构造部位，或萃取所经地层碳酸盐岩等活性岩石中的 Pb、Zn 物质，在有利地质构造部位富集形成铅、锌的富集体或矿体，经风化搬运作用富集于水系沉积物中形成异常。

上述元素异常分布特征可知，Pb、Zn、Ag、Cd、Sb、Hg 元素异常主要分布在威水构造带和垭都深大断裂带上，异常呈北西向展布，异常浓集中心出露地层为马平组(CPm)、黄龙组(C_2h)、大埔组($C_{1-2}d$)、上司组(C_1sh)。符合典型矿床-杉树林式碳酸盐岩型铅锌(银)矿地球化学特征，即主要成矿元素异常组合为 Pb-Zn-Ag；直接指示元素异常组合为 Pb-Zn-Ag-Cd-Sb。也就是说分布在石炭系中的 Pb-Zn-Ag 异常组合及有利的断裂构造是寻找铅锌(银)矿的重要靶区，是本次预测工作的重要预测要素之一。

（三）普安地区

对区内编制了 Pb、Zn、Ag、Cd、Cu、Sb、Hg 元素 1:10 万单元素地球化学图、地球化学异常图、Pb-Zn-Ag-Cd-Cu 和 Sb-Hg 地球化学组合异常图及综合异常图。对预测工作区地球化学异常特征进行了分析：Pb-Zn-Ag 组合异常的分布及强弱情况与铅锌(银)矿的分布、规模具有很好的相关性，是寻找铅锌(银)矿的主要组合元素异常。

预测工作区位于黔西断陷地球化学区，区内地表高度聚集亲基性(主要为 Ti、V、Fe$_2$O$_3$、Nb、Cu、

Cr、Ni、Co)、相容性元素和部分亲硫性元素(主要为 Pb、Zn、Cd、Ag、As、Sb、Au、Hg)。北部以 Pb、Zn、Cd、Ag 组合为主,南部以 Hg、Sb、As、Au 组合为主,与近地表浅成中、低温热液成矿作用关系紧密。

本预测工作区与铅锌(银)矿有关的 Pb、Zn、Ag、Cd、Cu、Sb、Hg 地球化学参数见表 7-18。

表 7-18 普安地区 Pb、Zn、Ag、Cd、Cu、Sb、Hg 特征值统计表

项　目	元素特征值						
	$Ag(\times 10^{-9})$	$Cd(\times 10^{-9})$	$Cu(\times 10^{-6})$	$Hg(\times 10^{-6})$	$Pb(\times 10^{-6})$	$Sb(\times 10^{-6})$	$Zn(\times 10^{-6})$
最小值	18	103	7.4	20	13.7	0.4	21
最大值	644	64 700	300	1 690	1 911.4	22.7	8 296
中位数	70	710.5	46.55	90	35.1	1.6	115
平均值	85.46	1 589.20	69.36	121.69	73.58	2.27	174.64
标准离差	69.37	3 220.43	61.73	126.32	172.06	2.16	368.93
一级异常(85%)	111	2 910	132	181	58.9	3.3	213.1
二级异常(95.5%)	208	5 180	216.6	313	300	6	544.3
三级异常(98%)	320	7 730	245	456	531.9	8.42	850

对铅锌矿分布有直接指示作用的元素异常分布特征如下:

本区中 Pb 元素背景值为 73.58×10^{-6},是全国背景值(29.24×10^{-6})的 2.52 倍,是全省背景值(39.03×10^{-6})的 1.89 倍,变化系数(CV)为 2.34。异常主要分布在野钟乡一带(HS 铅-1)、花嘎乡—罐子窑镇—花贡镇一带(HS 铅-3),其中 HS 铅-3 异常较强且均具三级分带,最大值($1\ 911.4\times 10^{-6}$)分布在 HS 铅-3 异常的白沙镇小山坡附近,其 HS 铅-1、HS 铅-3 异常内有已知铅锌矿点分布,异常浓集中心出露地层主要为石炭系威宁组、南丹组、打屋坝组、睦化组,其次为泥盆系中火烘组、榴江组、五指山组。岩性主要为白云岩-泥亮晶生物屑灰岩。

Zn 元素背景值为 174.64×10^{-6},是全国背景值(75.68×10^{-6})的 2.31 倍,是全省背景值(106.77×10^{-6})的 1.64 倍,变化系数(CV)为 2.11。异常分布与 Pb 元素异常基本一致,其中在野钟乡一带(HS 锌-1)、花嘎乡—罐子窑镇—花贡镇一带(HS 锌-3)异常较强且均具三级分带,最大值($8\ 296\times 10^{-6}$)分布在 HS 铅-1 异常的野钟乡附近,异常内有已知铅锌矿点分布,异常浓集中心出露地层主要为石炭系威宁组、南丹组、打屋坝组、睦化组。

Ag 元素背景值为 85.46×10^{-9},是全国背景值(90.64×10^{-9})的 0.94 倍,是全省背景值(83.34×10^{-9})的 1.03 倍,变化系数(CV)为 0.81。异常分布与 Pb、Zn 元素异常基本一致,主要分布在野钟乡—花嘎乡—罐子窑镇一带,异常有 HS 银-2、HS 银-3、HS 银-4、HS 银-5,其中 HS 银-4 异常分布面积较大且具三级异常分带,最大值(644×10^{-9})分布在 HS 铅-4 异常的罐子窑镇铁厂附近的石炭系打屋坝组和睦化组中。

Cd 元素背景值为 $1\ 589.2\times 10^{-9}$,是全国背景值(262.48×10^{-9})的 6.05 倍,是全省背景值(673.89×10^{-6})的 2.36 倍,变化系数(CV)为 2.03。异常主要分布在野钟乡一带(HS 镉-2)、花嘎乡—罐子窑镇一带(HS 镉-5)及大田乡左格一带(HS 镉-8),其中 HS 镉-2、HS 镉-5、HS 镉-8 异常较强,具三级异常分带,最大值($64\ 700\times 10^{-9}$)分布在 HS 镉-2 异常的野钟乡附近石炭系南丹组中,与 Zn 元素的最大值重合。

Sb 元素背景值为 2.27×10^{-6},是全国背景值(1.45×10^{-6})的 1.57 倍,是全省背景值(2.73×10^{-6})的 0.83 倍,变化系数(CV)为 0.95;Hg 元素背景值为 121.69×10^{-9},是全国背景值(75.56×10^{-9})的 1.61 倍,是全省背景值(397.88×10^{-9})的 0.31 倍,变化系数(CV)为 1.04。二者异常套合较好,主要分

布在罐子窑镇一带具有三级异常分带。

贵州省普安地区Pb-Zn-Ag-Cd地球化学组合异常特征见表7-19,图7-17。

表7-19 贵州省普安地区Pb-Zn-Ag-Cd地球化学组合异常特征一览表

序号	编号	异常级别				面积(km²)	异常平均值	背景值	异常衬度	面金属量	衬度异常量
		Pb	Zn	Ag	Cd						
1	HS组-1	一	三	一	三	110.24	124.44	34.04	3.66	9 966.01	292.77
2	HS组-2	三	三	三	三	573.15	358.08	34.04	10.52	185 724.93	5 456.08
3	HS组-3	三	一		三	23.81	92.6	34.04	2.72	1 394.13	40.96

注:Cd含量单位为×10⁻⁹。

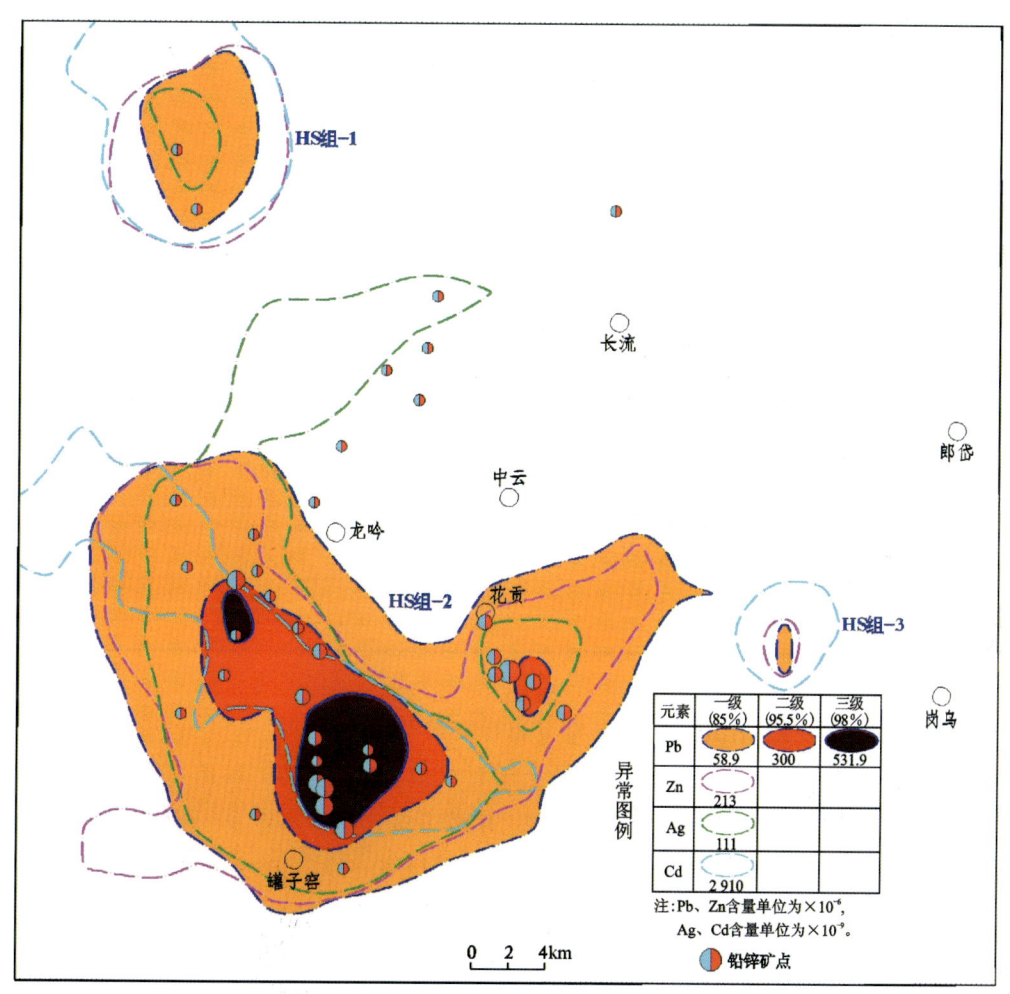

图7-17 贵州省普安地区Pb-Zn-Ag-Cd地球化学组合异常示意图

从上述元素异常分布特征可知,Pb、Zn、Ag、Cd、Sb、Hg元素异常主要分布在普安扭动构造变形区,异常浓集中心出露地层主要为石炭系威宁组、南丹组、打屋坝组、睦化组,其次为泥盆系中火烘组、榴江组、五指山组。岩性主要为白云岩-泥亮晶生物屑灰岩。与典型矿床——杉树林式碳酸盐岩型铅锌(银)矿地球化学特征具有可类比性,即主要成矿元素异常组合为Pb-Zn-Ag;直接指示元素异常组合为Pb-Zn-Ag-Cd-Sb。也就是说分布在石炭系和泥盆系中的Pb-Zn-Ag异常组合及有利的断裂构造是寻找铅锌(银)矿的重要靶区。

（四）织金地区

预测工作区位于黔北隆起地球化学区，该区地表以 F、CaO、MgO 地球化学高背景分布最为典型。其次有 As、B、Ba、Be、Cd、Co、Cr、Cu、Hg、La、Li、Mn、Mo、Nb、Ni、P、Pb、Sr、Ti、U、V、W 和 Fe_2O_3、K_2O、Na_2O 地球化学高背景。高背景带或异常带均呈北北东向、北东向展布。

本预测工作区与铅锌（银）矿有关的 Pb、Zn、Ag、Cd、Cu、Sb、Hg 地球化学参数见表 7-20。

表 7-20 织金地区 Pb、Zn、Ag、Cd、Cu、Sb、Hg 特征值统计表

项 目	元素特征值						
	$Ag(\times 10^{-9})$	$Cd(\times 10^{-9})$	$Cu(\times 10^{-6})$	$Hg(\times 10^{-6})$	$Pb(\times 10^{-6})$	$Sb(\times 10^{-6})$	$Zn(\times 10^{-6})$
最小值	10	50	10	21	15	0.19	10
最大值	1 120	11 620	309	8 000	3 220	35	1 762
中位数	60	330	94	128	33	1.7	108
平均值	78.32	857.19	99.29	244.44	56.46	3.10	125.79
标准离差	90.74	1 223.65	49.51	463.25	139.98	4.09	117.07
一级异常(85%)	100	1 710	149	330	48	4.5	138
二级异常(95.5%)	180	3 120	193	800	189	11.6	240
三级异常(98%)	270	4 170	220	1 300	361	18.9	407

对铅锌矿分布有直接指示作用的元素异常分布特征如下：

本区中 Pb 元素背景值为 56.46×10^{-6}，是全国背景值（29.24×10^{-6}）的 1.93 倍，是全省背景值（39.03×10^{-6}）的 1.45 倍，变化系数（CV）为 2.48。异常主要分布在水东乡一带（HS 铅-1）、桂果镇—实兴乡一带（HS 铅-2、HS 铅-3）、白泥乡—熊家场一带（HS 铅-4），其中 HS 铅-1、HS 铅-3 异常较强且具三级分带，HS 铅-2、HS 铅-4 异常具一至二级分带，最大值（$3\,220\times 10^{-6}$）分布在 HS 铅-3 异常的桂果镇打麻厂附近（图 7-18）。其异常内有已知打麻厂铅锌矿、水东铅锌矿、以则孔铅锌矿、杜家桥铅锌矿、那雍枝铅锌矿等铅锌矿床（点）分布。异常浓集中心出露地层主要为震旦系灯影组、寒武系清虚洞组，岩性为灰至灰白色厚层至块状白云岩。

Zn 元素背景值为 125.79×10^{-6}，是全国背景值（75.68×10^{-6}）的 1.66 倍，是全省背景值（106.77×10^{-6}）的 1.18 倍，变化系数（CV）为 0.93。异常分布与 Pb 元素异常基本一致，其中在水东乡一带 HS 锌-1、白泥乡—鸡场坡乡一带 HS 锌-5 异常较强且具三级分带，黑土乡—实兴乡一带 HS 锌-3、HS 锌-4 具有一级异常，异常浓集中心出露主要为震旦系统灯影组、寒武系清虚洞组。

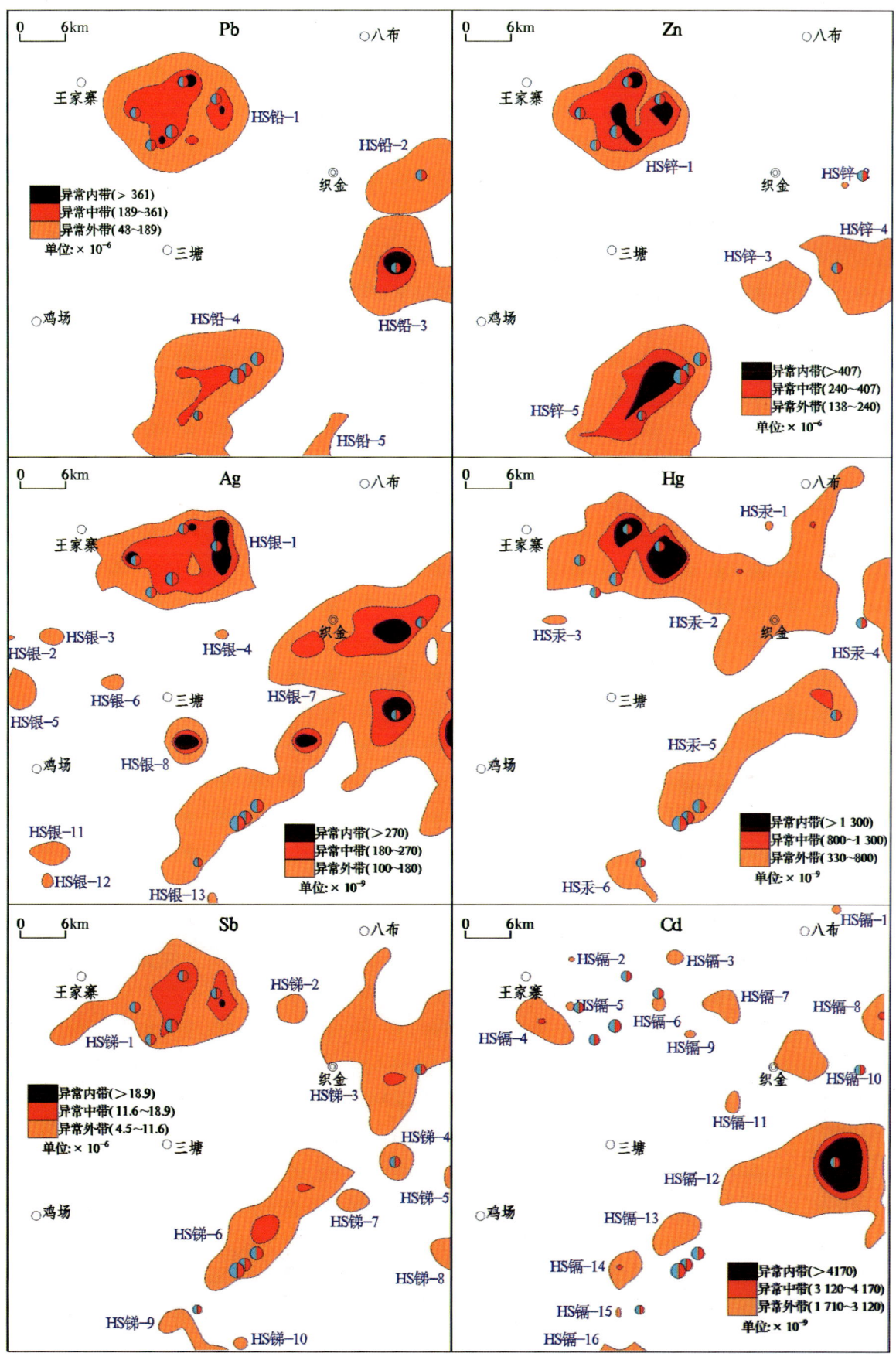

图 7-18 贵州省织金地区 Pb、Zn、Ag、Hg、Sb、Cd 地球化学异常图

Ag 元素背景值为 78.32×10^{-9},是全国背景值(90.64×10^{-9})的 0.86 倍,是全省背景值(83.34×10^{-9})的 0.94 倍,变化系数(CV)为 1.16。异常分布与 Pb、Zn 元素异常基本一致,主要分布在水东乡一带(HS 银-1)、少普乡一带(HS 银-8)、鸡场坡乡—黑土乡—桂果镇一带(HS 银-7),其中 HS 银-1、HS 银-7、HS 银-8 异常具三级异常分带。

Cd 元素背景值为 857.19×10^{-9},是全国背景值(262.48×10^{-9})的 3.27 倍,是全省背景值(673.89×10^{-9})的 1.27 倍,变化系数(CV)为 1.43。异常主要分布在汪家寨干坝一带(HS 镉-4)、白泥乡—熊家场乡—黑土乡—实安乡一带(HS 镉-12、HS 镉-13、HS 镉-14)、织金县城北东午坝—马家庄一带(HS 镉-8、HS 镉-10),其中 HS 镉-12 异常较强,具三级异常分带,HS 镉-4、HS 镉-14 异常具二级异常分带。最大值($11\,620\times10^{-9}$)分布在 HS 镉-12 异常的桂果镇打麻厂附近。

Sb 元素背景值为 3.1×10^{-6},是全国背景值(1.45×10^{-6})的 2.14 倍,是全省背景值(2.73×10^{-6})的 1.14 倍,变化系数(CV)为 1.32;Hg 元素背景值为 244.44×10^{-9},是全国背景值(75.56×10^{-9})的 3.24 倍,是全省背景值(397.88×10^{-9})的 0.61 倍,变化系数(CV)为 1.90。二者异常套合较好,较强的异常分布在水东乡一带,二者均具三级异常分带。

贵州省织金地区 Pb‐Zn‐Ag‐Cd 地球化学组合异常特征见表 7-21,图 7-19。

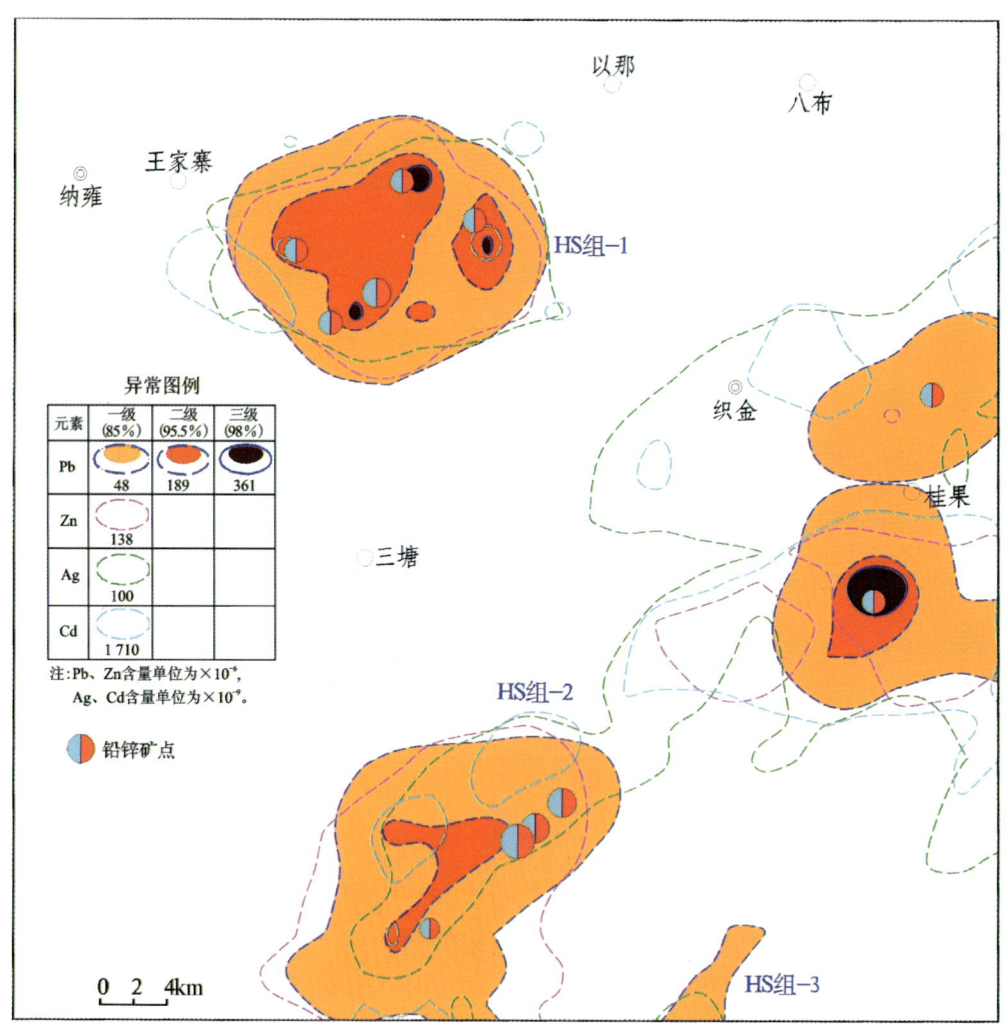

图 7-19　贵州省织金地区 Pb‐Zn‐Ag‐Cd 地球化学组合异常示意图

表7-21 贵州省织金地区 Pb-Zn-Ag-Cd 地球化学组合异常特征一览表

序号	编号	异常级别				面积 (km²)	异常平均值	背景值	异常衬度	面金属量	衬度异常量
		Pb	Zn	Ag	Cd						
1	HS组-1	三	三	三	一	249.74	396.83	33.01	12.02	90 857.94	2 752.44
2	HS组-2	三	三	三	三	814.98	218.60	33.01	6.62	151 249.56	4 581.93
3	HS组-3	一			一	13.51	63.75	33.01	1.93	415.42	12.58

注:Cd 含量单位为 $\times 10^{-9}$。

另外,据贵州省地质调查院《贵州以那架-小猫场地区矿产远景调查地球化学调查报告》(1:50 000水系沉积物测量)资料,将区内水东、打麻厂异常特征叙述如下。

1. 水东异常

异常位于纳雍县水东—簸洛一带,处于水东穹状背斜核部及两翼,区内北东向、近东西向断裂发育。区内有已知铅锌矿床 2 个(以则孔、水东)、铅锌矿点 4 个、铜矿点 1 个、镍矿点 1 个、磷矿点 1 个。异常沿灯影组(Z_2dy)、牛蹄塘组(ϵ_1n)、明心寺组(ϵ_1m)、黄龙组(C_2h)和马平组(C_2m)、梁山组(P_2l)、栖霞组(P_2q)、茅口组(P_2m)、峨眉山玄武岩组($P\beta$)地层呈近东西向、北东向展布,异常长近 15km,宽 4~12km,面积为 61.23km²。异常以 Pb、Zn、Ag、Cd 为主,套合较好,Pb、Zn、Ag、Cd 有三级浓度分带,且浓度分带明显。Pb 元素异常有 1 个,呈北东向分布,异常面积为 58.72km²,平均值为 467.47×10^{-6},衬度为 9.35,有 1 个明显浓集中心,一级浓度面积为 12.55km²,二级浓度面积为 10.13km²,三级浓度面积为 34.4km²,峰值为 $7\,800\times 10^{-6}$。Zn 元素异常有 2 个,呈北东向分布,异常面积分别为 47.15km²、0.50km²,平均值分别为 811.51×10^{-6}、496.5×10^{-6},衬度分别为 4.06、2.48,有 2 个明显浓集中心,一级浓度面积分别为 17.96km²、0.46km²,二级浓度面积为 0.04~16.15km²,峰值分别为 $33\,900\times 10^{-6}$、906×10^{-6};Ag 元素异常有 3 个,呈北东向分布,异常面积分别为 8.51km²、0.30km²、16.60km²,平均值分别为 0.53×10^{-6}、0.38×10^{-6}、0.50×10^{-6},衬度分别为 3.53、2.53、3.33,有 2 个明显浓集中心,一级浓度面积分别为 5.59km²、10.89km²,二级浓度面积为 0.13~3.89km²,峰值分别为 1.36×10^{-6}、4.31×10^{-6};Cd 元素异常有 3 个,呈北东向分布,异常面积分别为 5.52km²、0.59km²、2.43km²,平均值分别为 4.70×10^{-6}、6.34×10^{-6}、6.20×10^{-6},衬度分别为 1.88、2.54、2.48,有 3 个明显浓集中心,一级浓度面积分别为 2.98km²、0.50km²、1.98km²,二级浓度面积为 0.09~0.42km²,峰值分别为 11.3×10^{-6}、13.1×10^{-6}、10.75×10^{-6}。Pb、Zn、Ag、Cd 异常浓集中心套合较好。整个异常区 Pb、Zn、Ag、Cd 元素异常含量高、变化大且有已知铅锌矿点产出,该异常为矿致异常。

2. 打麻厂异常

异常位于打麻背斜核部及两翼,北东向断裂构造发育。出露地层主要有 Z_2dy^2、ϵ_1g、ϵ_1n、ϵ_1m、C_1jj、C_1d、P_2l、P_2q^1、P_2q^2、P_2m^1,岩性主要为白云岩、白云质灰岩。区内有已知铅锌矿点、磷矿点各 1 处。异常在测区内呈北东向展布,面积 32.66km²。异常以 Pb、Ag 为主,其次为 Cd,局部伴有 Zn 的点异常,Pb、Ag 异常套合较好,浓度分带明显。Pb、Ag、Cd 有三级浓度分带且浓度分带明显,Zn 有一级浓度分带。Pb 元素异常具三级浓度分带,一级面积为 11.29km²,二级面积为 0.84~4.81km²,三级面积

为 $0.10\sim12.01\text{km}^2$,平均值为 618.99×10^{-6},衬度 12.38,峰值为 7968×10^{-6};Ag 元素异常具三级浓度分带,一级面积为 8.85km^2,二级面积为 $0.17\sim0.98\text{km}^2$,平均值为 0.35×10^{-6},衬度 2.33,峰值为 2.5×10^{-6};Cd 元素异常具三级浓度分带,一级面积为 5.42km^2,二级面积为 $0.12\sim0.42\text{km}^2$,平均值为 5.17×10^{-6},衬度为 2.07,峰值为 16.3×10^{-6}。整个异常区 Pb、Ag、Cd 元素异常含量高、变化大。

从上述元素异常分布特征可知,Pb、Zn、Ag、Cd、Sb、Hg 元素异常主要分布在水东乡一带、桂果镇—实兴乡一带、白泥乡—熊家场一带,异常浓集中心出露地层主要为震旦系灯影组、寒武系清虚洞组,岩性为灰至灰白色厚层至块状白云岩,异常带上发育北东向断裂构造。其中 Pb、Zn、Ag 元素异常套合较好,反映了已知铅锌矿点的 Pb、Zn、Ag 组合异常。震旦系灯影组、寒武系清虚洞组里的 Pb、Zn、Ag 组合异常的分布是寻找此类铅锌矿的重要靶区,是本次预测工作的重要预测要素之一。

(五)毕节地区

预测工作区位于黔北隆起地球化学区,该区地表以 F、CaO、MgO 地球化学高背景分布最为典型。其次有 As、B、Ba、Be、Cd、Co、Cr、Cu、Hg、La、Li、Mn、Mo、Nb、Ni、P、Pb、Sr、Ti、U、V、W 和 Fe_2O_3、K_2O、Na_2O 地球化学高背景。高背景带或异常带均呈北北东向、北东向展布。

本预测工作区与铅锌(银)矿有关的 Pb、Zn、Ag、Cd、Cu、Sb、Hg 地球化学参数见表 7-22。

表 7-22 毕节地区 Pb、Zn、Ag、Cd、Cu、Sb、Hg 特征值统计表

项 目	元素特征值						
	Ag($\times10^{-9}$)	Cd($\times10^{-9}$)	Cu($\times10^{-6}$)	Hg($\times10^{-6}$)	Pb($\times10^{-6}$)	Sb($\times10^{-6}$)	Zn($\times10^{-6}$)
最小值	50	185	12	20	18	0.6	32
最大值	190	2 300	136	420	236	2.3	733
中位数	60	300	36	100	27	1.1	77
平均值	68.04	426.19	47.07	105.47	29.92	1.14	78.30
标准离差	22.99	356.77	25.75	47.59	15.66	0.29	45.65
一级异常(85%)	90	700	81	140	35	1.4	91
二级异常(95.5%)	120	1 200	95	190	41	1.7	101
三级异常(98%)	140	1 600	103	220	44	1.9	111

对铅锌矿分布有直接指示作用的元素异常分布特征如下:

本区中 Pb 元素背景值为 29.92×10^{-6},是全国背景值(29.24×10^{-6})的 1.02 倍,是全省背景值(39.03×10^{-6})的 0.77 倍,变化系数(CV)为 0.53。异常分布在小吉场镇—普宜镇一带(HS 铅-1),异常有 3 个浓集中心,具三级异常分带,其 3 个浓集中心分别反映的是已知的大吉场铅锌矿、小木拉铅锌矿、野那沟铅锌矿。异常浓集中心出露寒武系清虚洞组和娄山关组白云岩,异常呈北东向展布(图 7-20)。

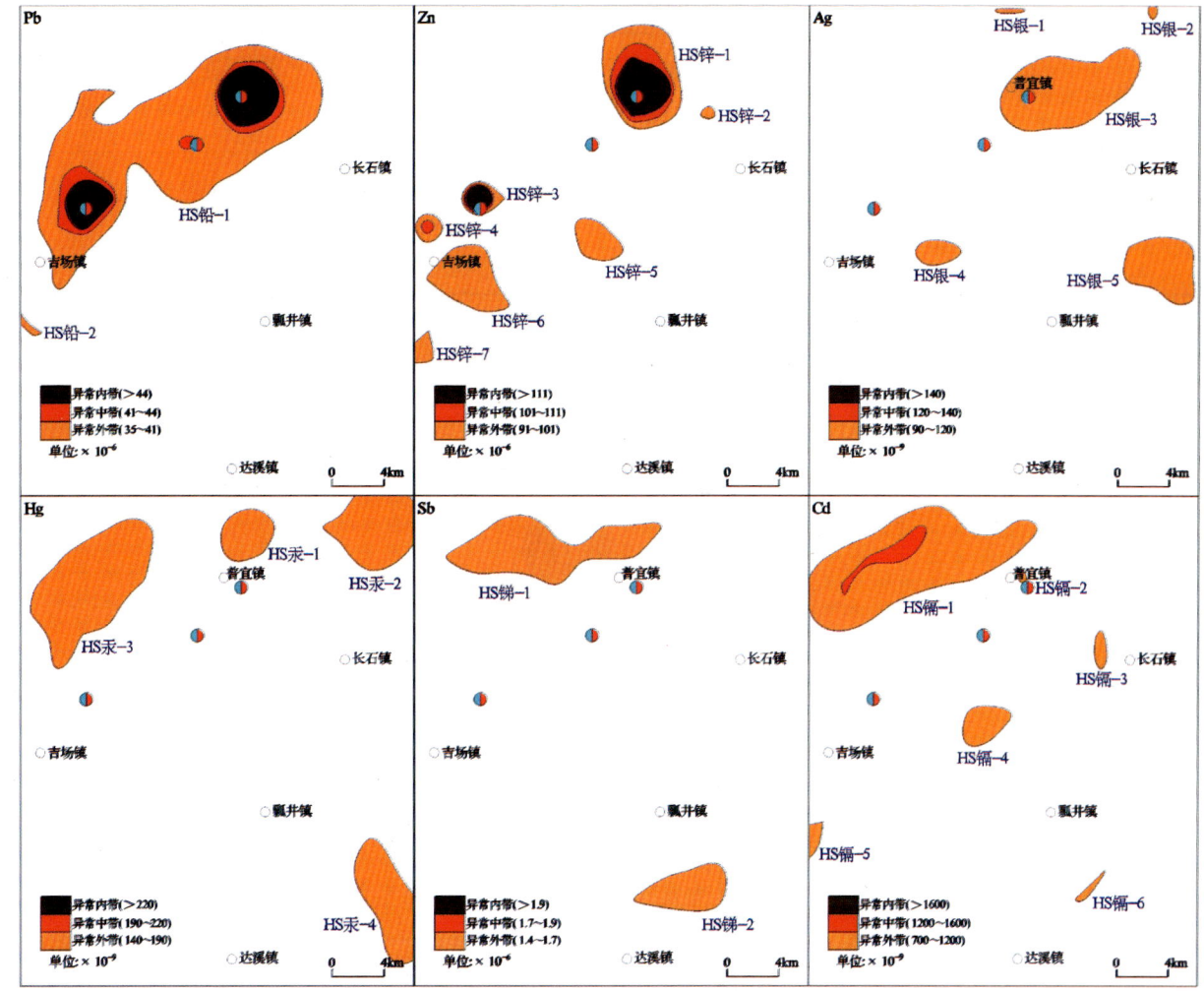

图 7-20　贵州省毕节地区 Pb、Zn、Ag、Hg、Sb、Cd 地球化学异常图

Zn 元素背景值为 $78.3×10^{-6}$，是全国背景值（$75.68×10^{-6}$）的 1.03 倍，是全省背景值（$106.77×10^{-6}$）的 0.73 倍，变化系数（CV）为 0.59。锌异常主要是分布在铅异常范围内，其中在大吉—普宜镇一带（HS 锌-1、HS 锌-3），异常较强且均具三级分带，浓集中心是大吉场铅锌矿、野那沟铅锌矿的反映。

Ag 元素背景值为 $68.04×10^{-9}$，是全国背景值（$90.64×10^{-9}$）的 0.75 倍，是全省背景值（$83.34×10^{-9}$）的 0.82 倍，变化系数（CV）为 0.34。异常均较弱，在普宜一带（HS 银-3）、格里河一带（HS 银-5）有分布，异常均为一级异常，异常出露地层为寒武系娄山关组和三叠系关岭组。

Cd 元素背景值为 $426.19×10^{-9}$，是全国背景值（$262.48×10^{-9}$）的 1.62 倍，是全省背景值（$673.89×10^{-6}$）的 0.63 倍，变化系数（CV）为 0.84。异常分布与 Pb、Zn、Ag 元素异常分布套合较差，主要分布在北西侧湾子一带，具二级异常分带，异常浓集中心出露地层为侏罗系沙溪庙组。

Sb 元素背景值为 $1.14×10^{-6}$，是全国背景值（$1.45×10^{-6}$）的 0.79 倍，是全省背景值（$2.73×10^{-6}$）的 0.42 倍，变化系数（CV）为 0.26；Hg 元素背景值为 $105.47×10^{-9}$，是全国背景值（$75.56×10^{-9}$）的 1.40 倍，是全省背景值（$397.88×10^{-9}$）的 0.27 倍，变化系数（CV）为 0.46。二者异常均较弱，异常分布与 Pb、Zn、Ag 元素异常分布套合较差，仅在工作区北部湾子—普宜一带部分套合，都仅具有一级异常。

贵州省毕节地区 Pb-Zn-Ag-Cd 地球化学组合异常特征见表 7-23、图 7-21。

表 7-23 贵州省毕节地区 Pb-Zn-Ag-Cd 地球化学组合异常特征一览表

序号	编号	异常级别				面积 (km²)	异常平均值	背景值	异常衬度	面金属量	衬度异常量
		Pb	Zn	Ag	Cd						
1	HS组-1	三	三	一	一	283.74	48.83	28.46	1.72	5 779.42	203.07
2	HS组-2	一			一	11.13	36	28.46	1.26	83.91	2.95
3	HS组-3	一	一		一	3.76		28.46			

注：Cd 含量单位为 $\times 10^{-9}$。

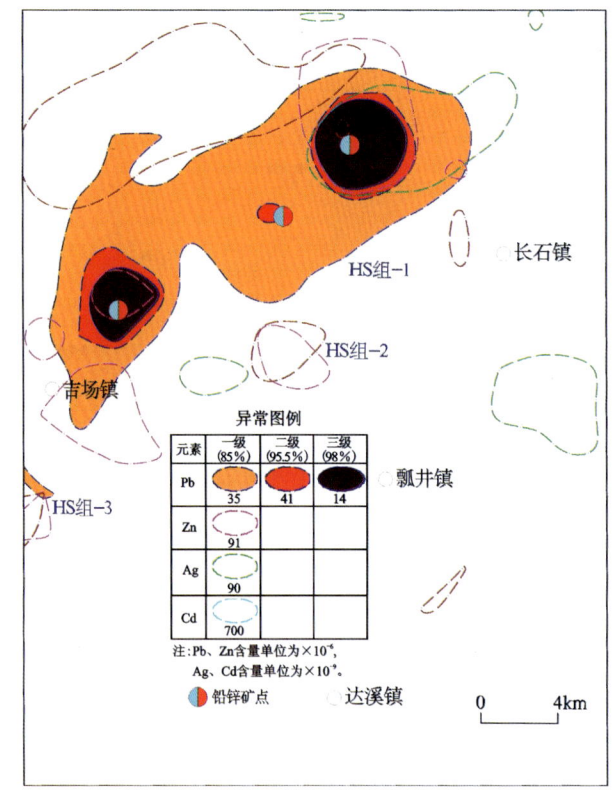

图 7-21 贵州省毕节地区 Pb-Zn-Ag-Cd 地球化学组合异常示意图

从上述元素异常分布特征可知，Pb、Zn、Ag、Cd、Sb、Hg 元素异常中，与铅锌矿有关的主要元素异常为 Pb、Zn、Ag，在寒武系娄山关组和清虚洞组中的 Pb、Zn、Ag 异常对寻找铅锌矿具有指示作用，是本次预测工作的重要预测要素之一。

（六）仁怀地区

预测工作区位于黔北隆起地球化学区，该区地表以 F、CaO、MgO 地球化学高背景分布最为典型。其次有 As、B、Ba、Be、Cd、Co、Cr、Cu、Hg、La、Li、Mn、Mo、Nb、Ni、P、Pb、Sr、Ti、U、V、W 和 Fe_2O_3、K_2O、Na_2O 地球化学高背景。高背景带或异常带均呈北北东向、北东向展布。

本预测工作区与铅锌（银）矿有关的 Pb、Zn、Ag、Cd、Cu、Sb、Hg 地球化学参数见表 7-24。

表 7-24　仁怀地区 Pb、Zn、Ag、Cd、Cu、Sb、Hg 特征值统计表

项　目	元素特征值						
	Ag($\times 10^{-9}$)	Cd($\times 10^{-9}$)	Cu($\times 10^{-6}$)	Hg($\times 10^{-6}$)	Pb($\times 10^{-6}$)	Sb($\times 10^{-6}$)	Zn($\times 10^{-6}$)
最小值	20	200	18	30	17	0.44	31
最大值	720	2 900	330	730	116	23	141
中位数	70	300	28	90	29	1	75
平均值	72.55	413.23	36.11	94.28	30.20	1.13	76.18
标准离差	55.23	308.71	26.47	54.32	9.43	1.57	20.48
一级异常(85%)	90	600	56	120	36.4	1.3	97
二级异常(95.5%)	105	1 000	77	150	43	1.5	110
三级异常(98%)	120	1 300	83	170	46	1.6	121

对铅锌矿分布有直接指示作用的元素异常分布特征如下：

本区中 Pb 元素背景值为 30.2×10^{-6}，是全国背景值(29.24×10^{-6})的 1.03 倍，是全省背景值(39.03×10^{-6})的 0.77 倍，变化系数(CV)为 0.32。异常主要分布在尧坝一带(HS 铅-1)、仁怀—苦稿坝一带(HS 铅-2、HS 铅-3)、鲁班镇一带(HS 铅-4)，其中仅 HS 铅-3 异常较强且具三级异常分带，其 HS 铅-3 异常内有已知中枢铅锌矿点分布，HS 铅-2 异常内有已知喜头山铅锌矿点分布，异常浓集中心出露地层主要为寒武系娄山关组(图 7-22)。

Zn 元素背景值为 76.18×10^{-6}，是全国背景值(75.68×10^{-6})的 1.01 倍，是全省背景值(106.77×10^{-6})的 0.71 倍，变化系数(CV)为 0.28。异常分布与 Pb 元素异常套合较差，仅在荔枝坪一带(HS 锌-1)和太阳一带(HS 锌-2)有分布，二者仅具一级异常，异常内出露地层为奥陶系桐梓组和三叠系嘉陵江组。

Ag 元素背景值为 72.55×10^{-9}，是全国背景值(90.64×10^{-9})的 0.80 倍，是全省背景值(83.34×10^{-9})的 0.87 倍，变化系数(CV)为 0.77。异常分布与 Pb、Zn 元素异常套合较差，主要分布在喜头镇一带(HS 银-2)、仁怀市南部樟柏一带(HS 银-4)，其中 HS 银-2、HS 银-4 异常具三级异常分带，异常浓集中心出露地层为灯影组、牛蹄塘组、明心寺组、金顶山组、清虚洞组、高台组、石冷水组、娄山关组。

Cd 元素背景值为 413.23×10^{-9}，是全国背景值(262.48×10^{-9})的 1.57 倍，是全省背景值(673.89×10^{-6})的 0.61 倍，变化系数(CV)为 0.75。异常主要分布在工作区北部岩坪一带(HS 镉-2)、林河—喜头一带(HS 镉-3)、杨湾一带(HS 镉-4)，其中 HS 镉-2、HS 镉-3 异常具三级异常分带，异常浓集中心出露地层为二叠系梁山组、栖霞组、茅口组，三叠系夜郎组。

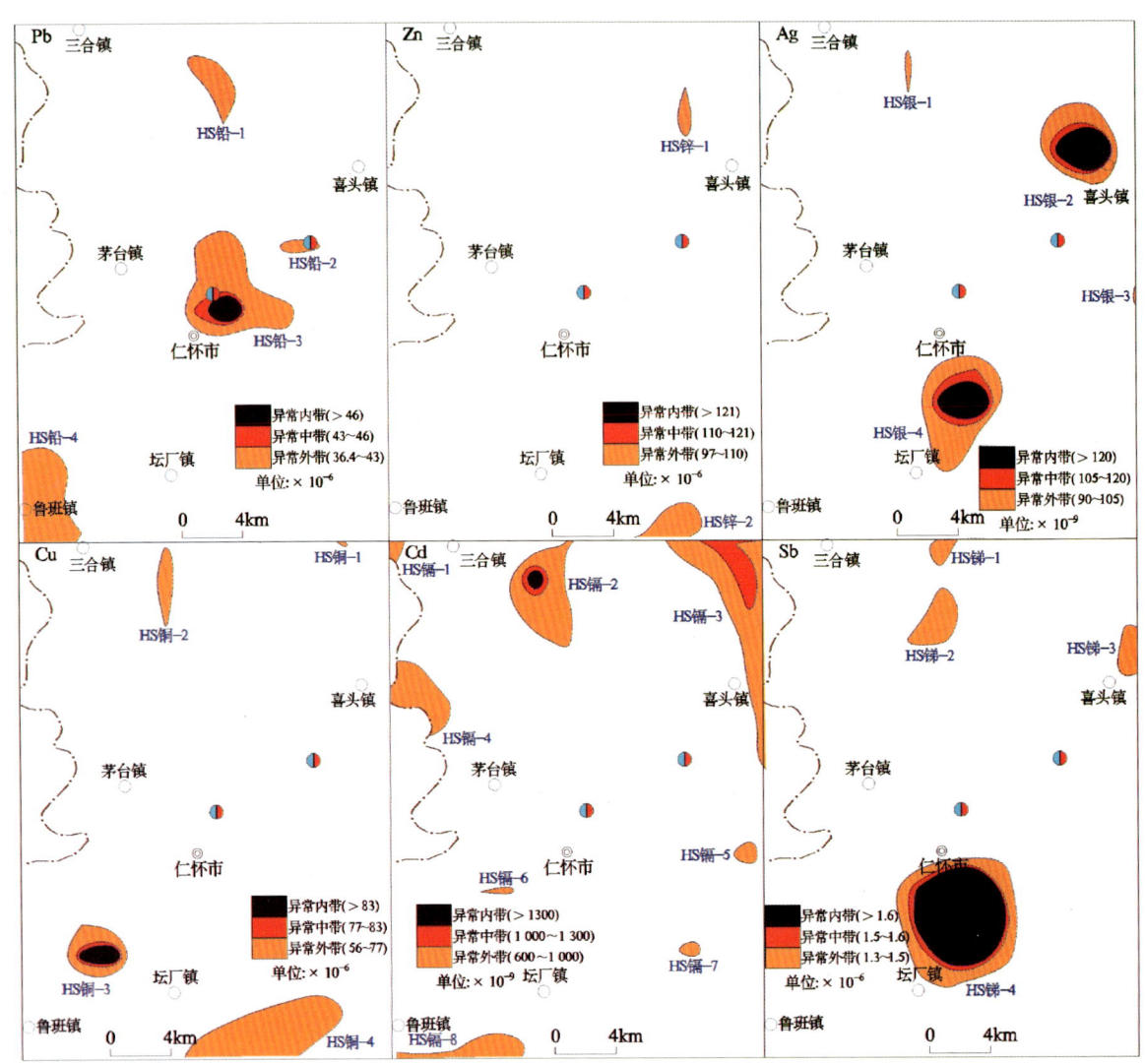

图 7-22 贵州省仁怀地区 Pb、Zn、Ag、Cu、Cd、Sb 地球化学异常图

Sb 元素背景值为 1.13×10^{-6}，是全国背景值(1.45×10^{-6})的 0.78 倍，是全省背景值(2.73×10^{-6})的 0.41 倍，变化系数(CV)为 1.39；Hg 元素背景值为 94.28×10^{-9}，是全国背景值(75.56×10^{-9})的 1.25 倍，是全省背景值(397.88×10^{-9})的 0.24 倍，变化系数(CV)为 0.58。二者异常在仁怀市南部樟柏一带与 Ag 元素异常套合较好，异常内出露地层为灯影组、牛蹄塘组、明心寺组、金顶山组、清虚洞组。

贵州省仁怀地区 Pb-Zn-Ag-Cd 地球化学组合异常特征见表 7-25，图 7-23。

表 7-25 贵州省仁怀地区 Pb-Zn-Ag-Cd 地球化学组合异常特征一览表

序号	编号	异常级别				面积 (km²)	异常平均值	背景值	异常衬度	面金属量	衬度异常量
		Pb	Zn	Ag	Cd						
1	HS组-1	一		一	三	25.27	45	29.42	1.53	393.77	13.38
2	HS组-2	三	一	三		20.46		29.42			
3	HS组-3	一			一	23.20	48.33	29.42	1.64	438.79	14.91

注：Cd 含量单位为 $\times10^{-9}$。

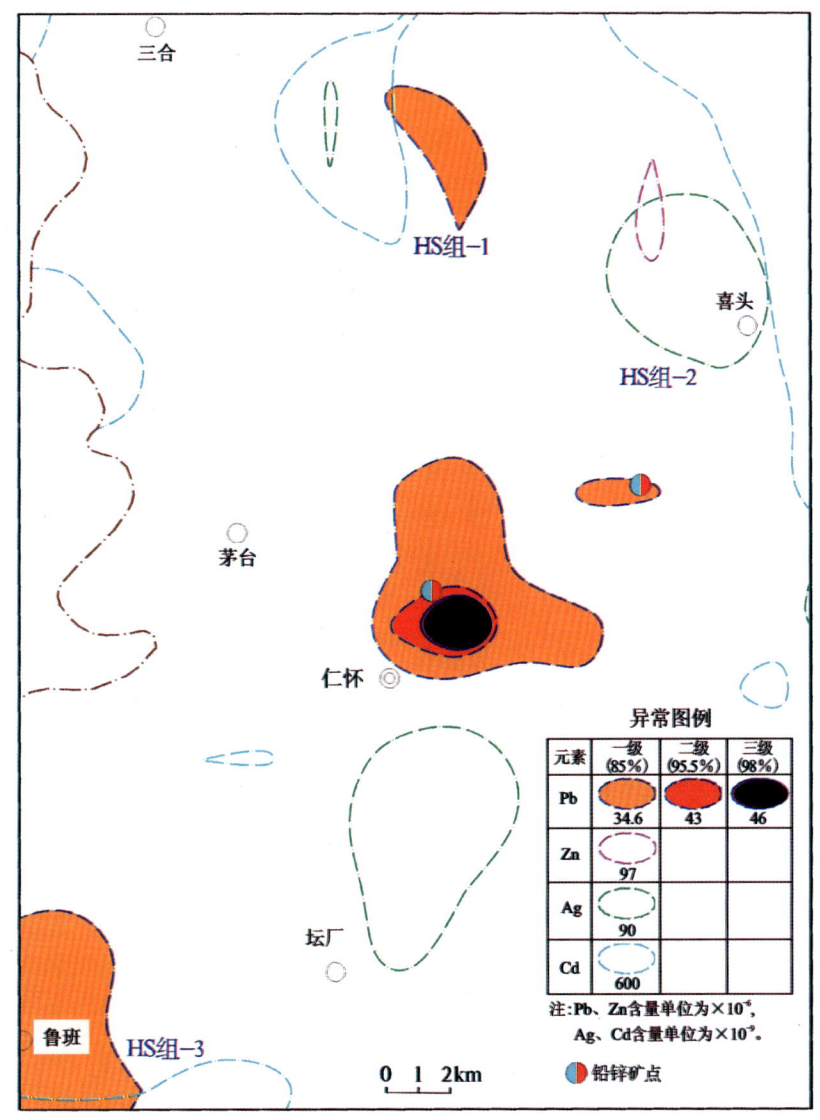

图 7-23 贵州省仁怀地区 Pb-Zn-Ag-Cd 地球化学组合异常示意图

从上述元素异常分布特征可知，Pb、Zn、Ag、Cd、Sb、Hg 元素异常套合较差，仅 Pb 元素异常与已知铅锌矿点重合性较好，分布在寒武系娄山关组中的 Pb 元素异常可为寻找铅锌矿提供找矿线索，是本次预测工作的重要预测要素之一。

(七) 习水地区

预测工作区位于黔北隆起地球化学区，该区地表以 F、CaO、MgO 地球化学高背景分布最为典型。其次有 As、B、Ba、Be、Cd、Co、Cr、Cu、Hg、La、Li、Mn、Mo、Nb、Ni、P、Pb、Sr、Ti、U、V、W 和 Fe_2O_3、K_2O、Na_2O 地球化学高背景。高背景带或异常带均呈北北东向、北东向展布。

本预测工作区与铅锌（银）矿有关的 Pb、Zn、Ag、Cd、Cu、Sb、Hg 地球化学参数见表 7-26。

表 7-26　习水地区 Pb、Zn、Ag、Cd、Cu、Sb、Hg 特征值统计表

项　目	元素特征值						
	$Ag(\times 10^{-9})$	$Cd(\times 10^{-9})$	$Cu(\times 10^{-6})$	$Hg(\times 10^{-6})$	$Pb(\times 10^{-6})$	$Sb(\times 10^{-6})$	$Zn(\times 10^{-6})$
最小值	40	200	16	20	19	0.4	19
最大值	370	3 100	132	5 450	348	7.4	1 530
中位数	60	300	33	60	31	1	82
平均值	73.43	439.22	41.45	110.22	34.56	1.14	90.75
标准离差	34.66	375.78	22.84	357.20	24.04	0.68	89.00
一级异常(85%)	90	600	66	130	42	1.4	103
二级异常(95.5%)	140	1 200	96	200	54	2.1	130
三级异常(98%)	170	1 600	105	350	87	2.8	177

对铅锌矿分布有直接指示作用的元素异常分布特征如下：

本区中 Pb 元素背景值为 34.56×10^{-6}，是全国背景值(29.24×10^{-6})的 1.18 倍，是全省背景值(39.03×10^{-6})的 0.89 倍，变化系数(CV)为 0.7。异常呈北东向串珠状分布(图7-24)，主要分布在工作区中部银厂—大岩—润南一带(HS 铅-8)，HS 铅-8 异常较强且具有三级异常分带，异常内分布有银厂、谢家坝、金车井等铅锌(点)床，该异常为矿致异常，异常浓集中心出露地层为震旦系灯影组、寒武系牛蹄塘组、明心寺组、金顶山组、清虚洞组、高台组、石冷水组、娄山关组。岩性主要为灰岩、白云质灰岩、白云岩。

Zn 元素背景值为 90.75×10^{-6}，是全国背景值(75.68×10^{-6})的 1.20 倍，是全省背景值(106.77×10^{-6})的 0.85 倍，变化系数(CV)为 0.98。异常也呈北东向串珠状分布，与 Pb 元素异常在工作区中部银厂—大岩—润南一带(HS 锌-3)套合较好，其中 HS 锌-3 异常较强且具三级分带，异常浓集中心分布有谢家坝和润南两处铅锌矿，异常为矿致异常，出露地层与 Pb 元素一致。

Ag 元素背景值为 73.43×10^{-9}，是全国背景值(90.64×10^{-9})的 0.81 倍，是全省背景值(83.34×10^{-9})的 0.88 倍，变化系数(CV)为 0.48。异常分布与 Pb、Zn 元素异常基本一致，异常同样呈北东向串珠状分布，与 Pb、Zn 元素异常在工作区中部银厂—大岩—润南一带套合较好。作为铅锌矿的伴生元素，对反映已知矿点起指示作用。

Cd 元素背景值为 439.22×10^{-9}，是全国背景值(262.48×10^{-9})的 1.67 倍，是全省背景值(673.89×10^{-6})的 0.65 倍，变化系数(CV)为 0.86。异常同样呈北东向串珠状分布，异常在香树—赵山坪一带和美酒河一带分布较强且具三级异常分带，异常在香树—赵山坪一带的浓集中心与 Pb、Zn、Ag 元素异常浓集中心重现性较好。

Sb 元素背景值为 1.14×10^{-6}，是全国背景值(1.45×10^{-6})的 0.79 倍，是全省背景值(2.73×10^{-6})的 0.42 倍，变化系数(CV)为 0.60；Hg 元素背景值为 110.22×10^{-9}，是全国背景值(75.56×10^{-9})的 1.46 倍，是全省背景值(397.88×10^{-9})的 0.28 倍，变化系数(CV)为 3.25。二者异常分布情况基本同上，在预测工作区中部银厂—大岩—润南一带具三级异常分带，与 Pb、Zn、Ag、Cd 元素异常套合较好，异常浓集中心重现性较好。

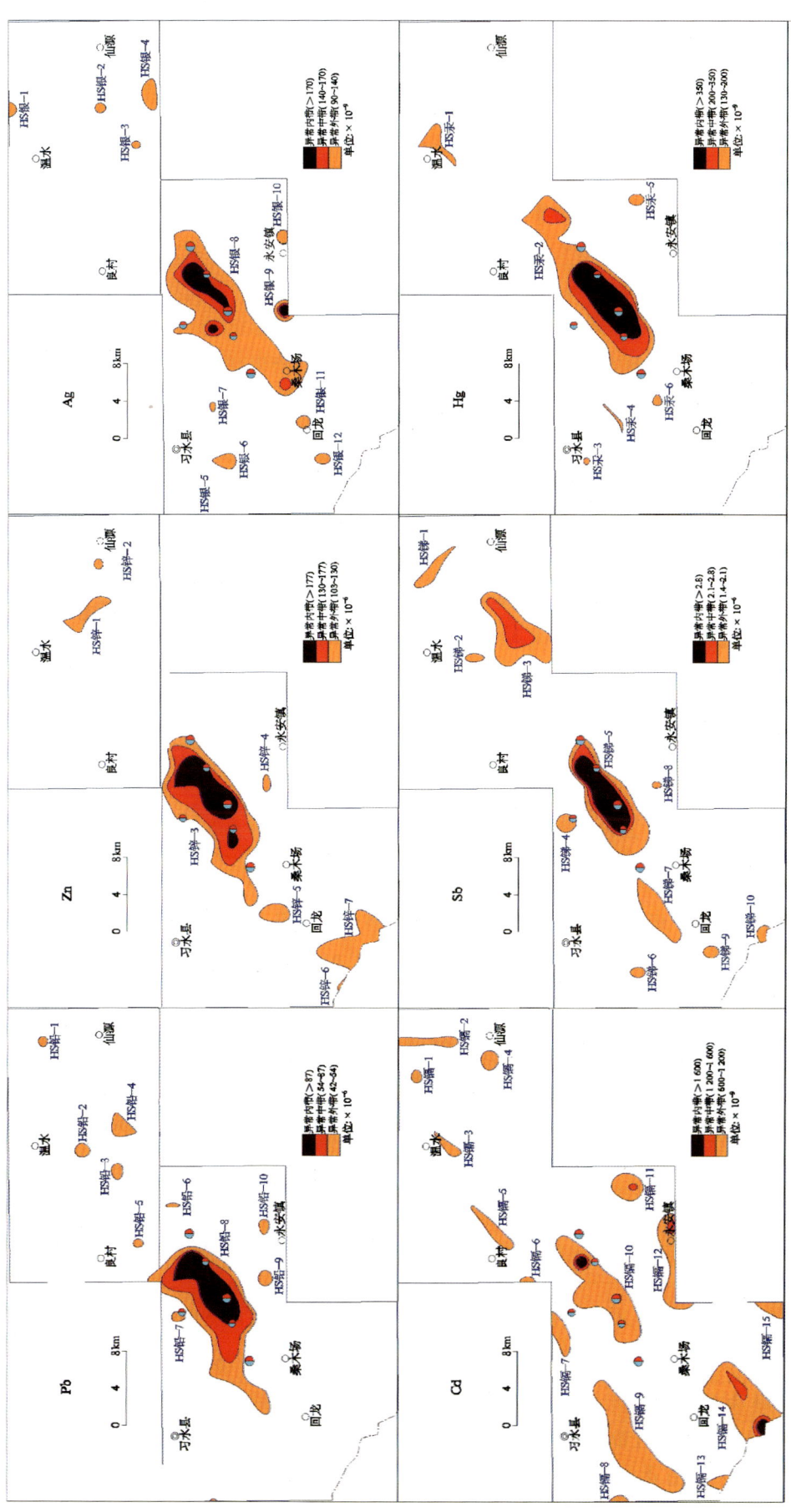

图 7-24 贵州省习水地区 Pb、Zn、Ag、Cd、Sb、Hg 地球化学异常图

贵州省习水地区 Pb-Zn-Ag-Cd 地球化学组合异常特征见图 7-25,表 7-27。

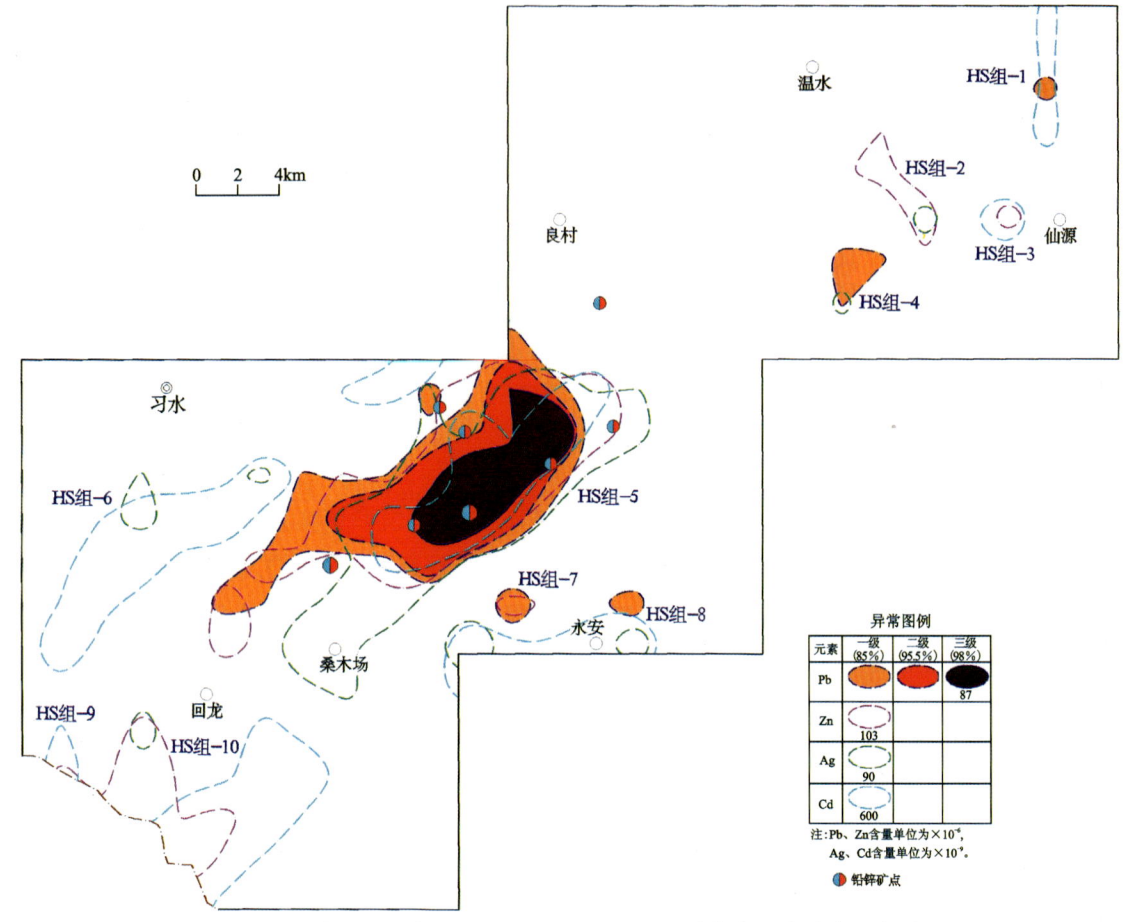

图 7-25 贵州省习水地区 Pb-Zn-Ag-Cd 地球化学组合异常示意图

表 7-27 贵州省习水地区 Pb-Zn-Ag-Cd 地球化学组合异常特征一览表

序号	编号	异常级别				面积 (km²)	异常平均值	背景值	异常衬度	面金属量	衬度异常量
		Pb	Zn	Ag	Cd						
1	HS组-1	一			一	6.12	53		1.72	136.11	4.42
2	HS组-2		一	一		6.77	42		1.36	76.00	2.47
3	HS组-3		一		一	3.16					
4	HS组-4	一			一	4.63	46		1.49	70.54	2.29
5	HS组-5	三	三	三	三	138.42	84.7	30.77	2.75	7 465.22	242.61
6	HS组-6			一		41.41	44		1.43	547.84	17.80
7	HS组-7	一	一			2.15	57		1.85	56.50	1.84
8	HS组-8	一		三	二	15.46	51		1.66	312.67	10.16
9	HS组-9					2.42					
10	HS组-10	一	一		三	47.51	48		1.56	818.59	26.60

注:Cd 含量单位为 $\times 10^{-9}$。

从上述元素异常分布特征可知，Pb、Zn、Ag、Cd、Sb、Hg元素异常主要分布在桑木背斜核部，出露地层主要为震旦系灯影组，寒武系牛蹄塘组、明心寺组、金顶山组、清虚洞组、高台组、石冷水组、高台组。异常带发育北东向断裂构造，预测工作区中部银厂—大岩—润南一带Pb、Zn、Ag元素异常套合极好。Pb、Zn、Ag作为直接指示元素，异常组合可以为寻找靶区提供依据，是本次预测工作的重要预测要素之一。

（八）福泉-都匀地区

预测工作区位于黔北隆起地球化学区与黔南台陷地球化学区交接带上。黔北隆起地球化学区地表以F、CaO、MgO地球化学高背景分布最为典型。其次有As、B、Ba、Be、Cd、Co、Cr、Cu、Hg、La、Li、Mn、Mo、Nb、Ni、P、Pb、Sr、Ti、U、V、W和Fe_2O_3、K_2O、Na_2O地球化学高背景。高背景带或异常带均呈北北东向、北东向展布；黔南台陷地球化学区地表以Cd、Hg、Th、Bi地球化学高背景为主，其次有Ag、As、B、Mo、Nb、Pb、Sb、U、Zr和SiO_2、CaO等均高于全省地球化学背景。一般背斜褶皱逆冲断层带发育Pb、Zn、Cd、Ag、Hg、Sb、As、Au等亲硫元素地球化学高背景或异常带；向斜区则发育Cu、Cr、Ni、Co、Nb、Ni、P、Ti、V等亲基性、相容性元素高背景。

预测工作区还位于黔北隆起与黔南台陷、江南造山带相接壤地带，发育有强度很高的Hg、Pb、Zn、Ag、Mo、Ba、U、Th、As、Sb、Au等成矿元素地球化学异常带。

本预测工作区与铅锌（银）矿有关的Pb、Zn、Ag、Cd、Cu、Sb、Hg地球化学参数见表7-28。

表7-28 福泉-都匀地区Pb、Zn、Ag、Cd、Cu、Sb、Hg特征值统计表

项　目	元　素　特　征　值						
	$Ag(\times 10^{-9})$	$Cd(\times 10^{-9})$	$Cu(\times 10^{-6})$	$Hg(\times 10^{-6})$	$Pb(\times 10^{-6})$	$Sb(\times 10^{-6})$	$Zn(\times 10^{-6})$
最小值	3	40	1	10	18	0.2	6
最大值	4 981	22 820	293	70 600	953	23.91	5 442
中位数	75	380	22	120	33	1.53	93
平均值	90.77	529.54	24.76	207.88	45.75	1.75	115.90
标准离差	134.86	996.51	13.40	1 724.81	51.13	1.29	216.54
一级异常(85%)	119	730	35	230	64	2.4	132
二级异常(95.5%)	185	1 160	49	400	95	3.41	194
三级异常(98%)	222	1 690	57	540	139	4.33	289

对铅锌矿分布有直接指示作用的元素异常分布特征如下：

本区中Pb元素背景值为45.75×10^{-6}，是全国背景值（29.24×10^{-6}）的1.56倍，是全省背景值（39.03×10^{-6}）的1.17倍，变化系数（CV）为1.12。异常主要分布在黄平新华—沙井一带（HS铅-4、HS铅-5）、平定营镇—道坪镇一带（HS铅-1、HS铅-2）、大坪镇—坝固镇—兴仁镇一带（HS铅-9）、鸭塘—凯里一带（HS铅-7）（图7-26），其中HS铅-7、HS铅-9异常较强且具三级分带，HS铅-4异常具二级分带，其余异常均为一级异常，最大值（953×10^{-6}）分布在HS铅-9异常的大坪镇南部冷水哨附近，在HS铅-9异常内有牛角塘铅锌矿、同子园铅锌矿、独牛铅锌矿分布，异常浓集中心出露地层主要为寒武系清虚洞组（$\in_1 q$）、高台组（$\in_2 g$）、石冷水组（$\in_2 sl$）、娄山关组（$\in Ol$），岩性为白云岩。

Zn元素背景值为115.9×10^{-6}，是全国背景值（75.68×10^{-6}）的1.53倍，是全省背景值（106.77×10^{-6}）的1.09倍，变化系数（CV）为1.87。在麻江县—福泉县—牛场镇一带零星分布Zn的弱异常，分布在都匀大坪镇—坝固镇—丹寨兴仁镇一带（HS锌-14）、鸭塘—凯里一带（HS锌-10）的Zn异常较

强,与 Pb 元素异常套合较好,具二至三级异常分带,最大值 $5\,442\times10^{-6}$ 分布在 HS 锌-14 异常的坝固镇北部独牛附近。异常呈北东向展布,较好地反映了已知铅锌矿点分布,异常浓集中心出露地层主要为寒武系清虚洞组($\in_1 q$)、高台组($\in_2 g$)、石冷水组($\in_2 sl$)、娄山关组($\in Ol$)。

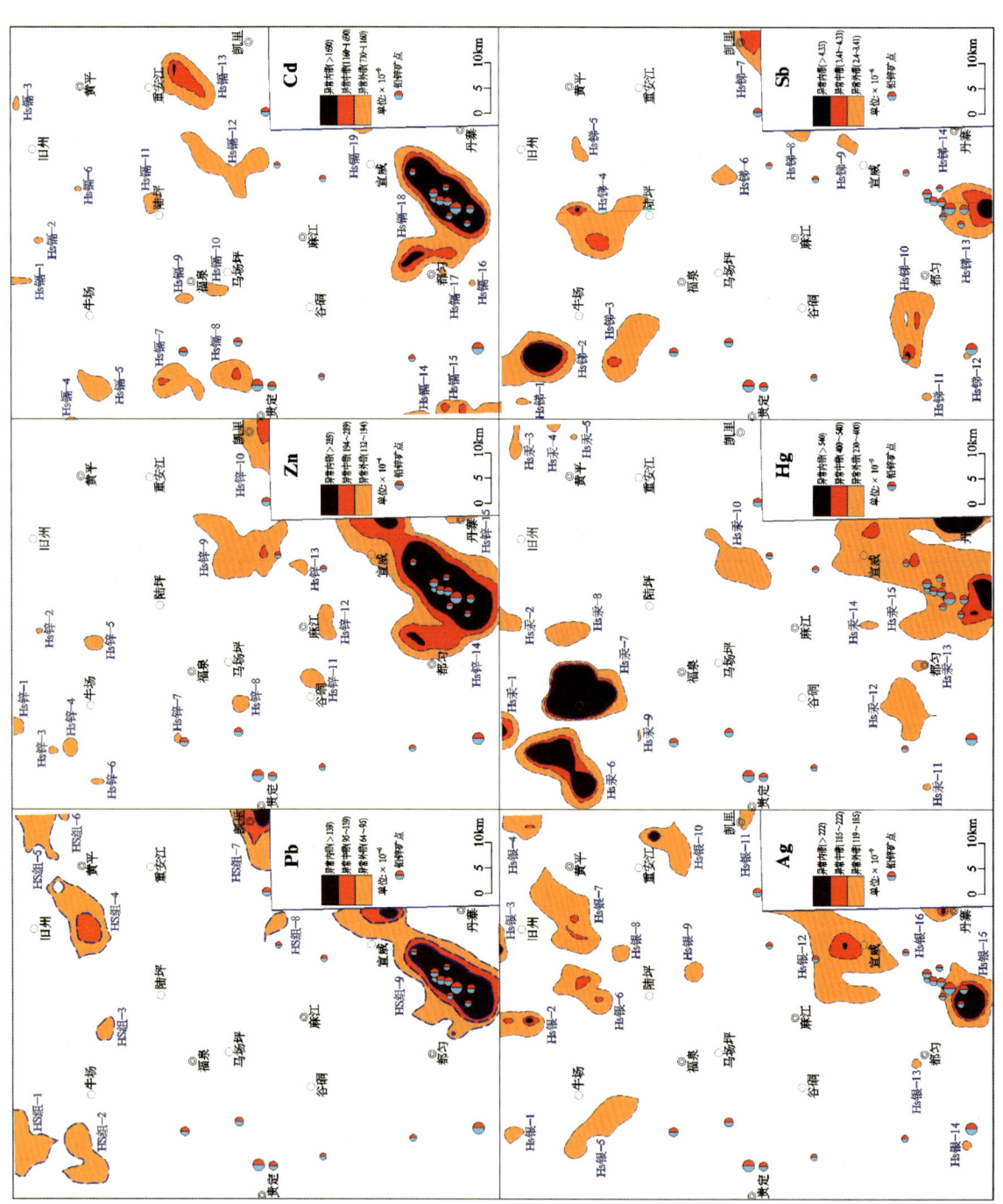

图 7-26 福泉-都匀地区 Pb、Zn、Cd、Ag、Hg、Sb 地球化学异常图

Ag 元素背景值为 90.77×10^{-9},是全国背景值(90.64×10^{-9})的 1.00 倍,是全省背景值(83.34×10^{-9})的 1.09 倍,变化系数(CV)为 1.48。异常主要分布在福泉高坪镇—黄平上塘乡—黄平县一带、都匀大坪镇—麻江宣威镇—凯里湾水镇一带,与 Pb 元素异常在都匀大坪镇一带、黄平新华—沙井一带套合较好,最大值($4\,981\times10^{-9}$)分布在 HS 银-15 异常的都匀大坪镇南部冷水哨附近,与 Pb 元素最大值为同一位置,异常在都匀大坪镇一带与 Pb、Zn 异常套合较好。异常浓集中心出露地层主要为寒武系。

Cd 元素背景值为 529.54×10^{-9},是全国背景值(262.48×10^{-9})的 2.02 倍,是全省背景值(673.89×10^{-6})的 0.79 倍,变化系数(CV)为 1.88。异常主要分布在都匀沙包堡镇—大坪镇—坝固镇一带、福泉兴隆乡—凯里湾水镇一带、福泉高坪乡—仙桥乡—定东乡一带,在都匀大坪镇—坝固镇一带异常较强具三级异常分带,且与 Pb、Zn、Ag 元素异常套合较好,异常浓集中心出露地层主要为寒武系。

Sb 元素背景值为 1.75×10^{-6},是全国背景值(1.45×10^{-6})的 1.21 倍,是全省背景值(2.73×10^{-6})的 0.64 倍,变化系数(CV)为 1.12;Hg 元素背景值为 207.88×10^{-9},是全国背景值(75.56×10^{-9})的 2.75 倍,是全省背景值(397.88×10^{-9})的 0.52 倍,变化系数(CV)为 8.30。二者异常主要分布福泉道坪镇—龙昌镇—地松镇一带、都匀甘塘镇—大坪镇一带,其中 Hg 元素在福泉道坪镇—龙昌镇—地松镇一带异常较强,具三级异常分带,二者异常套合较好。

贵州省福泉-都匀地区 Pb‐Zn‐Ag‐Cd 地球化学组合异常特征见表 7-29,图 7-27。

表 7-29 贵州省福泉-都匀地区 Pb‐Zn‐Ag‐Cd 地球化学组合异常特征一览表

序号	编号	异常级别				面积 (km²)	异常平均值	背景值	异常衬度	面金属量	衬度异常量
		Pb	Zn	Ag	Cd						
1	HS组-1	一		三	一	646.96	78.29		2.08	26 260.11	696.55
2	HS组-2			三		10.33					
3	HS组-3	一		二		47.71	83.13		2.21	2 167.56	57.49
4	HS组-4	一				18.74	93.5		2.48	1 045.57	27.73
5	HS组-5			二	一	66.19					
6	HS组-6	二		二		130.75	97.48	37.70	2.59	7 816.11	207.32
7	HS组-7	一				2.02	76.5		2.03	78.49	2.08
8	HS组-8			二		197.95					
9	HS组-9			三	三	101.36					
10	HS组-10	三	二	一		68.21	154.33		4.09	7 954.97	211.01
11	HS组-11	一	三		三	1 578.48	151.21		4.01	179 172.75	4 752.59
12	HS组-12	一		三		16.30					

注:Cd 含量单位为 $\times10^{-9}$,其余为 $\times10^{-6}$。

从上述元素异常分布特征可知,Pb、Zn、Ag、Cd、Sb、Hg 元素异常主要分布在福泉道坪镇—龙昌镇—地松镇一带、都匀大坪镇—坝固镇一带,其中 Pb、Zn、Cd 元素异常在都匀大坪镇—坝固镇一带异常较强、分带明显、套合较好,是牛角塘铅锌矿、同子园铅锌矿、独牛铅锌矿导致的矿致异常。异常浓集中心出露地层主要为寒武系,断裂构造较发育。Pb、Zn、Cd 组合异常的分布可作为寻找铅锌矿的靶区,是本次预测工作的重要预测要素之一。

(九)镇远-三都地区

预测工作区主要位于黔南台陷地球化学区,区内地表以 Cd、Hg、Th、Bi 地球化学高背景为主,其次有 Ag、As、B、Mo、Nb、Pb、Sb、U、Zr 和 SiO$_2$、CaO 等均高于全省地球化学背景。一般背斜褶皱逆冲断层带发育 Pb、Zn、Cd、Ag、Hg、Sb、As、Au 等亲硫元素地球化学高背景或异常带;向斜区则发育 Cu、Cr、Ni、Co、Nb、Ni、P、Ti、V 等亲基性、相容性元素高背景;预测工作区东部跨江南造山带地球化学区,区内地表为 Ag、Ba、Nb、Sb、Y、Zn、Zr 及 SiO$_2$、Al$_2$O$_3$、K$_2$O、Na$_2$O 等元素或氧化物的地球化学高背景。最为典型的元素或氧化物为 Ag、Ba、Al$_2$O$_3$、K$_2$O、Na$_2$O,其表生地球化学背景明显高于全省或其他地球化学区。区内铜铅锌锡钨多金属矿、锑、汞、金、重晶石等矿产较为丰富,以层控热液型和岩浆热液型矿产为主。与江南造山带青白口系海相陆源碎屑沉积有关的亲石性元素组合为 Ba、K$_2$O、Na$_2$O、Al$_2$O$_3$、SiO$_2$,其次有 Zr、Nb、Zn、Y、La、Th、Ti、P、W、Sn、Ag、Au 等。预测工作区还位于黔北隆起与黔南台陷、江南造山带相接壤地带,发育有强度很高的 Hg、Pb、Zn、Ag、Mo、Ba、U、Th、As、Sb、Au 等成矿元素地球化学异常带。

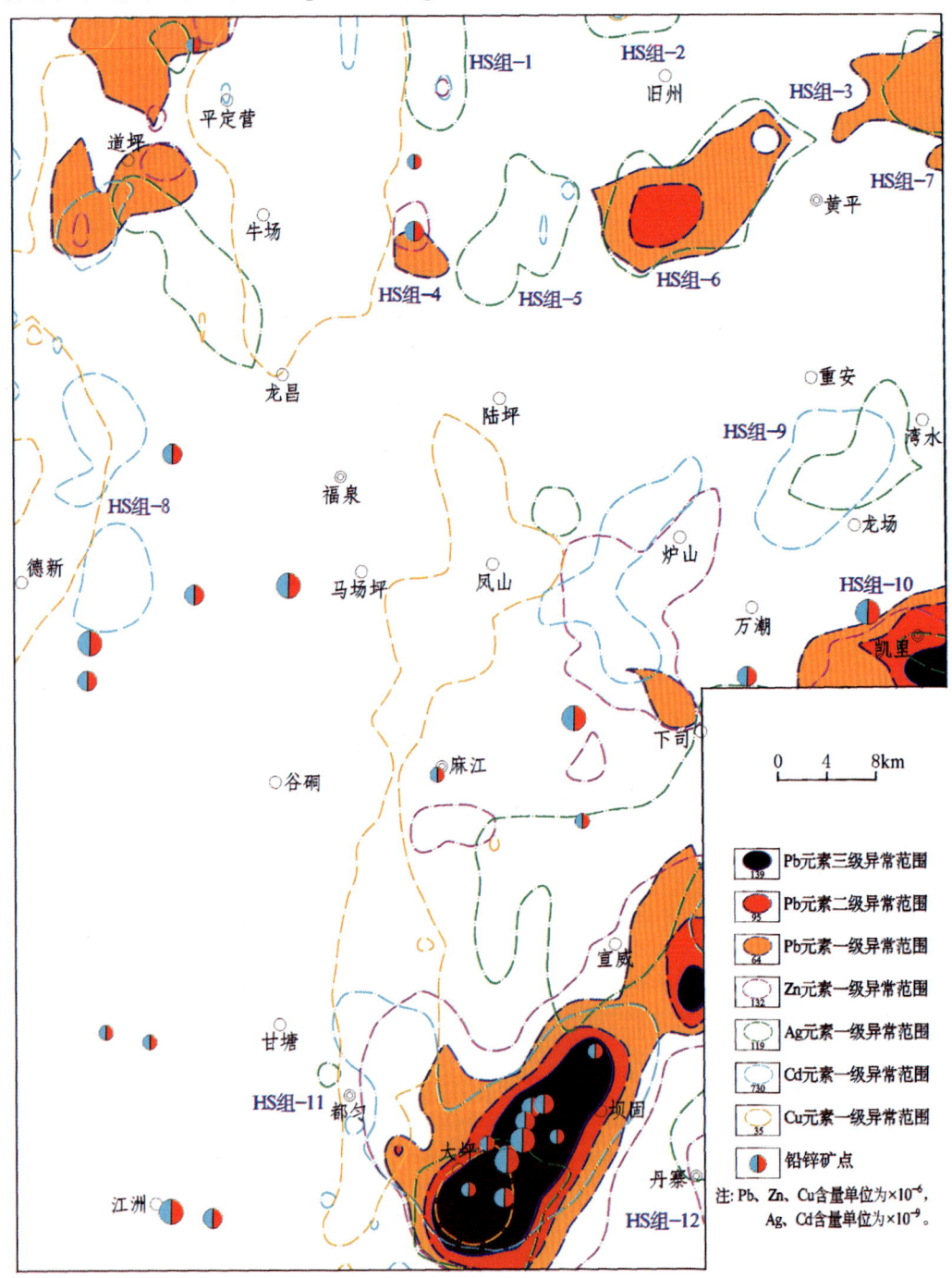

图 7-27 贵州省福泉-都匀地区 Pb-Zn-Ag-Cd 地球化学组合异常示意图

本预测工作区与铅锌(银)矿有关的 Pb、Zn、Ag、Cd、Cu、Sb、Hg 地球化学参数见表 7-30。

表 7-30　镇远-三都地区 Pb、Zn、Ag、Cd、Cu、Sb、Hg 特征值统计表

项目	元素特征值						
	$Ag(\times 10^{-9})$	$Cd(\times 10^{-9})$	$Cu(\times 10^{-6})$	$Hg(\times 10^{-6})$	$Pb(\times 10^{-6})$	$Sb(\times 10^{-6})$	$Zn(\times 10^{-6})$
最小值	13	70	3	15	15	0.33	6
最大值	1 610	9 600	101	426 830	2 161	3 038.4	2 247
中位数	75	240	18	110	27	1.7	91
平均值	95.04	367.82	20.56	574.72	44.49	8.26	103.25
标准离差	97.88	482.92	10.46	10 336.10	119.44	103.33	110.96
一级异常(85%)	116	500	29	250	37	4.77	121
二级异常(95.5%)	199	990	40	630	89	10.7	200
三级异常(98%)	325	1 540	50	1710	192	21.2	288

对铅锌矿分布有直接指示作用的元素异常分布特征如下：

本区中 Pb 元素背景值为 44.49×10^{-6}，是全国背景值(29.24×10^{-6})的 1.52 倍，是全省背景值(39.03×10^{-6})的 1.14 倍，变化系数(CV)为 2.68。异常呈北东向带状分布(图 7-28)，主要分布在丹寨县—兴仁镇—凯里鸭塘镇—凯棠乡—镇远金堡乡一带(HS铅-1、HS铅-2、HS铅-3、HS铅-12、HS铅-14)，异常较强且均具三级分带，该带上已知铅锌矿点有：盘山-牛塘田铅锌矿、台江县南省铅锌矿、台江县龙井街铅锌矿、凯里市硐下铅锌矿、凯里市柏松铅锌矿、丹寨县摆泥铅锌矿、三都县牛场铅锌矿、独山县万富山铅锌矿等，异常浓集中心出露地层主要为青白口系清水江组、平略组、隆里组；寒武系清虚洞组、石冷水组、三都组；寒武及奥陶跨系锅塘组、娄山关组；泥盆系鸡窝寨组。岩性为灰岩、白云岩、变余砂岩、板岩等。

Zn 元素背景值为 103.25×10^{-6}，是全国背景值(75.68×10^{-6})的 1.36 倍，是全省背景值(106.77×10^{-6})的 0.97 倍，变化系数(CV)为 1.08。异常分布与 Pb 元素异常基本一致，其中在三都普安镇—丹寨县兴仁镇—凯里鸭塘镇—台盘乡一带(HS锌-10)、三都县—尧梭乡一带(HS锌-16)异常较强，具三级异常分带。在都匀王司镇一带(HS锌-13)、镇远报京乡一带(HS锌-5)异常具二级分带，异常浓集中心出露地层为青白口系清水江组、平略组、隆里组；寒武系清虚洞组、石冷水组、三都组；寒武及奥陶跨系锅塘组、娄山关组；泥盆系鸡窝寨组。

Ag 元素背景值为 95.04×10^{-9}，是全国背景值(90.64×10^{-9})的 1.05 倍，是全省背景值(83.34×10^{-9})的 1.14 倍，变化系数(CV)为 1.03。异常基本上分布在寒武系中，异常与 Pb、Zn 元素异常套合较好。主要分布在三都杨拱乡—中和镇—三都县—丹寨扬武乡—南皋乡一带(HS银-26、HS银-27、HS银-28、HS银-31、HS银-35)、麻江下司镇—凯里三棵树镇—凯棠乡—台江施洞镇—镇远一带(HS银-2、HS银-4、HS银-5、HS银-6、HS银-8、HS银-24、HS银-25)、台江—剑河革东镇—镇远报京乡—三穗一带(HS银-1、HS银-13、HS银-20)。其中三都杨拱乡—中和镇—三都县—丹寨扬武乡一带、镇远报京乡—三穗一带异常较强，具二至三级异常分带。

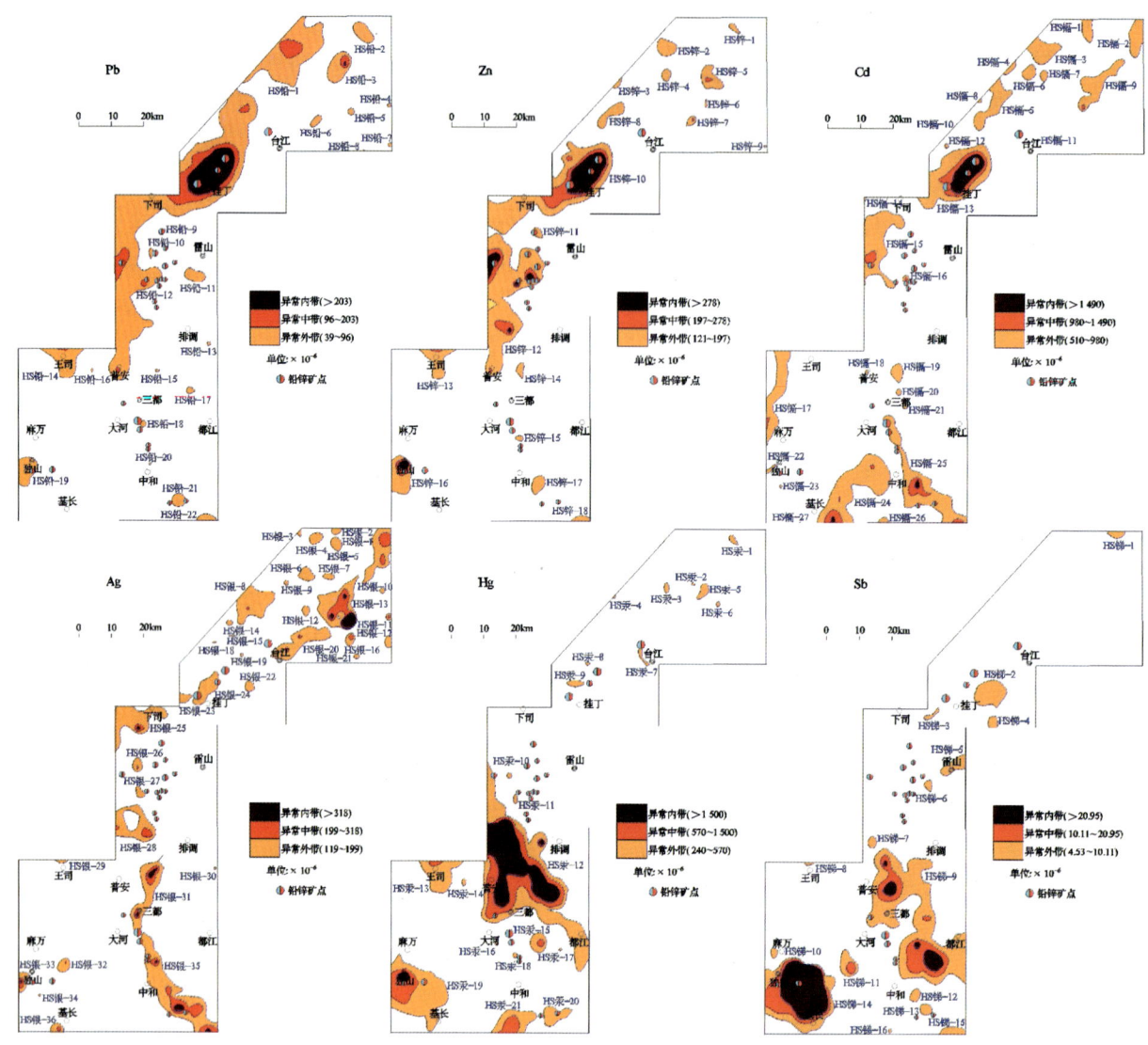

图 7-28　贵州省镇远-三都地区 Pb、Zn、Cd、Ag、Hg、Sb 地球化学异常图

Cd 元素背景值为 367.82×10^{-9},是全国背景值(262.48×10^{-9})的 1.40 倍,是全省背景值(673.89×10^{-6})的 0.55 倍,变化系数(CV)为 1.31。异常分布与 Pb 元素异常基本一致,主要分布在寒武系中。其中 HS 镉-13、HS 镉-24、HS 镉-25 异常具三级异常分带,HS 镉-9、HS 镉-15、HS 镉-16、HS 镉-17 异常具二级异常分带。异常与 Pb、Zn、Ag 元素异常在三都杨拱乡—中和镇—三都县—丹寨扬武乡—南皋乡一带、麻江下司镇—凯里三棵树镇—凯棠乡—台江施洞镇—镇远一带、台江—剑河革东镇—镇远报京乡—三穗一带套合较好。

Sb 元素背景值为 8.26×10^{-6},是全国背景值(1.45×10^{-6})的 5.70 倍,是全省背景值(2.73×10^{-6})的 3.03 倍,变化系数(CV)为 12.52;Hg 元素背景值为 574.72×10^{-9},是全国背景值(75.56×10^{-9})的 7.61 倍,是全省背景值(397.88×10^{-9})的 1.44 倍,变化系数(CV)为 17.99。二者异常分布基本相同,主要分布独山—独山基长镇一带、三都坝街乡—三都—丹寨扬武乡一带,二者异常均较强具三级异常分带,套合较好。

贵州省镇远-三都地区 Pb-Zn-Ag-Cd 地球化学组合异常特征见表 7-31,图 7-29。

表 7-31　贵州省镇远-三都地区 Pb-Zn-Ag-Cd 地球化学组合异常特征一览表

序号	编号	异常级别				面积 (km²)	异常平均值	背景值	异常衬度	面金属量	衬度异常量
		Pb	Zn	Ag	Cd						
1	HS组-1			—	—	21.08		26.76			
2	HS组-2	—	—			27.27	139.67	26.76	5.22	3 079.28	115.07
3	HS组-3	三	二	三	二	255.08	134.88	26.76	5.04	27 579.34	1 030.62
4	HS组-4	—		二		2.98	53	26.76	1.98	78.22	2.92
5	HS组-5		二	二		81.37	66.67	26.76	2.49	3 247.32	121.35
6	HS组-6					1.49	50	26.76	1.87	34.66	1.30
7	HS组-7	三	三	三	三	1 374.09	181.1	26.76	6.77	212 076.48	7 925.13
8	HS组-8	—				6.95	54	26.76	2.02	189.36	7.08
9	HS组-9	二				151.07	56	26.76	2.09	4 417.22	165.07
10	HS组-10			三	三	327.34	57	26.76	2.13	9 898.71	369.91
11	HS组-11	—	三	三	—	65.14	92.83	26.76	3.47	4 304.03	160.84
12	HS组-12		二			9.71	42	26.76	1.57	147.97	5.53
13	HS组-13				三	204.63	50	26.76	1.87	4 755.54	177.71

注：Cd 含量单位为 $\times 10^{-9}$。

从上述元素异常分布特征可知，Pb、Zn、Ag、Cd、主要分布在三都杨拱乡—中和镇—三都县—丹寨扬武乡—南皋乡一带、麻江下司镇—凯里三棵树镇—凯棠乡—台江施洞镇—镇远一带、台江—剑河革东镇—镇远报京乡—三穗一带，异常较强且套合较好；Sb、Hg 元素异常主要分布独山—独山基长镇一带、三都坝街乡—三都—丹寨扬武乡一带。异常浓集中心出露地层主要为青白口系清水江组、平略组、隆里组；寒武系清虚洞组、石冷水组、三都组；寒武及奥陶跨系锅塘组、娄山关组；泥盆系鸡窝寨组。岩性为灰岩、白云岩、变余砂岩、板岩等。异常带上发育断裂构造。异常为已知铅锌矿点矿致异常所致。Pb、Zn、Cd 作为直接指示元素，异常组合可以为寻找铅锌矿提供找矿信息，是本次预测工作的重要预测要素之一。

（十）松桃-玉屏地区

预测工作区位于黔北隆起地球化学区与江南造山带地球化学区交接带上，黔北隆起地球化学区地表以 F、CaO、MgO 地球化学高背景分布最为典型，其次有 As、B、Ba、Be、Cd、Co、Cr、Cu、Hg、La、Li、Mn、Mo、Nb、Ni、P、Pb、Sr、Ti、U、V、W 和 Fe_2O_3、K_2O、Na_2O 地球化学高背景，高背景带或异常带均呈北北东向、北东向展布；江南造山带地球化学区地表为 Ag、Ba、Nb、Sb、Y、Zn、Zr 及 SiO_2、Al_2O_3、K_2O、Na_2O 等元素或氧化物的地球化学高背景，最为典型的元素或氧化物为 Ag、Ba、Al_2O_3、K_2O、Na_2O，其表生地球化学背景明显高于全省或其他地球化学区。区内铜铅锌锡钨多金属矿、锑、汞、金、重晶石等矿产较为丰富，以层控热液型和岩浆热液型矿产为主。与江南造山带前寒武纪浅变质岩系海相陆源碎屑沉积有关的亲石性元素组合为 Ba、K_2O、Na_2O、Al_2O_3、SiO_2，其次有 Zr、Nb、Zn、Y、La、Th、Ti、P、W、Sn、Ag、Au 等。

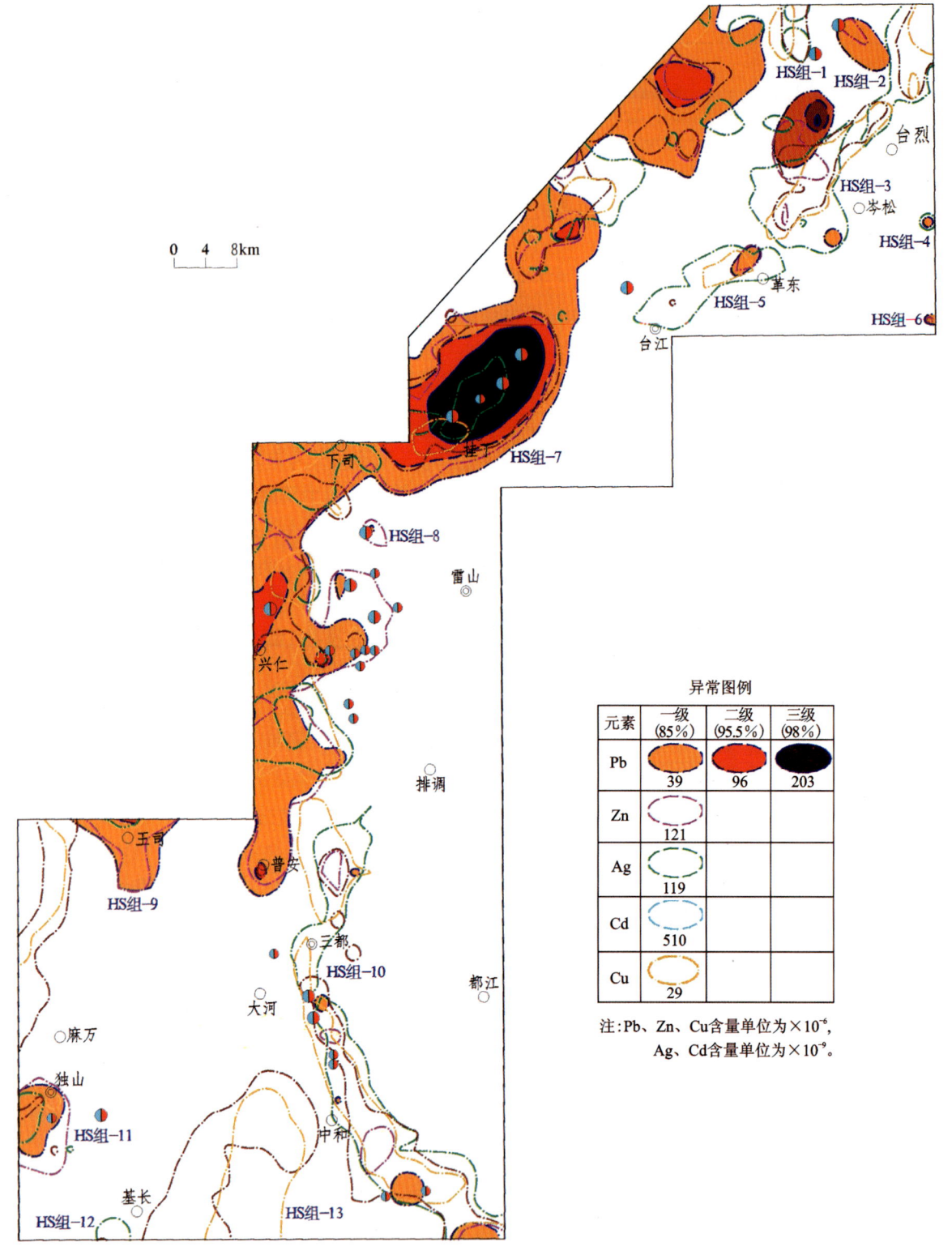

图 7-29 贵州省镇远-三都地区 Pb-Zn-Ag-Cd 地球化学组合异常示意图

预测工作区还位于黔北隆起与黔南台陷、江南造山带相接壤地带,发育有强度很高的 Hg、Pb、Zn、Ag、Mo、Ba、U、Th、As、Sb、Au 等成矿元素地球化学异常带。

本预测工作区与铅锌(银)矿有关的 Pb、Zn、Ag、Cd、Cu、Sb、Hg 地球化学参数见表 7-32。

表 7-32 松桃-玉屏地区 Pb、Zn、Ag、Cd、Cu、Sb、Hg 特征值统计表

项　目	元　素　特　征　值						
	Ag($\times 10^{-9}$)	Cd($\times 10^{-9}$)	Cu($\times 10^{-6}$)	Hg($\times 10^{-6}$)	Pb($\times 10^{-6}$)	Sb($\times 10^{-6}$)	Zn($\times 10^{-6}$)
最小值	23	100	8	20	13	0.12	39
最大值	931	11 550	86	840 390	3 318	50	1 634
中位数	88	360	30	180	37	1.66	108
平均值	114.72	516.25	30.78	3 549.35	75.93	2.06	124.50
标准离差	92.09	604.24	9.87	36 908.34	162.06	2.39	83.63
一级异常(85%)	170	760	40	560	85	2.52	150
二级异常(95.5%)	291	1360	49	4 290	247	4.08	229
三级异常(98%)	380	2 000	54	26 330	555	7.05	331

对铅锌矿分布有直接指示作用的元素异常分布特征如下：

本区中 Pb 元素背景值为 75.93×10^{-6}，是全国背景值（29.24×10^{-6}）的 2.60 倍，是全省背景值（39.03×10^{-6}）的 1.95 倍，变化系数（CV）为 2.14。异常位于保(靖)-铜(仁)-玉(屏)深大断裂带上（图7-30），沿寒武系呈北东向展布，主要分布在松桃牛郎镇—盘信镇—长坪乡—盘石镇一带（HS 铅-1、HS 铅-2）、铜仁大坪乡—桐木坪乡—铜仁一带（HS 铅-3、HS 铅-4）、镇远青溪镇—岑巩羊坪镇—玉屏朱家场镇一带（HS 铅-5、HS 铅-6）。其中 HS 铅-1、HS 铅-2、HS 铅-3、HS 铅-6 异常面积较大、异常强且均具三级分带，HS 铅-1 异常带上有已知代懂铅锌矿、粑粑寨铅锌矿分布，最大值（3318×10^{-6}）分布在 HS 铅-1 异常盘石镇代懂一带，为已知代懂铅锌矿导致的矿致 Pb 元素异常；HS 铅-3 异常带上有已知花竹山铅锌矿、葫芦田铅锌矿分布；异常浓集中心出露地层主要寒武系清虚洞组、敖溪组、娄山关组，岩性为白云岩和灰岩。

Zn 元素背景值为 124.5×10^{-6}，是全国背景值（75.68×10^{-6}）的 1.65 倍，是全省背景值（106.77×10^{-6}）的 1.17 倍，变化系数（CV）为 0.67。异常与 Pb 元素异常套合较好，分布位置与 Pb 元素异常基本一致，其中在松桃牛郎镇—盘信镇—长坪乡—盘石镇一带（HS 锌-2、HS 锌-5）、铜仁桐木坪乡—铜仁一带（HS 锌-7）、镇远青溪镇—岑巩羊坪镇—玉屏朱家场镇一带（HS 锌-16），异常较强且均具三级分带，最大值（1634×10^{-6}）分布在 HS 锌-2 异常盘石镇代懂一带，与 Pb 元素最大值为同一样品位置，为已知代懂铅锌矿导致的矿致 Zn 元素异常。异常分布与已知铅锌矿点分布基本一致，异常浓集中心出露地层同样为寒武系清虚洞组、敖溪组、娄山关组，岩性为白云岩和灰岩。

Ag 元素背景值为 114.72×10^{-9}，是全国背景值（90.64×10^{-9}）的 1.27 倍，是全省背景值（83.34×10^{-9}）的 1.38 倍，变化系数（CV）为 0.80。异常强度较弱，除镇远青溪镇—岑巩羊坪镇—岑巩一带，具二至三级异常分带外，其余异常仅为一级异常，与 Pb、Zn 元素异常套合较差，仅在松桃盘石镇代懂一带和镇远青溪镇—岑巩羊坪镇—岑巩一带存在一定套合。

Cd 元素背景值为 516.25×10^{-9}，是全国背景值（262.48×10^{-9}）的 1.97 倍，是全省背景值（673.89×10^{-6}）的 0.77 倍，变化系数（CV）为 1.17。主要异常的分布与 Pb、Zn 元素异常分布基本一致，三者套合较好。异常在松桃盘石镇代懂一带（HS 镉-1）、镇远青溪镇—岑巩羊坪镇—岑巩一带（HS 镉-12、HS 镉-13），异常较强，具三级异常分带，最大值（11550×10^{-9}）分布在 HS 镉-12 异常的岑巩羊坪镇一带。异常浓集中心出露地层为寒武系清虚洞组、敖溪组、娄山关组地层。另外在万山—铜仁云场坪镇一带的寒武系中零星分布一些弱异常。

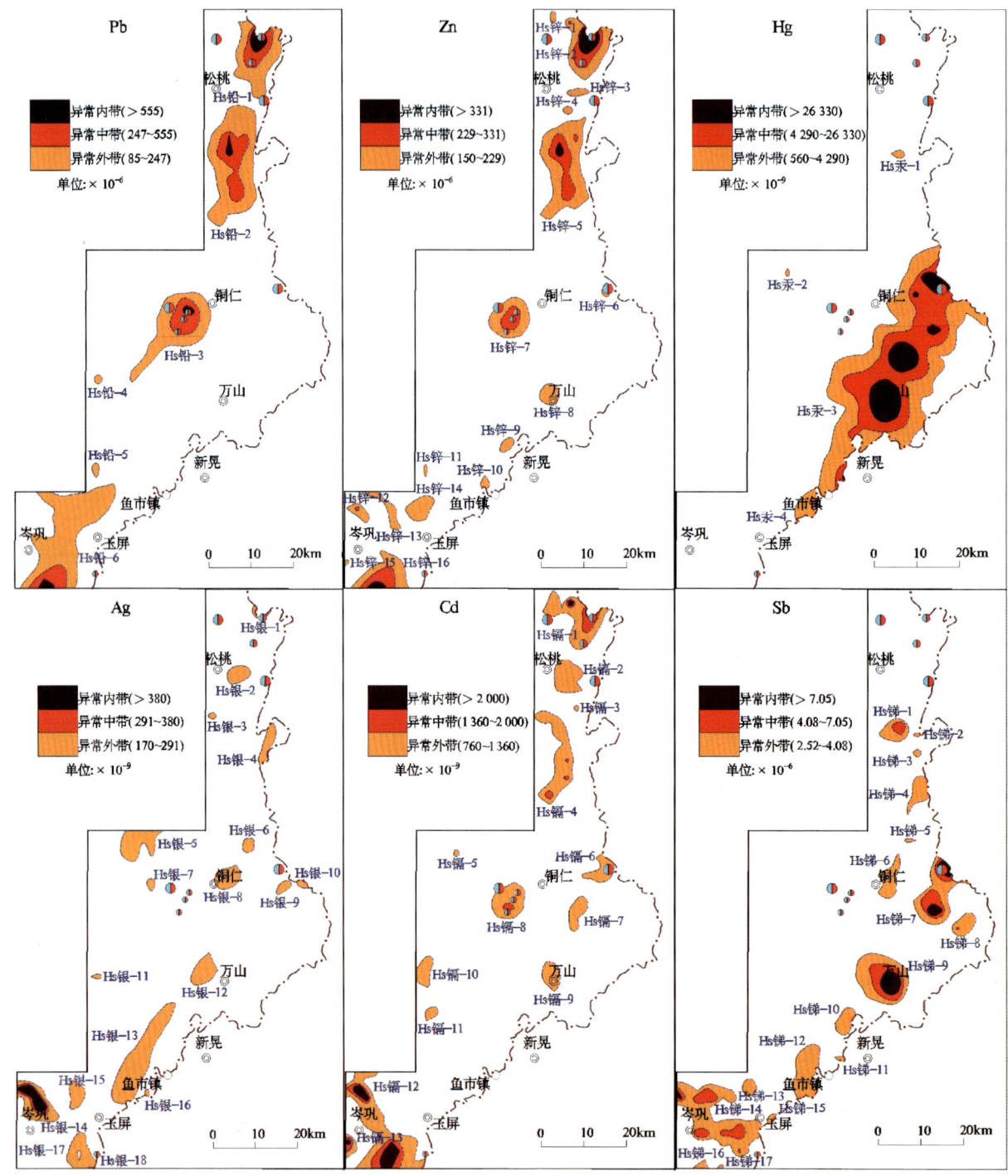

图 7-30 贵州省松桃-玉屏地区 Pb、Zn、Hg、Ag、Cd、Sb 地球化学异常图

Sb 元素背景值为 $2.06×10^{-6}$，是全国背景值（$1.45×10^{-6}$）的 1.42 倍，是全省背景值（$2.73×10^{-6}$）的 0.75 倍，变化系数（CV）为 1.16；Hg 元素背景值为 $3549.35×10^{-9}$，是全国背景值（$75.56×10^{-9}$）的 46.97 倍，是全省背景值（$397.88×10^{-9}$）的 8.92 倍，变化系数（CV）为 10.40。Sb 元素异常在万山汞矿带上较强，Hg 元素异常在万山汞矿带上极强，二者异常套合较好。另外 Sb 元素异常在镇远青溪镇—岑巩羊坪镇—岑巩一带分布也较强。异常浓集中心出露地层主要为寒武系敖溪组。

贵州省松桃-玉屏地区 Pb－Zn－Ag－Cd 地球化学组合异常特征见图 7-31，表 7-33。

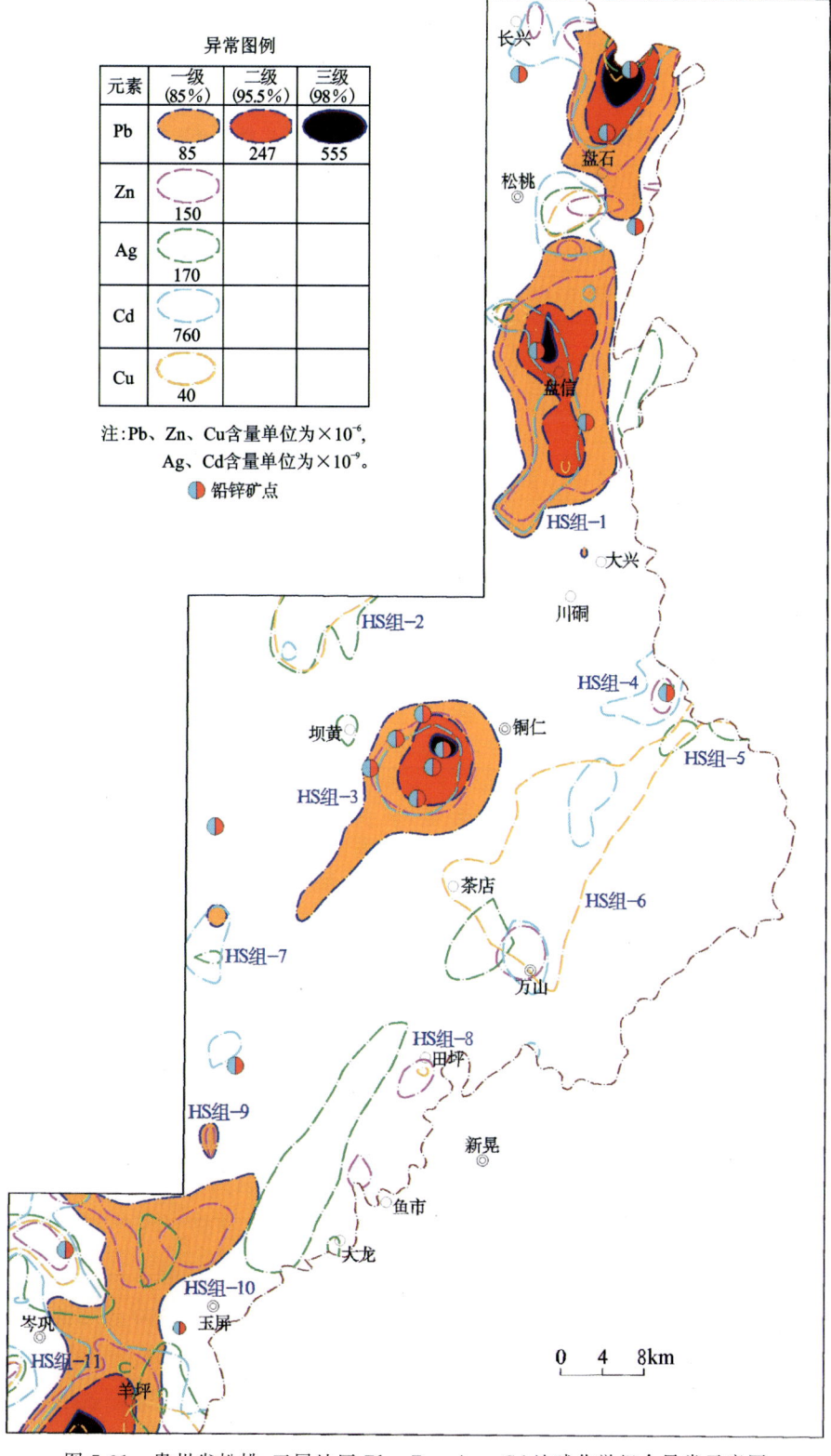

图 7-31 贵州省松桃-玉屏地区 Pb-Zn-Ag-Cd 地球化学组合异常示意图

从上述元素异常分布特征可知，Pb、Zn、Ag、Cd、Sb、Hg 元素异常主要分布在北东向保(靖)-铜(仁)-玉(屏)深大断裂带上，异常带上出露地层主要为寒武系清虚洞组、敖溪组、娄山关组，岩性以白云岩和灰岩为主，异常强度较强，套合较好，有已知松桃县代懂铅锌矿、松桃县粑粑寨铅锌矿、铜仁市大硐喇铅锌矿、铜仁市塘边坡铅锌矿、铜仁市花竹山铅锌矿、铜仁市前坪铅锌矿、铜仁市葫芦田铅锌矿分布,异常多为已知铅锌矿点导致的矿致异常。Pb、Zn、Cd作为直接指示元素,异常组合可以为寻找靶区提供依据,是本次预测工作的重要预测要素之一。

表 7-33 贵州省松桃-玉屏地区 Pb-Zn-Ag-Cd 地球化学组合异常特征一览表

序号	编号	异常级别				面积 (km^2)	异常平均值	背景值	异常衬度	面金属量	衬度异常量
		Pb	Zn	Ag	Cd						
1	HS组-1	三	三	二	三	421.47	366.07		9.36	137 808.49	3 524.51
2	HS组-2			二	一	46.92					
3	HS组-3	三	二		二	156.49	361.52		9.25	50 455.43	1 290.42
4	HS组-4				一	25.29					
5	HS组-5				二	4.04					
6	HS组-6		一		一	239.32		39.10			
7	HS组-7	一				20.20	134		3.43	1 916.62	49.02
8	HS组-8				一	8.11	87		2.23	388.45	9.93
9	HS组-9					4.24	123		3.15	355.41	9.09
10	HS组-10	三	三	三	三	345.87	221.13		5.66	62 958.27	1 610.19
11	HS组-11	一	一		三	11.16					

注:Cd 含量单位为$\times 10^{-9}$。

(十一)沿河地区

预测工作区位于黔北隆起地球化学区,该区地表以 F、CaO、MgO 地球化学高背景分布最为典型。其次有 As、B、Ba、Be、Cd、Co、Cr、Cu、Hg、La、Li、Mn、Mo、Nb、Ni、P、Pb、Sr、Ti、U、V、W 和 Fe_2O_3、K_2O、Na_2O 地球化学高背景。高背景带或异常带呈北北东向、北东向展布。

本预测工作区与铅锌(银)矿有关的 Pb、Zn、Ag、Cd、Cu、Sb、Hg 地球化学参数见表 7-34。

表 7-34 沿河地区 Pb、Zn、Ag、Cd、Cu、Sb、Hg 特征值统计表

项 目	元素特征值						
	Ag($\times 10^{-9}$)	Cd($\times 10^{-9}$)	Cu($\times 10^{-6}$)	Hg($\times 10^{-6}$)	Pb($\times 10^{-6}$)	Sb($\times 10^{-6}$)	Zn($\times 10^{-6}$)
最小值	30	200	18	30	26	0.5	56
最大值	1 370	46 000	67	10 940	1 721	13	21 492
中位数	60	400	28	120	38	1.3	91
平均值	71.08	701.55	29.07	332.63	64.05	1.75	301.42
标准离差	97.49	3 323.09	6.28	1 237.54	145.16	1.70	1 868.27
一级异常(85%)	85	600	35	250	58	2.1	111
二级异常(95.5%)	100	900	38	690	123	3.8	201
三级异常(98%)	120	2 200	44	2 500	276	8	817

对铅锌矿分布有直接指示作用的元素异常分布特征如下：

本区中 Pb 元素背景值为 64.05×10^{-6}，是全国背景值（29.24×10^{-6}）的 2.19 倍，是全省背景值（39.03×10^{-6}）的 1.64 倍，变化系数（CV）为 2.27。异常主要分布在沿河官舟镇—三角塘—思渠镇一带（HS 铅-1）、板场乡—电光一带（HS 铅-2），其中 HS 铅-1 异常呈南北向带状展布，异常较强，具三级分带且有 2 个浓集中心，最大值 $1\,721\times10^{-6}$，异常浓集中心出露地层分别为寒武系娄山关组和奥陶系桐梓组，异常内有已知三角塘铅锌矿点分布；HS 铅-2 异常呈面状展布，有 1 个浓集中心，具二级异常分带，浓集中心出露地层主要为寒武系娄山关组，异常内有已知板场铅锌矿点分布（图 7-32）。

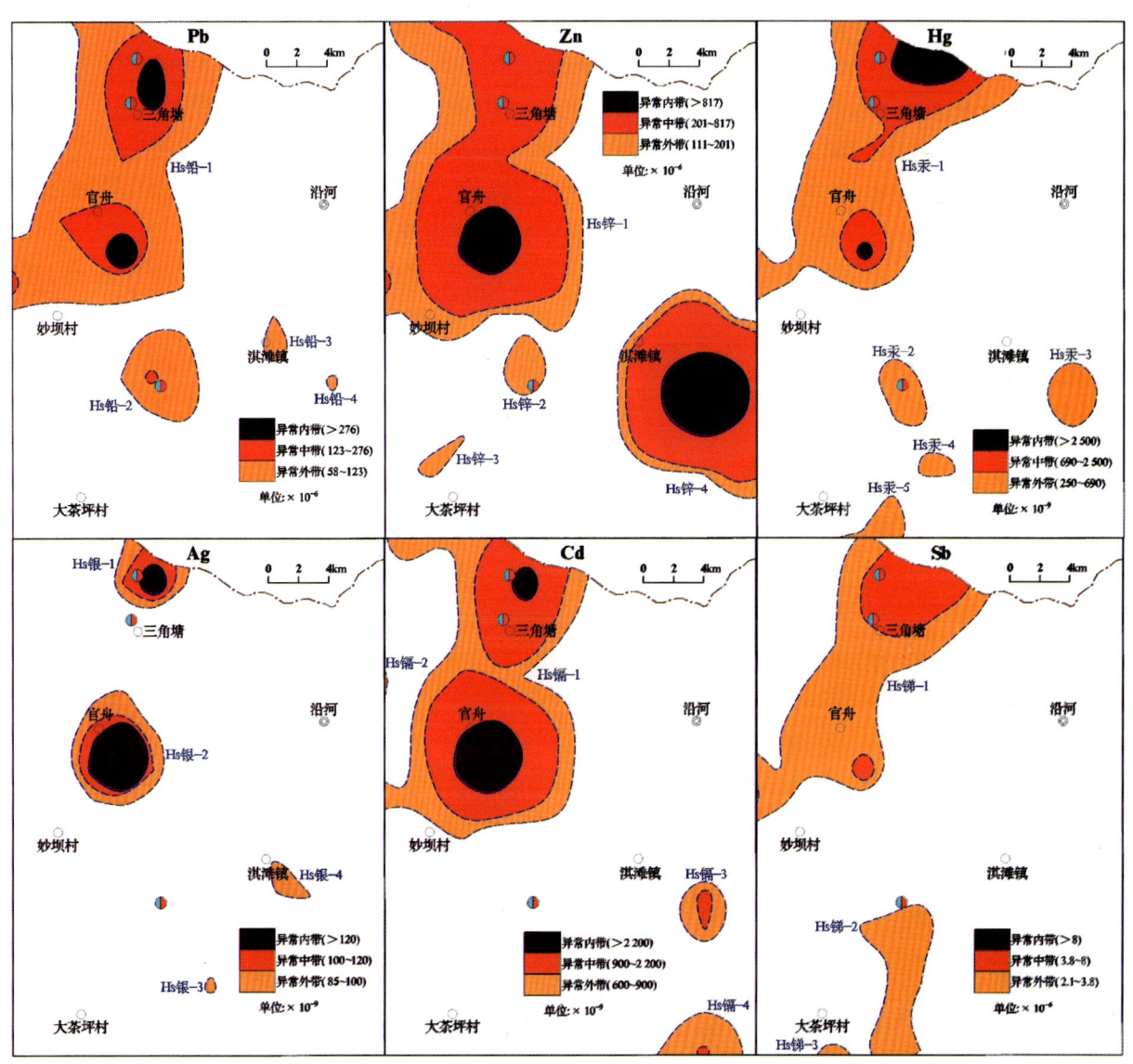

图 7-32　贵州省沿河地区 Pb、Zn、Hg、Ag、Cd、Sb 地球化学异常图

Zn 元素背景值为 301.42×10^{-6}，是全国背景值（75.68×10^{-6}）的 3.98 倍，是全省背景值（106.77×10^{-6}）的 2.82 倍，变化系数（CV）为 6.21。异常主要分布沿河官舟镇—三角塘—思渠镇一带（HS 锌-1）、板场乡—电光一带（HS 锌-2）、淇滩镇—周家一带（HS 锌-4），其中 HS 锌-1、HS 锌-4 异常较强，具三级异常分带，最大值 $21\,492\times10^{-6}$ 位于 HS 锌-4 异常中，而 Pb 元素表现为弱异常；HS 锌-1、HS 锌-2 异常与 Pb 元素异常套合较好，二者均为三角塘铅锌矿、板场铅锌矿导致的矿致异常。异常浓集中心出露地层分别为寒武系娄山关组、奥陶系桐梓组。

Ag 元素背景值为 $71.08×10^{-9}$,是全国背景值($90.64×10^{-9}$)的 0.78 倍,是全省背景值($83.34×10^{-9}$)的 0.85 倍,变化系数(CV)为 1.38。与 Pb、Zn 元素异常套合较好,异常主要分布在沿河官舟镇—官舟镇永和一带和思渠镇冯家庄一带,具有三级异常分带,异常浓集中心出露地层分别为寒武系娄山关组和奥陶系桐梓组。

Cd 元素背景值为 $701.55×10^{-9}$,是全国背景值($262.48×10^{-9}$)的 2.67 倍,是全省背景值($673.89×10^{-6}$)的 1.04 倍,变化系数(CV)为 4.75。异常主要分布在沿河官舟镇—三角塘—思渠镇一带,与 Pb、Zn、Ag 元素异常套合较好,2 个浓集中心与 Pb、Ag 元素异常浓集中心相一致。异常浓集中心出露地层分别为寒武系娄山关组和奥陶系桐梓组。

Sb 元素背景值为 $1.75×10^{-6}$,是全国背景值($1.45×10^{-6}$)的 1.21 倍,是全省背景值($2.73×10^{-6}$)的 0.64 倍,变化系数(CV)为 0.98;Hg 元素背景值为 $332.63×10^{-9}$,是全国背景值($75.56×10^{-9}$)的 4.40 倍,是全省背景值($397.88×10^{-9}$)的 0.84 倍,变化系数(CV)为 3.73。二者异常与 Pb、Zn、Ag、Cd 元素异常在沿河官舟镇—三角塘—思渠镇一带套合较好,异常具二至三级异常分带。

贵州省沿河地区 Pb-Zn-Ag-Cd 地球化学组合异常特征见图 7-33,表 7-35。

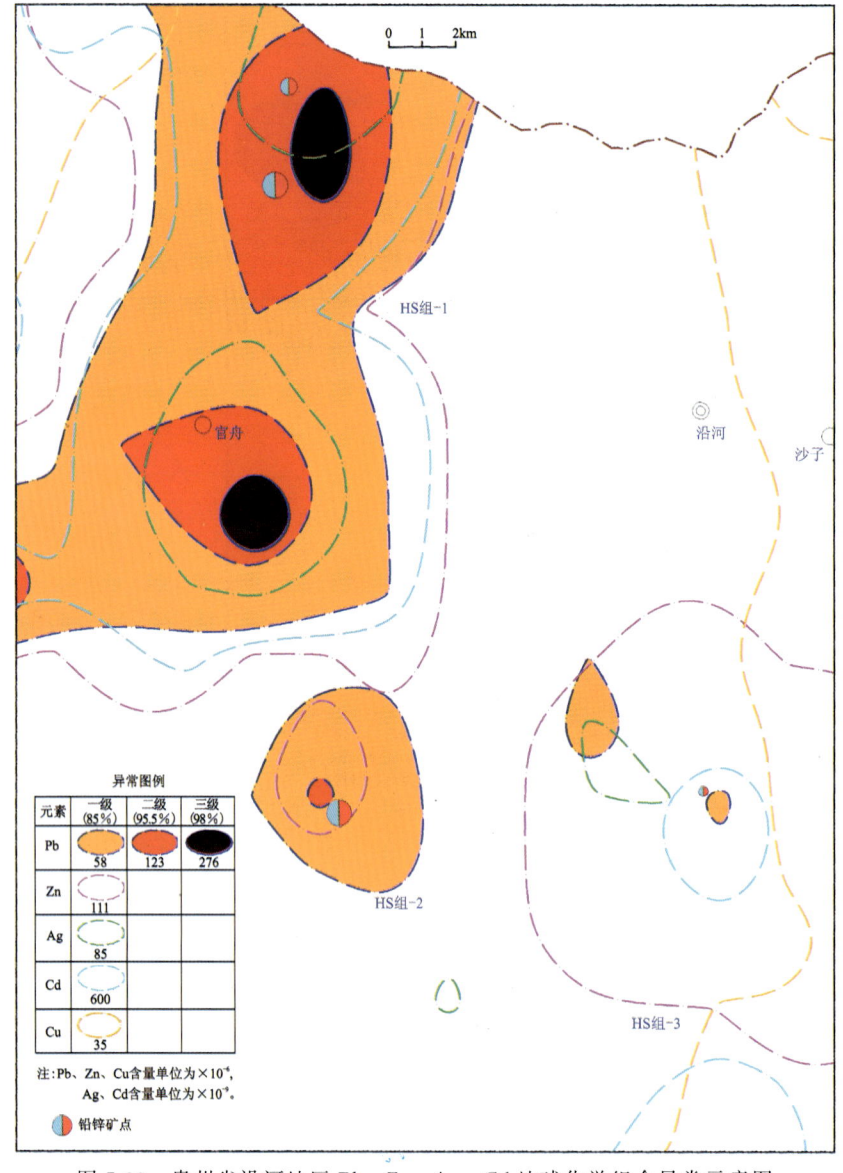

图 7-33 贵州省沿河地区 Pb-Zn-Ag-Cd 地球化学组合异常示意图

表 7-35 贵州省沿河地区 Pb-Zn-Ag-Cd 地球化学组合异常特征一览表

序号	编号	异常级别				面积 (km²)	异常平均值	背景值	异常衬度	面金属量	衬度异常量
		Pb	Zn	Ag	Cd						
1	HS组-1	三	三	三	三	215.60	264.28	38.76	6.82	48 621.37	1 254.42
2	HS组-2	二	一			22.67	118.75	38.76	3.06	1 813.30	46.78
3	HS组-3	一	三	一	二	96.78	105	38.76	2.71	6 410.55	165.39

注:Cd 含量单位为 $\times 10^{-9}$。

从上述元素异常分布特征可知,Pb、Zn、Ag、Cd、Sb、Hg 元素异常在沿河官舟镇—三角塘—思渠镇一带套合较好,异常较强具二至三级异常分带,异常带上发育北东向断裂构造,为已知三角塘铅锌矿导致的矿致异常;在已知板场铅锌矿位置处仅发育 Pb、Zn 元素异常,异常带出露地层主要为寒武系娄山关组和奥陶系桐梓组。岩性为泥晶(泥质)灰岩、白云岩。Pb、Zn、Cd 作为直接指示元素,异常组合为寻找铅锌矿提供找矿信息,是本次预测工作的重要预测要素之一。

五、镍钼钒矿

根据贵州省镍钼钒矿分布情况、成矿条件,以及矿产预测类型特征的实际情况,划分了 5 个预测工作区。从西往东依次为:织金-纳雍地区沉积型(遵义式)镍钼钒预测工作区,遵义地区沉积型(遵义式)镍钼钒预测工作区,余庆-瓮安地区沉积型(瓮安式)镍钼钒预测工作区,松桃-铜仁地区地区沉积型(瓮安式)镍钼钒预测工作区,镇远-玉屏地区地区沉积型(镇远式)镍钼钒预测工作区。其分布范围见图7-34。

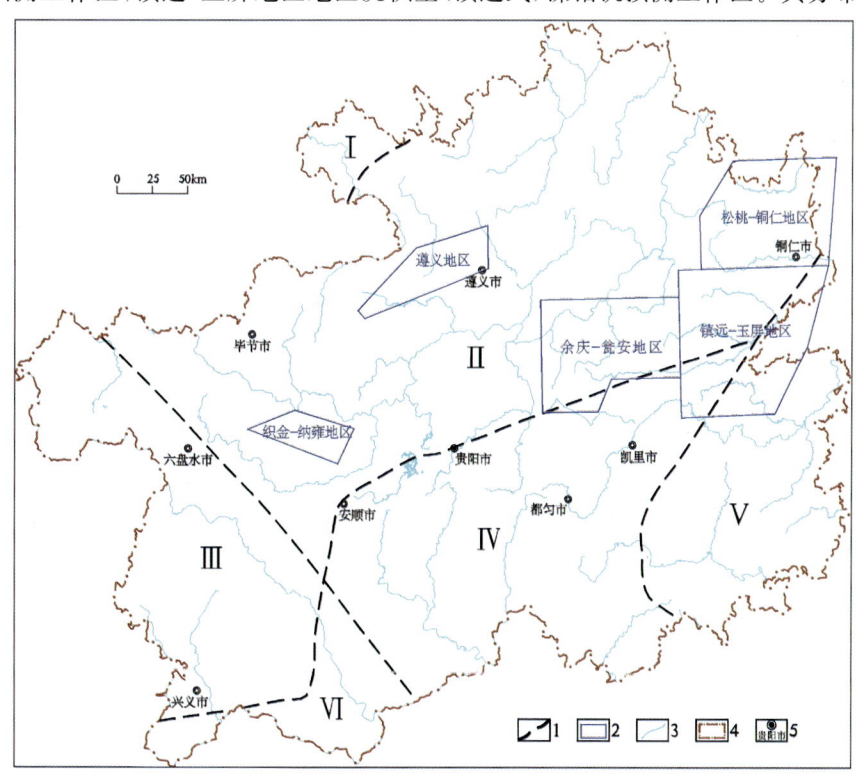

图 7-34 贵州省地球化学分场区及镍钼钒预测工作区示意图
1.分区界线;2.镍钼钒矿预测区范围;3.水系;4.省界范围;5.地名
Ⅰ.四川盆地边缘地球化学区;Ⅱ.黔北隆起地球化学区;Ⅲ.黔西断陷地球化学场区;Ⅳ.黔南台陷地球化学场区;Ⅴ.江南造山带地球化学场区;Ⅵ.右江造山带地球化学场区

各镍钼钒矿预测工作区内 Mo、Ni、V 元素含量均有一定富集,含量分布变化大多为中等偏强,见表 7-36。

表 7-36 预测工作区 Mo、Ni、V 元素地球化学参数表

预测区	元素	最高值	最低值	一般含量	平均值	标准离差	变化系数
遵义	Mo($\times 10^{-6}$)	21.6	0.3	1.17~3.31	1.86	1.46	0.79
	Ni($\times 10^{-6}$)	89	6	13.18~74.13	34.75	13.90	0.40
	V($\times 10^{-6}$)	369	54	58.88~295.12	126.59	47.03	0.37
织金-纳雍	Mo($\times 10^{-6}$)	22	0.5	1.04~4.17	3.22	2.43	0.75
	Ni($\times 10^{-6}$)	250	15	18.62~83.17	53.56	26.89	0.50
	V($\times 10^{-6}$)	658	82	117.48~467.73	269.20	106.80	0.39
余庆-瓮安	Mo($\times 10^{-6}$)	797	0.2	0.59~5.88	2.35	3.60	1.53
	Ni($\times 10^{-6}$)	167	5	10.47~52.48	29.91	13.39	0.45
	V($\times 10^{-6}$)	534	29	46.77~208.93	105.59	48.25	0.46
镇远-玉屏	Mo($\times 10^{-6}$)	37.9	0.2	0.46~11.74	2.89	3.71	1.28
	Ni($\times 10^{-6}$)	185.2	4.6	9.33~52.48	31.36	16.46	0.52
	V($\times 10^{-6}$)	603	23	74.13~208.92	109.78	56.82	0.52
松桃-铜仁	Mo($\times 10^{-6}$)	49	0.2	0.59~5.24	2.56	3.83	1.49
	Ni($\times 10^{-6}$)	145	9	18.62~52.48	36.49	12.86	0.35
	V($\times 10^{-6}$)	495	41	58.88~165.95	107.90	34.61	0.32

(一)遵义地区

遵义钼、镍矿预测工作区,地球化学分区属扬子陆块黔北隆起地球化学亚区,特色矿产主要有硫铁矿、磷、铅、锌、镍、钼、钒等。区域上以 F、CaO、MgO 地球化学高背景分布为特征,次有 Ba、Be、Co、Cr、Hg、La、Li、Mn、Mo、Nb、Ni、P、Sr、Ti、U、V、W、Fe_2O_3、K_2O 地球化学高背景,As、B、Cd、Pb、Na_2O 也高于全省背景含量值。区内加里东构造期后,经历了一次大规模的海退(隆起)成陆—海进过程,Al、Fe、Mn、P、Ni、Mo、V、K 等多种元素在地层沉积过程中富集成矿。侏罗山式构造发育,在构造活动过程中 Pb、Zn 等中-低温热液成矿元素也部分富集成矿。

遵义钼、镍矿预测工作区 Ni-Mo-V-U 组合异常有 HS 组-1～HS 组-9 等 9 个(图 7-35)。其中,HS 组-3、HS 组-4、HS 组-5、HS 组-6 有 Mo 元素异常分布,HS 组-4、HS 组-6 以 Mo 元素异常为主,与镍钼矿床(点)关系密切,HS 组-4 内有钼镍矿床(点)分布。

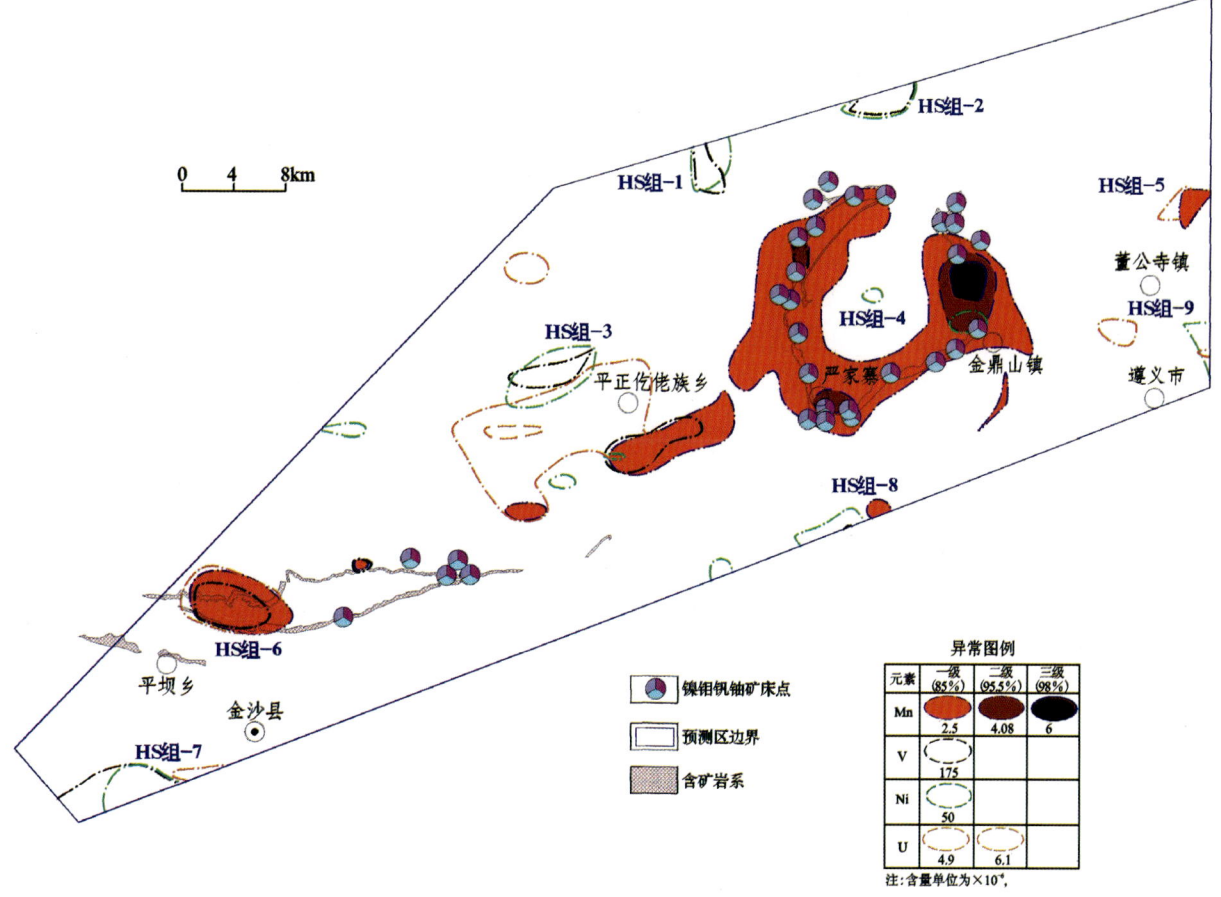

图 7-35 贵州省遵义钼镍预测工作区 Ni-Mo-V-U 组合异常图

HS组-1 异常分布于预测工作区北部边缘。组合异常规模较小，面积 12km² 左右，异常元素仅有 Ni、V，异常强度均为一级。

HS组-2 异常分布于预测工作区北部边缘。组合异常规模较小，面积 13km² 左右，异常元素仅有 Ni、V，异常强度均为一级。

HS组-3 异常分布于预测工作区中部。组合异常规模较大，面积 130km² 左右。异常元素 Ni、Mo、V、U 均有，以 U 元素异常为主，面积近 100km²，强度为二级，Ni、V 异常规模较小，强度均为一级。Mo 元素异常两个（HS组-5、HS组-6），异常面积分别为 3.3km²、26km²，异常强度均为一级。

HS组-4 异常分布于预测工作区中东部。组合异常规模较大，面积近 200km²。异常元素以 Mo 元素异常为主，伴有小规模的 Ni 元素异常，Mo 异常面积近 192km²，强度为三级。组合异常内有镍钼钒矿床（点）分布。

HS组-5 异常分布于预测工作区东部边缘。异常元素有 Mo、U，Mo 元素异常面积 4km²，强度为一级，伴有同等规模和强度的 U 元素异常。

HS组-6 异常分布于预测工作区东南部。异常元素有 Mo、V、U，Mo 元素异常面积 28km²，强度为一级，伴有同等规模和强度的 V、U 元素异常。

HS组-7 异常分布于预测工作区东南角。组合异常规模较小，面积 30km² 左右，由 Ni、V、U 元素弱异常构成。

HS组-8 异常分布于预测工作区南部边缘。组合异常规模较小，面积小于 10km²，由 Ni、V 元素弱异常构成。

HS组-9异常分布于预测工作区东部边缘。组合异常规模较小，面积小于10km²，由V、U元素弱异常构成。

（二）织金-纳雍地区

织金-纳雍钼、镍矿预测工作区分布于扬子陆块黔北隆起地球化学亚区上，与黔西断陷地球化学分区毗邻。特色矿产主要有磷、铅、锌、镍、钼、钒等。区域上以F、CaO、MgO地球化学高背景分布为特征，次有Ba、Be、Co、Cr、Hg、La、Li、Mn、Mo、Nb、Ni、P、Sr、Ti、U、V、W、Fe_2O_3、K_2O地球化学高背景，As、B、Cd、Pb、Na_2O也高于全省背景含量值。区内加里东构造期后，经历了一次大规模的海退（隆起）成陆—海进过程，Al、Fe、Mn、P、Ni、Mo、V、K等多种元素在地层沉积过程中富集，形成磷、镍、钼、钒等多种沉积型矿产。侏罗山式构造发育，在构造活动过程中Pb、Zn等中-低温热液成矿元素也部分富集成矿。

织金-纳雍钼、镍矿预测工作区Ni-Mo-V-U组合异常有HS组-1、HS组-2两个。其中，HS组-2中V元素异常较为发育，与钼镍矿床（点）关系密切，别外北部水东钼镍矿附近有V元素弱异常显示。

HS组-1异常分布于预测工作区东北部边缘。组合异常规模较小，面积近10km²，异常元素仅有Ni、U，异常强度均为一级。

HS组-2异常分布于预测工作区南部边缘。组合异常规模较大，面积近100km²，异常元素有Ni、Mo、V、U，异常元素组合齐全。V元素异常面积97km²，异常强度三级。在V元素异常中，发育有相近规模、强度的Ni、Mo、U元素异常。

（三）余庆-瓮安地区

余庆-瓮安钒、钼矿预测工作区主体分布于扬子陆块黔北隆起地球化学亚区上，与黔南台陷地球化学分区相连。特色矿产主要有磷、汞、铅、锌、镍、钼、钒、铝土矿、重晶石等。区域上以F、CaO、MgO地球化学高背景分布为特征，次有Ba、Be、Co、Cr、Hg、La、Li、Mn、Mo、Nb、Ni、P、Sr、Ti、U、V、W、Fe_2O_3、K_2O地球化学高背景，As、B、Cd、Pb、Na_2O也高于全省背景含量值。区内加里东构造期后，经历了一次大规模的海退（隆起）成陆—海进过程，Al、Fe、Mn、P、Ni、Mo、V、K等多种元素在地层沉积过程中富集，形成磷、钒、钼、铝土矿等多种沉积型矿产。侏罗山式构造发育，在构造活动过程中Hg、Ba、Pb、Zn等中-低温热液成矿元素也部分富集成矿。

余庆-瓮安钒、钼矿预测工作区共有15个Ni-Mo-V-U组合异常（图7-36），异常主要分布于寒武系中。11个Ni-Mo-V-U组合异常中，HS组-1、HS组-2、HS组-3、HS组-7、HS组-10、HS组-11、HS组-13、HS组-14等8个异常有较好的V元素异常发育。其中又以HS组-7等异常规模最大，异常强度最高，异常内有一中型钒钼矿床。

HS组-1位于预测区西北角边缘，分布于二叠系中。Ni-Mo-V-U组合异常面积较小，整体面积7km²左右，由V、Ni元素异常构成。V元素异常面积2.5km²，异常强度为一级。

HS组-2位于预测区西北角，分布于寒武系中。Ni-Mo-V-U组合异常面积较小，整体面积22km²左右，由Ni、Mo、V、U元素异常构成。V元素异常面积2.5km²，异常强度为一级。

HS组-3于预测区北部，分布于寒武系中。Ni-Mo-V-U组合异常面积较小，整体面积20km²左右，由V、U元素异常构成。V元素异常面积2km²，异常强度为一级。

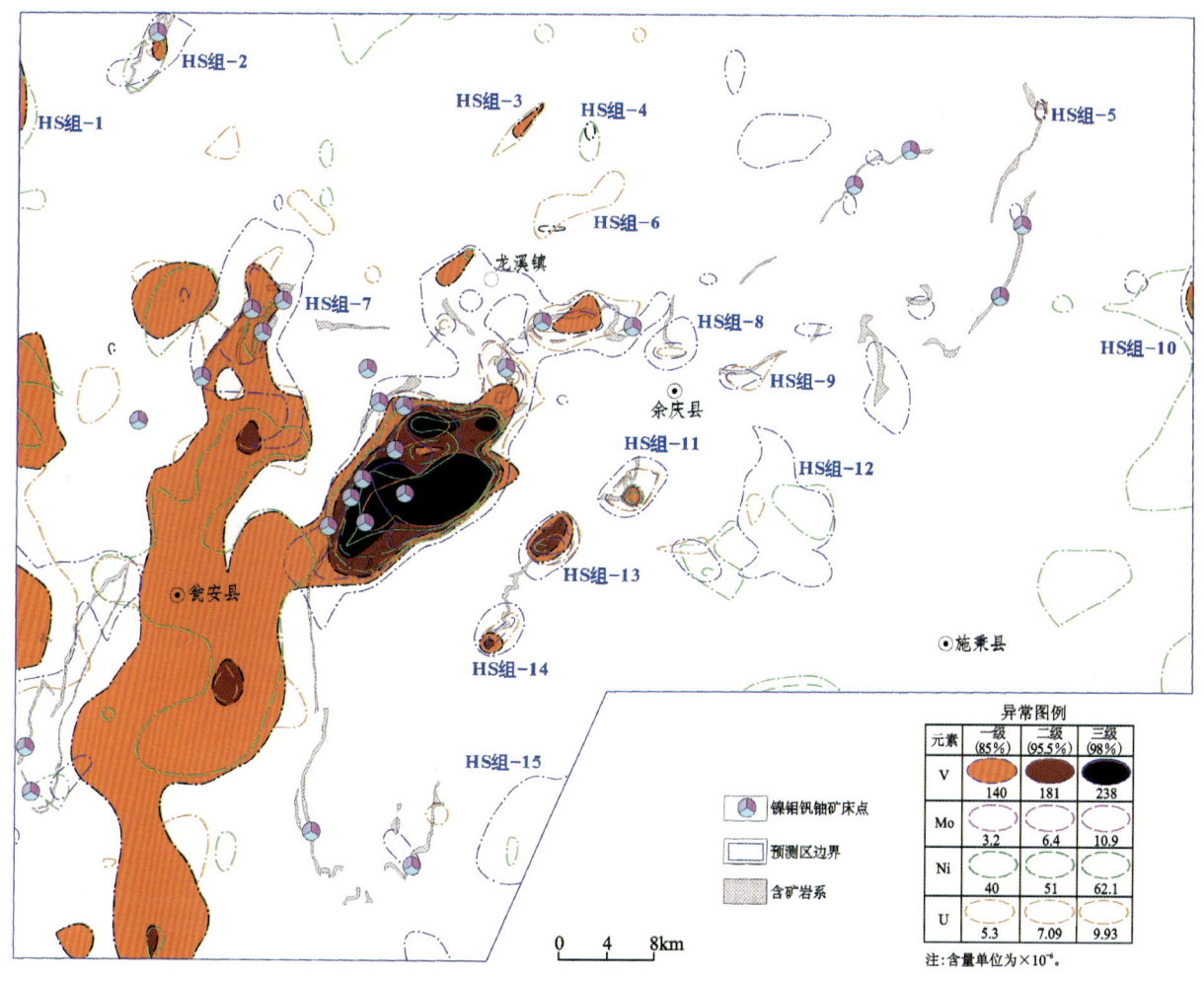

图 7-36　贵州省余庆-瓮安钒钼预测工作区 Ni-Mo-V-U 组合异常图

HS组-7预测区西部,异常分布区地层从前寒武系至三叠系均有出露,其中以寒武系为主。Ni-Mo-V-U组合异常面积较大,整体面积1 100km²,由Ni、Mo、V、U元素异常构成。V元素异常有HS钒-4、HS钒-6、HS钒-7、HS钒-8、HS钒-10等5个。其中,HS钒-6规模最大,面积700km²,异常强度为三级。HS钒-4、HS钒-7、HS钒-8、HS钒-10异常面积分别为33km²、21km²、4.6km²、8km²,异常强度均为一级。异常西北部有一中型镍钼钒矿床。

HS组-10于预测区东部边缘,分布于寒武系中。组合异常由Ni、Mo、V元素异常构成,其中Ni元素异常规模较大,面积近60km²,Ni元素异常中有V、Mo元素异常发育,Ni、Mo、V元素异常强度均为一级。

HS组-11位于预测区中部,分布于寒武系中。Ni-Mo-V-U组合异常面积较小,整体面积20km²左右,由Ni、Mo、V、U元素异常构成,以Mo元素异常规模最大(面积即组合异常面积),强度最高(三级)。V元素异常面积2.2km²,异常强度为一级。

HS组-13位于预测区中部,分布于寒武系中。Ni-Mo-V-U组合异常面积较小,整体面积20km²左右,由Ni、Mo、V、U元素异常构成,以Mo元素异常规模最大(面积即组合异常面积),强度最高(三级)。V元素异常面积10km²,异常强度为二级。

HS组-14位于预测区中部，分布于寒武系中。Ni-Mo-V-U组合异常面积较小，整体面积16km² 左右，由Mo、V、U元素异常构成，以Mo元素异常规模最大（面积即组合异常面积），强度最高（二级）。V元素异常面积2.3km²，异常强度为二级。

（四）镇远-玉屏地区

镇远-玉屏钒矿预测工作区地球化学分区属江南造山带地球化学区（带）与黔北隆起地球化学亚区接合部位。特色矿产主要有汞、铅、锌、金、重晶石、钨、锡、钒、磷、锰等。区域上以Ag、Ba、Nb、Sb、Y、Zn、Zr及SiO_2、Al_2O_3、K_2O、Na_2O等元素或氧化物的地球化学高背景为特征。最为典型的元素或氧化物为Ag、Ba、Al_2O_3、K_2O、Na_2O，其表生地球化学背景明显高于全省或其他地球化学分区。经历了武陵构造阶段早期的大洋地壳；武陵构造阶段晚期和雪峰、加里东构造阶段的过渡性地壳；到早古生代末的广西运动使基底褶皱隆起上升等多期次构造变动。区内构造活动强烈及沉积环境的多样性，造就了Au、As、Sb、Hg、Pb、Zn、Ag、Cd等中-低温热液成矿元素，W、Sn等高温成矿元素，以及Mn、Fe、Ni、Mo、V、Ti、P等亲基性元素均在此富集成矿。

镇远-玉屏钒矿预测工作区有17个Ni-Mo-V-U组合异常（图7-37），异常主要沿区内北东向向斜核部及北东向背斜两翼寒武系分布。17个Ni-Mo-V-U组合异常中，除HS组-13外，其他16个组合异常均有V元素异常分布。其中，又以HS组-7、HS组-10、HS组-17等异常规模最大、强度也相对较高。

HS组-1位于预测区西北部，异常主体沿寒武系底部呈带状分布。组合异常由Mo、V、U元素异常构成，各元素异常套合较好。组合异常面积30多平方千米，各元素异常强度均为一级。

HS组-2位于预测区北部，异常整体呈等轴状，西部有一中型镍钼钒矿。组合异常由Mo、V、U元素异常构成，各元素异常套合较好。组合异常呈等轴状，面积近20km²，各元素异常强度均为一级。

HS组-3位于预测区东北部，异常主体沿寒武系底部呈带状分布。组合异常由Mo、Ni、U元素异常构成，各元素异常套合较好。组合异常面积40km²左右，各元素异常强度均为一级。

HS组-7位于预测区东部，异常主体沿寒武系呈不规则等轴状分布。组合异常由Mo、Ni、V、U元素异常构成，以Ni元素异常为主，各元素异常套合较好。组合异常面积近200km²，Ni元素异常强度为三级，Mo元素异常强度为二级，V、U元素异常强度为一级。

HS组-10位于预测区中部，异常主体沿寒武系呈不规则等轴状分布。组合异常由Mo、Ni、V、U元素异常构成，各元素异常均较为发育，异常套合较好。组合异常面积近700km²左右，Mo、Ni、V、U元素异常强度均达三级。

HS组-13位于预测区中东部，异常主体沿寒武系下部呈带状分布，异常西南面有一中型镍钼钒矿。组合异常由Ni、V、U元素异常构成，以U元素异常为主，各元素异常套合较好。组合异常面积近50km²，Ni、V、U元素异常强度均为一级。

HS组-17位于预测区东南部，异常主体沿向斜核部寒武系呈带状分布。组合异常由Mo、Ni、V、U元素异常构成，Mo、V、U元素异常均较发育，Ni元素异常规模相对较小，异常套合较好。组合异常面积300多平方千米，Mo元素异常强度三级，V元素异常强度一级，Ni、U元素异常强度一级。

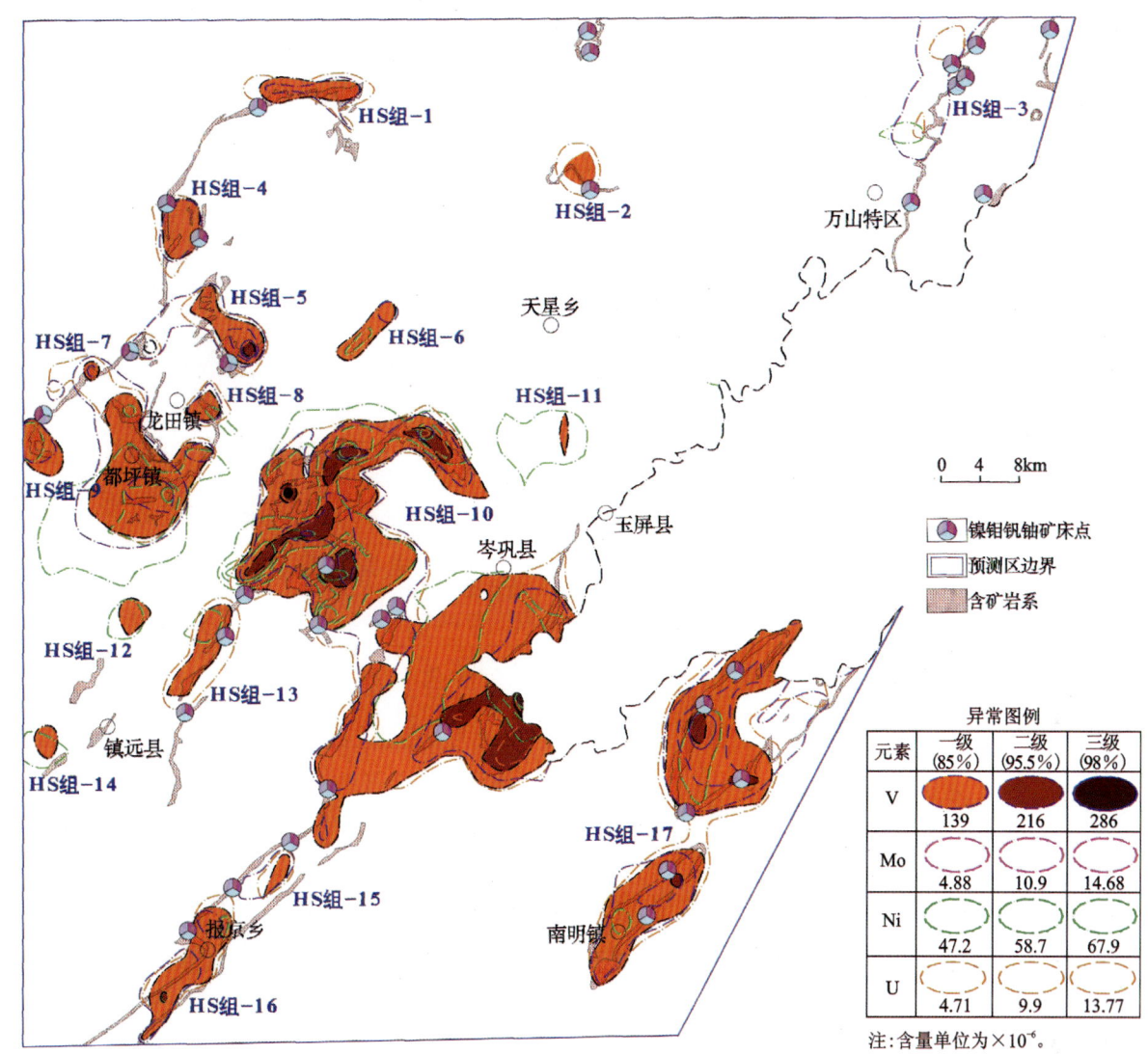

图 7-37　贵州省镇远-玉屏镍钼钒预测工作区 Ni-Mo-V-U 组合异常图

(五) 松桃-铜仁地区

松桃-铜仁钒矿预测工作区位于黔北隆起地球化学亚区,与江南造山带地球化学区(带)毗邻。特色矿产主要有汞、铅、锌、金、钨、锡、锰、磷、钒等。区域上以 F、CaO、MgO 地球化学高背景分布为特征,次有 Ba、Be、Co、Cr、Hg、La、Li、Mn、Mo、Nb、Ni、P、Sr、Ti、U、V、W、Fe_2O_3、K_2O 地球化学高背景,As、B、Cd、Pb、Na_2O 也高于全省背景含量值。受江南造山运动及黔北隆升等多期次复杂地质活动影响,Au、As、Sb、Hg、Pb、Zn、Ag、Cd,等中-低温热液成矿元素,W、Sn 等高温成矿元素,以及 Mn、Fe、Ni、Mo、V、Ti、P 等亲基性元素均在此富集成矿。

松桃-铜仁钒矿预测工作区有 7 个 Ni-Mo-V-U 组合异常(图 7-38),异常主要沿区内北东向背斜核部及两翼前震旦系至寒武系分布。7 个 Ni-Mo-V-U 组合异常均有 V 元素异常分布。其中,又以 HS组-1、HS组-2、HS组-4、HS组-7 等异常规模较大,强度也相对较高。

HS组-1 位于预测区西北部,异常主体沿寒武系呈带状分布。组合异常由 Mo、V、U 元素异常构

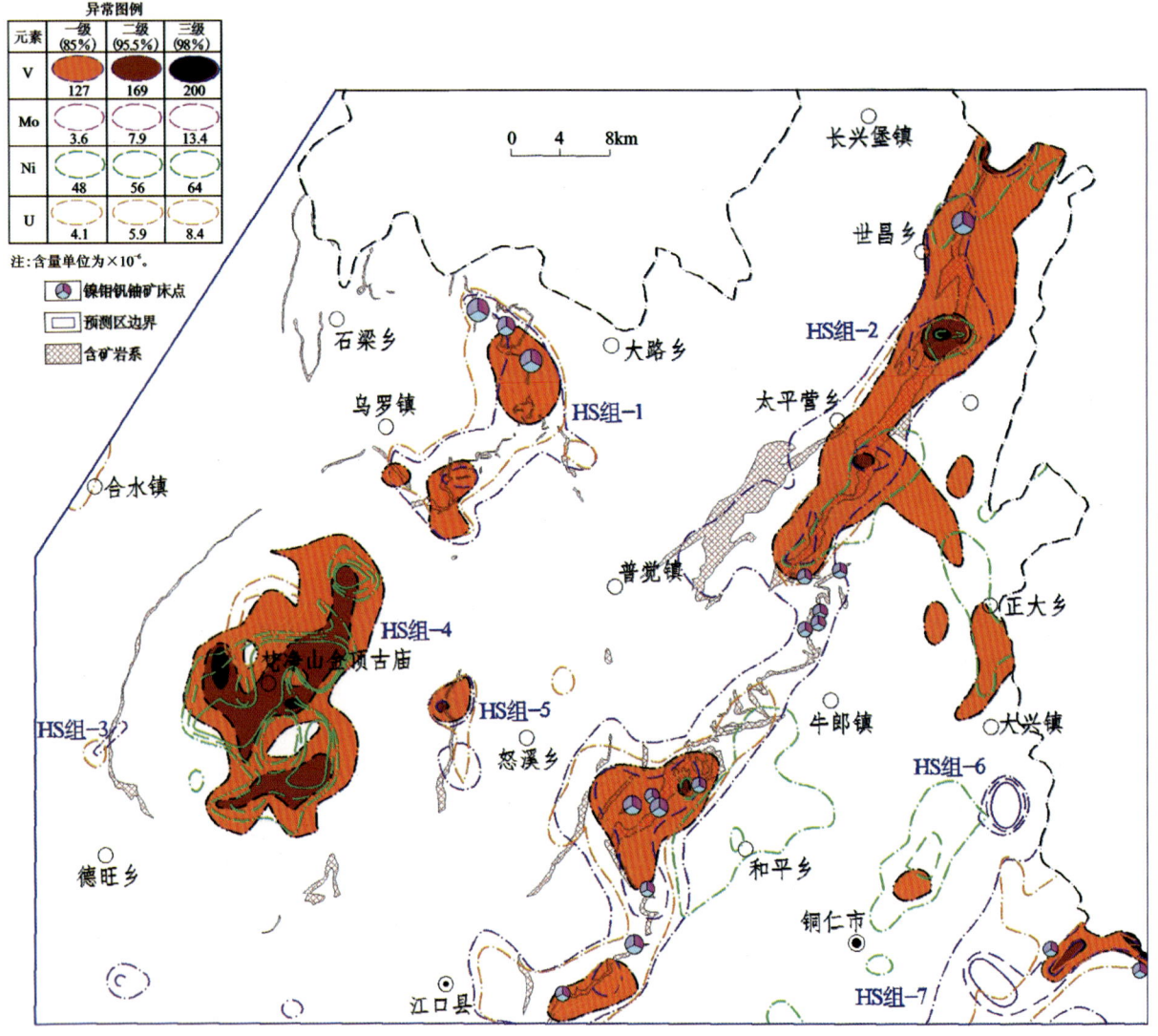

图 7-38 贵州省松桃-铜仁镍钼钒预测工作区 Ni-Mo-V-U 组合异常图

成,各元素异常套合较好。组合异常面积近 140km²。其中以 Mo 元素异常规模最大(近 150km²),强度最高(一级)。V、U 元素异常规模相对较小,异常强度均为一级。

HS组-2 位于预测区北部,异常整体呈等轴状,西部有一中型镍钼钒矿。组合异常由 Mo、V、U 元素异常构成,各元素异常套合较好。组合异常呈等轴状,面积近 20km²,各元素异常强度均为一级。

HS组-3 位于预测区东部,异常主体分布于寒武系中。组合异常由 Mo、V、U 元素异常构成,各元素异常套合较好。组合异常面积 5km² 左右。各元素异常规模均较小,异常强度均为一级。

HS组-4 位于预测区西部,异常主体分布于前震旦系至寒武系下部地层中。组合异常由 Ni、V、U 元素异常构成,各元素异常套合较好。组合异常呈不规则等轴状,面积近 250km²,各元素异常强度均为三级。V 元素异常为 HS钒-6,面积 226km²。

HS组-5 位于预测区中部,异常主体分布于寒武系中。组合异常由 Mo、V、U 元素异常构成,各元素异常套合较好。组合异常呈哑铃状,面积近 20km²。V 元素异常主要为 HS钒-7,面积 9km²。

HS组-6 位于预测区东南部,异常分布于寒武系中。组合异常由 Ni、Mo、V 元素异常构成,Ni、V 元素异常套合较好,Mo 异常分布于组合异常的东北边缘。组合异常整体呈带状,面积 60km² 左右。V

元素异常主要为HS钒-12,面积近6km²,异常强度为一级。

HS组-7位于预测区东南角,异常主体分布于寒武系中。组合异常由Ni、Mo、V、U元素异常构成,各元素异常套合较好,Mo、V、U元素异常规模较大,Ni元素异常面积较小。组合异常呈面状分布,面积超过200km²。V元素异常为HS钒-7,面积超过54km²。

第四节　预测工作区成果综述

贵州省矿产资源潜力评价,共完成金、锑、汞、铅锌(银)、铜、钨(锡)、萤石、重晶石、钼镍钒、锰、磷(稀土)、硫等矿种,51个预测工作区地球化学研究。通过预测工作区相关矿种相关元素地球化学特征、主元素异常特征及组合异常特征的研究,各矿种主要异常组合元素或氧化物为:金、锑、汞矿产Au、Sb、Hg、As;铅锌(银)矿产Pb、Zn、Ag、Cd;铜矿Cu、Pb、Zn、Ag;钨(锡)W、Sn、Bi、Mo;萤石、重晶石矿Ba、F、As、Sb、Hg;钼镍钒矿Mo、Ni、V、U;锰矿Mn、Fe_2O_3、Cr、Ni、V;磷(稀土)矿P、La、Y;硫矿Fe_2O_3、Cr、Ni、Ti。

金、锑、汞、铅锌(银)、铜、钨(锡)、萤石、重晶石、钼镍钒、锰、磷(稀土)、硫等矿种中,萤石、重晶石、锰、磷(稀土)、硫等与地球化学异常有一定关系,成矿构造区域上有相关元素异常分布,但异常与矿床(点)的分布关系存在不确定性,圈出的相关地球化学异常,仅供矿产预测参考;金、锑、汞、铅锌(银)、铜、钨(锡)、钼镍钒等与地球化学异常关系密切,地球异常与矿床(点)分布较为吻合,主成矿(异常)元素异常规模及强度与矿床(点)规模有着密不可分、正相关线性关系。其中,金、锑、汞、铅锌(银)、钼镍钒等矿种,26个预测工作区中的绝大部分地球化学异常规模大、强度高,采用地球化学预测方法预测的矿产资源量大;铜、钨(锡)矿3个预测工作区,地球化学异常规模也较大,但异常强度及成矿率相对较低,地球化学预测方法预测的矿产资源量相对有限。

一、金矿

4个金矿预测工作区中,共圈定预测区19个,其中A级预测区3个,B级预测区3个,C级预测区13个;预测A级资源量178.03t,预测B级资源量48.98t,预测C级资源量413.15t,共计预测金矿资源量640.16t。

天柱-黎平地区圈定了浅变质岩脉型金矿预测区6个,其中B级预测区1个,C级预测区5个,预测B级资源量8.80t,预测C级资源量3.20t,共计预测浅变质岩脉型金矿资源量12t(包含已知矿床探明金矿资源量近10.45t)。

三都-丹寨地区圈定了微细粒浸染型金矿预测区1个,预测级别为B级,预测微细粒浸染型金矿资源量5.10t。

普安-贞丰地区圈定了微细粒浸染型金矿预测区7个,其中A级预测区2个,B级预测区1个,C级预测区4个,预测A级资源量87.62t,预测B级资源量35.08t,预测C级资源量121.87t,共计预测微细粒浸染型金矿资源量244.57t(包含已知矿床探明金矿资源量近208.102t)。

册亨-望谟地区圈定了微细粒浸染型金矿预测区5个,其中A级预测区1个,C级预测区4个,预测A级资源量90.41t,预测C级资源量288.08t,共计预测微细粒浸染型金矿资源量378.49t(包含已知矿床探明金矿资源量近111.099t)。

二、锑矿

3个锑矿预测工作区中,共圈定预测区5个,其中B级预测区4个,C级预测区1个;预测B级资源量22.31万t,预测C级资源量4.03万t,共计预测锑矿资源量26.34万t。

独山地区圈定了锑矿预测区1个,预测级别为B级,预测资源量12.08万t(包含已知矿床探明锑矿资源量0.216万t)。

雷山-榕江地区锑矿预测区3个,其中B级预测区2个,C级预测区1个,预测B级资源量7.37万t,预测C级资源量0.83万t,共计预测碳酸盐岩型锑矿资源量8.20万t(包含已知矿床探明锑矿资源量0.200万t)。

晴隆大厂地区圈定了锑矿预测区1个,预测级别为B级,预测资源量2.86万t(包含已知矿床探明锑矿资源量0.235万t)。

三、汞矿

3个汞矿预测工作区中,共圈定C级预测区3个,预测C级资源量9.96万t。

万山地区圈定了汞矿预测区1个,预测级别为C级,预测资源量5.97万t(包含已知矿床探明汞矿资源量4.813万t)。

务川地区圈定了汞矿预测区1个,预测级别为C级,预测资源量2.13万t(包含已知矿床探明汞矿资源量2.077万t)。

三都-丹寨地区圈定了汞矿预测区1个,预测级别为C级,预测资源量1.86万t(包含已知矿床探明汞矿资源量0.869万t)。

四、铅锌矿

11个铅锌矿预测工作区中,除仁怀地区综合异常不发育,未圈定地球化学找矿预测区外,其余10个预测工作区均圈出了地球化学找矿预测区。共圈定预测区19个,其中A级预测区3个,B级预测区4个,C级预测区12个;预测A级资源量84.55万t,预测B级资源量73.94万t,预测C级资源量37.84万t,共计预测铅锌矿资源量196.33万t。

威宁西部地区圈定了铅锌矿预测区2个,预测级别为C级,预测资源量7.23万t。

赫章-水城地区圈定了铅锌矿预测区4个,预测级别A级1个,B级1个,C级2个,预测A级资源量40.04万t,预测B级资源量18.74万t,预测C级资源量4.76万t,共计预测碳酸盐岩型铅锌矿资源量63.54万t。

普安地区圈定了铅锌矿预测区1个,预测级别为A级,预测资源量16.08万t。

织金地区圈定了铅锌矿预测区3个,预测级别B级1个,C级2个,预测B级资源量8.08万t,预测C级资源量15.30万t,共计预测碳酸盐岩型铅锌矿资源量23.38万t。

毕节地区圈定了铅锌矿预测区2个,预测级别为C级,预测资源量0.64万t。

习水地区圈定了铅锌矿预测区1个,预测级别为C级,预测资源量1.17万t。

福泉-都匀地区圈定了铅锌矿预测区2个,预测级别A级1个,预测C级1个,预测A级资源量28.43万t,C级资源量1.74万t,共计预测碳酸盐岩型铅锌矿资源量30.17万t。

镇远-三都地区圈定了铅锌矿预测区1个,预测级别为C级,预测资源量2.92万t。

松桃-玉屏地区圈定了铅锌矿预测区2个,预测级别为B级,预测资源量47.12万t。

沿河地区圈定了铅锌矿预测区1个,预测级别为C级,预测资源量4.08万t。

五、铜、钨矿

2个铜矿预测工作区中,共圈定C级预测区4个,共预测资源量2.54万t。

威宁-水城地区圈定了铜矿预测区3个,预测级别为C级,预测资源量1.11万t(包含已知矿床探明铜矿资源量0.41万t)。

从江地区圈定了铜矿预测区1个,预测级别为C级,预测资源量1.43万t(包含已知矿床探明铜矿资源量1.243万t)。

从江钨矿预测工作区圈定了钨矿预测区1个,预测级别为C级,预测资源量0.26万t。

六、镍钼钒矿

3个钼矿预测工作区中,共圈定预测区5个,其中A级预测区2个,B级预测区2个,C级预测区1个;预测A级资源量120.99万t,预测B级资源量74.44万t,预测C级资源量0.45万t,共计预测钼矿资源量195.88万t。

遵义地区圈定了钼矿预测区1个,预测级别为A级,预测资源量54.27万t(包含已知矿床探明钼矿资源量31.84万t)。

织金-纳雍地区圈定了钼矿预测区2个,预测级别为B级,预测资源量74.44万t(包含已知矿床探明钼矿资源量15.21万t)。

余庆-瓮安地区圈定了钼矿预测区2个,预测级别A级1个,C级1个,预测A级资源量66.72万t,预测C级资源量0.45万t,共计预测沉积型钼矿资源量67.17万t(包含已知矿床探明钼矿资源量0.668万t)。

2个镍矿矿预测工作区中,共圈定预测区3个,其中A级预测区1个,B级预测区2个;预测A级资源量55.97万t,预测B级资源量76.79万t,共计预测镍矿资源量132.76万t。

遵义地区圈定了镍矿预测区1个,预测级别为A级,预测资源量55.97万t(包含已知矿床探明镍矿资源量4.218万t)。

织金-纳雍地区圈定了镍矿预测区2个,预测级别为B级,预测资源量76.79万t(包含已知矿床探明镍矿资源量14.204万t)。

3个钒矿矿预测工作区中,共圈定预测区7个,其中A级预测区2个,C级预测区5个;预测A级资源量1 264.37万t,预测C级资源量690.77万t,共计预测钒矿资源量1 955.14万t。

余庆-瓮安地区圈定了钒矿预测区2个,预测级别A级1个,C级1个,预测A级资源量

444.79万t,预测C级资源量2.98万t,共计预测沉积型钒矿资源量447.77万t(包含已知矿床探明钒矿资源量35.872万t)。

镇远-玉屏地区圈定了钒矿预测区2个,预测级别A级1个,C级1个,预测A级资源量819.58万t,预测C级资源量184.21万t,共计预测沉积型钒矿资源量1 003.79万t(包含已知矿床探明钒矿资源量106.083万t)。

松桃-铜仁地区圈定了钒矿预测区3个,预测级别为C级,共计预测沉积型钒矿资源量503.58万t(包含已知矿床探明钒矿资源量7.924万t)。

上述矿种预测成果汇总见表7-37。

表7-37 预测成果汇总表

矿种及预测区		预测区级别数(个)				资源量(万t)		
		总数	A级	B级	C级	A级	B级	C级
金矿	天柱-黎平地区	6	0	1	5	0	8.80	3.20
	三都-丹寨地区	1	0	1	0	0	5.10	0
	普安-贞丰地区	7	2	1	4	87.62	35.08	121.87
	册亨-望谟地区	5	1	0	4	90.41	0	288.08
	合计	19	3	3	13	178.03	48.98	413.15
锑矿	独山地区	1	0	1	0	0	12.08	3.20
	雷山-榕江地区	3	0	2	1	0	7.37	0.83
	晴隆大厂地区	1	0	1	0	0	2.86	0
	合计	5	0	4	1	0	22.31	4.03
汞矿	万山地区	1	0	0	1	0	0	5.97
	务川地区	1	0	0	1	0	0	2.13
	三都-丹寨地区	1	0	0	1	0	0	1.86
	合计	3	0	0	3	0	0	9.96
铅锌矿	威宁西部地区	2	0	0	2	0	0	7.23
	赫章-水城地区	4	1	1	2	40.04	18.74	4.76
	普安地区	1	1	0	0	16.08	0	0
	织金地区	3	0	1	2	0	8.08	15.30
	毕节地区	2	0	0	2	0	0	0.64
	习水地区	1	0	0	1	0	0	1.17
	福泉-都匀地区	2	1	0	1	28.43	0	1.74
	镇远-三都地区	1	0	0	1	0	0	2.92
	松桃-玉屏地区	2	0	2	0	0	47.12	0
	沿河地区	1	0	0	1	0	0	4.08
	合计	19	3	4	12	84.55	73.94	37.84

续表 7-37

矿种及预测区		预测区级别数(个)				资源量(万 t)		
		总数	A 级	B 级	C 级	A 级	B 级	C 级
铜矿	威宁-水城地区	3	0	0	3	0	0	1.11
	从江地区	1	0	0	1	0	0	1.43
	合计	4	0	0	4	0	0	2.54
钼矿	遵义地区	1	1	0	0	54.27	0	0
	织金-纳雍地区	2	0	2	0	0	74.44	0
	余庆-瓮安地区	2	1	0	1	66.72	0	0.45
	合计	5	2	2	1	120.99	74.44	0.45
镍矿	遵义地区	1	1	0	0	55.97	0	0
	织金-纳雍地区	2	0	2	0	0	76.79	0
	合计	3	1	2	0	55.97	76.79	0
钒矿	余庆-瓮安地区	2	1	0	1	444.79	0	2.98
	镇远-玉屏地区	2	1	0	1	819.58	0	184.21
	松桃-铜仁地区	3	0	0	3	0	0	503.58
	合计	7	2	0	5	1 264.37	0	690.77

第八章　地球化学定量预测

第一节　锑矿地球化学定量预测示范

在全国矿产资源潜力预测评价项目的基础上,以区域化探资料二次开发为前提,通过总结已知典型锑矿床的成矿成晕地质、地球化学特征,在贵州榕江-雷山地区,对不同地质单元(盖层和基底)开展锑矿的地球化学定量预测示范工作。以相似度、成矿地质条件、矿床点分布特征、元素组合特征、Sb异常强度为预测变量,对榕江-雷山地区锑矿进行了预测靶区的圈定,从地球化学角度,通过类比法、面金属量法对圈定预测靶区的资源量进行估算,为矿产资源潜力预测评价提供地球化学预测资料。

一、概述

应用地球化学信息进行矿产资源定量预测是地质科学中重要的方法和手段,其主要任务是:在已获取的勘查地球化学数据或资料(包括水系沉积物、土壤、岩石等)的基础上,总结、分析、评价区域的地质背景和成矿规律,建立地球化学找矿模型,圈定有利于成矿的靶区,估算资源量,为评价区域的地质矿产勘查工作部署提供依据。

根据全国矿产资源潜力评价项目总体工作部署,贵州省以锑(Sb)矿作为矿产资源潜力评价化探定量预测试点矿种,在贵州榕江-雷山地区开展锑(Sb)矿地球化学模型建立与定量预测工作。

定量预测范围为经度 $107°15'00''—108°30'00''$,纬度 $25°20'00''—26°40'00''$,面积 $17\,719\,km^2$。

(一)目标任务

在全面收集贵州榕江-雷山地区锑(Sb)矿勘查地球化学资料的基础上,参照全国矿产资源潜力评价的预测矿种和矿床类型,根据地球化学元素的分类模式和特点。对贵州榕江-雷山地区锑矿进行矿产资源地球化学模型建立和定量预测方法研究。

(二)完成工作量

本次工作完成的工作量主要为成果图件类和成果文字报告两类:

(1)成果图件类主要为4类共7张,包括地球化学分类图、预测靶区分布图、地球化学模式分类图、预测靶区资源量成果图等,具体编图工作量见表8-1。

(2)编写了《贵州榕江-雷山地区锑(Sb)矿矿产资源地球化学模型建立与定量预测》成果报告1份。

表 8-1 编图工作量一览表

序号	图号	图 名	比例尺
1	1-1	贵州榕江-雷山地区矿床地球化学分类图	1:20万
2	2-2	贵州榕江-雷山地区地球化学预测靶区分布图	
3	3-3	贵州榕江-雷山地区八蒙地球化学模式分类图	
4	3-4	贵州榕江-雷山地区五坳坡地球化学模式分类图	
5	3-5	贵州榕江-雷山地区半坡地球化学模式分类图	
6	3-6	贵州榕江-雷山地区苗龙地球化学模式分类图	
7	4-7	贵州榕江-雷山地区地球化学预测靶区资源量成果图	

(三)主要成果

通过对贵州榕江-雷山地区锑矿矿产资源地球化学模型建立和定量预测方法研究取得主要成果如下:

(1)本次定量预测工作分岩溶区(盖层)和浅变质岩低山丘陵区(基底)两个地质单元进行地球化学数据校正和参数统计,分别编制了相应的地球化学图(异常图),结合因子分析编制了8类因子得分图,图件较好地反映地质特征信息。

(2)对6个矿集区、4个地球化学小区、4个典型矿床分别统计其异常面积、背景值、面金属量、衬值异常量等资源量估算的各种地球化学参数。

(3)结合矿床原生晕特征,以As、Hg为矿头晕,Sb、Mo为矿中晕,独山地区以Cu、Pb、Zn、Cd、Cr、Co为矿尾晕,雷山地区以Au、Bi、V、Ni为矿尾晕,利用矿尾晕/矿头晕比值对预测区作了剥蚀程度的研究。

(4)综合地质、地球化学特征、文献资料,分别编制了黔东南锑矿集区(基底)成矿模式图和雷公山锑矿带(盖层)区域成矿模式图各1张。

(5)以4个典型矿床为标准对全区作了相似度的判别,根据相似度、成矿地质条件、矿床点分布特征及Sb元素异常显示,圈出了找矿预测靶区A+B级27个,C级21个。

(6)结合已知典型矿床资源量,以类比法、面金属量法、品位吨位法对预测靶区的资源量进行估算,其结果如下:

A+B级预测靶区共27个,总资源量:62 907.15t;面金属量法:60 358.32t;类比法:64 606.38t。另外品位吨位法:75 596.02t(相差较大未采用)。

二、以往工作程度

以往地球化学工作情况主要包括1:20万水系沉积物测量、1:5万水系沉积物(分散流)测量。

贵州省1:20万水系沉积物测量工作由贵州省地质矿产勘查开发局下属的物化探大队、101地质大队、103地质大队和区域地质调查队1978—1995年承担完成,分析测试了39种元素或氧化物。

1:5万水系沉积物(分散流)测量工作,主要是针对锑矿进行,根据锑矿的共伴生元素特征,分析测试了与其相关的Sb、Au、As、Pb、Zn等元素。

对地球化学勘查过程中发表的论文及编写的成果报告进行收集。

（一）以往工作概况

1.1∶20万水系沉积物测量工作

预测工作区跨6个1∶20万图幅（都匀幅、剑河幅、独山幅、榕江幅、南丹幅、罗城幅）。1∶20万水系沉积物测量主要选择Au为主的异常进行查证，通过查证发现了一批矿床、矿（化）点、肯定了一批异常，同时也否定了一些异常，其中都匀幅查证发现Sb矿点1处，Au矿点1处，Pb、Zn多金属矿点2处；独山幅查证发现Hg、Au矿点1处，Au矿化点2处。

根据贵州省区域化探资料质量评估报告（1∶20万水系沉积物测量）资料，都匀幅、剑河幅、独山幅、榕江幅4图幅质量评估如下：

1∶20万都匀幅由贵州省地质矿产勘查开发局物化探大队于1987年完成野外采样工作，贵州省地质矿产勘查开发局实验室于1988—1992年完成39种元素或氧化物样品测试工作。As、Hg、Cu、Co检出限[Au报出率（81.11%），La、Th、Ni一标合格率（80%～90%），Al_2O_3、Na_2O二标合格率（<80%），Ag内检合格率（84.7%）等]指标超差不能满足区域化探要求，其他元素或氧化物分析质量满足区域化探要求，Au在个别1∶5万图幅上存在系统偏倚，多数元素或氧化物地球化学图能反映区域地球化学分布规律，个别Pb、Zn矿点无异常反映，多数区域化探异常反映矿床（点）特征，异常查证12处，发现Sb矿点1处，Au矿点1处，Pb、Zn多金属矿点2处，其他异常重现性好，找矿效果较好，采用方法技术正确，对照评估办法，该图幅资料为一类。

1∶20万独山幅由贵州省地质矿产勘查开发局物化探大队于1987年完成野外采样工作，39种元素或氧化物样品测试由贵州省地质矿产勘查开发局实验室于1987—1988年完成，As、Co、Cu、Hg检出限，Au报出率（86.24%），Ni、V、As、La、Be一标合格率（80%～90%），Sn、Th一标合格率（<80%），Na_2O二标合格率（83.72%）等指标超差不能满足区域化探要求，其他元素或氧化物分析质量满足区域化探要求，多数元素或氧化物地球化学图能反映区域地球化学分布规律，区域化探异常基本能反映成矿带或矿床（点）特征，异常查证13处，发现Hg、Au矿点1处，Au矿化点2处，Sb异常1处、Hg异常2处、Ag异常1处消失，其他异常重现性好，总体找矿效果较好，对照评估办法，该片区资料为二类。

1∶20万剑河幅由贵州省地质矿产勘查开发局原区调队1979年完成野外采样工作，采样点有连续空格、沿水系多点重复控制现象；贵州省地质矿产勘查开发局实验室、贵州省地质矿产勘查开发局区调队（Au）实验室1987—1988年完成39种元素或氧化物样品测试。As、Au、Cu、Co、Hg检出限，Au报出率（29.1%），As、B、Cu、Hg、La、Ni、Sn一标合格率（80%～90%），Cu二标合格率（88.6%）等指标超差以及三层套合方差分析Ag、Hg、V等出现F1<F0，不能满足区域化探要求，其他元素或氧化物分析质量满足区化要求，W、B、Ag、Sb、Mo、Th等元素存在较明显的系统偏倚，多数元素或氧化物地球化学图基本能反映区域地球化学分布规律，区域化探异常基本反映矿床（点）特征，异常查证7处，重现性好。上述野外采样、分析质量存在问题，方法技术基本不能满足区域化探要求，对照评估办法与实际情况综合，该图幅资料为四类。

1∶20万榕江幅由贵州省地质矿产勘查开发局物化探大队于1986年完成野外采样工作，贵州省地质矿产勘查开发局实验室1987—1988年完成39种元素或氧化物样品测试工作。Au、As、Cu、Co、Hg检出限，As、B、Co、Hg、Ni、Pb、Th一标合格率（80%～90%），Th、K_2O二标合格率（80%～90%）等指标超差不能满足区域化探要求，其他元素或氧化物分析质量满足区域化探要求，多数元素或氧化物地球化学图能反映区域地球化学分布规律，区域化探异常反映矿床（点）特征，异常查证13处，缺异常查证结果，对照评估办法，该图幅资料为三类。

2. 中大比例尺地球化学勘查工作

贵州省地质矿产勘查开发局101地质大队于1988—1989年,开展了预测区内1∶5万凯里幅、挂丁幅地球化学测量工作,并编制了相应地球化学工作成果报告。分析测试元素为Ba、V、Cr、Hg、Co、Au、Sc、La、Mo、Nb、Ni、Pb、As、Sr、Tl、Sb、Cu、Zn、Ag。

贵州有色物化探总队于1986—1987年先后开展了预测区内1∶5万谷洞幅、邦水幅、墨冲幅、永乐幅、普安幅、雅灰幅、兔场幅、三都县幅、都江幅、独山县幅、河寨幅、大寨幅、周覃幅、九阡幅地球化学测量,共14个1∶5万图幅25 721件样品,以锑矿为主要矿种分析测试了Sb、As、Pb、Zn、Cu、Hg、Ni、Ga、Co、V、Sn、Mo、Mn、Au等元素,编制了《贵州都匀江肘测区地球化学普查(分散流)工作总结报告》《贵州省三都一带分散流普查工作总结报告》。

综上所述,预测工作区地球化学勘查工作程度见图8-1。

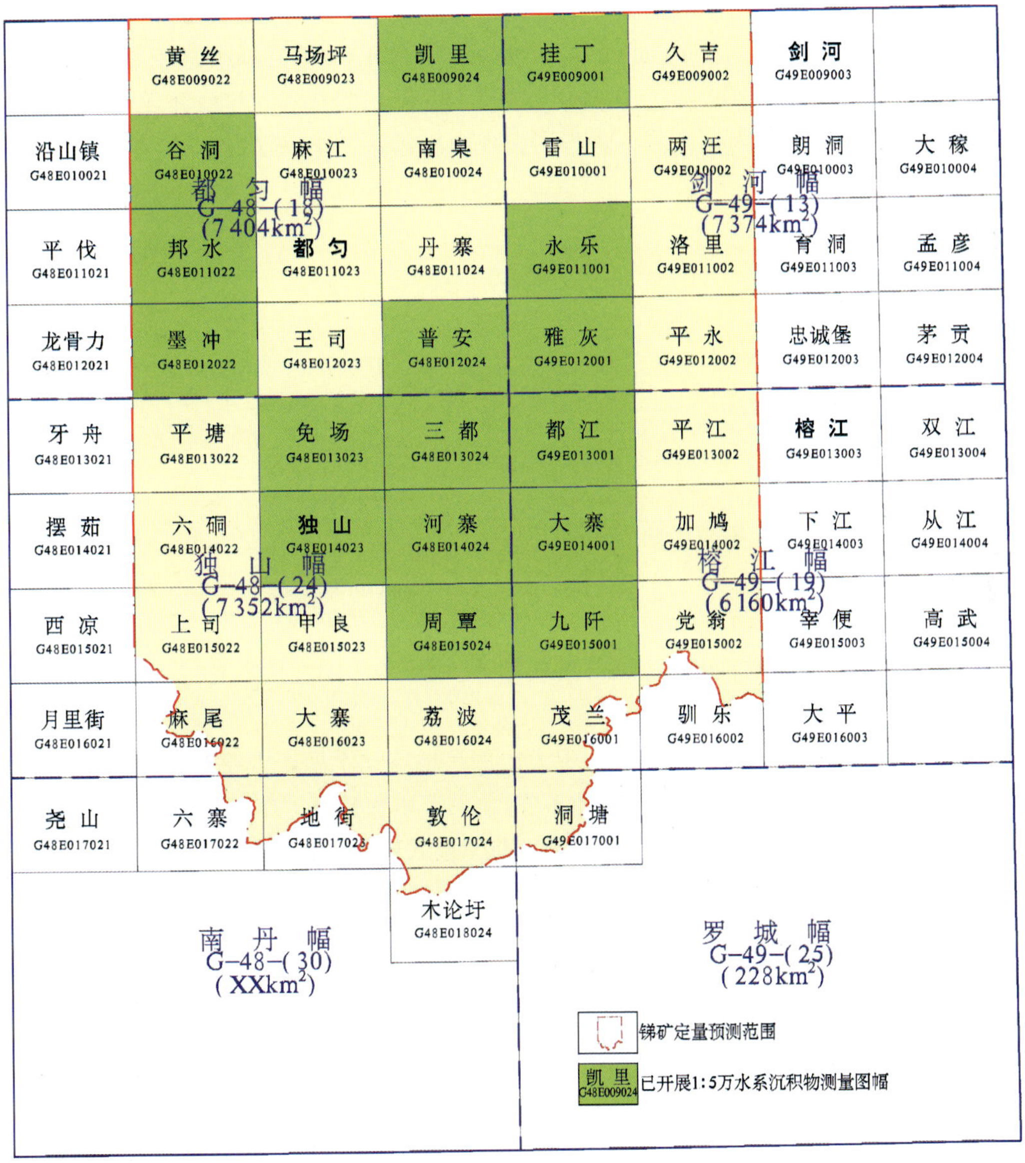

图8-1 预测工作区工作程度图

(二) 资料收集及可利用程度

1. 1∶20万水系沉积物测量资料

本次预测数据主要采用1∶20万水系沉积物测量数据,6个1∶20万图幅共4 666件样品39种元素或氧化物测试数据。另外收集了《贵州省1∶20万都匀幅区域化探报告》《贵州省1∶20万剑河幅区域化探报告》《贵州省1∶20万独山幅区域化探报告》《贵州省1∶20万榕江幅区域化探报告》等内部资料,上述数据和成果报告为本次预测区工作提供了较为翔实的基础资料。

2. 1∶5万水系沉积物测量资料

收集了预测区内1∶5万凯里幅、挂丁幅地球化学测量成果报告,对编制的地球化学成果图件(单元素地球化学图、综合异常图)进行了扫描。

收集了贵州有色物化探总队于1986—1987年先后开展的1∶5万谷洞幅、邦水幅、墨冲幅、永乐幅、普安幅、雅灰幅、兔场幅、三都县幅、都江幅、独山县幅、河寨幅、大寨幅、周覃幅、九阡幅,共14个1∶5万图幅25 721件样品测试数据,对测试数据进行了整理和入建库工作,利用其数据资料对本次锑矿预测中预测靶区进行部分验证。

3. 参考文献资料

对该预测区内的文献资料进行收集,主要收集与锑矿相关的地质地球化学文献资料,包括锑矿典型矿床地质特征、地球化学特征、成矿模式等相关内容。为本次预测建立地球化学模式提供了依据。

(三) 存在的主要问题

(1) 1∶20万剑河幅和榕江幅为贵州省最早开展的水系沉积物测量工作,其野外采样、分析质量存在一定问题(根据《贵州省区域化探资料质量评估报告》)。通过数据误差处理后基本能满足本次定量预测工作。

(2) 中大比例尺地球化学资料由于工作开展较早,其成果均为纸介质资料,样品测试结果入库工作量较大,利用程度较低。

(3) 受当时工作性质、资金等因素的制约,中大比例尺地球化学勘查未遍及本次预测区。并且已开展地球化学勘查工作的图幅分析测试元素参差不齐,制约了本次预测工作中异常的解释和验证工作。

(4) 关于典型锑矿床地球化学资料较少,给地球化学模式建立带来一定困难。

三、方法技术及质量评述

(一) 编图原则及依据

以成矿成晕地质、地球化学理论为指导,以已有的1∶20万区域地球化学调查数据为主,综合利用1∶5万~1∶1万中大比例尺化探资料,以现代信息技术为手段,研究总结典型矿集区(矿床)的异常特征,建立成矿带(矿集区)地球化学找矿模型,为预测区的地球化学定量预测提供类比依据。

根据《化探资料应用技术要求》《矿产资源地球化学模型建立与定量预测方法技术》要求,开展贵州榕江-雷山地区锑矿地球化学定量预测示范工作,主要编制矿床地球化学分类图、地球化学预测矿床分布图、地球化学模式分类图、地球化学预测资源量成果图等4类地球化学资源量预测成果图件。

(二)数据处理与解释方法

在矿产资源潜力评价的地球化学信息应用及综合分析过程中,为达到使数据集尽可能地满足某种分布(如正态分布)以便于解释其分布规律,统一不同元素量纲和数据水平以便于叠加分析或累加等运算,突出综合变量、化减变量数,突出地质及矿产特征信息等目的,需运用现代计算机技术及手段,对数据进行处理。常用的方法主要有数据处理、离散数据网格化、数据分布检验、多元统计分析等。

1. 数据处理

在地球化学综合解释中,由于数据的分布与量纲的不一致,对数据的处理、分析、综合将会有很大的影响。因此往往需要首先对数据进行变换处理,通常采用对原始数据进行标准化、极差化,或均匀化的变换。对于偏态分布的原始数据通过对数变换、平方根变换、反余弦变换,或反正弦变换可使其近于正态分布。对非线性相关数据,可通过作散点图、分布趋势图,拟合趋势曲线,然后采用相关的拟合方程作适当变换,使变换后的数据集大致成线性关系。

本次数据处理以图幅为单位,以背景值为基准进行调平处理。

2. 离散数据网格化

离散数据网格化处理是空间数据插值的一种,即把无规则分布的空间数据内插为规则分布的空间数据集,如规则矩形格网、三角网等。

规则格网能够更好地反映连续分布的空间现象,并对他们的变化作出模拟。现代地球科学模型都要求与GIS数据模型和遥感数据高度兼容的空间数据集。格网化的数据,尤其是规则矩形格网,已成为目前地学模型的主要数据形式。

网格化处理一般包括这样几个过程:

(1)空间几何属性的确定。

(2)插值方法(模型)的选择。

(3)空间数据的探索分析,包括对数据的均值、方差、协方差、独立性和变异函数的估计等。

(4)插值方法评价。

(5)重新选择内插方法,直到合理。

本次采用处理后的网格化数据。处理方法:

(1)网格距的确定,网格距选定为$2km \times 2km$。

(2)数据处理搜索范围,以计算点为中心,搜索半径为网格距的2.5倍即5km。

(3)数据处理计算方法,网格化数据处理方法均采用以距离(原始数据点到计算点的距离)为幂的指数加权法。

3. 数据分布检验

地球化学单元素的分布检验,有助于通过数据的分布规律,了解数据的分布特点,比较不同数据集统计分布异同,研究元素的空间分布及地质成因意义。

分析方法原理:主要是按照一定的间隔分组,获取每一组的样品数,绘制频率分布图,可以获取特定区段的频率分布与概率值。具体步骤：

(1)分组：按照算术与对数间隔将数据分成若干组(8～20组)。

(2)获取各分组范围：分组数、分组间隔值。

(3)计算各组频数。

(4)绘制分布图。

(5)计算累计频率、众数、标准差等特征参数。

(6)确定数据的分布特征。

本次对17个非正态分布的元素进行了取对数处理。

4. 多元统计分析——相关与回归分析

在地球化学研究中，回归分析主要是研究元素之间关系的一种统计方法，也就是要建立一个元素和另一个元素或几个元素之间的数据表达式。在典型矿床研究中，有多个元素异常出现，通过元素间相关性计算，提取该类型矿床的主要指示元素。

具体分析方法：

(1)确定分析元素，选择自变量和因变量(一元回归选择一个元素作为因变量，多元回归根据需要选择多个元素)。

(2)计算建立回归方程。

(3)分析元素间的相关性。

(4)成因解释。

对于应用元素回归分析进行矿产预测，可根据研究任务在研究区内划分单元，选择控制区(有矿单元)；原则为控制区主成矿元素为自变量，选择相关的元素为因变量(必要时可进行数据变换)；建立最优回归方程，并进行显著性检验；对研究区其他单元进行预测，确定有利的找矿远景区及预测工作区，进行地质分析、解释和检验。

5. 多元统计分析——普通聚类分析

聚类分析主要用于辨认具有相似性的元素组合，并根据彼此不同的特性加以"聚类"，使同一类的元素具有高度的相同性。

选择刻画元素间两两接近程度的要素和具体标定方法，是聚类分析的关键。一般聚类分析的分析方法及步骤：

(1)选择研究区分析单元。

(2)确定分析元素(一般不少于10个)。

(3)选择计算方法(针对元素分组和相关性分析，选择R型)。

(4)绘制谱系图。

(5)确定分组相关系数下限(建议>0.5)，并对元素分组。

(6)对元素分组结果进行地质与成矿因素的分析解释。

应用聚类分析的元素分组可确定矿床类型和元素的组合特征，也可通过已知成矿单元的类比，预测评价相关研究区内相关单元可能发现的矿床类型等。

6. 多元统计分析——因子分析

因子分析是对大量地质观测资料进行分析和作出较为合理解释的一种多元素统计方法，它能够通过大量的元素分析数据,在关系复杂的情况下,寻找影响它们的共同因素和特殊因素。并以原始数据间的相关关系为基础,通过数据方法将许多彼此间具有错综复杂关系的因子联系起来,它往往指示出某种地质元素间的共生组合和成因联系。用因子代替原始元素,不仅对原始元素的相关信息损失无几,而且更能反映出地质现象的内在联系。因子分析方法:

(1)在多元素数据表中,选择分析元素(不少于3个,可根据研究目的选择元素组合)。

(2)确定空间坐标项(横坐标、纵坐标),标识每个数据点对应的因子得分的空间位置。

(3)计算因子元素特征值,即元素特征根和特征根百分比。

(4)按照特征根累计百分比大于85%,确定因子数。

(5)进行因子分析处理计算,计算结果将输出相关矩阵、特征根、特征向量、初始因子矩阵和旋转因子(载荷)矩阵,以及初始因子得分和旋转因子得分表。

(6)利用因子载荷矩阵,确定各因子的组合(按贡献大小),一般来说,对应元素因子载荷越大,对这个因子的贡献也越大,并说明包含该元素的信息量越多。按照载荷值大小对元素排序,一般取载荷>0.6的元素作为该因子元素组合。根据元素的组合关系对因子反映的地质意义进行解释。

(7)应用对应每一个数据点的因子得分制作各因子二维空间得分图,通过因子得分数据对数据点进行分类,并对分类结果进行地质解释。

本次预测对干扰元素进行剔除后,得出8类便于解释的因子。

7. 多元统计分析——异常下限的确定

本次编图对异常值采用局部区域定值与省域变值相结合的方法。

首先根据省内基本地质-自然地理景观分布特征,将省域划分为若干局部区域(地质单元、地理景观),对各局部区域内的化探数据分别确定各自的定值异常下限,将各局部区域的定值异常下限进行空间联合获得省域变值异常下限趋势面。

在局部区域内定值异常下限的确定采用以下两种方式:

(1)累频方式将数据从小到大排序,取85%频数的值作为异常下限值。采用90%、95%频数值将异常划分为弱、中、强三级浓度分带。

(2)均值标准差方式对于近似正态分布的数据,采用平均值±3倍标准差的界限循环剔除离异数据点后,采用平均值+2倍标准差来确定异常下限值。采用平均值+2~3倍标准差和平均值+2.7倍标准差值将异常划分为弱、中、强三级浓度分带。在预测范围内依据局部区域内定值异常下限值以及异常浓度分带值分别建立异常下限趋势面、中异常值趋势面和强异常值趋势面。

本次采用均值标准差方法对异常圈定。

(三)编图方法技术

本次地球化学图件编制,主要运用MapGIS6.7,数据参数统计采用SPSS、GeoExpl、GEEMS等软件,遵照全国矿产资源潜力评价项目中的《化探资料应用技术要求》(2010)方法技术进行。

根据全国项目组要求,贵州省以榕江-雷山地区的锑(Sb)矿开展定量预测示范工作,图件编制参照马振东、曾键年、龚敏等编写的《矿产资源地球化学模型建立与定量预测方法技术》(2010)要求执行。

根据《矿产资源地球化学模型建立与定量预测方法技术》(2010)要求,开展定量预测示范工作主要编制4类地球化学资源量预测成果图件。

1. 矿床地球化学分类图

矿床地球化学分类图是开展资源量预测的基础,它以成矿带为单位,以地质图和矿产简图为基础,参照锑、金、铅锌矿床(矿化点)的地球化学特征,编制矿床地球化学分类图。

1)编图要素

(1)榕江-雷山地区地质矿产简图。

(2)地球化学分类线、点。

(3)因子得分投点。

2)编图方法

(1)尽可能多地收集榕江-雷山地区锑矿带内各矿床和矿化点的矿化特征,确定其主成矿元素,根据其主成矿元素的差异划分成几种地球化学矿床类型,并在地质矿产简图上标明。

(2)在标明各矿床的地球化学分类后,以矿田为单位,将相似的矿床圈定在一起,形成各种地球化学小区。

(3)在成矿带范围内,将划分的几个主要地球化学小区标识出来,综合形成矿床地球化学分类图。

3)表达方式

(1)图名:贵州榕江-雷山地区矿床地球化学分类图。

(2)成矿带的界线。

(3)地质简图:成矿带内以区、线、点的形式表示,成矿带外以线、点形式表示。

(4)矿床按照规模大小和类型进行标注,包括图标和名称。

(5)在每一个地球化学小区内,使用醒目的字体标注每个矿床的地球化学分类和地球化学小区的名称。

(6)图例:地质图、矿产图的图例。

(7)比例尺:1:20万。

(8)责任表。

2. 地球化学预测矿床分布图

地球化学预测矿床分布图是根据预测工作区圈定的地球化学方法,将圈定靶区的各种地质-地球化学特征综合起来,为后期的资源量地球化学预测提供各种计算的参数。

1)编图要素

(1)地质简图线、点。

(2)矿产名称。

(3)成矿带 Sb 元素地球化学图。

2)编图方法

(1)地球化学方法挑选预测靶区,按照矿田进行编号(Ⅰ、Ⅱ、Ⅲ…)。

(2)以矿田为单位,按照 Sb 元素异常下限的范围,以红色闭合曲线(实线,宽度 0.3~0.5mm)代表已知矿床,按照序号进行编号,蓝色闭合曲线(虚线,宽度 0.3~0.5mm)代表预测靶区。

(3)以 Sb 元素的地球化学图为底图,将各已知矿床和预测靶区的各种参数以列表的形式列出,包括代号、名称、矿床类型、元素组合、Sb 元素的异常面积、异常平均含量、异常最高值、相对剥蚀系数等。

(4)在成矿带范围内,将各矿田按照上述格式标准出来,形成成矿带地球化学预测矿床分布图。

3)表达方式

(1)图名:贵州榕江-雷山地区锑成矿带地球化学预测矿床分布图。

(2)成矿带的界线及各矿田的范围以线表示。

(3)地质简图以线、点的形式表示。

(4)矿床只标注名称。

(5)各矿田的已知矿床与预测矿点圈定的范围以线、点形式表示,各种地质-地球化学特征以表格形式表示。

(6)图例:地质图图例、Sb 元素的数值分级。

(7)比例尺:1∶20 万。

(8)责任表。

3. 地球化学模式分类图

地球化学模式分类图是将成矿带内主要的成矿模式进行分类,然后按照各自成矿模式最具代表性的典型矿床制作相似度图,用于预测靶区和类比对象的优选。

1)编图要素

(1)地质简图线、点。

(2)矿产名称。

(3)各典型矿床相似度图。

2)编图方法

(1)尽可能多地收集矿带内各种矿床的成矿模式及其代表的典型矿床。

(2)以成矿模式为单元,挑选最能代表这种成矿模式的典型矿床,制作该典型矿床全矿带的相似度图。

(3)以典型矿床的相似度图为底图,叠加上地质简图、矿床名称,并在图幅边角处添加其成矿模式图,形成地球化学模式图。

(4)综合各典型矿床的地球化学模式图,形成地球化学模式分类图,即模式分类图不是单独一张图,而是成矿模式的系列图。

3)表达方式

(1)图名:贵州榕江-雷山地区××(典型矿床名称)锑成矿带地球化学模式图。

(2)成矿带的界线及各矿田的范围。

(3)地质简图以线、点的形式表示。

(4)矿床只标注名称。

(5)各种地球化学模式图以其典型矿床的相似度图为底图(区),附上成矿模式图(区、线、点)。

(6)图例:地质图图例、相似度的数值分级。

(7)比例尺:1∶20 万。

(8)责任表。

4. 地球化学预测资源量成果图

在以上3种图件的基础上,结合资源量预测的地球化学方法,计算各预测靶区的资源量,绘制地球化学预测资源量成果图。

1)编图要素

(1)地质简图线、点。

(2)矿产名称。

(3)成矿带 Sb 元素地球化学图。

2)编图方法

(1)对应于地球化学预测矿床分布图,进行各矿田内已知矿床和预测靶区的编号。

(2)对于挑选的预测靶区,使用地球化学方法进行资源量预测。

(3)以 Sb 元素的地球化学图为底图,将各矿田内已知矿床和预测靶区的各种参数以列表的形式列出,包括代号、名称、矿床类型、元素组合、Sb 元素的异常面积、异常平均含量、异常最高值、相对剥蚀系数以及最佳相似矿床、资源量预测结果(包括已知、预测资源量和总的资源量)等,形成地球化学预测资源量成果图。

3)表达方式

(1)图名:贵州榕江-雷山地区锑成矿带地球化学预测资源量成果图。

(2)成矿带的界线及各矿田的范围以线表示。

(3)地质简图以线、点的形式表示。

(4)矿床只标注名称。

(5)各矿田的已知矿床与预测矿点圈定的范围以线、点形式表示,各种地质-地球化学特征和预测结果以表格形式表示。

(6)图例:地质图图例、Sb 元素的数值分级。

(7)比例尺:1∶20万。

(8)责任表。

(四)质量评述

(1)1∶20万水系沉积物测量数据资料,采用全国资料馆下发的数据,部分图幅数据通过数据误差处理后基本能满足本次预测工作。

(2)编图方法和技术流程参照《化探资料应用技术要求》《矿产资源地球化学模型建立与定量预测方法技术》及相应地球化学规程、规范执行,方法和技术质量可靠。

(3)编制的各类地球化学图件客观地反映了该预测区地质、矿化信息特征,主成矿元素(Sb)及其共伴生元素(Hg、As、Mo、Au、Pb、Zn 等)异常较好地反映了已知锑(金)矿床(点)、铅锑矿床(点)。

(4)引用的参考文献、成果报告资料均为已发表、刊载的期刊论文资料和提交的成果报告资料,多为实际勘查工作的总结成果,引用的参考文献、成果报告资料可靠。

上述各工作阶段的质量真实可靠,能满足本次地球化学定量预测工作要求。

四、矿集区地质-地球化学异常特征

根据半坡锑矿、八蒙锑矿、苗龙金锑矿等已知矿床(点)和预测区地球化学特征,将预测区划分为6个矿集区和4个地球化学小区。即半坡锑(Sb)矿矿集区、华兴锑(Sb)矿矿集区、开屯锑(Sb)矿矿集区、都匀-凯里铅锌多金属(Pb-Zn)矿矿集区、苗龙金锑(Au-Sb)矿矿集区、大塘Z-∈黑色页岩矿集区;都匀-凯里 Pb、Zn 地球化学小区,雷山 Sb 地球化学小区、苗龙 Au、Hg、Sb 地球化学小区,独山 Sb、Hg 地球化学小区(图8-2)。

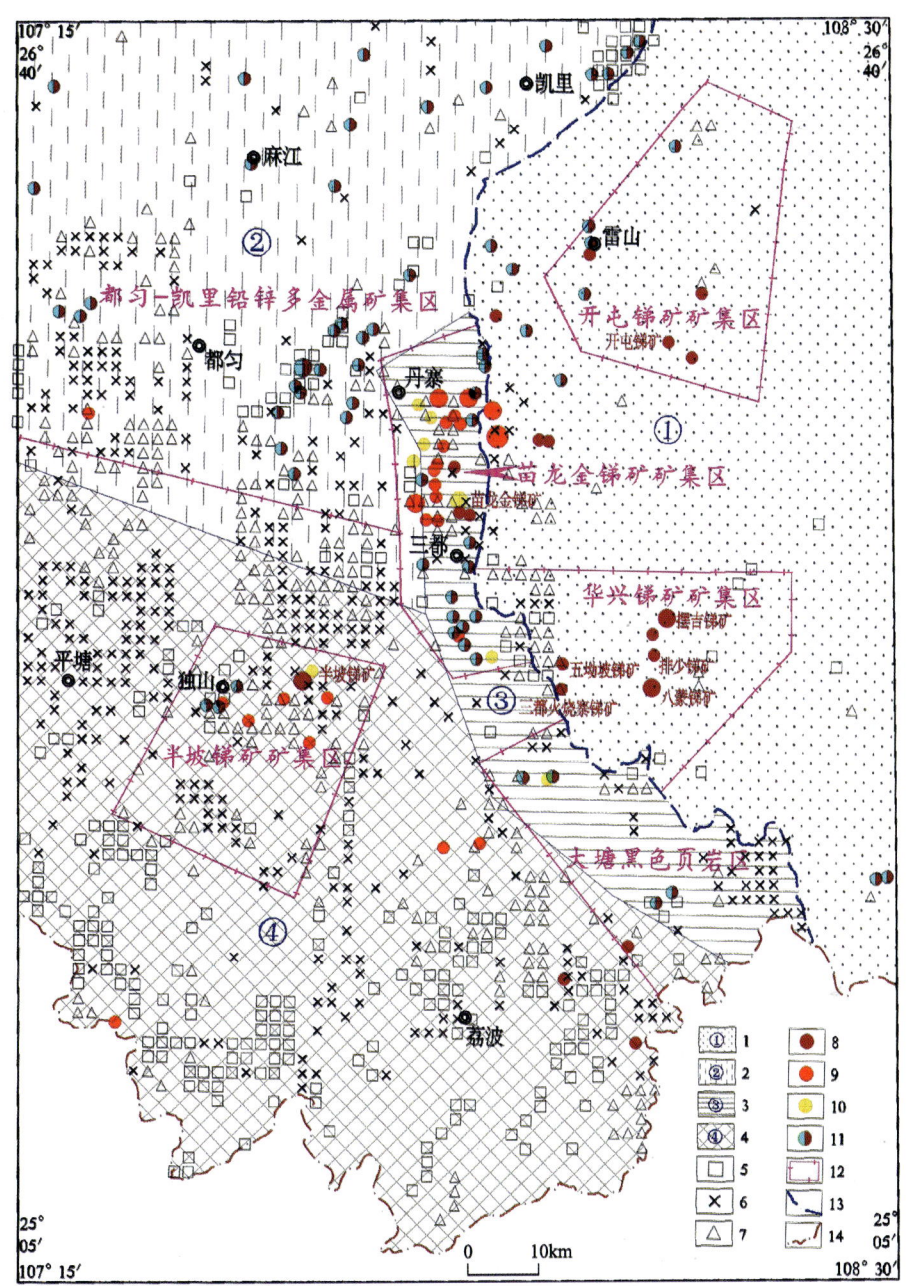

图 8-2　榕江-雷山地区矿床地球化学分区图

1.都匀-凯里 Pb、Zn 地球化学小区;2.雷山 Sb 地球化学小区;3.苗龙 Au、Hg、Sb 地球化学小区;4.独山 Sb、Hg 地球化学小区;5.F4 因子(Pb-Zn-Cd)投点位置;6.F6 因子(Ag-Au)投点位置;7.F8 因子(As-Sb-Hg)投点位置;8.锑矿点;9.汞矿点;10.金矿点;11.铅锌矿点;12.矿集区范围;13.盖层、基底地层分界线;14.省界线

其中雷山 Sb 地球化学小区包括华兴锑(Sb)矿矿集区、开屯锑(Sb)矿矿集区;苗龙 Au、Hg、Sb 地球化学小区包括苗龙金锑(Au-Sb)矿矿集区、大塘 Z-∈黑色页岩矿集区。

分别对 6 个矿集区和 4 个地球化学小区进行了地质-地球化学异常特征剖析。

(一) 矿集区地质特征

1. 半坡锑(Sb)矿矿集区

出露地层为中、下泥盆统。下泥盆统丹林组($D_1 dn$)和舒家坪组($D_1 s$)为陆缘滨海相碎屑沉积;中泥盆统龙洞水组（D_2l）和独山组（D_2d）为浅海-滨海相碳酸盐岩和碎屑黏土岩沉积。赋矿层位为丹林组，其岩性主要为石英砂岩，厚度大于 500m。区内构造以断裂为主，主要有北北西向、北北东—南北向、东西向 3 组，其中北北西向组半坡断层规模最大，为矿区主要的赋矿断层。锑矿体呈陡倾斜大脉切层产于半坡断裂破碎带中，矿脉走向长 1 200m，沿倾向延深 500～600m，仍见矿化。矿厚 0.26～23.31m，平均品位 4.83%。

2. 开屯锑（Sb）矿矿集区

出露地层为下江群浅变质岩，主要是清水江组及其以下地层。平行排列两条北北东向背斜，即桃江背斜和提庆背斜，之间隔以雀鸟向斜。北北东向过渡性剪切带分布较密集，间隔一般为 2～4km，延展长度为 $n\times100$～$n\times1\,000$m。叠加在过渡性剪切带的北北东向断层及与之斜交的北东向断层发育，尤以两个背斜地区分布密度较大，延展规模多为 n～$(n+10)$km，并在两个背斜地区分布有沿断层侵位的煌斑岩类岩体。

已知锑矿床和矿点（个别尚伴有金的局部富集）几乎均分布在叠加于过渡性剪性带的北北东向断层带中，矿体主要在断层旁侧沿劈理带发育的裂隙中呈脉状、透镜状产出，部分产于北北东向断层旁侧羽状排列的北东或其他方位断层裂隙中。赋矿地层包括乌叶组、番召组和清水江组，以番召组绢云母板岩、砂质板岩、凝灰质板岩为主。矿床（点）分布相对集中的地段，在地貌上多为剥蚀作用较强的地势较高的陡峻丛岭地区，矿体出露的海拔标高一般在 1 000～1 600m 之间。

在表生地球化学场上，Sb、As、Au、Cu、Pb、Zn 的背景值，分别为 14.13×10^{-6}、23.31×10^{-6}、2.51×10^{-9}、24.4×10^{-6}、40.2×10^{-6}、109×10^{-6}，富集度分别为 6.4、1.46、3.14、1.36、1.30、1.04。矿田西部桃江背斜南段，还出现 W 的高背景，含量一般为 $(0.5\sim1)\times10^{-6}$，最高为 18×10^{-6}。高背景元素的组合面貌，显示出矿质沉淀早期温度较高阶段的矿物组分所占比重相对较大。

3. 华兴锑（Sb）矿矿集区

出露地层为下江群浅变质岩，主要是清水江组及其以上地层。矿田分布在北北东向的古飞坡背斜地区，北北东向过渡性剪切带分布密集，间隔一般 1～4km，延展长度 $n\times100$～$n\times1\,000$m，八蒙矿床及其附近，有的过渡性剪切带延展超过 10km。叠加或穿越过渡性剪切带的北北东向和北东向及其派生次级断层裂隙发育，尤其是在兴华和五坳坡附近，长数千米至 10km 以上的断层分布密度较大。

已知锑矿床和矿点（个别伴有金或金、砷矿化富集）主要分布在北东向断层带穿越过渡性剪切带的地段，部分分布在叠加于过渡性剪切带的北北东向断层带中。矿体在断层破碎带中呈透镜状、脉状产出，并在破碎带初碎裂岩、断层角砾岩、断层泥砾岩等构造岩组合齐全的部位相对富集，赋矿地层为清水江组及平略组绢云母板岩、凝灰质板岩。矿体出露海拔标高基本在 1 000m 以下，一般在 300～800m 之间，遭受剥蚀的程度相对较低，尤其是矿田南端的八蒙等矿床，已发现的矿体有相当一部分是隐伏或半隐伏矿体。

在表生地球化学场上，Sb、As、Au、Cu、Pb、Zn 的背景值，分别为 35.3×10^{-6}、56×10^{-6}、4.2×10^{-9}、22.7×10^{-6}、30.3×10^{-6}、101.9×10^{-6}，富集度分别为 13.07、4.0、6.0、1.03、1.08、1.03。矿田南端八蒙及的牛寨附近，Sb 异常中叠加有 Hg 异常。

矿集区已知矿床（点）地质特征见表 8-2。

表 8-2 已知矿床(点)地质特征简表

所属矿田	半坡锑矿	华兴锑矿		开屯锑矿	苗龙金锑矿
矿床(点)编号	YZ-1	YZ-2	YZ-3	YZ-4	YZ-5
矿床(点)名称	半坡锑矿	八蒙锑矿	五坳坡锑矿	开屯锑矿	苗龙金锑矿
矿床(点)类型	锑矿	锑矿	锑矿	锑矿	金锑矿
赋矿地层	泥盆系	下江群清水江组、平略组	下江群清水江组、平略组	下江群乌叶组、番召组和清水江组	寒武系
赋矿岩性	石英砂岩	绢云母板岩、凝灰质板岩	绢云母板岩、凝灰质板岩	绢云母板岩、砂质板岩、凝灰质板岩	砂质、凝质灰岩

(二)矿集区地球化学特征

1. 矿集区地球化学景观特征

预测区包括两大地球化学景观。盖层为贵州岩溶景观区;基底为黔东南浅变质岩低山丘陵景观区(图 8-3)。

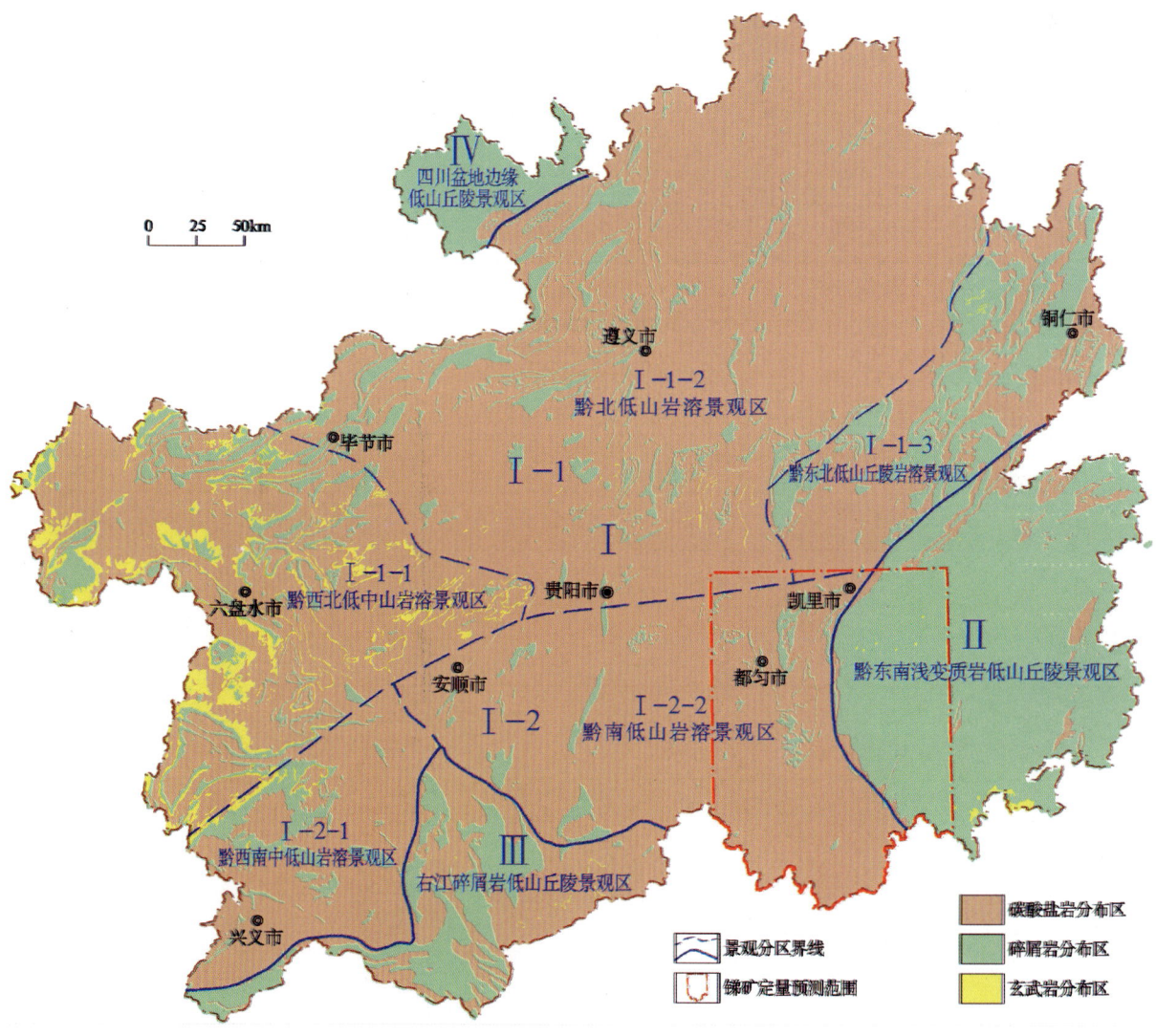

图 8-3 预测区地球化学景观示意图

1)岩溶景观区

贵州岩溶地区水系沉积物或土壤（地表松散沉积物）中，基本的化学组分特征与全国岩溶地区化学组分极为相似。与全国和贵州省总背景，以及湿润低山丘陵区元素背景值相比较，岩溶景观区中的常量组分以显著富集 Fe_2O_3、CaO、MgO，相对贫化 SiO_2、Al_2O_3、K_2O、Na_2O 为特点。微量组分中以显著富集 As、Au、B、Be、Bi、Cd、Co、Cr、Cu、F、Hg、La、Li、Mn、Mo、Nb、Ni、P、Pb、Sb、Sn、Sr、Th、Ti、U、V、W、Y、Zn、Zr，相对贫化 Ag、Ba 为特点。表现出贵州岩溶地球化学景观区的地球化学背景，以明显富集 Fe_2O_3、CaO、MgO 和近 30 多种微量元素为特点，尤以 As、Cd、Co、Cr、Cu、F、Hg、Li、Mn、Mo、Nb、Ni、P、Pb、Sb、Sn、Sr、Ti、U、V、W、Y、Zn 较为富集为显著特点（表 8-3）。

2)低山丘陵景观区

黔东南浅变质岩低山丘陵地球化学景观区中水系沉积物的基本化学组分特征，与全国湿润丘陵地球化学景观区地球化学背景组分极为相似。与全国和贵州省总背景，以及岩溶景观区元素背景值相比较，全省低山丘陵区中的常量组分以显著富集 SiO_2、Al_2O_3、K_2O、Na_2O，相对贫化 Fe_2O_3、CaO、MgO 为特点。微量组分中以显著富集 Ag、Ba，相对贫化 As、Au、B、Be、Bi、Cd、Co、Cr、Cu、F、Hg、La、Li、Mn、Mo、Nb、Ni、P、Pb、Sb、Sn、Sr、Th、Ti、U、V、W、Y、Zn、Zr 为特点，表现出贵州低山丘陵地球化学景观区的地球化学背景，以明显富集元素不多，主要是 SiO_2、Al_2O_3、K_2O、Na_2O 和 Ag、Ba 等几种元素或氧化物为特点，尤以大多数元素或氧化物组分贫化为显著特点（表 8-3）。

表 8-3 贵州与全国不同景观区水系沉积物中元素背景值对比

景观 元素	全国湿润低山丘陵 ($N=12\,048$)	全国岩溶 ($N=2\,995$)	全国总背景 ($N=44\,422$)	贵州低山丘陵 ($N=9\,580$)	贵州岩溶 ($N=35\,500$)	贵州全省背景 ($N=45\,965$)
Ag	89.99	86.83	80.88	72.10	68.50	68.15
As	8.92	18.89	10.09	9.4	17.0	14.89
Au	1.66	1.67	1.37	0.96	1.08	1.06
B	45.52	71.03	42.29	57.3	67.3	67.14
Ba	473.67	311.27	473.47	495.4	304.1	319.3
Be	2.29	2.22	2.13	2.09	2.38	2.36
Bi	0.44	0.46	0.34	0.33	0.40	0.41
Cd	183.78	520.71	156.33	242.4	442.4	313.3
Co	12.05	17.34	11.75	11.92	20.41	17.38
Cr	53.39	81.29	56.43	49.38	95.37	79.42
Cu	21.37	31.87	21.56	22.84	39.49	29.43
F	488.28	576.38	490.34	452.20	783.80	679.20
Hg	61.84	141.93	35.9	88.77	104.4	102.7
La	43.20	45.40	38.94	38.39	42.19	41.35

续表8-3

元素\景观	全国湿润低山丘陵 ($N=12\,048$)	全国岩溶 ($N=2\,995$)	全国总背景 ($N=44\,422$)	贵州低山丘陵 ($N=9\,580$)	贵州岩溶 ($N=35\,500$)	贵州全省背景 ($N=45\,965$)
Li	33.79	41.30	31.21	32.29	44.30	40.09
Mn	639.23	963.84	658.04	742.6	1145.2	1076.9
Mo	1.04	1.41	0.90	0.76	1.56	1.38
Nb	19.70	20.99	15.99	18.53	23.27	20.37
Ni	21.92	34.59	23.68	21.47	38.36	32.84
P	508.46	635.99	582.37	532.20	672.10	621.50
Pb	30.80	33.93	24.94	25.28	31.92	29.39
Sb	0.74	2.73	0.76	1.42	1.49	1.35
Sn	4.41	3.45	3.22	2.69	3.23	3.19
Sr	77.7	59.56	126.31	55.82	71.37	64.82
Th	14.92	15.07	12.17	15.72	16.1	16.47
Ti	4\,566.82	5\,817.72	4\,043.52	4\,590.00	7\,197.00	5\,469.00
U	3.16	3.42	2.63	2.17	3.64	3.31
V	81.13	118.63	78.47	84.29	138.6	109.4
W	2.59	2.17	1.97	1.32	1.80	1.74
Y	26.72	35.42	24.97	29.90	32.06	31.44
Zn	74.01	103.05	69.61	85.84	90.86	89.94
Zr	332.83	317.65	269.45	320.9	329.8	330.8
Fe_2O_3	4.46	5.66	4.42	4.31	6.68	5.63
Al_2O_3	13.19	12.6	12.38	12.85	12.27	12.70
K_2O	2.31	1.55	2.28	2.00	1.72	1.89
Na_2O	0.57	0.18	0.94	0.35	0.23	0.24
CaO	0.76	0.75	1.62	0.47	0.99	0.74
MgO	0.99	0.91	1.27	0.85	1.45	1.29
SiO_2	66.07	65.24	64.05	71.04	65.42	67.03

注：1. 元素含量单位：Ag、Au、Cd、Hg 为 10^{-9}，氧化物为％，其他元素为 10^{-6}。N 为样本数。2. 全国不同景观区水系沉积物中元素背景值根据任天祥等（1996）统计全国的 837 幅 1:20 万化探扫面图幅中以 1:2.5 万图幅为单元的平均值（几何平均值）统计结果。

2. 矿集区地球化学特征

根据矿集区及其已知矿床（点）根据地球化学异常分布特征，分别对其平均值、背景值、异常面积、面金属量、衬度异常量、元素组合特征进行了统计（表8-4、表8-5）。

表 8-4 已知矿床点地球化学特征一览表

矿点(床)	元素	平均含量	异常面积(km²)	背景值	面金属量	衬度异常量	元素组合
苗龙金锑矿	Ag	235.43	77.30	68.87	14 092.70	204.63	Hg、Sb、Au、Mo
	As	94.88	34.05	17.82	1 858.90	104.32	
	Au	**9.32**	**42.17**	**0.58**	**560.93**	**967.12**	
	Cu	48.05	9.05	22.99	226.79	9.86	
	Hg	**1 795.00**	**97.50**	**110.92**	**967 414.04**	**8 721.73**	
	Mo	**5.63**	**122.92**	**1.20**	**438.72**	**365.60**	
	Ni	62.15	8.95	28.43	248.97	8.76	
	Pb	87.50	18.97	28.58	852.55	29.83	
	Sb	**16.39**	**169.70**	**1.52**	**2 436.28**	**1 602.82**	
	V	179.88	175.81	90.73	762.21	8.40	
	U	7.45	22.89	2.93	1 701.60	580.75	
	Zn	194.99	4.75	77.45	596.02	7.70	
半坡锑矿	Ag	283.67	13.68	68.87	1 853.68	26.92	Sb、Hg
	As	80.20	23.14	17.82	1018.40	57.15	
	Au	2.59	2.11	0.58	4.23	7.29	
	Cu	45.00	2.53	22.99	55.63	2.42	
	Hg	**910.61**	**131.34**	**110.92**	**108 024.56**	**973.90**	
	Mo	4.20	20.33	1.20	56.92	47.44	
	Pb	98.40	19.77	28.58	800.63	28.01	
	Sb	**116.04**	**322.03**	**1.52**	**42 825.52**	**28 174.69**	
	U	6.14	5.37	2.93	326.73	111.51	
	Zn	423.50	24.08	77.45	6 393.85	82.55	
五坳坡-三都火烧寨锑矿	**As**	**60.63**	**15.78**	**17.82**	**5 726.94**	**321.38**	Sb、As、Hg
	Au	2.39	5.62	0.58	30.74	53.01	
	Cu	51.33	0.54	22.99	15.16	0.66	
	Hg	**917.92**	**39.62**	**110.92**	**21 894.52**	**197.39**	
	Sb	**23.33**	**128.10**	**1.52**	**4 926.79**	**3241.31**	
八蒙锑矿	As	60.56	2.45	17.82	104.71	5.88	Sb、Hg
	Hg	**771.90**	**77.38**	**110.92**	**40 687.20**	**366.82**	
	Mo	5.21	14.52	1.20	45.60	38.00	
	Pb	56.30	1.55	28.58	43.04	1.51	
	Sb	**10.53**	**97.26**	**1.52**	**902.20**	**593.55**	

注：含量单位 Ag、Au、Hg 为 $\times 10^{-9}$，其他为 $\times 10^{-6}$。

表8-5 矿集区地球化学特征一览表

矿集区	元素	平均含量	异常面积(km²)	背景值	面金属量	衬度异常量	元素组合
半坡锑(Sb)矿矿集区	Ag	153.74	44.20	68.87	6 795.63	98.67	Sb、Hg
	As	48.08	23.13	17.82	1 112.32	62.42	
	Au	2.01	20.28	0.58	40.77	70.29	
	Bi	0.32	37.98	0.37	12.15	32.85	
	Cu	61.98	2.53	22.99	156.60	6.81	
	Hg	**807.15**	**135.56**	**110.92**	**109 415.72**	**986.44**	
	Mn	1 206.41	4.45	953.09	5 366.20	5.63	
	Mo	2.80	21.68	1.2	60.71	50.59	
	Pb	40.50	19.77	28.58	800.66	28.01	
	Sb	**131.52**	**336.16**	**1.52**	**44 212.06**	**29 086.88**	
	U	3.49	84.61	2.93	295.28	100.78	
	V	60.90	6.25	90.73	380.54	4.19	
	Zn	173.40	24.07	77.45	4 174.46	53.90	
华兴锑(Sb)矿矿集区	Ag	137.18	27.34	68.87	3 751.02	54.47	Sb、Hg、As、Mo
	As	**496.93**	**19.36**	**17.82**	**9 618.83**	**539.78**	
	Au	5.47	5.62	0.58	30.73	52.98	
	Cd	3 754.97	7.79	674.53	29 235.88	43.34	
	Cu	28.34	2.53	22.99	71.61	3.11	
	Hg	**583.36**	**89.18**	**110.92**	**52 023.02**	**469.01**	
	Mn	1 868.92	0.24	953.09	446.63	0.47	
	Mo	**9.13**	**39.97**	**1.2**	**364.94**	**304.12**	
	Pb	27.72	1.55	28.58	43.07	1.51	
	Sb	**22.34**	**184.12**	**1.52**	**4 113.59**	**2 706.31**	
	U	4.70	7.65	2.93	35.96	12.27	
	V	96.10	24.46	90.73	2 350.82	25.91	
开屯锑(Sb)矿矿集区	Ag	106.18	9.71	68.87	1 030.99	14.97	Sb、Au、As
	As	**50.50**	**95.57**	**17.82**	**4 826.17**	**270.83**	
	Au	**32.22**	**10.29**	**0.58**	**331.51**	**571.56**	
	Bi	0.31	6.07	0.37	1.88	5.08	
	Cu	26.71	46.33	22.99	1 237.50	53.83	
	Hg	898.61	1.58	110.92	1 416.73	12.77	
	Mn	1 254.31	2.87	953.09	3601.48	3.78	
	Mo	2.83	13.44	1.2	38.04	31.70	
	Ni	29.09	10.28	28.43	298.99	10.52	

续表 8-5

矿集区	元素	平均含量	异常面积(km²)	背景值	面金属量	衬度 异常量	元素组合
开屯锑(Sb) 矿矿集区	Pb	32.78	85.76	28.58	2 811.14	98.36	Sb、 Au、 As
	Sb	**5.82**	**127.56**	**1.52**	**742.48**	**488.47**	
都匀-凯里 铅锌多金属 (Pb-Zn) 矿矿集区	Ag	134.19	351.95	68.87	47 228.62	685.76	Pb、 Zn、 Au、 Cd、 As
	As	**47.42**	**312.67**	**17.82**	**14 827.89**	**832.09**	
	Au	**6.22**	**140.48**	**0.58**	**874.23**	**1 507.29**	
	Bi	0.31	344.27	0.37	106.15	286.90	
	Cd	**8 184.91**	**111.28**	**674.53**	**910 857.79**	**1 350.36**	
	Co	19.15	84.84	13.37	1 624.65	121.51	
	Cr	142.87	6.02	61.66	860.47	13.96	
	Cu	29.58	120.18	22.99	3 554.98	154.63	
	Hg	456.28	85.67	110.92	39 087.63	352.39	
	Mn	1362.69	148.48	953.09	202 337.40	212.30	
	Mo	3.36	86.20	1.2	289.44	241.20	
	Ni	29.31	459.36	28.43	13 462.69	473.54	
	Pb	**122.65**	**801.18**	**28.58**	**98 266.83**	**3 438.31**	
	Sb	4.57	69.71	1.52	318.84	209.76	
	U	3.19	308.78	2.93	984.24	335.92	
	V	63.07	301.00	90.73	18 984.31	209.24	
	Zn	**392.48**	**386.64**	**77.45**	**151 751.84**	**1 959.35**	
苗龙金锑 (Au-Sb) 矿矿集区	Ag	187.69	142.57	68.87	26 759.14	388.55	Hg、 Sb、 Au、 Mo
	As	51.67	93.12	17.82	4 811.49	270.00	
	Au	**12.76**	**65.58**	**0.58**	**836.75**	**1 442.67**	
	Bi	0.28	22.85	0.37	6.40	17.29	
	Cu	25.06	13.01	22.99	326.01	14.18	
	Hg	**13 067.09**	**263.75**	**110.92**	**3 446 508.39**	**31 072.02**	
	Mo	**3.70**	**147.37**	**1.2**	**545.47**	**454.55**	
	Ni	27.81	38.19	28.43	1 062.17	37.36	
	Pb	38.66	59.30	28.58	2 292.14	80.20	
	Sb	**16.50**	**209.26**	**1.52**	**3 453.25**	**2 271.88**	
	U	4.28	154.85	2.93	662.17	226.00	
	V	74.33	60.24	90.73	4 477.70	49.35	
	Zn	125.61	27.51	77.45	3 455.46	44.62	

续表 8-5

矿集区	元素	平均含量	异常面积(km²)	背景值	面金属量	衬度异常量	元素组合
大塘 Z-∈ 黑色页岩矿集区	**Ag**	**284.03**	**225.71**	**68.87**	**64 108.65**	**930.86**	Mo、Ag、Au
	As	44.38	46.34	17.82	2 056.60	115.41	
	Au	**2.86**	**64.41**	**0.58**	**184.39**	**317.91**	
	Bi	0.30	39.94	0.37	11.98	32.39	
	Cd	3 982.68	12.33	674.53	49 096.65	72.79	
	Co	20.74	7.62	13.37	158.04	11.82	
	Cr	116.34	18.70	61.66	2 175.16	35.28	
	Cu	30.35	102.68	22.99	3 115.86	135.53	
	Hg	289.13	13.96	110.92	4 036.78	36.39	
	Mn	1 233.43	17.65	953.09	21 772.49	22.84	
	Mo	**8.07**	**213.94**	**1.2**	**1 725.70**	**1 438.08**	
	Ni	35.78	29.00	28.43	1 037.56	36.50	
	Pb	41.83	123.36	28.58	5 159.82	180.54	
	Sb	5.18	85.50	1.52	442.63	291.21	
	U	4.99	189.15	2.93	944.46	322.34	
	V	117.26	178.19	90.73	20 895.52	230.30	
	Zn	177.94	72.20	77.45	12 847.78	165.88	

注：含量单位 Ag、Au、Cd、Hg 为 $\times 10^{-9}$，其他为 $\times 10^{-6}$。

已知矿床(点)中苗龙金锑矿以 Hg、Sb、Au、Mo 元素异常为主；半坡锑矿以 Sb、Hg 元素异常为主；五坳坡-三都火烧寨锑矿以 Sb、As、Hg 元素异常为主；八蒙锑矿以 Sb、Hg 元素异常为主。

矿集区中半坡锑(Sb)矿矿集区表现为 Sb、Hg 高异常；华兴锑(Sb)矿矿集区表现为 Sb、Hg、As、Mo 高异常；开屯锑(Sb)矿矿集区表现为 Sb、Au、As 高异常；都匀-凯里铅锌多金属(Pb-Zn)矿矿集区表现为 Pb、Zn、Au、Cd、As 高异常；苗龙金锑(Au-Sb)矿矿集区表现为 Hg、Sb、Au、Mo 高异常；大塘 Z-∈ 黑色页岩矿集区表现为 Mo、Ag、Au 高异常。

据半坡锑矿地表及钻孔岩石地球化学测量，该区原生晕异常明显地显示出受断裂控制，在原生晕异常发育区，往往是断裂交会部位。原生晕异常中 Sb 晕分布范围最大，且具有明显的浓度分带，浓集中心与矿体边界基本一致(图 8-4)。剖面原生晕 Sb 及主要伴生元素异常，在半坡断层倾斜延深方向未封闭，浓集中心有明显的延深趋势，为矿体晕的显示，推测有新的锑矿(化)体存在。热释汞测量显示汞异常均沿含矿断裂呈条带展布，具典型的气晕特征和构造成矿特点，浓集中心区往往是锑矿化富集部位；氯化态、硫化态汞异常与 Sb、Mo 的原生晕异常一致，在断层的倾斜延深方向浓集趋势明显且未封闭(见图 5-3)。

区围岩蚀变以硅化、碳酸盐化、黄铁矿、重晶石化为主，其次为碳化和绢云母化，围岩蚀变分带明显(图 8-5)。

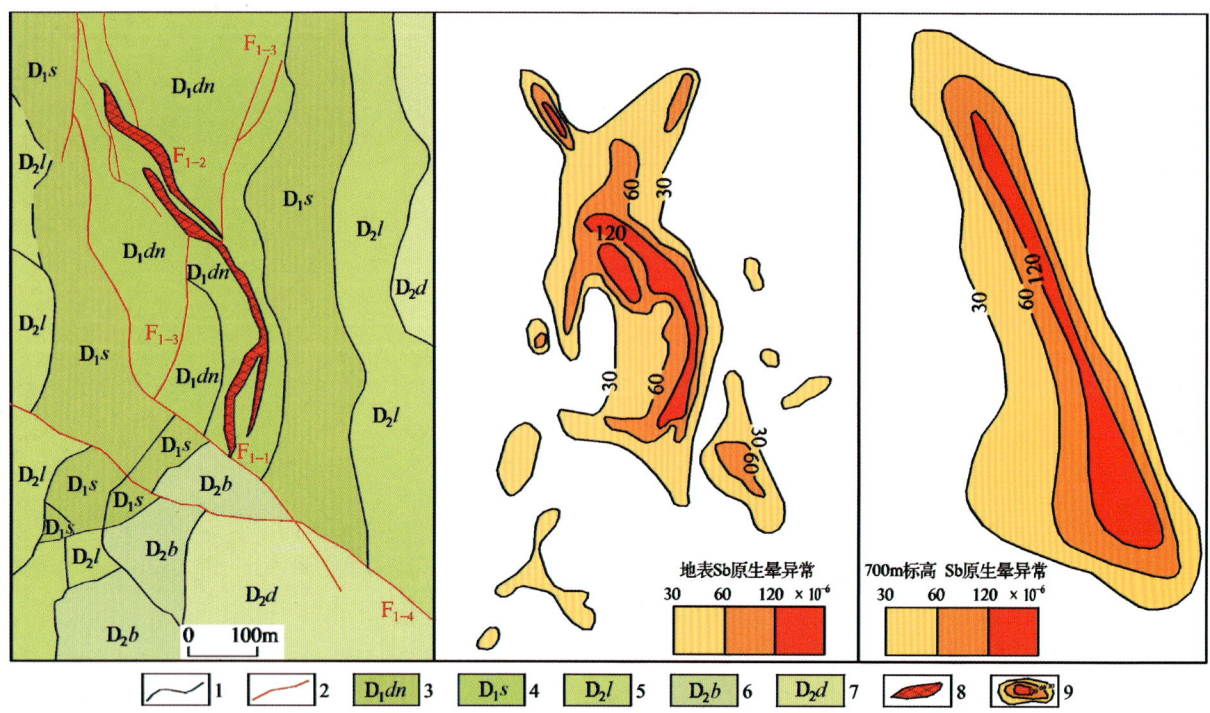

图 8-4 半坡锑矿地质及化探 Sb 原生晕平面异常图(据陈振伟,1987 年修改)

1.地质界线;2.断层;3.丹林群;4.舒坪组;5.龙洞水;6.帮寨组;7.独山组;8.Sb 矿体;9.Sb 原生晕异常分级

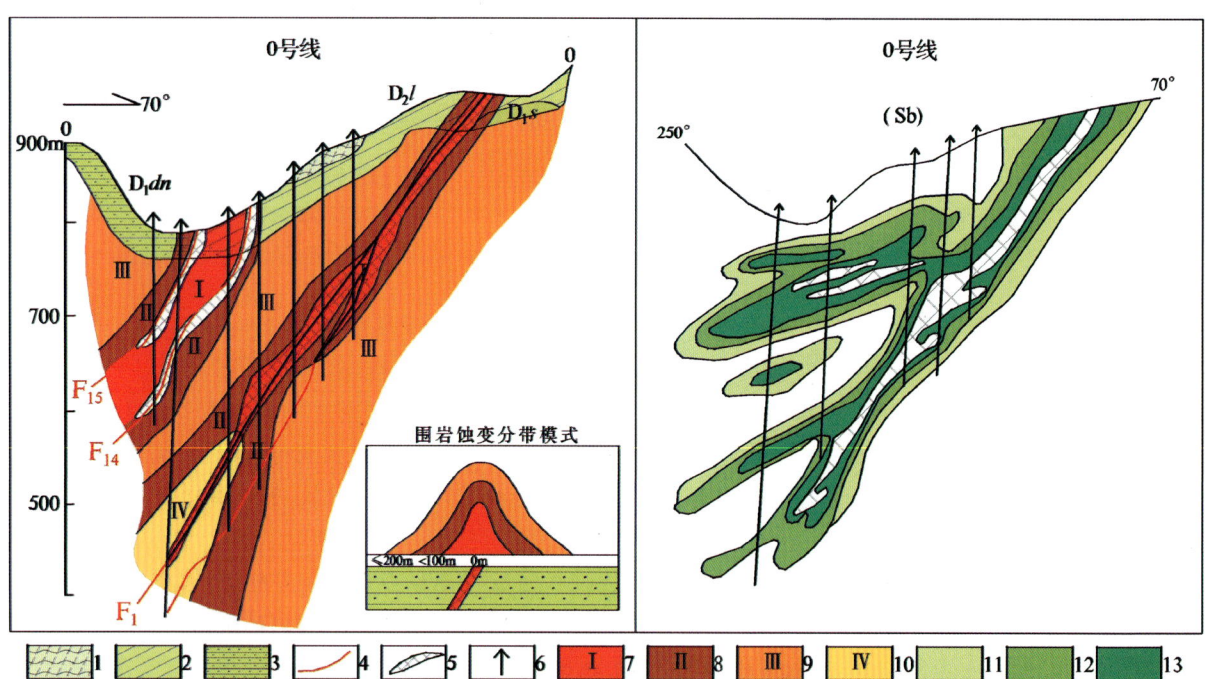

图 8-5 独山半坡锑矿床 0 号线围岩蚀变分带及原生晕横剖面图(据肖跃华,1980)

1.浮土;2.龙洞水组灰岩;3.舒家坪组、丹林组石英砂岩;4.断层;5.矿体;6.钻孔;7.强硅化带;8.硅化+方解石化带;9.方解石(白云石)化+黄铁矿化带;10.硅化+黄铁矿化带;11. $Sb(15\sim30)\times10^{-6}$, $As(15\sim30)\times10^{-6}$, $Pb(20\sim40)\times10^{-6}$;12. $Sb(30\sim60)\times10^{-6}$, $As(30\sim60)\times10^{-6}$, $Pb(40\sim80)\times10^{-6}$, $Ni(28\sim56)\times10^{-6}$, $V(120\sim240)\times10^{-6}$, $Cu(50\sim100)\times10^{-6}$, $(Sb+Hg+As)/(Cu+Pb+V)>1\sim2$;13. $Sb>60\times10^{-6}$, $As>60\times10^{-6}$, $Pb>580\times10^{-6}$, $V>240\times10^{-6}$, $(Sb+Hg+As)/(Cu+Pb+V)>2$

（三）建立矿集区找矿地球化学预测模型

1. 铅同位素特征对锑矿床成因的示踪

成矿模式建立在对矿床成因认识的基础之上。通过前述该区成矿地质-地球化学特征的分析，已经建立起黔东南锑矿床成因的初步认识，进一步，通过区域成矿带铅同位素特征对锑矿床成因的示踪阐明这一认识。

华南锑矿带 4 个矿田内 8 个矿床赋矿地层的岩石铅及其中所含锑矿床的矿石铅的铅同位素特征见图 8-6。各矿床的矿石及其赋矿地层具有相似的铅同位素特征，数据范围基本一致，且统计学特征和演化特征也十分相似，暗示着两者具有一定的亲缘关系和一致的演化历史。样品数据点从上地壳演化线穿过造山带一直切割到地幔演化线。元古宇的地层及其所含矿石的数据覆盖范围大（图 8-6 中 1、2、3、4），而震旦系和泥盆系则相对集中，震旦系主要沿地幔增长线分布（图 8-6 中的 5、6），泥盆系则集中在上地壳演化线上（图 8-6 中的 7、8）。总体看来，震旦系及其以前的样品相对集中在地幔线附近并随地质年代经造山带向上地壳线的泥盆系集中区演化，暗示着区内岩石圈与锑矿化的统一演化进程。

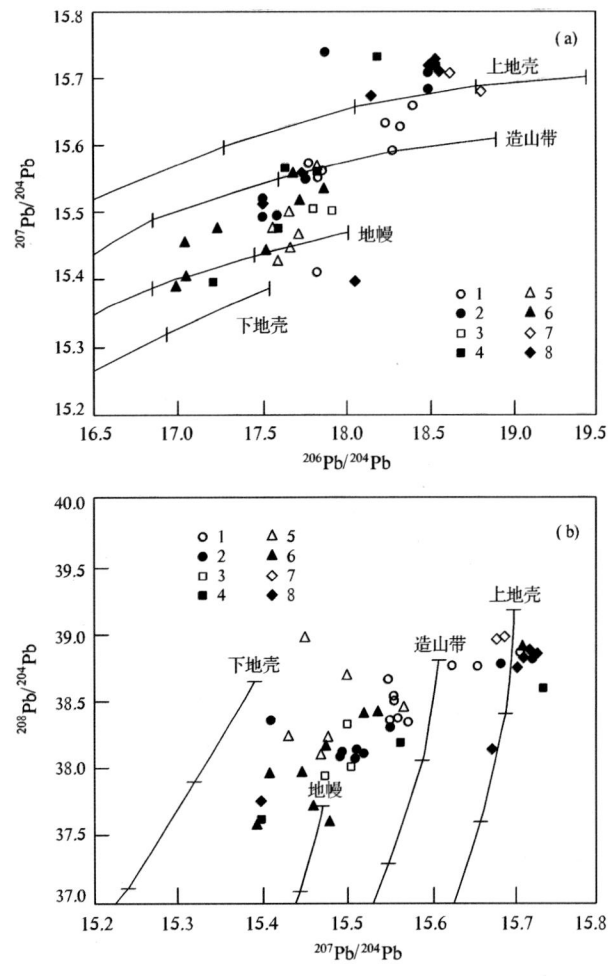

图 8-6 区域成矿带部分锑矿床铅同位素组成图解

(a) $^{206}Pb/^{204}Pb - ^{207}Pb/^{204}Pb$ 图解；(b) $^{207}Pb/^{204}Pb - ^{208}Pb/^{204}Pb$ 图解；1、2. 湘西元古宇板溪群马底驿组及其中锑矿床；3、4. 湘中震旦系江口组及其中锑矿床；5、6. 黔东南元古宇下江群及其中锑矿床；7、8. 广西河池六卡中上泥盆统及其中锑矿床

2. 成矿流体地球化学

根据金中国等(2007)资料,黔东南锑矿床的石英、方解石、辉锑矿、闪锌矿原生包裹体测温显示成矿温度为133~165℃,巴年锑矿为144~146℃;成矿压力变化于(15~18)×10.1325Pa之间,pH为5.55~5.77,Eh为-0.407~-0.913;由此认为成矿环境为低温低压、偏酸性弱还原环境条件。矿物液相包裹体成分中K^+、Na^+低而Ca^{2+}、Mg^{2+}高,总体具中低盐度特征。

黔东南锑矿床中石英的$\delta^{18}O=(9.04~14.08)‰$,平均为11.47‰;含矿热液的$\delta^{18}O=(-5.53~-1.49)‰$,平均为-3.27‰;石英包裹体水的$\delta D=(-56.60~-82.80)‰$,平均为-69.3‰。方解石包裹体水的$\delta\delta D=(-41.5~-75.40)‰$,平均为-57.9‰。辉锑矿中包裹体水的$\delta^{18}O=(-7.98~-2.60)‰$,平均为-4.4‰;$\delta D=(-48.7~-69.0)‰$,平均为-62.0‰。这些特征表明,黔东南锑矿床成矿溶液的δD值变化范围小,与中生代本区大气降水的$\delta D=(-50~-70)‰$相近,而含矿热液水的$\delta^{18}O$值由大气降水线附近逐渐向右偏移,说明含矿热液主要来源于大气降水,且下渗的大气降水与围岩发生了较强的氧同位素交换。

3. 成矿模式

通过对矿集区地质、地球化学特征分析,对预测区分黔东南(基底)锑矿集区、雷公山(盖层)锑矿带区建立锑矿成矿模式图(图8-7、图8-8)。

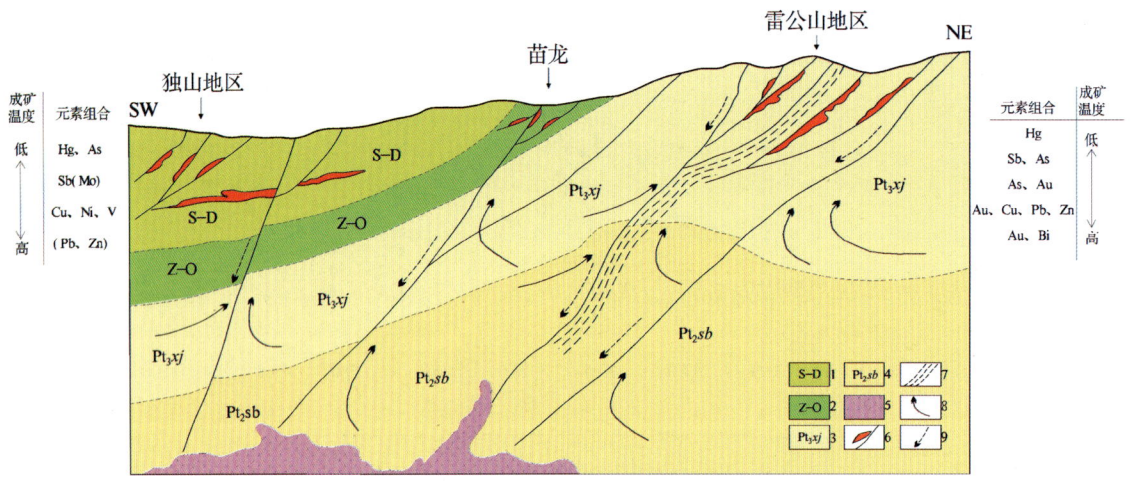

图8-7 黔东南锑矿集区成矿模式图

1.志留系—泥盆系;2.震旦系—奥陶系;3.下江群;4.四堡群;5.深部岩浆活动;6.Sb矿体与断裂;7.过渡性-韧性剪切带;8.萃取地层中矿质形成的含矿流体;9.下渗的大气降水

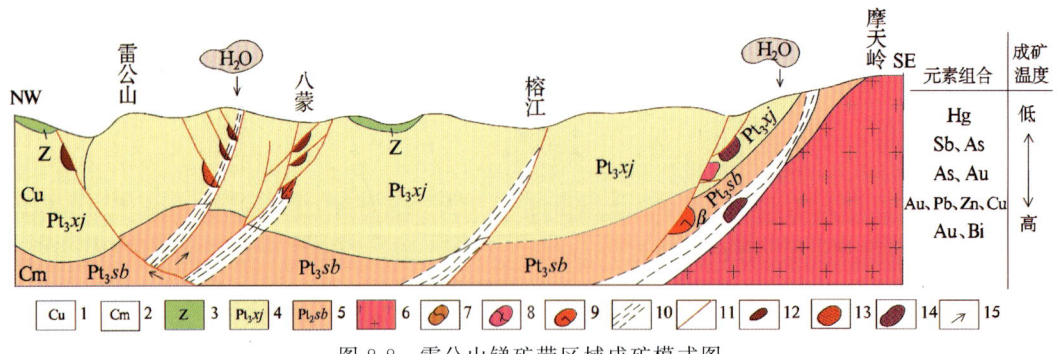

图8-8 雷公山锑矿带区域成矿模式图

1.大陆地壳上部;2.大陆地壳中部;3.震旦系;4.下江群;5.四堡群;6.花岗岩;7.煌斑岩类;8.辉绿岩;9.基性—超基性岩;10.过渡性-韧性剪切带;11.断层;12.石英脉型锑矿;13.石英脉型金矿或金-多金属矿;14.蚀变糜棱岩型金矿;15.成矿热液运移方向

1)黔东南锑矿集区成矿模式

(1)锑矿床(点)在成因上具有共同的地质控制因素,均受构造、地层、岩相、岩性等控制。

(2)独山箱状背斜控制了矿田内矿床(点)的展布和主构造格架,背斜轴部的断裂构造是主控矿因素,为含矿热液提供了驱动力、热源、运移通道和沉淀空间。

(3)晋宁运动后,江南古陆隆起,致使富含Sb的高背景地层遭受强烈的风化剥蚀,为早古生代沉积地层提供了充足的物源;S—D时期,独山地区为台地深水小盆地还原环境,海水能量低,有利于沉积巨厚(>1 000m)高背景含Sb地层和成矿元素Sb的进一步富集。

(4)以石英砂岩为主的碎屑岩孔隙度大,垂直节理、裂隙系统发育,有利于大气降水、层间裂隙水向下渗透,形成初始含矿流体。流经富含成矿金属地层的流体在深部热能驱动下发生渗滤-环流作用,不断过滤、萃取其影响范围内的成矿物质和带入易溶的卤族元素,形成富含成矿金属Sb的热卤水成矿流体,并赋存于深部。

(5)在燕山期构造动力作用的强烈驱动下,深部成矿流体沿断层构造系统向上迁移,在温度、压力环境发生急剧变化的断裂破碎带、层间破碎带、剥离空间渐出沉积,从而形成半坡式陡脉状矿床和巴年式整合型矿床。

2)雷公山锑矿带区域成矿模式

地质环境:多期次构造运动形成的江南造山带古隆地区,受控于逆冲推覆滑脱面的过渡性(或韧性)剪切带及叠加、穿越过渡性(或韧性)剪切带的断裂带发育;

赋矿地层:新-中元古界浅变质岩。

控矿构造:叠加、穿越过渡性(或韧性)剪切带的北北东向、北东向断层带及其派生断层裂隙。

容矿岩石:断层破碎带构造岩。

围岩蚀变:硅化、绢云母化、碳酸盐化。

矿质来源:高密度幔源C-H-O流体,介质初始为地幔去气形成的以CO_2为主的流体,后有大气降水加入并成为主要成分。

成矿时期:印支期—燕山期。

成矿系列:为成矿深度由相对较浅至相对较深、成矿温度由相对较低至相对较高,石英脉型锑矿-石英脉型金矿或金、多金属矿-与过渡性韧性剪切带有关的蚀变糜棱岩型金矿或金、多金属矿。

五、预测靶区的圈定及资源潜力定量预测方法

(一)预测靶区的圈定准则和可信度分级

1. 圈定准则

在典型矿集区(矿床)地质、地球化学特征研究及建立地球化学找矿模型的基础上,对预测靶区的圈定准则进行制定,概括为:

(1)元素组合与典型锑矿床的相似度等级最高(次高)。

(2)成矿地质条件有利(不同成矿地质背景有所区别)。

(3)已发现矿点(矿化点)。

(4)Sb 元素显示异常(或其他 3 个元素的组合衬值异常)。

根据以上 4 条准则,以其相互耦合程度的高低,尝试对预测靶区进行可信度分级,初步分为三级:

A 级:符合上述(1)、(2)、(3)、(4)条件。

B 级:符合上述(1)、(2)、(4)条件。

C 级:符合上述(2)、(4)条件。

2. 可信度分级

可信度分级为:A 级>B 级>C 级。

前两者可按制定的资源量计算准则进行资源量估算,而 C 级仅作为有利的成矿预测靶区。

(二)预测靶区的挑选

用 4 个典型矿床对全矿带进行相似度判别示踪,根据矿带内典型矿床的元素组合、异常规模、面金属量、剥蚀深度、资源量等综合考量,以及挑选预测靶区的准则和资源量分级原则,将全矿带预测靶区分为 A 级(5 个)、B 级(22 个)、C 级(21 个)三类,共 48 个(图 8-9)。

(三)锑资源量潜力定量预测的地球化学方法

资源量是根据水系沉积物、土壤的元素含量值估算而来的,水系沉积物是汇水流域内各种岩石(矿石)风化产物的天然组合,土壤是已风化基岩之上岩石(矿石)风化作用的残留疏松物,它们对基底和盖层的地球化学特征及各种地质作用(成矿作用)留下的印迹有良好的指示意义。为此,可以根据水系沉积物、土壤中元素的异常含量、异常规模(异常面积、强度和元素组合)的地球化学特征来圈定成矿靶区,估算其资源量。

根据矿田成矿地质特征及所收集的各种尺度的地球化学资料,对圈定的预测区进行了类比法、面金属量法和品位吨位法的定量计算,其中品位吨位法与类比法、面金属量法计算结果相差较大,未采用,最终结果取类比法、面金属量法二者平均值。

1. 类比法

矿点资源量(已知矿床为储量 Pu)与地表水系沉积物中元素异常面积与平均含量之积(异常规模 P)成正比。

1)不考虑剥蚀系数

$$K = \frac{P_{已知}}{Pu_{已知}} = \frac{P_{未知}}{Pu_{未知}}$$

式中:$P_{已知}$——已知矿区面积与平均含量之积;

$Pu_{已知}$——已知矿区的储量;

$P_{未知}$——未知矿区面积与平均含量之积;

$Pu_{未知}$——未知矿区的预测资源量。

则 $Pu_{未知} = \dfrac{P_{未知}}{K}$,系数 K 可以通过已知矿体计算出来。

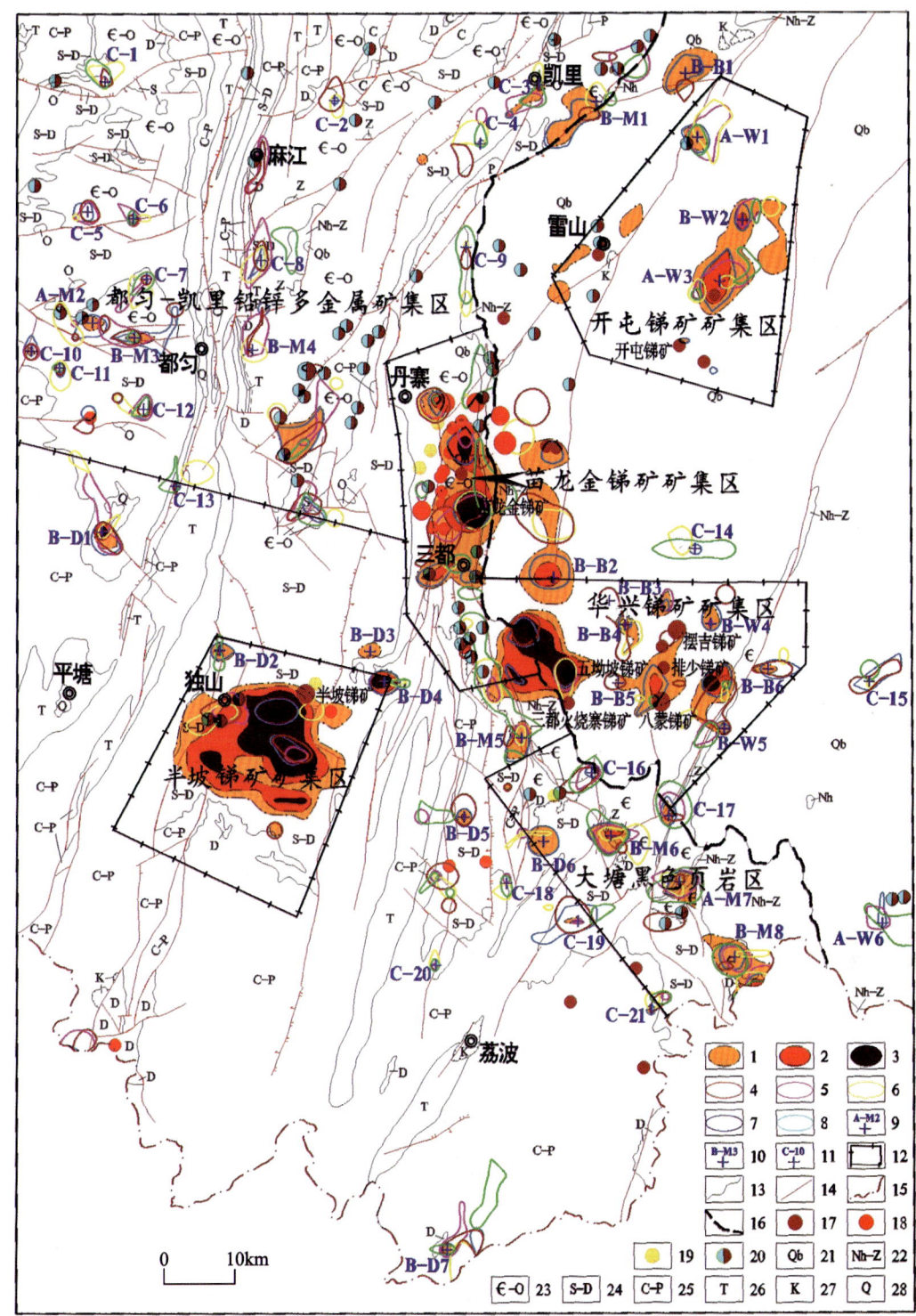

图 8-9 榕江-雷山地区地球化学预测靶区分布图

1.Sb 元素一级异常区;2.Sb 元素二级异常区;3.Sb 元素三级异常区;4.Sb 衬值异常线;5.As 衬值异常线;6.Au 衬值异常线;7.Hg 衬值异常线;8.Mo 衬值异常线;9.A 级预测区位置及编号;10.B 级预测区位置及编号;11.C 级预测区位置及编号;12.矿集区范围;13.地层界线;14.断层;15.省界线;16.盖层、基底地层分界线;17.锑矿点;18.汞矿点;19.金矿点;20.铅锌矿点;21.青白口系;22.南华系—震旦系;23.寒武系—奥陶系;24.志留系—泥盆系;25.石炭系—二叠系;26.三叠系;27.白垩系;28.第四系

2)考虑剥蚀系数,公式转换成:

$$K' = \frac{P_{已知}}{\frac{Pu_{已知}}{(1-F_{已知})}} = \frac{P_{未知}}{\frac{Pu_{未知}}{(1-F_{未知})}}$$

则:

$$Pu_{未知} = \frac{P_{未知}(1-F_{未知})}{K(1-F_{已知})}$$

K 为不考虑剥蚀系数时计算的比率。

2. 面金属量法

面金属量法的基本思想是认为区域内资源量(储量)与异常范围内面积与平均值和背景值之差的乘积(面金属量)成正比,即:

1)不考虑剥蚀系数

$$K = \frac{S_{已知}(X_{已知}-B_{已知})}{Pu_{已知}} = \frac{S_{未知}(X_{未知}-B_{未知})}{Pu_{未知}}$$

则:

$$Pu_{未知} = \frac{S_{未知}(X_{未知}-B_{未知})}{K}$$

式中:$Pu_{已知}$——已知矿区的资源量(储量);

$S_{已知}$——已知区的异常面积;

$X_{已知}$——已知矿区的平均含量;

$B_{已知}$——已知矿区的背景值;

$Pu_{未知}$——未知矿区的资源量(储量);

$S_{未知}$——未知区的异常面积;

$X_{未知}$——未知矿区的平均含量;

$B_{未知}$——未知矿区的背景值。

系数 K 可以通过已知矿床算出来。

2)考虑剥蚀系数,公式转换为:

$$\overline{K} = \frac{S_{已知}(X_{已知}-B_{已知})}{\frac{Pu_{已知}}{(1-F_{已知})}} = \frac{S_{未知}(X_{未知}-B_{未知})}{\frac{Pu_{未知}}{(1-F_{未知})}}$$

则:

$$Pu_{未知} = \frac{S_{未知}(X_{未知}-B_{未知})(1-F_{未知})}{K(1-F_{已知})}$$

K 为不考虑剥蚀系数状态下的比率。

3. 品位吨位法

品位吨位法以矿体的体积和品位与矿区的剥蚀程度、异常面积和含量具有函数关系,即:

$$Kb = (1-F) \times Te/(Te+Tu)$$

式中:F——剥蚀系数;

Te——已探明成矿元素的资源量(已知矿区为储量 Pu);

Tu——控制区成矿元素潜在资源量(本次研究取 0);

则:
$$Kb=(1-F)$$
$$V=F(Sa)=Kv/\exp(Kb/Sa)$$

式中:Kv——体积系数;

Sa——控制区面积(km^2);

Kb——勘查程度和剥蚀系数。
$$Pa=Kp\times(Ca-Cb)/(1+F)^3$$

式中:Kp——品位系数;

Ca——控制区成矿元素异常丰度(ug/g);

Cb——控制区成矿元素背景值(ug/g)。

通过已知区的数据可以计算出相应的 Kv、Kp 值,Kb 可以通过剥蚀系数 F 算出。

未知区的资源量计算公式为:
$$Etr=F(V,Sg,Pa)$$
$$=[Kv/\exp(Kb/Sa)]\times Sg\times[Kp\times(Ca-Cb)/(1+F)^3]$$

六、成矿带地质-地球化学特征及锑资源量潜力评价

(一)成矿带地质-地球化学特征

1. 区域地质背景

预测区地区地处扬子陆块与华南褶皱带之间的构造过渡带,位于江南造山带西南缘,基底地层发育一套前寒武纪海相陆源碎屑及火山-陆源碎屑沉积建造,盖层以广泛发育的泥盆系为特点,其次出露有石炭系、志留系、奥陶系、震旦系及第四系。

区域上,地质历史中的多期次构造-热液事件,使基底前寒武纪地层普遍遭受了低绿片岩相区域变质作用,并形成复杂多样的构造变形格局。四堡运动形成了东西向紧密褶皱基底;雪峰运动造成扬子陆块相对抬升;加里东运动使江南造山带发生变形、变位与变质,形成构造线呈北北东—北东向延展的由西向东的褶皱-逆冲推覆构造,并在中-深构造层形成过渡性和韧性剪切带;印支-燕山运动发生侏罗山式褶皱及由东向西的逆冲推覆,转化为地壳浅部的脆性变形环境,构造线的延展继承了加里东运动的北北东向主要方位,伴有派生北东向断裂构造;喜马拉雅运动导致黔东南地区面型上升,遭受剥蚀。区域构造格架的奠定主要是加里东长期的广西运动及印支-燕山运动,因此,该地区主体构造线方向为北北东—南南西向,发育有不同类型褶皱、多期活动性断裂及顺层韧性剪切带、过渡性剪切带(图 8-10)。本区构造由早期由西向东的推覆转化为由东向西的推覆,研究区位于转换过渡区(图 8-11)。

1)顺层韧性剪切带

顺层韧性剪切带主要发育于三都县都江及从江县南部地区。总体走向近南北,呈带状展布,劈理产状与地层产状基本一致;剪切带内构造组合样式反映出上盘下降、下盘上升的运动特征;剪切带向两侧变形逐渐减弱,无明显边界。

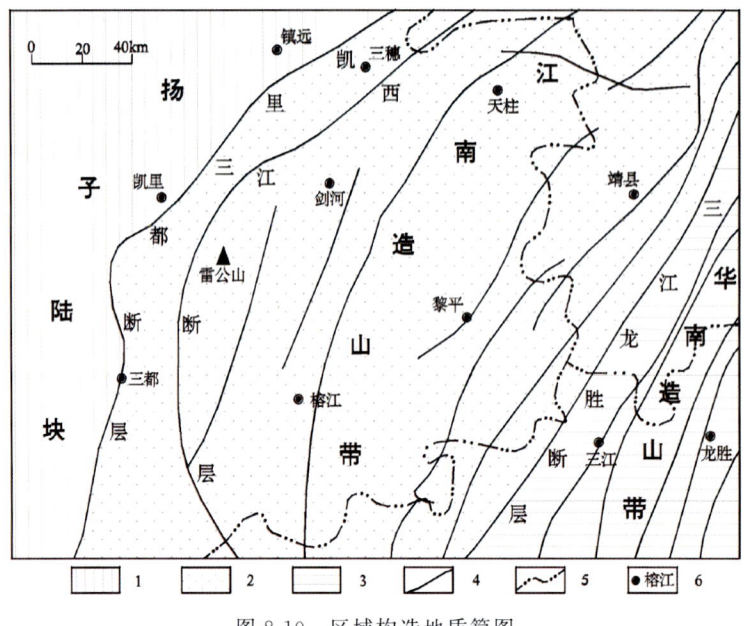

图 8-10 区域构造地质简图

1.扬子陆块;2.江南造山带;3.华南造山带;4.断层;5.省界;6.地区位置及地名

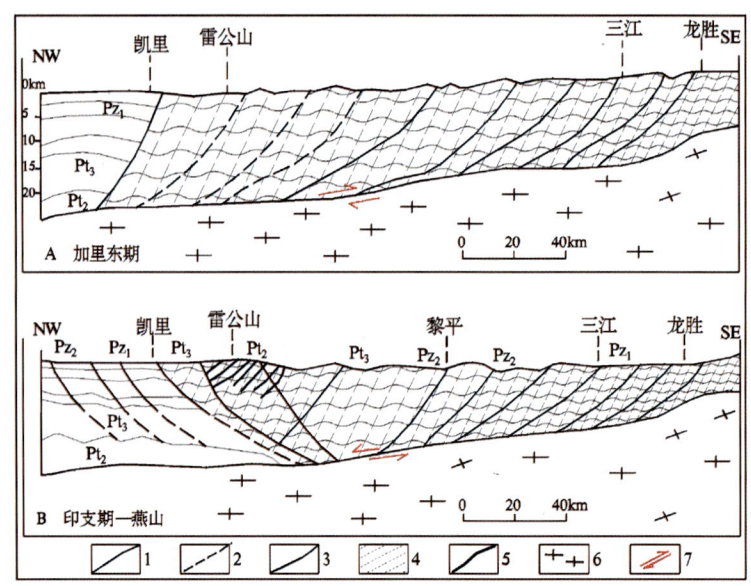

图 8-11 雷公山地区主要构造阶段演化模式图

1.主滑脱面;2.次级滑脱面;3.冲断面;4.劈理;5.过渡性剪切带;6.叶理;7.运动方向

Pt_2.四堡群;Pt_3.下江群;Z.震旦系;Pz_1.早古生代;Pz_2.晚古生代

A.加里东期:由西向东逆冲褶皱推覆,形成过渡性剪切带;B.印支—燕山期:由东向西逆冲推覆构造,加里东期过渡性剪切带被推到地表

2) 褶皱

按其形态特征可分为开阔平缓褶皱和狭窄密闭褶皱两类;前者两翼地层倾角较小,轴面近于直立或略西倾;后者褶皱狭窄紧闭,两翼地层倾角较陡,轴面斜歪东倾,核部常发育轴面劈理带和逆冲断层。褶皱组合有复式褶皱和隔槽式褶皱,前者由一系列相互平行或雁行状排列的次级开阔平缓褶皱组成,是该地区主要褶皱组合类型;后者由狭窄紧闭向斜和开阔平缓背斜组成。

3）断裂

规模较大的断裂方向与主体构造线方向平行，普遍具有多期复合性质；表现在断裂破碎带内发育不同方向、不同性质的多组次级断裂和不同性质的构造角砾岩，且次级断面之间具有明显的切割关系。据其产状和性质可划分为压性和张性两类。

4）过渡性剪切带

过渡性剪切带主要发育于雷公山及从江地区，空间上总体呈北北东—南南西向展布，倾向西，倾角较缓；构造组合样式反映出上盘上升的逆冲性质。过渡性剪切带没有明显边界，由强应变带向弱应变域逐渐过渡，在弱应变域内仅发育平行产出的剪切劈理。

2. 成矿地质特征

根据成矿地质和成矿元素组合特征，位于江南造山带西南缘的黔东南锑成矿区带可划分为两个成矿地质单元、3种锑矿床类型（表8-6）。两个成矿地质单元分别对应黔东南锑成矿区带东部基底新元古界浅变质岩系分布的古隆起地区和西部盖层以泥盆系为主的黔南坳陷褶皱地区；3种锑矿床类型为：产于基底新元古界浅变质岩系中的锑矿床（典型矿床为榕江八蒙锑矿床）、产于盖层泥盆系中的锑矿床（典型矿床为独山半坡锑矿床）和产于寒武系—奥陶系中的金-锑矿床（典型矿床为苗龙金-锑矿床）。

表8-6 预测区锑成矿地质特征简表

成矿地质单元	黔东南古隆起区		黔南坳陷褶皱区
锑矿床类型	新元古界浅变质岩系中锑矿床	寒武系—奥陶系中金-锑矿床	盖层泥盆系中的锑矿床
赋矿地层	新元古界下江群浅变质陆源碎屑岩和火山碎屑岩	上寒武统三都组上部和下奥陶统锅塘组底部	中下志留统翁项群—中泥盆统独山组鸡窝寨段
控矿构造	叠加于过渡性剪切带的北北东向断层破碎带，以及北东向断层带穿越过渡性剪切带的破碎带	南北向导矿、配矿断裂和横-切褶皱构造的东西向、北西向和北东向容矿断裂	多方向、多序次断裂构造控矿
容矿岩石	断层破碎带内构造岩	条带状、层纹状薄层泥晶白云岩、泥灰岩和泥岩	碎屑岩、泥岩及碳酸盐岩
矿体产状	透镜状、脉状	脉状、镜状、豆荚状和囊状	交错型脉状、整合型似层状
矿石矿物	辉锑矿	辉锑矿、自然金、毒砂	辉锑矿
矿石结构构造	结晶粒状结构为主，构造多为致密块状、粗脉状构造，另外还有细脉状、网脉状、浸染状、角砾状等构造	自形—半自形粒状结构、他形粒状结构、碎裂结构、粒间填隙结构、球粒状结构等；浸染状构造、脉状构造、角砾状构造为主	自形、半自形、他形—半自形晶粒、交代、交代残余结构；致密块状、脉状、网脉状、角砾状、浸染状、放射状、晶簇状、星点状构造
围岩蚀变	硅化、绢石母化、碳酸盐化	硅化、黄铁矿化、方解石化、重晶石化和萤石化	硅化、碳酸盐化
成矿元素	Sb	Au、Sb	Sb
典型矿床	八蒙锑矿床	苗龙金-锑矿床	半坡锑矿床

1)产于基底新元古界浅变质岩系中的锑矿床

该类型锑矿床分布于雷公山古隆起地区,成矿地质单元出露的最老地层为中元古界四堡群陆源碎屑岩及火山岩,均发生了浅变质;出露面积最大的是不整合于四堡群之上的新元古界下江群陆源碎屑岩、火山碎屑岩,以及震旦系陆源碎屑岩、碳酸盐岩,除上震旦统以外均发生了浅变质。下古生界及其以上主要由沉积岩组成的地层,由于后期构造抬升大部分被剥蚀,仅局部残留。

区域上,雷公山复背斜被东西两侧昂因、西江等沿不同时期逆冲推覆滑脱而发育的规模较大断层带夹持。其间发育的过渡性剪切带和脆性断裂构造系统,控制了锑矿带的分布;斜列背斜所显示的构造高点部位、北北东向过渡性剪切带、叠加或穿越过渡性剪切带的北北东向、北东向断层密集发育区段,控制了锑矿田的分布;具等距性排列的叠加、穿越过渡性剪切带的一条(组)断层破碎带,控制了锑矿床的分布;断层破碎带构造岩发育地段及次级构造裂隙,控制了锑矿体的空间产出。

黔东南产于基底新元古界浅变质岩系中锑矿床的重要地质特征为:①赋矿地层均为新元古界下江群浅变质陆源碎屑岩和火山碎屑岩;②控矿构造均系断层破碎带,主要是叠加于过渡性剪切带的北北东向断层带,以及北东向断层带穿越过渡性剪切带的地段;③容矿岩石为断层破碎带的构造岩;④矿体呈透镜状、脉状产出,几何形态要素与控矿断层基本一致,矿体与围岩界线分明;⑤矿石矿物组分简单,属单一的石英-辉锑矿组合,其他矿物都在少量和微量范畴;⑥矿石结构以结晶粒状结构为主,矿石构造多为致密块状、粗脉状构造,另外还有细脉状、网脉状、浸染状、角砾状等构造;⑦化学组分中 Sb 含量变化较大,但局部富集程度较高,而出现致密块状辉锑矿矿石,局部地段可出现有含金高达 1×10^{-6} 以上的矿化富集;⑧围岩蚀变主要是硅化,其次还有绢石母化、碳酸盐化等,蚀变作用局限在控矿断层破碎带及其两侧较窄的范围之内。

2)产于盖层泥盆系中的锑矿床

该类型锑矿床主要分布于黔南坳陷区的独山地区,该成矿区出露地层主要为中下志留统翁项群的碎屑岩、泥岩及碳酸盐岩,下泥盆统丹林群、舒家坪组的陆源碎屑岩,中泥盆统龙洞水组、帮寨组、独山组的陆源碎屑岩和浅海碳酸盐岩,上泥盆统望城坡组、尧梭组的浅海碳酸盐岩及潟湖沉积碳酸盐岩,中下泥盆统构成箱状背斜核部主体,总厚大于 3 000m。

区内构造表现为褶皱简单、断裂发育。主要褶皱构造为独山箱状背斜,轴向北东,核部地层平缓,两翼地层较陡。断裂构造主要有北北南、北西、北东东、北东 4 组;规模较大的北东向断裂分布于独山箱状背斜的东西两翼,北西向断裂位于箱状背斜南端,北北南向和北东东向断裂发育于独山箱状背斜的轴部,形成一组配套 X 断层,是区内锑矿的主要容矿构造。

黔东南产于盖层泥盆系中的锑矿床重要地质特征为:①赋矿地层均为盖层岩系且见矿地层区间宽广,最老为中下志留统翁项群、最新为中泥盆独山组鸡窝寨段,总厚在 2 000m 以上,其间共有 9 个层位见矿化;②多向、多序次断裂构造控矿;③矿体产状为两种类型:交错型矿体主要充填于张扭性断裂破碎带中,呈陡倾斜不规则大脉交切岩层产出,产状与断裂基本一致;整合型矿体产于碳酸盐岩与碎屑岩不同岩性的接触界面及其附近的层间滑动、层间破碎角砾岩中,产状与岩层基本一致,形状主要取决于控制层间破碎带的制约;④多因素控矿,既有断裂、褶皱因素,也有地层、岩性和岩相古地理因素;⑤矿石矿物组分简单,矿石矿物为单一的辉锑矿,其他矿物都在少量和微量范畴;⑥围岩蚀变较弱、范围狭窄、种类单调,与矿化有关的主要是硅化和碳酸盐化,黄铁矿化无近矿指示意义。

3)产于寒武系—奥陶系中的金-锑矿床

黔东南该类型矿床主要为位于三丹汞矿带南东侧的苗龙金-锑矿床,区域上为台地前缘斜坡沉积相区。矿区出露地层主要为上寒武统三都组层纹状泥灰岩、条带状灰岩,其次为假整合于上的下奥陶统锅塘组灰岩、白云质灰岩、白云岩以及同高组砂、页岩。

矿区位于三都-荔波古陷褶断束的北部,主要发育南北向的断裂和褶皱;近南北向的排降向斜、苗龙背斜、瓦寨向斜和南北向、东西向、北西向、北东向组断裂,构成了矿区基本构造格架。作为矿区内主导构造,南北向断裂沿褶皱翼部或轴部,破坏了近南北向背、向斜的完整性,并切断了其余3组断裂,对成矿起着控制作用;东西向、北西向和北东向断裂或横切,或斜切褶皱构造,形成了有利的矿体定位空间。

该类型矿床主要地质特征为:①赋矿地层主要为介于基底与盖层之间的上寒武统三都组上部和下奥陶统锅塘组的底部条带状、层纹状薄层泥晶白云岩、泥灰岩和泥岩。②控矿构造分南北向导、配矿断裂构造和横、斜切褶皱构造的东西向、北西向和北东向容矿断裂构造。③矿体产状与断裂破碎带产状一致,严格受断裂构造控制;矿体形态以脉状为主,次为透镜状、豆荚状和囊状。④相对前两个矿床类型,矿石矿物组分较为复杂,主要金属矿物有辉锑矿、自然金、毒砂、黄铁矿,其次为闪锌矿和辰砂;主要非金属矿物有石英、铁白云石、方解石、水云母,其次为重晶石和萤石。⑤矿石结构多样,主要有自形—半自形粒状结构、他形粒状结构、碎裂结构、粒间填隙结构、球粒状结构等;矿石构造以浸染状构造、脉状构造、角砾状构造为主。⑥围岩蚀变主要发育在控矿断层破碎带及其两侧,蚀变类型有硅化、黄铁矿化、方解石化、重晶石化和萤石化,其中与金-锑矿化关系最为密切的是硅化和黄铁矿化。

3. 区域地球化学背景

预测区在中国浅表地球化学场分区中属上扬子二级地球化学区(胡云中等,2006),该区突出地球化学特征是铁族元素呈高背景(Fe_2O_3、Cr、Mn)或异常(Co、Ni、V、Ti)分布,Cu、Zn、Hg呈异常分布;这些元素的平均值在全国各地球化学区中最高。此外,Au、Pb、As、Sb、Sn、U、B、F、Mo、Nb、P也呈高背景或异常分布。

在该地球化学分区中,沿华南锑矿带从基底中新元古界变质岩系经古生界直到中生界三叠系,几乎所有的海相沉积地层中都有锑矿床的产出;从老到新几乎所有的赋矿地层都具有异常高的锑丰度,常高出锑的地壳克拉克值数十倍(表8-7)。因此,黔东南锑矿区带的形成,很可能是与区域岩石圈块段的(深部)原始不均一性及随后的长期演化有关。

表8-7 区域部分锑矿区赋矿地层的锑丰度

锑矿床	岩石样品特征(n为样品数)	$Sb(\times 10^{-6})$
晴隆锑矿田 二叠纪有关地层	黏土化玄武岩、 茅口灰岩	300 150
独山锑矿田 泥盆纪各组地层	$D_2d(n=821)$、 $D_2b(n=689)$、 $D_2l(n=369)$、 $D_1s-D_1dn(n=840)$	19.26 8.17 11.32 14.17
锡矿山锑矿床	上泥盆余田桥组灰岩段($n=58$)、 中泥盆棋子桥组上段灰岩($n=149$)、 下寒武泥灰岩、板岩($n=53$)	16.30 16.16 24.84
龙山金锑矿床	震旦系江口组浅变质含砾板岩	80~150
八蒙锑矿田	元古宇下江群平略组碎屑岩($n=19$)	15.77
湘西金锑钨矿床	板溪群五强溪组($n=15$)、 板溪群马地驿组($n=39$)、 冷家溪群($n=52$)	35.1 25.6 12.4

4. 成矿地球化学特征

1) 雷公山地区锑成矿地球化学特征

1:20万和1:5万水系沉积物地球化学测量分析数据统计显示,雷公山地区呈现明显的Sb、As、Au高背景区,其平均值较周围地区平均值高3~13倍,而Cu、Pb、Zn、Hg、Ag、W等元素仅高1~1.5倍。该地区Sb、As、Au 3个元素的富集度为1.46~13.07,离散度为14~246.1,具高度富集和高度离散的特点,表明部分地段存在矿化富集。

Sb在雷公山地区一般含量为$(10\sim20)\times10^{-6}$,最高$2\,480\times10^{-6}$。高含量地段主要分布在北部和南部,中部少有高含量显示,分布态势呈现为高含量地段作近南北向带状延展。

As在雷公山地区一般含量为$(10\sim25)\times10^{-6}$,最高$2\,799\times10^{-6}$。含量变化趋势与Sb基本一致,只是As高含量范围较小,并大部分落于Sb高含量范围之内。

Au在雷公山地区一般含量为$(0.5\sim1)\times10^{-6}$,最高125×10^{-6}。高含量地段主要出现在北部的提庆-开屯、永乐-雅灰,以及南部的兴华和五坳坡等地。

对成矿元素及伴生元素所作的聚类分析,反映出整个雷公山锑矿带Sb、As的组合形式基本相同,二者的相关系数变化在0.38~0.588之间。Au与Sb、As在该地区北部的开屯地段几乎不相关,而与Pb、Cu的相关系数达0.7,表明Au与多金属矿有关,另有W的反映,元素组合具成矿温度相对较高的特征;在南部的华兴地区Au与Sb、As呈负相关,与Pb、Cu关系也不明显,元素组合具成矿温度相对较低的特征。

2) 独山地区锑成矿地球化学特征

(1) 地层岩石中微量元素的分布特征。

Sb、Hg、As等成矿及其伴生元素在地层中强烈富集,平均浓度克拉克值$>8\times10^{-6}$,以Sb最为显著,浓度克拉克值达26.37×10^{-6};Pb、Ag、Mo有富集趋势,而Zn、Cu、Ba为贫化元素。Sb在从新到老地层中含量有逐渐递增趋势,表明成矿金属可能主要来源于下泥盆统及下伏老地层(表8-8)。

表8-8 独山锑矿田地层中微量元素含量($\times10^{-6}$)

地层	Sb	Hg	As	Pb	Zn	Cu	Ag	Mo	Ga	样品数
融县组	2.81	0.22	6.84	18.05	14.05	8.78			6.16	145
独山组	10.85	1.2	24.87	23.88	18.5	14.91	1.08	1.37	8.58	1 867
帮寨组	8.57	0.54	21.67	17.93	12.69	26.13	0.14	3.26	9.05	495
龙洞水组	12.28	0.82	21.2	28.92	16.45	10.45	0.15	0.36	1.61	287
丹林组-舒家坪组	13.17	0.55	17.43	10.55	12.17	30.02	0.07	3.92	8.18	571
翁项群	20.2	0.8	19.76	19.51	40.93	46.26	0.03	1.99	21.35	254
全区地层平均含量	16.35	0.79	19.87	20.21	28.92	28.7	0.14	1.89	13.96	
地壳丰度值(黎彤,1976)	0.62	0.089	2.2	12	94	63	0.08	1.3	18	
平均浓度克拉克值	26.37	8.88	9.03	1.68	0.31	0.46	1.87	1.45	0.78	

(2) 不同岩性微量元素的分布。

碎屑岩中 Sb、Hg、As、Mo 明显富集(表 8-9),从碳酸盐岩→黏土岩→碎屑岩,Sb、Hg、As、Mo 含量逐渐增高,Pb 则降低;在碳酸盐岩中 Pb、Zn、Ag 相对富集,在黏土岩中 Cu、Ga 富集趋势明显。这表明成矿元素 Sb 及主要伴生元素富集对岩性具有选择性。

表 8-9 独山锑矿田不同岩性微量元素含量($\times 10^{-6}$)

岩性	Sb	Hg	As	Pb	Zn	Cu	Ag	Mo	Ga
碳酸盐岩	7.68	0.43	13.57	23.01	26.36	14.11	0.10	0.88	13.88
黏土岩	15.42	0.75	15.36	18.50	32.93	24.72	0.08	3.20	30.77
碎屑岩	24.10	0.85	22.14	16.84	28.72	23.80	0.08	3.61	13.52
丹林组碎屑岩	34.12	0.54	17.64	15.15	25.26	9.41	0.07	5.91	8.71

(3) 构造地球化学特征。

在箱状背斜内,成矿元素 Sb 及共生元素 Hg、As 的异常主要沿背斜轴部呈椭圆状、条带状分布,在半坡、巴年锑矿区形成较强的浓集中心,且元素异常套合程度高。向背斜两翼,元素异常强度迅速减弱;从轴部→近轴部→转折处→翼部(表 8-10),Sb 从 $28.2\times 10^{-6}\to 17.3\times 10^{-6}\to 15.8\times 10^{-6}\to 3.76\times 10^{-6}$,而两翼 Pb 和 Zn 的异常增强。

表 8-10 独山箱状背斜不同部位主要金属元素含量平均值($\times 10^{-6}$)

构造部位	Sb	Hg	As	Pb	Zn	Cu	Ag	Mo	Ga
西翼	3.81	1.41	39.7	19.5	9.2	26.2	0.09	3.8	7.69
转折处	13.9	0.32	13.8	23.0	39.7	11.8	0.23		8.59
轴部	28.2	1.50	14.3	14.4	22.5	24.1		4.04	
近轴部	17.3	0.64	17.7	18.4	27.5	26.1	0.09	2.87	8.27
转折处	15.8	1.18	44.9	27.6	13.3	18.2	0.05	1.31	5.82
东翼	3.76	0.33	16.6	27.9	27.6	31.9	0.06	0.68	24.76

(二) 水系沉积物地球化学特征

1. 数据分布情况

本次数据由 1:20 万和 1:5 万两部分组成,1:20 万水系沉积物数据 6 个图幅 4 666 个数据;1:5 万水系沉积物 14 个图幅 25 721 个数据。数据分布情况见图 8-12、图 8-13。

2. 数据处理

为了绘制全矿带各类地球化学图件,为此必须消除 39 种元素或氧化物数据在各图幅(1:20 万 6 幅)之间的系统误差,本次研究选择 1:20 万榕江幅和独山幅为基准图幅。盖层地层区以独山幅为基准,对都匀幅、南丹幅、罗城幅、榕江幅(南西部分)图幅背景值进行"拉平"校正;基底地层区以榕江幅(北东部分)为基准,对剑河幅图幅背景值进行"拉平"校正,最后以基底为基准对盖层进行将"拉平"校正(图8-14),再统计各元素的各种地球化学参数(表8-11),最后统一形成单元素地球化学图(图8-15)、剥蚀深度图、相似度图、因子得分图、衬值异常图等地球化学图件。

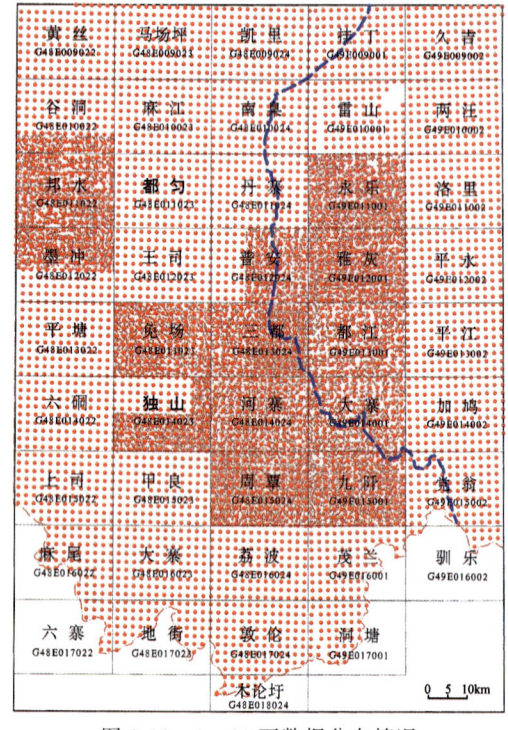

图 8-12　1∶20 万数据分布情况

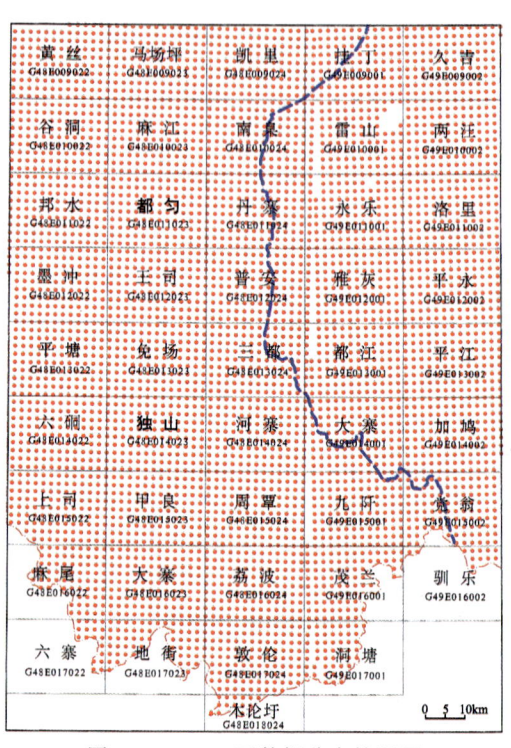

图 8-13　1∶5 万数据分布情况图

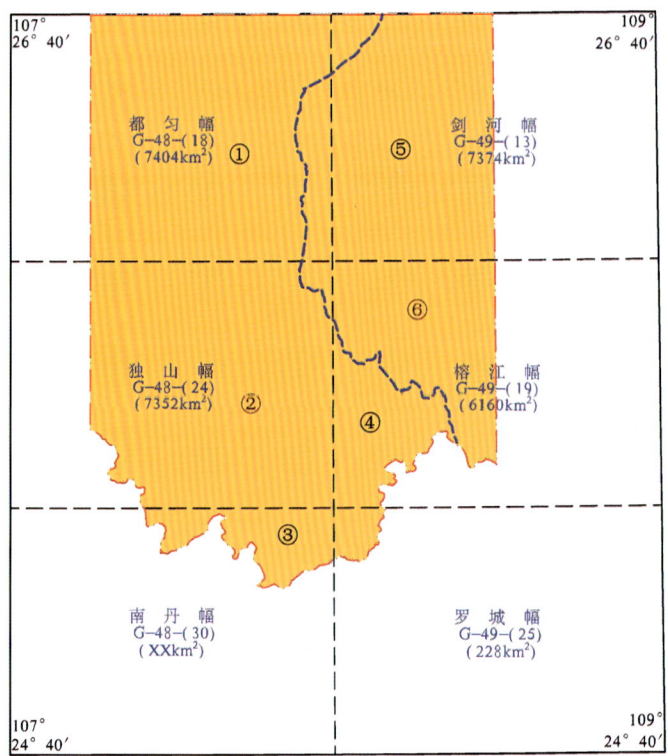

图 8-14　图幅数据校正示意图

表 8-11　校正数据地球化学参数表

分析指标	算术平均(X)	标准离差(S)	真值指标	$C-S$	C	$C+S$	$T(T=C+2S)$	$2T$	$4T$
lgAg	1.838	0.126	Ag	51.52	68.87	92.04	123.03	246.05	492.11
lgAs	1.251	0.221	As	10.72	17.82	29.65	49.32	98.63	197.27
lgAu	−0.233	0.273	Au	0.31	0.58	1.1	2.06	4.11	8.22
B	65.097	20.139	B	44.96	65.1	85.24	105.38	210.75	421.5
lgBa	2.45	0.332	Ba	131.22	281.84	605.34	1 300.17	2 600.34	5 200.68
Be	1.787	0.549	Be	1.24	1.79	2.34	2.89	5.77	11.54
Bi	0.373	0.099	Bi	0.27	0.37	0.47	0.57	1.14	2.28
lgCd	2.829	0.342	Cd	306.9	674.53	1 482.52	3 258.37	6 516.73	13 033.47
lgCo	1.126	0.169	Co	9.06	13.37	19.72	29.11	58.21	116.43
lgCr	1.79	0.191	Cr	39.72	61.66	95.72	148.59	297.19	594.37
Cu	22.992	9.163	Cu	13.83	22.99	32.16	41.32	82.64	165.27
F	579.49	243.666	F	335.82	579.49	823.16	1 066.82	2 133.64	4 267.29
lgHg	2.045	0.241	Hg	63.68	110.92	193.2	336.51	673.02	1 346.05
La	36.211	7.538	La	28.67	36.21	43.75	51.29	102.57	205.15
Li	34.722	11.798	Li	22.92	34.72	46.52	58.32	116.64	233.27
Mn	953.085	464.129	Mn	488.96	953.09	1 417.21	1 881.34	3 762.69	7 525.37
lgMo	0.078	0.219	Mo	0.72	1.2	1.98	3.28	6.56	13.12
Nb	20.217	4.389	Nb	15.83	20.22	24.61	29	57.99	115.98
Ni	28.427	9.979	Ni	18.45	28.43	38.41	48.39	96.77	193.54
P	480.224	178.137	P	302.09	480.22	658.36	836.5	1 673	3 345.99
lgPb	1.456	0.108	Pb	22.28	28.58	36.64	46.99	93.98	187.96
lgSb	0.182	0.252	Sb	0.85	1.52	2.72	4.85	9.71	19.41
lgSn	0.443	0.112	Sn	2.14	2.77	3.59	4.65	9.29	18.58
Sr	60.091	17.818	Sr	42.27	60.09	77.91	95.73	191.45	382.91
Th	16.821	3.511	Th	13.31	16.82	20.33	23.84	47.69	95.37
Ti	5 062.973	1 182.896	Ti	3 880.08	5 062.97	6 245.87	7 428.77	14 857.53	29 715.06
U	2.931	0.999	U	1.93	2.93	3.93	4.93	9.86	19.72

续表 8-11

分析指标	算术平均(X)	标准离差(S)	真值指标	$C-S$	C	$C+S$	$T(T=C+2S)$	$2T$	$4T$
V	90.725	21.523	V	69.2	90.73	112.25	133.77	267.54	535.08
W	1.577	0.515	W	1.06	1.58	2.09	2.61	5.21	10.43
Y	32.704	6.972	Y	25.73	32.7	39.68	46.65	93.3	186.59
lgZn	1.889	0.164	Zn	53.09	77.45	112.98	164.82	329.63	659.26
Zr	360.513	98.77	Zr	261.74	360.51	459.28	558.05	1 116.11	2 232.21
Al_2O_3	10.801	4.056	Al_2O_3	6.75	10.8	14.86	18.91	37.83	75.65
lgCaO	−0.19	0.347	CaO	0.29	0.65	1.44	3.19	6.38	12.77
Fe_2O_3	4.444	1.119	Fe_2O_3	3.33	4.44	5.56	6.68	13.36	26.73
K_2O	1.531	0.825	K_2O	0.71	1.53	2.36	3.18	6.36	12.72
lgMgO	−0.239	0.233	MgO	0.34	0.58	0.99	1.69	3.37	6.75
$lgNa_2O$	−0.691	0.183	Na_2O	0.13	0.2	0.31	0.47	0.95	1.89
SiO_2	75.731	10.348	SiO_2	65.38	75.73	86.08	96.43	192.85	385.71

注：lg 为取对数的元素。C.背景值；S.标准差；T.异常下限，下同。

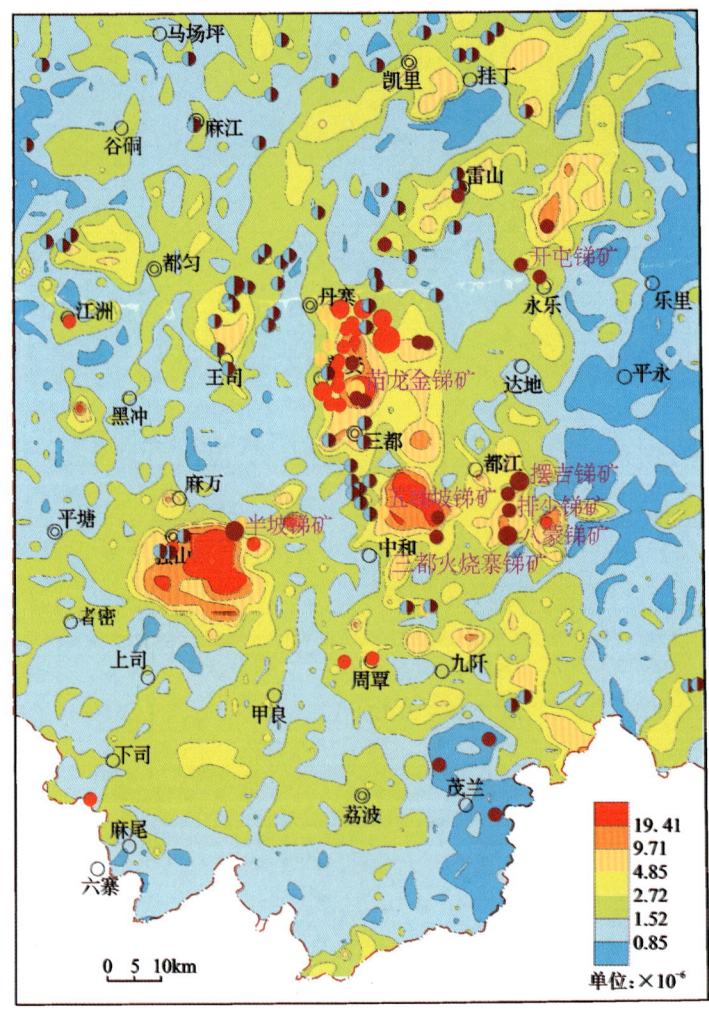

图 8-15　贵州榕江-雷山地区 Sb 地球化学图

3. 成矿带元素空间分布特征

根据解释剔除了干扰元素后利用 SPSS 软件进行了元素相关性分析,揭示成矿带元素空间分布特征。为能较确切地反映成矿带元素的空间分布特征,本次研究进行了 3 种数据处理方法(原始数据、对数化数据、标准化数据)的因子分析实验,分别对其 39 种元素或氧化物进行了 3 种方法的因子分析并绘制因子得分图,实验表明:原始数据标准化后的 39 种元素或氧化物,8 个因子旋转矩阵能较好地反映矿带的地质体和成矿作用信息(表 8-12)。

表 8-12 元素空间分布特征表

元素或氧化物	F1 因子	F2 因子	F3 因子	F4 因子	F5 因子	F6 因子	F7 因子	F8 因子
Co	0.852							
Cr	0.817							
Ni	0.795							
Bi	0.720							
Mn	0.682							
Fe_2O_3	0.567	0.536						
Sn								
Al_2O_3		0.955						
K_2O		0.880						
SiO_2		−0.821						
Be		0.776						
La		0.748						
Mo			0.856					
U			0.738					
V	0.567		0.628					
Zn				0.849				
Pb				0.777				
Cd				0.737				
MgO					0.873			
CaO					0.865			
Au						0.876		
Ag			0.513			0.670		
Cu								

续表 8-12

元素或氧化物	F1 因子	F2 因子	F3 因子	F4 因子	F5 因子	F6 因子	F7 因子	F8 因子
Sr							0.802	
Ba							0.801	
As								0.701
Sb								0.553
Hg								0.518

各因子初步解释如下。

F1 因子：Co－Cr－Ni－Bi－Mn－Fe－V 反映了铁族元素。

F3 因子：Mo－U－V 反映了过渡带(基底和盖层间)钼钒矿化信息。

F4 因子：Pb－Zn－Cd 反映了铅锌矿化信息。

F5 因子：MgO－CaO 反映了碳酸盐岩分布情况。

F6 因子：Au－Ag 反映了金银矿化信息。

F7 因子：Sr－Ba 反映了碳酸盐岩分布情况。

F8 因子：As－Sb－Hg 反映了主成矿元素-锑矿矿化信息。

另外 F2 因子无法解释。

利用各元素因子得分编制因子得分图(图 8-16～图 8-21)

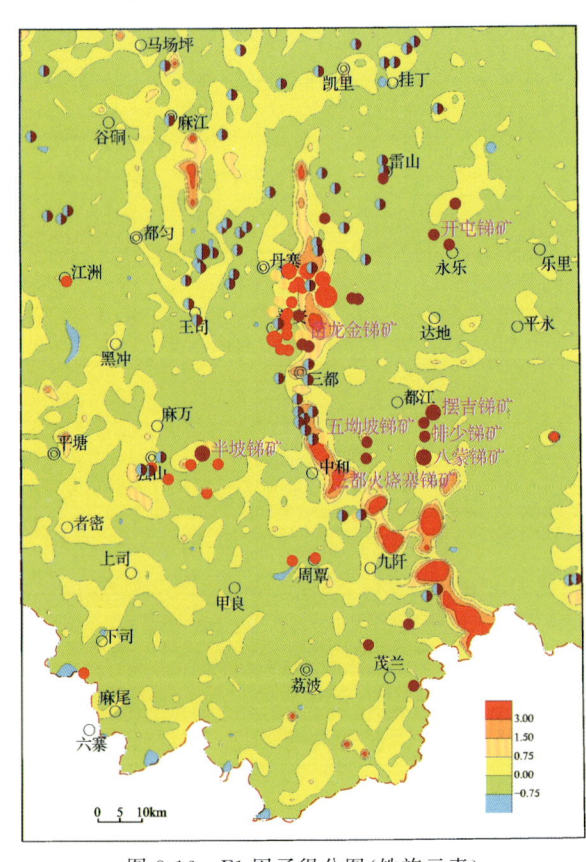

图 8-16 F1 因子得分图(铁族元素)

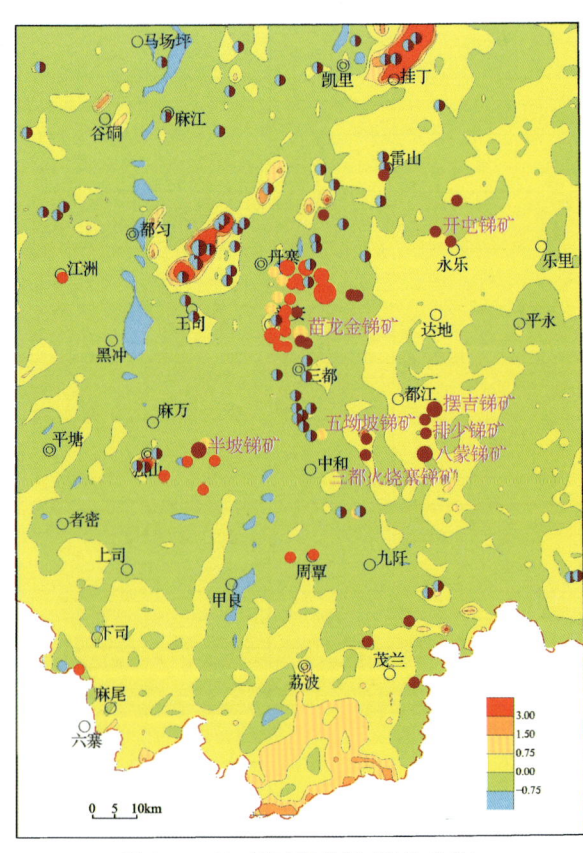

图 8-17 F3 因子得分图(钼钒矿化)

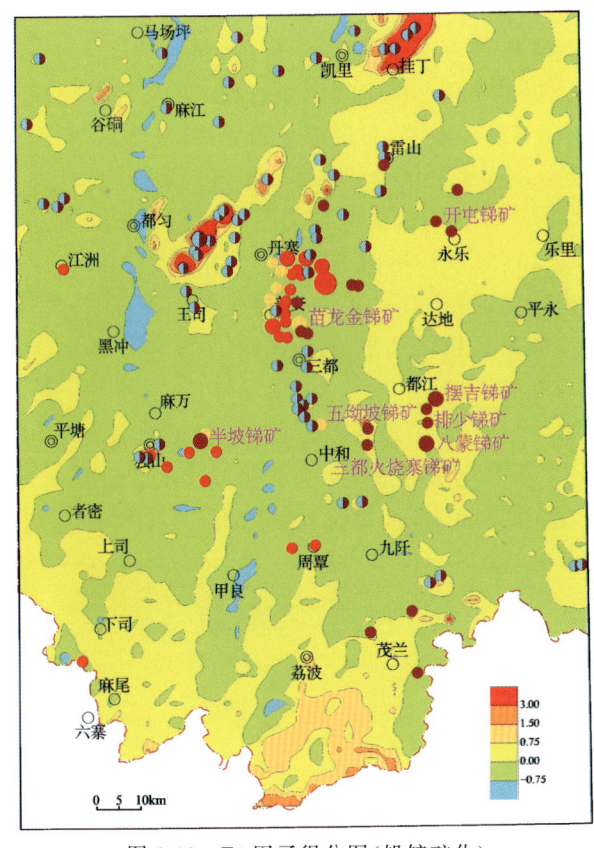

图 8-18　F4 因子得分图（铅锌矿化）

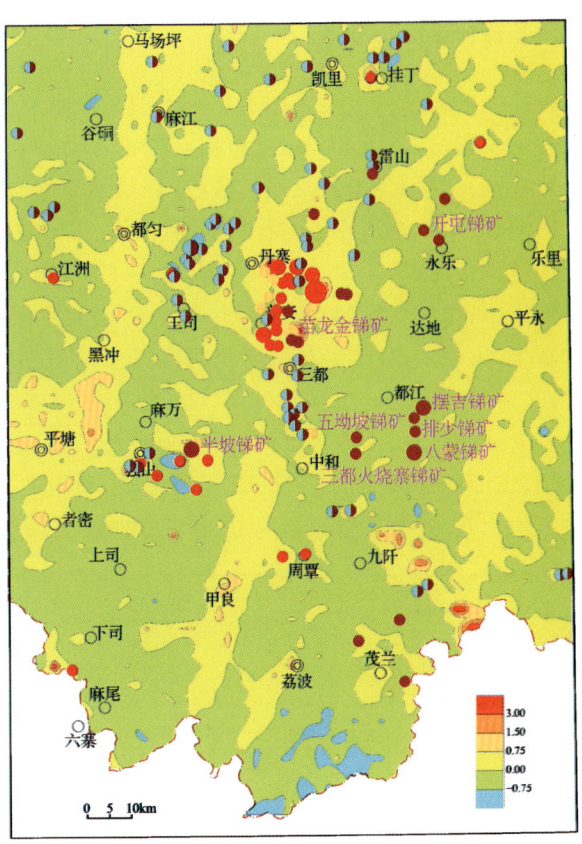

图 8-19　F6 因子得分图（金银矿化）

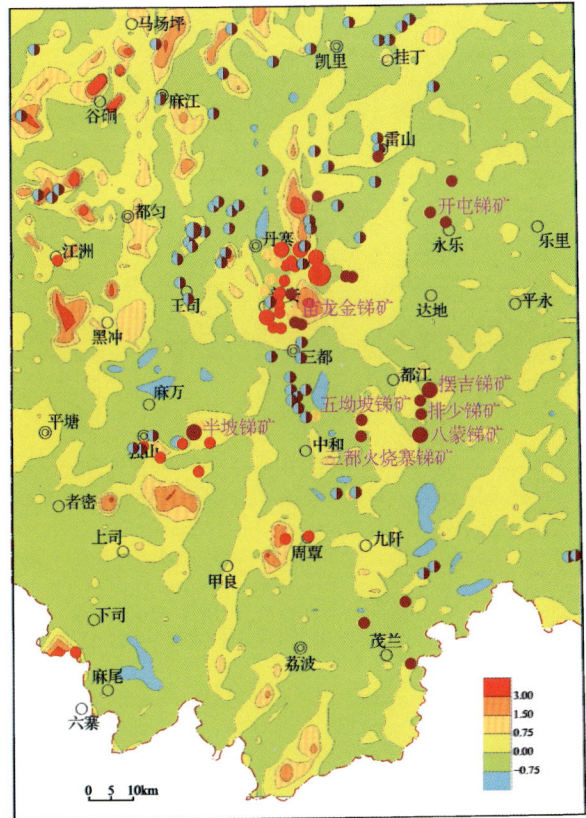

图 8-20　F7 因子得分图（碳酸盐岩分布）

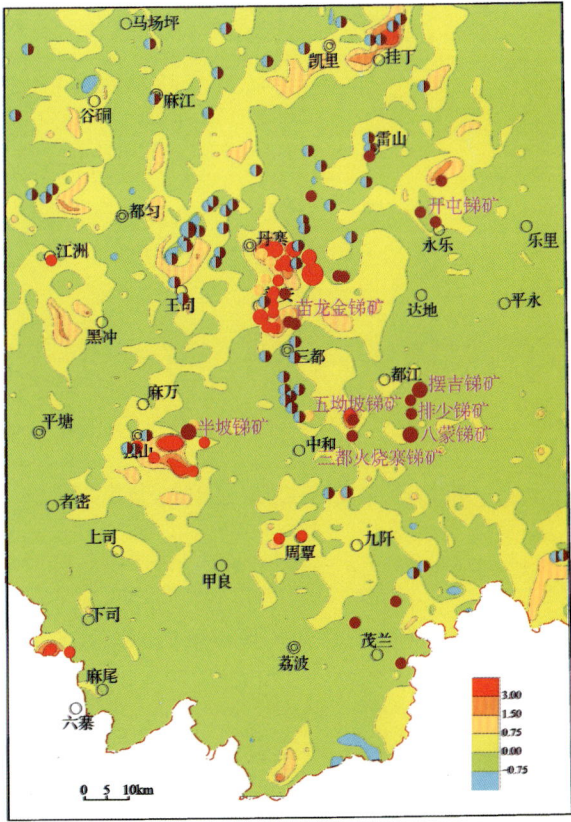

图 8-21　F8 因子得分图（锑矿化）

4. 成矿带剥蚀深度

矿床的剥蚀深度是资源量估算中的一个重要参数。据金中国 2004 年《贵州省独山半坡锑矿地球化学特征及深部找矿预测》论文资料:"据地表及钻孔岩石地球化学测量,该区原生晕异常明显地显示出受断裂控制。在原生晕异常发育区,往往是断裂交会部位。原生晕异常中 Sb 晕分布范围最大,且具有明显的浓度分带,浓集中心与矿体边界基本一致。Sb、Hg、As 异常与含矿断裂关系密切。矿床轴向分带 Hg-As(前缘晕)—Sb-Mo(矿体晕)—Ga-Pb-Cu-Zn(尾晕),横向分带 Sb—Hg—As—Mo—Pb。在地层中,中泥盆统相对富集 Hg、As、Pb、Zn 元素,下泥盆统 Sb、Cu、Mo、Ga 相对富集。岩石中砂岩相对富集 Sb、As、Cu、Ga,灰岩中相对富集 Hg、Pb、Zn。表明半坡锑矿的形成既与 $D_1 dn$ 高背景场密切相关,又对脆性围岩有选择性。"

贵州榕江-雷山地区以 As、Hg 为矿头晕,Sb、Mo 为矿中晕,独山地区以 Cu、Pb、Zn、Cd、Cr、Co 为矿尾晕,雷山地区以 Au、Bi、V、Ni 为矿尾晕,利用矿尾晕/矿头晕比值对预测区作了剥蚀程度的研究,已知矿床均为浅剥蚀(剥蚀系数为 0.1),独山(盖层)地区和雷山(基底)地区剥蚀程度见图 8-22、图 8-23。

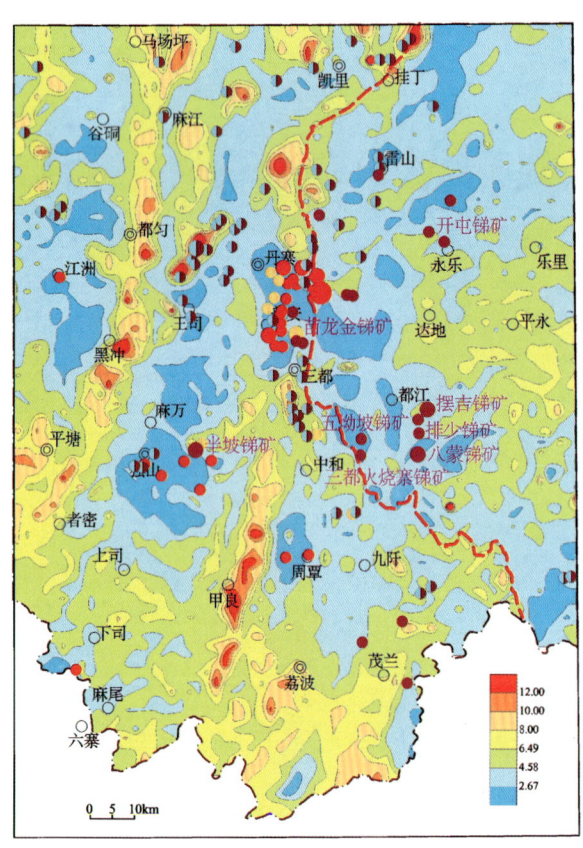
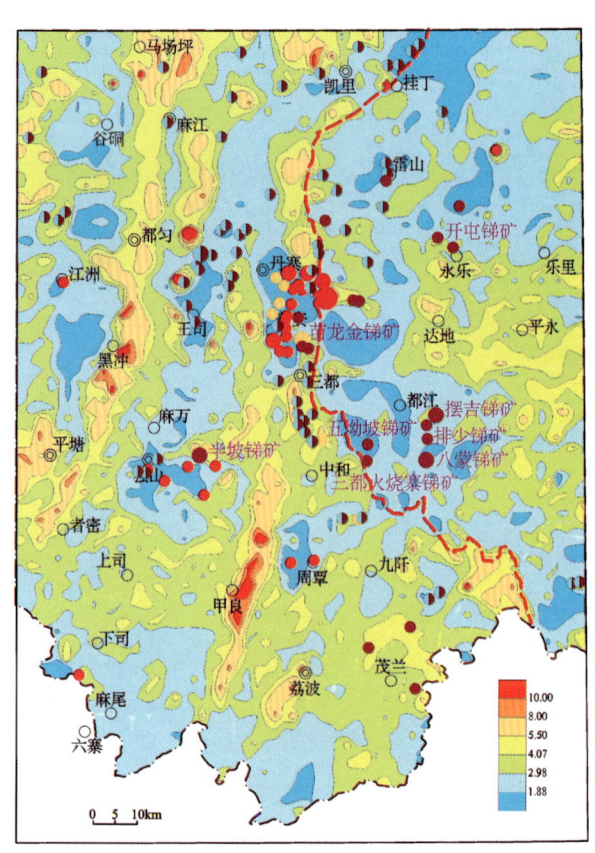

图 8-22　独山(盖层)地区剥蚀程度图　　　　　图 8-23　雷山(基底)地区剥蚀程度图

5. 相似度

相似度的判定以已知矿床点位的相关元素含量值为基准,其他点位含量值采用明式距离中的欧氏距离公式

$$d_{ij} = \left[\sum_{a=1}^{p}(x_{ia} - x_{ja})^2\right]^{1/2}$$

进行计算,根据距离的特征,距离越小越相似,距离越大差别越大。

分别对八蒙锑矿(Sb、Hg 元素含量值为基准)、独山锑矿(Sb、Ag 元素含量值为基准)、苗龙金锑矿

(Sb、Ag、As、Au、Hg、Mo元素含量值为基准)、五坳坡锑矿(Sb、As、Au元素含量值为基准)做了相似度的判别(图8-24～图8-27)。

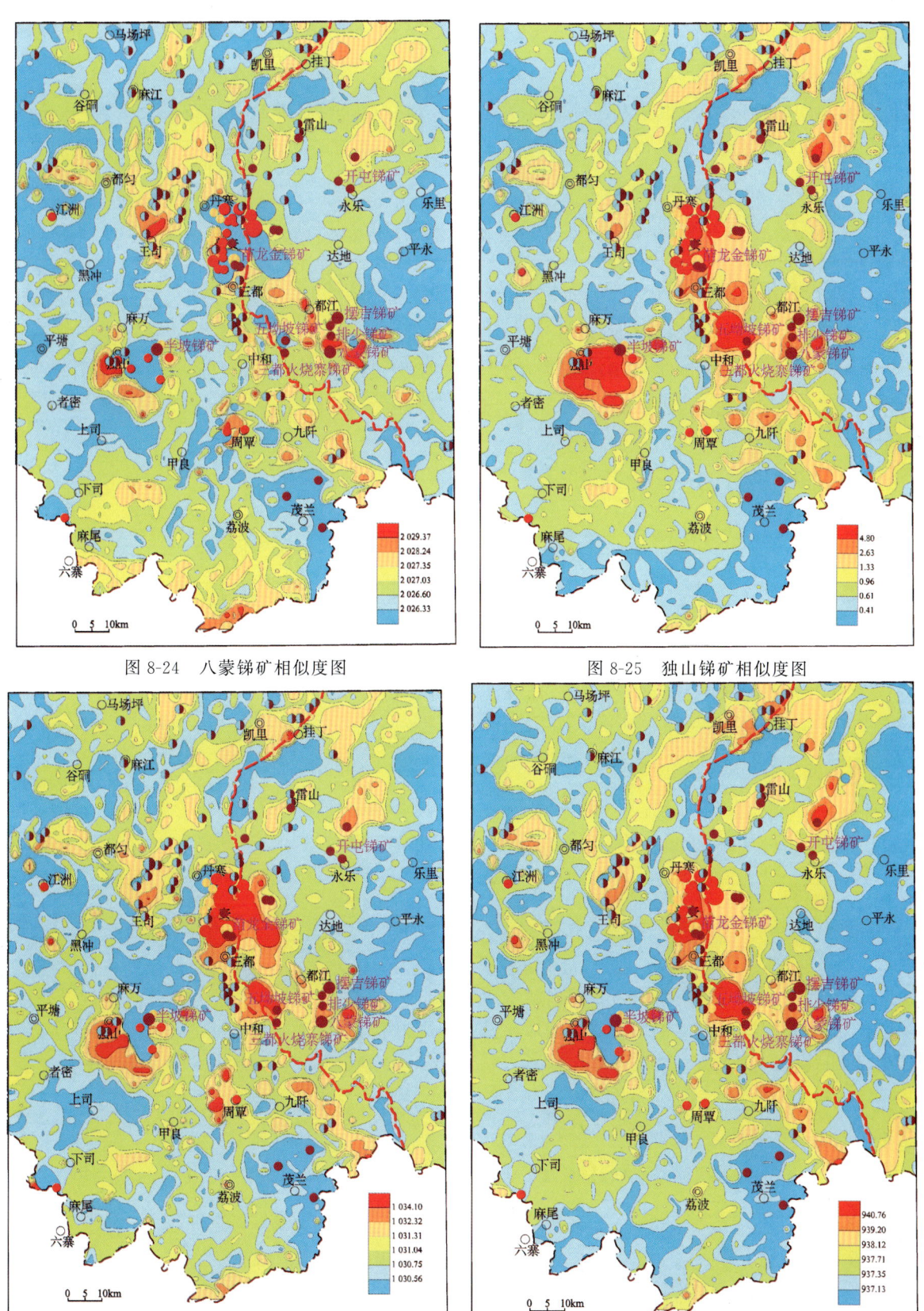

图8-24 八蒙锑矿相似度图

图8-25 独山锑矿相似度图

图8-26 苗龙金锑矿相似度图

图8-27 五坳坡锑矿相似度图

(三)资源量潜力评价

根据预测靶区的圈定准则及其可信度分级,对全矿带 A 级、B 级预测靶区进行了类比法、面金属量法和品位吨位法的定量计算,其中品位吨位法与类比法、面金属量法计算结果相差较大未采用,最终结果取类比法、面金属量法二者平均值。预测区内已知矿床(点)资源量和预测靶区资源量分别见表 8-13、表 8-14。

表 8-13 已知矿(床)点资源量及参数统计一览表

已知矿床(点)	剥蚀系数	资源量-Pu (t)	异常规模-Q (km^2 百分率)	面金属量-P (km^2 百分率)	类比法系数 $K_类$ ($K=Q/Pu$)	面金属量法系数 $K_面$ ($K=P/Pu$)	元素
半坡锑矿	0.10	142 903	43 315.00	42 825.52	0.303 11	0.299 68	Sb
苗龙金锑矿	0.10	4 154	2 694.23	2 436.28	0.648 59	0.586 49	Sb
			2 465.68	1 858.90	0.593 57	0.447 50	As
八蒙锑矿	0.10	63 506	1 050.03	902.20	0.016 53	0.014 21	Sb
			122 592.80	108 024.56	1.930 41	1.701 01	Hg
五坳坡锑矿	0.10	3 062	5 121.49	4 926.79	1.672 60	1.609 01	Sb
			6 008.06	5 726.94	1.962 13	1.870 33	As

已知矿床(点)共 4 个,总资源量 213 625t。

七、结论与建议

通过对贵州榕江-雷山地区锑矿矿产资源地球化学模型建立和定量预测方法研究,取得主要成果如下:

(1)本次定量预测工作分岩溶区(盖层)和浅变质岩低山丘陵区(基底)两个地质单元进行地球化学数据校正和参数统计,分别编制了相应的地球化学图(异常图),结合因子分析编制了 8 个因子得分图,图件较好地反映地质特征信息。

(2)对 6 个矿集区、4 个地球化学小区、4 个典型矿床分别统计其异常面积、背景值、面金属量、衬值异常量等资源量估算的各种地球化学参数。

(3)结合矿床原生晕特征,以 As、Hg 为矿头晕,Sb、Mo 为矿中晕,独山地区以 Cu、Pb、Zn、Cd、Cr、Co 为矿尾晕,雷山地区以 Au、Bi、V、Ni 为矿尾晕,利用矿尾晕/矿头晕比值对预测区作了剥蚀程度的研究。

(4)综合地质、地球化学特征、文献资料,分别编制了黔东南锑矿集区(基底)成矿模式图和雷公山锑矿带(盖层)区域成矿模式图各 1 张。

第八章　地球化学定量预测

表 8-14　预测靶区资源量及参数统计一览表

序号	编号	经度(°)	纬度(°)	资源量(Vd)	资源量(Vs)	V=0.6Vd+0.4Vs	剥蚀系数	级别	衬值异常元素组合	最佳相似矿床	Sb异常规模(Q)	As异常规模(Q)	Hg异常规模(Q)	Sb面金属量(P)	As面金属量(P)	Hg面金属量(P)
1	B-YC-D1	107.368 9	26.035 9	346.88	305.84	330.47	0.1	B	Sb-Hg-As-Au		105.14			91.66		
2	B-YC-D2	107.533 8	25.891 5	157.70	129.81	146.55	0.1	B	Sb-Mo		47.80			38.90		
3	B-YC-D3	107.742 9	25.890 2	120.36	96.30	110.74	0.1	B	Sb		36.48			28.86		
4	B-YC-D4	107.762 5	25.853 3	733.77	689.63	716.12	0.2	B	Sb-Au-Mo	半坡锑矿	250.21			232.50		
5	B-YC-D5	107.873 1	25.688 5	97.31	81.22	90.88	0.1	B	Sb-Hg-As-Mo		29.50			24.34		
6	B-YC-D6	107.984 6	25.658 2	318.37	254.73	292.91	0.1	B	Sb-As-Mo		96.50			76.34		
7	B-YC-D7	107.849 2	25.161 3	26.32	21.06	24.22	0.1	B	Sb-Hg-Au-Mo		7.98			6.31		
8	B-YC-M1	108.062 4	26.559 5	299.90	262.36	284.89	0.2	B	Sb-Hg-Au-Mo		218.83			173.11		
9	A-YC-M2	107.355	26.290 8	41.36	36.18	39.29	0.2	A	Sb-Hg-Au-As		30.18			23.87		
10	B-YC-M3	107.414 6	26.273 3	44.81	39.20	42.57	0.1	B	Sb-Hg-Au-As		29.07			22.99		
11	B-YC-M4	107.580 2	26.258 2	1 292.81	1 301.75	1 296.38	0.2	B	Sb-Hg-Au-As-Mo	苗龙金锑矿	92.91	767.37		73.50	582.53	
12	B-YC-M5	107.954 2	25.784 2	127.33	111.39	120.96	0.1	B	Sb-Hg-Au-As-Mo		147.10			119.46		
13	B-YC-M6	108.078 8	25.665 1	226.81	203.68	217.56	0.1	B	Sb-Hg-Au-As-Mo		116.07			91.82		
14	A-YC-M7	108.174 1	25.608 4	178.96	156.56	170.00	0.1	A	Sb-Hg-Au-As-Mo		271.22			216.80		
15	B-YC-M8	108.249 5	25.516 6	418.17	369.66	398.77	0.1	B	Sb-Hg-Au-As-Mo		215.96			170.84		
16	B-YC-B1	108.187 1	26.593 3	13 061.54	12 025.62	12 647.17	0.1	B	Sb-Hg		567.27			463.33		
17	B-YC-B2	107.999 2	25.979 3	34 308.55	32 613.57	33 630.56	0.1	B	Sb	八蒙锑矿						
18	B-YC-B3	108.077 8	25.951 1	3 283.95	3 123.11	3 219.62	0.1	B	Sb-Hg-Au		54.07		6 339.38	44.04		5 312.45
19	B-YC-B4	108.099 4	25.921 7	3 270.00	3 100.13	3 202.05	0.1	B	Sb-Hg-Au		34.93			27.63		
20	B-YC-B5	108.089 6	25.851 3	2 112.79	1 945.23	2 045.77	0.1	B	Hg		21.21			16.78		
21	B-YC-B6	108.298 3	25.866 8	1 282.97	1 181.22	1 242.27	0.1	B	Sb-Hg-Au		57.17			45.23		
22	A-YC-W1	108.203 6	26.515 3	34.18	28.11	31.75	0.1	A	Sb-Au-As-Mo		354.10			283.85		
23	B-YC-W2	108.265 3	26.414 6	211.71	176.42	197.59	0.1	B	Sb-Au-Mo		531.54			448.37		
24	A-YC-W3	108.233 4	26.34	317.79	278.66	302.14	0.1	A	Sb-Au-As-Mo	五均坡锑矿	43.60			35.18		
25	B-YC-W4	108.218 8	25.922 6	26.06	21.86	24.38	0.1	B	Sb-As		28.12			22.25		
26	B-YC-W5	108.237	25.795 2	16.81	13.83	15.62	0.1	B	Sb-Hg-Au-Mo							
27	A-YC-W6	108.457 2	25.557 2	2 249.13	1 791.18	2 065.95	0.1	A	Sb-As-Mo			4 413.10			3 350.09	

预测靶区共27个，总资源量62 907.15 t；面金属量60 358.32 t；类比法64 606.38 t

类比法：未知矿点资源量(Vd)=[预测区异常规模Q×(1-F预测区)]/[系数K×(1-F已知)]，资源量单位：万t

面金属量法：预测区资源量(Vs)=[预测区面金属量P×(1-F预测区)]/[系数K×(1-F已知)]，资源量单位：万t

(5) 以 4 个典型矿床为标准对全区作了相似度的判别,根据相似度、成矿地质条件、矿床点分布特征及 Sb 元素异常显示,圈出了找矿预测靶区 A+B 级 27 个、C 级 21 个。

(6) 结合已知典型矿床资源量,以类比法、面金属量法、品位吨位法对预测靶区的资源量进行估算,其结果如下:

A+B 级预测靶区共 27 个;总资源量:6.2907 万 t。其中面金属量法:6.0358 万 t,类比法:6.4606 万 t。另外品位吨位法:7.5596 万 t(相差较大未采用)。

第二节 铜矿地球化学定量预测

贵州铜矿类型分为火山岩型-峨眉山式玄武岩型铜矿和复合"内生型"-地虎式铜多金属矿两种。

由于贵州出露大面积的玄武岩,故铜矿定量预测工作,贵州首先选择黔西北部峨眉山式玄武岩型铜矿,在玄武岩出露的地层范围开展定量预测工作,贵州黔西北玄武岩分布情况见图 8-28。

(1) 数据调平:对预测范围内的 9 198 件 1:20 万化探数据,分为 6 个 1:20 万图幅(区)按图 8-29 进行了数据调平。各图幅(区)根据背景值进行了调整,其中各区调整系数见表 8-15～表 8-19。

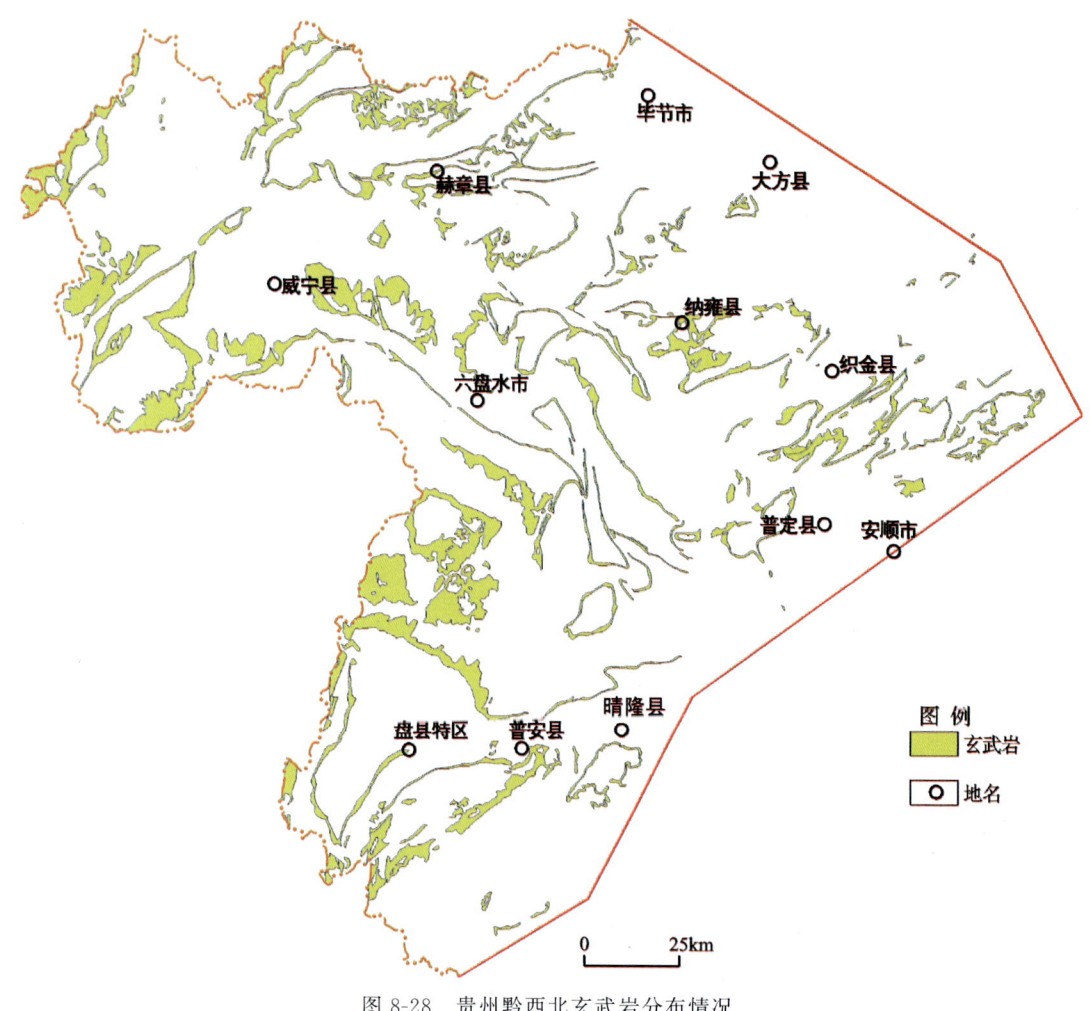

图 8-28 贵州黔西北玄武岩分布情况

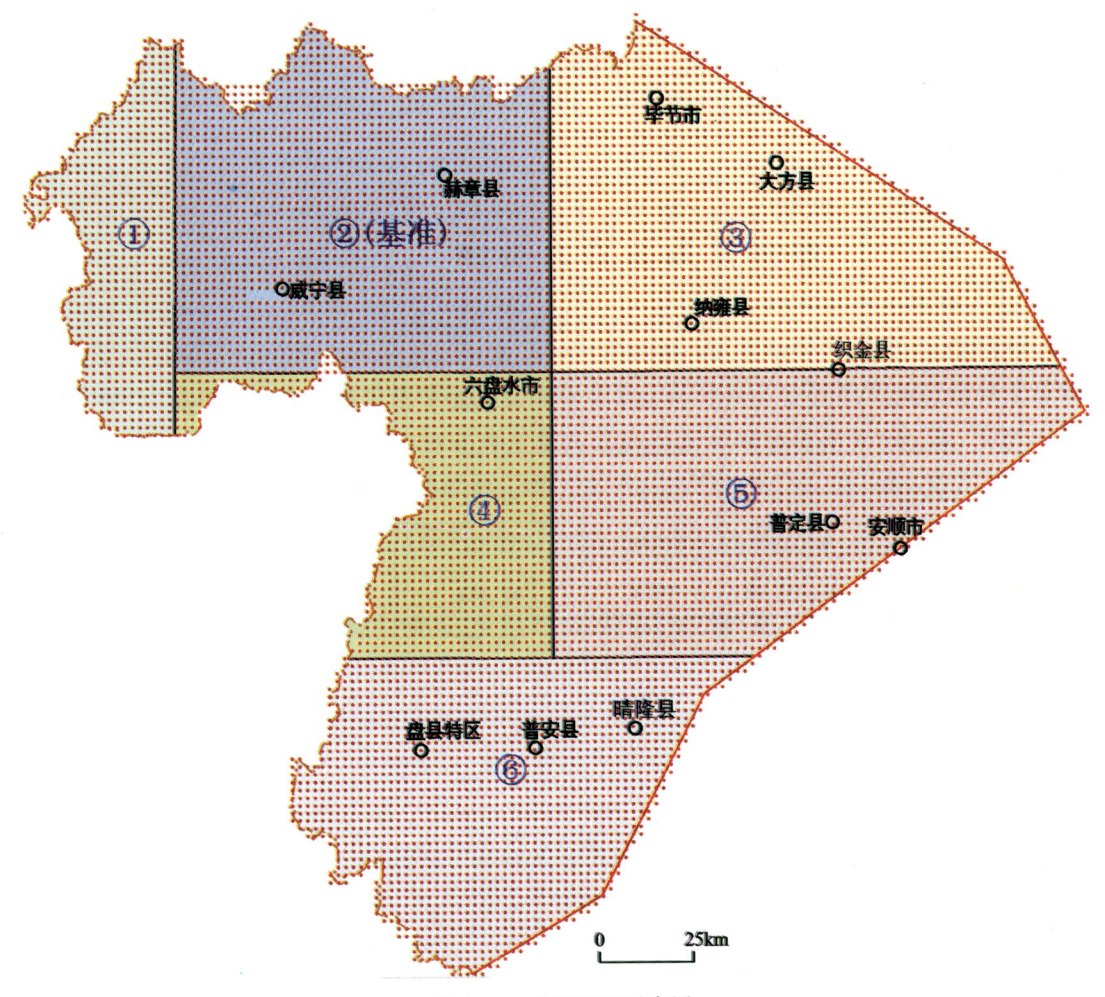

图 8-29 分区调整示意图

表 8-15 ①区 39 种元素或氧化物调整系数（②区为基准）

元素或氧化物	记录数	剔出数	平均值	标准差	异常下限	分区号	调整系数
Ag	639	32	68.29	21.91	112.10	铜-1	1.21
As	639	46	8.35	5.90	20.16	铜-1	2.51
Au	639	24	1.61	0.89	3.39	铜-1	1.22
B	639	1	47.67	28.11	103.89	铜-1	1.04
Ba	639	7	342.86	137.19	617.25	铜-1	0.99
Be	639		2.53	0.56	3.66	铜-1	1.02
Bi	639	21	0.36	0.22	0.79	铜-1	1.25
Cd	639	42	526.27	362.79	1 251.84	铜-1	1.43
Co	639		36.57	14.96	66.49	铜-1	0.90
Cr	639	34	167.44	99.59	366.61	铜-1	0.93

续表 8-15

元素或氧化物	记录数	剔出数	平均值	标准差	异常下限	分区号	调整系数
Cu	639	1	102.85	75.12	253.09	铜-1	0.94
F	639	21	533.30	213.20	959.71	铜-1	1.20
Hg	639	32	45.76	30.30	106.35	铜-1	1.69
La	639	7	48.31	15.63	79.57	铜-1	0.97
Li	639	11	38.55	17.98	74.51	铜-1	1.08
Mn	639	4	1 151.95	518.79	2 189.53	铜-1	1.17
Mo	639	32	1.43	0.63	2.69	铜-1	1.19
Nb	639	1	31.28	13.05	57.37	铜-1	0.97
Ni	639	2	61.24	19.68	100.59	铜-1	0.91
P	639	2	752.20	343.66	1 439.51	铜-1	1.24
Pb	639	81	26.19	8.45	43.08	铜-1	1.15
Sb	639	82	0.75	0.40	1.56	铜-1	2.54
Sn	639	4	3.73	0.96	5.65	铜-1	0.98
Sr	639	15	84.57	46.48	177.53	铜-1	0.92
Th	639	13	12.59	2.67	17.93	铜-1	1.13
Ti	639	1	14 838.19	8 404.30	31 646.79	铜-1	0.95
U	639	7	3.02	1.02	5.05	铜-1	1.18
V	639		258.22	126.79	511.81	铜-1	0.95
W	639	3	1.64	0.63	2.89	铜-1	1.10
Y	639	17	33.32	8.11	49.54	铜-1	1.19
Zn	639	43	96.26	28.07	152.40	铜-1	1.16
Zr	639	6	367.32	65.89	499.10	铜-1	1.01
Al_2O_3	639	1	13.80	3.50	20.80	铜-1	1.09
CaO	639	95	1.00	0.59	2.18	铜-1	0.75
Fe_2O_3	639		10.97	4.10	19.16	铜-1	1.02
K_2O	639	1	1.49	0.68	2.85	铜-1	0.87
MgO	639	7	1.91	1.16	4.23	铜-1	0.75
Na_2O	639	54	0.28	0.22	0.72	铜-1	0.76
SiO_2	639		59.65	10.07	79.79	铜-1	1.01

注：含量单位 Ag、Au、Cd、Hg 为 $\times 10^{-9}$；氧化物为 $\times 10^{-2}$；其余元素为 $\times 10^{-6}$。

表 8-16 ③区 39 种元素或氧化物调整系数(②区为基准)

元素或氧化物	记录数	剔出数	平均值	标准差	异常下限	分区号	调整系数
Ag	2 055	100	62.28	12.71	87.70	铜-3	1.33
As	2 055	88	17.71	8.51	34.73	铜-3	1.18
Au	2 055	45	1.34	0.63	2.59	铜-3	1.46
B	2 055	9	64.88	30.51	125.89	铜-3	0.76
Ba	2 055	61	335.26	93.17	521.60	铜-3	1.02
Be	2 055	23	2.67	0.59	3.84	铜-3	0.97
Bi	2 055	1	0.43	0.13	0.68	铜-3	1.04
Cd	2 055	530	259.20	91.87	442.95	铜-3	2.89
Co	2 055	4	29.69	10.07	49.82	铜-3	1.11
Cr	2 055	5	135.25	47.20	229.64	铜-3	1.15
Cu	2 055	48	70.98	36.47	143.92	铜-3	1.36
F	2 055	34	990.11	473.68	1 937.48	铜-3	0.65
Hg	2 055	205	101.31	46.64	194.58	铜-3	0.76
La	2 055	26	51.41	15.41	82.22	铜-3	0.91
Li	2 055	332	48.95	19.09	87.13	铜-3	0.85
Mn	2 055	22	1 450.44	508.87	2 468.18	铜-3	0.93
Mo	2 055	73	1.77	0.75	3.28	铜-3	0.96
Nb	2 055	52	33.95	12.81	59.58	铜-3	0.89
Ni	2 055	9	49.00	17.24	83.48	铜-3	1.14
P	2 055	41	850.85	325.27	1 501.39	铜-3	1.10
Pb	2 055	67	28.56	5.89	40.34	铜-3	1.05
Sb	2 055	253	1.43	0.49	2.41	铜-3	1.33
Sn	2 055	31	3.54	0.75	5.04	铜-3	1.03
Sr	2 055	55	92.96	43.70	180.37	铜-3	0.84
Th	2 055	6	15.19	2.79	20.77	铜-3	0.94
Ti	2 055	10	12 392.62	5 530.44	23 453.50	铜-3	1.13
U	2 055	3	4.62	1.82	8.26	铜-3	0.77
V	2 055	30	199.93	68.97	337.88	铜-3	1.23

续表 8-16

元素或氧化物	记录数	剔出数	平均值	标准差	异常下限	分区号	调整系数
W	2 055	10	1.90	0.55	2.99	铜-3	0.95
Y	2 055	28	37.18	9.76	56.69	铜-3	1.07
Zn	2 055	68	88.21	20.37	128.95	铜-3	1.27
Zr	2 055	53	354.36	69.96	494.27	铜-3	1.05
Al_2O_3	2 055		13.96	2.43	18.82	铜-3	1.08
CaO	2 055	225	0.86	0.38	1.63	铜-3	0.87
Fe_2O_3	2 055	1	9.49	3.05	15.59	铜-3	1.18
K_2O	2 055	4	1.95	0.80	3.56	铜-3	0.66
MgO	2 055	42	1.79	0.80	3.40	铜-3	0.81
Na_2O	2 055	99	0.23	0.09	0.41	铜-3	0.93
SiO_2	2 055	23	61.23	7.15	75.52	铜-3	0.98

注：含量单位 Ag、Au、Cd、Hg 为 $\times 10^{-9}$；氧化物为 $\times 10^{-2}$；其余元素为 $\times 10^{-6}$。

表 8-17 ④区 39 种元素或氧化物调整系数（②区为基准）

元素或氧化物	记录数	剔出数	平均值	标准差	异常下限	分区号	调整系数
Ag	915	65	74.77	22.79	120.35	铜-4	1.11
As	915	68	16.59	11.91	40.41	铜-4	1.26
Au	915	14	2.00	1.18	4.36	铜-4	0.98
B	915	1	44.31	28.96	102.22	铜-4	1.12
Ba	915	13	321.69	115.29	552.28	铜-4	1.06
Be	915	9	2.61	0.52	3.64	铜-4	0.99
Bi	915	44	0.41	0.17	0.76	铜-4	1.08
Cd	915	32	1 265.62	1 219.70	3 705.03	铜-4	0.59
Co	915		38.01	15.21	68.42	铜-4	0.87
Cr	915	16	159.08	62.40	283.88	铜-4	0.98
Cu	915		127.49	86.99	301.48	铜-4	0.76
F	915	45	549.82	219.57	988.96	铜-4	1.17
Hg	915	67	76.53	33.83	144.19	铜-4	1.01

续表 8-17

元素或氧化物	记录数	剔出数	平均值	标准差	异常下限	分区号	调整系数
La	915	2	50.38	23.72	97.82	铜-4	0.93
Li	915	62	37.31	13.89	65.08	铜-4	1.12
Mn	915	6	1 662.34	674.27	3 010.89	铜-4	0.81
Mo	915	34	1.98	0.88	3.74	铜-4	0.86
Nb	915	9	30.68	12.12	54.93	铜-4	0.99
Ni	915	3	57.75	18.73	95.21	铜-4	0.96
P	915	10	1 156.37	485.56	2 127.48	铜-4	0.81
Pb	915	116	27.42	8.60	44.61	铜-4	1.10
Sb	915	97	2.01	1.24	4.49	铜-4	0.95
Sn	915	7	3.60	0.65	4.90	铜-4	1.01
Sr	915	47	87.23	39.25	165.73	铜-4	0.90
Th	915	2	12.76	3.00	18.76	铜-4	1.12
Ti	915		16 261.09	9 121.67	34 504.44	铜-4	0.86
U	915	11	3.40	1.35	6.10	铜-4	1.05
V	915		276.18	125.53	527.24	铜-4	0.89
W	915	6	1.54	0.54	2.61	铜-4	1.18
Y	915	43	46.85	14.72	76.29	铜-4	0.85
Zn	915	91	110.99	34.78	180.54	铜-4	1.01
Zr	915	7	354.18	74.39	502.96	铜-4	1.05
Al_2O_3	915		15.00	3.28	21.56	铜-4	1.00
CaO	915	75	0.86	0.43	1.73	铜-4	0.87
Fe_2O_3	915		12.18	4.88	21.95	铜-4	0.92
K_2O	915	145	0.89	0.33	1.56	铜-4	1.45
MgO	915	26	1.26	0.67	2.60	铜-4	1.14
Na_2O	915	67	0.20	0.07	0.35	铜-4	1.07
SiO_2	915	1	59.46	11.04	81.54	铜-4	1.01

注：含量单位 Ag、Au、Cd、Hg 为 $\times 10^{-9}$；氧化物为 $\times 10^{-2}$；其余元素为 $\times 10^{-6}$。

表 8-18　⑤区 39 种元素或氧化物调整系数（②区为基准）

元素或氧化物	记录数	剔出数	平均值	标准差	异常下限	分区号	调整系数
Ag	1 989	158	77.34	28.67	134.68	铜-5	1.07
As	1 989	151	17.14	8.90	34.94	铜-5	1.22
Au	1 989	61	1.53	0.76	3.04	铜-5	1.28
B	1 989	32	70.28	32.30	134.89	铜-5	0.71
Ba	1 989	62	291.77	104.24	500.25	铜-5	1.17
Be	1 989	16	2.39	0.58	3.55	铜-5	1.08
Bi	1 989	39	0.40	0.15	0.70	铜-5	1.10
Cd	1 989	378	396.76	261.42	919.59	铜-5	1.89
Co	1 989	3	30.97	12.31	55.58	铜-5	1.07
Cr	1 989	29	140.02	43.48	226.97	铜-5	1.11
Cu	1 989	28	76.03	44.50	165.02	铜-5	1.27
F	1 989	40	895.97	437.42	1 770.81	铜-5	0.72
Hg	1 989	158	114.32	54.36	223.04	铜-5	0.68
La	1 989	10	49.80	14.15	78.11	铜-5	0.94
Li	1 989	235	52.53	18.36	89.24	铜-5	0.79
Mn	1 989	31	1 478.12	565.14	2 608.40	铜-5	0.91
Mo	1 989	77	2.26	0.93	4.11	铜-5	0.75
Nb	1 989	18	36.09	15.08	66.26	铜-5	0.84
Ni	1 989	9	55.44	19.60	94.64	铜-5	1.00
P	1 989	14	961.29	354.77	1 670.83	铜-5	0.97
Pb	1 989	138	30.56	8.58	47.72	铜-5	0.99
Sb	1 989	252	1.50	0.72	2.93	铜-5	1.27
Sn	1 989	35	3.69	0.85	5.40	铜-5	0.99
Sr	1 989	113	98.08	39.84	177.75	铜-5	0.80
Th	1 989	36	15.03	3.34	21.71	铜-5	0.95
Ti	1 989	5	12 961.80	6 475.39	25 912.58	铜-5	1.08
U	1 989	24	4.22	1.46	7.14	铜-5	0.84

续表 8-18

元素或氧化物	记录数	剔出数	平均值	标准差	异常下限	分区号	调整系数
V	1 989	16	226.28	88.51	403.31	铜-5	1.09
W	1 989	44	1.85	0.56	2.97	铜-5	0.98
Y	1 989	103	39.56	9.45	58.46	铜-5	1.00
Zn	1 989	70	106.62	31.67	169.96	铜-5	1.05
Zr	1 989	9	372.71	90.14	552.98	铜-5	1.00
Al_2O_3	1 989	1	13.81	3.15	20.10	铜-5	1.09
CaO	1 989	240	0.89	0.43	1.74	铜-5	0.85
Fe_2O_3	1 989	1	9.95	3.55	17.04	铜-5	1.12
K_2O	1 989	13	1.65	0.82	3.29	铜-5	0.79
MgO	1 989	46	1.69	0.93	3.54	铜-5	0.86
Na_2O	1 989	106	0.21	0.09	0.39	铜-5	1.02
SiO_2	1 989	77	59.25	7.89	75.03	铜-5	1.02

注：含量单位 Ag、Au、Cd、Hg 为 $\times 10^{-9}$；氧化物为 $\times 10^{-2}$；其余元素为 $\times 10^{-6}$。

表 8-19 ⑥区 39 种元素或氧化物调整系数（②区为基准）

元素或氧化物	记录数	剔出数	平均值	标准差	异常下限	分区号	调整系数
Ag	1 624	84	63.94	20.50	104.94	铜-6	1.29
As	1 624	293	20.34	12.24	44.81	铜-6	1.03
Au	1 624	145	1.73	0.91	3.54	铜-6	1.14
B	1 624	65	59.52	38.91	137.34	铜-6	0.83
Ba	1 624	16	279.68	109.28	498.23	铜-6	1.22
Be	1 624	24	2.48	0.52	3.51	铜-6	1.04
Bi	1 624	34	0.38	0.17	0.73	铜-6	1.16
Cd	1 624	535	176.09	55.71	287.52	铜-6	4.26
Co	1 624		38.20	12.02	62.25	铜-6	0.86
Cr	1 624	19	168.31	55.83	279.97	铜-6	0.92
Cu	1 624	38	91.38	42.33	176.05	铜-6	1.06
F	1 624	14	876.35	620.61	2 117.56	铜-6	0.73
Hg	1 624	356	64.77	31.52	127.80	铜-6	1.19
La	1 624	15	48.98	10.64	70.26	铜-6	0.96

续表 8-19

元素或氧化物	记录数	剔出数	平均值	标准差	异常下限	分区号	调整系数
Li	1 624	87	63.04	36.04	135.11	铜-6	0.66
Mn	1 624	45	1 360.71	359.37	2 079.45	铜-6	0.99
Mo	1 624	110	1.85	0.85	3.56	铜-6	0.92
Nb	1 624	10	39.54	11.84	63.21	铜-6	0.77
Ni	1 624	6	66.83	19.02	104.87	铜-6	0.83
P	1 624	25	1 072.27	372.97	1 818.22	铜-6	0.87
Pb	1 624	85	31.79	9.07	49.92	铜-6	0.95
Sb	1 624	471	1.77	0.99	3.75	铜-6	1.08
Sn	1 624	26	3.84	0.81	5.47	铜-6	0.95
Sr	1 624	42	99.15	46.20	191.55	铜-6	0.79
Th	1 624	12	16.07	4.78	25.64	铜-6	0.89
Ti	1 624	2	14 597.53	6 173.68	26 944.88	铜-6	0.96
U	1 624	32	3.95	1.86	7.66	铜-6	0.90
V	1 624	13	265.46	92.48	450.42	铜-6	0.93
W	1 624	119	1.84	0.66	3.15	铜-6	0.98
Y	1 624	152	43.26	8.10	59.46	铜-6	0.92
Zn	1 624	129	111.51	24.26	160.03	铜-6	1.01
Zr	1 624	3	377.97	74.78	527.53	铜-6	0.98
Al_2O_3	1 624	7	13.83	2.42	18.67	铜-6	1.09
CaO	1 624	122	0.84	0.46	1.76	铜-6	0.90
Fe_2O_3	1 624	81	10.88	2.98	16.83	铜-6	1.03
K_2O	1 624	4	1.78	1.00	3.77	铜-6	0.73
MgO	1 624	67	1.79	1.09	3.96	铜-6	0.80
Na_2O	1 624	171	0.18	0.08	0.33	铜-6	1.21
SiO_2	1 624	90	54.82	5.20	65.21	铜-6	1.10

注：含量单位 Ag、Au、Cd、Hg 为 $\times 10^{-9}$；氧化物为 $\times 10^{-2}$；其余元素为 $\times 10^{-6}$。

(2)对调整后的数据按照 $C-S$、C、$C+S$、$T(T=C+2S)$、$2T$、$4T$ 七色阶值(表 8-20)编制了 39 种元素或氧化物的地球化学图，在地球化学图的基础上以 $T(T=C+2S)$、$2T$、$4T$ 提取异常编制了 39 种元素或氧化物的地球化学异常图。其中铜地球化学异常图中仅具一级异常分带，异常分布与玄武岩的分布位置基本一致,反映了 Cu 元素在玄武岩中呈高背景分布(图 8-30～图 8-32),且已知铜厂河铜矿点仅具一级异常(图 8-33)。

表 8-20 39 种元素或氧化物地球化学图色阶值(调平后数据)

元素或氧化物	$C-S$	C	$C+S$	$T(T=C+2S)$	$2T$	$4T$
Ag	57.54	82.06	106.59	131.11	262.21	524.42
As	8.87	20.91	32.95	44.99	89.98	179.96
Au	0.96	1.96	2.95	3.95	7.90	15.80
B	22.79	49.22	75.65	102.09	204.17	408.34
Ba	221.36	341.45	461.54	581.63	1 163.26	2 326.52
Be	2.02	2.58	3.14	3.69	7.38	14.76
Bi	0.27	0.44	0.62	0.79	1.58	3.16
Cd	290.70	758.36	1 226.03	1 693.69	3 387.38	6 774.76
Co	20.76	32.99	45.21	57.44	114.87	
Cr	100.10	154.02	207.94	261.87	523.73	
Cu	39.84	97.37	154.89	212.42		
F	324.31	639.66	955.01	1 270.36	2 540.72	5 081.44
Hg	39.25	77.08	114.92	152.75	305.50	611.00
La	31.66	46.69	61.73	76.77	153.53	
Li	24.14	41.14	58.14	75.14	150.28	300.55
Mn	861.95	1 347.10	1 832.25	2 317.40	4 634.79	9 269.59
Mo	0.98	1.70	2.42	3.14	6.29	12.57
Nb	18.67	30.29	41.92	53.54	107.09	
Ni	37.44	55.60	73.75	91.91	183.82	
P	576.80	933.88	1 290.96	1 648.05	3 296.09	6 592.18
Pb	21.50	29.91	38.31	46.72	93.44	186.88
Sb	0.93	1.91	2.89	3.87	7.73	15.46
Sn	2.88	3.65	4.42	5.19	10.37	20.74
Sr	42.54	78.11	113.69	149.27	298.54	597.08
Th	10.96	14.25	17.54	20.83		
Ti	7 052.97	14 033.57	21 014.17	27 994.77	55 989.54	
U	2.19	3.55	4.91	6.27	12.53	25.06
V	149.01	247.25	345.49	443.73		

续表 8-20

元素或氧化物	$C-S$	C	$C+S$	$T(T=C+2S)$	$2T$	$4T$
W	1.20	1.80	2.40	3.00	6.00	12.00
Y	30.48	40.29	50.11	59.92	119.84	239.68
Zn	80.76	111.65	142.54	173.44	346.87	693.74
Zr	293.31	371.59	449.87	528.15		
Al_2O_3	12.06	15.05	18.04	21.03		
CaO	0.38	0.75	1.13	1.50	3.00	5.99
Fe_2O_3	7.40	11.18	14.96	18.74		
K_2O	0.69	1.30	1.92	2.53	5.06	
MgO	0.68	1.45	2.21	2.97	5.95	11.90
Na_2O	0.12	0.21	0.30	0.40	0.79	1.58
SiO_2	52.10	60.30	68.50	76.70		

注：含量单位 Ag、Au、Cd、Hg 为 $\times 10^{-9}$；氧化物为 $\times 10^{-2}$；其余元素为 $\times 10^{-6}$。

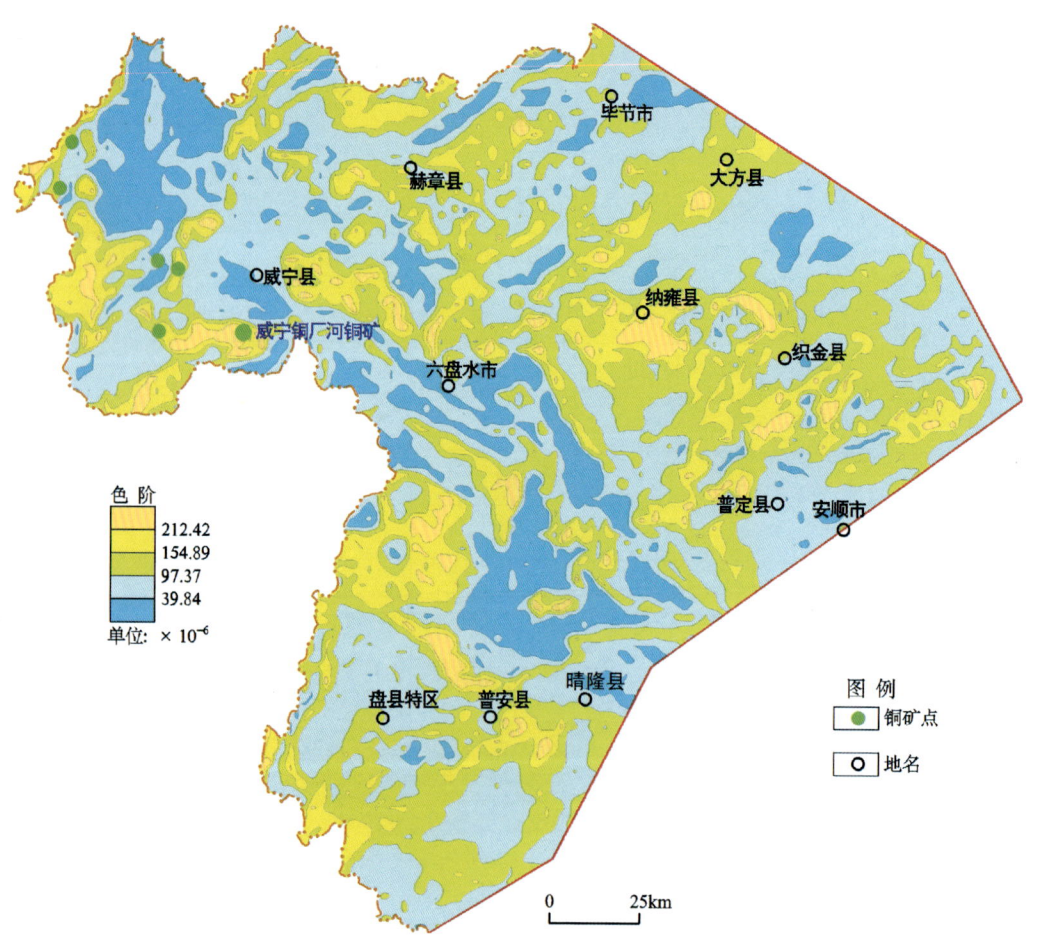

图 8-30　贵州玄武岩地区 Cu 地球化学图（背景离差值法 7 色阶）

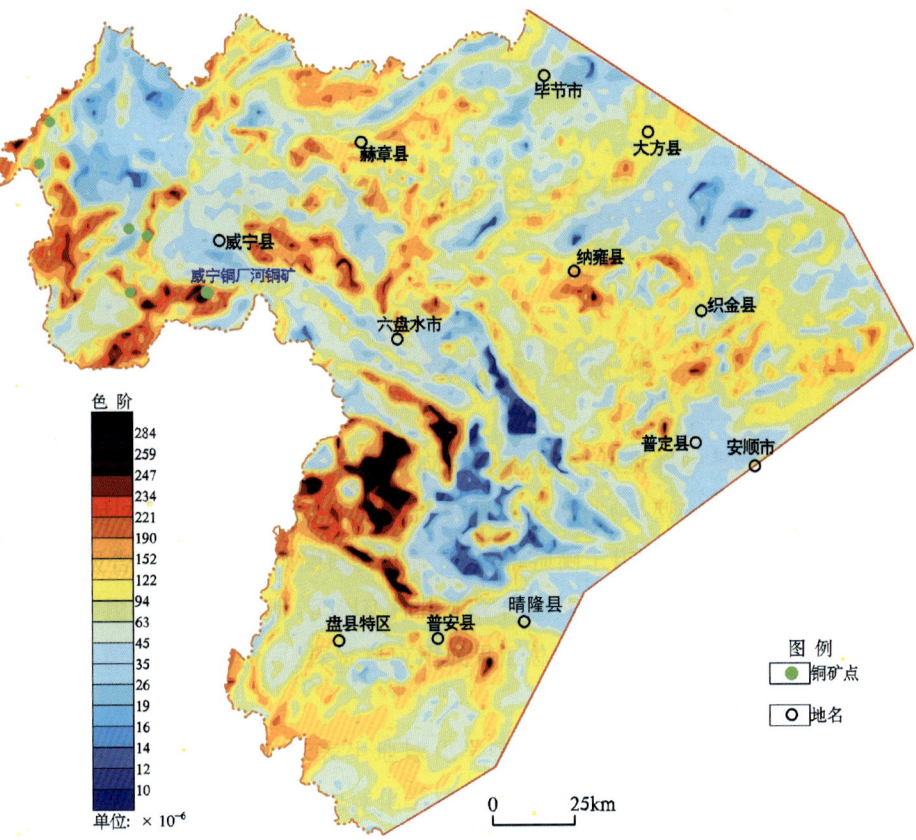

图 8-31　贵州玄武岩地区 Cu 地球化学图(累频法 19 色阶)

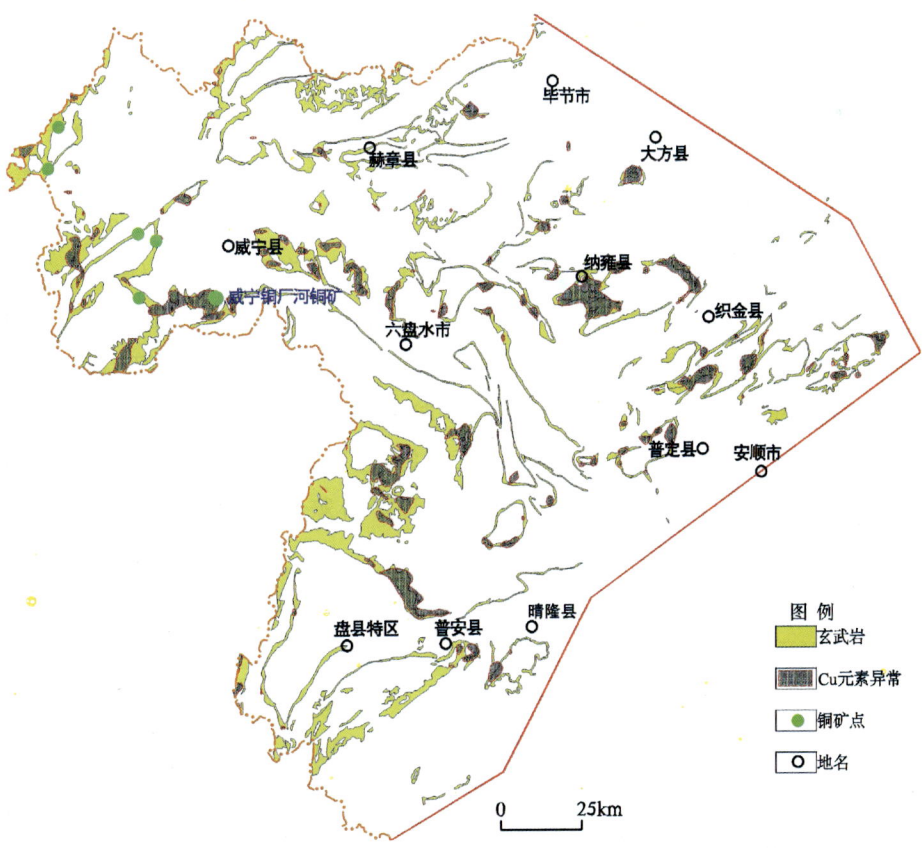

图 8-32　Cu 元素异常与玄武岩的分布图(异常均分布在玄武岩中)

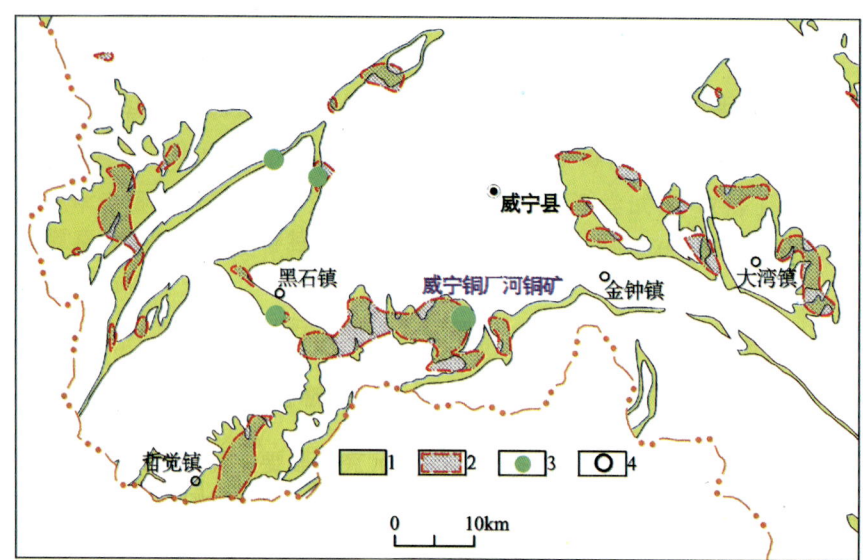

图 8-33 铜厂河铜矿点位置 Cu 元素异常分布图

1.玄武岩分布区;2.Cu 元素异常范围;3.铜矿点;4.地名

(3)为了反映该地区元素组合特征,对定量预测范围内的数据进行了聚类分析和因子分析(表 8-21)。其中 F1(Cu-V-Nb-Ni-Mn-Co-Ti-Fe_2O_3)因子较好地反映了玄武岩的分布情况(图 8-34),F2(Pb-Zn-Ag)因子反映了铅锌(银)的矿化信息(图 8-35)。

为了凸显 Cu 元素异常,对数据进行标准化后尝试编制了 Cu/Ni、Cu/(Ti+V)地球化学图(图 8-36、图 8-37)。同样可以看出其异常主要分布在玄武岩地层中,且同样仅具有一级异常。

表 8-21 贵州玄武岩地区主要因子得分表

元素或氧化物	F1 因子	F2 因子	F3 因子	F4 因子	F5 因子	F6 因子	F7 因子
Co	0.940						
Ti	0.926						
Fe_2O_3	0.925						
V	0.913						
Cu	0.892						
Nb	0.765						
Ni	0.761						
Mn	0.503						
Pb		0.913					
Zn		0.879					
Ag		0.862					
As			0.802				

续表 8-21

元素或氧化物	F1 因子	F2 因子	F3 因子	F4 因子	F5 因子	F6 因子	F7 因子
Sb			0.773				
Au			0.728				
W			0.572				
Hg							
Cd				0.783			
Y				0.742			
U					0.688		
K_2O				−0.510	0.564		
Zr						0.802	
Mo							0.734
Cr							−0.556

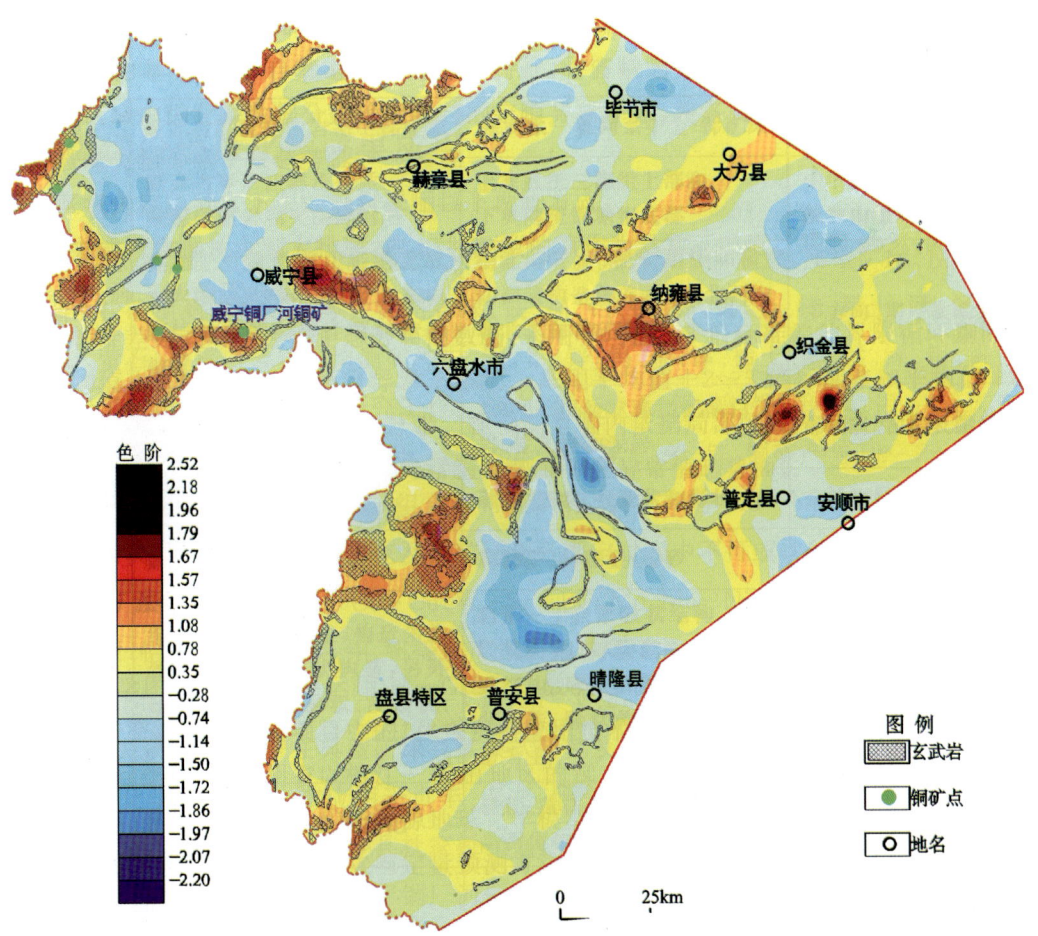

图 8-34　F1($Cu-V-Nb-Ni-Mn-Co-Ti-Fe_2O_3$)因子得分图(反映玄武岩分布)

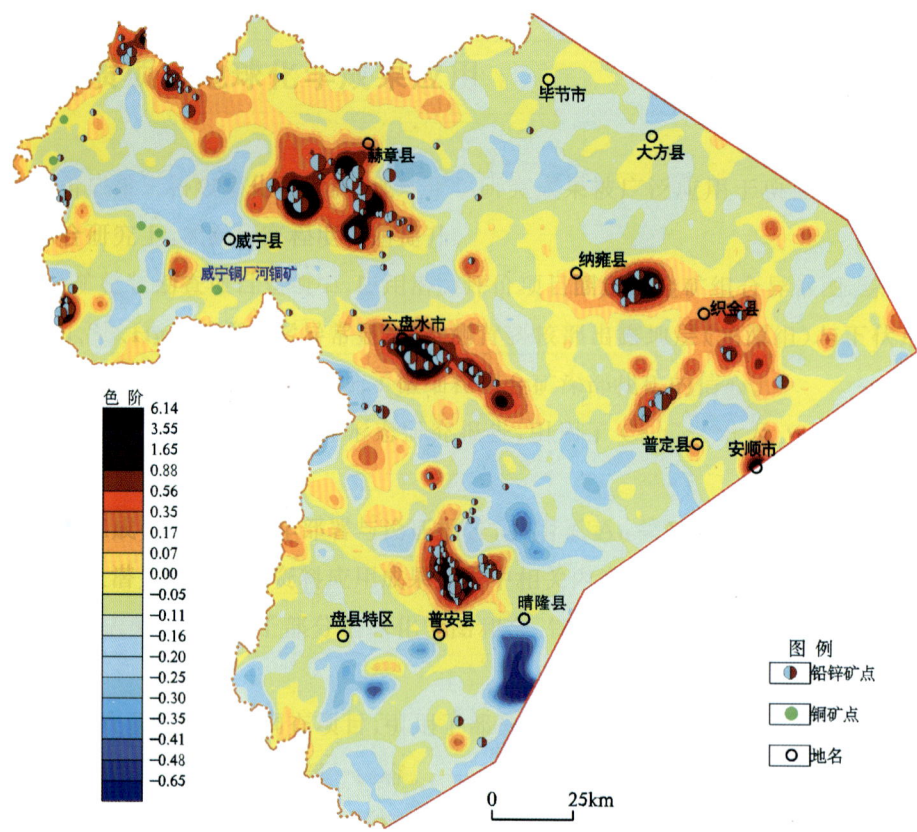

图 8-35　F2(Pb-Zn-Ag)因子得分图[反映铅锌(银)矿化]

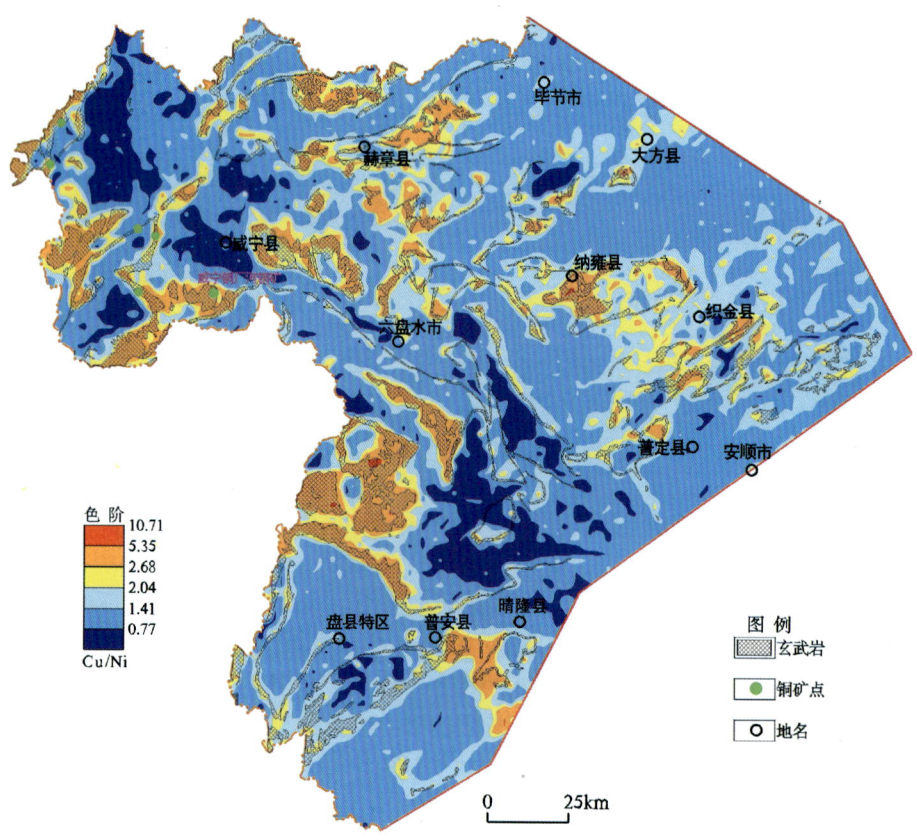

图 8-36　贵州省玄武岩地区铜镍比值(Cu/Ni)地球化学图

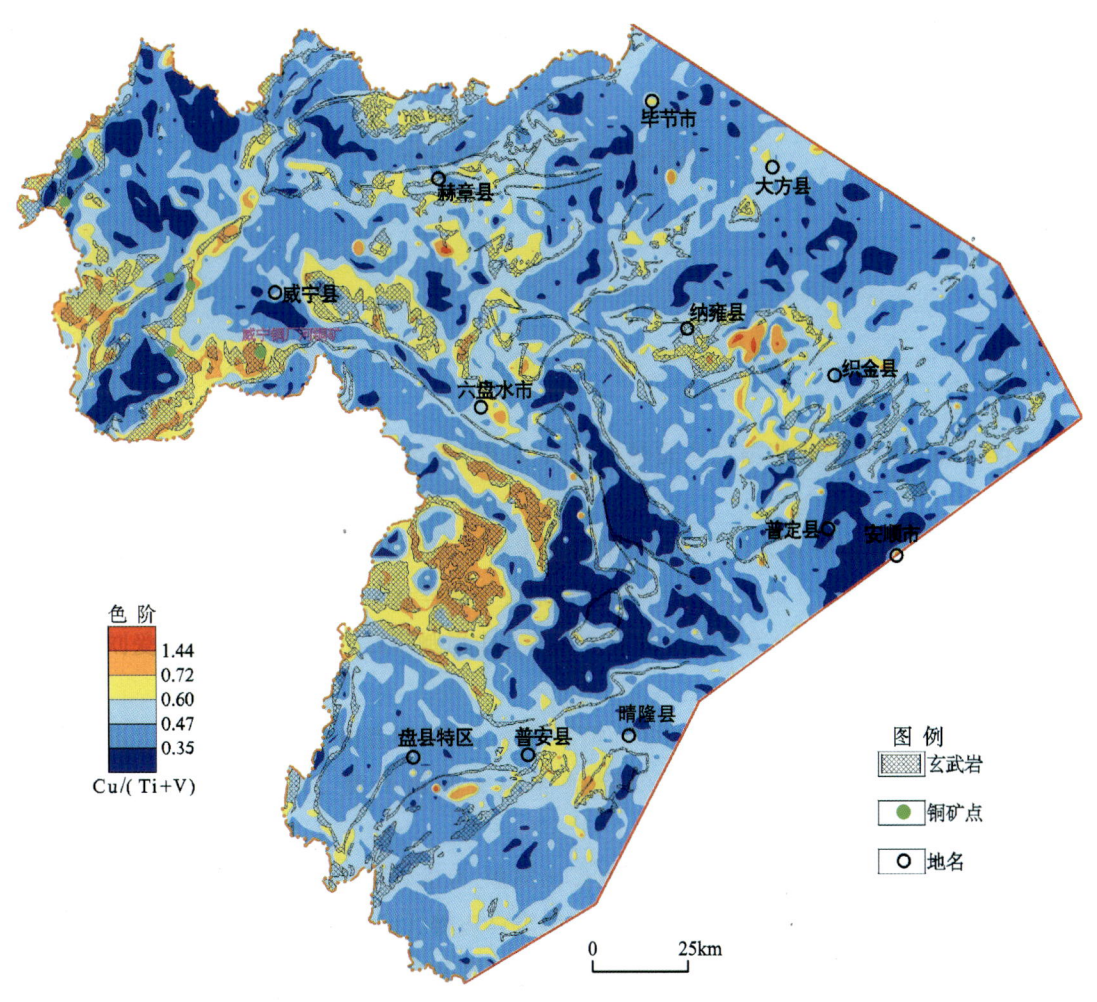

图 8-37　贵州省玄武岩地区铜钛钒比值(Cu/(Ti+V))地球化学图

通过开展上述定量预测工作后,受该区地球化学工作程度较低以及该类型铜矿勘查资料(无原生晕资料)较少的因素制约,继续开展该类型铜矿定量预测工作较困难,则只考虑在矿产组圈定预测工作区内,在不考虑剥蚀系数的前提下进行简单资源量计算。

一、威宁-水城地区

利用 85% 的累频值($184×10^{-6}$)作为异常下限,共圈定 Cu 单元素异常 21 个,结合前述铜厂河铜矿典型矿床元素组合 Cu、Ti、V、Co、Au、Fe_2O_3、Ba 的衬值异常套合情况,以 Cu、Ti、V、Co、Fe_2O_3 等 5 种元素或氧化物计算其相似度(相似系数),编制了威宁-水城地区铜厂河铜矿点相似度图,以相似度图为底图,结合 Cu 单元素异常、相关元素衬值异常综合圈定威宁-水城地区铜地球化学预测区 14 处(图 8-38),以已知典型矿床——铜厂河铜矿点资源量(1 613t)、面金属量、衬度异常量为标准,不考虑剥蚀系数对圈定的铜地球化学预测区进行了资源量估算,其估算资源量结果见表 8-22。共估算资源量 3 297.1t,其中已知资源量 1 613t,预测资源量为 1 684.1t。

二、从江地区

利用85%的累频值（37×10^{-6}）作为异常下限，共圈定 Cu 单元素异常8个，结合前述从江地虎铜、金银多金属矿典型矿床元素组合 Cu、Pb、Zn、Ag、Au、Hg、W、Sn、Bi 的衬值异常套合情况，以 Cu、Pb、Zn、W 等4种元素计算其相似度（相似系数），编制了从江地区地虎铜、金银多金属矿矿点相似度图，以相似度图为底图，结合 Cu 单元素异常、相关元素衬值异常综合圈定从江地区铜地球化学预测区4处（图8-39），以已知典型矿床——从江地虎铜、金银多金属矿矿点资源量（铜：14 282.65t）、面金属量、衬度异常量为标准，不考虑剥蚀系数对圈定的铜地球化学预测区进行了资源量估算，其估算资源量结果见表8-23。

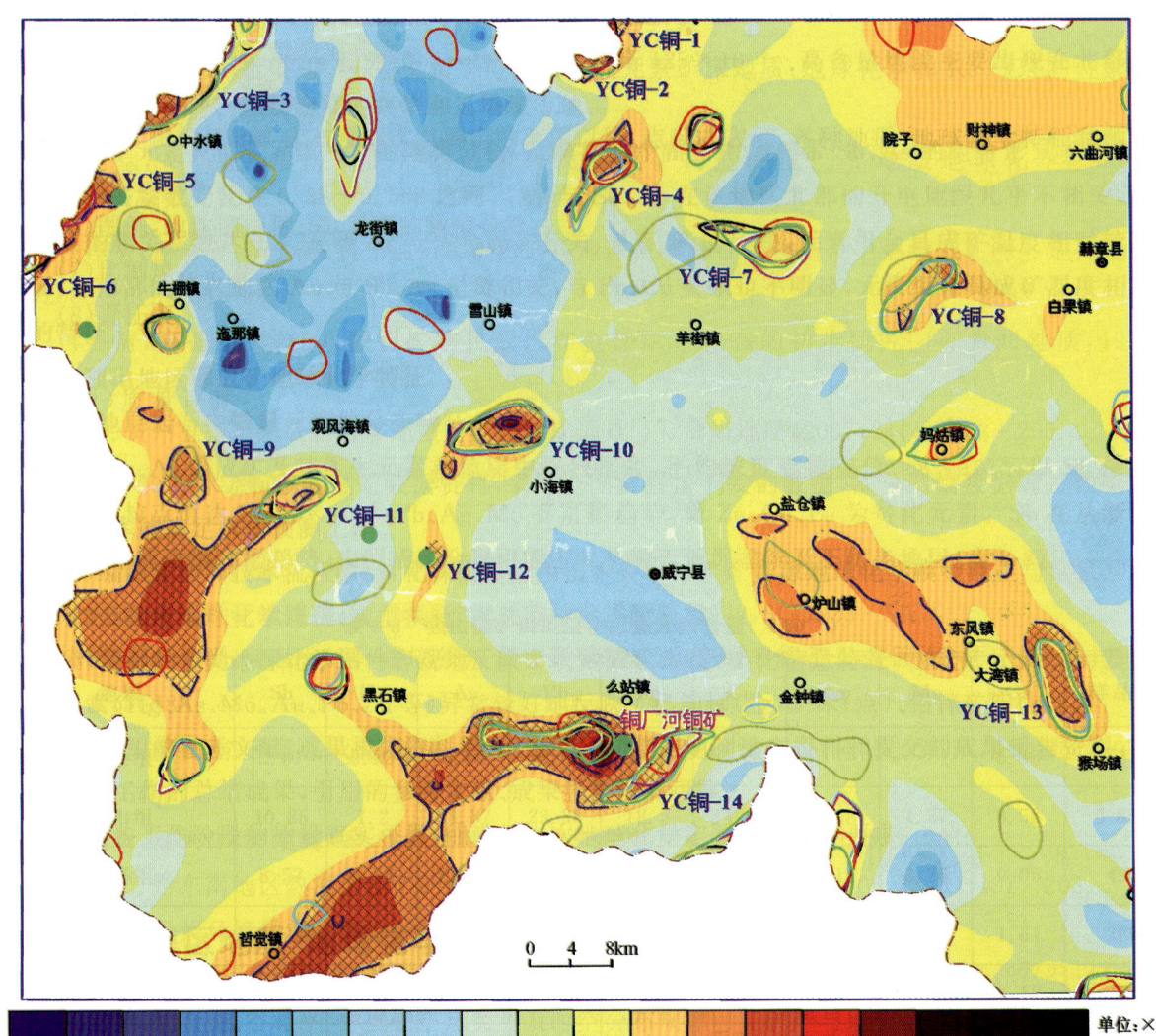

图 8-38 威宁-水城地区 Cu 地球化学预测区分布示意图

1.Cu 元素一级异常（184×10^{-6}）；2.Cu 元素二级异常（229×10^{-6}）；3.Cu 元素三级异常（249×10^{-6}）；4.Cu 衬值异常；5.Ti 衬值异常；6.V 衬值异常；7.Co 衬值异常；8.Au 衬值异常；9.Fe$_2$O$_3$ 衬值异常；10.Ba 衬值异常；11.铜矿点；12.预测区编号；13.地名

表 8-22　咸宁-水城地区铜矿预测区预测资源量一览表（采用校正后数据统计）

异常编号	极大值（×10⁻⁶）	面积（km²）	异常平均值（×10⁻⁶）	背景值（×10⁻⁶）	异常衬度	面金属量（km²百分率）	衬度异常量	预测资源量（t）	备注
YC铜-1	249.3	1.90	237.15		2.52	271.70	2.89	11.1	
YC铜-2	222	4.27	209.67		2.23	493.99	5.25	20.2	
YC铜-3	254.7	6.41	230.00		2.44	871.54	9.26	35.6	
YC铜-4	216	14.57	205.20		2.18	1 618.48	17.20	66.2	
YC铜-5	446.9	14.20	334.55		3.56	3 414.64	36.30	139.6	
YC铜-6	265.8	5.75	240.75		2.56	843.78	8.97	34.5	
YC铜-7	257	1.91	257.00	94.08	2.73	310.56	3.30	12.7	
YC铜-8	236	9.99	212.00		2.25	1 178.50	12.53	48.2	
YC铜-9	224.4	18.03	214.53		2.28	2 172.13	23.09	88.8	
HS铜-10	269	24.29	226.89		2.41	3 225.95	34.29	131.9	
YC铜-11	252	167.06	219.42		2.33	20 938.76	222.56	856.2	
YC铜-12	294	4.35	294.00		3.13	869.12	9.24	35.5	
YC铜-13	272	34.38	238.89		2.54	4 978.97	52.92	203.6	
YC铜-14	401	289.59	230.29		2.45	39 446.23	419.28	1 613	已知

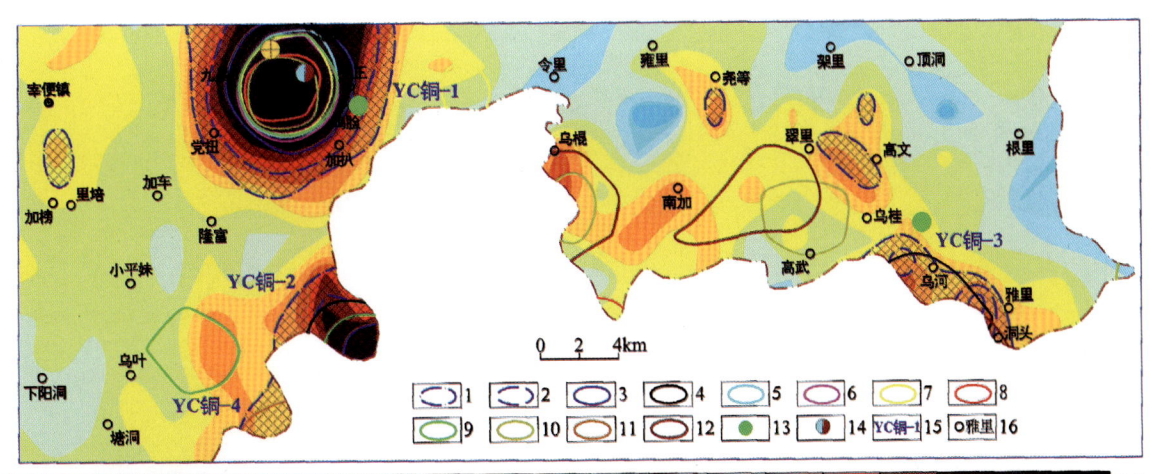

图 8-39　从江地区 Cu 地球化学预测区分布示意图

1.Cu 元素一级异常（37×10⁻⁶）；2.Cu 元素二级异常（47×10⁻⁶）；3.Cu 元素三级异常（64×10⁻⁶）；4.Cu 衬值异常；5.Pb 衬值异常；6.Zn 衬值异常；7.Ag 衬值异常；8.Au 衬值异常；9.Hg 衬值异常；10.W 衬值异常；11.Sn 衬值异常；12.Bi 衬值异常；13.铜矿点；14.铅锌矿点；15.预测区编号；16.地名

表 8-23 从江地区铜矿预测区预测资源量一览表（采用校正后数据统计）

异常编号	极大值 ($\times 10^{-6}$)	面积 (km^2)	异常平均值 ($\times 10^{-6}$)	背景值 ($\times 10^{-6}$)	异常衬度	面金属量 (km^2 百分率)	衬度异常量	预测资源量 (t)	备注
YC铜-1	1 590	75.95	357.6	28.67	12.47	24 981.67	871.35	14 282.65	已知
YC铜-2	73	13.55	54.25		1.89	346.59	12.09	198.15	
YC铜-3	84	14.40	74		2.58	652.70	22.77	373.17	
YC铜-4	40	4.76	40		1.40	53.91	1.88	30.82	

共估算资源量14 884.79t，其中已知资源量14 282.65t，预测资源量为602.14t。

第九章　结论与建议

第一节　取得主要成果

(1) 贵州省矿产资源潜力评价项目化探资料应用研究工作,从资料收集、数据处理、图件编制、综合研究到报告编写,历时 7 年(2007—2013 年),共计编制各类图件(典型矿床类、预测工作区类、省级类)842 张,单矿种专题报告 11 份,铁矿预测试验性报告 1 份,预测工作区地球化学图集 3 册(上、中、下),典型矿床地质地球化学找矿模型集 1 册,预测矿种找矿靶区图集 1 册,铜矿地球化学定量预测图集 1 册,化探资料应用成果阶段性报告 2 份,化探资料应用成果汇总报告 1 份,圆满完成了项目化探研究的总体目标任务。

(2) 通过贵州省重要矿种典型矿床表生地球化学特征的系统研究,总结了金、锑、汞、铅锌、铜、钨(锡)、磷、锰、镍钼钒、硫、萤石、重晶石等地球化学异常特显著的矿种,31 个典型矿床的主要成矿元素组合、直接指示元素异常组合、间接指示元素异常组合等,表生地球化学异常特征。并在收集典型矿床地质资料,以及部分 1∶5 万化探工作成果、矿床原生晕研究成果的基础上,初步建立各典型矿床的地质—地球化学找矿模式,填补了省内这一领域的研究空白。

(3) 在典型矿床表生地球化学找矿模式研究,预测工作区、重要(三级或四级)成矿带、省级等地球化学特征、地球化学异常特征研究的基础上,首次对贵州省金、锑、汞、铅锌、铜、钨(锡)、磷、锰、镍钼钒、硫、萤石、重晶石等重要矿产,表生地球化学异常指示元素组合进行了较为全面的研究。并进一步总结了 Au-Sb-Hg-As、Pb-Zn-Ag-Cd-Cu、W-Sn-Bi-Mo、Mo-Ni-V-U 组合异常与金矿、锑矿、汞矿、铅锌矿、铜矿、钨(锡)矿、镍钼钒矿关系密切,Mn-P-Y、Fe_2O_3-Cr-Ni-V、Ba-F-As-Sb-Hg 组合异常与锰矿、磷矿、硫矿、萤石矿、重晶石矿有一定关系的区域地球化学异常特征。

(4) 编制了金、锑、汞、铅锌、铜、钨(锡)、磷、锰、镍钼钒、硫、萤石、重晶石等矿种,51 个预测工作区相关矿产成矿元素、主要异常元素地球化学图、地球化学异常图、组合异常图和综合异常图。结合地质、矿产、赋矿层位等,进行了异常解释,编写了金、锑、汞、铅锌(银)、铜(钨锡)、磷(稀土)、锰、镍钼钒、硫、萤石、重晶石等 11 个单矿种报告相关地球化学研究内容,为预测工作区矿产预测工作提供了地球化学依据。

(5) 根据典型矿床地球化学特征和区域地球化学特征研究,Au-Sb-Hg-As、Pb-Zn-Ag-Cd-Cu、W-Sn-Bi-Mo、Mo-Ni-V-U 组合异常与贵州省金矿、锑矿、汞矿、铅锌矿、铜矿、钨(锡)矿、镍矿、钼矿、钒矿等矿产关系密切,是矿产预测中不可或缺的预测要素,并可作为独立的预测指标。利用这一地球化学指标在贵州省内圈定了上述矿种:A 级地球化学找矿预测区 10 个,B 级地球化学找矿预测区 14 个,C 级地球化学找矿预测区 80 个,共计预测矿产资源量——金矿 794.65t,锑矿 26.5 万 t,汞矿 13.951 万 t,铅锌矿 210.92 万 t,铜矿 4.25 万 t,钨矿 0.84 万 t,钼矿 199.01 万 t,镍矿 132.76 万 t,钒矿

2 142.48万t。为贵州省矿产预测、矿产勘查工作及重要矿产资源找矿勘查宏观的战略调控和工作部署提供了具有指导意义的地球化学成果资料。

(6)利用主成分分析法旋转成分矩阵因子分析,在贵州省内推断断裂构造16条,推断中—酸性岩体3个,其中1个为隐伏岩体。为贵州省区域地质背景研究积累了可供借鉴的地球化学研究成果。

(7)采用地球化学定量预测方法,做了铜矿地球化学定量预测尝试,并取得了预期成果。

(8)通过矿产资源潜力评价地球化学研究工作,对贵州省区域地球化学特征及成矿规律取得了一些新认识:

①上扬子中东部成矿带东部万山、丹寨汞矿带及Hg-Au-As-Sb主要异常带位于铜仁-玉屏-凯里Pb-Zn-Ag-Cd综合异常带(铅锌成矿带)东侧,西侧有松桃汞矿带。上扬子中东部成矿带西部为Pb-Zn-Ag-Cd综合异常较强区域,Hg元素异常较弱,向东铅锌成矿及Pb-Zn-Ag-Cd综合异常变弱,Hg元素异常增强,到黔西、息烽一带演变为以汞成矿及Hg-Au-As-Sb综合异常为主。这可能反映了铅锌矿与汞矿之间存在着密不可分的水平分带关系。

②兴义市地区圈定金矿地球化学找矿预测区52-Au-A-27,预测区面积大,Au及As、Sb、Hg元素异常规模大、强度高,预测金矿资源量33.38t。目前仅雄武背斜上发现部分小型矿床及矿点,上表金矿资源量仅1.465t。推测深部金矿找矿潜力较大。

③凯里—都匀—三都一带,寒武系底部黑色岩系发育,目前仅有少数已知钒矿点。根据Mo-Ni-V-U综合异常圈定钒矿地球化学找矿预测区2个(52-V-C-8、52-V-9-9),其中1个预测级别为B级。两个地球化学预测区共计预测钒矿资源量148.34万t。推测有较大的钒矿找矿前景。

(9)建立了1∶20万、1∶5万和1∶1万化探基础数据库,所编制图件和资料均按照全国矿产资源潜力评价项目化探资料应用技术要求和数据模型进行了数据库的建库工作,特别是此次工作所编制图件和相对以往工作新增的1∶5万、1∶1万化探基础数据库,为地质研究、矿产勘查等工作提供了可供长期保存和运用便利的基础地球化学资料。

(10)矿产资源潜力评价项目工作所涉及的矿产种类多、面广。经项目实施,较多成矿预测技术及理论的应用,项目参与人员在地质理论水平及工作技能上,均有较大提高,达到了锻炼地勘队伍和培养人才的目的。

第二节 存在问题与建议

(1)收集资料除区域化探数据全省覆盖外,中大比例尺化探工作开展较少,收集资料不系统,且分析项目不全,部分为半定量分析测试成果,不适用于金、锑、汞、铅锌、铜、钨(锡)、磷、锰、镍钼钒、硫、萤石、重晶石等矿产的找矿预测。

(2)由于中大比例尺地球化学资料缺乏,或资料不系统,所圈地球化学找矿靶区较少,且所圈靶区往往与矿产分布不符。地球化学找矿预测研究程度难以进一步深化。

(3)化探工作分析项目不够全,部分矿种难以选取适宜的地球化学指示异常元素,化探工作在矿产资源潜力评价工作中的作用有一定局限性,也限制了化探成果的应用范围。

(4)建议贵州省矿产资源潜力评价项目数据库维护工作常态化,由专人负责收集地质、矿产研究工作中最新完成的化探工作成果,更新和完善化探基础数据库,以利于基础地球化学找矿理论、找矿方法等方面的应用。

第三节 地球化学成果的应用

一、以往地球化学成果应用

贵州省应用地球化学成果找矿工作开展较早。20世纪70年代,在开展区域化探扫面之前,三都县苗龙微细粒金矿(中型)的发现过程中,地球化学资料起到了较大作用。20世纪70年代末,区域化探扫面工作启动后,随着区域地球化学资料的不断积累,地球化学资料在寻找肉眼难识别矿产方面的优势越加突显。

20世纪80年代后期,在区域化探异常查证过程中,发现了普安泥堡、兴义陇纳等一批金矿床(点)。其中,泥堡等金矿经后期勘探达大型。

20世纪90年代后,地球化学资料在金、铅锌等的找矿过程仍起着不可替代的作用。其间,在一些金矿床(点)的发现及勘查过程中起到了关键作用,特别是在晴隆老万场金矿,即贵州红土型(残坡积)金矿的找矿过程中起到决定性的作用,并打开了贵州红土型(残坡积)金矿的找矿局面。

近年来,贵州省找矿工作重心主要侧重于煤、铝、磷等沉积型矿产和非金属矿产,在铅锌矿的找矿过程中,虽也应用了地球化学资料,但由于铅锌矿的开采历史较为久远,人为污染影响,找矿效果受到一定限制。

二、潜力评价地球化学成果应用

1:20万地球化学成果资料,广泛应用于预测矿种、预测工作区的优选,典型矿床、预测工作区找矿模式研究,以及找矿预测区的圈定等。贵州省煤、铁、铜、铝、铅、锌、钨、金、锑、稀土、磷、锰、镍、钼、钒、汞、硫、重晶石、萤石、冶镁白云岩等预测矿种中,铜、铅、锌、钨、金、锑、稀土、磷、锰、镍、钼、钒、汞、硫、重晶石、萤石开展了矿产预测地球化学研究工作。其中,金、锑、汞、铅、锌、铜、钨、镍、钼、钒等矿产,区域地球化学异常显著,金、锑、汞矿产与 Au-Sb-Hg-As 组合异常,铅、锌、铜矿产与 Pb-Zn-Ag-Cd-Cu 组合异常,钨(锡)矿与 W-Sn-Bi-Mo 组合异常,镍、钼、钒矿产与 Mo-Ni-V-U 组合异常关系密切,这些异常作为典型矿床找矿模式研究及找矿预测区圈定过程中不可或缺的重要地球化学指标,并应用 Au-Sb-Hg-As、Pb-Zn-Ag-Cd-Cu、W-Sn-Bi-Mo、Mo-Ni-V-U 综合异常作为独立预测指标,对金、锑、汞、铅、锌、铜、钨、镍、钼、钒等矿产做了地球化学找矿预测。磷、锰、硫、重晶石、萤石等矿产分布分别与圈出的 P-Y-La、Mn-Fe_2O_3-Cr-Ni-V、Fe_2O_3-Cr-Ni-Ti、Ba-Sr-HgSr-K_2O 等组合异常有一定关系,这些异常在典型矿床找矿模式研究及找矿预测区的圈定上起到一定的参考作用。

1:5万地球化学成果资料,被应用于贞丰、安龙、册亨、望谟等县交界的烂泥沟—石屯一带金矿找矿靶区圈定,赫章县妈姑、六盘水、织金县杜家桥和铜仁等地铅锌矿找矿靶区圈定及典型矿床地球化学特征研究,铜矿资源潜力定量预测及威宁铜厂河铜矿典型矿床地球化学特征研究等。

三、其他地质项目地球化学成果应用

由于潜力评价成果资料数字化程度高,地球化学研究成果被广泛应用于项目立项的勘查区优选和项目成果报告综合研究上,成果研究程度普遍提升。

(1)黔西南金矿整装勘查项目立项中,应用潜力评价项目圈定的金矿组合异常图、综合异常图,发现岔河背斜上有 Au、Sb、Hg、As 等元素异常显示,推测背斜核部出露地层(龙潭组)与下伏地层(茅口组)接触带有金、锑、汞等矿产成矿的可能,增加了微细粒型金矿深部找矿的信心。

(2)华南地区(贵州)深部岩体圈定与形态研究报告,引用了 Cr、Co、Ni 及 W、Sn、Bi、Mo 地球化学图、组合异常图、综合异常图。

(3)南盘江-右江成矿区地质工作部署与论证报告,引用了 Au-As-Sb-Hg、Pb-Zn-Ag-Cd-Cu 组合异常图,以及潜力评价化探资料应用成果报告中相关内容。

(4)贵州省地质志修编,引用了部分地球化学图和金、锑、汞、铅、锌等矿种的组合异常图或综合异常图。

(5)乌蒙山特色农业地球化学调查项目,引用了部分地球化学图、综合图件,以及 2012 年、2013 年潜力评价化探资料应用成果报告中的部分内容。

(6)贵州1∶5万长春堡等6幅区域地质矿产调查,贵州1∶5万锦屏等4幅区域地质矿产调查,贵州1∶5万罗悃等4幅区域地质矿产调查,贵州1∶5万凤岗县等6幅区域地质矿产调查,贵州1∶5万乐俭等4幅区域地质矿产调查等区域地质矿产调查项目均不同程度引用了潜力评价地球化学成果资料。

主要参考文献

陈国勇,杜汉生,张思祝,等.贵州榕江八蒙锑矿床地质特征及成矿地质条件初探[J].贵州地质,1991,8(4):302-312.

陈兴龙,李波,王尚彦.黔东南火烧寨金(锑)矿床地质特征及找矿潜力探讨[J].矿产与地质,2009,23(1):62-65.

陈永科,李坤,游连强.贵州雷公山地区摆吉锑矿矿床成因探讨[J].贵州地质,2004,21(1):41-47.

戴传固,等.贵州西部玄武岩特征及与铜矿关系研究报告[R].2003.

戴传固,刘爱民,王敏,等.贵州西部峨眉山玄武岩铜矿特征及成矿作用[J].贵州地质,2004,21(2):71-75.

戴传固,杨大欢.黔东南地区构造特征[J].贵州地质,2001,18(1):2-6.

邓克勇,王东,张正荣,等.贵州西部玄武岩型铜矿成矿规律研究[J].贵州地质,2007,24(4):247-252.

冯济舟.贵州省地球化学图集[M].北京:地质出版社,2008.

冯济舟.化探异常"动态"筛选法[J].物探与化探,1998,22(2):153-157.

贵州省地矿局.贵州务川汞矿带矿床地质特征[R].1989.

贵州省地质调查院.贵州省地球化学块体内矿产资源潜力预测报告[R].2001.

贵州省地质调查院.贵州张维-五指山地区铅锌矿评价成果报告[R].2008.

贵州省地质局黔西北队.贵州水城杉树林、上石桥铅锌矿区最终地质报告及分散元素Gd、Ge、Ga的研究及储量报告[R].1960.

贵州省地质局物探队.贵州省从江县乌牙白钨矿重砂异常区检查验证报告[R].1980.

贵州省地质矿产局地球物理地球化学勘查院,贵州省地质调查院.中国西部地区固体矿产大型、超大型矿产多元信息预测报告(贵州部分1∶50万)[R].2004.

贵州省地质矿产局地球物理地球化学勘查院.贵州省1∶500000地球化学图说明书[R].1996.

何邵麟.贵州表生沉积物地球化学背景特征[J].贵州地质,1998,15(2):149-156.

胡从亮,刘应忠,牟军,等.分析贵州艾家坪水城地区Pb、Zn化探假异常[J].物探与化探,2009,33(3):256-260.

胡从亮,莫春虎,陈光荣,等.锑矿地球化学定量预测在贵州榕江—雷山地区的示范[J].物探与化探,2013,37(5):779-786.

花永丰,崔敏中.贵州万山汞矿[M].北京:地质出版社,1995.

黄林,赵征,刘金海,等.黔西北五指山背斜矿集区铅锌矿成矿远景浅析[J].贵州地质,2006,23(3):203-205.

金中国,戴塔根,江红,等.贵州省独山半坡锑矿地球化学特征及深部找矿预测[J].地质与勘探,2004,40(6):24-27.

金中国,戴塔根.贵州独山半坡锑矿田地质地球化学特征及成矿模式[J].物探与化探,2007,31(2):129-132.

李忠,刘铁兵.贵州烂泥沟金矿成矿条件-岩石地球化学研究[J].矿床地质,1995,14(1):51-57.

廖震文.尝析田坪汞矿地球化学找矿特征及成晕模式[J].贵州地质,1997,14(1):78-83.

刘建明,顾雪祥,刘家军,等.华南巨型锑矿带的特征及其制约因素[J].地球物理学报,1998,41(增):206-215.

刘平.贵州主要汞矿床的微量元素特征[J].矿床地质,1994,13(3):250-258.

刘裕周.贵州地层典[M].贵阳:贵州科技出版社,1996.

罗孝桓,刘巽锋,汪玉琼,等.贵州威宁地区玄武岩铜矿地质特征[J].贵州地质,2002,19(4):215-220.

毛景文,张光弟,杜安道,等.遵义黄家湾镍钼铂族元素矿床地质、地球化学和Re-Os同位素年龄测定[J].矿床地质,2001,75(2):234-243.

彭建堂,胡瑞忠.华南锑矿带的成矿时代和成矿构造环境[J].地质地球化学,2001,29(3):104-108.

钱建平,杨国清,李少游.贵州独山锑矿田地质地球化学特征和构造动力热液成矿[J].地质地球化学,2000,28(2):56-59.

冉碧清,高德黎.榕江八蒙锑矿物质成份和金锑赋存状态的初步研究[J].贵州地质,1991,8(1):14-20.

谭华.贵州五指山地区铅锌矿地质特征及找矿远景[J].贵州地质,2007,24(4):203-205.

陶平,王尚彦,戴传固,等.黔东地区金矿床类型及其基本特征[J].贵州地质,2005,22(4):229-235.

王雅丽,金世昌.独山巴年锑矿断裂构造地球化学特征[J].有色金属,2009,61(4):129-133.

韦天蛟.贵州锑矿地质勘查与研究的进展[J].贵州地质,1999,8(1):23-31.

武国辉,金中国,董家龙,等.威宁铜厂河玄武岩铜矿成矿地质特征及成因探讨[J].矿产与地质,2005,19(5):482-486.

向洪流.贵州省三都县火烧寨锑-金矿地球化学特征及找矿方向[J].矿产与地质,2007,21(5):542-545.

向应川,任天祥,牟绪赞,等.化探资料应用技术要求[M].北京:地质出版社,2010.

杨光忠.黔东南地区热液型金矿的成矿作用及其模式[J].贵州地质,2006,23(3):197-203.

杨永忠.贵州环境异常元素地球化学研究[J].贵州地质,1999,16(1):66-72.

易建斌,单业华,李小明.锑的成矿构造地球化学特性研究[J].地质地球化学,1999,27(2):44-48.

张国林,姚金炎,谷相平.中国锑矿床类型及时空分布规律[J].矿产与地质,1998,12(5):306-311.

张绮玲.八蒙辉锑矿的标型特征与矿床成因[J].岩石矿物学杂志,1994,13(4):362-369.

张仕容.遵义新土沟下寒武镍钼钡矿矿石特征及成矿条件[J].贵州地质,1987,4(4):473-478.

朱霭林,王常微,易国贵,等.贵州雷公山地区过渡性剪切带及其与锑金多金属矿关系[J].贵州地质,1995,12(1):1-19.

朱霭林,易国贵,马骥,等.贵州雷公山地区锑矿成矿规律[J].贵州地质,1999,16(3):221-232.